SCHOTT-MESSBUCH

SCHOTT-MESSBUCH

FÜR DIE SONN- UND FESTTAGE DES LESEJAHRES C

Originaltexte der authentischen deutschen Ausgabe
des Meßbuches und des Meßlektionars

Mit Einführungen herausgegeben
von den Benediktinern der Erzabtei Beuron

VERLAG HERDER

FREIBURG · BASEL · WIEN

VORWORT

Nach dem Zweiten Vatikanischen Konzil war ein neuer „Schott" notwendig geworden: neben dem Meßbuch auf dem Altar das Meßbuch in der Hand des Christen, dem die Meßfeier am Sonntag (und auch an Wochentagen) so wichtig ist wie das tägliche Brot.

Die Liturgie ist seit dem Konzil einfacher geworden, vor allem: man kann jetzt alles in der eigenen Sprache hören und verstehen. Freilich, so recht unsere eigene Sprache ist das Deutsch der Liturgie auch wieder nicht, und mit dem Verstehen hat es nach wie vor seine Schwierigkeiten. Das weiß jeder aus Erfahrung. Und doch lebt die Gemeinde von der doppelten Gabe Gottes: vom Wort des Lebens und vom Brot des Lebens; diese zwei gehören untrennbar zusammen. Für beides die Menschen bereit zu machen, darin haben die Herausgeber dieses Meßbuches seit den Tagen des P. Anselm Schott ihre Aufgabe gesehen.

Die vorliegende Schott-Ausgabe enthält die vollständigen Meßtexte des Kirchenjahres (Lesejahr C) und der höheren Heiligenfeste (soweit sie auch an Sonntagen gefeiert werden), außerdem, wie bisher, erklärende Einführungen zum Tag und zu den Schriftlesungen sowie ausgewählte Texte zum kritischen und persönlichen Weiterdenken; mit diesen Texten muß der Leser nicht in jedem Fall einverstanden sein, wichtiger ist, daß er zu eigenem Nachdenken geführt wird.

Neu ist an der vorliegenden Ausgabe der Text der Schriftlesungen und der Psalmen. Im Jahr 1979 wurde von den Bischofskonferenzen des deutschen Sprachgebietes die Endfassung der kirchenamtlichen Übersetzung (Einheitsübersetzung) approbiert; dieser Text ist nun auch für die Meßlektionare verbindlich. Es handelt sich natürlich nicht um einen völlig neuen Bibeltext; aber viele Verbesserungswünsche, die an die Übersetzer und die Bischöfe gelangt waren, konnten berücksichtigt werden, so viele, daß der Text neu gesetzt werden mußte. Damit bot sich dem Herausgeber die Gelegenheit, auch die Einführungstexte zu überarbeiten. So ist nun tatsächlich ein neuer „Schott" entstanden. Der alte ist dadurch nicht veraltet; für den persönlichen Gebrauch kann er nach wie vor seine guten Dienste tun.

Beuron, 14. September 1982   Odo Haggenmüller OSB

INHALT

Vorwort 5*

Abkürzungen der biblischen Bücher 11*
Tabelle für die Ordnung der Lesungen 12*
Kalendarium der Sonntage und Herrenfeste 14*

Einführung
  A. Das Meßbuch 19*
  B. Das Kirchenjahr 20*
  C. Die heilige Versammlung 22*

DAS HERRENJAHR

Der Advent
1.–4. Adventssonntag 3

Die Weihnachtszeit
Weihnachten:
  Am Heiligen Abend 24
  In der Heiligen Nacht 31
  Am Morgen 37
  Am Tag 41
Fest der Heiligen Familie (1. Sonntag nach Weihnachten) . . . 48
Neujahr – Hochfest der Gottesmutter Maria 57
2. Sonntag nach Weihnachten 63
Erscheinung des Herrn 68
Taufe des Herrn 74

Die Fastenzeit
Aschermittwoch 83
  1.–5. Fastensonntag 91

Die Karwoche
- Palmsonntag 126
- Gründonnerstag 150
- Karfreitag 166
- Karsamstag 189

Die Osterzeit
Ostersonntag:
- Osternacht 190
- Am Tag 230

Ostermontag 237
2.–6. Sonntag der Osterzeit 246
Christi Himmelfahrt 278
7. Sonntag der Osterzeit 286
Pfingsten 292
Pfingstmontag 310

Die Zeit im Jahreskreis
1.–33. Sonntag im Jahreskreis 435

Herrenfeste im Jahreskreis
Dreifaltigkeitssonntag 317
Fronleichnam 322
Herz Jesu 329
Christkönigssonntag 636

DIE FEIER DER GEMEINDEMESSE

Eröffnung 339
Wortgottesdienst 346
Eucharistiefeier 354
- 1. Hochgebet 358
- 2. Hochgebet 367
- 3. Hochgebet 376
- 4. Hochgebet 383

Entlassung 397

Inhalt

Präfationen: 398
  Adventszeit I–V 398
  Weihnachtszeit I–III 401
  Erscheinung des Herrn 402
  Taufe des Herrn 403
  1.–5. Fastensonntag 403
  Fastenzeit I–IV 406
  Palmsonntag 408
  Gründonnerstag (Chrisam-Messe) 408
  Leiden des Herrn I und II 409
  Osterzeit I–V 410
  Christi Himmelfahrt I und II 412
  Pfingsten 413
  Heiliger Geist I und II 414
  Dreifaltigkeit 415
  Herz Jesu 415
  Königtum Christi 416
  Sonntage im Jahreskreis I–VIII 416
  Eucharistie I und II 420
  Maria I und II 421
  Engel 422
  Josef 423
  Heilige I und II 423
  Darstellung des Herrn (2. Februar) 424
  Verkündigung des Herrn (25. März) 425
  Johannes der Täufer (24. Juni) 425
  Petrus und Paulus (29. Juni) 426
  Verklärung Christi (6. August) 426
  Aufnahme Mariens (15. August) 427
  Kreuzerhöhung (14. September) 427
  Allerheiligen (1. November) 428
  Ohne Erbsünde empfangene Jungfrau Maria (8. Dezember) . 428
  Kirchweihe I und II 429
  Brautmesse 430
  Einheit der Christen 430
  Verstorbene I–V 431
  Wochentage I–III 433

DIE FESTE DES HERRN UND DER HEILIGEN

2. Februar	Darstellung des Herrn	645
19. März	Hl. Josef	653
25. März	Verkündigung des Herrn	660
24. Juni	Geburt des hl. Johannes des Täufers	666
29. Juni	Apostel Petrus und Paulus	677
6. August	Verklärung des Herrn	688
15. August	Mariä Aufnahme in den Himmel	694
14. September	Kreuzerhöhung	704
1. November	Allerheiligen	709
2. November	Allerseelen	716
9. November	Weihetag der Lateranbasilika	731
8. Dezember	Ohne Erbsünde empfangene Jungfrau Maria	734
26. Dezember	Stephanus	740
27. Dezember	Johannes	745
28. Dezember	Unschuldige Kinder	751

Beim Jahresgedächtnis einer Kirchweihe 756

ANHANG

Anhang I	Commune-Texte für den Gesang des Antwortpsalmes	765
	Kehrverse	765
	Antwortpsalmen	766
Anhang II	Rufe vor dem Evangelium	781
	Rufe vor dem Evangelium in der Fastenzeit und in Messen für Verstorbene	784
Anhang III	Fürbitten	785

Verzeichnis der Schriftlesungen 809
Verzeichnis der Antwortpsalmen 814
Alphabetisches Heiligenverzeichnis 816

Zeichenerklärung:
℞ gibt an, wo der Kehrvers zu wiederholen ist.

ABKÜRZUNGEN DER BIBLISCHEN BÜCHER

Altes Testament:

Gen	Genesis	Spr	Sprüche
Ex	Exodus	Koh	Kohelet (Prediger)
Lev	Levitikus	Hld	Hoheslied
Num	Numeri	Weish	Weisheit
Dtn	Deuteronomium	Sir	Jesus Sirach
Jos	Josua	Jes	Jesaja
Ri	Richter	Jer	Jeremia
Rut	Rut	Klgl	Klagelieder
1 Sam	1 Samuel	Bar	Baruch
2 Sam	2 Samuel	Ez	Ezechiel
1 Kön	1 Könige	Dan	Daniel
2 Kön	2 Könige	Hos	Hosea
1 Chr	1 Chronik	Joel	Joel
2 Chr	2 Chronik	Am	Amos
Esra	Esra	Obd	Obadja
Neh	Nehemia	Jon	Jona
Tob	Tobit	Mich	Micha
Jdt	Judit	Nah	Nahum
Est	Ester	Hab	Habakuk
1 Makk	1 Makkabäer	Zef	Zefanja (Sophonias)
2 Makk	2 Makkabäer	Hag	Haggai
Ijob	Ijob	Sach	Sacharja
Ps	Psalmen	Mal	Maleachi

Neues Testament:

Mt	Matthäus	1 Tim	1. Timotheusbrief
Mk	Markus	2 Tim	2. Timotheusbrief
Lk	Lukas	Tit	Titusbrief
Joh	Johannes	Phlm	Philemonbrief
Apg	Apostelgeschichte	Hebr	Hebräerbrief
Röm	Römerbrief	Jak	Jakobusbrief
1 Kor	1. Korintherbrief	1 Petr	1. Petrusbrief
2 Kor	2. Korintherbrief	2 Petr	2. Petrusbrief
Gal	Galaterbrief	1 Joh	1. Johannesbrief
Eph	Epheserbrief	2 Joh	2. Johannesbrief
Phil	Philipperbrief	3 Joh	3. Johannesbrief
Kol	Kolosserbrief	Jud	Judasbrief
1 Thess	1. Thessalonicherbrief	Offb	Offenbarung
2 Thess	2. Thessalonicherbrief		

Tabelle für die Ordnung der Lesungen

	Leseordnung für die Sonntage	Leseordnung für die Wochentage	Fest der Taufe des Herrn	Wochen im Jahreskreis	Sonntage nach Erscheinung	1. Sonntag der Fastenzeit
1982	B	II	10. Jan.	33	7	28. Febr.
1983	C	I	9. Jan.	33	6	20. Febr.
1984	A	II	7. Jan.	34	9	11. März
1985	B	I	13. Jan.	33	6	24. Febr.
1986	C	II	12. Jan.	33	5	16. Febr.
1987	A	I	11. Jan.	33	8	8. März
1988	B	II	10. Jan.	33	6	21. Febr.
1989	C	I	8. Jan.	34	5	12. Febr.
1990	A	II	7. Jan.	34	8	4. März
1991	B	I	13. Jan.	33	5	17. Febr.
1992	C	II	12. Jan.	33	8	8. März
1993	A	I	10. Jan.	33	7	28. Febr.
1994	B	II	9. Jan.	33	6	20. Febr.
1995	C	I	8. Jan.	34	8	5. März

Tabelle für die Ordnung der Lesungen

	Ostern	Pfingsten	Die Woche nach Pfingsten ist die ... Woche im Jahreskreis	Fest der heiligsten Dreifaltigkeit	Der Sonntag *nach* Dreifaltigkeit ist der ... Sonntag im Jahreskreis	1. Adventssonntag
1982	11. April	30. Mai	9.	6. Juni	11.	28. Nov.
1983	3. April	22. Mai	8.	29. Mai	10.	27. Nov.
1984	22. April	10. Juni	10.	17. Juni	12.	2. Dez.
1985	7. April	26. Mai	8.	2. Juni	10.	1. Dez.
1986	30. März	18. Mai	7.	25. Mai	9.	30. Nov.
1987	19. April	7. Juni	10.	14. Juni	12.	29. Nov.
1988	3. April	22. Mai	8.	29. Mai	10.	27. Nov.
1989	26. März	14. Mai	6.	21. Mai	8.	3. Dez.
1990	15. April	3. Juni	9.	10. Juni	11.	2. Dez.
1991	31. März	19. Mai	7.	26. Mai	9.	1. Dez.
1992	19. April	7. Juni	10.	14. Juni	12.	29. Nov.
1993	11. April	30. Mai	9.	6. Juni	11.	28. Nov.
1994	3. April	22. Mai	8.	29. Mai	10.	27. Nov.
1995	16. April	4. Juni	9.	11. Juni	11.	3. Dez.

Kalendarium der Sonntage und Herrenfeste

Lesejahr C	Seite	1982/83	1985/86	1988/89	1991/92
1. Adventssonntag	3	28. 11.	1. 12.	27. 11.	1. 12.
2. Adventssonntag	8	5. 12.	8. 12.	4. 12.	8. 12.
3. Adventssonntag	13	12. 12.	15. 12.	11. 12.	15. 12.
4. Adventssonntag	18	19. 12.	22. 12.	18. 12.	22. 12.
Geburt des Herrn – Weihnachten	24	25. 12.	25. 12.	25. 12.	25. 12.
1. Sonntag n. Weihnachten – Fest der Hl. Familie	48	26. 12.	29. 12.	30. 12.	29. 12.
Oktavtag von Weihnachten – Maria Gottesmutter	57	1. 1.	1. 1.	1. 1.	1. 1.
2. Sonntag n. Weihnachten	63	2. 1.	5. 1.	–	5. 1.
Erscheinung des Herrn	68	6. 1.	6. 1.	6. 1.	6. 1.
Sonntag nach Erscheinung – Taufe des Herrn	74	9. 1.	12. 1.	8. 1.	12. 1.
Aschermittwoch	83	16. 2.	12. 2.	8. 2.	4. 3.
1. Fastensonntag	91	20. 2.	16. 2.	12. 2.	8. 3.
2. Fastensonntag	98	27. 2.	23. 2.	19. 2.	15. 3.
3. Fastensonntag	104	6. 3.	2. 3.	26. 2.	22. 3.

Kalendarium der Sonntage und Herrenfeste

Lesejahr C	Seite	1982/83	1985/86	1988/89	1991/92
4. Fastensonntag	112	13. 3.	9. 3.	5. 3.	29. 3.
5. Fastensonntag	119	20. 3.	16. 3.	12. 3.	5. 4.
Palmsonntag	126	27. 3.	23. 3.	19. 3.	12. 4.
Gründonnerstag	150	31. 3.	27. 3.	23. 3.	16. 4.
Karfreitag	166	1. 4.	28. 3.	24. 3.	17. 4.
Fest der Auferstehung des Herrn	190	3. 4.	30. 3.	26. 3.	19. 4.
Ostermontag	237	4. 4.	31. 3.	27. 3.	20. 4.
2. Sonntag der Osterzeit	246	10. 4.	6. 4.	2. 4.	26. 4.
3. Sonntag der Osterzeit	252	17. 4.	13. 4.	9. 4.	3. 5.
4. Sonntag der Osterzeit	261	24. 4.	20. 4.	16. 4.	10. 5.
5. Sonntag der Osterzeit	266	1. 5.	27. 4.	23. 4.	17. 5.
6. Sonntag der Osterzeit	272	8. 5.	4. 5.	30. 4.	24. 5.
Christi Himmelfahrt	278	12. 5.	8. 5.	4. 5.	28. 5.
7. Sonntag der Osterzeit	286	15. 5.	11. 5.	7. 5.	31. 5.
Pfingsten	292	22. 5.	18. 5.	14. 5.	7. 6.
Pfingstmontag	310	23. 5.	19. 5.	15. 5.	8. 6.
2. Sonntag im Jahreskreis	435	16. 1.	19. 1.	15. 1.	19. 1.
3. Sonntag im Jahreskreis	441	23. 1.	26. 1.	22. 1.	26. 1.

Kalendarium der Sonntage und Herrenfeste

Lesejahr C	Seite	1982/83	1985/86	1988/89	1991/92
4. Sonntag im Jahreskreis	449	30. 1.	2. 2.	29. 1.	2. 2.
5. Sonntag im Jahreskreis	457	6. 2.	9. 2.	5. 2.	9. 2.
6. Sonntag im Jahreskreis	464	13. 2.	–	–	16. 2.
7. Sonntag im Jahreskreis	469	–	–	–	23. 2.
8. Sonntag im Jahreskreis	475	–	–	–	1. 3.
9. Sonntag im Jahreskreis	480	–	1. 6.	4. 6.	–
10. Sonntag im Jahreskreis	485	5. 6.	8. 6.	11. 6.	–
11. Sonntag im Jahreskreis	491	12. 6.	15. 6.	18. 6.	–
12. Sonntag im Jahreskreis	500	19. 6.	22. 6.	25. 6.	21. 6.
13. Sonntag im Jahreskreis	505	26. 6.	29. 6.	2. 7.	28. 6.
14. Sonntag im Jahreskreis	511	3. 7.	6. 7.	9. 7.	5. 7.
15. Sonntag im Jahreskreis	517	10. 7.	13. 7.	16. 7.	12. 7.
16. Sonntag im Jahreskreis	524	17. 7.	20. 7.	23. 7.	19. 7.
17. Sonntag im Jahreskreis	530	24. 7.	27. 7.	30. 7.	26. 7.
18. Sonntag im Jahreskreis	537	31. 7.	3. 8.	6. 8.	2. 8.
19. Sonntag im Jahreskreis	542	7. 8.	10. 8.	13. 8.	9. 8.
20. Sonntag im Jahreskreis	551	14. 8.	17. 8.	20. 8.	16. 8.
21. Sonntag im Jahreskreis	556	21. 8.	24. 8.	27. 8.	23. 8.
22. Sonntag im Jahreskreis	562	28. 8.	31. 8.	3. 9.	30. 8.

Kalendarium der Sonntage und Herrenfeste

Lesejahr C	Seite	1982/83	1985/86	1988/89	1991/92
23. Sonntag im Jahreskreis	567	4. 9.	7. 9.	10. 9.	6. 9.
24. Sonntag im Jahreskreis	573	11. 9.	14. 9.	17. 9.	13. 9.
25. Sonntag im Jahreskreis	582	18. 9.	21. 9.	24. 9.	20. 9.
26. Sonntag im Jahreskreis	588	25. 9.	28. 9.	1. 10.	27. 9.
27. Sonntag im Jahreskreis	594	2. 10.	5. 10.	8. 10.	4. 10.
28. Sonntag im Jahreskreis	600	9. 10.	12. 10.	15. 10.	11. 10.
29. Sonntag im Jahreskreis	606	16. 10.	19. 10.	22. 10.	18. 10.
30. Sonntag im Jahreskreis	612	23. 10.	26. 10.	29. 10.	25. 10.
31. Sonntag im Jahreskreis	617	30. 10.	2. 11.	5. 11.	1. 11.
32. Sonntag im Jahreskreis	623	6. 11.	9. 11.	12. 11.	8. 11.
33. Sonntag im Jahreskreis	630	13. 11.	16. 11.	19. 11.	15. 11.
Christkönigssonntag	636	20. 11.	23. 11.	26. 11.	22. 11.
Herrenfeste im Jahreskreis Dreifaltigkeitssonntag	317	29. 5.	25. 5.	21. 5.	14. 6.
Fronleichnam	322	2. 6.	29. 5.	25. 5.	18. 6.
Herz-Jesu-Fest	329	10. 6.	6. 6.	2. 6.	26. 6.

EINFÜHRUNG

A. DAS MESSBUCH

Am 3. April 1969 hat Papst Paul VI. das neue Missale Romanum, das Römische Meßbuch, veröffentlicht. Das Zweite Vatikanische Konzil hatte angeordnet: „Der Meß-Ordo soll so überarbeitet werden, daß der Sinn der einzelnen Teile und ihr wechselseitiger Zusammenhang deutlicher hervortreten und die fromme und tätige Teilnahme der Gläubigen erleichtert wird." Der Meß-Ordo ist im wesentlichen das, was im neuen deutschen Meßbuch als „Feier der Gemeindemesse" bezeichnet wird. Darüber hinaus hatte das Konzil bestimmt, daß die Schatzkammer der Heiligen Schrift weit geöffnet werden soll; alle wichtigeren Teile der Bibel sollen im Verlauf einer bestimmten Zeit im Gottesdienst vorgelesen werden. So ergab sich die Notwendigkeit, das ganze Meßbuch gründlich zu überarbeiten.

Die deutsche Ausgabe des Römischen Meßbuches, von der Deutschen Bischofskonferenz approbiert und vom Papst bestätigt, wurde am ersten Fastensonntag 1976 verbindlich eingeführt. Die Studientexte der vorausgehenden Jahre und das deutsch-lateinische Altarmeßbuch von 1965 wurden damit außer Kraft gesetzt. Doch können ältere (kranke und behinderte) Priester mit Zustimmung des Bischofs weiterhin das sogenannte Tridentinische Missale Papst Pius' V. benützen, soweit es sich nicht um Meßfeiern mit der Gemeinde handelt.

Das neue Meßbuch widerspricht nicht dem Beschluß des Konzils von Trient, sondern führt dessen Absicht weiter. Das Trienter Konzil hatte nichts anderes getan als ein bestimmtes Meßbuch (es gab deren mehrere) für allgemein verbindlich zu erklären, nicht ohne zuvor an diesem Meßbuch, dem Meßbuch der Römischen Kurie, eine Reihe von Verbesserungen und Veränderungen vorzunehmen. Auch in der Folgezeit haben mehrere Päpste, vor allem der heilige Papst Pius X. (1911), an diesem Meßbuch beträchtliche Veränderungen vorgenommen. Papst Paul VI. hat also nichts grundsätzlich Neues getan, als er, den Auftrag des Zweiten Vatikanischen Konzils ausführend, das neue, überarbeitete Meßbuch herausgab.

Die überlieferte Grundordnung der Meßfeier und auch das theologische Grundverständnis der Messe haben sich im neuen Meßbuch nicht geändert. Einzelne Riten und Texte wurden in einfachere und klarere Formen gebracht. So fällt zum Beispiel in der deutschen Fassung auf, daß es bei den Worten über den Kelch heißt: „... mein Blut, das für euch und *für alle* vergossen wird" (früher: *„für viele"*, d. h. für die Vielen). So heißt es sachlich richtig und mit Zustimmung des Papstes auch im französischen und im italienischen Meßbuch (pour tous, per tutti). Auch im alten lateinischen Meßbuch (dem Meßbuch Pius' V.) hieß es ja am Gründonnerstag schon bisher: „Am Abend, bevor er für unser Heil und für das Heil *aller* Menschen (omniumque salute) das Leiden auf sich nahm ..."

Neu sind im Meß-Ordo vor allem die drei Hochgebete, die nun zusätzlich zum alten römischen Meßkanon zur Verfügung stehen. Das ist eine wesentliche Bereicherung unserer Liturgie, die im allgemeinen auch dankbar aufgenommen wurde. Neu sind diese Hochgebete in Wirklichkeit nicht; sie greifen in ihrer Struktur und ihren Aussagen auf älteste Liturgien zurück. Entsprechendes gilt auch von anderen „Neuerungen" in der Meßliturgie. Wichtig ist, daß wir mit dem neuen Meßbuch und der erneuerten Liturgie zu leben lernen. Die Liturgie ist ja in unserem Leben nicht ein isoliertes Zwischenspiel; wir sollen sie als die lebendige Mitte begreifen. Dazu will auch diese Volksausgabe, der neue „Schott", eine Hilfe sein.

B. DAS KIRCHENJAHR

Im Ablauf jedes Jahres feiert die Kirche das Mysterium Christi und damit ihr eigenstes Lebensgeheimnis. Wir sind gewohnt, das Kirchenjahr mit dem Advent, der Zeit der Erwartung, zu beginnen, und wir beschließen es mit dem letzten Sonntag nach Pfingsten. Dabei erfahren wir jedes Jahr, wie Erwartung und Erfüllung ineinandergreifen.

1. Das erste und ursprünglich einzige Fest im christlichen Jahr ist Ostern, das „Pascha des Herrn". Die Drei Österlichen Tage (vom Abend des Gründonnerstags bis zur Vesper des Ostersonntags) sind der Höhepunkt des ganzen Kirchenjahres. Das christliche Osterfest hat seine Wurzeln in der Paschafeier des Alten Bundes. Israel feierte am Paschafest die Befreiung aus der ägyptischen Knechtschaft als die große Rettungstat seines Gottes. Inhalt des christlichen Festes, im Deutschen „Osterfest" genannt, ist die neue, größere Befreiung, die Christus durch seinen Tod und seine Auferstehung der ganzen Menschheit gebracht hat. „Als unser Paschalamm ist Christus geopfert worden", schreibt der Apostel Paulus an die Christen von Korinth (1 Kor 5,7). Sooft die christliche Gemeinde in ihrer Eucharistiefeier die Erinnerung an den Tod und die Auferstehung Christi begeht, feiert sie Ostern. Das tut sie vor allem am ersten Wochentag, dem „Tag des Herrn". Jeder Sonntag ist ein kleines Osterfest.

Mit der Feier des Todes und der Auferstehung Jesu an Ostern verbindet sich die Erinnerung an seine Himmelfahrt und an die Sendung des Heiligen Geistes. Schon früh entstanden daher, als Begleitfeste von Ostern, die Feste Christi Himmelfahrt und Pfingsten. Als Vorbereitung auf Ostern, als Zeit der Umkehr und der Erneuerung, dient die Fastenzeit, die sechs Wochen vor Ostern beginnt. So umfaßt die österliche Festzeit den Zeitraum vom ersten Fastensonntag (vom Aschermittwoch) bis zum Pfingstsonntag. Einen festen Termin hat das Osterfest nicht: es wird nach abendländischem Brauch am Sonntag nach dem ersten Frühlingsvollmond begangen.

2. Neben Ostern, das als Mitte und Gipfel des liturgischen Jahres zu gelten hat, steht als zweites Hochfest Weihnachten, das Fest der Menschwerdung, an dem wir Jesus, das Kind der Jungfrau Maria, als den wahren Gottessohn begrüßen und anbeten.

Die vorausgehenden Wochen des Advents und das abschließende Fest der Erscheinung (Epiphanie) erweitern und vertiefen den Festgedanken von Weihnachten. „Advent" bedeutete, ebenso wie „Epiphanie", in der Zeit, als diese Feste entstanden, die Ankunft des Herrschers, seinen glückverheißenden Einzug in eine Stadt. An Weihnachten feiern wir mehr die Ankunft des Herrn in Armut und Schwachheit, eben seine menschliche Geburt; die Adventszeit aber erinnert uns, ebenso wie das abschließende Epiphaniefest, an das Kommen Christi in Macht und Herrlichkeit, das wir erwarten.

3. Zwischen dem Weihnachts- und dem Osterfestkreis liegen die „Sonntage im Jahreskreis", die grünen Sonntage. Die „Zeit im Jahreskreis" umfaßt 33 oder 34 Wochen. Sie beginnt am Sonntag nach dem 6. Januar und dauert zunächst bis zum Dienstag vor dem Aschermittwoch. Dann beginnt sie wieder mit dem Montag (Dienstag) nach Pfingsten und endet am Samstag vor dem ersten Adventssonntag.

Der Inhalt auch dieser gewöhnlichen Sonntage und Wochentage ist Christus selbst, der in seiner Kirche und mit ihr den Weg durch das Jahr und durch die Jahrhunderte geht. Daß wir die Wahrheit seiner Auferstehung erkennen, die Macht seiner Liebe erfahren und uns für sein Kommen bereit machen, das ist der Sinn des Kirchenjahres und alles liturgischen Tuns.

C. DIE HEILIGE VERSAMMLUNG

Der Ort, wo christlicher Gottesdienst gefeiert wird, ist die versammelte Gemeinde der Gläubigen: derer, die an Jesus Christus glauben, an seinen Tod am Kreuz, an die göttliche Macht seines Lebens und an sein Kommen in Herrlichkeit.

Diese Versammlung ist mehr als nur die Summe von einzelnen, die Erbauung suchen oder am Sonntag ihre Christenpflicht erfüllen wollen. Gott selbst ist es, der sie zusammenruft, so wie er einst am Sinai die „Kinder Israels" zusammengerufen hat, um zu ihnen zu sprechen und sie zu seinem Volk zu machen. Von der Begegnung mit Gott und vom immer neuen Hören auf sein Wort lebt das Volk Gottes auf seinem Weg durch die Wüste der Jahrhunderte. Hierin gleicht das neue Gottesvolk, die Kirche Christi, dem Volk, zu dem Gott am Sinai gesprochen hat.

Von Anfang an war den Christen die Zusammenkunft zur eucharistischen Feier geradezu lebenswichtig. Sie ohne Not zu versäumen galt als gefährliche Nachlässigkeit, gefährlich für den Glauben des einzelnen wie für den Bestand der Gemeinde. „Wir können nicht auf unsere Sonntagsversammlungen verzichten: die Versammlungen am Tag des Herrn können nicht unterbrochen werden", das erklärten christliche Märtyrer vor dem heidnischen Richter zur Zeit des Kaisers Diokletian. In der Versammlung zur heiligen Feier erfährt und bekundet die Kirche sich selbst, ihren Glauben und ihre Hoffnung. Zwar existiert die Kirche als Gemeinschaft der Glaubenden auch dann, wenn sie nicht versammelt ist, aber sie würde zu bestehen aufhören, wenn ihre Glieder sich nicht immer wieder versammeln würden. Die versammelte Gemeinde am Ort weiß sich dem größeren Ganzen verbunden durch den einen Glauben und die eine Taufe, den einen Geist und die eine gemeinsame Hoffnung. Der Bischof der Diözese und das Oberhaupt der Gesamtkirche werden daher in jeder Meßfeier genannt. Die Freuden und Nöte anderer Gemeinden und aller Menschen sind dem betenden Gedenken gegenwärtig. Nach den Aussagen des Hebräerbriefs (Kapitel 12), die auch in liturgischen Texten wiederkehren, ist der Horizont der christlichen Liturgie noch viel weiter: die festliche Versammlung ereignet sich im himmlischen Jerusalem, in der Stadt des lebendigen Gottes, in der Gemeinschaft mit den Engeln des Himmels, mit den Brüdern und Schwestern, die bereits zur Vollendung gelangt sind, und vor allem: in der Gemeinschaft mit Christus selbst und seiner Hingabe im Opfer.

„Wo zwei oder drei in meinem Namen versammelt sind, da bin ich mitten unter ihnen" (Mt 18, 20): diese Verheißung Jesu gilt ganz besonders da, wo sich die Gemeinde (Ortskirche, Hausgemeinschaft) versammelt, um das Wort Gottes zu hören und Eucharistie zu feiern. Da lebt Christus durch den Glauben in den Herzen der Versammelten, er spricht zu ihnen durch das Wort der Schrift, er ist gegenwärtig in der Person dessen, der in der Gemeinde den priesterlichen Dienst erfüllt; besonders aber ist er zugegen in den eucharistischen Gestalten von Brot und Wein. Er selbst gibt sich den Seinen als Brot des Lebens, als das wahre Osterlamm, wie er beim Abendmahl sich den Jüngern als Speise und Trank gereicht hat.

DAS HERRENJAHR

ADVENT

ERSTER ADVENTSSONNTAG

Die Wochen des Advents sind jedes Jahr aufs neue die Zeit der Erwartung und Bereitung: Vorbereitung auf das Kommen des Herrn, hier und jetzt. Zeit der großen Hoffnung, die aus dem Glauben kommt. Die Kraft der Hoffnung aber ist die Liebe. Das liebende Herz erfährt jetzt schon die Nähe des Herrn und die heilende Kraft seiner Gegenwart.

ERÖFFNUNGSVERS Ps 25 (24),1–3

Zu dir, Herr, erhebe ich meine Seele. Mein Gott, dir vertraue ich.
Laß mich nicht scheitern, laß meine Feinde nicht triumphieren!
Denn niemand, der auf dich hofft, wird zuschanden.

TAGESGEBET

Herr, unser Gott
alles steht in deiner Macht;
du schenkst das Wollen und das Vollbringen.
Hilf uns, daß wir auf dem Weg der Gerechtigkeit
Christus entgegengehen
und uns durch Taten der Liebe
auf seine Ankunft vorbereiten,
damit wir den Platz zu seiner Rechten erhalten,
wenn er wiederkommt in Herrlichkeit.
Er, der in der Einheit des Heiligen Geistes
mit dir lebt und herrscht in alle Ewigkeit.

ZUR 1. LESUNG
Zwischen Verheißung und Erfüllung lebte das Gottesvolk Israel. In der Lesung aus Jer 33 greift ein späterer Prophet die Verheißung von Jer 23,5–6 auf; Gott wird sein Wort wahr machen und einen Retter aus dem Haus David senden. „In jenen Tagen", „zu jener Zeit": erst Jesus Christus hat uns die Größe und Weite der Absicht Gottes gezeigt; mit seiner ersten Ankunft hat die Zeit der Erfüllung begonnen.

ERSTE LESUNG Jer 33, 14–16

Ich werde für David einen gerechten Sproß aufsprießen lassen

Lesung
  aus dem Buch Jeremia.

14 Seht, es werden Tage kommen – Spruch des Herrn –,
  da erfülle ich das Heilswort,
  das ich über das Haus Israel
  und über das Haus Juda gesprochen habe.
15 In jenen Tagen und zu jener Zeit
  werde ich für David einen gerechten Sproß aufsprießen lassen.
Er wird für Recht und Gerechtigkeit sorgen im Land.
16 In jenen Tagen wird Juda gerettet werden.
Jerusalem kann in Sicherheit wohnen.
Man wird ihm den Namen geben:
  Jahwe ist unsere Gerechtigkeit.

ANTWORTPSALM Ps 25 (24), 4–5.8–9.10 u. 14 (R: 1)

R Zu dir, o Herr, erhebe ich meine Seele. – R (GL 529, 2)[1]

4 Zeige mir, Herr, deine Wege, * I. Ton[2]
  lehre mich deine Pfade!
5 Führe mich in deiner Treue und lehre mich, †
  denn du bist der Gott meines Heiles. *
  Auf dich hoffe ich allezeit. – (R)
8 Gut und gerecht ist der Herr, *
  darum weist er die Irrenden auf den rechten Weg.
9 Die Demütigen leitet er nach seinem Recht, *
  die Gebeugten lehrt er seinen Weg. – (R)
10 Alle Pfade des Herrn sind Huld und Treue *
  denen, die seinen Bund und seine Gebote bewahren.
14 Die sind Vertraute des Herrn, die ihn fürchten; *
  er weiht sie ein in seinen Bund. – R

---

[1] Anstelle des abgedruckten Kehrverses kann ein entsprechender Kehrvers aus dem „Gotteslob", auf den jeweils in dieser Form verwiesen wird, gesungen werden.
[2] Alle Antwortpsalm-Verse sind durch Unterstreichungen und Bogen zum Singen eingerichtet. Der angegebene Psalmton ist auf dem Beilageblatt mit Noten abgedruckt.

Erster Adventssonntag

ZUR 2. LESUNG *Was wird aus dieser Welt? Was wird aus unserem Leben? Steht am Ende die Zerstörung, oder gibt es irgendeine Vollendung? Der Glaube an Christus erweist seine Kraft in der Liebe. Und in der Hoffnung: Jesus Christus ist der Herr; er kommt, um zu retten und zu vollenden. Die Tage unseres Lebens sind kostbar, Tage des Wachsens und Reifens, Tage der Erwartung.*

ZWEITE LESUNG 1 Thess 3, 12 – 4, 2

Der Herr möge euer Herz festigen, damit ihr ohne Tadel seid, wenn Jesus, unser Herr, kommt

Lesung
 aus dem ersten Brief des Apostels Paulus an die Thessalónicher.

Brüder!
12 Der Herr lasse euch wachsen und reich werden
 in der Liebe zueinander und zu allen,
 wie auch wir euch lieben,
13 damit euer Herz gefestigt wird
 und ihr ohne Tadel seid,
 geheiligt vor Gott, unserem Vater,
 wenn Jesus, unser Herr, mit allen seinen Heiligen kommt.

1 Im übrigen, Brüder, bitten und ermahnen wir euch
 im Namen Jesu, des Herrn:
Ihr habt von uns gelernt,
 wie ihr leben müßt, um Gott zu gefallen,
und ihr lebt auch so;
werdet darin noch vollkommener!
2 Ihr wißt ja,
 welche Ermahnungen wir euch
 im Auftrag Jesu, des Herrn, gegeben haben.

RUF VOR DEM EVANGELIUM Vers: Ps 85 (84), 8

Halleluja. Halleluja[1].
Erweise uns, Herr, deine Huld,
und gewähre uns dein Heil.
Halleluja.

---
[1] Singweisen für das Halleluja siehe Beilageblatt.

ZUM EVANGELIUM *Die Zerstörung Jerusalems im Jahr 70 nach Christus war noch nicht das Ende der Welt. Dieses wird durch weitere Katastrophen der Geschichte und durch schwere kosmische Erschütterungen eingeleitet. Die „Menschen" vergehen vor Angst und Schrecken, fühlen sich hilflos dem Terror ausgeliefert. Die Christen aber schauen nach dem Menschensohn aus, der kommt, um die Welt zu richten und zu retten. Die Kraft zum Durchhalten nimmt der Christ nicht aus politischen oder philosophischen Parolen, sondern aus dem Wort Christi.*

EVANGELIUM   Lk 21,25–28.34–36

Eure Erlösung ist nahe

✢ Aus dem heiligen Evangelium nach Lukas.

In jener Zeit sprach Jesus zu seinen Jüngern:
25 Es werden Zeichen sichtbar werden an Sonne, Mond und Sternen,
und auf der Erde
   werden die Völker bestürzt und ratlos sein
   über das Toben und Donnern des Meeres.
26 Die Menschen werden vor Angst vergehen
   in der Erwartung der Dinge, die über die Erde kommen;
denn die Kräfte des Himmels werden erschüttert werden.
27 Dann wird man den Menschensohn
   mit großer Macht und Herrlichkeit
   auf einer Wolke kommen sehen.
28 Wenn all das beginnt,
   dann richtet euch auf, und erhebt eure Häupter;
denn eure Erlösung ist nahe.
34 Nehmt euch in acht,
   daß Rausch und Trunkenheit
   und die Sorgen des Alltags euch nicht verwirren
   und daß jener Tag euch nicht plötzlich überrascht,
35   so, wie man in eine Falle gerät;
denn er wird über alle Bewohner der ganzen Erde hereinbrechen.
36 Wacht und betet allezeit,
   damit ihr allem, was geschehen wird, entrinnen
   und vor den Menschensohn hintreten könnt.

Erster Adventssonntag

Glaubensbekenntnis, S. 348 ff.
Fürbitten vgl. S. 785 ff.

ZUR EUCHARISTIEFEIER *Der Christ, der aufgewacht ist, weiß, was die Stunde geschlagen hat. Seine Zeit ist die Gegenwart. Es kommt darauf an, mit wachem Herzen die Nähe des Herrn zu spüren, in den Ereignissen der Zeit wie im heiligen Zeichen des Sakramentes.*

GABENGEBET

Allmächtiger Gott,
alles, was wir haben, kommt von dir.
Nimm die Gaben an, die wir darbringen.
Mache sie für uns in diesem Leben
zum Sakrament der Erlösung
und rufe uns an deinen Tisch im kommenden Reich.
Darum bitten wir durch Christus, unseren Herrn.

Adventspräfation, S. 398 ff.

KOMMUNIONVERS   Ps 85 (84), 13

Der Herr wird seinen Segen spenden,
und unsere Erde bringt ihre Frucht hervor.

SCHLUSSGEBET

Herr, unser Gott,
du hast uns an deinem Tisch
mit neuer Kraft gestärkt.
Zeige uns den rechten Weg
durch diese vergängliche Welt
und lenke unseren Blick auf das Unvergängliche,
damit wir in allem dein Reich suchen.
Darum bitten wir durch Christus, unseren Herrn.

FÜR DEN TAG UND DIE WOCHE

Noch nicht   *Wozu auf ihn warten, wenn er schon gekommen ist? Wozu nach ihm Ausschau halten, wenn er schon zu sehen ist? Ist der Advent nicht ein Abschnitt des Kirchenjahres „als ob"? Ein unaufrichtiges Vormachen, ein alljährliches Kinderspiel? Nein. Denn Er ist in dir noch nicht wiedergeboren. Und du bist neu, bist anders als vor einem*

Jahr. Du siehst anders als vor einem Jahr. Du hörst anders, du denkst anders als vor einem Jahr. Er muß in dir neu geboren werden. (M. Maliński)

ZWEITER ADVENTSSONNTAG

Ein Christ in dieser Welt ist nicht ein verlorener Einzelgänger. Er steht in der Gemeinschaft glaubender und hoffender Menschen. Er weiß sich verantwortlich für sie und für alle. Denn für alle Menschen will Gott Rettung, Freiheit, Freude. Und jeder kann jedem ein Helfer sein.

ERÖFFNUNGSVERS   Vgl. Jes 30, 19.30
Der Herr wird kommen, um die Welt zu erlösen.
Volk Gottes, mach dich bereit.
Höre auf ihn, und dein Herz wird sich freuen.

TAGESGEBET
Allmächtiger und barmherziger Gott,
deine Weisheit allein zeigt uns den rechten Weg.
Laß nicht zu,
daß irdische Aufgaben und Sorgen uns hindern,
deinem Sohn entgegenzugehen.
Führe uns durch dein Wort und deine Gnade
zur Gemeinschaft mit ihm,
der in der Einheit des Heiligen Geistes
mit dir lebt und herrscht in alle Ewigkeit.

ZUR 1. LESUNG *Der späte Prophet, der in Baruch 5, 1–9 spricht, wendet sich an Juden, die als Minderheiten in der Fremde leben. Sie haben keine politische Macht, aber Gott denkt an sie, er kümmert sich um sie; sein Wort ist zuverlässig. Wer sich an Gottes Wort hält, hat Zukunft und Hoffnung.*

Zweiter Adventssonntag

ERSTE LESUNG   Bar 5,1–9

Gott will deinen Glanz dem ganzen Erdkreis zeigen

Lesung
   aus dem Buch Baruch.

Leg ab, Jerusalem, das Kleid deiner Trauer und deines Elends,
und bekleide dich mit dem Schmuck der Herrlichkeit,
   die Gott dir für immer verleiht.
Leg den Mantel der göttlichen Gerechtigkeit an;
setz dir die Krone der Herrlichkeit des Ewigen aufs Haupt!
Denn Gott will deinen Glanz
   dem ganzen Erdkreis unter dem Himmel zeigen.
Gott gibt dir für immer den Namen:
   Friede der Gerechtigkeit und Herrlichkeit der Gottesfurcht.

Steh auf, Jerusalem, und steig auf die Höhe!
Schau nach Osten, und sieh deine Kinder:
Vom Untergang der Sonne bis zum Aufgang
   hat das Wort des Heiligen sie gesammelt.
Sie freuen sich, daß Gott an sie gedacht hat.
Denn zu Fuß zogen sie fort von dir, weggetrieben von Feinden;
Gott aber bringt sie heim zu dir,
   ehrenvoll getragen wie in einer königlichen Sänfte.
Denn Gott hat befohlen:
Senken sollen sich alle hohen Berge und die ewigen Hügel,
und heben sollen sich die Täler zu ebenem Land,
so daß Israel
   unter der Herrlichkeit Gottes sicher dahinziehen kann.

Wälder und duftende Bäume aller Art
   spenden Israel Schatten auf Gottes Geheiß.
Denn Gott führt Israel heim in Freude,
im Licht seiner Herrlichkeit;
Erbarmen und Gerechtigkeit kommen von ihm.

ANTWORTPSALM   Ps 126 (125), 1–2b.2c–3.4–5.6 (R: 3)

R Großes hat der Herr an uns getan.   (GL 753,1)
Da waren wir fröhlich. – R

Als der Herr das Los der Gefangenschaft Zions wendete, *   II. Ton
da waren wir alle wie Träumende.

2ab
Da war unser Mund voll Lachen *
und unsere Zunge voll Jubel. – (R)

2cd
Da sagte man unter den andern Völkern: *
„Der Herr hat an ihnen Großes getan."

3
Ja, Großes hat der Herr an uns getan. *
Da waren wir fröhlich. – (R)

4
Wende doch, Herr, unser Geschick, *
wie du versiegte Bäche wieder füllst im Südland.

5
Die mit Tränen säen, *
werden mit Jubel ernten. – (R)

6
Sie gehen hin unter Tränen *
und tragen den Samen zur Aussaat.

Sie kommen wieder mit Jubel *
und bringen ihre Garben ein.

R Großes hat der Herr an uns getan,
da waren wir fröhlich.

ZUR 2. LESUNG *Die Christengemeinde von Philippi war die erste, die Paulus auf europäischem Boden gegründet hat. Sie blieb dem Apostel in Glauben, Liebe und Gehorsam verbunden. Paulus hat also Grund, Gott für diese Gemeinde zu danken. Und er betet für sie um inneres Wachsen und Reifen. Der „Tag Christi", der Tag seiner Ankunft, wird der Tag der Ernte sein, die Zeit der reif gewordenen Liebe.*

ZWEITE LESUNG   Phil 1,4–6.8–11

Seid rein und ohne Tadel für den Tag Christi

Lesung
   aus dem Brief des Apostels Paulus an die Philipper.

Brüder!
4 Immer, wenn ich für euch alle bete,
   tue ich es mit Freude
5 und danke Gott dafür,
   daß ihr euch gemeinsam für das Evangelium eingesetzt habt
   vom ersten Tag an bis jetzt.

Zweiter Adventssonntag

Ich vertraue darauf,
    daß er, der bei euch das gute Werk begonnen hat,
    es auch vollenden wird bis zum Tag Christi Jesu.

Gott ist mein Zeuge, wie ich mich nach euch allen sehne
mit der herzlichen Liebe, die Christus Jesus zu euch hat.
Und ich bete darum,
    daß eure Liebe immer noch reicher
    an Einsicht und Verständnis wird,
damit ihr beurteilen könnt, worauf es ankommt.
Dann werdet ihr rein und ohne Tadel sein für den Tag Christi,
reich an der Frucht der Gerechtigkeit, die Jesus Christus gibt,
zur Ehre und zum Lob Gottes.

RUF VOR DEM EVANGELIUM   Vers: Lk 3,4b.6

Halleluja. Halleluja.

Bereitet dem Herrn den Weg!
Ebnet ihm die Straßen!
Und alle Menschen werden das Heil sehen, das von Gott kommt.

Halleluja.

ZUM EVANGELIUM   *Johannes der Täufer ist der Vorläufer; er weist auf den Messias hin und bereitet ihm die Wege. Der Evangelist Lukas stellt die Berufung des Johannes in den großen Rahmen der Weltgeschichte und der Heilsgeschichte. In der Predigt des Täufers wird schon deutlich, von welcher Art das Heil sein wird, das von Gott kommt: Versöhnung mit Gott durch Jesus Christus. Sie ist möglich, wenn der Mensch bereit ist, umzukehren, anders zu werden.*

EVANGELIUM   Lk 3,1–6

Alle Menschen werden das Heil sehen, das von Gott kommt

✠ Aus dem heiligen Evangelium nach Lukas.

Es war im fünfzehnten Jahr der Regierung des Kaisers Tibérius;
Pontius Pilatus war Statthalter von Judäa,
Herodes Tetrárch von Galiläa,
sein Bruder Philíppus Tetrárch von Ituräa und Trachonítis,
Lysánias Tetrárch von Abiléne;

Zweiter Adventssonntag

2 Hohepriester waren Hannas und Kájaphas.
Da erging in der Wüste das Wort Gottes an Johannes,
den Sohn des Zacharias.

3 Und er zog in die Gegend am Jordan
und verkündigte dort überall
   Umkehr und Taufe zur Vergebung der Sünden.

4 So erfüllte sich,
   was im Buch der Reden des Propheten Jesája steht:
Eine Stimme ruft in der Wüste:
Bereitet dem Herrn den Weg!
Ebnet ihm die Straßen!

5 Jede Schlucht soll aufgefüllt werden,
   jeder Berg und Hügel sich senken.
Was krumm ist, soll gerade werden,
   was uneben ist, soll zum ebenen Weg werden.

6 Und alle Menschen werden das Heil sehen, das von Gott kommt.

Glaubensbekenntnis, S. 348 ff.
Fürbitten vgl. S. 785 ff.

ZUR EUCHARISTIEFEIER *Das Heil, das uns von Gott kommt, ist Jesus Christus selbst, seine Person, sein Wort, sein Sakrament. Die Frage ist, ob wir bereit sind, ihm zu begegnen und von dieser Begegnung Zeugnis zu geben durch unser Wort und unsere Tat.*

GABENGEBET

Barmherziger Gott,
wir bekennen, daß wir immer wieder versagen
und uns nicht auf unsere Verdienste berufen können.
Komm uns zu Hilfe, ersetze, was uns fehlt,
und nimm unsere Gebete und Gaben gnädig an.
Darum bitten wir durch Christus, unseren Herrn.

Adventspräfation, S. 398 ff.

KOMMUNIONVERS Bar 5, 5; 4, 36
Jerusalem, erhebe dich,
steig auf den Berg und schau die Freude,
die von deinem Gott zu dir kommt.

SCHLUSSGEBET

Herr, unser Gott,
im heiligen Mahl
hast du uns mit deinem Geist erfüllt.
Lehre uns durch die Teilnahme an diesem Geheimnis,
die Welt im Licht deiner Weisheit zu sehen
und das Unvergängliche mehr zu lieben
als das Vergängliche.
Darum bitten wir durch Christus, unseren Herrn.

FÜR DEN TAG UND DIE WOCHE
Das größere Übel

Sicher ist es ein großes Übel, voller Fehler zu sein.
Noch ein größeres Übel ist es,
voller Fehler zu sein und sie nicht kennen zu wollen.
Denn das heißt, daß man ihnen willentlich
noch den Betrug hinzufügt. (Blaise Pascal)

DRITTER ADVENTSSONNTAG

Nicht jeden Tag sind wir in freudiger Stimmung, auch nicht jeden Sonntag. Wenn wir Lieder der Freude singen, ist es oft nur unsere arme, allein gelassene Stimme, die zu singen versucht. Wo ist das Herz? Wo ist der Geist Gottes? Es gibt auch die hohen Zeiten, Stunden, wo wir spüren, daß wahrhaftig Gott in unserer Mitte ist. Und wenn wir selber ganz da sind, können wir uns einfach und unmittelbar zu ihm hinwenden. Da ist die Freude mehr als nur eine Stimmung, sie ist Gabe des anwesenden Gottes.

ERÖFFNUNGSVERS   Phil 4, 4.5

Freut euch im Herrn zu jeder Zeit! Noch einmal sage ich: Freut euch!
Denn der Herr ist nahe.

TAGESGEBET

Allmächtiger Gott,
sieh gütig auf dein Volk,
das mit gläubigem Verlangen
das Fest der Geburt Christi erwartet.
Mache unser Herz bereit
für das Geschenk der Erlösung,
damit Weihnachten für uns alle
ein Tag der Freude und der Zuversicht werde.
Darum bitten wir durch Jesus Christus.

ZUR 1. LESUNG *Die Lesung aus Zefanja (Sophonias) beginnt mit einem Aufruf zur Freude (3, 14–15); Gott ist da, der König mitten in seiner Stadt. Er selbst ist die Mitte. Der folgende Zuspruch (3, 16–17) enthält die Mahnung: „Fürchte dich nicht!" Die Gegenwart mag dunkel sein, aber Gott liebt sein Volk, und er ist mächtig, um es zu retten.*

ERSTE LESUNG Zef 3, 14–17 (14–18a)

Dein Gott jubelt über dich und frohlockt

**Lesung
aus dem Buch Zefánja.**

¹⁴ Juble, Tochter Zion!
Jauchze, Israel!
Freu dich, und frohlocke von ganzem Herzen,
   Tochter Jerusalem!
¹⁵ Der Herr hat das Urteil gegen dich aufgehoben
   und deine Feinde zur Umkehr gezwungen.
Der König Israels, der Herr, ist in deiner Mitte;
du hast kein Unheil mehr zu fürchten.

¹⁶ An jenem Tag wird man zu Jerusalem sagen:
   Fürchte dich nicht, Zion!
Laß die Hände nicht sinken!
¹⁷ Der Herr, dein Gott, ist in deiner Mitte,
ein Held, der Rettung bringt.
Er freut sich und jubelt über dich,
er erneuert seine Liebe zu dir,
er jubelt über dich und frohlockt,
   wie man frohlockt an einem Festtag.

Dritter Adventssonntag

ANTWORTPSALM   Jes 12,2.3 u. 4bcd.5–6 (R: vgl. 6)

R Freut euch und jubelt;   (GL 597, 2)
in eurer Mitte ist der Herr. – R

Gott ist meine Rettung; *   V. Ton
ihm will ich vertrauen und niemals verzagen.

Denn meine Stärke und mein Lied ist der Herr. *
Er ist für mich zum Retter geworden. – (R)

Ihr werdet Wasser schöpfen voll Freude *
aus den Quellen des Heils.

bcd Dankt dem Herrn! Ruft seinen Namen an! †
Macht seine Taten unter den Völkern bekannt, *
verkündet: Sein Name ist groß und erhaben! – (R)

Preist den Herrn, denn herrliche Taten hat er vollbracht; *
auf der ganzen Erde soll man es wissen.

Jauchzt und jubelt, ihr Bewohner von Zion; *
denn groß ist in eurer Mitte der Heilige Israels. – R

ZUR 2. LESUNG   *Aus dem Gefängnis schreibt der Apostel an die Gemeinde von Philippi. Er weiß sich mit ihr verbunden im Glauben an Christus und im Warten auf seine Wiederkunft. „Der Herr ist nahe", das sagt Paulus auch vor der Möglichkeit seines baldigen Todes. Die Nähe Christi bedeutet ihm Freude und Frieden; beides wünscht er auch der Gemeinde, an die er schreibt.*

ZWEITE LESUNG   Phil 4,4–7

Der Herr ist nahe

Lesung
   aus dem Brief des Apostels Paulus an die Philipper.

Brüder!
Freut euch im Herrn zu jeder Zeit!
Noch einmal sage ich: Freut euch!
Eure Güte werde allen Menschen bekannt.
Der Herr ist nahe.
Sorgt euch um nichts,
sondern bringt in jeder Lage
   betend und flehend eure Bitten mit Dank vor Gott.

⁷ Und der Friede Gottes, der alles Verstehen übersteigt,
   wird eure Herzen und eure Gedanken
   in der Gemeinschaft mit Christus Jesus bewahren.

RUF VOR DEM EVANGELIUM   Vers: vgl. Jes 61,1ab (Lk 4,18)

Halleluja. Halleluja.

Der Geist des Herrn ruht auf mir.
Der Herr hat mich gesandt,
den Armen die Frohe Botschaft zu bringen.
Halleluja.

ZUM EVANGELIUM

Johannes der Täufer war der Prophet, der dem Messias voranging. Er hat gepredigt und getauft. Seine Predigt war Mahnung zur Umkehr (3,11–14) und Hinweis auf den Größeren, der nach ihm kommen sollte (3,15–17). Die Umkehr (Bekehrung) geschieht durch konkrete Taten der Menschlichkeit und Nächstenliebe. Die Tätigkeit des Messias wird als Taufe und als Ernte geschildert (Verse 16 u. 17); sein Kommen wird für die einen Heiligung und Heil, für die andern Verurteilung bedeuten.

EVANGELIUM   Lk 3,10–18

Was sollen wir also tun?

✝ Aus dem heiligen Evangelium nach Lukas.

¹⁰ In jener Zeit fragten die Leute den Johannes den Täufer:
   Was sollen wir also tun?
¹¹ Er antwortete ihnen:
   Wer zwei Gewänder hat,
   der gebe eines davon dem, der keines hat,
   und wer zu essen hat,
   der handle ebenso.
¹² Es kamen auch Zöllner zu ihm, um sich taufen zu lassen,
   und fragten: Meister, was sollen wir tun?
¹³ Er sagte zu ihnen:
   Verlangt nicht mehr, als festgesetzt ist.
¹⁴ Auch Soldaten fragten ihn:
   Was sollen denn wir tun?

Dritter Adventssonntag

Und er sagte zu ihnen:
>Mißhandelt niemand,
erpreßt niemand,
begnügt euch mit eurem Sold!

Das Volk war voll Erwartung,
und alle überlegten im stillen,
>ob Johannes nicht vielleicht selbst der Messias sei.

Doch Johannes gab ihnen allen zur Antwort:
>Ich taufe euch nur mit Wasser.

Es kommt aber einer, der stärker ist als ich,
und ich bin es nicht wert, ihm die Schuhe aufzuschnüren.
Er wird euch mit dem Heiligen Geist und mit Feuer taufen.

Schon hält er die Schaufel in der Hand,
>um die Spreu vom Weizen zu trennen
>und den Weizen in seine Scheune zu bringen;

die Spreu aber
>wird er in nie erlöschendem Feuer verbrennen.

Mit diesen und vielen anderen Worten
>ermahnte er das Volk in seiner Predigt.

Glaubensbekenntnis, S. 348 ff.
Fürbitten vgl. S. 785 ff.

ZUR EUCHARISTIEFEIER *Der Herr ist nahe. Freude und Güte, Friede und Gemeinschaft sind die Gaben und Zeichen seiner Nähe. Daran sollen die Menschen erkennen, daß wir Eucharistie gefeiert haben.*

GABENGEBET

Herr, unser Gott,
in dieser Feier
erfüllen wir den Auftrag deines Sohnes.
Nimm unsere Gaben an
und gib deiner Kirche die Gnade,
immer und überall sein Opfer zu feiern.
Schenke uns durch dieses Geheimnis dein Heil,
das du der Welt bereitet hast.
Darum bitten wir durch Christus, unseren Herrn.

Adventspräfation, S. 398 ff.

KOMMUNIONVERS Jes 35, 4
Sagt den Verzagten: Habt Mut, fürchtet euch nicht!
Seht, hier ist euer Gott!
Er selbst wird kommen und euch erretten.

SCHLUSSGEBET
Barmherziger Gott,
komm durch dieses heilige Mahl
uns schwachen Menschen zu Hilfe.
Reinige uns von Schuld
und mache uns bereit für das kommende Fest.
Darum bitten wir durch Christus, unseren Herrn.

FÜR DEN TAG UND DIE WOCHE
Die Freude kommt aus der Erwartung, aus der Gegenwart, aus der liebenden Nähe. Hat der Christ von alledem mehr als andere Menschen? Die Frage ist, ob er Christus hat; ob er auf dem Weg ist, Christus zu werden: „zu lieben, wie er liebt; zu helfen, wie er hilft; zu geben, wie er gibt; zu dienen, wie er dient, zu retten, wie er rettet. Vierundzwanzig Stunden mit ihm zu sein und ihn in seiner elendesten Verkleidung zu berühren." (Mutter Teresa von Kalkutta)

VIERTER ADVENTSSONNTAG

Daß Gott sich um uns kümmert, daß er in unserem Leben anwesend ist, das versuchen wir zu glauben, auch wenn die Erfahrung es nicht immer bestätigt. Die Bestätigung für unseren Glauben ist das Christusereignis selbst. Jesus, Davidsohn und Gottessohn, kommt als guter Hirt und König, als der Hohepriester des Neuen Bundes, in allem aber als unser Bruder und Helfer.

ERÖFFNUNGSVERS Vgl. Jes 45, 8
Tauet, ihr Himmel, von oben!
Ihr Wolken, regnet herab den Gerechten!
Tu dich auf, o Erde, und sprosse den Heiland hervor!

Vierter Adventssonntag

TAGESGEBET

Allmächtiger Gott,
gieße deine Gnade in unsere Herzen ein.
Durch die Botschaft des Engels
haben wir die Menschwerdung Christi,
deines Sohnes, erkannt.
Führe uns durch sein Leiden und Kreuz
zur Herrlichkeit der Auferstehung.
Darum bitten wir durch ihn, Jesus Christus.

ZUR 1. LESUNG *Die Könige aus dem Haus Davids haben versagt, sie haben ihr Volk in die Katastrophe geführt. Aber Gott wird einen neuen Anfang machen, sagt der Prophet. Er wird seinem Volk einen Retter senden, einen guten Hirten, der in der Kraft Gottes der Welt den Frieden bringt. Er ist ein Nachkomme Davids, aber sein Ursprung „liegt in ferner Vorzeit", er reicht bis in die Ewigkeit Gottes hinein.*

ERSTE LESUNG   Mi 5, 1–4a

Aus dir wird der hervorgehen, der über Israel herrschen soll

**Lesung
   aus dem Buch Micha.**

**So spricht der Herr:
Du, Bétlehem-Éfrata,
   so klein unter den Gauen Judas,
aus dir wird mir einer hervorgehen,
   der über Israel herrschen soll.
Sein Ursprung liegt in ferner Vorzeit,
in längst vergangenen Tagen.

Darum gibt der Herr sie preis,
   bis die Gebärende einen Sohn geboren hat.
Dann wird der Rest seiner Brüder heimkehren
   zu den Söhnen Israels.
Er wird auftreten und ihr Hirt sein in der Kraft des Herrn,
im hohen Namen Jahwes, seines Gottes.

Sie werden in Sicherheit leben,
denn nun reicht seine Macht bis an die Grenzen der Erde.
Und er wird der Friede sein.**

ANTWORTPSALM   Ps 80 (79), 2ac u. 3bc.15–16.18–19 (R: vgl. 4)

R Richte uns wieder auf, o Gott! (GL 529, 1)
Laß dein Angesicht leuchten, und wir sind gerettet. – **R**

2ac Du Hirte Israels, höre. *   II. Ton
Der du auf den Kerubim thronst, erscheine.

3bc Biete deine gewaltige Macht auf, *
und komm uns zu Hilfe! – (R)

15 Gott der Heerscharen, wende dich uns wieder zu! *
Blick vom Himmel herab, und sieh auf uns!

Sorge für diesen Weinstock *
16 und für den Garten, den deine Rechte gepflanzt hat. – (R)

18 Deine Hand schütze den Mann zu deiner Rechten, *
den Menschensohn, den du für dich groß und stark gemacht.

19 Erhalt uns am Leben! *
Dann wollen wir deinen Namen anrufen und nicht von dir weichen. – **R**

ZUR 2. LESUNG   *Auf vielfache Weise spricht das Neue Testament von Christus: von seinem Kommen in die Welt, seinem Auftreten in Wort und Tat, seinem Tod und seiner Auferstehung. Eine einzige Deutung könnte nie das Ganze erfassen. Der Hebräerbrief sieht Christus vor allem als den Hohenpriester, der uns durch sein Opfer geheiligt und mit Gott versöhnt hat. Die Hingabe im Opfer für uns alle war das Leitmotiv seiner Menschwerdung von Anfang an.*

ZWEITE LESUNG   Hebr 10, 5–10

Ja, ich komme, um deinen Willen, Gott, zu tun

Lesung
   aus dem Hebräerbrief.

Brüder!
5 Bei seinem Eintritt in die Welt spricht Christus:
Schlacht- und Speiseopfer hast du nicht gefordert,
   doch einen Leib hast du mir geschaffen;
6 an Brand- und Sündopfern hast du kein Gefallen.

Vierter Adventssonntag

Da sagte ich: Ja, ich komme
 – so steht es über mich in der Schriftrolle –,
 um deinen Willen, Gott, zu tun.

Zunächst sagt er:
 Schlacht- und Speiseopfer,
 Brand- und Sündopfer forderst du nicht,
du hast daran kein Gefallen,
 obgleich sie doch nach dem Gesetz dargebracht werden;
dann aber hat er gesagt:
 Ja, ich komme, um deinen Willen zu tun.

So hebt Christus das erste auf,
 um das zweite in Kraft zu setzen.
Aufgrund dieses Willens
 sind wir durch die Opfergabe des Leibes Jesu Christi
 ein für allemal geheiligt.

RUF VOR DEM EVANGELIUM   Vers: vgl. Lk 1, 38

Halleluja. Halleluja.

Maria sagte:
Siehe, ich bin die Magd des Herrn;
mir geschehe nach deinem Wort.

Halleluja.

ZUM EVANGELIUM   *Die Begegnung Marias mit ihrer Verwandten Elisabet war zugleich die erste Begegnung des Vorläufers mit dem Messias. Es erfüllte sich, was in Lk 1, 15 über Johannes gesagt war: daß er schon im Mutterschoß vom Heiligen Geist erfüllt sein werde. Elisabet begreift das Zeichen: mit Freude und Ehrfurcht begrüßt sie Maria, ihre jüngere Verwandte. Sie preist Maria selig, weil sie geglaubt hat; Maria aber preist die Größe Gottes, des Herrn und Retters. – Bis heute wiederholt die Christenheit im Ave-Maria den Gruß, mit dem Elisabet Maria begrüßt hat, und singt den Lobgesang Marias, das Magnificat.*

EVANGELIUM　　　　　　　　　　　　　　　　Lk 1, 39–45

Wer bin ich, daß die Mutter meines Herrn zu mir kommt?

☩ Aus dem heiligen Evangelium nach Lukas.

39 In jenen Tagen machte sich Maria auf den Weg
und eilte in eine Stadt im Bergland von Judäa.
40 Sie ging in das Haus des Zacharias und begrüßte Elisabet.
41 Als Elisabet den Gruß Marias hörte,
    hüpfte das Kind in ihrem Leib.
Da wurde Elisabet vom Heiligen Geist erfüllt
42 und rief mit lauter Stimme:
Gesegnet bist du mehr als alle anderen Frauen,
und gesegnet ist die Frucht deines Leibes.
43 Wer bin ich, daß die Mutter meines Herrn zu mir kommt?
44 In dem Augenblick, als ich deinen Gruß hörte,
    hüpfte das Kind vor Freude in meinem Leib.
45 Selig ist die,
    die geglaubt hat, daß sich erfüllt,
    was der Herr ihr sagen ließ.

Glaubensbekenntnis, S. 348 ff.
Fürbitten vgl. S. 785 ff.

ZUR EUCHARISTIEFEIER *Die Menschwerdung des ewigen Sohnes ist für uns Geheimnis und Offenbarung zugleich. Jesus hat uns gesagt und gezeigt, wie Gott ist; durch seine Opferhingabe zeigt er uns den Weg unserer eigenen Menschwerdung.*

GABENGEBET

Herr, unser Gott,
wir legen die Gaben auf den Altar.
Heilige sie durch deinen Geist,
der mit seiner Kraft
die Jungfrau Maria überschattet hat.
Darum bitten wir durch Christus, unseren Herrn.

Adventspräfation, S. 398 ff.

Vierter Adventssonntag

KOMMUNIONVERS Jes 7, 14
Seht, die Jungfrau wird empfangen und einen Sohn gebären.
Sein Name ist Immanuel, Gott mit uns.

SCHLUSSGEBET
Allmächtiger Gott,
du hast uns in diesem Mahl das Heil zugesagt
und uns schon jetzt Anteil daran gegeben.
Laß uns das Kommen deines Sohnes
in Freude erwarten
und mache uns um so eifriger in deinem Dienst,
je näher das Fest seiner Geburt heranrückt.
Darum bitten wir durch Christus, unseren Herrn.

FÜR DEN TAG UND DIE WOCHE
Gott macht sich klein *Er nimmt es auf sich, daß er allen jenen zum Ärgernis wird, die Gott nicht die Freiheit lassen wollen, uns so zu lieben, wie er will, uns mit einer wahren Liebe zu lieben: mit einer unvorhersehbaren, erfinderischen, glühenden, zärtlichen, eifersüchtigen, zündenden Liebe; mit einer Liebe, die kein anderer kontrollieren kann, weil sie das Geheimnis des Liebenden ist. (C. M. Martini)*

DIE WEIHNACHTSZEIT

25. Dezember
HOCHFEST DER GEBURT DES HERRN
WEIHNACHTEN
Am Heiligen Abend

Aus pastoralen Gründen ist es erlaubt, schon am Weihnachtsabend statt der hier vorgesehenen Texte diejenigen der Mitternachtsmesse zu nehmen.

Gott schweigt nicht für immer. Er hat durch die Propheten gesprochen; er spricht durch den Sohn, der sein Wort ist. „Heute sollt ihr es erfahren" (Eröffnungsvers), heute kommt er als der verborgene Gott; „morgen" wird er kommen mit Macht, um sein Werk zu vollenden. Dann werdet ihr „seine Herrlichkeit schauen".

ERÖFFNUNGSVERS   Vgl. Ex 16, 6–7
Heute sollt ihr es erfahren:
Der Herr kommt, um uns zu erlösen,
und morgen werdet ihr seine Herrlichkeit schauen.

Ehre sei Gott. S. 344 ff.

TAGESGEBET

Gütiger Gott,
Jahr für Jahr erwarten wir voll Freude
das Fest unserer Erlösung.
Gib, daß wir deinen Sohn von ganzem Herzen
als unseren Retter und Heiland aufnehmen,
damit wir ihm
voll Zuversicht entgegengehen können,
wenn er am Ende der Zeiten als Richter wiederkommt.
Er, der in der Einheit des Heiligen Geistes
mit dir lebt und herrscht in alle Ewigkeit.

ZUR 1. LESUNG *Erlösung, Heil, Herrlichkeit: der heutige Mensch hat Mühe, diese Worte zu verstehen. Freiheit, Gesundheit, Friede, Glück, das verstehen wir besser. Und genau das meint der Prophet, der in Jes 62 als Beter und Tröster spricht. Im Glauben weiß er: Gott wird ihn hören, denn Gott liebt sein Volk und seine heilige Stadt.*

Weihnachten – Am Heiligen Abend

ERSTE LESUNG Jes 62, 1–5

Der Herr hat an dir seine Freude

Lesung
  aus dem Buch Jesája.

Um Zions willen kann ich nicht schweigen,
um Jerusalems willen nicht still sein,
bis das Recht in ihm aufstrahlt wie ein helles Licht
  und sein Heil aufleuchtet wie eine brennende Fackel.

Dann sehen die Völker deine Gerechtigkeit
  und alle Könige deine strahlende Pracht.
Man ruft dich mit einem neuen Namen,
  den der Mund des Herrn für dich bestimmt.
Du wirst zu einer prächtigen Krone in der Hand des Herrn,
  zu einem königlichen Diadem in der Rechten deines Gottes.

Nicht länger nennt man dich „Die Verlassene"
und dein Land nicht mehr „Das Ödland",
sondern man nennt dich „Meine Wonne"
und dein Land „Die Vermählte".
Denn der Herr hat an dir seine Freude,
  und dein Land wird mit ihm vermählt.

Wie der junge Mann sich mit der Jungfrau vermählt,
  so vermählt sich mit dir dein Erbauer.
Wie der Bräutigam sich freut über die Braut,
  so freut sich dein Gott über dich.

ANTWORTPSALM Ps 89 (88), 20a u. 4–5.16–17.27 u. 29 (R: 2a)

R Von den Taten deiner Huld, o Herr, (GL 527, 2)
will ich ewig singen. – **R**

VIII. Ton

)a Einst hast du in einer Vision zu deinen Frommen gesprochen: †
„Ich habe einen Bund geschlossen mit meinem Erwählten *
und David, meinem Knecht, geschworen:

Deinem Haus gebe ich auf ewig Bestand, *
und von Geschlecht zu Geschlecht richte ich deinen Thron auf." – (**R**)

) Wohl dem Volk, das dich als König zu feiern weiß! *
Herr, sie gehen im Licht deines Angesichts.

' Sie freuen sich über deinen Namen zu jeder Zeit, *
über deine Gerechtigkeit jubeln sie. – (**R**)

27 Er wird zu mir rufen: Mein Vater bist du, *
mein Gott, der Fels meines Heiles.

29 Auf ewig werde ich ihm meine Huld bewahren, *
mein Bund mit ihm bleibt allzeit bestehen.

R Von den Taten deiner Huld, o Herr,
will ich ewig singen.

ZUR 2. LESUNG *Auf seiner ersten Missionsreise wird Paulus in Antiochia (in Pisidien) eingeladen, in der Synagoge am Sabbat ein Wort des Trostes zu sagen. Er erinnert seine jüdischen Zuhörer an die Geschichte Israels von Abraham bis auf Johannes den Täufer. Johannes hat auf Jesus, den Größeren, hingewiesen. Und er hat zur Umkehr aufgerufen. Niemand kann Jesus als den Retter und Herrn erkennen, wenn er nicht bereit ist, ein anderer Mensch zu werden.*

ZWEITE LESUNG Apg 13,16–17.22–25

Aus Davids Geschlecht hat Gott dem Volk Israel Jesus als Retter geschickt

Lesung
 aus der Apostelgeschichte.

16 In der Synagoge von Antiochia in Pisidien stand Paulus auf,
gab mit der Hand ein Zeichen
und sagte:
 Ihr Israeliten und ihr Gottesfürchtigen, hört:

17 Der Gott dieses Volkes Israel hat unsere Väter erwählt
und das Volk in der Fremde erhöht, in Ägypten;
er hat sie mit hoch erhobenem Arm von dort herausgeführt.

22 Dann erhob er David zu ihrem König,
 von dem er bezeugte:
 Ich habe David, den Sohn des Ísai,
 als einen Mann nach meinem Herzen gefunden,
 der alles, was ich will, vollbringen wird.

23 Aus seinem Geschlecht
 hat Gott dem Volk Israel,
 der Verheißung gemäß, Jesus als Retter geschickt.

24 Vor dessen Auftreten hat Johannes
 dem ganzen Volk Israel Umkehr und Taufe verkündigt.

25 Als Johannes aber seinen Lauf vollendet hatte,
 sagte er: Ich bin nicht der, für den ihr mich haltet;

Weihnachten – Am Heiligen Abend

aber seht, nach mir kommt einer,
dem die Sandalen von den Füßen zu lösen ich nicht wert bin.

RUF VOR DEM EVANGELIUM

Halleluja. Halleluja.
Morgen wird die Sünde der Erde getilgt,
und über uns herrscht der Retter der Welt.
Halleluja.

ZUM EVANGELIUM *Sohn Davids, Sohn Abrahams: als wahrer Mensch, als Kind eines bestimmten Volkes tritt der Sohn Gottes in diese Welt ein. Auf ihn, den Messias, war die Geschichte Israels hingeordnet; auf ihn warten die Völker der Erde, auch wenn sie es nicht wissen. – Mit Ehrfurcht schaut Josef, der stille und treue Helfer, auf das Geheimnis der ihm anvertrauten Frau.*

EVANGELIUM   Mt 1, 1–25

Stammbaum Jesu Christi, des Sohnes Davids, des Sohnes Abrahams

✢ Aus dem heiligen Evangelium nach Matthäus.

Stammbaum Jesu Christi,
   des Sohnes Davids, des Sohnes Abrahams:
Abraham war der Vater von Isaak,
Isaak von Jakob,
Jakob von Juda und seinen Brüdern.
Juda war der Vater von Perez und Serach;
ihre Mutter war Tamar.
Perez war der Vater von Hezron,
Hezron von Aram,
Aram von Amminádab,
Amminádab von Nachschon,
Nachschon von Salmon.
Salmon war der Vater von Boas;
dessen Mutter war Rahab.
Boas war der Vater von Obed;
dessen Mutter war Rut.
Obed war der Vater von Ísai,
   Ísai der Vater des Königs David.

David war der Vater von Sálomo,
   dessen Mutter die Frau des Urija war.

7 Sálomo war der Vater von Rehábeam,
Rehábeam von Abíja,
Abíja von Asa,
8 Asa von Jóschafat,
Jóschafat von Joram,
Joram von Usíja.
9 Usíja war der Vater von Jotam,
Jotam von Ahas,
Ahas von Hiskíja,
10 Hiskíja von Manásse,
Manásse von Amos,
Amos von Joschíja.
11 Joschíja war der Vater von Jójachin und seinen Brüdern;
das war zur Zeit der Babylonischen Gefangenschaft.
12 Nach der Babylonischen Gefangenschaft
war Jójachin der Vater von Scheáltiël,
Scheáltiël von Serubbábel,
13 Serubbábel von Abíhud,
Abíhud von Éljakim,
Éljakim von Azor.
14 Azor war der Vater von Zadok,
Zadok von Achim,
Achim von Éliud,
15 Éliud von Eleásar,
Eleásar von Mattan,
Mattan von Jakob.
16 Jakob war der Vater von Josef, dem Mann Marias;
von ihr wurde Jesus geboren,
der der Christus – der Messias – genannt wird.
17 Im ganzen sind es also von Abraham bis David
vierzehn Generationen,
von David bis zur Babylonischen Gefangenschaft
vierzehn Generationen
und von der Babylonischen Gefangenschaft bis zu Christus
vierzehn Generationen.
18 Mit der Geburt Jesu Christi war es so:
Maria, seine Mutter, war mit Josef verlobt;
noch bevor sie zusammengekommen waren,
zeigte sich, daß sie ein Kind erwartete –
durch das Wirken des Heiligen Geistes.

Weihnachten – Am Heiligen Abend

19 Josef, ihr Mann,
    der gerecht war und sie nicht bloßstellen wollte,
    beschloß, sich in aller Stille von ihr zu trennen.

20 Während er noch darüber nachdachte,
    erschien ihm ein Engel des Herrn im Traum
    und sagte: Josef, Sohn Davids,
    fürchte dich nicht, Maria als deine Frau zu dir zu nehmen;
    denn das Kind, das sie erwartet,
    ist vom Heiligen Geist.

21 Sie wird einen Sohn gebären;
    ihm sollst du den Namen Jesus geben;
    denn er wird sein Volk von seinen Sünden erlösen.

22 Dies alles ist geschehen,
    damit sich erfüllte,
    was der Herr durch den Propheten gesagt hat:

23 Seht, die Jungfrau wird ein Kind empfangen,
    einen Sohn wird sie gebären,
    und man wird ihm den Namen Immánuel geben,
    das heißt übersetzt: Gott ist mit uns.

24 Als Josef erwachte,
    tat er, was der Engel des Herrn ihm befohlen hatte,
    und nahm seine Frau zu sich.

25 Er erkannte sie aber nicht, bis sie ihren Sohn gebar.
    Und er gab ihm den Namen Jesus.

Oder:

KURZFASSUNG   Mt 1, 18–25

Maria wird einen Sohn gebären; ihm sollst du den Namen Jesus geben

✢ Aus dem heiligen Evangelium nach Matthäus.

18 Mit der Geburt Jesu Christi war es so:
Maria, seine Mutter, war mit Josef verlobt;
noch bevor sie zusammengekommen waren,
    zeigte sich, daß sie ein Kind erwartete –
durch das Wirken des Heiligen Geistes.

19 Josef, ihr Mann,
    der gerecht war und sie nicht bloßstellen wollte,
    beschloß, sich in aller Stille von ihr zu trennen.

20 Während er noch darüber nachdachte,
 erschien ihm ein Engel des Herrn im Traum
und sagte: Josef, Sohn Davids,
fürchte dich nicht, Maria als deine Frau zu dir zu nehmen;
denn das Kind, das sie erwartet,
 ist vom Heiligen Geist.
21 Sie wird einen Sohn gebären;
ihm sollst du den Namen Jesus geben;
denn er wird sein Volk von seinen Sünden erlösen.
22 Dies alles ist geschehen,
 damit sich erfüllte,
 was der Herr durch den Propheten gesagt hat:
23 Seht, die Jungfrau wird ein Kind empfangen,
einen Sohn wird sie gebären,
und man wird ihm den Namen Immánuel geben,
das heißt übersetzt: Gott ist mit uns.
24 Als Josef erwachte,
 tat er, was der Engel des Herrn ihm befohlen hatte,
 und nahm seine Frau zu sich.
25 Er erkannte sie aber nicht, bis sie ihren Sohn gebar.
Und er gab ihm den Namen Jesus.

Glaubensbekenntnis, S. 348 ff.
Zu den Worten hat Fleisch angenommen bzw. empfangen durch den Heiligen
Geist knien alle.
Fürbitten vgl. S. 787 ff.

ZUR EUCHARISTIEFEIER   *„Mit uns ist Gott": in Jesus ist der
prophetische Name Wahrheit geworden. Gott ist bei uns, der helfende,
rettende Gott. Durch Jesus haben wir Gemeinschaft auch mit allen, die
auf sein Kommen warten.*

GABENGEBET

Herr, unser Gott,
 mit der Menschwerdung deines Sohnes
hat unsere Rettung begonnen.
Nimm diese Gaben an
und mache uns durch diese Opferfeier bereit
für das Geheimnis der Heiligen Nacht,

Weihnachten – In der Heiligen Nacht

in der wir den Ursprung unserer Erlösung
festlich begehen.
Darum bitten wir durch Christus, unseren Herrn.

Weihnachtspräfation, S. 401 f.
In den Hochgebeten I–III eigener Einschub.

KOMMUNIONVERS Vgl. Jes 40, 5
**Die Herrlichkeit des Herrn wird offenbar,
und alle Menschen erfahren Gottes Heil.**

SCHLUSSGEBET
Allmächtiger Gott,
gib uns Anteil am göttlichen Leben
durch die Menschwerdung deines Sohnes,
dessen Fleisch und Blut
wir im Sakrament empfangen haben.
Darum bitten wir durch ihn, Christus, unseren Herrn.

DIE FREUDE
Gott läßt sich finden
von denen, die ihn aufrichtig suchen;
er kommt bei denen an,
die ihn mit Sehnsucht und Freude erwarten.

In der Heiligen Nacht

Gott hat ja gesagt zum Menschen, zu allen und zu jedem. Zu mir. Gott kommt uns entgegen, er nimmt uns an. Das Wort, das er uns sagt, ist sein Sohn: „Ein Kind ist uns geboren." Gott liebt uns, und er wartet auf unsere Liebe.

ERÖFFNUNGSVERS Ps 2, 7
**Der Herr sprach zu mir:
Mein Sohn bist du, heute habe ich dich gezeugt.**

Oder:
Freut euch im Herrn,
heute ist uns der Heiland geboren.
Heute ist der wahre Friede vom Himmel herabgestiegen.
Ehre sei Gott, S. 344 ff.

TAGESGEBET

Herr, unser Gott,
in dieser hochheiligen Nacht
ist uns das wahre Licht aufgestrahlt.
Laß uns dieses Geheimnis
im Glauben erfassen und bewahren,
bis wir im Himmel
den unverhüllten Glanz deiner Herrlichkeit schauen.
Darum bitten wir durch Jesus Christus.

ZUR 1. LESUNG   *Einem verwüsteten Land, einem verängstigten Volk sagt der Prophet (um 730 v. Chr.) eine Zukunft an, in der es Gerechtigkeit, Frieden und Freude gibt. Jetzt schon leuchtet ein Licht in die Finsternis herein: die Geburt des königlichen Kindes, des Retters. Übergroße Namen und Eigenschaften werden ihm zugesprochen; der Blick weitet sich: in dem neugeborenen Kind liegt die Hoffnung der Menschheit beschlossen.*

ERSTE LESUNG

Jes 9, 1–6

Ein Sohn ist uns geschenkt; man nennt ihn: Fürst des Friedens

Lesung
   aus dem Buch Jesája.

1 Das Volk, das im Dunkel lebt,
      sieht ein helles Licht;
   über denen, die im Land der Finsternis wohnen,
      strahlt ein Licht auf.
2 Du erregst lauten Jubel
      und schenkst große Freude.
   Man freut sich in deiner Nähe,
      wie man sich freut bei der Ernte,
      wie man jubelt, wenn Beute verteilt wird.

Weihnachten – In der Heiligen Nacht

Denn wie am Tag von Mídian
   zerbrichst du das drückende Joch,
das Tragholz auf unserer Schulter und den Stock des Treibers.
Jeder Stiefel, der dröhnend daherstampft,
   jeder Mantel, der mit Blut befleckt ist,
   wird verbrannt,
wird ein Fraß des Feuers.

Denn uns ist ein Kind geboren,
ein Sohn ist uns geschenkt.
Die Herrschaft liegt auf seiner Schulter;
man nennt ihn: Wunderbarer Ratgeber, Starker Gott,
Vater in Ewigkeit, Fürst des Friedens.
Seine Herrschaft ist groß,
   und der Friede hat kein Ende.
Auf dem Thron Davids herrscht er über sein Reich;
er festigt und stützt es durch Recht und Gerechtigkeit,
   jetzt und für alle Zeiten.
Der leidenschaftliche Eifer des Herrn der Heere
   wird das vollbringen.

ANTWORTPSALM Ps 96 (95), 1–2.3 u. 11.12–13a (R: vgl. Lk 2,11)

R Heute ist uns der Heiland geboren: (GL 149,2)
Christus, der Herr. – **R**

V. Ton

Singet dem Herrn ein neues Lied, *
singt dem Herrn, alle Länder der Erde!

Singt dem Herrn und preist seinen Namen, *
verkündet sein Heil von Tag zu Tag! – (R)

Erzählt bei den Völkern von seiner Herrlichkeit, *
bei allen Nationen von seinen Wundern.

1 Der Himmel freue sich, die Erde frohlocke, *
es brause das Meer und alles, was es erfüllt. – (R)

2 Es jauchze die Flur und was auf ihr wächst! *
Jubeln sollen alle Bäume des Waldes

3a vor dem Herrn, wenn er kommt, *
wenn er kommt, um die Erde zu richten. – **R**

ZUR 2. LESUNG *Gottes Wort ist hörbar, seine Gnade ist sichtbar geworden: im Sohn, der geboren wurde und gestorben ist für uns. Zwischen der ersten Ankunft Christi und der Offenbarung seiner Herrlichkeit läuft die Zeit der Geschichte und die unseres eigenen Lebens. Zeit der Hoffnung und der Bewährung.*

ZWEITE LESUNG   Tit 2,11–14

Die Gnade Gottes ist erschienen, um alle Menschen zu retten

Lesung
   aus dem Brief des Apostels Paulus an Titus.

11 Die Gnade Gottes ist erschienen,
   um alle Menschen zu retten.
12 Sie erzieht uns dazu,
   uns von der Gottlosigkeit
   und den irdischen Begierden loszusagen,
und besonnen, gerecht und fromm in dieser Welt zu leben,
13 während wir auf die selige Erfüllung unserer Hoffnung warten:
auf das Erscheinen der Herrlichkeit
   unseres großen Gottes und Retters Christus Jesus.
14 Er hat sich für uns hingegeben,
   um uns von aller Schuld zu erlösen
und sich ein reines Volk zu schaffen,
   das ihm als sein besonderes Eigentum gehört
   und voll Eifer danach strebt, das Gute zu tun.

RUF VOR DEM EVANGELIUM   Vers: vgl. Lk 2,10–11

Halleluja. Halleluja.
Ich verkünde euch eine große Freude:
Heute ist uns der Retter geboren;
er ist der Messias, der Herr.
Halleluja.

ZUM EVANGELIUM *Aus Betlehem stammte Isai, der Ahnherr des davidischen Königshauses. Dort wird Jesus, der Sohn Davids, geboren, der Gottessohn, der Messias. Himmel und Erde (Engel und Men-*

Weihnachten – In der Heiligen Nacht

schen) huldigen ihm, auch wenn es noch Nacht ist. Das Zeichen seiner Ankunft ist die Armut, die Schwachheit des Kindes.

EVANGELIUM Lk 2, 1–14

Heute ist euch der Retter geboren

✛ Aus dem heiligen Evangelium nach Lukas.

In jenen Tagen erließ Kaiser Augústus den Befehl,
 alle Bewohner des Reiches in Steuerlisten einzutragen.
Dies geschah zum erstenmal;
damals war Quirínius Statthalter von Syrien.
Da ging jeder in seine Stadt, um sich eintragen zu lassen.

So zog auch Josef
 von der Stadt Nazaret in Galiläa
 hinauf nach Judäa in die Stadt Davids, die Betlehem heißt;
denn er war aus dem Haus und Geschlecht Davids.
Er wollte sich eintragen lassen
 mit Maria, seiner Verlobten,
 die ein Kind erwartete.

Als sie dort waren,
 kam für Maria die Zeit ihrer Niederkunft,
und sie gebar ihren Sohn, den Erstgeborenen.
Sie wickelte ihn in Windeln
 und legte ihn in eine Krippe,
weil in der Herberge kein Platz für sie war.

In jener Gegend lagerten Hirten auf freiem Feld
 und hielten Nachtwache bei ihrer Herde.

Da trat der Engel des Herrn zu ihnen,
und der Glanz des Herrn umstrahlte sie.
Sie fürchteten sich sehr,
der Engel aber sagte zu ihnen: Fürchtet euch nicht,
denn ich verkünde euch eine große Freude,
 die dem ganzen Volk zuteil werden soll:
Heute ist euch in der Stadt Davids der Retter geboren;
er ist der Messias, der Herr.

Und das soll euch als Zeichen dienen:
Ihr werdet ein Kind finden,
 das, in Windeln gewickelt, in einer Krippe liegt.

¹³ Und plötzlich war bei dem Engel ein großes himmlisches Heer,
das Gott lobte
    und sprach:
¹⁴   Verherrlicht ist Gott in der Höhe,
und auf Erden ist Friede
    bei den Menschen seiner Gnade.

Glaubensbekenntnis, S. 348 ff.
Zu den Worten hat Fleisch angenommen bzw. empfangen durch den Heiligen Geist knien alle.
Fürbitten vgl. S. 787 ff.

ZUR EUCHARISTIEFEIER *Das Kind in der Krippe, das Brot auf dem Altar: nur wer mit dem Herzen sehen kann, begreift die Zeichen der Liebe. Und er empfängt, was er schaut: die Gabe Gottes „für das Leben der Welt".*

GABENGEBET

Allmächtiger Gott,
in dieser heiligen Nacht
bringen wir dir unsere Gaben dar.
Nimm sie an
und gib, daß wir durch den wunderbaren Tausch
deinem Sohn gleichgestaltet werden,
in dem unsere menschliche Natur
mit deinem göttlichen Wesen vereint ist.
Darum bitten wir durch ihn, Christus, unseren Herrn.

Weihnachtspräfation, S. 401 f.
In den Hochgebeten I–III eigener Einschub.

KOMMUNIONVERS

Joh 1, 14

Das Wort ist Fleisch geworden,
und wir haben seine Herrlichkeit geschaut.

SCHLUSSGEBET

Herr, unser Gott,
in der Freude über die Geburt unseres Erlösers
bitten wir dich:

Weihnachten – Am Morgen

Gib uns die Gnade, ihm unser ganzes Leben zu weihen,
damit wir einst Anteil erhalten
an der ewigen Herrlichkeit deines Sohnes,
der mit dir lebt und herrscht in alle Ewigkeit.

EIN MENSCH FÜR MICH
Wie viele kleine Lichter muß Gott uns ausblasen, bis uns das eine Licht aufgeht: die Freude an Gott, meinem Heiland und Retter. Die Freude, daß er herabgekommen ist zu mir, daß er Mensch geworden ist, nicht bloß ein Mensch wie ich, sondern ein Mensch für mich, mein Heiland. (Th. Brüggemann)

Am Morgen

Wo ist Betlehem? Gar nicht weit, gleich nebenan: da, wo wir Jesus finden, in Armut und Liebe. Er ist einer von uns geworden, der ewige Sohn ein kleines Menschenkind. Er hat lachen und weinen gelernt.

ERÖFFNUNGSVERS   Vgl. Jes 9, 1.5; Lk 1,33
Ein Licht strahlt heute über uns auf, denn geboren ist uns der Herr.
Und man nennt ihn: Starker Gott, Friedensfürst,
Vater der kommenden Welt.
Seine Herrschaft wird kein Ende haben.

Ehre sei Gott, S. 344 ff.

TAGESGEBET
Allmächtiger Gott,
dein ewiges Wort ist Fleisch geworden,
um uns mit dem Glanz deines Lichtes zu erfüllen.
Gib, daß in unseren Werken widerstrahlt,
was durch den Glauben in unserem Herzen leuchtet.
Darum bitten wir durch ihn, Jesus Christus.

ZUR 1. LESUNG   *In schwieriger Zeit wird der Stadt Jerusalem und ihren Einwohnern das Heil angekündigt. Gott hat sein Volk wieder angenommen, er führt die Gefangenen heim. Die Verheißung geht über den Rahmen rein politischer Erwartungen hinaus; sie gilt dem neuen Volk der Erlösten, einem neuen Zion, mit dem Gott einen neuen, ewigen Bund schließt.*

ERSTE LESUNG

Jes 62, 11–12

Sieh her, jetzt kommt deine Rettung

**Lesung
aus dem Buch Jesája.**

11 Hört, was der Herr bis ans Ende der Erde bekanntmacht:
Sagt der Tochter Zion:
   Sieh her, jetzt kommt deine Rettung.
   Siehe, er bringt seinen Siegespreis mit;
   Alle, die er gewonnen hat,
      gehen vor ihm her.
12 Dann nennt man sie „Das heilige Volk",
   „Die Erlösten des Herrn".
   Und dich nennt man
      „Die begehrte, die nicht mehr verlassene Stadt".

ANTWORTPSALM

Ps 97 (96), 1 u. 6.11–12

R Ein Licht strahlt heute über uns auf: (GL 149, 3)
geboren ist Christus, der Herr. – R

1 Der Herr ist König. Die Erde frohlocke! *   V. Ton
Freuen sollen sich die vielen Inseln.

6 Seine Gerechtigkeit verkünden die Himmel, *
seine Herrlichkeit schauen alle Völker. – (R)

11 Ein Licht erstrahlt den Gerechten *
und Freude den Menschen mit redlichem Herzen.

12 Ihr Gerechten, freut euch am Herrn, *
und lobt seinen heiligen Namen! – R

ZUR 2. LESUNG   *Gott hat sich in Jesus als der Liebende und der Barmherzige geoffenbart. Er rettet uns: er befreit uns von unserer Vergangenheit und gibt uns die Kraft seines Geistes zu einem neuen Anfang.*

Weihnachten – Am Morgen

ZWEITE LESUNG Tit 3,4–7

Gott hat uns gerettet aufgrund seines Erbarmens

**Lesung
aus dem Brief des Apostels Paulus an Titus.**

Als die Güte und Menschenliebe Gottes, unseres Retters,
erschien,
  hat er uns gerettet
– nicht weil wir Werke vollbracht hätten,
  die uns gerecht machen können,
sondern aufgrund seines Erbarmens –
durch das Bad der Wiedergeburt
  und der Erneuerung im Heiligen Geist.
Ihn hat er in reichem Maß über uns ausgegossen
  durch Jesus Christus, unseren Retter,
damit wir durch seine Gnade gerecht gemacht werden
  und das ewige Leben erben, das wir erhoffen.

RUF VOR DEM EVANGELIUM Vers: Lk 2,14

Halleluja. Halleluja.
Verherrlicht ist Gott in der Höhe,
und auf Erden ist Friede bei den Menschen seiner Gnade.
Halleluja.

ZUM EVANGELIUM
Die Hirten kommen nach Betlehem. Sie schauen und staunen, sie glauben und erzählen. Maria begreift noch nicht alles; glaubend bewahrt sie das Gehörte in ihrem Herzen, um es ein Leben lang zu bedenken.

EVANGELIUM Lk 2,15–20

Die Hirten fanden Maria und Josef und das Kind

✢ **Aus dem heiligen Evangelium nach Lukas.**

Als die Engel die Hirten verlassen hatten
  und in den Himmel zurückgekehrt waren,
    sagten die Hirten zueinander: Kommt,
wir gehen nach Betlehem,
  um das Ereignis zu sehen, das uns der Herr verkünden ließ.

¹⁶ So eilten sie hin
   und fanden Maria und Josef
   und das Kind, das in der Krippe lag.
¹⁷ Als sie es sahen,
   erzählten sie, was ihnen über dieses Kind gesagt worden war.
¹⁸ Und alle, die es hörten,
   staunten über die Worte der Hirten.
¹⁹ Maria aber
   bewahrte alles, was geschehen war, in ihrem Herzen
   und dachte darüber nach.
²⁰ Die Hirten kehrten zurück,
   rühmten Gott
   und priesen ihn für das, was sie gehört und gesehen hatten;
   denn alles war so gewesen,
      wie es ihnen gesagt worden war.

Glaubensbekenntnis, S. 348 ff.
Zu den Worten hat Fleisch angenommen bzw. empfangen durch den Heiligen
Geist knien alle.
Fürbitten vgl. S. 787 ff.

ZUR EUCHARISTIEFEIER *Wir hören das Wort, und wir empfangen das lebendige Brot. Gottes ewiges Wort ist Fleisch geworden, um unser tägliches und notwendiges Brot zu sein.*

GABENGEBET

Himmlischer Vater,
erfülle die Gaben dieser Erde mit deinem Segen,
damit sie das Geheimnis dieses Tages darstellen:
Wie Christus
als neugeborener Mensch und als wahrer Gott
vor uns aufleuchtet,
so laß uns durch diese irdische Speise
das göttliche Leben empfangen.
Darum bitten wir ihn, Christus, unseren Herrn.

Weihnachtspräfation, S. 401 f.
In den Hochgebeten I–III eigener Einschub.

Weihnachten – Am Tag

KOMMUNIONVERS
Vgl. Sach 9, 9
Juble laut, Tochter Zion, jauchze, Tochter Jerusalem,
siehe, dein König kommt zu dir, der Heilige, der Heiland der Welt.

SCHLUSSGEBET
Herr, unser Gott,
die Menschwerdung deines Sohnes
erfülle uns mit Freude und Dank.
Laß uns dieses unergründliche Geheimnis
im Glauben erfassen und in tätiger Liebe bekennen.
Darum bitten wir durch Christus, unseren Herrn.

UMSONST
Wär Christus tausendmal in Betlehem geboren –
und nicht in dir,
du bleibst noch ewiglich verloren.
(Angelus Silesius)

Am Tag

Wort aus dem Schweigen, Licht in eine dunkle Welt hinein, Leben, das stärker ist als der Tod: das sind nicht mehr nur Ideen und Hoffnungen; es ist das Ereignis in der Mitte der Zeit. Die Welt merkt es kaum. Und doch ist alles anders geworden. Gott hat sich seiner Welt ausgeliefert, und er nimmt sich nicht mehr zurück.

ERÖFFNUNGSVERS
Vgl. Jes 9, 5
Ein Kind ist uns geboren, ein Sohn ist uns geschenkt.
Auf seinen Schultern ruht die Herrschaft.

Ehre sei Gott, S. 344 ff.

TAGESGEBET
Allmächtiger Gott,
du hast den Menschen
in seiner Würde wunderbar erschaffen
und noch wunderbarer wiederhergestellt.

Laß uns teilhaben an der Gottheit deines Sohnes,
der unsere Menschennatur angenommen hat.
Er, der in der Einheit des Heiligen Geistes
mit dir lebt und herrscht in alle Ewigkeit.

ZUR 1. LESUNG   *Noch ist die gute Nachricht, daß Gott sich um die Menschen kümmert, nicht überall angekommen. Aber die „Wächter", Menschen mit wachem Herzen und sehenden Augen, verkünden die große Freude. Es gibt Hoffnung, denn „Gott ist König". Er sagt es allen Völkern der Erde: Ich bin da.*

ERSTE LESUNG   Jes 52,7–10

Alle Enden der Erde sehen das Heil unseres Gottes

Lesung
   aus dem Buch Jesája.

7 Wie willkommen sind auf den Bergen
      die Schritte des Freudenboten, der Frieden ankündigt,
   der eine frohe Botschaft bringt und Rettung verheißt,
   der zu Zion sagt: Dein Gott ist König.

8 Horch, deine Wächter erheben die Stimme,
   sie beginnen alle zu jubeln.
   Denn sie sehen mit eigenen Augen,
      wie der Herr nach Zion zurückkehrt.

9 Brecht in Jubel aus,
   jauchzt alle zusammen,
      ihr Trümmer Jerusalems!
   Denn der Herr tröstet sein Volk,
   er erlöst Jerusalem.

10 Der Herr macht seinen heiligen Arm frei
      vor den Augen aller Völker.
   Alle Enden der Erde
      sehen das Heil unseres Gottes.

Weihnachten – Am Tag

ANTWORTPSALM Ps 98 (97), 1.2–3b.3c–4.5–6 (R: vgl. 3cd)

R Alle Enden der Erde sehen das Heil unsres Gottes. – R (GL 149,1)

Singet dem Herrn ein neues Lied; * VIII. Ton
denn er hat wunderbare Taten vollbracht!

Er hat mit seiner Rechten geholfen *
und mit seinem heiligen Arm. – (R)

Der Herr hat sein Heil bekannt gemacht *
und sein gerechtes Wirken enthüllt vor den Augen der Völker.

b Er dachte an seine Huld *
und an seine Treue zum Hause Israel. – (R)

d Alle Enden der Erde *
sahen das Heil unsres Gottes.

Jauchzt vor dem Herrn, alle Länder der Erde, *
freut euch, jubelt und singt! – (R)

Spielt dem Herrn auf der Harfe, *
auf der Harfe zu lautem Gesang!

Zum Schall der Trompeten und Hörner *
jauchzt vor dem Herrn, dem König! – R

ZUR 2. LESUNG *Durch das Wort Gottes, den ewigen Sohn, wurde am Anfang die Welt erschaffen; „in dieser Endzeit aber" kommt der Sohn, um die Welt mit Gott zu versöhnen. Vom Christusereignis her verstehen wir den Alten Bund als Zeit der Verheißung und Erwartung. Die Erfüllung ist anders, als die Propheten es wissen konnten: sie ist göttlicher und zugleich menschlicher.*

ZWEITE LESUNG Hebr 1, 1–6

Gott hat zu uns gesprochen durch den Sohn

Lesung
   aus dem Hebräerbrief.

Viele Male und auf vielerlei Weise
   hat Gott einst zu den Vätern gesprochen durch die Propheten;

2 in dieser Endzeit aber
     hat er zu uns gesprochen durch den Sohn,
     den er zum Erben des Alls eingesetzt
     und durch den er auch die Welt erschaffen hat;
3 er ist der Abglanz seiner Herrlichkeit
     und das Abbild seines Wesens;
er trägt das All durch sein machtvolles Wort,
hat die Reinigung von den Sünden bewirkt
und sich dann zur Rechten der Majestät in der Höhe gesetzt;
4 er ist um so viel erhabener geworden als die Engel,
     wie der Name, den er geerbt hat, ihren Namen überragt.
5 Denn zu welchem Engel hat er jemals gesagt:

   Mein Sohn bist du,
heute habe ich dich gezeugt,

und weiter:

   Ich will für ihn Vater sein,
   und er wird für mich Sohn sein?

6 Wenn er aber den Erstgeborenen wieder in die Welt einführt,
     sagt er:
Alle Engel Gottes sollen sich vor ihm niederwerfen.

RUF VOR DEM EVANGELIUM

Halleluja. Halleluja.
Aufgeleuchtet ist uns aufs neue der Tag der Erlösung;
Ein großes Licht ist heute auf Erden erschienen.
Kommt, ihr Völker, und betet an den Herrn, unseren Gott.
Halleluja.

ZUM EVANGELIUM *Ewig spricht Gott sein eigenes Wesen aus in dem Wort, das Licht ist von Gottes Licht und Glut von seiner Glut. Die Welt ist geschaffen worden durch dieses Wort. Und das Wort ist Fleisch geworden, Gott ist uns ganz nahe gekommen. Und er wird nie mehr aufhören, uns zu sagen, daß er da ist und daß er uns liebt.*

EVANGELIUM   Joh 1, 1–18

Das Wort ist Fleisch geworden und hat unter uns gewohnt

✢ Aus dem heiligen Evangelium nach Johannes.

Im Anfang war das Wort,
und das Wort war bei Gott,
und das Wort war Gott.
Im Anfang war es bei Gott.
Alles ist durch das Wort geworden,
    und ohne das Wort wurde nichts, was geworden ist.
In ihm war das Leben,
    und das Leben war das Licht der Menschen.
Und das Licht leuchtet in der Finsternis,
    und die Finsternis hat es nicht erfaßt.

Es trat ein Mensch auf, der von Gott gesandt war;
sein Name war Johannes.
Er kam als Zeuge,
    um Zeugnis abzulegen für das Licht,
    damit alle durch ihn zum Glauben kommen.
Er war nicht selbst das Licht,
    er sollte nur Zeugnis ablegen für das Licht.
Das wahre Licht, das jeden Menschen erleuchtet,
    kam in die Welt.
Er war in der Welt,
    und die Welt ist durch ihn geworden,
    aber die Welt erkannte ihn nicht.
Er kam in sein Eigentum,
    aber die Seinen nahmen ihn nicht auf.
Allen aber, die ihn aufnahmen,
    gab er Macht, Kinder Gottes zu werden,
allen, die an seinen Namen glauben,
die nicht aus dem Blut,
    nicht aus dem Willen des Fleisches,
    nicht aus dem Willen des Mannes,
    sondern aus Gott geboren sind.
Und das Wort ist Fleisch geworden
    und hat unter uns gewohnt,
und wir haben seine Herrlichkeit gesehen,
die Herrlichkeit des einzigen Sohnes vom Vater,
    voll Gnade und Wahrheit.

¹⁵ Johannes legte Zeugnis für ihn ab
und rief:
> Dieser war es, über den ich gesagt habe:
> Er, der nach mir kommt,
> ist mir voraus, weil er vor mir war.

¹⁶ Aus seiner Fülle haben wir alle empfangen,
> Gnade über Gnade.

¹⁷ Denn das Gesetz wurde durch Mose gegeben,
> die Gnade und die Wahrheit kamen durch Jesus Christus.

¹⁸ Niemand hat Gott je gesehen.
> Der Einzige, der Gott ist und am Herzen des Vaters ruht,
> er hat Kunde gebracht.

Oder:

KURZFASSUNG Joh 1,1–5.9–14

Das Wort ist Fleisch geworden und hat unter uns gewohnt

✛ Aus dem heiligen Evangelium nach Johannes.

¹ Im Anfang war das Wort,
und das Wort war bei Gott,
und das Wort war Gott.

² Im Anfang war es bei Gott.

³ Alles ist durch das Wort geworden,
und ohne das Wort wurde nichts, was geworden ist.

⁴ In ihm war das Leben,
und das Leben war das Licht der Menschen.

⁵ Und das Licht leuchtet in der Finsternis,
und die Finsternis hat es nicht erfaßt.

⁹ Das wahre Licht, das jeden Menschen erleuchtet,
kam in die Welt.

¹⁰ Er war in der Welt,
und die Welt ist durch ihn geworden,
aber die Welt erkannte ihn nicht.

¹¹ Er kam in sein Eigentum,
aber die Seinen nahmen ihn nicht auf.

¹² Allen aber, die ihn aufnahmen,
gab er Macht, Kinder Gottes zu werden,
allen, die an seinen Namen glauben,

Weihnachten – Am Tag

3 die nicht aus dem Blut,
   nicht aus dem Willen des Fleisches,
   nicht aus dem Willen des Mannes,
   sondern aus Gott geboren sind.
4 Und das Wort ist Fleisch geworden
   und hat unter uns gewohnt,
   und wir haben seine Herrlichkeit gesehen,
   die Herrlichkeit des einzigen Sohnes vom Vater,
   voll Gnade und Wahrheit.

Glaubensbekenntnis, S. 348 ff.
Zu den Worten hat Fleisch angenommen bzw. empfangen durch den Heiligen Geist knien alle.
Fürbitten vgl. S. 787 ff.

ZUR EUCHARISTIEFEIER *Jesus Christus hat unser aller Fleisch und Blut angenommen. Er hat unsere Natur geheiligt und gereinigt. Durch ihn haben wir Vergebung und Gnade. Seht, das Lamm Gottes.*

GABENGEBET

Gott, unser Vater,
in diesen Gaben
willst du uns Versöhnung schenken
und uns wieder mit dir verbinden.
Nimm sie an
und gib durch sie unserem heiligen Dienst
die höchste Vollendung.
Darum bitten wir durch Christus, unseren Herrn.

Weihnachtspräfation, S. 401 f.
In den Hochgebeten I–III eigener Einschub.

KOMMUNIONVERS   Ps 98 (97), 3
Alle Enden der Erde sahen die rettende Tat unseres Gottes.

SCHLUSSGEBET

Barmherziger Gott,
in dieser heiligen Feier
hast du uns deinen Sohn geschenkt,
der heute als Heiland der Welt geboren wurde.

Durch ihn sind wir wiedergeboren
zum göttlichen Leben,
führe uns auch zur ewigen Herrlichkeit durch ihn,
der mit dir lebt und herrscht in alle Ewigkeit.

DAS WORT IST GESPROCHEN

Jedes der Worte Gottes trägt die Gesichtszüge seines Sohnes und hat den Klang seiner Stimme. Die Menschen haben nicht auf ihn gehört. Sie haben ihn umgebracht, und das tun sie bis ans Ende der Zeit. Warum von Gott tausend andere Worte erwarten? Wenn er zu schweigen scheint, heißt das, daß er schon gesprochen hat. Wir sollen lernen, dieses Wort zu hören.

Sonntag in der Weihnachtsoktav

oder, wenn in die Weihnachtsoktav kein Sonntag fällt, 30. Dezember.
Vor dem Evangelium wird dann nur eine Lesung genommen.

FEST DER HEILIGEN FAMILIE

Für die Familie von heute, Vater, Mutter und Kinder, was kann für sie die Heilige Familie von Nazaret bedeuten? Damals war doch alles ganz anders. Alles? Da war das Kind, das sie liebten: Maria, die Mutter, und Josef, der Vater an Gottes Statt. Diese drei waren eins, in Ehrfurcht und Liebe.
Fragen und Schmerzen warten auf das Kind und die Eltern. Nichts kann ihnen schaden: nichts dem Kind, das geliebt wird, und nichts den Eltern, die vertrauen und bereit sind, das Leben des Kindes und ihr eigenes zu wagen.

ERÖFFNUNGSVERS   Lk 2, 16
Die Hirten eilten hin und fanden Maria und Josef
und das Kind, das in einer Krippe lag.

Ehre sei Gott, S. 344 ff.

Fest der Heiligen Familie

TAGESGEBET

Herr, unser Gott,
in der Heiligen Familie
hast du uns ein leuchtendes Vorbild geschenkt.
Gib unseren Familien die Gnade,
daß auch sie in Frömmigkeit und Eintracht leben
und einander in der Liebe verbunden bleiben.
Führe uns alle
zur ewigen Gemeinschaft in deinem Vaterhaus.
Darum bitten wir durch Jesus Christus.

ZUR 1. LESUNG   *Mahnungen, wie sie der „Sohn des Sirach" im 2. Jahrhundert vor Christus geschrieben hat, wagt heute kaum mehr jemand zu schreiben. Um so notwendiger ist es, sie zu überdenken. – Die Lesung hat keine Beziehung zur Heiligen Familie von Nazaret; sie dient allgemein der Familie von damals und von heute als Lehre und Weisung.*

ERSTE LESUNG   Sir 3, 2–6.12–14 (3–7.14–17a)

Der Herr hat den Kindern befohlen, ihren Vater zu ehren und das Recht ihrer Mutter zu achten

Lesung
   aus dem Buch Jesus Sirach.

Der Herr hat den Kindern befohlen, ihren Vater zu ehren,
und die Söhne verpflichtet, das Recht ihrer Mutter zu achten.
Wer den Vater ehrt,
   erlangt Verzeihung der Sünden,
und wer seine Mutter achtet,
   gleicht einem Menschen, der Schätze sammelt.
Wer den Vater ehrt, wird Freude haben an den eigenen Kindern,
und wenn er betet,
   wird er Erhörung finden.
Wer den Vater achtet, wird lange leben,
   und wer seiner Mutter Ehre erweist, der erweist sie dem Herrn.

Mein Sohn, wenn dein Vater alt ist,
   nimm dich seiner an,
und betrübe ihn nicht, solange er lebt.

50 — Fest der Heiligen Familie

13 Wenn sein Verstand abnimmt,
　　sieh es ihm nach,
　und beschäme ihn nicht in deiner Vollkraft!
14 Denn die Liebe zum Vater wird nicht vergessen,
　sie wird als Sühne für deine Sünden eingetragen.

ANTWORTPSALM   Ps 128 (127), 1–2.3.4–5 (R: vgl. 1)

R Selig der Mensch, der den Herrn fürchtet und ehrt   (GL 649,1)
und auf seinen Wegen geht! – R

1 Wohl dem Mann, der den Herrn fürchtet und ehrt *   V. Ton
　und der auf seinen Wegen geht!
2 Was deine Hände erwarben, kannst du genießen; *
　wohl dir, es wird dir gut ergehn. – (R)

3 Wie ein fruchtbarer Weinstock ist deine Frau *
　drinnen in deinem Haus.

　Wie junge Ölbäume sind deine Kinder *
　rings um deinen Tisch. – (R)

4 So wird der Mann gesegnet, *
　der den Herrn fürchtet und ehrt.
5 Es segne dich der Herr vom Zion her. *
　Du sollst dein Leben lang das Glück Jerusalems schauen. – R

Oder:

ERSTE LESUNG   1 Sam 1,20–22.24–28

Einführung   *Der kleine Samuel, von dem hier erzählt wird, sollte sein Leben lang Israel „richten", d. h. dem Volk den Willen Gottes verkünden und es mit Weisheit und Treue beraten. Die Wichtigkeit dieses letzten „Richters" von Israel wird schon durch die Tatsache angezeigt, daß seine Kindheitsgeschichte erzählt wird. Samuel war von seiner Mutter Hanna erbetet und zugleich dem Herrn versprochen worden. Hanna weiß, daß sie Gott nichts anbieten kann, als was er selbst ihr geben wird. Das aber bietet sie ihm an mit der Großzügigkeit, wie sie nur bei den wirklich Armen zu finden ist, bei denen, die Jesus seligpreist. Sie weiht das erwartete Kind dem Dienst Gottes und zweifelt*

Fest der Heiligen Familie

nicht daran, damit auch ihrem Kind das Größte zu geben, was sie ihm nach der Geburt noch geben kann: das Leben in der Gegenwart des lebendigen Gottes.

Er soll für sein ganzes Leben ein vom Herrn Zurückgeforderter sein

Lesung
aus dem ersten Buch Sámuel.

Hanna, die Frau Elkánas, wurde schwanger.
Als die Zeit abgelaufen war, gebar sie einen Sohn
    und nannte ihn Sámuel,
denn sie sagte: Ich habe ihn vom Herrn erbeten.

Als dann Elkána
    mit seiner ganzen Familie wieder nach Schilo hinaufzog,
    um dem Herrn das jährliche Opfer
    und die Gaben, die er gelobt hatte, darzubringen,
zog Hanna nicht mit,
sondern sagte zu ihrem Mann:
    Ich werde den Knaben
    erst, wenn er entwöhnt ist, hinaufbringen;
dann soll er vor dem Angesicht des Herrn erscheinen
    und für immer dort bleiben.

Als sie ihn entwöhnt hatte, nahm sie ihn mit hinauf,
dazu einen dreijährigen Stier,
    ein Efa Mehl und einen Schlauch Wein.
So brachte sie ihn zum Haus des Herrn in Schilo;
der Knabe aber war damals noch sehr jung.

Als sie den Stier geschlachtet hatten,
    brachten sie den Knaben zu Eli,
und Hanna sagte: Bitte, mein Herr,
so wahr du lebst, mein Herr,
ich bin die Frau, die damals neben dir stand,
    um zum Herrn zu beten.
Ich habe um diesen Knaben gebetet,
und der Herr hat mir die Bitte erfüllt,
    die ich an ihn gerichtet habe.
Darum lasse ich ihn auch vom Herrn zurückfordern.
Er soll für sein ganzes Leben
    ein vom Herrn Zurückgeforderter sein.
Und sie beteten dort den Herrn an.

ANTWORTPSALM Ps 84 (83), 2–3.5–6.9–10 (R: vgl. 5)

R Selig, die in deinem Hause wohnen, Herr, (GL 649,1)
die dich loben alle Zeit. – R

2 Wie liebenswert ist deine Wohnung, Herr der Heerscharen! † V. Ton
3 Meine Seele verzehrt sich in Sehnsucht *
nach dem Tempel des Herrn.

Mein Herz und mein Leib jauchzen ihm zu, *
ihm, dem lebendigen Gott. – (R)

5 Wohl denen, die wohnen in deinem Haus, *
die dich allezeit loben.

6 Wohl den Menschen, die Kraft finden in dir, *
wenn sie sich zur Wallfahrt rüsten. – (R)

9 Herr der Heerscharen, höre mein Beten, *
vernimm es, Gott Jakobs!

10 Gott, sieh her auf unsern Schild, *
schau auf das Antlitz deines Gesalbten! – R

ZUR 2. LESUNG *Allen Mahnungen an die Gemeinde und die verschiedenen Stände voraus steht die Aussage, daß Gott uns kennt und liebt. Daraus ergibt sich die Grundregel für das Zusammenleben von Christen: Die Liebe ist das Band, das alles zusammenhält und vollkommen macht. Wo das Wort Christi gehört wird, wohnt der Friede und wird die Freude spürbar, die aus Gott kommt.*

ZWEITE LESUNG Kol 3,12–21

Die Liebe ist das Band, das alles zusammenhält

Lesung
aus dem Brief des Apostels Paulus an die Kolósser.

Brüder!
12 Ihr seid von Gott geliebt,
seid seine auserwählten Heiligen.
Darum bekleidet euch mit aufrichtigem Erbarmen,
mit Güte, Demut, Milde, Geduld!
13 Ertragt euch gegenseitig,
und vergebt einander,
  wenn einer dem andern etwas vorzuwerfen hat.

Fest der Heiligen Familie

Wie der Herr euch vergeben hat,
  so vergebt auch ihr!
Vor allem aber liebt einander,
denn die Liebe ist das Band,
  das alles zusammenhält und vollkommen macht.

In eurem Herzen herrsche der Friede Christi;
dazu seid ihr berufen als Glieder des einen Leibes.
Seid dankbar!

Das Wort Christi wohne mit seinem ganzen Reichtum bei euch.
Belehrt und ermahnt einander in aller Weisheit!
Singt Gott in eurem Herzen Psalmen, Hymnen und Lieder,
  wie sie der Geist eingibt,
denn ihr seid in Gottes Gnade.
Alles, was ihr in Worten und Werken tut,
  geschehe im Namen Jesu, des Herrn.
Durch ihn dankt Gott, dem Vater!

Ihr Frauen,
ordnet euch euren Männern unter,
  wie es sich im Herrn geziemt.
Ihr Männer,
liebt eure Frauen,
  und seid nicht aufgebracht gegen sie!
Ihr Kinder,
gehorcht euren Eltern in allem;
denn so ist es gut und recht im Herrn.
Ihr Väter,
schüchtert eure Kinder nicht ein,
  damit sie nicht mutlos werden.

RUF VOR DEM EVANGELIUM Vers: Kol 3, 15a u. 16a

Halleluja. Halleluja.
In eurem Herzen herrsche der Friede Christi.
Das Wort Christi wohne mit seinem ganzen Reichtum bei euch.
Halleluja.

Oder:

ZWEITE LESUNG 1 Joh 3, 1–2.21–24

Einführung *Wer nicht an Gott glaubt und wer Jesus Christus nicht kennt, wird nie verstehen, was das überhaupt heißen soll: Kind Gottes sein. Es heißt vor allem: von Gott geliebt und angenommen sein, ganz und endgültig. Und auch: in Gottes Nähe leben, von seiner Liebe geprägt sein. „Die Welt erkennt uns nicht"; wir selbst, die wir glauben, haben oft genug Mühe, es zu fassen. Erst indem wir das, was wir sind, wirklich leben und „die Gerechtigkeit tun", begreifen wir allmählich die Wahrheit dessen, was wir glauben; wir werden fähig, auch in anderen Menschen das Leuchten der Gegenwart Gottes zu sehen. Aber auch so gilt, daß noch nicht offenbar geworden ist, was wir sein werden, wenn wir Christus sehen, wie er ist: in der Herrlichkeit, die er von Ewigkeit her beim Vater hat.*

Wir heißen Kinder Gottes, und wir sind es
Lesung
aus dem ersten Johannesbrief.

Brüder!
1 Seht, wie groß die Liebe ist, die der Vater uns geschenkt hat:
Wir heißen Kinder Gottes,
    und wir sind es.
Die Welt erkennt uns nicht,
    weil sie ihn nicht erkannt hat.

2 Liebe Brüder, jetzt sind wir Kinder Gottes.
Aber was wir sein werden,
    ist noch nicht offenbar geworden.
Wir wissen, daß wir ihm ähnlich sein werden,
    wenn er offenbar wird;
denn wir werden ihn sehen, wie er ist.

21 Liebe Brüder, wenn das Herz uns aber nicht verurteilt,
    haben wir gegenüber Gott Zuversicht;
22 alles, was wir erbitten, empfangen wir von ihm,
    weil wir seine Gebote halten
und tun, was ihm gefällt.
23 Und das ist sein Gebot:
Wir sollen an den Namen seines Sohnes Jesus Christus glauben
    und einander lieben, wie es seinem Gebot entspricht.
24 Wer seine Gebote hält, bleibt in Gott
    und Gott in ihm.
Und daß er in uns bleibt,
    erkennen wir an dem Geist, den er uns gegeben hat.

Fest der Heiligen Familie

RUF VOR DEM EVANGELIUM
Vers: vgl. Apg 16,14b

Halleluja. Halleluja.
Herr, öffne uns das Herz,
daß wir auf die Worte deines Sohnes hören.
Halleluja.

ZUM EVANGELIUM *Jesus liebte seine Eltern, aber in Jerusalem mußte er, wenigstens für drei Tage, im Haus seines Vaters bleiben. Gottes Welt und Wort sind sein Lebenselement. Jesus hat die Lehrer im Tempel vieles zu fragen; unversehens wird der Fragende zum Lehrenden. Jesus ist jetzt kein Kind mehr; seine Eltern kostet es Mühe, das zu begreifen. Und er selbst braucht die Jahre seiner Jugend, um in seine Sendung hineinzuwachsen.*

EVANGELIUM
Lk 2,41–52

Sie fanden Jesus im Tempel; er saß mitten unter den Lehrern

✠ Aus dem heiligen Evangelium nach Lukas.

Die Eltern Jesu
   gingen jedes Jahr zum Paschafest nach Jerusalem.
Als er zwölf Jahre alt geworden war,
   zogen sie wieder hinauf, wie es dem Festbrauch entsprach.
Nachdem die Festtage zu Ende waren,
   machten sie sich auf den Heimweg.
Der junge Jesus aber blieb in Jerusalem,
   ohne daß seine Eltern es merkten.
Sie meinten, er sei irgendwo in der Pilgergruppe,
   und reisten eine Tagesstrecke weit;
dann suchten sie ihn bei den Verwandten und Bekannten.
Als sie ihn nicht fanden,
   kehrten sie nach Jerusalem zurück und suchten ihn dort.

Nach drei Tagen fanden sie ihn im Tempel;
er saß mitten unter den Lehrern,
hörte ihnen zu
und stellte Fragen.
Alle, die ihn hörten, waren erstaunt
   über sein Verständnis und über seine Antworten.

⁴⁸ Als seine Eltern ihn sahen, waren sie sehr betroffen,
und seine Mutter sagte zu ihm:
  Kind, wie konntest du uns das antun?
Dein Vater und ich haben dich voll Angst gesucht.
⁴⁹ Da sagte er zu ihnen:
  Warum habt ihr mich gesucht?
Wußtet ihr nicht,
  daß ich in dem sein muß, was meinem Vater gehört?
⁵⁰ Doch sie verstanden nicht, was er damit sagen wollte.
⁵¹ Dann kehrte er mit ihnen nach Nazaret zurück
  und war ihnen gehorsam.
Seine Mutter bewahrte alles, was geschehen war, in ihrem Herzen.
⁵² Jesus aber wuchs heran,
und seine Weisheit nahm zu,
und er fand Gefallen bei Gott und den Menschen.

Am Sonntag: Glaubensbekenntnis, S. 348 ff.
Fürbitten vgl. S. 787 ff.

ZUR EUCHARISTIEFEIER *Menschsein heißt Mensch werden: erkennen und erkannt werden, lieben und geliebt werden; es heißt, das Loslassen lernen und die Treue.*

GABENGEBET

Herr, unser Gott,
am Fest der Heiligen Familie
bringen wir das Opfer der Versöhnung dar.
Höre auf die Fürsprache
der jungfräulichen Gottesmutter
und des heiligen Josef.
Erhalte unsere Familien in deiner Gnade
und in deinem Frieden.
Darum bitten wir durch Christus, unseren Herrn.

Weihnachtspräfation, S. 401 f.
In den Hochgebeten I–III eigener Einschub.

1. Januar – Hochfest der Gottesmutter Maria

KOMMUNIONVERS
Bar 3, 38

Unser Gott ist auf der Erde erschienen,
als Mensch unter den Menschen.

SCHLUSSGEBET

Gott, unser Vater,
du hast uns mit dem Brot des Himmels gestärkt.
Bleibe bei uns mit deiner Gnade,
damit wir das Vorbild der Heiligen Familie nachahmen
und nach der Mühsal dieses Lebens
in ihrer Gemeinschaft das Erbe erlangen,
das du deinen Kindern bereitet hast.
Darum bitten wir durch Christus, unseren Herrn.

DER SINN

„Du hast dir für den Anfang deines Lebens eine harte Zeit ausgesucht. Aber das macht nichts ... Du hast gute Eltern, die werden Dich schon lehren, wie man die Dinge anpackt und meistert. Und ich möchte, daß Du das verstehst, was ich gewollt habe: die Rühmung und Anbetung Gottes vermehren; helfen, daß die Menschen nach Gottes Ordnung und in Gottes Freiheit leben und Menschen sein können. Nur der Anbetende, der Liebende, der nach Gottes Ordnung Lebende ist Mensch und ist frei und lebensfähig." (Alfred Delp, Brief vom 23. Januar 1945)

1. Januar – Neujahr

OKTAVTAG VON WEIHNACHTEN
HOCHFEST DER GOTTESMUTTER MARIA

Jahresanfang – Oktavtag von Weihnachten – Festtag der Mutter Gottes, das ist viel für einen einzigen Tag. Er braucht aber auch viel, dieser Tag, der ein Anfang werden soll, nicht nur im Kalender. Im Namen Gottes, im Licht seines Angesichts gehen wir unsern Weg. Wir schauen auf den Sohn, er schaut uns an, das Kind mit dem Herzen Gottes und mit den Augen seiner Mutter.

1. Januar – Hochfest der Gottesmutter Maria

ERÖFFNUNGSVERS
Sedulius

Gruß dir, heilige Mutter, du hast den König geboren,
der in Ewigkeit herrscht über Himmel und Erde.

Oder:

Ein Licht strahlt heute über uns auf,
denn geboren ist uns der Herr.
Und man nennt ihn: Starker Gott, Friedensfürst,
Vater der kommenden Welt.
Seine Herrschaft wird kein Ende haben.

Ehre sei Gott, S. 344 ff.

TAGESGEBET

Barmherziger Gott,
durch die Geburt deines Sohnes
aus der Jungfrau Maria
hast du der Menschheit das ewige Heil geschenkt.
Laß uns (auch im neuen Jahr) immer und überall
die Fürbitte der gnadenvollen Mutter erfahren,
die uns den Urheber des Lebens geboren hat,
Jesus Christus,
deinen Sohn, unseren Herrn und Gott,
der in der Einheit des Heiligen Geistes
mit dir lebt und herrscht in alle Ewigkeit.

ZUR 1. LESUNG   *Am Morgen der Schöpfung hat Gott Menschen und Tiere gesegnet. Kraft des Lebens, Frucht des Feldes, Friede in der Natur und unter den Menschen: das sind die Gaben seines Segens. Nur Gott kann eigentlich segnen; im „Licht seines Angesichts", in seiner gnadenvollen Gegenwart und Gemeinschaft, wird alles heil und gut. Menschen segnen, indem sie den Namen und die Kraft Gottes herbeirufen.*

1. Januar – Hochfest der Gottesmutter Maria

ERSTE LESUNG Num 6, 22–27

So sollen sie meinen Namen auf die Israeliten legen, und ich werde sie segnen

**Lesung
aus dem Buch Númeri.**

2 Der Herr sprach zu Mose:
3 Sag zu Aaron und seinen Söhnen:
  So sollt ihr die Israeliten segnen;
  sprecht zu ihnen:

4 Der Herr segne dich und behüte dich.
5 Der Herr lasse sein Angesicht über dich leuchten
  und sei dir gnädig.
6 Der Herr wende sein Angesicht dir zu
  und schenke dir Heil.
7 So sollen sie meinen Namen auf die Israeliten legen,
  und ich werde sie segnen.

ANTWORTPSALM Ps 67 (66), 2–3.5.6 u. 8 (R: 2a)

R Gott sei uns gnädig und segne uns. – **R** (GL 149, 4)

Gott sei uns gnädig und segne uns. * VIII. Ton
Er lasse über uns sein Angesicht leuchten,

damit auf Erden sein Weg erkannt wird *
und unter allen Völkern sein Heil. – (R)

Die Nationen sollen sich freuen und jubeln. *
Denn du richtest den Erdkreis gerecht.

Du richtest die Völker nach Recht *
und regierst die Nationen auf Erden. – (R)

Die Völker sollen dir danken, o Gott, *
danken sollen dir die Völker alle.

Es segne uns Gott. *
Alle Welt fürchte und ehre ihn. – **R**

ZUR 2. LESUNG
Christus ist gekommen, um uns frei zu machen, frei von den Mächten des Schicksals und der Geschichte, auch frei von dem, was am Gesetz des Alten Bundes veraltet war. Er gibt uns seinen Geist als das neue Gesetz unseres Lebens.

ZWEITE LESUNG Gal 4, 4–7

Gott sandte seinen Sohn, geboren von einer Frau, damit wir die Sohnschaft erlangen

**Lesung
aus dem Brief des Apostels Paulus an die Gálater.**

Brüder!
4 Als die Zeit erfüllt war,
sandte Gott seinen Sohn,
geboren von einer Frau
und dem Gesetz unterstellt,
5 damit er die freikaufe, die unter dem Gesetz stehen,
und damit wir die Sohnschaft erlangen.
6 Weil ihr aber Söhne seid,
sandte Gott den Geist seines Sohnes in unser Herz,
den Geist, der ruft: Abba, Vater.
7 Daher bist du nicht mehr Sklave, sondern Sohn;
bist du aber Sohn,
dann auch Erbe,
Erbe durch Gott.

RUF VOR DEM EVANGELIUM Vers: vgl. Hebr 1, 1–2

Halleluja. Halleluja.

Einst hat Gott zu den Vätern gesprochen durch die Propheten;
heute aber hat er zu uns gesprochen durch den Sohn.

Halleluja.

ZUM EVANGELIUM *Jesus wurde in die Ordnung des Alten Bundes hineingeboren und hat sich dem Gesetz unterstellt. Sein Name Jesus (Jeschua, Josua: Jahwe rettet) deutet an, was er sein wird: Retter, Heiland der Welt; in Mt 1, 21 wird erklärt: „denn er wird sein Volk von seinen Sünden erlösen".*

1. Januar – Hochfest der Gottesmutter Maria

EVANGELIUM Lk 2, 16–21

Sie fanden Maria und Josef und das Kind.
Als acht Tage vorüber waren, gab man dem Kind den Namen Jesus

✢ Aus dem heiligen Evangelium nach Lukas.

In jener Zeit
16 eilten die Hirten nach Betlehem
   und fanden Maria und Josef
   und das Kind, das in der Krippe lag.
17 Als sie es sahen,
   erzählten sie, was ihnen über dieses Kind gesagt worden war.
18 Und alle, die es hörten,
   staunten über die Worte der Hirten.
19 Maria aber
   bewahrte alles, was geschehen war, in ihrem Herzen
   und dachte darüber nach.
20 Die Hirten kehrten zurück,
   rühmten Gott
   und priesen ihn für das, was sie gehört und gesehen hatten;
   denn alles war so gewesen,
   wie es ihnen gesagt worden war.
21 Als acht Tage vorüber waren
   und das Kind beschnitten werden sollte,
   gab man ihm den Namen Jesus,
   den der Engel genannt hatte,
   noch ehe das Kind im Schoß seiner Mutter empfangen wurde.

Glaubensbekenntnis. S. 348 ff.

ZUR EUCHARISTIEFEIER *Wir setzen die große Danksagung fort, die Maria einst angestimmt hat. Wir danken dem Vater, denn „er hat uns mit allem Segen seines Geistes gesegnet durch unsere Gemeinschaft mit Christus im Himmel" (Eph 1, 3).*

GABENGEBET

Barmherziger Gott, von dir kommt alles Gute,
und du führst es zum Ziel.
Wir danken dir für den Anfang des Heiles,
das du uns in der Geburt deines Sohnes
aus der Jungfrau Maria eröffnet hast.
Höre auf ihre Fürsprache
und führe uns (in diesem Jahr)
näher zu dir.
Darum bitten wir durch Christus, unseren Herrn.

Marienpräfation, S. 421 f., oder Weihnachtspräfation, S. 401 f.
In den Hochgebeten I–III eigener Einschub.

KOMMUNIONVERS   Hebr 13, 8

Jesus Christus ist derselbe gestern und heute und in Ewigkeit.

SCHLUSSGEBET

Herr, unser Gott,
am Fest der seligen Jungfrau Maria,
die wir als Mutter deines Sohnes
und Mutter der Kirche bekennen,
haben wir voll Freude
das heilige Sakrament empfangen.
Laß es uns eine Hilfe sein,
die uns zum ewigen Leben führt.
Darum bitten wir durch Christus, unseren Herrn.

BESSER ALS EIN LICHT

Ich sagte zu dem Engel,
der an der Pforte des neuen Jahres stand:
Gib mir ein Licht, damit ich sicheren Fußes
der Ungewißheit entgegengehen kann.

Aber er antwortete:
Geh nur hin in die Dunkelheit,
und leg deine Hand in die Hand Gottes!
Das ist besser als ein Licht
und sicherer als ein bekannter Weg. (Aus China)

ZWEITER SONNTAG NACH WEIHNACHTEN

Die guten Anfänge kommen aus der Stille, wie aus dunklen Bergen. Im unfaßbaren Schweigen spricht Gott sein Wort, den ewigen Sohn. Das Wort ist gesprochen, wird gesprochen, ewig und jetzt. Das Licht leuchtet, es rettet und richtet. Im Licht des ewigen Wortes steht unsere Zeit, auch dieses neu begonnene Jahr.

ERÖFFNUNGSVERS   Weish 18, 14–15
Als tiefes Schweigen das All umfing
und die Nacht bis zur Mitte gelangt war,
da stieg dein allmächtiges Wort, o Herr,
vom Himmel herab, vom königlichen Thron.

Ehre sei Gott, S. 344 f.

TAGESGEBET
Allmächtiger, ewiger Gott,
du erleuchtest alle, die an dich glauben.
Offenbare dich den Völkern der Erde,
damit alle Menschen
das Licht deiner Herrlichkeit schauen.
Darum bitten wir durch Jesus Christus.

ZUR 1. LESUNG   *Das Wort Gottes steht der Welt nicht nur gegenüber, es durchdringt sie, es ist die ständige Quelle all dessen, was in der Welt lebt und leuchtet. In der Schrift (Spr 8) wird das Wort Gottes gleichgesetzt mit Gottes ewiger Weisheit. Durch sein Wort und seine Weisheit ist Gott gegenwärtig bei seinem Volk und in seinem Tempel. In Zukunft aber wird die Menschheit Jesu der lebendige Tempel Gottes, sein heiliges Zelt sein.*

ERSTE LESUNG Sir 24,1–2.8–12 (1–4.12–16)

Die Weisheit Gottes faßte Wurzel bei seinem ruhmreichen Volk

Lesung
   aus dem Buch Jesus Sirach.

1 Die Weisheit lobt sich selbst,
   sie rühmt sich bei ihrem Volk.
2 Sie öffnet ihren Mund in der Versammlung Gottes
   und rühmt sich vor seinen Scharen:

8 Der Schöpfer des Alls gab mir Befehl;
   er, der mich schuf, wußte für mein Zelt eine Ruhestätte.
   Er sprach: In Jakob sollst du wohnen,
   in Israel sollst du deinen Erbbesitz haben.

9 Vor der Zeit, am Anfang, hat er mich erschaffen,
   und bis in Ewigkeit vergehe ich nicht.
10 Ich tat vor ihm Dienst im heiligen Zelt
   und wurde dann auf dem Zion eingesetzt.
11 In der Stadt, die er ebenso liebt wie mich, fand ich Ruhe,
   Jerusalem wurde mein Machtbereich.
12 Ich faßte Wurzel bei einem ruhmreichen Volk,
   im Eigentum des Herrn,
     in seinem Erbbesitz.

ANTWORTPSALM Ps 147,12–13.14–15.19–20 (R: Joh 1,14)

R Das Wort ist Fleisch geworden (GL 149,6)
und hat unter uns gewohnt. – R

(*Oder:* **Halleluja.**)

12 Jerusalem, preise den Herrn, * IX. Ton
   lobsinge, Zion, deinem Gott!
13 Denn er hat die Riegel deiner Tore fest gemacht, *
   die Kinder in deiner Mitte gesegnet. – (R)

14 Er verschafft deinen Grenzen Frieden *
   und sättigt dich mit bestem Weizen.
15 Er sendet sein Wort zur Erde, *
   rasch eilt sein Befehl dahin. – (R)

19 Er verkündet Jakob sein Wort, *
   Israel seine Gesetze und Rechte.

Zweiter Sonntag nach Weihnachten

An keinem andern Volk hat er so gehandelt, *
keinem sonst seine Rechte verkündet. – R

ZUR 2. LESUNG *In seinem Sohn hat Gott uns all das geschenkt, was durch die Gaben des Alten Bundes angedeutet und vorbereitet war. Aber wir brauchen die klare Schau des Glaubens und ein lauteres Herz, um unsere Berufung zu begreifen und ihr durch die Tat zu entsprechen. Mit dem größeren Glauben wächst auch unsere Hoffnung auf Teilhabe an Gottes Herrlichkeit.*

ZWEITE LESUNG   Eph 1, 3–6.15–18

Gott hat uns im voraus dazu bestimmt, seine Söhne zu werden durch Jesus Christus

Lesung
  aus dem Brief des Apostels Paulus an die Épheser.

Gepriesen sei Gott,
der Gott und Vater unseres Herrn Jesus Christus.
Er hat uns mit allem Segen seines Geistes gesegnet
  durch unsere Gemeinschaft mit Christus im Himmel.
Denn in ihm hat er uns erwählt vor der Erschaffung der Welt,
damit wir heilig und untadelig leben vor Gott;
er hat uns aus Liebe im voraus dazu bestimmt,
  seine Söhne zu werden durch Jesus Christus
und zu ihm zu gelangen, nach seinem gnädigen Willen,
zum Lob seiner herrlichen Gnade.
Er hat sie uns geschenkt in seinem geliebten Sohn.

Darum höre ich nicht auf, für euch zu danken,
  wenn ich in meinen Gebeten an euch denke;
denn ich habe von eurem Glauben an Jesus, den Herrn,
  und von eurer Liebe zu allen Heiligen gehört.
Der Gott Jesu Christi, unseres Herrn,
  der Vater der Herrlichkeit,
  gebe euch den Geist der Weisheit und Offenbarung,
  damit ihr ihn erkennt.
Er erleuchte die Augen eures Herzens,
  damit ihr versteht,
  zu welcher Hoffnung ihr durch ihn berufen seid,
welchen Reichtum
  die Herrlichkeit seines Erbes den Heiligen schenkt.

RUF VOR DEM EVANGELIUM
Vers: vgl. 1 Tim 3,16

Halleluja. Halleluja.

Christus, offenbart im Fleisch, verkündet unter den Heiden,
Christus, geglaubt in der Welt: Ehre sei dir!
Halleluja.

ZUM EVANGELIUM
Durch das Wort, das vor aller Zeit war, ist die Zeit und die Welt geworden. Licht und Leben kommen von ihm. Und das Wort ist Fleisch geworden. Denen, die ihn aufnehmen, weist Christus den Weg, und er schenkt ihnen Gnade und Herrlichkeit.

EVANGELIUM
Joh 1,1–18

Das Wort ist Fleisch geworden und hat unter uns gewohnt

siehe S. 45 f.

Oder:

KURZFASSUNG
Joh 1,1–5.9–14

Das Wort ist Fleisch geworden und hat unter uns gewohnt

✢ Aus dem heiligen Evangelium nach Johannes.

1 Im Anfang war das Wort,
und das Wort war bei Gott,
und das Wort war Gott.
2 Im Anfang war es bei Gott.
3 Alles ist durch das Wort geworden,
und ohne das Wort wurde nichts, was geworden ist.
4 In ihm war das Leben,
und das Leben war das Licht der Menschen.
5 Und das Licht leuchtet in der Finsternis,
und die Finsternis hat es nicht erfaßt.
9 Das wahre Licht, das jeden Menschen erleuchtet,
kam in die Welt.
10 Er war in der Welt,
und die Welt ist durch ihn geworden,
aber die Welt erkannte ihn nicht.
11 Er kam in sein Eigentum,
aber die Seinen nahmen ihn nicht auf.

Zweiter Sonntag nach Weihnachten

Allen aber, die ihn aufnahmen,
> gab er Macht, Kinder Gottes zu werden,
allen, die an seinen Namen glauben,
die nicht aus dem Blut,
> nicht aus dem Willen des Fleisches,
> nicht aus dem Willen des Mannes,
> sondern aus Gott geboren sind.

Und das Wort ist Fleisch geworden
> und hat unter uns gewohnt,
und wir haben seine Herrlichkeit gesehen,
die Herrlichkeit des einzigen Sohnes vom Vater,
> voll Gnade und Wahrheit.

Glaubensbekenntnis, S. 348 ff.
Fürbitten vgl. S. 787 ff.

ZUR EUCHARISTIEFEIER *Christus ruft die zu seinem Mahl, die ihn aufnehmen. Aus seiner Fülle empfangen wir Gnade über Gnade. Er ist gekommen, damit wir das Leben haben, sein eigenes Leben.*

GABENGEBET

Herr, unser Gott,
heilige unsere Gaben
durch die Menschwerdung deines Sohnes.
Durch seine Geburt hast du allen Menschen
den Weg der Wahrheit gewiesen
und ihnen dein Reich verheißen.
Laß uns in dieser Feier verkosten,
was du denen bereitet hast, die dich lieben.
Darum bitten wir durch Christus, unseren Herrn.

Weihnachtspräfation, S. 401 f.

KOMMUNIONVERS Joh 1, 12

Allen, die ihn aufnahmen,
gab er Macht, Kinder Gottes zu werden.

SCHLUSSGEBET

Herr, unser Gott,
befreie uns durch die Wirkung dieses Sakramentes
von unseren Fehlern und Sünden.
Erfülle unser Verlangen
und schenke uns alles,
was wir zum Heil nötig haben.
Darum bitten wir durch Christus, unseren Herrn.

DIE GUTE GABE

Jesus ist das Heil selbst. Das Heil: vorbereitet im Wort der Propheten; verkündet durch Jesu eigenes Wort; weitergegeben im Wort der Kirche. Es ist dasselbe, zu sagen, die Apostel verkünden den Erlöser, wie zu sagen, sie verkünden die Gaben des Heils. Denn Jesus hat es vom guten Vater her, Gabe zu sein: die gute Gabe, die Summe des Heils. (Origenes)

6. Januar
ERSCHEINUNG DES HERRN
Hochfest

Über das Fest der Erscheinung des Herrn (= Epiphania) vgl. die Einführung zum Kirchenjahr.

Epiphanie, Erscheinung des Herrn: göttliche Wahrheit und Herrlichkeit leuchten, wenn auch noch verborgen, in dem Kind von Betlehem. Suchende Menschen finden den Weg (Magier, Könige, Sterndeuter). Sie kommen mit Gaben und gehen als Beschenkte. Als Boten des Lichts in eine dunkle Welt. Weil dieses Kind geboren wurde, gibt es für alle Menschen Hoffnung, auch für die in der Ferne.

ERÖFFNUNGSVERS   Vgl. Mal 3, 1; 1 Chr 19, 12

Seht, gekommen ist der Herrscher, der Herr.
In seiner Hand ist die Macht und das Reich.
Ehre sei Gott, S. 344 ff.

Erscheinung des Herrn

TAGESGEBET

Allherrschender Gott,
durch den Stern, dem die Weisen gefolgt sind,
hast du am heutigen Tag
den Heidenvölkern deinen Sohn geoffenbart.
Auch wir haben dich schon im Glauben erkannt.
Führe uns vom Glauben
zur unverhüllten Anschauung deiner Herrlichkeit.
Darum bitten wir durch Jesus Christus.

ZUR 1. LESUNG *Licht bedeutet in der Bibel Offenbarung der Macht und Herrlichkeit Gottes, auch sein rettendes Eingreifen in die Geschichte der Menschen. Nach dunklen Jahren (538 v. Chr., Ende des babylonischen Exils) kann der Rest des Volkes Israel wieder Hoffnung haben. Gott ist da, er holt sein Volk heim. Die Völker der Erde staunen und kommen herbei, um mit ihren Gaben dem Gott Israels zu huldigen.*

ERSTE LESUNG Jes 60, 1–6

Die Herrlichkeit des Herrn geht leuchtend auf über dir

Lesung
  aus dem Buch Jesája.

Auf, werde licht, Jerusalem,
denn es kommt dein Licht,
und die Herrlichkeit des Herrn geht leuchtend auf über dir.

Denn siehe, Finsternis bedeckt die Erde
  und Dunkel die Völker,
doch über dir geht leuchtend der Herr auf,
seine Herrlichkeit erscheint über dir.
Völker wandern zu deinem Licht
  und Könige zu deinem strahlenden Glanz.

Blick auf und schau umher:
Sie alle versammeln sich und kommen zu dir.
Deine Söhne kommen von fern,
  deine Töchter trägt man auf den Armen herbei.
Du wirst es sehen, und du wirst strahlen,
dein Herz bebt vor Freude und öffnet sich weit.

Denn der Reichtum des Meeres strömt dir zu,
   die Schätze der Völker kommen zu dir.
6 Zahllose Kamele bedecken dein Land,
   Dromedare aus Midian und Efa.
Sie alle kommen von Saba,
   bringen Weihrauch und Gold
und verkünden die ruhmreichen Taten des Herrn.

ANTWORTPSALM   Ps 72 (71), 1–2.7–8.10–11.12–13 (R: 11)

R Alle Könige müssen ihm huldigen,   (GL 153, 1)
alle Völker ihm dienen. – R

1 Verleih dein Richteramt, o Gott, dem König, *   VI. Ton
  dem Königssohn gib dein gerechtes Walten!

2 Er regiere dein Volk in Gerechtigkeit *
  und deine Armen durch rechtes Urteil. – (R)

7 Die Gerechtigkeit blühe auf in seinen Tagen *
  und großer Friede, bis der Mond nicht mehr da ist.

8 Er herrsche von Meer zu Meer, *
  vom Strom bis an die Enden der Erde. – (R)

10 Die Könige von Tarschisch und von den Inseln bringen Geschenke, *
   die Könige von Saba und Seba kommen mit Gaben.

11 Alle Könige müssen ihm huldigen, *
   alle Völker ihm dienen. – (R)

12 Er rettet den Gebeugten, der um Hilfe schreit, *
   den Armen und den, der keinen Helfer hat.

13 Er erbarmt sich des Gebeugten und Schwachen, *
   er rettet das Leben der Armen. – R

ZUR 2. LESUNG   *Schon im Alten Testament war zu lesen, daß Gott Rettung und Heil nicht nur dem Volk Israel zugedacht hat. Aber solche Aussagen waren im Judentum weithin überhört, jedenfalls nicht in ihrer ganzen Tragweite verstanden worden. Selbst für Paulus, den Schriftkundigen, war es eine große Offenbarung, daß Gott ohne Unterschied alle Völker zum messianischen Heil beruft.*

Erscheinung des Herrn

ZWEITE LESUNG Eph 3, 2–3a.5–6

Jetzt ist offenbart worden: Auch die Heiden haben an der Verheißung in Christus Jesus teil

Lesung
aus dem Brief des Apostels Paulus an die Epheser.

Brüder!
Ihr habt gehört,
welches Amt die Gnade Gottes mir für euch verliehen hat.
Durch eine Offenbarung
wurde mir das Geheimnis Christi mitgeteilt.
Den Menschen früherer Generationen war es nicht bekannt;
jetzt aber ist es seinen heiligen Aposteln und Propheten
durch den Geist offenbart worden:
daß nämlich die Heiden Miterben sind,
zu demselben Leib gehören
und an derselben Verheißung in Christus Jesus teilhaben
durch das Evangelium.

RUF VOR DEM EVANGELIUM Vers: vgl. Mt 2, 2

Halleluja. Halleluja.
Wir haben seinen Stern gesehen
und sind gekommen, dem Herrn zu huldigen.
Halleluja.

ZUM EVANGELIUM

Fremden Menschen, Ausländern, Heiden leuchtet der Stern. Sie suchen und fragen, bis sie den neugeborenen König finden. Die Gelehrten in Jerusalem wissen aus der Schrift, wo der Messias geboren werden soll, aber keiner von ihnen geht nach Betlehem. So wird schon am Anfang des Matthäusevangeliums sichtbar, was am Schluß klar ausgesprochen wird: Alle Völker der Erde sind zum Heil berufen, das Jesus Christus gebracht hat (Mt 28, 18–20).

EVANGELIUM Mt 2, 1–12

Wir haben seinen Stern aufgehen sehen und sind gekommen, um ihm zu huldigen

✢ Aus dem heiligen Evangelium nach Matthäus.

1 Als Jesus zur Zeit des Königs Herodes
 in Betlehem in Judäa geboren worden war,
 kamen Sterndeuter aus dem Osten nach Jerusalem
2 und fragten: Wo ist der neugeborene König der Juden?
 Wir haben seinen Stern aufgehen sehen
 und sind gekommen, um ihm zu huldigen.
3 Als König Herodes das hörte, erschrak er
 und mit ihm ganz Jerusalem.
4 Er ließ alle Hohenpriester
 und Schriftgelehrten des Volkes
 zusammenkommen und erkundigte sich bei ihnen,
 wo der Messias geboren werden solle.
5 Sie antworteten ihm: In Betlehem in Judäa;
 denn so steht es bei dem Propheten:
6 Du, Betlehem im Gebiet von Juda,
 bist keineswegs die unbedeutendste
 unter den führenden Städten von Juda;
 denn aus dir wird ein Fürst hervorgehen,
 der Hirt meines Volkes Israel.
7 Danach rief Herodes die Sterndeuter heimlich zu sich
 und ließ sich von ihnen genau sagen,
 wann der Stern erschienen war.
8 Dann schickte er sie nach Betlehem
 und sagte: Geht und forscht sorgfältig nach, wo das Kind ist;
 und wenn ihr es gefunden habt, berichtet mir,
 damit auch ich hingehe und ihm huldige.
9 Nach diesen Worten des Königs machten sie sich auf den Weg.
 Und der Stern, den sie hatten aufgehen sehen,
 zog vor ihnen her
 bis zu dem Ort, wo das Kind war;
 dort blieb er stehen.
10 Als sie den Stern sahen,
 wurden sie von sehr großer Freude erfüllt.
11 Sie gingen in das Haus

> und sahen das Kind und Maria, seine Mutter;
> da fielen sie nieder und huldigten ihm.
> Dann holten sie ihre Schätze hervor
> und brachten ihm Gold, Weihrauch und Myrrhe als Gaben dar.

² Weil ihnen aber im Traum geboten wurde,
> > nicht zu Herodes zurückzukehren,
> > zogen sie auf einem anderen Weg heim in ihr Land.

Glaubensbekenntnis, S. 348 ff.
Fürbitten vgl. S. 790 f.

ZUR EUCHARISTIEFEIER *Die Feier der Eucharistie ist „Mysterium des Glaubens": ein großes, göttlich-menschliches Empfangen und Geben. Gold, Weihrauch und Myrrhe sind die sprechenden Sinnbilder unseres Glaubens, unserer Liebe und der durchgehaltenen Treue.*

GABENGEBET

Allmächtiger Gott,
nimm die Gaben deiner Kirche an.
Sie bringt nicht mehr Gold,
Weihrauch und Myrrhe dar,
sondern er, den diese Gaben bezeichnen,
wird für uns geopfert und uns zur Speise gegeben,
unser Herr Jesus Christus,
der mit dir lebt und herrscht in alle Ewigkeit.

Präfation von Erscheinung des Herrn, S. 402.
In den Hochgebeten I–III eigener Einschub.

KOMMUNIONVERS Vgl. Mt 2, 2

Wir haben seinen Stern aufgehen sehen
und sind gekommen, dem Herrn mit Geschenken zu huldigen.

SCHLUSSGEBET

Wir danken dir, allmächtiger Gott,
für die heiligen Gaben
und bitten dich:
Erhelle unsere Wege mit dem Licht deiner Gnade,
damit wir in Glauben und Liebe erfassen,
was du uns im Geheimnis der Eucharistie geschenkt hast.
Darum bitten wir durch Christus, unseren Herrn.

BEGEGNUNG

Niemand hat Gott je geschaut, aber wenn wir einander lieben, bleibt Gott in uns, und seine Liebe ist in uns vollendet (1 Joh 4, 12). – In der liebenden Begegnung mit dem Bruder leuchtet uns das Bild Christi auf, geschieht Epiphanie: im Lächeln des Kindes, im Blick des geliebten Menschen, im dankbaren Auge des Beschenkten, im sorgendurchfurchten Gesicht des Kranken – in jeder liebenden Bewegung des Herzens, in jedem Dank, jedem Du. (R. Pesch)

Sonntag nach dem 6. Januar
TAUFE DES HERRN
Fest

Auch die Taufe Jesu ist ein Epiphaniegeschehen: Aufleuchten des sich offenbarenden Gottes. Der Vater nennt Jesus, der sich in die Reihe der Sünder gestellt hat, seinen geliebten Sohn. Der Geist Gottes ruht auf ihm, er wird ihn in die Wüste hinausführen, dann nach Galiläa, Jerusalem, Golgota. In der Kraft dieses Geistes wird Jesus sich als Opfer darbringen für die Sünde der Welt.

ERÖFFNUNGSVERS   Vgl. Mt 3, 16–17

Als Jesus getauft war, öffnete sich der Himmel,
und er sah den Geist Gottes wie eine Taube auf sich herabkommen.
Und die Stimme des Vaters aus dem Himmel sprach:
Das ist mein geliebter Sohn, an dem ich Gefallen habe.

Ehre sei Gott, S. 344 ff.

TAGESGEBET

Allmächtiger, ewiger Gott,
bei der Taufe im Jordan
kam der Heilige Geist auf unseren Herrn Jesus Christus herab,
und du hast ihn als deinen geliebten Sohn geoffenbart.
Gib, daß auch wir,
die aus dem Wasser und dem Heiligen Geist wiedergeboren sind,
in deinem Wohlgefallen stehen
und als deine Kinder aus der Fülle dieses Geistes leben.
Darum bitten wir durch Jesus Christus.

Taufe des Herrn 75

Oder:

Allmächtiger Gott,
dein einziger Sohn,
vor aller Zeit aus dir geboren,
ist in unserem Fleisch sichtbar erschienen.
Wie er uns gleichgeworden ist in der menschlichen Gestalt,
so werde unser Inneres neu geschaffen nach seinem Bild.
Darum bitten wir durch ihn,
der in der Einheit des Heiligen Geistes
mit dir lebt und herrscht in alle Ewigkeit.

ZUR 1. LESUNG   *In der Form einer Gottesrede beschreibt der Prophet die Berufung des „Knechtes". Der Gottesknecht, eine geheimnisvolle prophetisch-königliche Gestalt im zweiten Teil des Jesaja-Buches, soll allen Völkern Gottes Treue und Erbarmen verkünden. Für diese Aufgabe wird er mit dem Geist Gottes ausgerüstet. Das Neue Testament sieht diese Aussage in Jesus Christus erfüllt (vgl. Jes 42, 1 und das Gotteswort bei der Taufe Jesu: Mt 3, 17).*

ERSTE LESUNG   Jes 42, 5a. 1–4. 6–7

Seht, das ist mein Knecht, an ihm finde ich Gefallen

Lesung
   aus dem Buch Jesája.

So spricht Gott, der Herr:
Seht, das ist mein Knecht, den ich stütze;
das ist mein Erwählter, an ihm finde ich Gefallen.
Ich habe meinen Geist auf ihn gelegt,
er bringt den Völkern das Recht.
Er schreit nicht und lärmt nicht
   und läßt seine Stimme nicht auf der Straße erschallen.
Das geknickte Rohr zerbricht er nicht,
   und den glimmenden Docht löscht er nicht aus;
ja, er bringt wirklich das Recht.
Er wird nicht müde und bricht nicht zusammen,
   bis er auf der Erde das Recht begründet hat.
Auf sein Gesetz warten die Inseln.

Ich, der Herr, habe dich aus Gerechtigkeit gerufen,
ich fasse dich an der Hand.

Ich habe dich geschaffen
und dazu bestimmt,
> der Bund für mein Volk
> und das Licht für die Völker zu sein:

7 blinde Augen zu öffnen,
> Gefangene aus dem Kerker zu holen
> und alle, die im Dunkel sitzen, aus ihrer Haft zu befreien.

ANTWORTPSALM   Ps 29 (28), 1–2.3ac–4.3b u. 9b–10 (R: vgl. 11b)

R Der Herr schenkt seinem Volk den Frieden. – R   (GL 743,1)

1 Bringt dar dem Herrn, ihr Himmlischen, *   I. Ton
bringt dar dem Herrn Lob und Ehre!

2 Bringt dar dem Herrn die Ehre seines Namens, *
werft euch nieder vor dem Herrn in heiligem Schmuck! – (R)

3ac Die Stimme des Herrn erschallt über den Wassern, *
der Herr über gewaltigen Wassern.

4 Die Stimme des Herrn ertönt mit Macht, *
die Stimme des Herrn voll Majestät. – (R)

3b Der Gott der Herrlichkeit donnert. *
9b In seinem Palast rufen alle: O herrlicher Gott!

10 Der Herr thront über der Flut, *
der Herr thront als König in Ewigkeit. – R

Oder:

ERSTE LESUNG   Jes 40, 1–5.9–11

Einführung   *Jahwe, der Gott Israels, denkt an sein Volk; er tröstet es in der Not des babylonischen Exils nicht nur mit Worten; er wird es wieder heimführen, wie er es einst aus Ägypten herausgeführt hat. Er selbst wird mit seinem Volk ziehen, daher die Aufforderung, dem Herrn den Weg zu bahnen (Jes 40, 3–4). Die Aufforderung ergeht an die himmlischen Mächte; das Volk selbst ist dazu nicht imstande. Gott offenbart seine Liebe, indem er dem Volk alle Schuld vergibt (40, 1); er zeigt seine Macht, indem er es in die Heimat zurückführt. Zion (= Jerusalem) soll nicht verzagen; es soll die frohe Botschaft glauben und sie weitersagen.*

Taufe des Herrn

Dann offenbart sich die Herrlichkeit des Herrn, alle Sterblichen werden sie sehen

Lesung
   aus dem Buch Jesája.

Tröstet, tröstet mein Volk,
   spricht euer Gott.
Redet Jerusalem zu Herzen
und verkündet der Stadt,
   daß ihr Frondienst zu Ende geht,
   daß ihre Schuld beglichen ist;
denn sie hat die volle Strafe erlitten von der Hand des Herrn
   für all ihre Sünden.
Eine Stimme ruft:
   Bahnt für den Herrn einen Weg durch die Wüste!
Baut in der Steppe eine ebene Straße für unseren Gott!
Jedes Tal soll sich heben,
   jeder Berg und Hügel sich senken.
Was krumm ist, soll gerade werden,
   und was hüglig ist, werde eben.
Dann offenbart sich die Herrlichkeit des Herrn,
alle Sterblichen werden sie sehen.
Ja, der Mund des Herrn hat gesprochen.

Steig auf einen hohen Berg,
   Zion, du Botin der Freude!
Erheb deine Stimme mit Macht,
   Jerusalem, du Botin der Freude!
Erheb deine Stimme, fürchte dich nicht!
Sag den Städten in Juda:
   Seht, da ist euer Gott.
Seht, Gott, der Herr, kommt mit Macht,
er herrscht mit starkem Arm.
Seht, er bringt seinen Siegespreis mit:
Alle, die er gewonnen hat, gehen vor ihm her.
Wie ein Hirt führt er seine Herde zur Weide,
er sammelt sie mit starker Hand.
Die Lämmer trägt er auf dem Arm,
   die Mutterschafe führt er behutsam.

ANTWORTPSALM

Ps 104 (103), 1–2.3–4.24–25.27–28.29–30 (R: 1ab)

R Lobe den Herrn, meine Seele! (GL 743, 1)
Herr, mein Gott, wie groß bist du! – R

1 Lobe den Herrn, meine Seele! † I. Ton
Herr, mein Gott, wie groß bist du! *
Du bist mit Hoheit und Pracht bekleidet.

2 Du hüllst dich in Licht wie in ein Kleid, *
du spannst den Himmel aus wie ein Zelt. – (R)

3 Du verankerst die Balken deiner Wohnung im Wasser. †
Du nimmst dir die Wolken zu Wagen, *
du fährst einher auf den Flügeln des Sturmes.

4 Du machst dir die Winde zu Boten *
und lodernde Feuer zu deinen Dienern. – (R)

24 Herr, wie zahlreich sind deine Werke! †
Mit Weisheit hast du sie alle gemacht, *
die Erde ist voll von deinen Geschöpfen.

25 Da ist das Meer, so groß und weit, *
darin ein Gewimmel ohne Zahl: kleine und große Tiere. – (R)

27 Sie alle warten auf dich, *
daß du ihnen Speise gibst zur rechten Zeit.

28 Gibst du ihnen, dann sammeln sie ein, *
öffnest du deine Hand, werden sie satt an Gutem. – (R)

29 Verbirgst du dein Gesicht, sind sie verstört; †
nimmst du ihnen den Atem, so schwinden sie hin *
und kehren zurück zum Staub der Erde.

30 Sendest du deinen Geist aus, so werden sie alle erschaffen, *
und du erneuerst das Antlitz der Erde. – R

ZUR 2. LESUNG *Gott hat auf Jesus, als er getauft wurde, den Heiligen Geist herabgesandt; er hat Jesus als seinen Sohn bezeugt und zum Messias gesalbt. Durch ihn hat er allen Menschen, Juden und Heiden, Versöhnung und Frieden verkündet. Das ist die Predigt der apostolischen Zeit, die gute Nachricht auch für die heutige Welt.*

Taufe des Herrn

ZWEITE LESUNG Apg 10, 34–38

Gott hat Jesus gesalbt mit dem Heiligen Geist

Lesung
aus der Apostelgeschichte.

In jenen Tagen
begann Petrus zu reden
und sagte:
Wahrhaftig jetzt begreife ich,
daß Gott nicht auf die Person sieht,
sondern daß ihm in jedem Volk willkommen ist,
wer ihn fürchtet
und tut, was recht ist.

Er hat das Wort den Israeliten gesandt,
indem er den Frieden verkündete durch Jesus Christus;
dieser ist der Herr aller.

Ihr wißt, was im ganzen Land der Juden geschehen ist,
angefangen in Galiläa,
nach der Taufe, die Johannes verkündet hat:
wie Gott Jesus von Nazaret gesalbt hat
mit dem Heiligen Geist und mit Kraft,
wie dieser umherzog,
Gutes tat
und alle heilte, die in der Gewalt des Teufels waren;
denn Gott war mit ihm.

RUF VOR DEM EVANGELIUM Vers: vgl. Mt 3, 16.17; Mk 9, 7

Halleluja. Halleluja.

Der Himmel öffnete sich, und eine Stimme sprach:
Das ist mein geliebter Sohn; auf ihn sollt ihr hören!

Halleluja.

Oder:

ZWEITE LESUNG Tit 2, 11–14; 3, 4–7

Einführung Zwischen dem ersten Erscheinen Gottes, dem Erscheinen seiner Gnade in der Menschwerdung des Sohnes, und dem Offenbarwerden seiner Herrlichkeit verläuft die Zeit der Kirche und unser eigenes Leben. Gottes Gnade will uns erziehen. Und durch uns soll der

Welt etwas von der Güte Gottes erfahrbar werden. – In Jesus Christus ist die Güte Gottes sichtbar geworden. Zugleich ist klargeworden, daß vor Gott kein Mensch gut ist. Jede Selbstgerechtigkeit ist Selbstbetrug. Davon befreit uns Gottes Wort und Gottes Tat.

Er hat uns gerettet durch das Bad der Wiedergeburt und der Erneuerung im Heiligen Geist

Lesung
aus dem Brief des Apostels Paulus an Titus.

¹¹ Die Gnade Gottes ist erschienen,
  um alle Menschen zu retten.
¹² Sie erzieht uns dazu,
  uns von der Gottlosigkeit
  und den irdischen Begierden loszusagen
und besonnen, gerecht und fromm in dieser Welt zu leben,
¹³   während wir auf die selige Erfüllung unserer Hoffnung warten:
auf das Erscheinen der Herrlichkeit
  unseres großen Gottes und Retters Christus Jesus.
¹⁴ Er hat sich für uns hingegeben,
  um uns von aller Schuld zu erlösen
und sich ein reines Volk zu schaffen,
  das ihm als sein besonderes Eigentum gehört
  und voll Eifer danach strebt, das Gute zu tun.

⁴ Als die Güte und Menschenliebe Gottes, unseres Retters, erschien,
⁵ hat er uns gerettet
– nicht weil wir Werke vollbracht hätten,
  die uns gerecht machen können,
  sondern aufgrund seines Erbarmens –
  durch das Bad der Wiedergeburt
  und der Erneuerung im Heiligen Geist.
⁶ Ihn hat er in reichem Maß über uns ausgegossen
  durch Jesus Christus, unseren Retter,
⁷ damit wir durch seine Gnade gerecht gemacht werden
und das ewige Leben erben, das wir erhoffen.

Taufe des Herrn

RUF VOR DEM EVANGELIUM Vers: vgl. Lk 3,16
Halleluja. Halleluja.
Johannes sagte:
Es kommt einer, der stärker ist als ich.
Mit dem Heiligen Geist und mit Feuer wird er euch taufen.
Halleluja.

ZUM EVANGELIUM
Jesus stellt sich mitten unter die Menschen und läßt sich taufen. Er steht in der Mitte der Zeit: Der Geist Gottes, der durch die Propheten gesprochen hat, spricht von jetzt an durch Jesus, den Christus, den Messias. Der Geist ist die Kraft Gottes und die verheißene Gabe für das Volk Gottes, die Zuwendung Gottes zu den Menschen. Der Geist erweist Jesus als den Sohn Gottes, und er macht „heute" die Glaubenden zu Söhnen Gottes.

EVANGELIUM Lk 3,15–16.21–22
Jesus ließ sich taufen; und während er betete, öffnete sich der Himmel

✝ Aus dem heiligen Evangelium nach Lukas.

In jener Zeit
> war das Volk voll Erwartung,
und alle überlegten im stillen,
> ob Johannes nicht vielleicht selbst der Messias sei.

Doch Johannes gab ihnen allen zur Antwort:
> Ich taufe euch nur mit Wasser.
Es kommt aber einer, der stärker ist als ich,
und ich bin es nicht wert, ihm die Schuhe aufzuschnüren.
Er wird euch mit dem Heiligen Geist und mit Feuer taufen.

Zusammen mit dem ganzen Volk ließ auch Jesus sich taufen.
Und während er betete,
> öffnete sich der Himmel,
und der Heilige Geist
> kam sichtbar in Gestalt einer Taube auf ihn herab,
und eine Stimme aus dem Himmel sprach:
> Du bist mein geliebter Sohn,
an dir habe ich Gefallen gefunden.

Glaubensbekenntnis, S. 348 ff.: Fürbitten vgl. S. 787 ff.

ZUR EUCHARISTIEFEIER
Die Taufe im Jordan war für Jesus ein entscheidender Anfang. Von hier geht sein Weg bis hin zur ande-

ren *Taufe: zum Untertauchen in Leiden und Tod. Er ist gestorben, damit wir leben.*

GABENGEBET

Gott, unser Vater,
wir feiern den Tag,
an dem du Jesus
als deinen geliebten Sohn geoffenbart hast.
Nimm unsere Gaben an
und mache sie zum Opfer Christi,
der die Sünden der ganzen Welt abgewaschen hat.
Er, der mit dir lebt und herrscht in alle Ewigkeit.

Präfationen von der Taufe des Herrn, S. 403.

KOMMUNIONVERS

Joh 1, 30.34

Dieser ist es, über den Johannes gesagt hat:
Ich habe es gesehen und lege Zeugnis ab:
Dieser ist der Sohn Gottes.

SCHLUSSGEBET

Gütiger Gott,
du hast uns mit deinem Wort
und dem Brot des Lebens genährt.
Gib, daß wir gläubig auf deinen Sohn hören,
damit wir deine Kinder heißen
und es in Wahrheit sind.
Darum bitten wir durch Christus, unseren Herrn.

NEUE SCHÖPFUNG

Wenn der Himmel sich öffnet, ist das nicht nur eine äußerliche Sache, sondern es ist vor allem etwas Innerlich-Religiöses. Von der göttlichen Natur strömt Fülle des Lichts in die menschliche Natur Jesu ... Der Geist wird sichtbar in Gestalt der schwebenden Taube, jener Geist, der über der Urflut schwebte und über dem Schoß der Jungfrau Maria, ist der fruchtbare Geist, der nun auf Jesus kommt, um mit schöpferischer Gewalt aus seinen menschlichen Worten und Taten eine neue Welt, ein neues Leben, eine Neuschöpfung zu machen: die Welt des Göttlichen mitten im Menschlichen. (R. Gutzwiller)

DIE FASTENZEIT

Fastenzeit heißt nicht nur, weniger essen und trinken, überhaupt weniger für sich selbst fordern und verbrauchen. Der Sinn: Der ganze Mensch soll frei und gesund werden; sich selbst wiederfinden; das einüben und verwirklichen, was wir durch die Taufe geworden sind: der neue Mensch, in dem Christus sichtbar wird. Das Gesetz Christi: nicht fordern, sondern schenken; loslassen, sich selber lassen und wie durch den Tod hindurch das neue, größere Leben gewinnen.

ASCHERMITTWOCH

In der heutigen Messe wird die Asche gesegnet und ausgeteilt. Sie wird aus den gesegneten Palmzweigen des Vorjahres bereitet.

ERÖFFNUNG UND WORTGOTTESDIENST

ERÖFFNUNGSVERS   Weish 11,24–25.27

**Du erbarmst dich aller, o Herr,
und hast Nachsicht mit den Sünden der Menschen,
damit sie sich bekehren;
denn du bist der Herr, unser Gott.**

Das Allgemeine Schuldbekenntnis entfällt. Es wird durch die Austeilung der Asche ersetzt.

TAGESGEBET

**Getreuer Gott, im Vertrauen auf dich beginnen wir
die vierzig Tage der Umkehr und Buße.
Gib uns die Kraft zu christlicher Zucht,
damit wir dem Bösen absagen
und mit Entschiedenheit das Gute tun.
Darum bitten wir durch Jesus Christus.**

ZUR LESUNG   *Zur Zeit des Propheten Joel wurde das Land Juda so von Heuschrecken verwüstet, daß nichts zu essen übrigblieb; auch*

*für die täglichen Opfer im Tempel war nichts mehr da (1, 1-12). Der
Prophet sieht in den Heuschrecken die Vorboten eines noch größeren
Strafgerichts (2, 1-2). Darum ruft er zur Buße auf. Nicht eine liturgische Bußfeier soll es sein, sondern eine wirkliche Bekehrung: eine Hinwendung des ganzen Menschen zum barmherzigen Gott. „Vielleicht"
hat er Mitleid und wendet das Unheil ab. „Vielleicht": der schuldige
Mensch hat keinen Anspruch, aber er darf hoffen. Zwei Gründe hat
Gott, sein Volk zu verschonen: 1. seine erbarmende Liebe, 2. seine eigene Ehre; die Heiden würden ja spotten, wenn Jahwe sein Volk zugrunde gehen ließe. Das letztere ist freilich eine volkstümliche Gottes-
vorstellung, die nicht auf der Höhe der großen Propheten steht.*

ERSTE LESUNG   Joël 2, 12−18

Zerreißt eure Herzen, nicht eure Kleider

**Lesung
aus dem Buch Joël.**

12 **So spricht der Herr:
Kehrt um zu mir von ganzem Herzen
mit Fasten, Weinen und Klagen.**
13 **Zerreißt eure Herzen, nicht eure Kleider,
und kehrt um zum Herrn, eurem Gott!
Denn er ist gnädig und barmherzig,
langmütig und reich an Güte,
und es reut ihn, daß er das Unheil verhängt hat.**
14 **Vielleicht kehrt er um, und es reut ihn,
und er läßt Segen zurück,
so daß ihr Speise- und Trankopfer darbringen könnt
für den Herrn, euren Gott.**
15 **Auf dem Zion stoßt in das Horn,
ordnet ein heiliges Fasten an,
ruft einen Gottesdienst aus!**
16 **Versammelt das Volk,
heiligt die Gemeinde!
Versammelt die Alten,
holt die Kinder zusammen, auch die Säuglinge!
Der Bräutigam verlasse seine Kammer
und die Braut ihr Gemach.**

Aschermittwoch

Zwischen Vorhalle und Altar sollen die Priester klagen,
die Diener des Herrn sollen sprechen:
   Hab Mitleid, Herr, mit deinem Volk,
und überlaß dein Erbe nicht der Schande,
   damit die Völker nicht über uns spotten.
Warum soll man bei den Völkern sagen:
   Wo ist denn ihr Gott?
Da erwachte im Herrn die Leidenschaft für sein Land,
   und er hatte Erbarmen mit seinem Volk.

ANTWORTPSALM   Ps 51 (50), 3–4.5–6 b.12–13.14 u. 17 (R: vgl. 3)

R Erbarme dich unser, o Herr,   (GL 190, 1)
denn wir haben gesündigt. – R

Gott, sei mir gnädig nach deiner Huld, *   IV. Ton
tilge meine Frevel nach deinem reichen Erbarmen!

Wasch meine Schuld von mir ab, *
und mach mich rein von meiner Sünde! – (R)

Denn ich erkenne meine bösen Taten, *
meine Sünde steht mir immer vor Augen.

b Gegen dich allein habe ich gesündigt, *
ich habe getan, was dir mißfällt. – (R)

Erschaffe mir, Gott, ein reines Herz, *
und gib mir einen neuen, beständigen Geist!

Verwirf mich nicht von deinem Angesicht, *
und nimm deinen heiligen Geist nicht von mir! – (R)

Mach mich wieder froh mit deinem Heil; *
mit einem willigen Geist rüste mich aus!

Herr, öffne mir die Lippen, *
und mein Mund wird deinen Ruhm verkünden. – R

ZUR 2. LESUNG   *Die neue Schöpfung ist nicht abgeschlossen; sie ist im Werden bis zum Tag der Vollendung. Und bis dahin hat Gott das „Wort der Versöhnung" Menschen aufgetragen, die seine „Botschafter" sind. Sie sollen den Menschen immer neu sagen, was Gott für uns getan hat und was sich daraus an Möglichkeiten und auch an Forderungen ergibt.*

ZWEITE LESUNG   2 Kor 5, 20 – 6, 2

Laßt euch mit Gott versöhnen! Jetzt ist sie da, die Zeit der Gnade

**Lesung
aus dem zweiten Brief des Apostels Paulus an die Korinther.**

Brüder!
20 Wir sind Gesandte an Christi Statt,
und Gott ist es, der durch uns mahnt.
Wir bitten an Christi Statt:
  Laßt euch mit Gott versöhnen!
21 Er hat den, der keine Sünde kannte,
  für uns zur Sünde gemacht,
damit wir in ihm Gerechtigkeit Gottes würden.
1 Als Mitarbeiter Gottes ermahnen wir euch,
  daß ihr seine Gnade nicht vergebens empfangt.
2 Denn es heißt:
  Zur Zeit der Gnade erhöre ich dich,
  am Tag der Rettung helfe ich dir.
Jetzt ist sie da, die Zeit der Gnade;
jetzt ist er da, der Tag der Rettung.

RUF VOR DEM EVANGELIUM   Vers: Ps 95, 7b.8a

Herr Jesus, dir sei Ruhm und Ehre![1] – R

Wenn ihr heute seine Stimme hört,
verhärtet nicht euer Herz!

Herr Jesus, dir sei Ruhm und Ehre!

ZUM EVANGELIUM *Die „Gerechtigkeit", wie Jesus sie versteht (V. 1), hat nur die eine große Sorge, mit dem Willen Gottes übereinzustimmen. Almosengeben, Beten und Fasten sind drei Äußerungen der Frömmigkeit, in denen drei Grundhaltungen des Menschen zum Ausdruck kommen und sich in ihrer Echtheit bewähren müssen: im Fasten die Demut vor Gott, im Beten die Hoffnung und im Almosen die Liebe. Alle drei sind nichts wert, wenn der Mensch nicht mit reiner Absicht Gott sucht. Der Heuchler hat im Endgericht nichts mehr zu erwarten, das wird eindringlich gesagt in dem dreimaligen „Amen, ich sage euch ..." (6, 2.5.16).*

---
[1] Vgl. die Hinweise S. 784.

Aschermittwoch

EVANGELIUM Mt 6, 1–6.16–18

Dein Vater, der das Verborgene sieht, wird es dir vergelten

✢ Aus dem heiligen Evangelium nach Matthäus.

In jener Zeit sprach Jesus zu seinen Jüngern:
Hütet euch,
 eure Gerechtigkeit vor den Menschen zur Schau zu stellen;
sonst habt ihr keinen Lohn
 von eurem Vater im Himmel zu erwarten.

Wenn du Almosen gibst,
 laß es also nicht vor dir herposaunen,
 wie es die Heuchler in den Synagogen und auf den Gassen tun,
 um von den Leuten gelobt zu werden.
Amen, das sage ich euch:
Sie haben ihren Lohn bereits erhalten.

Wenn du Almosen gibst,
 soll deine linke Hand nicht wissen, was deine rechte tut.
Dein Almosen soll verborgen bleiben,
und dein Vater, der auch das Verborgene sieht,
 wird es dir vergelten.

Wenn ihr betet,
 macht es nicht wie die Heuchler.
Sie stellen sich beim Gebet
 gern in die Synagogen und an die Straßenecken,
 damit sie von den Leuten gesehen werden.
Amen, das sage ich euch:
Sie haben ihren Lohn bereits erhalten.

Du aber geh in deine Kammer, wenn du betest,
und schließ die Tür zu;
dann bete zu deinem Vater, der im Verborgenen ist.
Dein Vater, der auch das Verborgene sieht,
 wird es dir vergelten.

Wenn ihr fastet,
 macht kein finsteres Gesicht wie die Heuchler.
Sie geben sich ein trübseliges Aussehen,
 damit die Leute merken, daß sie fasten.
Amen, das sage ich euch:
Sie haben ihren Lohn bereits erhalten.

¹⁷ Du aber salbe dein Haar, wenn du fastest,
und wasche dein Gesicht,
¹⁸ damit die Leute nicht merken, daß du fastest,
sondern nur dein Vater, der auch das Verborgene sieht;
und dein Vater, der das Verborgene sieht,
wird es dir vergelten.

SEGNUNG UND AUSTEILUNG DER ASCHE

Nach der Homilie lädt der Priester die Gläubigen zum Gebet ein:

Liebe Brüder und Schwestern,
wir wollen Gott, unseren Vater, bitten,
daß er diese Asche segne,
die wir als Zeichen der Buße empfangen.

Nach einer kurzen Gebetsstille betet der Priester, die Hände gefaltet:

Barmherziger Gott,
du bist den Demütigen nahe
und läßt dich durch Buße versöhnen.
Neige dein Ohr unseren Bitten
und segne ✛ alle, die gekommen sind,
um das Aschenkreuz zu empfangen.
Hilf uns, die vierzig Tage der Buße
in rechter Gesinnung zu begehen,
damit wir das heilige Osterfest
mit geläutertem Herzen feiern.
Darum bitten wir durch Christus, unseren Herrn.

Oder:

Gott, du willst nicht den Tod des Sünders,
du willst, daß er sich bekehrt und lebt.
Erhöre gnädig unsere Bitten:
Segne ✛ diese Asche,
mit der wir uns bezeichnen lassen,
weil wir wissen, daß wir Staub sind
und zum Staub zurückkehren,
Hilf uns, die vierzig Tage der Buße
in rechter Gesinnung zu begehen.

Aschermittwoch

Verzeih uns unsere Sünden,
erneuere uns nach dem Bild deines Sohnes
und schenke uns durch seine Auferstehung
das unvergängliche Leben.
Darum bitten wir durch ihn, Christus, unseren Herrn.

Der Priester besprengt die Asche mit Weihwasser (ohne Begleitgebet). Danach legt er allen, die vor ihn hintreten, die Asche auf und spricht zu jedem einzelnen.

Bekehrt euch und glaubt an das Evangelium. Mk 1, 15

Oder: Vgl. Gen 3, 19
Bedenke, Mensch, daß du Staub bist und wieder zum Staub zurückkehren wirst.

Während der Austeilung der Asche wird gesungen.

ANTIPHON Joel 2, 13
Laßt uns umkehren zum Herrn, unserem Gott, denn er ist gnädig und barmherzig und langmütig. Groß ist seine Güte, und es reut ihn, daß er Unheil verhängt hat.

Oder: Joel 2, 17; Est 4, 17
Zwischen Vorhalle und Altar sollen die Priester klagen, die Diener des Herrn sollen sprechen: Hab Mitleid, Herr, mit deinem Volk, laß den Mund derer, die dich loben, nicht verstummen.

Oder: Ps 51, (50), 3
Tilge, Herr, meine Frevel nach deinem reichen Erbarmen.

Diese Antiphon kann mit Psalm 51 (50) verbunden und nach jedem einzelnen Vers wiederholt werden.

RESPONSORIUM
Vgl. Bar 3, 2; Ps 79 (78), 9

Wir wollen Buße tun für das, was wir gefehlt haben, und uns bessern, damit wir nicht, plötzlich vom Tod überrascht, nach einer Gnadenfrist suchen, die uns niemand geben kann. * Höre, Herr, und hab Erbarmen, denn wir haben gesündigt vor dir.
V Hilf uns, du Gott unseres Heils! Um der Ehre deines Namens willen reiß uns heraus! * Höre, Herr ...

Es kann auch ein anderer geeigneter Gesang genommen werden.

Wenn die Asche ausgeteilt ist, werden abschließend die Fürbitten gesprochen.

EUCHARISTIEFEIER

GABENGEBET

Herr, unser Gott,
zu Beginn der heiligen vierzig Tage
bringen wir dieses Opfer dar
und bitten dich:
Hilf uns, umzukehren
und Taten der Buße und der Liebe zu vollbringen,
damit wir unseren bösen Neigungen nicht nachgeben.
Reinige uns von Sünden und mache uns fähig,
das Gedächtnis des Leidens
unseres Herrn Jesus Christus
mit ganzer Hingabe zu begehen,
der mit dir lebt und herrscht in alle Ewigkeit.

Fastenpräfation IV, S. 407.

KOMMUNIONVERS
Ps 1, 2–3

Wer über die Weisung des Herrn nachsinnt bei Tag und Nacht, bringt seine Frucht zur rechten Zeit.

SCHLUSSGEBET

Barmherziger Gott,
stärke uns durch dieses heilige Mahl,
damit wir fasten können, wie es dir gefällt,
und durch die Feier dieser Tage Heilung finden.
Darum bitten wir durch Christus, unseren Herrn.

Die Segnung und Austeilung der Asche kann auch außerhalb der Messe stattfinden.

Erster Fastensonntag

Wenn die Weihe und die Austeilung der Asche nicht im Zusammenhang mit einer Meßfeier stehen, ist es angemessen, vorher einen Wortgottesdienst zu halten, bei dem die für die Meßfeier vorgesehenen Texte genommen werden.

„DIE RELIGIONSGESCHICHTE weist die Asche als Bild der Vergänglichkeit und als Zeichen der Trauer und der Buße aus. Sich das Haupt mit Asche zu bestreuen galt nicht nur bei den Israeliten, sondern auch bei Ägyptern, Arabern und Griechen als ausdrucksvolle Gebärde der Klage. Von hier aus versteht man die altkirchliche Sitte, daß öffentliche Sünder im rauhen Gewand und mit Asche bestreut ihre Bußzeit antraten. Man konnte sich für diese Sitte auf Gewohnheiten berufen, die mehrfach im Alten und Neuen Testament geschildert sind: Ps 102, 10; Jes 58, 5; Mt 11, 21 u. a. Seit dem 7. Jahrhundert ist der Aschermittwoch als Tag der Bußeröffnung bezeugt. Von diesem Tag bis zum Gründonnerstag wurde von der eigentlichen Eucharistiefeier ausgeschlossen und mit schweren Bußleistungen belegt, wer eine Kapitalsünde begangen hatte. Damit waren wohl nicht nur Unzucht, Mord und Glaubensabfall gemeint, sondern alles, was heute noch beim Durchschnittsmenschen als auch subjektiv schweres Vergehen präsumiert werden kann ... Als die Einrichtung der öffentlichen Buße mehr und mehr an Bedeutung verlor und endlich ganz verschwand, blieb jene Zeremonie in ihrer Grundform als sinnvolle Einführung aller Gläubigen in die große Bußzeit der Kirche bestehen. Diese Übung hatte sich gewiß schon eine beträchtliche Zeit eingebürgert, als Papst Urban II. auf der Synode von Benevent 1091 es als eine Pflicht der Gläubigen bezeichnete, am Beginn der Fastenzeit sich in der Kirche mit Asche bestreuen zu lassen" (Alfons Auer).

ERSTER FASTENSONNTAG

Gott will nicht den Tod, sondern das Leben. Jesus ist gekommen, damit wir das Leben in Fülle haben (Joh 10, 10). In ihm ist der neue Mensch sichtbar geworden, der ursprüngliche Mensch, wie Gott ihn am Anfang gemeint und geschaffen hat: der nicht nur vom Brot lebt, sondern vom Wort des lebendigen, anwesenden Gottes.

ERÖFFNUNGSVERS Ps 91 (90), 15–16

Wenn er mich anruft, dann will ich ihn erhören.
Ich bin bei ihm in der Not, befreie ihn und bringe ihn zu Ehren.
Ich sättige ihn mit langem Leben und lasse ihn mein Heil schauen.

TAGESGEBET

Allmächtiger Gott,
du schenkst uns die heiligen vierzig Tage
als eine Zeit der Umkehr und der Buße.
Gib uns durch ihre Feier die Gnade,
daß wir in der Erkenntnis Jesu Christi voranschreiten
und die Kraft seiner Erlösungstat
durch ein Leben aus dem Glauben sichtbar machen.
Darum bitten wir durch ihn,
der in der Einheit des Heiligen Geistes
mit dir lebt und herrscht in alle Ewigkeit.

ZUR 1. LESUNG   *Die Befreiung aus der Knechtschaft Ägyptens und die Gabe des Landes Kanaan sind die Grundereignisse der Geschichte Israels. Jeder Israelit hört aus den Ereignissen des Anfangs die Anrede seines Gottes, das Wort Gottes, das auf die Antwort des Menschen wartet, auf das Ja des Glaubens, gefüllt mit der Treue des Gehorsams, wie der Korb am Dankfest mit den Früchten des Jahres gefüllt ist.*

ERSTE LESUNG Dtn 26, 4–10

Glaubensbekenntnis des auserwählten Volkes

Lesung
  aus dem Buch Deuteronómium.

In jenen Tagen sprach Mose zum Volk:
Wenn du die ersten Erträge
  von den Früchten des Landes darbringst,
4   dann soll der Priester
    den Korb aus deiner Hand entgegennehmen
    und ihn vor den Altar des Herrn, deines Gottes, stellen.
5 Du aber
    sollst vor dem Herrn, deinem Gott,
    folgendes Bekenntnis ablegen:

Erster Fastensonntag

Mein Vater war ein heimatloser Aramäer.
Er zog nach Ägypten,
lebte dort als Fremder mit wenigen Leuten
   und wurde dort
   zu einem großen, mächtigen und zahlreichen Volk.

Die Ägypter behandelten uns schlecht,
machten uns rechtlos
und legten uns harte Fronarbeit auf.
Wir schrien zum Herrn, dem Gott unserer Väter,
und der Herr hörte unser Schreien
und sah unsere Rechtlosigkeit,
   unsere Arbeitslast und unsere Bedrängnis.
Der Herr führte uns mit starker Hand und hoch erhobenem Arm,
   unter großem Schrecken,
   unter Zeichen und Wundern aus Ägypten,
er brachte uns an diese Stätte und gab uns dieses Land,
ein Land, in dem Milch und Honig fließen.
Und siehe, nun bringe ich hier die ersten Erträge
   von den Früchten des Landes, das du mir gegeben hast, Herr.
Wenn du den Korb vor den Herrn, deinen Gott, gestellt hast,
   sollst du dich vor dem Herrn, deinem Gott, niederwerfen.

ANTWORTPSALM Ps 91 (90), 1–2.10–11.12–13.14–15 (R: vgl. 15b)

R Herr, sei bei mir in der Not. – R   (GL 172, 4)

Wer im Schutz des Höchsten wohnt *   VIII. Ton
und ruht im Schatten des Allmächtigen,

der sagt zum Herrn: „Du bist für mich Zuflucht und Burg, *
mein Gott, dem ich vertraue." – (R)

Dir begegnet kein Unheil, *
kein Unglück naht sich deinem Zelt.

Denn er befiehlt seinen Engeln, *
dich zu behüten auf all deinen Wegen. – (R)

Sie tragen dich auf ihren Händen, *
damit dein Fuß nicht an einen Stein stößt;

du schreitest über Löwen und Nattern, *
trittst auf Löwen und Drachen. (R)

14 Weil er an mir hängt, will ich ihn retten; *
ich will ihn schützen, denn er kennt meinen Namen.

15 Wenn er mich anruft, dann will ich ihn erhören. †
Ich bin bei ihm in der Not, *
befreie ihn und bringe ihn zu Ehren.

R Herr, sei bei mir in der Not.

ZUR 2. LESUNG „Gott hat Jesus von den Toten auferweckt", das ist der Glaube und die Wirklichkeit des Neuen Bundes. Dem Glauben an die Auferstehung Jesu entspricht das Bekenntnis: „Jesus ist der Herr." Der Ort des Glaubens ist das „Herz", jene tiefe Mitte, von der aus das Leben des Menschen bestimmt wird. Der Ort des Bekenntnisses ist die Gemeinde und darüber hinaus die Welt der Menschen, die alle denselben Herrn haben (Röm 10, 12), aber nur dann an ihn glauben können, wenn die Botschaft ihnen glaubwürdig gesagt wird.

ZWEITE LESUNG   Röm 10, 8–13

Bekenntnis der an Christus Glaubenden

Lesung
aus dem Brief des Apostels Paulus an die Römer.

Brüder!
8 Was sagt die Schrift?
Das Wort ist dir nahe,
es ist in deinem Mund und in deinem Herzen.
Gemeint ist das Wort des Glaubens, das wir verkündigen;
9 denn wenn du mit deinem Mund bekennst:
„Jesus ist der Herr"
und in deinem Herzen glaubst:
„Gott hat ihn von den Toten auferweckt",
so wirst du gerettet werden.
10 Wer mit dem Herzen glaubt und mit dem Mund bekennt,
wird Gerechtigkeit und Heil erlangen.
11 Denn die Schrift sagt:
Wer an ihn glaubt, wird nicht zugrunde gehen.
12 Darin gibt es keinen Unterschied zwischen Juden und Griechen.

Erster Fastensonntag

Alle haben denselben Herrn;
aus seinem Reichtum
  beschenkt er alle, die ihn anrufen.
Denn jeder, der den Namen des Herrn anruft,
  wird gerettet werden.

RUF VOR DEM EVANGELIUM   Vers: Mt 4,4b

Christus, du ewiges Wort des Vaters, Ehre sei dir! – R

Nicht nur von Brot lebt der Mensch,
sondern von jedem Wort aus Gottes Mund.

Christus, du ewiges Wort des Vaters, Ehre sei dir!

ZUM EVANGELIUM   *Jesus ist seinen Weg in Armut und Schwachheit gegangen. Er kann mit unserer Schwäche mitfühlen, denn er wurde in allem wie wir in Versuchung geführt. Er hat die Versuchung bestanden; dem Widersacher ist er mit der Kraft des Heiligen Geistes und mit den Worten der Heiligen Schrift begegnet. Macht und Reichtum sind nicht seine Sache, sie sind auch nicht der Weg des Jüngers und der Gemeinde.*

EVANGELIUM   Lk 4,1–13

Der Geist führte ihn in der Wüste umher, und dabei wurde er vom Teufel in Versuchung geführt

☩ Aus dem heiligen Evangelium nach Lukas.

In jener Zeit
  verließ Jesus,
    erfüllt vom Heiligen Geist, die Jordangegend.
Darauf führte ihn der Geist
  vierzig Tage lang in der Wüste umher,
und dabei wurde Jesus vom Teufel in Versuchung geführt.
Die ganze Zeit über aß er nichts;
als aber die vierzig Tage vorüber waren,
  hatte er Hunger.
Da sagte der Teufel zu ihm:
  Wenn du Gottes Sohn bist,
  so befiehl diesem Stein, zu Brot zu werden.

⁴ Jesus antwortete ihm:
In der Schrift heißt es:
>Der Mensch lebt nicht nur von Brot.
⁵ Da führte ihn der Teufel auf einen Berg hinauf
und zeigte ihm in einem einzigen Augenblick
alle Reiche der Erde.
⁶ Und er sagte zu ihm:
All die Macht und Herrlichkeit dieser Reiche
will ich dir geben;
denn sie sind mir überlassen,
und ich gebe sie, wem ich will.
⁷ Wenn du dich vor mir niederwirfst und mich anbetest,
wird dir alles gehören.
⁸ Jesus antwortete ihm:
In der Schrift steht:
>Vor dem Herrn, deinem Gott, sollst du dich niederwerfen
und ihm allein dienen.
⁹ Darauf führte ihn der Teufel nach Jerusalem,
stellte ihn oben auf den Tempel
und sagte zu ihm: Wenn du Gottes Sohn bist,
so stürz dich von hier hinab;
¹⁰ denn es heißt in der Schrift:
>Seinen Engeln befiehlt er, dich zu behüten
¹¹ und:
Sie werden dich auf ihren Händen tragen,
damit dein Fuß nicht an einen Stein stößt.
¹² Da antwortete ihm Jesus:
Die Schrift sagt:
>Du sollst den Herrn, deinen Gott,
nicht auf die Probe stellen.
¹³ Nach diesen Versuchungen
ließ der Teufel für eine gewisse Zeit von ihm ab.

Glaubensbekenntnis, S. 348 ff.
Fürbitten vgl. S. 791 ff.

ZUR EUCHARISTIEFEIER *Im Weg Jesu ist der Weg des Jüngers und der Gemeinde vorgezeichnet: der Weg in Armut und Schwachheit, im Hören auf Gottes Wort und in der Kraft seines Geistes.*

GABENGEBET

Herr, unser Gott,
wir bringen Brot und Wein für das heilige Opfer,
das wir zum Beginn dieser Fastenzeit feiern.
Nimm mit diesen Gaben uns selbst an
und vereine unsere Hingabe
mit dem Opfer deines Sohnes,
der mit dir lebt und herrscht in alle Ewigkeit.

Präfation vom 1. Fastensonntag, S. 403,
oder von der Fastenzeit, S. 406 f.

KOMMUNIONVERS   Mt 4, 4
Nicht nur vom Brot lebt der Mensch,
sondern von jedem Wort, das aus Gottes Mund kommt.

Oder: Ps 91 (90), 4

Mit seinen Flügeln schirmt dich der Herr,
unter seinen Schwingen findest du Zuflucht.

SCHLUSSGEBET

Gütiger Gott,
du hast uns das Brot des Himmels gegeben,
damit Glaube, Hoffnung und Liebe in uns wachsen.
Erhalte in uns das Verlangen nach diesem wahren Brot,
das der Welt das Leben gibt,
und stärke uns mit jedem Wort,
das aus deinem Mund hervorgeht.
Darum bitten wir durch Christus, unseren Herrn.

FÜR DEN TAG UND DIE WOCHE

Unseretwegen *Der ewige Sohn, der wahrer Mensch geworden ist, wurde vom Teufel dreimal versucht, wie uns in drei Evangelien berichtet ist. Es ist von vornherein anzunehmen, daß diese drei Versuchungen von der höchsten aktuellen Bedeutung sind für die Menschen jeder Zeit und jeden Ortes; denn Christus wurde als Menschensohn versucht, das heißt nicht als Gott von göttlicher Natur, sondern als Gott, der die menschliche Natur wahrhaft angenommen hat. Um unseretwillen ist Christus versucht worden, nicht um seinetwillen: die Versuchungen sind ein Teil des Heils- und Erlösungswerkes, und also ist uns auch diese Erzählung zu unserem Heil gegeben und zu beständiger Meditation. (Theodor Haecker)*

ZWEITER FASTENSONNTAG

Wer nicht sehen kann, ist ein armer Mensch, wer nicht hören kann, vielleicht noch ärmer. Vom Hören (= Wahrnehmen) geht der Weg zum Erfahren und Verstehen, aber auch zum Horchen – Gehorchen und zum Tun. „Auf ihn sollt ihr hören": Jesus ist für uns Gottes Wort und Wahrheit. Hören können wir dieses Wort nur mit der gesammelten Aufmerksamkeit eines Herzens, das zum Gehorchen bereit ist.

ERÖFFNUNGSVERS　　　　　　　　　　　　　Ps 27 (26), 8–9

**Mein Herz denkt an dein Wort: Sucht mein Angesicht!
Dein Angesicht, Herr, will ich suchen.
Verbirg nicht dein Gesicht vor mir.**

Oder:　　　　　　　　　　　　　　　　　　Ps 25 (24), 6.2.22

**Denk an dein Erbarmen, Herr, und an die Taten deiner Huld,
denn sie bestehen seit Ewigkeit.
Laß unsere Feinde nicht triumphieren!
Befreie uns, Gott Israels, aus all unseren Nöten.**

TAGESGEBET

**Gott, du hast uns geboten,
auf deinen geliebten Sohn zu hören.
Nähre uns mit deinem Wort
und reinige die Augen unseres Geistes,
damit wir fähig werden,
deine Herrlichkeit zu erkennen.
Darum bitten wir durch Jesus Christus.**

ZUR 1. LESUNG　　*Gott hat dem Abraham Nachkommenschaft und den Besitz des Landes Kanaan versprochen. Die Jahre gehen dahin,*

Zweiter Fastensonntag

und für Abraham wird die Verheißung zur quälenden Frage. Da spricht Gott aufs neue zu ihm, und Abraham glaubt dem Wort seines Gottes. Das wird ihm „als Gerechtigkeit angerechnet", das heißt: von Gott anerkannt und angenommen. Abrahams Glaube ist Vertrauen und Hoffnung, Wagnis in die Zukunft hinein. Gott besiegelt seine Zusage an Abraham und verpflichtet sich ihm zusätzlich durch eine Art Bündnis. Die Form des Bundesschlusses mutet uns seltsam fremd und altertümlich an.

ERSTE LESUNG   Gen 15,5–12.17–18

Abraham glaubte dem Herrn – der Herr schloß mit ihm einen Bund

Lesung
   aus dem Buch Génesis.

In jenen Tagen
   führte der Herr Abram hinaus
und sprach: Sieh zum Himmel hinauf,
und zähl die Sterne,
   wenn du sie zählen kannst.
Und er sprach zu ihm:
   So zahlreich werden deine Nachkommen sein.
Abram glaubte dem Herrn,
und der Herr rechnete es ihm als Gerechtigkeit an.

Er sprach zu ihm:
   Ich bin der Herr,
   der dich aus Ur in Chaldäa herausgeführt hat,
   um dir dieses Land zu eigen zu geben.

Da sagte Abram: Herr, mein Herr,
woran soll ich erkennen, daß ich es zu eigen bekomme?

 Der Herr antwortete ihm:
   Hol mir ein dreijähriges Rind,
   eine dreijährige Ziege, einen dreijährigen Widder,
   eine Turteltaube und eine Haustaube!
Abram brachte ihm alle diese Tiere,
zerteilte sie
   und legte je eine Hälfte der andern gegenüber;
die Vögel aber zerteilte er nicht.

Zweiter Fastensonntag

¹¹ Da stießen Raubvögel auf die Fleischstücke herab,
doch Abram verscheuchte sie.
¹² Bei Sonnenuntergang fiel auf Abram ein tiefer Schlaf,
große unheimliche Angst überfiel ihn.
¹⁷ Die Sonne war untergegangen,
und es war dunkel geworden.
Auf einmal
waren ein rauchender Ofen und eine lodernde Fackel da;
sie fuhren zwischen jenen Fleischstücken hindurch.
¹⁸ An diesem Tag schloß der Herr mit Abram folgenden Bund:
Deinen Nachkommen gebe ich dieses Land
vom Grenzbach Ägyptens bis zum großen Strom, dem Eufrat.

ANTWORTPSALM   Ps 27 (26), 1.7–8.9.13–14 (R: 1a)

R Der Herr ist mein Licht und mein Heil. – R   (GL 487)

¹ Der Herr ist mein Licht und mein Heil: *   IV. Ton
Vor wem sollte ich mich fürchten?

Der Herr ist die Kraft meines Lebens: *
Vor wem sollte mir bangen? – (R)

⁷ Vernimm, o Herr, mein lautes Rufen; *
sei mir gnädig, und erhöre mich!

⁸ Mein Herz denkt an dein Wort: „Sucht mein Angesicht!" *
Dein Angesicht, Herr, will ich suchen. – (R)

⁹ Verbirg nicht dein Gesicht vor mir; †
weise deinen Knecht im Zorn nicht ab! *
Du wurdest meine Hilfe.

Verstoß mich nicht, verlaß mich nicht, *
du Gott meines Heiles! – (R)

¹³ Ich bin gewiß, zu schauen *
die Güte des Herrn im Land der Lebenden.

¹⁴ Hoffe auf den Herrn, und sei stark! *
Hab festen Mut, und hoffe auf den Herrn! – R

ZUR 2. LESUNG   *In der Gemeinde von Philippi gab es Leute, die ein gestörtes Verhältnis zu ihrem Leib hatten. Das hat es immer gegeben: Menschen, die ihren Leib übermäßig wichtig nehmen oder auch ihn verachten und zum Niemandsland erklären. Beides ist verhängnis-*

Zweiter Fastensonntag

voll, und unchristlich dazu. Christus hat durch seinen Kreuzestod und seine Auferstehung unsere gegenwärtige Existenz in Frage gestellt, aber nur, weil er für uns etwas Besseres hat: Er will uns endgültig retten und in sein ewiges Leben hineinnehmen.

ZWEITE LESUNG   Phil 3, 17 – 4, 1

Christus wird uns verwandeln in die Gestalt seines verherrlichten Leibes

**Lesung
aus dem Brief des Apostels Paulus an die Philipper.**

Ahmt auch ihr mich nach, Brüder,
und achtet auf jene,
  die nach dem Vorbild leben, das ihr an uns habt.
Denn viele – von denen ich oft zu euch gesprochen habe,
  doch jetzt unter Tränen spreche –
  leben als Feinde des Kreuzes Christi.
Ihr Ende ist das Verderben,
ihr Gott der Bauch;
ihr Ruhm besteht in ihrer Schande;
Irdisches haben sie im Sinn.

Unsere Heimat aber ist im Himmel.
Von dorther erwarten wir auch Jesus Christus, den Herrn,
als Retter,
  der unseren armseligen Leib verwandeln wird
  in die Gestalt seines verherrlichten Leibes,
in der Kraft, mit der er sich alles unterwerfen kann.

Darum, meine geliebten Brüder, nach denen ich mich sehne,
meine Freude und mein Ehrenkranz,
steht fest in der Gemeinschaft mit dem Herrn, liebe Brüder.

Oder:

KURZFASSUNG   Phil 3, 20 – 4, 1

Christus wird uns verwandeln in die Gestalt seines verherrlichten Leibes

**Lesung
aus dem Brief des Apostels Paulus an die Philipper.**

Brüder!
Unsere Heimat ist im Himmel.
Von dorther erwarten wir auch Jesus Christus, den Herrn,
als Retter,

21 der unseren armseligen Leib verwandeln wird
in die Gestalt seines verherrlichten Leibes,
in der Kraft, mit der er sich alles unterwerfen kann.

1 Darum, meine geliebten Brüder, nach denen ich mich sehne,
meine Freude und mein Ehrenkranz,
steht fest in der Gemeinschaft mit dem Herrn, liebe Brüder.

RUF VOR DEM EVANGELIUM

Christus, du ewiges Wort des Vaters, Ehre sei dir! – R

Aus der leuchtenden Wolke rief die Stimme des Vaters:
Das ist mein geliebter Sohn; auf ihn sollt ihr hören.

Christus, du ewiges Wort des Vaters, Ehre sei dir!

ZUM EVANGELIUM *Es ist der irdische Jesus, den die Jünger auf dem Berg der Verklärung sehen, derselbe, den sie am Ölberg als den leidenden Gottesknecht sehen werden. Die Wolke, die Jesus und dann auch die Jünger einhüllt, ist Zeichen göttlicher Gegenwart und zugleich deren gnädige Verhüllung, darin dem irdischen Leib Jesu vergleichbar. An seinem Leiden und seiner Herrlichkeit teilzuhaben ist für den Jünger seliges Glück, aber auch Grund zum Erschrecken.*

EVANGELIUM Lk 9, 28b–36

Während er betete, veränderte sich das Aussehen seines Gesichtes

✢ Aus dem heiligen Evangelium nach Lukas.

In jener Zeit
28b nahm Jesus Petrus, Johannes und Jakobus beiseite
und stieg mit ihnen auf einen Berg, um zu beten.
29 Und während er betete,
veränderte sich das Aussehen seines Gesichtes,
und sein Gewand wurde leuchtend weiß.
30 Und plötzlich redeten zwei Männer mit ihm.
Es waren Mose und Elíja;
31 sie erschienen in strahlendem Licht
und sprachen von seinem Ende,
das sich in Jerusalem erfüllen sollte.

Zweiter Fastensonntag 103

Petrus und seine Begleiter aber waren eingeschlafen,
wurden jedoch wach
    und sahen Jesus in strahlendem Licht
    und die zwei Männer, die bei ihm standen.

Als die beiden sich von ihm trennen wollten,
    sagte Petrus zu Jesus:
Meister, es ist gut, daß wir hier sind.
Wir wollen drei Hütten bauen,
eine für dich, eine für Mose und eine für Elija.
Er wußte aber nicht, was er sagte.
Während er noch redete,
    kam eine Wolke und warf ihren Schatten auf sie.
Sie gerieten in die Wolke hinein
    und bekamen Angst.

Da rief eine Stimme aus der Wolke:
    Das ist mein auserwählter Sohn,
auf ihn sollt ihr hören.

Als aber die Stimme erklang,
    war Jesus wieder allein.
Die Jünger schwiegen jedoch über das, was sie gesehen hatten,
und erzählten in jenen Tagen niemand davon.

Glaubensbekenntnis, S. 348 ff.
Fürbitten vgl. S. 791 ff.

ZUR EUCHARISTIEFEIER   *Die Gegenwart Christi im Sakrament ist ebenso wie die Verklärung auf dem Berg eine Offenbarung seiner Herrlichkeit, ein Erweis der Macht seines Todes und seiner Auferstehung – für uns.*

GABENGEBET

Herr, das Opfer, das wir feiern,
nehme alle Schuld von uns.
Es heilige uns an Leib und Seele,
damit wir uns in rechter Weise
auf das Osterfest vorbereiten.
Darum bitten wir durch Christus, unseren Herrn.

Präfation vom 2. Fastensonntag, S. 404,
oder von der Fastenzeit, S. 406 f.

KOMMUNIONVERS Mt 17, 5
Dies ist mein geliebter Sohn, an dem ich Gefallen gefunden habe:
Auf den sollt ihr hören.

SCHLUSSGEBET
Herr,
du hast uns im Sakrament
an der Herrlichkeit deines Sohnes Anteil gegeben.
Wir danken dir,
daß du uns schon auf Erden teilnehmen läßt
an dem, was droben ist.
Durch Christus, unseren Herrn.

FÜR DEN TAG UND DIE WOCHE
Erfahrung mit Gott *Bevor Gott einen Menschen gebraucht, schüttelt er ihn. Bevor er ihm Licht gibt, den hellen Schein, läßt er ihn in Finsternis geraten. Bevor das Wichtigste im Menschen geboren wird, läßt ihn Gott in Geburtswehen sich krümmen, hilflos und lebensgefährlich bedroht. Jesus Christus hing am Kreuz, völlig ausgeliefert, und die Sonne verdunkelte sich. So hat er dort den Bund gestiftet, den neuen Bund. Gott verbündet sich nur mit neugewordenen Menschen, und wenn er sich uns dazu nähert, dann geht es mit uns ans Sterben. Aber das ist ein Sterben voll Leben, eine Angst voll Freude, eine Hilflosigkeit voll Geborgenheit, ein Ende voll Zukunft.* (Th. Brüggemann)

DRITTER FASTENSONNTAG

Kann ein Mensch anders werden, ein neues Leben anfangen? Was geschehen ist, hat unser Leben geprägt. Nur von dieser gewordenen Wirklichkeit aus können wir neu anfangen. Können wir es? Die Botschaft Jesu ist gute Nachricht: Umkehr ist möglich. Und sie ist notwendig. Das ist uns gesagt, heute. Ein Anfang wäre es schon, wenn wir uns entschließen würden, um die Gnade des Anfangens zu beten.

Dritter Fastensonntag

ERÖFFNUNGSVERS Ps 25 (24), 15—16

Meine Augen schauen stets auf den Herrn;
denn er befreit meine Füße aus dem Netz.
Wende dich zu mir und sei mir gnädig;
denn ich bin einsam und gebeugt.

Oder: Ez 36, 22—26

Wort Gottes, des Herrn:
Ich werde euch beweisen, daß ich heilig bin.
Ich sammle euch aus allen Ländern.
Ich gieße reines Wasser über euch, damit ihr rein werdet,
und gebe euch einen neuen Geist.

TAGESGEBET

Gott, unser Vater,
du bist der Quell des Erbarmens und der Güte,
wir stehen als Sünder vor dir,
und unser Gewissen klagt uns an.
Sieh auf unsere Not und laß uns Vergebung finden
durch Fasten, Gebet und Werke der Liebe.
Darum bitten wir durch Jesus Christus.

ZUR 1. LESUNG *Das 3. Kapitel des Buches Exodus ist ein grundlegender Text der Bibel. Hier beginnt ein neuer Abschnitt in der Geschichte Gottes mit den Menschen. Mose wird zum Befreier Israels und zum Mittler des Gottesbundes berufen. Gott, derselbe Gott, der zu Abraham, Isaak und Jakob gesprochen hat, gibt jetzt seinen Namen „Jahwe" gleichsam als Unterpfand für die ganze weitere Geschichte. Jahwe bedeutet: der wirkliche, wahrhaftig anwesende Gott; der Gott, den man nennen und rufen kann.*

ERSTE LESUNG

Ex 3, 1–8a. 13–15

Der „Ich-bin-da" hat mich zu euch gesandt

Lesung
aus dem Buch Éxodus.

1 In jenen Tagen weidete Mose
die Schafe und Ziegen seines Schwiegervaters Jitro,
des Priesters von Midian.
Eines Tages trieb er das Vieh über die Steppe hinaus
und kam zum Gottesberg Horeb.
2 Dort erschien ihm der Engel des Herrn
in einer Flamme, die aus einem Dornbusch emporschlug.
Er schaute hin:
Da brannte der Dornbusch und verbrannte doch nicht.
3 Mose sagte:
Ich will dorthin gehen
und mir die außergewöhnliche Erscheinung ansehen.
Warum verbrennt denn der Dornbusch nicht?
4 Als der Herr sah, daß Mose näher kam, um sich das anzusehen,
rief Gott ihm aus dem Dornbusch zu: Mose, Mose!
Er antwortete: Hier bin ich.
5 Der Herr sagte: Komm nicht näher heran!
Leg deine Schuhe ab,
denn der Ort, wo du stehst, ist heiliger Boden.
6 Dann fuhr er fort:
Ich bin der Gott deines Vaters,
der Gott Abrahams, der Gott Isaaks und der Gott Jakobs.
Da verhüllte Mose sein Gesicht,
denn er fürchtete sich, Gott anzuschauen.
7 Der Herr sprach:
Ich habe das Elend meines Volkes in Ägypten gesehen,
und ihre laute Klage über ihre Antreiber habe ich gehört.
Ich kenne ihr Leid.
8a Ich bin herabgestiegen,
um sie der Hand der Ägypter zu entreißen
und aus jenem Land hinaufzuführen
in ein schönes, weites Land,
in ein Land, in dem Milch und Honig fließen.
13 Da sagte Mose zu Gott:
Ich werde also zu den Israeliten kommen und ihnen sagen:

Dritter Fastensonntag

Der Gott eurer Väter hat mich zu euch gesandt.
Da werden sie mich fragen: Wie heißt er?
Was soll ich ihnen darauf sagen?

Da antwortete Gott dem Mose:
Ich bin der „Ich-bin-da".
Und er fuhr fort:
So sollst du zu den Israeliten sagen:
Der „Ich-bin-da" hat mich zu euch gesandt.
‣ Weiter sprach Gott zu Mose:
So sag zu den Israeliten:
Jahwe, der Gott eurer Väter,
   der Gott Abrahams, der Gott Isaaks und der Gott Jakobs,
   hat mich zu euch gesandt.
Das ist mein Name für immer,
und so wird man mich nennen in allen Generationen.

ANTWORTPSALM   Ps 103 (102), 1–2.3–4.6–7.8 u. 11 (R: vgl. 8)

R Gnädig und barmherzig ist der Herr, (GL 650, 1)
voll Langmut und reich an Güte. – R

Lobe den Herrn, meine Seele, *   **VII. Ton**
und alles in mir seinen heiligen Namen!

Lobe den Herrn, meine Seele, *
und vergiß nicht, was er dir Gutes getan hat: – (R)

der dir all deine Schuld vergibt *
und all deine Gebrechen heilt;

der dein Leben vor dem Untergang rettet *
und dich mit Huld und Erbarmen krönt. – (R)

Der Herr vollbringt Taten des Heiles, *
Recht verschafft er allen Bedrängten.

Er hat Mose seine Wege kundgetan, *
den Kindern Israels seine Werke. – (R)

Der Herr ist barmherzig und gnädig, *
langmütig und reich an Güte.

So hoch der Himmel über der Erde ist, *
so hoch ist seine Huld über denen, die ihn fürchten. – R

ZUR 2. LESUNG *Am Anfang der Geschichte Israels stehen die großen Machterweise Gottes: Befreiung aus Ägypten, Rettung am Schilfmeer, Führung durch die Wüste. Im Manna und im Wasser aus dem Felsen erkennen wir Hinweise auf die Sakramente, die mächtigen Zeichen der Gnade Gottes im Neuen Bund. Aber weder Taufe noch Eucharistie können uns das Heil garantieren; das Handeln Gottes fordert unsere Antwort heraus, die Antwort des Glaubens und der täglichen Bewährung.*

ZWEITE LESUNG 1 Kor 10, 1–6. 10–12

Das Leben des Volkes mit Mose in der Wüste wurde uns zur Warnung aufgeschrieben

Lesung
 aus dem ersten Brief des Apostels Paulus an die Korinther.

1 Ihr sollt wissen, Brüder,
 daß unsere Väter alle unter der Wolke waren,
 alle durch das Meer zogen
2 und alle auf Mose getauft wurden in der Wolke und im Meer.
3 Alle aßen auch die gleiche gottgeschenkte Speise,
4 und alle tranken den gleichen gottgeschenkten Trank;
 denn sie tranken aus dem lebenspendenden Felsen,
 der mit ihnen zog.
 Und dieser Fels war Christus.
5 Gott aber hatte an den meisten von ihnen kein Gefallen;
 denn er ließ sie in der Wüste umkommen.
6 Das aber geschah als warnendes Beispiel für uns:
 damit wir uns nicht von der Gier nach dem Bösen
 beherrschen lassen,
 wie jene sich von der Gier beherrschen ließen.
10 Murrt auch nicht, wie einige von ihnen murrten;
 sie wurden vom Verderber umgebracht.
11 Das aber geschah an ihnen,
 damit es uns als Beispiel dient;
 uns zur Warnung wurde es aufgeschrieben,
 uns, die das Ende der Zeiten erreicht hat.
12 Wer also zu stehen meint,
 der gebe acht, daß er nicht fällt.

Dritter Fastensonntag

RUF VOR DEM EVANGELIUM   Vers: Mt 4,17

Christus, du ewiges Wort des Vaters, Ehre sei dir! – R
(So spricht der Herr:)[1]
Kehrt um!
Denn das Himmelreich ist nahe.
Christus, du ewiges Wort des Vaters, Ehre sei dir!

ZUM EVANGELIUM

Die Zeit der Gnade ist Zeit der Geduld Gottes; für den Menschen Zeit der Besinnung und Umkehr. Die Verzögerung des Gerichts ist kein Grund zur Sorglosigkeit. Wie im Evangelium, so fehlt es auch heute nicht an Zeitereignissen, die uns aufschrecken und warnen. Am Tag der Ernte wird es offenbar, was aus unserem Leben geworden ist.

EVANGELIUM   Lk 13,1–9

Ihr alle werdet genauso umkommen, wenn ihr euch nicht bekehrt

✛ Aus dem heiligen Evangelium nach Lukas.

Zu jener Zeit kamen einige Leute zu Jesus
und berichteten ihm von den Galiläern,
   die Pilatus beim Opfern umbringen ließ,
   so daß sich ihr Blut mit dem ihrer Opfertiere vermischte.
Da sagte er zu ihnen:
   Meint ihr, daß nur diese Galiläer Sünder waren,
   weil das mit ihnen geschehen ist,
alle anderen Galiläer aber nicht?
Nein, im Gegenteil:
Ihr alle werdet genauso umkommen,
   wenn ihr euch nicht bekehrt.
Oder jene achtzehn Menschen,
   die beim Einsturz des Turms von Schilóach erschlagen wurden
– meint ihr, daß nur sie Schuld auf sich geladen hatten,
   alle anderen Einwohner von Jerusalem aber nicht?
Nein, im Gegenteil:
Ihr alle werdet genauso umkommen,
   wenn ihr euch nicht bekehrt.

---

[1] Wenn der Vers gesungen wird, kann die Einleitung So spricht der Herr entfallen.

6 Und er erzählte ihnen dieses Gleichnis:
Ein Mann hatte in seinem Weinberg einen Feigenbaum;
und als er kam und nachsah, ob er Früchte trug,
 fand er keine.
7 Da sagte er zu seinem Weingärtner:
 Jetzt komme ich schon drei Jahre
 und sehe nach, ob dieser Feigenbaum Früchte trägt,
und finde nichts.
Hau ihn um!
Was soll er weiter dem Boden seine Kraft nehmen?
8 Der Weingärtner erwiderte:
 Herr, laß ihn dieses Jahr noch stehen;
 ich will den Boden um ihn herum aufgraben und düngen.
9 Vielleicht trägt er doch noch Früchte;
wenn nicht, dann laß ihn umhauen.

Glaubensbekenntnis, S. 348 ff.
Fürbitten vgl. S. 791 ff.

ZUR EUCHARISTIEFEIER   *Das Manna in der Wüste war Gabe Gottes für das hungernde Volk, ein Hinweis auf das wahre Brot vom Himmel, das der Welt das Leben gibt. „Ich bin das Brot des Lebens", sagt Jesus.*

GABENGEBET

Barmherziger Gott,
befreie uns durch dieses Opfer
von unseren Sünden
und schenke uns die Kraft,
auch den Brüdern zu vergeben,
wenn sie an uns schuldig geworden sind.
Darum bitten wir durch Christus, unseren Herrn.

Präfation vom 3. Fastensonntag, S. 404,
oder von der Fastenzeit, S. 406 f.

KOMMUNIONVERS Joh 4, 13–14

Wenn das Evangelium von der Samariterin gelesen wurde:

Wer von dem Wasser trinkt, das ich ihm geben werde,
wird niemals mehr Durst haben.

Dritter Fastensonntag

Es wird in ihm zur Quelle,
deren Wasser ins ewige Leben sprudelt – so spricht der Herr.

Wenn ein anderes Evangelium gelesen wurde: Ps 84 (83), 4–5

Der Sperling findet ein Haus
und die Schwalbe ein Nest für ihre Jungen
– deine Altäre, Herr der Heerscharen, mein Gott und mein König!
Selig, die wohnen in deinem Haus, die dich allzeit loben!

SCHLUSSGEBET

Herr und Gott,
du hast uns mit dem Brot des Himmels gesättigt
und uns in dieser Speise
ein Unterpfand dessen gegeben,
was unseren Augen noch verborgen ist.
Laß in unserem Leben sichtbar werden,
was wir im Sakrament empfangen haben.
Darum bitten wir durch Christus, unseren Herrn.

FÜR DEN TAG UND DIE WOCHE

Prüfen: *wo die verführerischen Reichtümer und die Ansprüche liegen, deren wir uns zu enthalten haben, wenn wir wirklich mit Jesus Christus neu anfangen wollen; wo wir in der Gefahr stehen, inmitten reformerischer Strömungen die persönliche Umkehr des Herzens durch Scheinaktionen zu ersetzen; wie wir in einer unchristlichen Umgebung die Umkehr in bestimmten einzelnen Taten und gemeinsamen Aktionen zu praktizieren haben, wenn wir mit Jesus Christus wirklich neu anfangen wollen.* (H. W. Wolff)

VIERTER FASTENSONNTAG

Gottes Schaffen und das Geschaffenwerden der Welt beschränken sich nicht auf den ersten Anfang. Gott ist treu, er läßt seine Schöpfung nicht zugrunde gehen. Er spricht das Schöpfungswort weiter im Wort des Segens und der Vergebung. Gott liebt die Welt, auch den Menschen, der schuldig geworden ist – so sehr, daß er seinen Sohn als Sühne für unsere Sünden gesandt hat (1 Joh 4, 10).

ERÖFFNUNGSVERS   Vgl. Jes 66, 10–11
Freue dich, Stadt Jerusalem!
Seid fröhlich zusammen mit ihr, alle, die ihr traurig wart.
Freut euch und trinkt euch satt an der Quelle göttlicher Tröstung.

TAGESGEBET

Herr, unser Gott,
du hast in deinem Sohn
die Menschheit auf wunderbare Weise mit dir versöhnt.
Gib deinem Volk einen hochherzigen Glauben,
damit es mit froher Hingabe dem Osterfest entgegeneilt.
Darum bitten wir durch Jesus Christus.

ZUR 1. LESUNG   *Die Paschafeier in Gilgal bedeutet für Israel den Abschluß der Wüstenwanderung und den Neuanfang im Kulturland Kanaan. Mit den großen Erinnerungen verbinden sich noch größere Erwartungen. Die ungesäuerten Brote sind eine Erstlingsgabe des verheißenen Landes, in dem das Volk endlich zur Ruhe kommen soll. Jesus aber wird die Sakramente des Alten Bundes in die neue Wirklichkeit hinüberführen: Er selbst wird das wahre Pascha-Lamm sein und das Brot für das Leben der Welt.*

Vierter Fastensonntag

ERSTE LESUNG Jos 5,9a.10–12

Als die Israeliten in das verheißene Land eingezogen waren, feierten sie das Pascha

Lesung
  aus dem Buch Jósua.

In jenen Tagen
  sagte der Herr zu Jósua:
Heute habe ich die ägyptische Schande von euch abgewälzt.

Als die Israeliten in Gilgal ihr Lager hatten,
  feierten sie am Abend des vierzehnten Tages jenes Monats
  in den Steppen von Jéricho das Pascha[1].

Am Tag nach dem Pascha, genau an diesem Tag,
  aßen sie ungesäuerte Brote und geröstetes Getreide
  aus den Erträgen des Landes.

Vom folgenden Tag an,
  nachdem sie von den Erträgen des Landes gegessen hatten,
  blieb das Manna aus;
von da an hatten die Israeliten kein Manna mehr,
denn sie aßen in jenem Jahr von der Ernte des Landes Kanaan.

ANTWORTPSALM Ps 34 (33),2–3.4–5.6–7 (R: 9a)

R Kostet und seht, wie gütig der Herr ist! – R (GL 535,5)

Ich will den Herrn allezeit preisen; * II. Ton
immer sei sein Lob in meinem Mund.

Meine Seele rühme sich des Herrn; *
die Armen sollen es hören und sich freuen. – (R)

Verherrlicht mit mir den Herrn, *
laßt uns gemeinsam seinen Namen rühmen.

Ich suchte den Herrn, und er hat mich erhört, *
er hat mich all meinen Ängsten entrissen. – (R)

Blickt auf zu ihm, so wird euer Gesicht leuchten, *
und ihr braucht nicht zu erröten.

Da ist ein Armer; er rief, und der Herr erhörte ihn. *
Er half ihm aus all seinen Nöten. – R

---

[1] Sprich: Pas-cha.

ZUR 2. LESUNG *Der Mensch kann sich von Gott entfernen und seinem eigenen Wesen fremd werden; das Verlorene zurückgewinnen kann er nicht aus eigener Kraft. Aber Gott selbst hat durch Christus das Wort der Versöhnung gesprochen. Eine versöhnte Welt, das ist wie eine neue Welt, eine neue Schöpfung. Auch sie ist noch nicht fertig; bis zum Tag der Vollendung hat Gott das Wort der Versöhnung Menschen aufgetragen, die seine Botschafter sind. Versöhnung ist möglich.*

ZWEITE LESUNG 2 Kor 5,17—21

Gott hat uns durch Christus mit sich versöhnt

Lesung
   aus dem zweiten Brief des Apostels Paulus an die Korinther.

Brüder!
17 Wenn jemand in Christus ist,
   dann ist er eine neue Schöpfung:
Das Alte ist vergangen,
   Neues ist geworden.
18 Aber das alles kommt von Gott,
   der uns durch Christus mit sich versöhnt
   und uns den Dienst der Versöhnung aufgetragen hat.

19 Ja, Gott war es,
   der in Christus die Welt mit sich versöhnt hat,
   indem er den Menschen ihre Verfehlungen nicht anrechnete
   und uns
   das Wort von der Versöhnung zur Verkündigung anvertraute.
20 Wir sind also Gesandte an Christi Statt,
   und Gott ist es, der durch uns mahnt.

Wir bitten an Christi Statt:
   Laßt euch mit Gott versöhnen!
21 Er hat den, der keine Sünde kannte,
   für uns zur Sünde gemacht,
   damit wir in ihm Gerechtigkeit Gottes würden.

Vierter Fastensonntag

RUF VOR DEM EVANGELIUM Vers: Lk 15,18

Christus, du ewiges Wort des Vaters, Ehre sei dir! – R

Ich will zu meinem Vater gehen
und ihm sagen:
Vater, ich habe mich versündigt
gegen den Himmel und gegen dich.

Christus, du ewiges Wort des Vaters, Ehre sei dir!

ZUM EVANGELIUM   *Man hat es Jesus übelgenommen, daß er zu den Sündern gut war. Jesus hat darauf mit drei Gleichnissen geantwortet: das verlorene Schaf, die verlorene Drachme, der verlorene Sohn. Der ältere Bruder des verlorenen Sohnes vertritt die Gerechtigkeit, wie er sie versteht, aber Gottes Gerechtigkeit ist von anderer Art. Gott freut sich, wenn er einem Sünder vergeben kann, mehr noch als er sich über die Werke seiner ersten Schöpfung freut. Gott ist Freude.*

EVANGELIUM   Lk 15,1–3.11–32

Dein Bruder war tot und lebt wieder

✢ Aus dem heiligen Evangelium nach Lukas.

In jener Zeit
   kamen alle Zöllner und Sünder zu Jesus,
   um ihn zu hören.
Die Pharisäer und die Schriftgelehrten empörten sich darüber
und sagten: Er gibt sich mit Sündern ab
und ißt sogar mit ihnen.
Da erzählte er ihnen ein Gleichnis
und sagte:
Ein Mann hatte zwei Söhne.
Der jüngere von ihnen sagte zu seinem Vater:
   Vater, gib mir das Erbteil, das mir zusteht.
Da teilte der Vater das Vermögen auf.
Nach wenigen Tagen packte der jüngere Sohn alles zusammen
   und zog in ein fernes Land.
Dort führte er ein zügelloses Leben
   und verschleuderte sein Vermögen.

14 Als er alles durchgebracht hatte,
   kam eine große Hungersnot über das Land,
   und es ging ihm sehr schlecht.
15 Da ging er zu einem Bürger des Landes und drängte sich ihm auf;
   der schickte ihn aufs Feld zum Schweinehüten.
16 Er hätte gern seinen Hunger mit den Futterschoten gestillt,
   die die Schweine fraßen;
   aber niemand gab ihm davon.
17 Da ging er in sich
   und sagte:
       Wie viele Tagelöhner meines Vaters
       haben mehr als genug zu essen,
       und ich komme hier vor Hunger um.
18 Ich will aufbrechen und zu meinem Vater gehen
   und zu ihm sagen: Vater,
   ich habe mich gegen den Himmel und gegen dich versündigt.
19 Ich bin nicht mehr wert, dein Sohn zu sein;
   mach mich zu einem deiner Tagelöhner.
20 Dann brach er auf und ging zu seinem Vater.
   Der Vater sah ihn schon von weitem kommen,
   und er hatte Mitleid mit ihm.
   Er lief dem Sohn entgegen,
       fiel ihm um den Hals und küßte ihn.
21 Da sagte der Sohn: Vater,
   ich habe mich gegen den Himmel und gegen dich versündigt;
   ich bin nicht mehr wert, dein Sohn zu sein.
22 Der Vater aber sagte zu seinen Knechten:
       Holt schnell das beste Gewand, und zieht es ihm an,
   steckt ihm einen Ring an die Hand, und zieht ihm Schuhe an.
23 Bringt das Mastkalb her, und schlachtet es;
   wir wollen essen und fröhlich sein.
24 Denn mein Sohn war tot und lebt wieder;
   er war verloren und ist wiedergefunden worden.
   Und sie begannen, ein fröhliches Fest zu feiern.
25 Sein älterer Sohn war unterdessen auf dem Feld.
   Als er heimging und in die Nähe des Hauses kam,
       hörte er Musik und Tanz.
26 Da rief er einen der Knechte
   und fragte, was das bedeuten solle.

Vierter Fastensonntag

Der Knecht antwortete:
    Dein Bruder ist gekommen,
    und dein Vater hat das Mastkalb schlachten lassen,
    weil er ihn heil und gesund wiederbekommen hat.

Da wurde er zornig und wollte nicht hineingehen.
Sein Vater aber kam heraus
    und redete ihm gut zu.
Doch er erwiderte dem Vater:
    So viele Jahre schon diene ich dir,
    und nie habe ich gegen deinen Willen gehandelt;
mir aber hast du nie auch nur einen Ziegenbock geschenkt,
    damit ich mit meinen Freunden ein Fest feiern konnte.
Kaum aber ist der hier gekommen,
    dein Sohn, der dein Vermögen mit Dirnen durchgebracht hat,
    da hast du für ihn das Mastkalb geschlachtet.

Der Vater antwortete ihm:
    Mein Kind, du bist immer bei mir,
und alles, was mein ist, ist auch dein.
Aber jetzt müssen wir uns doch freuen und ein Fest feiern;
denn dein Bruder war tot
    und lebt wieder;
er war verloren
    und ist wiedergefunden worden.

Glaubensbekenntnis, S. 348 ff.
Fürbitten vgl. S. 791 ff.

ZUR EUCHARISTIEFEIER   *„Für euch und für die Vielen, zur Vergebung der Sünden": für alle hat Jesus sein Blut vergossen, alle ruft er zum Mahl der Versöhnung. Dafür danken wir dem Herrn, unserem Gott.*

GABENGEBET

Herr, unser Gott,
in der Freude auf das Osterfest
bringen wir unsere Gaben dar.
Hilf uns, gläubig und ehrfürchtig das Opfer zu feiern,
das der Welt Heilung schenkt und den Tod überwindet.
Darum bitten wir durch Christus, unseren Herrn.

Präfation vom 4. Fastensonntag, S. 405, oder von der Fastenzeit, S. 406 f.

KOMMUNIONVERS

Wenn das Evangelium vom Blindgeborenen gelesen wurde: Vgl. Joh 9, 11
Der Herr salbte meine Augen;
ich ging hin, wusch mich und wurde sehend
und glaube an Gott.

Wenn das Evangelium vom verlorenen Sohn gelesen wurde: Vgl. Lk 15, 32
Freue dich, mein Sohn, denn dein Bruder war tot und lebt wieder:
er war verloren und wurde wieder gefunden.

Wenn ein anderes Evangelium gelesen wurde: Ps 122 (121), 3–4
Jerusalem, du starke Stadt, dicht gebaut und fest gefügt!
Dorthin ziehen die Stämme hinauf, die Stämme des Herrn,
den Namen des Herrn zu preisen.

SCHLUSSGEBET

Allmächtiger Gott,
dein ewiges Wort ist das wahre Licht,
das jeden Menschen erleuchtet.
Heile die Blindheit unseres Herzens,
damit wir erkennen, was vor dir recht ist,
und dich aufrichtig lieben.
Darum bitten wir durch Christus, unseren Herrn.

FÜR DEN TAG UND DIE WOCHE
Gleichnis der Hoffnung
Wer es zum hundertstenmal hört,
dem ist, als hörte er es zum erstenmal:
„Ein Mann hatte zwei Söhne ..."
Es ist schön, dieses Gleichnis,
bei Lukas und sonst, auf der Erde und im Himmel.
Das Gleichnis hat ein Echo geweckt,
ein tiefes und starkes Echo
in der Welt und im Menschen.
Im Herzen des Menschen,
im treuen Herzen und im treulosen Herzen. (Ch. Péguy)

FÜNFTER FASTENSONNTAG

„Das Übel mit der Wurzel ausrotten", das sagt sich leicht. Besser wäre es, die Wurzel zu heilen. Aber wer kann das, und wie kommt man überhaupt an die Wurzel? Ist Strafe ein geeignetes Mittel zur Besserung? Das sind schwierige Fragen. Die Antwort Jesu: Heilen und helfen kann nur die Liebe.

ERÖFFNUNGSVERS　　　　　　　　　　　Ps 43 (42), 1–2

Verschaff mir Recht, o Gott,
und führe meine Sache gegen ein treuloses Volk!
Rette mich vor bösen und tückischen Menschen,
denn du bist mein starker Gott.

TAGESGEBET

Herr, unser Gott,
dein Sohn hat sich aus Liebe zur Welt
dem Tod überliefert.
Laß uns in seiner Liebe bleiben
und mit deiner Gnade aus ihr leben.
Darum bitten wir durch Jesus Christus.

ZUR 1. LESUNG　*Hat Gott nur in alten Zeiten gesprochen und eingegriffen? Hilft er auch heute noch? Einst hat Gott Israel aus Ägypten herausgeführt, und jetzt sagt der Prophet: Gott wird noch Größeres tun, um sein Volk aus neuer Knechtschaft zu befreien und es aus dem Exil wieder in die Heimat zurückzuführen. Gott, der Schöpfer und Erlöser, ist immer auch ein Gott der Zukunft. Sache der Geretteten wird es sein, der späteren Generation von Gottes Taten zu erzählen; die Erinnerung muß zur Verkündigung werden.*

ERSTE LESUNG Jes 43, 16–21

Seht her, ich schaffe Neues; ich tränke mein Volk

Lesung
   aus dem Buch Jesája.

16 So spricht der Herr, der einen Weg durchs Meer bahnt,
   einen Pfad durch das gewaltige Wasser,
17 der Wagen und Rosse ausziehen läßt,
   zusammen mit einem mächtigen Heer;
doch sie liegen am Boden und stehen nicht mehr auf,
sie sind erloschen und verglüht wie ein Docht.

Der Herr spricht:
18 Denkt nicht mehr an das, was früher war;
   auf das, was vergangen ist, sollt ihr nicht achten.
19 Seht her, nun mache ich etwas Neues.
Schon kommt es zum Vorschein, merkt ihr es nicht?
Ja, ich lege einen Weg an durch die Steppe
   und Straßen durch die Wüste.
20 Die wilden Tiere werden mich preisen,
   die Schakale und Strauße,
denn ich lasse in der Steppe Wasser fließen
   und Ströme in der Wüste,
   um mein Volk, mein erwähltes, zu tränken.
21 Das Volk, das ich mir erschaffen habe,
   wird meinen Ruhm verkünden.

ANTWORTPSALM Ps 126 (125), 1–2b.2c–3.4–5.6 (R: 3)

R Großes hat der Herr an uns getan. (GL 753, 1)
Da waren wir fröhlich. – **R**

1 Als der Herr das Los der Gefangenschaft Zions wendete, * II. Ton
   da waren wir alle wie Träumende.

2ab Da war unser Mund voll Lachen *
   und unsere Zunge voll Jubel. – (R)

2cd Da sagte man unter den andern Völkern: *
   „Der Herr hat an ihnen Großes getan."

3 Ja, Großes hat der Herr an uns getan. *
   Da waren wir fröhlich. – (R)

Fünfter Fastensonntag

Wende doch, Herr, unser Ge<u>schick</u>, *
wie du versiegte Bäche wieder <u>füllst</u> im Südland.

Die mit Tränen <u>sä</u>en, *
werden mit <u>Ju</u>bel ernten. – (R)

Sie gehen hin unter <u>Trä</u>nen *
und tragen den <u>Sa</u>men zur Aussaat.

Sie kommen wieder mit <u>Ju</u>bel *
und bringen <u>i</u>hre Garb<u>en ei</u>n. – R

ZUR 2. LESUNG *Paulus erinnert sich an die Zeit vor seiner Bekehrung, an seine Herkunft, Bildung und Gesetzestreue. Dann aber hat Christus ihn eingeholt, und Paulus beginnt zu verstehen, was vor Gott wirklich gilt. Eigene Taten und Leistungen begründen kein Recht Gott gegenüber. Hier gilt nur der vertrauende Glaube, der sich immer neu von der Wahrheit Christi und von der Macht seiner Liebe ergreifen und prägen läßt.*

ZWEITE LESUNG   Phil 3,8–14

Um Christi willen habe ich alles aufgegeben – sein Tod soll mich prägen

Lesung
   aus dem Brief des Apostels Paulus an die Philipper.

Brüder!
Ich sehe alles als Verlust an,
weil die Erkenntnis Christi Jesu, meines Herrn,
   alles übertrifft.
Seinetwegen habe ich alles aufgegeben
und halte es für Unrat,
   um Christus zu gewinnen
   und in ihm zu sein.

Nicht meine eigene Gerechtigkeit suche ich,
   die aus dem Gesetz hervorgeht,
sondern jene, die durch den Glauben an Christus kommt,
die Gerechtigkeit, die Gott aufgrund des Glaubens schenkt.

Christus will ich erkennen
und die Macht seiner Auferstehung
und die Gemeinschaft mit seinen Leiden;
sein Tod soll mich prägen.

11 So hoffe ich, auch zur Auferstehung von den Toten zu gelangen.
12 Nicht daß ich es schon erreicht hätte
   oder daß ich schon vollendet wäre.
   Aber ich strebe danach, es zu ergreifen,
   weil auch ich von Christus Jesus ergriffen worden bin.
13 Brüder, ich bilde mir nicht ein,
     daß ich es schon ergriffen hätte.
   Eines aber tue ich:
   Ich vergesse, was hinter mir liegt,
     und strecke mich nach dem aus, was vor mir ist.
14 Das Ziel vor Augen, jage ich nach dem Siegespreis:
   der himmlischen Berufung,
     die Gott uns in Christus Jesus schenkt.

RUF VOR DEM EVANGELIUM   Vers: vgl. Joël 2, 12–13

Christus, du ewiges Wort des Vaters, Ehre sei dir! – R
Kehrt um zum Herrn von ganzem Herzen;
denn er ist gnädig und barmherzig,
langmütig und reich an Güte.
Christus, du ewiges Wort des Vaters, Ehre sei dir!

ZUM EVANGELIUM *Die Erzählung von der Ehebrecherin erinnert an die Geschichte von der ungerecht verurteilten Susanna im Buch Daniel. Jesus ist mehr als Daniel: Er verteidigt nicht eine Schuldlose, er vergibt der Sünderin. Und er warnt uns davor, über das Herz und Gesinnung anderer Menschen zu urteilen.*

EVANGELIUM   Joh 8, 1–11

Wer von euch ohne Sünde ist, werfe als erster einen Stein auf sie

✛ Aus dem heiligen Evangelium nach Johannes.

   In jener Zeit
1   ging Jesus zum Ölberg.
2 Am frühen Morgen begab er sich wieder in den Tempel.
   Alles Volk kam zu ihm.
   Er setzte sich und lehrte es.

Fünfter Fastensonntag

Da brachten die Schriftgelehrten und die Pharisäer eine Frau,
 die beim Ehebruch ertappt worden war.
Sie stellten sie in die Mitte
und sagten zu ihm: Meister,
diese Frau wurde beim Ehebruch auf frischer Tat ertappt.
Mose hat uns im Gesetz vorgeschrieben,
 solche Frauen zu steinigen.
Nun, was sagst du?
Mit dieser Frage wollten sie ihn auf die Probe stellen,
 um einen Grund zu haben, ihn zu verklagen.

Jesus aber bückte sich
und schrieb mit dem Finger auf die Erde.
Als sie hartnäckig weiterfragten,
 richtete er sich auf
und sagte zu ihnen: Wer von euch ohne Sünde ist,
 werfe als erster einen Stein auf sie.
Und er bückte sich wieder und schrieb auf die Erde.
Als sie seine Antwort gehört hatten,
 ging einer nach dem andern fort,
zuerst die Ältesten.
Jesus blieb allein zurück
 mit der Frau, die noch in der Mitte stand.

Er richtete sich auf
und sagte zu ihr: Frau, wo sind sie geblieben?
Hat dich keiner verurteilt?
Sie antwortete: Keiner, Herr.

Da sagte Jesus zu ihr: Auch ich verurteile dich nicht.
Geh und sündige von jetzt an nicht mehr!

Glaubensbekenntnis, S. 348 ff.
Fürbitten vgl. S. 791 ff.

ZUR EUCHARISTIEFEIER *Jesus, der Menschensohn, kennt das Herz der Menschen, und er kennt das Herz Gottes. Er kann Sünde vergeben. Er ist das Lamm Gottes, das die Sünde der Welt auf sich genommen hat.*

GABENGEBET

Erhöre uns, allmächtiger Gott.
Du hast uns durch dein Wort
zum Zeugnis eines christlichen Lebens berufen.
Reinige uns durch dieses Opfer
und stärke uns zum Kampf gegen das Böse.
Darum bitten wir durch Christus, unseren Herrn.

Präfation vom 5. Fastensonntag, S. 405,
oder von der Fastenzeit, S. 406 f.

KOMMUNIONVERS

Wenn das Evangelium von der Auferweckung des Lazarus gelesen wurde:
Joh 11, 26

Jeder, der lebt und an mich glaubt,
wird in Ewigkeit nicht sterben – so spricht der Herr.

Wenn das Evangelium von der Ehebrecherin gelesen wurde: Joh 8, 10–11

Frau, hat dich keiner verurteilt? – Keiner, Herr!
Auch ich verurteile dich nicht.
Geh und sündige von jetzt an nicht mehr!

Wenn ein anderes Evangelium gelesen wurde: Joh 12, 24–25

Amen, Amen, ich sage euch:
Wenn das Weizenkorn nicht in die Erde fällt und stirbt,
bleibt es allein.
Wenn es aber stirbt, bringt es reiche Frucht.

SCHLUSSGEBET

Allmächtiger Gott,
du hast uns
das Sakrament der Einheit geschenkt.
Laß uns immer lebendige Glieder Christi bleiben,
dessen Leib und Blut wir empfangen haben.
Darum bitten wir durch ihn, Christus, unseren Herrn.

FÜR DEN TAG UND DIE WOCHE
Das Herz

Alles ist bezogen auf dein schlagendes Herz.
Noch hämmert es und schafft die Zeit und die Dauer.

*und in großen, schmerzlichen Schlägen
treibt es die Welt und ihr Geschehen voran.
Es ist die Unruhe der Uhr, und
unruhig ist dein Herz, bis es ruht in mir,
unruhig ist dein Herz, bis wir ruhen in dir,
Zeit und Ewigkeit ineinandersinken.
Aber: Seid ruhig, ich habe die Welt überwunden.
Die Qual der Sünde ist schon untergegangen
in die Stille der Liebe. (H. U. von Balthasar)*

HEILIGE WOCHE – KARWOCHE

PALMSONNTAG

Das Reich Gottes, das Jesus verkündet hat, ist für die Armen. Er selbst hat arm gelebt. Er ist ein armer und demütiger Messias; er selbst will es so. Und „der Jünger muß sich damit begnügen, daß es ihm geht wie seinem Meister". Den Hosannajubel des Palmsonntags hat Jesus hingenommen. Bald wird er diese ganze Menge gegen sich haben; auch die Jünger werden ihn allein lassen.

FEIER DES EINZUGS JESU IN JERUSALEM

Die Gemeinde versammelt sich, wenn es möglich ist, an einem Ort außerhalb der Kirche. Die Gläubigen tragen Zweige in den Händen.
Zur Eröffnung kann man folgenden Vers singen oder einen anderen geeigneten Gesang:

Hosanna dem Sohne Davids! Mt 21, 9
Gepriesen, der kommt im Namen des Herrn,
der König von Israel. Hosanna in der Höhe!

Der Priester begrüßt die Gemeinde mit etwa folgenden Worten:

Liebe Brüder und Schwestern!
In den Tagen der Fastenzeit haben wir uns auf Ostern vorbereitet; wir haben uns bemüht um die Bekehrung unseres Herzens und um tätige Nächstenliebe. Heute aber sind wir zusammengekommen, um mit der ganzen Kirche in die Feier der österlichen Geheimnisse unseres Herrn einzutreten.
Christus ist in seine Stadt Jerusalem eingezogen; dort wollte er Leiden und Tod auf sich nehmen, dort sollte er auch auferstehen. Mit Glauben und innerer Hingabe begehen wir das Gedächtnis seines Einzugs. Wir folgen dem Herrn auf seinem Leidensweg und nehmen teil an seinem Kreuz, damit wir auch Anteil erhalten an seiner Auferstehung und seinem Leben.

Dann spricht der Priester:

Allmächtiger, ewiger Gott,
segne ✢ diese (grünen) Zweige,
die Zeichen des Lebens und des Sieges,
mit denen wir Christus, unserem König, huldigen.

Palmsonntag

Mit Lobgesängen begleiten wir ihn in seine heilige Stadt;
gib, daß wir durch ihn zum himmlischen Jerusalem gelangen,
der mit dir lebt und herrscht in alle Ewigkeit.

Oder:

Allmächtiger Gott,
am heutigen Tag
huldigen wir Christus in seinem Sieg
und tragen ihm zu Ehren
(grüne) Zweige in den Händen.
Mehre unseren Glauben und unsere Hoffnung,
erhöre gnädig unsere Bitten
und laß uns in Christus
die Frucht guter Werke bringen.
Darum bitten wir durch ihn, Christus, unseren Herrn.

Er besprengt (ohne Begleitgebet) die Zweige mit Weihwasser.

ZUM EVANGELIUM   *Der Einzug Jesu in Jerusalem wird von allen vier Evangelisten berichtet. Die Demut Jesu und seine verborgene Hoheit werden sichtbar. Er wird als der erwartete Messias begrüßt, der Retter-König der Endzeit, der Friedenskönig. Freilich, als Ort des Friedens wird bei Lukas hier – anders als im Weihnachtsevangelium – nur der Himmel, nicht diese Erde genannt (Lk 2, 14 u. 19, 38).*

EVANGELIUM   Lk 19, 28–40

Gesegnet sei der König, der kommt im Namen des Herrn

☩ Aus dem heiligen Evangelium nach Lukas.

In jener Zeit
  ging Jesus nach Jerusalem hinauf.
Als er in die Nähe von Bétfage und Betánien kam,
  an den Berg, der Ölberg heißt,
  schickte er zwei seiner Jünger voraus
und sagte: Geht in das Dorf, das vor uns liegt.
Wenn ihr hineinkommt,
  werdet ihr dort einen jungen Esel angebunden finden,
  auf dem noch nie ein Mensch gesessen hat.
Bindet ihn los, und bringt ihn her!

31 Und wenn euch jemand fragt: Warum bindet ihr ihn los?,
    dann antwortet: Der Herr braucht ihn.
32 Die beiden machten sich auf den Weg
    und fanden alles so, wie er es ihnen gesagt hatte.
33 Als sie den jungen Esel losbanden,
    sagten die Leute, denen er gehörte:
    Warum bindet ihr den Esel los?
34 Sie antworteten: Der Herr braucht ihn.
35 Dann führten sie ihn zu Jesus,
    legten ihre Kleider auf das Tier
    und halfen Jesus hinauf.
36 Während er dahinritt,
    breiteten die Jünger ihre Kleider auf der Straße aus.
37 Als er an die Stelle kam, wo der Weg vom Ölberg hinabführt,
    begannen alle Jünger
    freudig und mit lauter Stimme Gott zu loben
    wegen all der Wundertaten, die sie erlebt hatten.
38 Sie riefen:
    Gesegnet sei der König, der kommt im Namen des Herrn.
    Im Himmel Friede und Herrlichkeit in der Höhe!
39 Da riefen ihm einige Pharisäer aus der Menge zu:
    Meister, bring deine Jünger zum Schweigen!
40 Er erwiderte:
    Ich sage euch:
    Wenn sie schweigen,
    werden die Steine schreien.

Nach dem Evangelium kann eine kurze Homilie gehalten werden.

Zur Prozession

Liebe Brüder und Schwestern!
Wie einst das Volk von Jerusalem Jesus zujubelte, so begleiten auch wir jetzt den Herrn und singen ihm Lieder.

Während der Prozession:

Kehrvers 1 mit Psalm 24 (23)
Die Kinder von Jerusalem trugen Zweige in den Händen. / Sie zogen dem Herrn entgegen und riefen: / Hosanna in der Höhe!

Palmsonntag

Oder:

Kehrvers 2 mit Psalm 47 (46)

Die Kinder von Jerusalem / legten ihre Kleider über den Weg und riefen: / Hosanna dem Sohne Davids. / Hochgelobt sei, der da kommt im Namen des Herrn.

Diese Kehrverse können zwischen den Versen des Psalmes wiederholt werden.

Hymnus auf Christus, den König

Ruhm und Preis und Ehre / sei dir, Erlöser und König! / Jubelnd rief einst das Volk / sein Hosianna dir zu. ♭
Du bist Israels König. / Davids Geschlechte entsprossen, / der im Namen des Herrn / als ein Gesegneter kommt. ♭
Dir lobsingen im Himmel / ewig die seligen Chöre; / so auch preist dich der Mensch, / so alle Schöpfung zugleich. ♭
Einst mit Zweigen in Händen / eilte das Volk dir entgegen; / so mit Lied und Gebet / ziehen wir heute mit dir. ♭
Dort erklang dir der Jubel, / als du dahingingst zu leiden; / dir, dem König der Welt, / bringen wir hier unser Lob. ♭
Hat ihr Lob dir gefallen, / nimm auch das unsre entgegen, / großer König und Herr, / du, dem das Gute gefällt. ♭

Beim Einzug in die Kirche singt man folgenden Antwortgesang (oder ein entsprechendes Lied):

Ch: Gepriesen, der kommt im Namen des Herrn!
A: Gepriesen, der kommt im Namen des Herrn!
Ch: Als das Volk hörte, daß Jesus nach Jerusalem komme, da zogen sie ihm entgegen. Sie trugen Palmzweige in den Händen und riefen: Hosanna, hosanna, hosanna in der Höhe.
A: Hosanna, hosanna, hosanna in der Höhe.

Als Abschluß der Prozession wird das Eröffnungsgebet der Messe gesprochen.

MESSE

Nur wenn keine Prozession stattgefunden hat:

ERÖFFNUNGSVERS

Sechs Tage vor dem Osterfest kam der Herr in die Stadt Jerusalem.
Da liefen ihm Kinder entgegen
mit Palmzweigen in den Händen und riefen:
Hosanna in der Höhe!
Sei gepriesen, der du kommst als Heiland der Welt.

Ps 24 (23), 9–10
Ihr Tore, hebt euch nach oben,
hebt euch, ihr uralten Pforten;
denn es kommt der König der Herrlichkeit.

Wer ist der König der Herrlichkeit?
Der Herr der Heerscharen,
er ist der König der Herrlichkeit.

Hosanna in der Höhe!
Sei gepriesen, der du kommst als Heiland der Welt.

TAGESGEBET

Allmächtiger, ewiger Gott,
deinem Willen gehorsam,
hat unser Erlöser Fleisch angenommen,
er hat sich selbst erniedrigt
und sich unter die Schmach des Kreuzes gebeugt.
Hilf uns,
daß wir ihm auf dem Weg des Leidens nachfolgen
und an seiner Auferstehung Anteil erlangen.
Darum bitten wir durch ihn, Jesus Christus.

ZUR 1. LESUNG   *In Jesaja 42 (vgl. 6. Januar) wurden die Berufung des Gottesknechts und seine Ausrüstung mit dem Geist Gottes beschrieben. Ein zweites Lied vom Gottesknecht (Jes 49, 1–6) zeigt die Schwere seiner Mission. Das dritte Lied (die heutige Lesung) zeichnet ihn als den vollkommenen Jünger und treuen Propheten, der nicht zurückweicht vor Spott und Verfolgung.*

ERSTE LESUNG   Jes 50, 4–7

Mein Gesicht verbarg ich nicht vor Schmähungen, doch ich weiß, daß ich nicht in Schande gerate (Drittes Lied vom Gottesknecht)

Lesung
   aus dem Buch Jesája.

⁴ Gott, der Herr, gab mir die Zunge eines Jüngers,
damit ich verstehe,
   die Müden zu stärken durch ein aufmunterndes Wort.

Palmsonntag

Jeden Morgen weckt er mein Ohr,
    damit ich auf ihn höre wie ein Jünger.
Gott, der Herr, hat mir das Ohr geöffnet.

Ich aber wehrte mich nicht
    und wich nicht zurück.
Ich hielt meinen Rücken denen hin, die mich schlugen,
und denen, die mir den Bart ausrissen, meine Wangen.
Mein Gesicht verbarg ich nicht
    vor Schmähungen und Speichel.

Doch Gott, der Herr, wird mir helfen;
darum werde ich nicht in Schande enden.
Deshalb mache ich mein Gesicht hart wie ein Kiesel;
ich weiß, daß ich nicht in Schande gerate.

ANTWORTPSALM   Ps 22 (21), 8–9.17–18.19–20.23–24 (R: 1)

R Mein Gott, mein Gott,   (GL 176, 2)
warum hast du mich verlassen. – R

Alle, die mich sehen, verlachen mich, *
verziehen die Lippen, schütteln den Kopf:

„Er wälze die Last auf den Herrn, †
der soll ihn befreien! *
Der reiße ihn heraus, wenn er an ihm Gefallen hat!" – (R)

Viele Hunde umlagern mich, †
eine Rotte von Bösen umkreist mich. *
Sie durchbohren mir Hände und Füße.

Man kann all meine Knochen zählen; *
sie gaffen und weiden sich an mir. – (R)

Sie verteilen unter sich meine Kleider *
und werfen das Los um mein Gewand.
Du aber, Herr, halte dich nicht fern! *
Du, meine Stärke, eil mir zu Hilfe! – (R)

Ich will deinen Namen meinen Brüdern verkünden, *
inmitten der Gemeinde dich preisen.

Die ihr den Herrn fürchtet, preist ihn, †
ihr alle vom Stamm Jakobs, rühmt ihn; *
erschauert alle vor ihm, ihr Nachkommen Israels! – R

ZUR 2. LESUNG *Aus der Gottesherrlichkeit ist der Sohn in die tiefste Erniedrigung hinabgestiegen. Er hat den Kreuzestod auf sich genommen. Sein Gehorsam war Liebe zum Vater und Liebe zu den Menschen. Ihn, den Erniedrigten, hat Gott zum Kyrios, zum Herrn über Zeiten und Welten gemacht. Auf ihn sollen wir schauen, an ihm uns orientieren: „Seid untereinander so gesinnt, wie es dem Leben in Christus Jesus entspricht" (Phil 2, 5).*

ZWEITE LESUNG

Phil 2, 6–11

Christus Jesus erniedrigte sich; darum hat ihn Gott über alle erhöht

Lesung
aus dem Brief des Apostels Paulus an die Philipper.

6 Christus Jesus war Gott gleich,
hielt aber nicht daran fest, wie Gott zu sein,
7 sondern er entäußerte sich
und wurde wie ein Sklave
und den Menschen gleich.
Sein Leben war das eines Menschen;
8 er erniedrigte sich
und war gehorsam bis zum Tod,
bis zum Tod am Kreuz.
9 Darum hat ihn Gott über alle erhöht
und ihm den Namen verliehen,
der größer ist als alle Namen,
10 damit alle im Himmel, auf der Erde und unter der Erde
ihre Knie beugen vor dem Namen Jesu
11 und jeder Mund bekennt:
„Jesus Christus ist der Herr"
– zur Ehre Gottes, des Vaters.

RUF VOR DER PASSION

Vers: Phil 2, 8b–9

Christus Sieger, Christus König, Christus Herr in Ewigkeit! – R
Christus war für uns gehorsam bis zum Tod,
bis zum Tod am Kreuz.
Darum hat ihn Gott über alle erhöht
und ihm den Namen verliehen, der größer ist als alle Namen.
Christus Sieger, Christus König, Christus Herr in Ewigkeit!

Palmsonntag

ZUR PASSION *Die Leidensgeschichte nach Lukas hat ihr Vorspiel schon in den Worten des greisen Simeon zu Maria: „Er wird ein Zeichen sein, dem widersprochen wird ... Dir selbst aber wird ein Schwert durch die Seele dringen" (2,34–35). Beim Letzten Abendmahl gibt Jesus die ewig gültige Deutung seines Leidens und Sterbens: „für euch" (22,19). In der Leidensgeschichte selbst hat Lukas manche Härten übergangen, die wir bei Markus und Matthäus finden. Es bleibt die harte Wirklichkeit des Kreuzes; aber dem Evangelisten geht es darum, die verborgenen Lichter aufzuzeigen, die die Leidensnacht erhellen. Er zeigt Jesus als das Vorbild demütigen Gehorsams und dienender Liebe, als treuen Zeugen der erbarmenden Liebe Gottes.*

PASSION   Lk 22,14 – 23,56
Das Leiden unseres Herrn Jesus Christus

E = Evangelist, † = Worte Jesu, S = Worte sonstiger Personen

Das Leiden unseres Herrn Jesus Christus nach Lukas.

Das Mahl

E Als die Stunde gekommen war,
   begab sich Jesus mit den Aposteln zu Tisch.
Und er sagte zu ihnen:
† Ich habe mich sehr danach gesehnt,
   vor meinem Leiden dieses Paschamahl* mit euch zu essen.
Denn ich sage euch:
Ich werde es nicht mehr essen,
   bis das Mahl seine Erfüllung findet im Reich Gottes.
E Und er nahm den Kelch,
sprach das Dankgebet
und sagte:
† Nehmt den Wein, und verteilt ihn untereinander!
Denn ich sage euch:
Von nun an
   werde ich nicht mehr von der Frucht des Weinstocks trinken,
   bis das Reich Gottes kommt.

---
* Sprich: Pas-chamahl.

19 E Und er nahm Brot,
sprach das Dankgebet,
brach das Brot und reichte es ihnen
mit den Worten:
> † Das ist mein Leib, der für euch hingegeben wird.
> Tut dies zu meinem Gedächtnis!
20 E Ebenso nahm er nach dem Mahl den Kelch
und sagte:
> † Dieser Kelch ist der Neue Bund in meinem Blut,
> das für euch vergossen wird.
21 Doch seht, der Mann, der mich verrät und ausliefert,
sitzt mit mir am Tisch.
22 Der Menschensohn muß zwar den Weg gehen,
der ihm bestimmt ist.
Aber weh dem Menschen, durch den er verraten wird.
23 E Da fragte einer den andern,
wer von ihnen das wohl sei, der so etwas tun werde.

Vom Herrschen und vom Dienen

24 Es entstand unter ihnen ein Streit darüber,
wer von ihnen wohl der Größte sei.
25 Da sagte Jesus:
> † Die Könige herrschen über ihre Völker,
> und die Mächtigen lassen sich Wohltäter nennen.
26 Bei euch aber soll es nicht so sein,
sondern der Größte unter euch soll werden wie der Kleinste,
und der Führende soll werden wie der Dienende.
27 Welcher von beiden ist größer:
wer bei Tisch sitzt
oder wer bedient?
Natürlich der, der bei Tisch sitzt.
Ich aber bin unter euch wie der, der bedient.
28 In allen meinen Prüfungen habt ihr bei mir ausgeharrt.
29 Darum vermache ich euch das Reich,
wie es mein Vater mir vermacht hat:
30 Ihr sollt in meinem Reich
mit mir an meinem Tisch essen und trinken,
und ihr sollt auf Thronen sitzen
und die zwölf Stämme Israels richten.

Palmsonntag

Die Ankündigung der Verleugnung und der Umkehr des Petrus

Simon, Simon,
der Satan hat verlangt, daß er euch wie Weizen sieben darf.
Ich aber habe für dich gebetet,
    daß dein Glaube nicht erlischt.
Und wenn du dich wieder bekehrt hast,
    dann stärke deine Brüder.
E Darauf sagte Petrus zu ihm:
    S Herr, ich bin bereit,
    mit dir sogar ins Gefängnis und in den Tod zu gehen.
E Jesus erwiderte:
☩ Ich sage dir, Petrus, ehe heute der Hahn kräht,
wirst du dreimal leugnen, mich zu kennen.

Die Stunde der Entscheidung

E Dann sagte Jesus zu ihnen:
    ☩ Als ich euch ohne Geldbeutel aussandte,
    ohne Vorratstasche und ohne Schuhe,
    habt ihr da etwa Not gelitten?
E Sie antworteten:
    S Nein.
E Da sagte er:
    ☩ Jetzt aber soll der, der einen Geldbeutel hat, ihn mitnehmen,
und ebenso die Tasche.
Wer aber kein Geld hat,
    soll seinen Mantel verkaufen
und sich dafür ein Schwert kaufen.
Ich sage euch:
An mir muß sich das Schriftwort erfüllen:
    Er wurde zu den Verbrechern gerechnet.
Denn alles, was über mich gesagt ist,
    geht in Erfüllung.
E Da sagten sie:
    S Herr, hier sind zwei Schwerter.
E Er erwiderte:
    ☩ Genug davon!

Das Gebet am Ölberg

39 E Dann verließ Jesus die Stadt
und ging, wie er es gewohnt war, zum Ölberg;
seine Jünger folgten ihm.
40 Als er dort war, sagte er zu ihnen:
† Betet darum, daß ihr nicht in Versuchung geratet!
41 E Dann entfernte er sich von ihnen ungefähr einen Steinwurf weit,
kniete nieder und betete:
42 † Vater, wenn du willst,
nimm diesen Kelch von mir!
Aber nicht mein,
sondern dein Wille soll geschehen.
43 E Da erschien ihm ein Engel vom Himmel
und gab ihm neue Kraft.
44 Und er betete in seiner Angst noch inständiger,
und sein Schweiß war wie Blut, das auf die Erde tropfte.
45 Nach dem Gebet stand er auf,
ging zu den Jüngern zurück
und fand sie schlafend;
denn sie waren vor Kummer erschöpft.
46 Da sagte er zu ihnen:
† Wie könnt ihr schlafen?
Steht auf und betet,
damit ihr nicht in Versuchung geratet.

Die Gefangennahme

47 E Während er noch redete,
kam eine Schar Männer;
Judas, einer der Zwölf, ging ihnen voran.
Er näherte sich Jesus, um ihn zu küssen.
48 Jesus aber sagte zu ihm:
† Judas, mit einem Kuß verrätst du den Menschensohn?
49 E Als seine Begleiter merkten, was ihm drohte,
fragten sie:
S Herr, sollen wir mit dem Schwert dreinschlagen?
50 E Und einer von ihnen
schlug auf den Diener des Hohenpriesters ein
und hieb ihm das rechte Ohr ab.
51 Jesus aber sagte:

Palmsonntag 137

† Hört auf damit!
E Und er berührte das Ohr
und heilte den Mann.
Zu den Hohenpriestern aber,
den Hauptleuten der Tempelwache
und den Ältesten, die vor ihm standen, sagte Jesus:
† Wie gegen einen Räuber
seid ihr mit Schwertern und Knüppeln ausgezogen.
Tag für Tag war ich bei euch im Tempel,
und ihr habt nicht gewagt, gegen mich vorzugehen.
Aber das ist eure Stunde,
jetzt hat die Finsternis die Macht.

Die Verleugnung durch Petrus

E Darauf nahmen sie ihn fest,
führten ihn ab
und brachten ihn in das Haus des Hohenpriesters.
Petrus folgte von weitem.
Mitten im Hof hatte man ein Feuer angezündet,
und Petrus setzte sich zu den Leuten, die dort beieinandersaßen.
Eine Magd sah ihn am Feuer sitzen,
schaute ihn genau an
und sagte:
  S Der war auch mit ihm zusammen.
E Petrus aber leugnete es
und sagte:
  S Frau, ich kenne ihn nicht.
E Kurz danach sah ihn ein anderer
und bemerkte:
  S Du gehörst auch zu ihnen.
E Petrus aber sagte:
  S Nein, Mensch, ich nicht!
E Etwa eine Stunde später behauptete wieder einer:
  S Wahrhaftig, der war auch mit ihm zusammen;
er ist doch auch ein Galiläer.
E Petrus aber erwiderte:
  S Mensch, ich weiß nicht, wovon du sprichst.
E Im gleichen Augenblick, noch während er redete,
krähte ein Hahn.

⁶¹ Da wandte sich der Herr um
　　und blickte Petrus an.
　Und Petrus erinnerte sich an das,
　　was der Herr zu ihm gesagt hatte:
　Ehe heute der Hahn kräht,
　　wirst du mich dreimal verleugnen.
⁶² Und er ging hinaus und weinte bitterlich.

Die Verspottung durch die Wächter

⁶³ Die Wächter trieben ihren Spott mit Jesus.
　Sie schlugen ihn,
⁶⁴ verhüllten ihm das Gesicht
　und fragten ihn:
　　S Du bist doch ein Prophet!
　Sag uns: Wer hat dich geschlagen?
⁶⁵ E Und noch mit vielen anderen Lästerungen verhöhnten sie ihn.

Das Verhör vor dem Hohen Rat

⁶⁶ Als es Tag wurde,
　　versammelten sich die Ältesten des Volkes,
　die Hohenpriester und die Schriftgelehrten,
　also der Hohe Rat,
　und sie ließen Jesus vorführen.
⁶⁷ Sie sagten zu ihm:
　　S Wenn du der Messias bist,
　　　dann sag es uns!
　E Er antwortete ihnen:
　　† Auch wenn ich es euch sage –
　　ihr glaubt mir ja doch nicht;
⁶⁸ und wenn ich euch etwas frage, antwortet ihr nicht.
⁶⁹ Von nun an
　　wird der Menschensohn
　　zur Rechten des allmächtigen Gottes sitzen.
⁷⁰ E Da sagten alle:
　　S Du bist also der Sohn Gottes.
　E Er antwortete ihnen:
　　† Ihr sagt es –
　ich bin es.

Palmsonntag

1 E Da riefen sie:
> S Was brauchen wir noch Zeugenaussagen?
> Wir haben es selbst aus seinem eigenen Mund gehört.

Die Auslieferung an Pilatus

E Daraufhin erhob sich die ganze Versammlung,
und man führte Jesus zu Pilatus.
Dort brachten sie ihre Anklage gegen ihn vor;
sie sagten:
> S Wir haben festgestellt,
> daß dieser Mensch unser Volk verführt,
> es davon abhält, dem Kaiser Steuer zu zahlen,
> und behauptet, er sei der Messias und König.

E Pilatus fragte ihn:
> S Bist du der König der Juden?

E Er antwortete ihm:
> † Du sagst es.

E Da sagte Pilatus zu den Hohenpriestern und zum Volk:
> S Ich finde nicht,
> daß dieser Mensch eines Verbrechens schuldig ist.

E Sie aber blieben hartnäckig
und sagten:
> S Er wiegelt das Volk auf
> und verbreitet seine Lehre im ganzen jüdischen Land
> von Galiläa bis hierher.

Die Verspottung durch Herodes

E Als Pilatus das hörte,
fragte er, ob der Mann ein Galiläer sei.
Und als er erfuhr, daß Jesus aus dem Gebiet des Herodes komme,
ließ er ihn zu Herodes bringen,
der in jenen Tagen ebenfalls in Jerusalem war.
Herodes freute sich sehr, als er Jesus sah;
schon lange hatte er sich gewünscht, mit ihm zusammenzutreffen,
denn er hatte von ihm gehört.
Nun hoffte er, ein Wunder von ihm zu sehen.
Er stellte ihm viele Fragen,
doch Jesus gab ihm keine Antwort.
Die Hohenpriester und die Schriftgelehrten, die dabeistanden,
erhoben schwere Beschuldigungen gegen ihn.
Herodes und seine Soldaten zeigten ihm offen ihre Verachtung.

Er trieb seinen Spott mit Jesus,
ließ ihm ein Prunkgewand umhängen
und schickte ihn so zu Pilatus zurück.
¹² An diesem Tag wurden Herodes und Pilatus Freunde;
vorher waren sie Feinde gewesen.

Die Verhandlung vor Pilatus

¹³ Pilatus rief die Hohenpriester
und die anderen führenden Männer und das Volk zusammen
¹⁴ und sagte zu ihnen:
S Ihr habt mir diesen Menschen hergebracht
und behauptet, er wiegle das Volk auf.
Ich selbst habe ihn in eurer Gegenwart verhört
und habe keine der Anklagen,
die ihr gegen diesen Menschen vorgebracht habt,
bestätigt gefunden,
¹⁵ auch Herodes nicht,
denn er hat ihn zu uns zurückgeschickt.
Ihr seht also:
Er hat nichts getan, worauf die Todesstrafe steht.
¹⁶ Daher will ich ihn nur auspeitschen lassen,
und dann werde ich ihn freilassen.

¹⁷ E Zum Fest aber mußte er ihnen einen Gefangenen freilassen.
¹⁸ Da schrien sie alle miteinander:
S Weg mit ihm;
laß den Barábbas frei!
¹⁹ E Dieser Mann war wegen eines Aufruhrs in der Stadt
und wegen Mordes ins Gefängnis geworfen worden.
²⁰ Pilatus aber redete wieder auf sie ein,
denn er wollte Jesus freilassen.
²¹ Doch sie schrien:
S Kreuzige ihn,
kreuzige ihn!
²² E Zum drittenmal sagte er zu ihnen:
S Was für ein Verbrechen hat er denn begangen?
Ich habe nichts feststellen können, wofür er den Tod verdient.
Daher will ich ihn auspeitschen lassen,
und dann werde ich ihn freilassen.
²³ E Sie aber schrien
und forderten immer lauter, er solle Jesus kreuzigen lassen,
und mit ihrem Geschrei setzten sie sich durch:

Palmsonntag

Pilatus entschied, daß ihre Forderung erfüllt werden solle.
Er ließ den Mann frei,
    der wegen Aufruhr und Mord im Gefängnis saß
    und den sie gefordert hatten.
Jesus aber lieferte er ihnen aus, wie sie es verlangten.

Die Kreuzigung

Als sie Jesus hinausführten,
    ergriffen sie einen Mann aus Zyréne namens Simon,
    der gerade vom Feld kam.
Ihm luden sie das Kreuz auf,
    damit er es hinter Jesus hertrage.
Es folgte eine große Menschenmenge,
    darunter auch Frauen, die um ihn klagten und weinten.
Jesus wandte sich zu ihnen um
und sagte:
    † Ihr Frauen von Jerusalem, weint nicht über mich;
    weint über euch und eure Kinder!
Denn es kommen Tage,
    da wird man sagen: Wohl den Frauen, die unfruchtbar sind,
die nicht geboren und nicht gestillt haben.
Dann wird man zu den Bergen sagen:
    Fallt auf uns!,
und zu den Hügeln:
    Deckt uns zu!
Denn wenn das mit dem grünen Holz geschieht,
    was wird dann erst mit dem dürren werden?

E Zusammen mit Jesus
    wurden auch zwei Verbrecher zur Hinrichtung geführt.

Sie kamen zur Schädelhöhe;
    dort kreuzigten sie ihn und die Verbrecher,
    den einen rechts von ihm, den andern links.
Jesus aber betete:
    † Vater, vergib ihnen,
    denn sie wissen nicht, was sie tun.
E Dann warfen sie das Los und verteilten seine Kleider unter sich.
Die Leute standen dabei und schauten zu;
    auch die führenden Männer des Volkes verlachten ihn
    und sagten:

    S Anderen hat er geholfen,
    nun soll er sich selbst helfen,
      wenn er der erwählte Messias Gottes ist.
36 E Auch die Soldaten verspotteten ihn;
sie traten vor ihn hin,
reichten ihm Essig
37 und sagten:
    S Wenn du der König der Juden bist,
    dann hilf dir selbst!
38 E Über ihm war eine Tafel angebracht;
auf ihr stand:
    Das ist der König der Juden.
39 Einer der Verbrecher, die neben ihm hingen, verhöhnte ihn:
    S Bist du denn nicht der Messias?
Dann hilf dir selbst und auch uns!
40 E Der andere aber wies ihn zurecht
und sagte:
    S Nicht einmal du fürchtest Gott?
Dich hat doch das gleiche Urteil getroffen.
41 Uns geschieht recht,
wir erhalten den Lohn für unsere Taten;
dieser aber hat nichts Unrechtes getan.
42 E Dann sagte er:
    S Jesus, denk an mich, wenn du in dein Reich kommst.
43 E Jesus antwortete ihm:
    ✝ Amen, ich sage dir:
Heute noch wirst du mit mir im Paradies sein.

(Hier stehen alle auf.)

Der Tod Jesu

44 E Es war etwa um die sechste Stunde,
    als eine Finsternis über das ganze Land hereinbrach.
Sie dauerte bis zur neunten Stunde.
45 Die Sonne verdunkelte sich.
Der Vorhang im Tempel riß mitten entzwei,
46 und Jesus rief laut:
    ✝ Vater, in deine Hände lege ich meinen Geist.
    E Nach diesen Worten hauchte er den Geist aus.

Hier knien alle zu einer kurzen Gebetsstille nieder.

Als der Hauptmann sah, was geschehen war,
 pries er Gott
und sagte:
 S Das war wirklich ein gerechter Mensch.
E Und alle, die zu diesem Schauspiel herbeigeströmt waren
 und sahen, was sich ereignet hatte,
 schlugen sich an die Brust
und gingen betroffen weg.
Alle seine Bekannten aber
 standen in einiger Entfernung vom Kreuz,
auch die Frauen,
 die ihm seit der Zeit in Galiläa nachgefolgt waren
 und die alles mit ansahen.

Das Begräbnis Jesu

/51Damals gehörte zu den Mitgliedern des Hohen Rates
 ein Mann namens Josef,
 der aus der jüdischen Stadt Arimathäa stammte.
Er wartete auf das Reich Gottes
und hatte dem, was die anderen beschlossen und taten,
 nicht zugestimmt,
 weil er gut und gerecht war.
Er ging zu Pilatus und bat um den Leichnam Jesu.
Und er nahm ihn vom Kreuz, hüllte ihn in ein Leinentuch
und legte ihn in ein Felsengrab,
 in dem noch niemand bestattet worden war.
Das war am Rüsttag,
 kurz bevor der Sabbat anbrach.
Die Frauen, die mit Jesus aus Galiläa gekommen waren,
 gaben ihm das Geleit
 und sahen zu, wie der Leichnam in das Grab gelegt wurde.
Dann kehrten sie heim
 und bereiteten wohlriechende Öle und Salben zu.
Am Sabbat aber
 hielten sie die vom Gesetz vorgeschriebene Ruhe ein.

Oder:

KURZFASSUNG Lk 23,1–49

Das Leiden unseres Herrn Jesus Christus

E = Evangelist, † = Worte Jesu, S = Worte sonstiger Personen

Das Leiden unseres Herrn Jesus Christus nach Lukas.

Die Auslieferung an Pilatus

1 E Die Ältesten des Volkes,
    die Hohenpriester und die Schriftgelehrten erhoben sich,
  und man führte Jesus zu Pilatus.
2 Dort brachten sie ihre Anklage gegen ihn vor;
  sie sagten:
    S Wir haben festgestellt,
      daß dieser Mensch unser Volk verführt,
    es davon abhält, dem Kaiser Steuer zu zahlen,
    und behauptet, er sei der Messias und König.
3 E Pilatus fragte ihn:
    S Bist du der König der Juden?
  E Er antwortete ihm:
    † Du sagst es.
4 E Da sagte Pilatus zu den Hohenpriestern und zum Volk:
    S Ich finde nicht,
      daß dieser Mensch eines Verbrechens schuldig ist.
5 E Sie aber blieben hartnäckig
  und sagten:
    S Er wiegelt das Volk auf
    und verbreitet seine Lehre im ganzen jüdischen Land
    von Galiläa bis hierher.

Die Verspottung durch Herodes

6 E Als Pilatus das hörte,
    fragte er, ob der Mann ein Galiläer sei.
7 Und als er erfuhr, daß Jesus aus dem Gebiet des Herodes komme,
    ließ er ihn zu Herodes bringen,
    der in jenen Tagen ebenfalls in Jerusalem war.

Herodes freute sich sehr, als er Jesus sah;
schon lange hatte er sich gewünscht, mit ihm zusammenzutreffen,
denn er hatte von ihm gehört.
Nun hoffte er, ein Wunder von ihm zu sehen.
Er stellte ihm viele Fragen,
    doch Jesus gab ihm keine Antwort.
Die Hohenpriester und die Schriftgelehrten, die dabeistanden,
    erhoben schwere Beschuldigungen gegen ihn.
Herodes und seine Soldaten zeigten ihm offen ihre Verachtung.
Er trieb seinen Spott mit Jesus,
ließ ihm ein Prunkgewand umhängen
und schickte ihn so zu Pilatus zurück.
An diesem Tag wurden Herodes und Pilatus Freunde;
vorher waren sie Feinde gewesen.

Die Verhandlung vor Pilatus

Pilatus rief die Hohenpriester
    und die anderen führenden Männer und das Volk zusammen
und sagte zu ihnen:
    S Ihr habt mir diesen Menschen hergebracht
und behauptet, er wiegle das Volk auf.
Ich selbst habe ihn in eurer Gegenwart verhört
    und habe keine der Anklagen,
        die ihr gegen diesen Menschen vorgebracht habt,
    bestätigt gefunden,
auch Herodes nicht,
denn er hat ihn zu uns zurückgeschickt.
Ihr seht also:
    Er hat nichts getan, worauf die Todesstrafe steht.
Daher will ich ihn nur auspeitschen lassen,
und dann werde ich ihn freilassen.

E Zum Fest aber mußte er ihnen einen Gefangenen freilassen.
Da schrien sie alle miteinander:
    S Weg mit ihm;
laß den Barábbas frei!
E Dieser Mann war wegen eines Aufruhrs in der Stadt
    und wegen Mordes ins Gefängnis geworfen worden.
Pilatus aber redete wieder auf sie ein,
denn er wollte Jesus freilassen.

21 Doch sie schrien:
S Kreuzige ihn,
kreuzige ihn!
22 E Zum drittenmal sagte er zu ihnen:
S Was für ein Verbrechen hat er denn begangen?
Ich habe nichts feststellen können, wofür er den Tod verdient.
Daher will ich ihn auspeitschen lassen,
und dann werde ich ihn freilassen.
23 E Sie aber schrien
und forderten immer lauter, er solle Jesus kreuzigen lassen,
und mit ihrem Geschrei setzten sie sich durch:
24 Pilatus entschied, daß ihre Forderung erfüllt werden solle.
25 Er ließ den Mann frei,
der wegen Aufruhr und Mord im Gefängnis saß
und den sie gefordert hatten.
Jesus aber lieferte er ihnen aus, wie sie es verlangten.

Die Kreuzigung

26 Als sie Jesus hinausführten,
ergriffen sie einen Mann aus Zyréne namens Simon,
der gerade vom Feld kam.
Ihm luden sie das Kreuz auf,
damit er es hinter Jesus hertrage.
27 Es folgte eine große Menschenmenge,
darunter auch Frauen, die um ihn klagten und weinten.
28 Jesus wandte sich zu ihnen um
und sagte:
† Ihr Frauen von Jerusalem, weint nicht über mich;
weint über euch und eure Kinder!
29 Denn es kommen Tage,
da wird man sagen: Wohl den Frauen, die unfruchtbar sind,
die nicht geboren und nicht gestillt haben.
30 Dann wird man zu den Bergen sagen:
Fallt auf uns!,
und zu den Hügeln:
Deckt uns zu!
31 Denn wenn das mit dem grünen Holz geschieht,
was wird dann erst mit dem dürren werden?
32 E Zusammen mit Jesus
wurden auch zwei Verbrecher zur Hinrichtung geführt.

Palmsonntag

Sie kamen zur Schädelhöhe;
dort kreuzigten sie ihn und die Verbrecher,
den einen rechts von ihm, den andern links.
Jesus aber betete:
† Vater, vergib ihnen,
denn sie wissen nicht, was sie tun.
E Dann warfen sie das Los und verteilten seine Kleider unter sich.
Die Leute standen dabei und schauten zu;
auch die führenden Männer des Volkes verlachten ihn
und sagten:
S Anderen hat er geholfen,
nun soll er sich selbst helfen,
wenn er der erwählte Messias Gottes ist.
E Auch die Soldaten verspotteten ihn;
sie traten vor ihn hin,
reichten ihm Essig
und sagten:
S Wenn du der König der Juden bist,
dann hilf dir selbst!
E Über ihm war eine Tafel angebracht;
auf ihr stand:
Das ist der König der Juden.
Einer der Verbrecher, die neben ihm hingen, verhöhnte ihn:
S Bist du denn nicht der Messias?
Dann hilf dir selbst und auch uns!
E Der andere aber wies ihn zurecht
und sagte:
S Nicht einmal du fürchtest Gott?
Dich hat doch das gleiche Urteil getroffen.
Uns geschieht recht,
wir erhalten den Lohn für unsere Taten;
dieser aber hat nichts Unrechtes getan.
E Dann sagte er:
S Jesus, denk an mich, wenn du in dein Reich kommst.
E Jesus antwortete ihm:
† Amen, ich sage dir:
Heute noch wirst du mit mir im Paradies sein.

(Hier stehen alle auf.)

Der Tod Jesu

44 E Es war etwa um die sechste Stunde,
    als eine Finsternis über das ganze Land hereinbrach.
Sie dauerte bis zur neunten Stunde.
45 Die Sonne verdunkelte sich.
Der Vorhang im Tempel riß mitten entzwei,
46 und Jesus rief laut:
    ☩ Vater, in deine Hände lege ich meinen Geist.
    E Nach diesen Worten hauchte er den Geist aus.

Hier knien alle zu einer kurzen Gebetsstille nieder.

47 Als der Hauptmann sah, was geschehen war,
    pries er Gott
und sagte:
    S Das war wirklich ein gerechter Mensch.
48 E Und alle, die zu diesem Schauspiel herbeigeströmt waren
    und sahen, was sich ereignet hatte,
    schlugen sich an die Brust
und gingen betroffen weg.
49 Alle seine Bekannten aber
    standen in einiger Entfernung vom Kreuz,
auch die Frauen,
    die ihm seit der Zeit in Galiläa nachgefolgt waren
    und die alles mit ansahen.

Glaubensbekenntnis, S. 348 ff.
Fürbitten vgl. S. 791 ff.

ZUR EUCHARISTIEFEIER *Die Hingabe im Opfer ist nur möglich aus Liebe und daher in der Freude. „Die Welt soll erkennen, daß ich den Vater liebe und so handle, wie es mir der Vater aufgetragen hat"* (Joh 14, 31).

GABENGEBET

Herr, unser Gott,
schenke uns Verzeihung
durch das Leiden deines Sohnes.
Wir haben sie zwar durch unsere Taten nicht verdient,
aber wir vertrauen auf dein Erbarmen.

Palmsonntag

Darum versöhne uns mit dir
durch das einzigartige Opfer
unseres Herrn Jesus Christus,
der mit dir lebt und herrscht in alle Ewigkeit.

Präfation, S. 408.

KOMMUNIONVERS   Mt 26,42

Mein Vater, wenn dieser Kelch an mir nicht vorübergehen kann und ich ihn trinken muß, so geschehe dein Wille.

SCHLUSSGEBET

Herr, unser Gott,
du hast uns im heiligen Mahl gestärkt.
Durch das Sterben deines Sohnes
gibst du uns die Kraft,
das Leben zu erhoffen, das uns der Glaube verheißt.
Gib uns durch seine Auferstehung die Gnade,
das Ziel unserer Pilgerschaft zu erreichen.
Darum bitten wir durch Christus, unseren Herrn.

FÜR DEN TAG UND DIE WOCHE

In Jesus hat Gott uns sein Antlitz gezeigt. Jesu Wort ist Gottes Wort. Jesu Tun ist Gottes Tun. Seine Liebe zu den Sündern und den Verlorenen ist die grenzenlose, alles verzeihende und alles tragende Liebe Gottes. In Jesus hat Gott sich endgültig an uns gebunden, ja in ihm hat er sich an uns preisgegeben. Wenn wir wissen wollen, wie weit Gott gegangen ist, müssen wir Jesus am Kreuz betrachten: seinen Todeskampf, seine Verlassenheit, seine Nacktheit. Mehr kann sich Gott uns nicht mehr ausliefern. (G. Lohfink)

GRÜNDONNERSTAG

CHRISAM-MESSE

Am Gründonnerstag, dem Tag vor dem Beginn der großen Osterfeier, werden am Vormittag in den Bischofskirchen die heiligen Öle geweiht: der Chrisam für die Salbung nach der Taufe, für die Firmung, die Weihe des Bischofs und des Priesters, auch für die Weihe von Kirchen und Altären; das Katechumenenöl für die Salbung vor der Taufe; das Krankenöl für das Sakrament der Krankensalbung.

Wegen seiner wohltuenden Wirkung ist das Öl in der Heiligen Schrift Sinnbild für Gesundheit, Freude, Kraft des Geistes, Glück des Friedens (z. B. Ps 45, 8; 23, 5; 104, 15; Jes 61, 3). Gesalbt wurden im Alten Bund vor allem die Könige und die Priester. „Der Gesalbte" (= Christus) ist dann auch ein Titel des erwarteten Retters der Endzeit. Jesus hat die Worte „Der Geist des Herrn ruht auf mir, denn der Herr hat mich gesalbt" (Jes 61, 1–2: 1. Lesung dieser Messe) auf sich bezogen, als er in der Synagoge von Nazaret die Stelle aus Jesaja vorlas (Lk 4, 16–21: Evangelium). Die Jünger Jesu haben von ihrem Herrn nicht nur den Namen „Christen" (= Gesalbte), sondern auch die Salbung des Geistes (vgl. 2 Kor 1, 21–22; Joh 2, 20.27); sie haben den Geist Christi empfangen und haben Anteil an seinem königlichen Priestertum (vgl. Offb 1, 5–8: 2. Lesung).

Zum Zeichen der Einheit aller Diözesanpriester sollen Priester aus allen Regionen des Bistums mit dem Bischof gemeinsam diese Messe feiern.

ERÖFFNUNGSVERS Offb 1, 6

Jesus Christus hat uns die Würde von Königen gegeben
und uns zu Priestern gemacht
für den Dienst vor seinem Gott und Vater.
Ihm sei die Herrlichkeit und die Herrschermacht in Ewigkeit. Amen.

Ehre sei Gott, S. 344 ff.

Gründonnerstag – Chrisam-Messe

TAGESGEBET

Allmächtiger, ewiger Gott,
du hast deinen eingeborenen Sohn
mit dem Heiligen Geiste gesalbt
und ihn zum Herrn und Christus gemacht.
Uns aber hast du Anteil an seiner Würde geschenkt.
Hilf uns, in der Welt Zeugen der Erlösung zu sein.
Darum bitten wir durch ihn, Jesus Christus.

ERSTE LESUNG Jes 61, 1–3a.6a.8b–9

Der Herr hat mich gesalbt; er hat mich gesandt, damit ich den Armen eine frohe Botschaft bringe und das Öl der Freude

Lesung
  aus dem Buch Jesája.

Der Geist Gottes, des Herrn, ruht auf mir;
denn der Herr hat mich gesalbt.
Er hat mich gesandt,
  damit ich den Armen eine frohe Botschaft bringe
  und alle heile, deren Herz zerbrochen ist,
damit ich den Gefangenen die Entlassung verkünde
  und den Gefesselten die Befreiung,
damit ich ein Gnadenjahr des Herrn ausrufe,
  einen Tag der Vergeltung unseres Gottes,
damit ich alle Trauernden tröste,
  die Trauernden Zions erfreue,
ihnen Schmuck bringe anstelle von Schmutz,
  Freudenöl statt Trauergewand,
  Jubel statt der Verzweiflung.
Ihr alle werdet „Priester des Herrn" genannt,
man sagt zu euch „Diener unseres Gottes".
Ich bin treu und gebe ihnen den Lohn,
ich schließe mit ihnen einen ewigen Bund.
Ihre Nachkommen werden bei allen Nationen bekannt sein
  und ihre Kinder in allen Völkern.
Jeder, der sie sieht, wird erkennen:
  Das sind die Nachkommen, die der Herr gesegnet hat.

ANTWORTPSALM Ps 89 (88), 20a u. 21–22.25 u. 27 (R: 2a)

R Von den Taten deiner Huld, o Herr, (GL 527, 2)
will ich ewig singen. – R

VIII. Ton

20a Einst hast du in einer Vision zu deinen Frommen gesprochen: †
21 „Ich habe David, meinen Knecht, gefunden *
und ihn mit meinem heiligen Öl gesalbt.
22 Beständig wird meine Hand ihn halten *
und mein Arm ihn stärken. – (R)
25 Meine Treue und meine Huld begleiten ihn, *
und in meinem Namen erhebt er sein Haupt.
27 Er wird zu mir rufen: ‚Mein Vater bist du, *
mein Gott, der Fels meines Heiles.'" – R

ZWEITE LESUNG Offb 1, 5–8

Er hat uns zu Königen gemacht und zu Priestern vor Gott, seinem Vater

Lesung
   aus der Offenbarung des Johannes.

5 Gnade sei mit euch und Friede von Jesus Christus;
er ist der treue Zeuge,
der Erstgeborene der Toten,
der Herrscher über die Könige der Erde.
Er liebt uns
   und hat uns von unseren Sünden erlöst durch sein Blut;
6 er hat uns zu Königen gemacht
   und zu Priestern vor Gott, seinem Vater.
Ihm sei die Herrlichkeit und die Macht in alle Ewigkeit. Amen.
7 Siehe, er kommt mit den Wolken,
und jedes Auge wird ihn sehen,
auch alle, die ihn durchbohrt haben;
   und alle Völker der Erde
   werden seinetwegen jammern und klagen.
Ja, amen.
8 Ich bin das Alpha und das Omega, spricht Gott, der Herr,
der ist
und der war
und der kommt,
der Herrscher über die ganze Schöpfung.

Gründonnerstag – Chrisam-Messe

RUF VOR DEM EVANGELIUM Vers: vgl. Jes 61,1ab (Lk 4,18)

Herr Jesus, dir sei Ruhm und Ehre! – R
Der Geist des Herrn ruht auf mir.
Der Herr hat mich gesandt,
den Armen die Frohe Botschaft zu bringen.
Herr Jesus, dir sei Ruhm und Ehre!

EVANGELIUM   Lk 4,16–21

Der Geist des Herrn ruht auf mir; denn der Herr hat mich gesalbt

✠ Aus dem heiligen Evangelium nach Lukas.

In jener Zeit
   kam Jesus nach Nazaret, wo er aufgewachsen war,
und ging, wie gewohnt, am Sabbat in die Synagoge.
Als er aufstand, um aus der Schrift vorzulesen,
   reichte man ihm das Buch des Propheten Jesája.
Er schlug das Buch auf
und fand die Stelle, wo es heißt:

   Der Geist des Herrn ruht auf mir;
      denn der Herr hat mich gesalbt.
   Er hat mich gesandt,
      damit ich den Armen eine gute Nachricht bringe;
   damit ich den Gefangenen die Entlassung verkünde
      und den Blinden das Augenlicht;
   damit ich die Zerschlagenen in Freiheit setze
      und ein Gnadenjahr des Herrn ausrufe.

Dann schloß er das Buch,
gab es dem Synagogendiener
   und setzte sich.
Die Augen aller in der Synagoge waren auf ihn gerichtet.
Da begann er, ihnen darzulegen:
Heute hat sich das Schriftwort, das ihr eben gehört habt, erfüllt.

Wo es üblich ist, kann auf die Homilie eine Erneuerung der Bereitschaftserklärung zum priesterlichen Dienst folgen. Kein Glaubensbekenntnis und keine Fürbitten.

GABENGEBET

Herr, unser Gott,
dieses heilige Opfer helfe uns,
daß wir den alten Menschen ablegen
und den neuen anziehen,
der nach deinem Bild geschaffen ist.
Darum bitten wir durch Christus, unseren Herrn.

Präfation, S. 408.

KOMMUNIONVERS Ps 89 (88), 2

Von den Taten deiner Huld, Herr, will ich ewig singen,
bis zum fernsten Geschlecht laut deine Treue verkünden.

SCHLUSSGEBET

Allmächtiger Gott,
durch deine Sakramente
schenkst du uns die Kraft zu einem neuen Leben.
Gib, daß wir in der Welt
den Geist Christi verbreiten
und seine Liebe bezeugen.
Darum bitten wir durch Christus, unseren Herrn.

DIE DREI ÖSTERLICHEN TAGE VOM LEIDEN, VOM TOD UND VON DER AUFERSTEHUNG DES HERRN

Die heiligen drei Tage sind in Wirklichkeit nur ein einziger Tag. Wir begehen in diesen Tagen das eine Mysterium der Erhöhung Jesu, sein Hinübergehen aus dieser Welt zum Vater.
Das letzte Mahl Jesu mit seinen Jüngern, der Tod am Kreuz, die Auferstehung am dritten Tag, darin entfaltet sich die eine unfaßbare Wahrheit:
Gott hat die Menschen geliebt, und er liebt sie, auch wenn sie es nicht wissen und nicht wollen. Gott rettet die Menschen durch die Opferhingabe des ewigen, menschgewordenen Sohnes.

GRÜNDONNERSTAG

oder

HOHER DONNERSTAG

MESSE VOM LETZTEN ABENDMAHL

ERÖFFNUNG UND WORTGOTTESDIENST

ERÖFFNUNGSVERS Vgl. Gal 6, 14

Wir rühmen uns des Kreuzes unseres Herrn Jesus Christus.
In ihm ist uns Heil geworden und Auferstehung und Leben.
Durch ihn sind wir erlöst und befreit.

Ehre sei Gott, S. 344 ff.
Zum Gloria läuten die Glocken.

TAGESGEBET

Allmächtiger, ewiger Gott,
am Abend vor seinem Leiden
hat dein geliebter Sohn der Kirche
das Opfer des Neuen und Ewigen Bundes anvertraut
und das Gastmahl seiner Liebe gestiftet.
Gib, daß wir aus diesem Geheimnis
die Fülle des Lebens und der Liebe empfangen.
Darum bitten wir durch Jesus Christus.

Gründonnerstag – Abendmahlsmesse

ZUR 1. LESUNG *Das Paschafest war ein uraltes Hirtenfest; in Israel wurde es, zusammen mit dem Fest der Ungesäuerten Brote, zur Erinnerung an den Auszug aus Ägypten gefeiert. Für jede Generation wird das Ereignis der Befreiung aus der Knechtschaft neu gegenwärtig, wenn das geopferte Lamm gegessen wird. Und durch diese Erinnerung an die große Rettungstat Gottes am Anfang empfängt die Hoffnung auf ein noch größeres Heilsereignis neue Kraft.*

ERSTE LESUNG
Ex 12, 1–8.11–14

Die Feier des Paschamahles

Lesung
   aus dem Buch Éxodus.

In jenen Tagen
1   sprach der Herr zu Mose und Aaron in Ägypten:
2   Dieser Monat soll die Reihe eurer Monate eröffnen,
    er soll euch als der erste unter den Monaten des Jahres gelten.
3   Sagt der ganzen Gemeinde Israel:

Am Zehnten dieses Monats
   soll jeder ein Lamm für seine Familie holen,
ein Lamm für jedes Haus.
4   Ist die Hausgemeinschaft für ein Lamm zu klein,
     so nehme er es zusammen mit dem Nachbarn,
     der seinem Haus am nächsten wohnt,
     nach der Anzahl der Personen.
Bei der Aufteilung des Lammes müßt ihr berücksichtigen,
   wieviel der einzelne essen kann.
5   Nur ein fehlerfreies, männliches, einjähriges Lamm darf es sein,
    das Junge eines Schafes oder einer Ziege müßt ihr nehmen.
6   Ihr sollt es bis zum vierzehnten Tag dieses Monats aufbewahren.
Gegen Abend
   soll die ganze versammelte Gemeinde Israel
   die Lämmer schlachten.
7   Man nehme etwas von dem Blut
    und bestreiche damit die beiden Türpfosten und den Türsturz
    an den Häusern, in denen man das Lamm essen will.
8   Noch in der gleichen Nacht soll man das Fleisch essen.

Gründonnerstag – Abendmahlsmesse

Über dem Feuer gebraten
   und zusammen mit ungesäuertem Brot und Bitterkräutern
   soll man es essen.
So aber sollt ihr es essen:
eure Hüften gegürtet,
Schuhe an den Füßen,
den Stab in der Hand.
Eßt es hastig!
Es ist die Paschafeier* für den Herrn
   – das heißt: der Vorübergang des Herrn.

In dieser Nacht gehe ich durch Ägypten
   und erschlage in Ägypten
      jeden Erstgeborenen bei Mensch und Vieh.
Über alle Götter Ägyptens halte ich Gericht,
ich, der Herr.
Das Blut an den Häusern, in denen ihr wohnt,
   soll ein Zeichen zu eurem Schutz sein.
Wenn ich das Blut sehe,
   werde ich an euch vorübergehen,
und das vernichtende Unheil wird euch nicht treffen,
   wenn ich in Ägypten dreinschlage.

Diesen Tag sollt ihr als Gedenktag begehen.
Feiert ihn als Fest zur Ehre des Herrn!
Für die kommenden Generationen
   macht euch diese Feier zur festen Regel!

ANTWORTPSALM

Ps 116 (115), 12–13.15–16.17–18 (R: vgl. 1 Kor 10, 16)
(GL 176, 5)

R Der Kelch des Segens gibt uns Anteil an Christi Blut. – R

Wie kann ich dem Herrn all das vergelten, * II. Ton
was er mir Gutes getan hat?

Ich will den Kelch des Heils erheben *
und anrufen den Namen des Herrn. – (R)

Kostbar ist in den Augen des Herrn *
das Sterben seiner Frommen.

---

* Sprich: Pas-chafeier.

16 Ach Herr, ich bin doch dein Knecht, †
dein Knecht bin ich, der Sohn deiner Magd. *
Du hast meine Fesseln gelöst. – (R)

17 Ich will dir ein Opfer des Dankes bringen *
und anrufen den Namen des Herrn.

18 Ich will dem Herrn meine Gelübde erfüllen *
offen vor seinem ganzen Volk.

R Der Kelch des Segens
gibt uns Anteil an Christi Blut.

ZUR 2. LESUNG   *Über das Letzte Abendmahl Jesu wird an vier Stellen des Neuen Testaments berichtet: Mt 26,26–28; Mk 14,22–24; Lk 22,19–20; 1 Kor 11,23–25. Die Berichte stimmen im wesentlichen überein; kleine Unterschiede haben sich vor allem durch die verschiedene Praxis örtlicher Liturgien herausgebildet.*
In diesem Mahl hat Jesus die großen Vorbilder und Verheißungen des Alten Bundes erfüllt. Er hat dem Paschamahl einen neuen, endgültigen Sinn und Inhalt gegeben. Er selbst ist der Knecht Gottes, der sein Leben für die Vielen dahingibt (vgl. Jes 53,4f; 42,6); er ist das Lamm, das geopfert wird und mit seinem Blut den Neuen Bund begründet (vgl. Ex 24,8; Jer 31,31–34). Die Teilnahme an diesem Mahl bedeutet Gemeinschaft mit Christus in seinem Tod und seiner Verherrlichung, auch Gemeinschaft mit allen, die von diesem Brot essen, und mit allen, für die Christus gestorben ist.

ZWEITE LESUNG   1 Kor 11,23–26

Sooft ihr von diesem Brot eßt und aus diesem Kelch trinkt, verkündet ihr den Tod des Herrn, bis er kommt

Lesung
   aus dem ersten Brief des Apostels Paulus an die Korinther.

Brüder!
23 Ich habe vom Herrn empfangen,
   was ich euch dann überliefert habe:
Jesus, der Herr,
   nahm in der Nacht, in der er ausgeliefert wurde, Brot,

Gründonnerstag – Abendmahlsmesse

sprach das Dankgebet,
brach das Brot
und sagte: Das ist mein Leib für euch.
Tut dies zu meinem Gedächtnis!

Ebenso nahm er nach dem Mahl den Kelch
und sprach: Dieser Kelch ist der Neue Bund in meinem Blut.
Tut dies, sooft ihr daraus trinkt,
    zu meinem Gedächtnis!

Denn sooft ihr von diesem Brot eßt und aus dem Kelch trinkt,
    verkündet ihr den Tod des Herrn, bis er kommt.

RUF VOR DEM EVANGELIUM
Vers: vgl. Joh 13, 34a

Herr Jesus, dir sei Ruhm und Ehre! – R

(So spricht der Herr:)
Ein neues Gebot gebe ich euch:
Wie ich euch geliebt habe, so sollt auch ihr einander lieben.

Herr Jesus, dir sei Ruhm und Ehre!

Oder:
Dies ist mein Gebot:
Liebet einander, wie ich euch geliebt.

ZUM EVANGELIUM
Frei und wissend geht Jesus seiner Stunde entgegen. Der Evangelist deutet den Weg Jesu als Liebe „bis zur Vollendung": bis ans Ende, bis zum Äußersten seiner göttlichen und menschlichen Möglichkeit. In der tiefsten Erniedrigung Jesu wird seine göttliche Größe offenbar. Die Fußwaschung ist, wie das Abendmahl, Vorausnahme und Darstellung dessen, was am Kreuz geschah: dienende Liebe, Hingabe bis in den Tod. Die Liebe ist das Lebensgesetz Christi und seiner Kirche.

EVANGELIUM   Joh 13, 1–15

Er erwies ihnen seine Liebe bis zur Vollendung

✠ Aus dem heiligen Evangelium nach Johannes.

1 Es war vor dem Paschafest*.
Jesus wußte, daß seine Stunde gekommen war,
   um aus dieser Welt zum Vater hinüberzugehen.
Da er die Seinen, die in der Welt waren, liebte,
   erwies er ihnen seine Liebe bis zur Vollendung.
2 Es fand ein Mahl statt,
und der Teufel
   hatte Judas, dem Sohn des Simon Iskáriot,
   schon ins Herz gegeben, ihn zu verraten und auszuliefern.
3 Jesus,
   der wußte, daß ihm der Vater alles in die Hand gegeben hatte
   und daß er von Gott gekommen war und zu Gott zurückkehrte,
4 stand vom Mahl auf,
legte sein Gewand ab
und umgürtete sich mit einem Leinentuch.
5 Dann goß er Wasser in eine Schüssel
und begann, den Jüngern die Füße zu waschen
   und mit dem Leinentuch abzutrocknen,
   mit dem er umgürtet war.

6 Als er zu Simon Petrus kam, sagte dieser zu ihm:
Du, Herr, willst mir die Füße waschen?
7 Jesus antwortete ihm:
Was ich tue, verstehst du jetzt noch nicht;
doch später wirst du es begreifen.
8 Petrus entgegnete ihm: Niemals sollst du mir die Füße waschen!
Jesus erwiderte ihm:
Wenn ich dich nicht wasche,
   hast du keinen Anteil an mir.
9 Da sagte Simon Petrus zu ihm:
Herr, dann nicht nur meine Füße,
   sondern auch die Hände und das Haupt.

---
* Sprich: Pas-chafest.

Gründonnerstag – Abendmahlsmesse

Jesus sagte zu ihm:
>Wer vom Bad kommt, ist ganz rein
>und braucht sich nur noch die Füße zu waschen.

Auch ihr seid rein,
aber nicht alle.
Er wußte nämlich, wer ihn verraten würde;
darum sagte er: Ihr seid nicht alle rein.

Als er ihnen die Füße gewaschen,
>sein Gewand wieder angelegt
>und Platz genommen hatte,

sagte er zu ihnen:
„Begreift ihr, was ich an euch getan habe?
Ihr sagt zu mir Meister und Herr,
und ihr nennt mich mit Recht so; denn ich bin es.
Wenn nun ich, der Herr und Meister,
>euch die Füße gewaschen habe,
>dann müßt auch ihr einander die Füße waschen.

Ich habe euch ein Beispiel gegeben,
damit auch ihr so handelt, wie ich an euch gehandelt habe.

FUSSWASCHUNG

Antiphon 1   Vgl. Joh 13, 4. 5. 15

Jesus stand vom Mahl auf, goß Wasser in eine Schüssel / und begann, den Jüngern die Füße zu waschen: / dies Beispiel hat er ihnen gegeben.

Antiphon 2   Joh 13, 6. 7. 8

Herr, du willst mir die Füße waschen? / Jesus antwortete: / Wenn ich dich nicht wasche, hast du keine Gemeinschaft mit mir. V Als er zu Simon Petrus kam, sagte dieser: R Herr, du willst mir die Füße waschen? V Was ich tue, verstehst du jetzt nicht, du wirst es aber später erkennen. R Herr, du willst mir die Füße waschen?

Antiphon 3   Vgl. Joh 13, 14

Wenn ich, euer Meister und Herr, euch die Füße gewaschen habe, / müßt auch ihr einander die Füße waschen.

Antiphon 4   Joh 13, 35

Daran werden alle erkennen, daß ihr meine Jünger seid, / wenn ihr Liebe habt zueinander. V Jesus sagte zu seinen Jüngern: R Daran werden alle erkennen, / daß ihr meine Jünger seid, wenn ihr Liebe habt zueinander.

Antiphon 5   Joh 13, 34

Ein neues Gebot gebe ich euch: „Liebt einander!" / Wie ich euch geliebt habe, so sollt auch ihr einander lieben.

Antiphon 6   1 Kor 13, 13

In euch sollen bleiben Glaube, Hoffnung, Liebe, diese drei: / am größten unter ihnen ist die Liebe. V Jetzt bleiben Glaube, Hoffnung, Liebe, diese drei: / am größten unter ihnen ist die Liebe. R In euch sollen bleiben Glaube, Hoffnung, Liebe, diese drei: / am größten unter ihnen ist die Liebe.

Auf die Fußwaschung oder, wenn sie nicht stattfindet, auf die Homilie folgen die Fürbitten (vgl. S. 791ff). Kein Glaubensbekenntnis.

EUCHARISTIEFEIER

ZUR EUCHARISTIEFEIER   *An die Liebe Christi glauben, heißt das nicht auch, an die Ohnmacht Gottes glauben? Aber die Schwachheit Gottes ist stärker als die Macht der Mächtigen. Die Macht vergeht, die Liebe bleibt. Die Liebe Christi läßt uns nicht ruhen; sie ist die Unruhe Gottes und der Menschen. In der Ruhe die Unruhe.*

Während des Opfergangs und der Bereitung der Gaben singt man den folgenden Gesang (oder ein entsprechendes Lied):

Kehrvers

Wo Güte und Liebe, da wohnet Gott. ℣

1. Christi Liebe hat uns geeint, / laßt uns frohlocken und jubeln in ihm! / Fürchten und lieben wollen wir den lebendigen Gott / und einander lieben aus lauterem Herzen. ℣

2. Da wir allesamt eines geworden, / hüten wir uns, getrennt zu werden im Geiste! / Es fliehe der Streit, böser Hader entweiche; / in unserer Mitte wohne der Herr. ℣

Gründonnerstag – Abendmahlsmesse

3. Christus spricht zu den Seinen: / Wo zwei oder drei / in meinem Namen versammelt sind, / da bin ich mitten unter ihnen. ♭

4. So laßt uns Gott anhangen aus ganzer Seele, / und nichts soll stehen vor seiner Liebe. / Laßt uns in Gott dem Nächsten gut sein wie uns selbst / und Gottes wegen lieben auch den Feind. ♭

5. Mit den Heiligen wollen wir schauen / dein Antlitz, Christus, dereinst in der Herrlichkeit. / O welch unermeßliche Freude / durch die grenzenlose Weite der Ewigkeit. Amen. ♭

GABENGEBET

Herr,
gib, daß wir das Geheimnis des Altares ehrfürchtig feiern;
denn sooft wir die Gedächtnisfeier dieses Opfers begehen,
vollzieht sich an uns das Werk der Erlösung.
Darum bitten wir durch Christus, unseren Herrn.

Präfation, S. 420.

Die Hochgebete I–III haben folgende Eigentexte:

Hochgebet I

In Gemeinschaft mit der ganzen Kirche feiern wir den hochheiligen Tag, an dem unser Herr Jesus Christus sich für uns hingegeben hat. Wir gedenken deiner Heiligen und ehren vor allem Maria, die glorreiche, allzeit jungfräuliche Mutter unseres Herrn und Gottes Jesus Christus. Wir ehren ihren Bräutigam, den heiligen Josef, deine heiligen Apostel und Märtyrer: Petrus und Paulus, Andreas (Jakobus, Johannes, Thomas, Jakobus, Philippus, Bartholomäus, Matthäus, Simon und Thaddäus, Linus, Kletus, Klemens, Xystus, Kornelius, Cyprianus, Laurentius, Chrysogonus, Johannes und Paulus, Kosmas und Damianus) und alle deine Heiligen; blicke auf ihr heiliges Leben und Sterben und gewähre uns auf ihre Fürsprache in allem deine Hilfe und deinen Schutz.

Nimm gnädig an, o Gott, diese Gaben deiner Diener und deiner ganzen Gemeinde. Wir bringen sie dar am Tag, an dem unser Herr Jesus Christus seinen Jüngern aufgetragen hat, die Geheimnisse seines Leibes und Blutes zu feiern. Ordne unsere Tage in deinem Frieden, rette uns vor dem ewigen Verderben und nimm uns auf in die Schar deiner Erwählten.

Schenke, o Gott, diesen Gaben Segen in Fülle und nimm sie zu eigen an. Mache sie uns zum wahren Opfer im Geiste, das dir wohlgefällt; zum Leib und Blut deines geliebten Sohnes, unseres Herrn Jesus Christus.

Am Abend, bevor er für unser Heil und das Heil aller Menschen das Leiden auf sich nahm – das ist heute –, nahm er das Brot in seine heiligen und ehrwürdigen Hände, erhob die Augen zum Himmel, zu dir, seinem Vater, dem allmächtigen Gott, sagte dir Lob und Dank, brach das Brot, reichte es seinen Jüngern und sprach:
Nehmet und esset alle davon:
Das ist mein Leib, der für euch hingegeben wird.

Hochgebet II

Ja, du bist heilig, großer Gott, du bist der Quell aller Heiligkeit. Darum kommen wir vor dein Angesicht und feiern in Gemeinschaft mit der ganzen Kirche den Tag, an dem unser Herr Jesus Christus sich für uns hingegeben hat. Durch ihn, unseren Erlöser und Heiland, den du verherrlicht hast, bitten wir dich: Sende deinen Geist auf diese Gaben herab und heilige sie, damit sie uns werden Leib ✝ und Blut deines Sohnes, unseres Herrn Jesus Christus.

Denn am Abend, an dem er ausgeliefert wurde und sich aus freiem Willen dem Leiden unterwarf – das ist heute –, nahm er das Brot und sagte Dank, brach es, reichte es seinen Jüngern und sprach:
Nehmet und esset alle davon:
Das ist mein Leib, der für euch hingegeben wird.

Hochgebet III

Ja, du bist heilig, großer Gott, und alle deine Werke verkünden dein Lob. Denn durch deinen Sohn, unseren Herrn Jesus Christus, und in der Kraft des Heiligen Geistes erfüllst du die ganze Schöpfung mit Leben und Gnade. Bis ans Ende der Zeiten versammelst du dir ein Volk, damit deinem Namen das reine Opfer dargebracht werde vom Aufgang der Sonne bis zum Untergang.

Darum kommen wir vor dein Angesicht und feiern in Gemeinschaft mit der ganzen Kirche den Tag, an dem unser Herr Jesus Christus sich für uns hingegeben hat. Durch ihn, unseren Erlöser und Heiland, den du verherrlicht hast, bitten wir dich: Heilige unsere Gaben durch deinen Geist, damit sie uns werden Leib ✝ und Blut deines

Gründonnerstag – Abendmahlsmesse

Sohnes, unseres Herrn Jesus Christus, der uns aufgetragen hat, dieses Geheimnis zu feiern.
Denn in der Nacht, da er verraten wurde – das ist heute –, nahm er das Brot und sagte Dank, brach es, reichte es seinen Jüngern und sprach:
Nehmet und esset alle davon:
Das ist mein Leib, der für euch hingegeben wird.

KOMMUNIONVERS 1 Kor 11, 24.25

Das ist mein Leib, der für euch hingegeben wird.
Dieser Kelch ist der Neue Bund in meinem Blut.
Sooft ihr dieses Brot eßt und diesen Kelch trinkt,
tut es zum Gedenken an mich – so spricht der Herr.

SCHLUSSGEBET

Allmächtiger Gott,
du hast uns heute
im Abendmahl deines Sohnes gestärkt.
Sättige uns beim himmlischen Gastmahl
mit dem ewigen Leben.
Darum bitten wir durch ihn, Christus, unseren Herrn.

ÜBERTRAGUNG DES ALLERHEILIGSTEN

Während das heilige Sakrament an den dafür bestimmten Ort übertragen wird, singt man den Hymnus Pange lingua oder ein entsprechendes Lied. Die Strophe Gott ist nah in diesem Zeichen wird erst am Aufbewahrungsort gesungen.

1. Das Geheimnis laßt uns künden, / das uns Gott im Zeichen bot: / Jesu Leib für unsre Sünden / hingegeben in den Tod. / Jesu Blut, in dem wir finden / Heil und Rettung aus der Not.

2. Von Maria uns geboren, / ward Gott Sohn uns Menschen gleich, / kam zu suchen, was verloren, / sprach das Wort vom Himmelreich, / hat den Seinen zugeschworen: / Allezeit bin ich bei euch.

3. Auf geheimnisvolle Weise / macht er dies Versprechen wahr; / als er in der Jünger Kreise / bei dem Osterlamme war, / gab in Brot und Wein zur Speise / sich der Herr den Seinen dar.

4. Gottes Wort, ins Fleisch gekommen, / wandelt durch sein Wort den Wein / und das Brot zum Mahl der Frommen, / lädt auch die Verlornen ein. / Der Verstand verstummt beklommen, / nur das Herz begreift's allein.

5. Gott ist nah in diesem Zeichen: / Kniet hin und betet an! / Das Gesetz der Furcht muß weichen, / da der neue Bund begann; / Mahl der Liebe ohnegleichen: / nehmt im Glauben teil daran.

6. Gott, dem Vater, und dem Sohne / singe Lob, du Christenheit. / Auch dem Geist auf gleichem Throne / sei der Lobgesang geweiht. / Bringet Gott im Jubeltone / Ehre, Ruhm und Herrlichkeit. Amen.

Nach der Feier wird der Altar abgedeckt.
Den Gläubigen wird empfohlen, eine nächtliche Anbetung vor dem heiligen Sakrament zu halten. Diese Anbetung soll aber nach Mitternacht ohne jede Feierlichkeit sein.

KARFREITAG
DIE FEIER VOM LEIDEN UND STERBEN CHRISTI

„Durch das heilige Ostergeschehen hat Christus, der Herr, die Menschen erlöst und Gott auf vollkommene Weise geehrt.
Er hat durch seinen Tod unseren Tod überwunden, durch seine Auferstehung hat er das Leben neu geschaffen.
Die drei Tage des Leidens und der Auferstehung des Herrn sind deshalb der Höhepunkt des ganzen Kirchenjahrs" (Missale Romanum)

Heute und am Karsamstag findet nach altem Brauch keine Eucharistiefeier statt. Die Gedächtnisfeier vom Leiden und Tod Christi wird am Nachmittag gehalten. Sie beginnt mit einem Eröffnungsgebet und besteht aus drei Hauptteilen:

1. Wortgottesdienst mit drei Schriftlesungen und den großen Fürbitten.
2. Erhebung und Verehrung des heiligen Kreuzes.
3. Kommunionfeier.

Karfreitag

ERÖFFNUNGSGEBET

Gedenke, Herr, der großen Taten,
die dein Erbarmen gewirkt hat.
Schütze und heilige deine Diener,
für die dein Sohn Jesus Christus sein Blut vergossen
und das österliche Geheimnis eingesetzt hat,
der mit dir lebt und herrscht in alle Ewigkeit.

Oder:

Allmächtiger, ewiger Gott,
durch das Leiden deines Sohnes
hast du den Tod vernichtet,
der vom ersten Menschen
auf alle Geschlechter übergegangen ist.
Nach dem Gesetz der Natur tragen wir
das Abbild des ersten Adam an uns;
hilf uns durch deine Gnade,
das Bild des neuen Adam in uns auszuprägen
und Christus ähnlich zu werden,
der mit dir lebt und herrscht in alle Ewigkeit.

I. WORTGOTTESDIENST

ZUR 1. LESUNG *Was sich im Leiden und Sterben des „Gottesknechtes" ereignet hat, ist eigentlich unfaßbar. Und es geht alle an: Israel und die Völker der Erde. Das 4. Lied vom Gottesknecht gibt eine prophetische Deutung des Geschehenen. Das Lied beginnt mit einer Gottesrede und verläuft dann in Rede und Gegenrede zwischen dem Volk (den Völkern) und dem Propheten; durch eine zweite Gottesrede wird es abgeschlossen. Den vollen Sinn dieses prophetischen Textes können wir erst verstehen, seitdem sich in Christus alles erfüllt hat. Er ist der Mann der Schmerzen, er hat die Schuld von uns allen auf sich genommen und gesühnt.*

ERSTE LESUNG Jes 52,13 – 53,12

Er wurde durchbohrt wegen unserer Verbrechen (Viertes Lied vom Gottesknecht)

Lesung
   aus dem Buch Jesája.

¹³ Seht, mein Knecht hat Erfolg,
   er wird groß sein und hoch erhaben.
¹⁴ Viele haben sich über ihn entsetzt,
      so entstellt sah er aus,
   nicht mehr wie ein Mensch,
   seine Gestalt war nicht mehr die eines Menschen.
¹⁵ Jetzt aber setzt er viele Völker in Staunen,
   Könige müssen vor ihm verstummen.
   Denn was man ihnen noch nie erzählt hat,
      das sehen sie nun;
   was sie niemals hörten,
      das erfahren sie jetzt.

¹ Wer hat unserer Kunde geglaubt?
  Der Arm des Herrn – wem wurde er offenbar?
² Vor seinen Augen wuchs er auf wie ein junger Sproß,
  wie ein Wurzeltrieb aus trockenem Boden.
  Er hatte keine schöne und edle Gestalt,
     so daß wir ihn anschauen mochten.
  Er sah nicht so aus, daß wir Gefallen fanden an ihm.
³ Er wurde verachtet und von den Menschen gemieden,
  ein Mann voller Schmerzen,
  mit Krankheit vertraut.
  Wie einer, vor dem man das Gesicht verhüllt,
     war er verachtet;
  wir schätzten ihn nicht.

⁴ Aber er hat unsere Krankheit getragen
     und unsere Schmerzen auf sich geladen.
  Wir meinten, er sei von Gott geschlagen,
  von ihm getroffen und gebeugt.
⁵ Doch er wurde durchbohrt wegen unserer Verbrechen,
  wegen unserer Sünden zermalmt.
  Zu unserem Heil lag die Strafe auf ihm,
  durch seine Wunden sind wir geheilt.

⁶ Wir hatten uns alle verirrt wie Schafe,
  jeder ging für sich seinen Weg.

Doch der Herr lud auf ihn
   die Schuld von uns allen.
Er wurde mißhandelt und niedergedrückt,
   aber er tat seinen Mund nicht auf.
Wie ein Lamm, das man zum Schlachten führt,
   und wie ein Schaf angesichts seiner Scherer,
   so tat auch er seinen Mund nicht auf.

Durch Haft und Gericht wurde er dahingerafft,
doch wen kümmerte sein Geschick?
Er wurde vom Land der Lebenden abgeschnitten
   und wegen der Verbrechen seines Volkes zu Tode getroffen.
Bei den Ruchlosen gab man ihm sein Grab,
   bei den Verbrechern seine Ruhestätte,
obwohl er kein Unrecht getan hat
   und kein trügerisches Wort in seinem Mund war.

Doch der Herr fand Gefallen an seinem zerschlagenen Knecht,
er rettete den, der sein Leben als Sühnopfer hingab.
Er wird Nachkommen sehen und lange leben.
Der Plan des Herrn wird durch ihn gelingen.
Nachdem er so vieles ertrug,
   erblickt er das Licht.
Er sättigt sich an Erkenntnis.
Mein Knecht, der gerechte,
   macht die vielen gerecht;
er lädt ihre Schuld auf sich.

Deshalb gebe ich ihm seinen Anteil unter den Großen,
und mit den Mächtigen teilt er die Beute,
weil er sein Leben dem Tod preisgab
   und sich unter die Verbrecher rechnen ließ.
Denn er trug die Sünden von vielen
   und trat für die Schuldigen ein.

ANTWORTPSALM

Ps 31 (30),2 u. 6.12–13.15–16.17 u. 25 (R: Lk 23,46)

R Vater, in deine Hände lege ich meinen Geist. – R (GL 203,1)

2 Herr, ich suche Zuflucht bei dir. †   IV. Ton
Laß mich doch niemals scheitern; *
rette mich in deiner Gerechtigkeit!

6 In deine Hände lege ich voll Vertrauen meinen Geist; *
du hast mich erlöst, Herr, du treuer Gott. – (R)

12 Zum Spott geworden bin ich all meinen Feinden, †
ein Hohn den Nachbarn, ein Schrecken den Freunden; *
wer mich auf der Straße sieht, der flieht vor mir.

13 Ich bin dem Gedächtnis entschwunden wie ein Toter, *
bin geworden wie ein zerbrochenes Gefäß. – (R)

15 Ich aber, Herr, ich vertraue dir, *
ich sage: „Du bist mein Gott."

16 In deiner Hand liegt mein Geschick; *
entreiß mich der Hand meiner Feinde und Verfolger. – (R)

17 Laß dein Angesicht leuchten über deinem Knecht, *
hilf mir in deiner Güte!

25 Euer Herz sei stark und unverzagt, *
ihr alle, die ihr wartet auf den Herrn. – R

ZUR 2. LESUNG   *In Jesus haben wir einen Hohenpriester, dem wir vertrauen können. Er ist Gottes Sohn, er ist aber auch einer von uns. Er kennt unsere Schwachheit. Weil er selbst ohne Sünde war, konnte er Sühne leisten für unsere Sünden. Nachdem er seinen Weg vollendet hat, ist er für immer unser Hoherpriester, unser Mittler bei Gott.*

Karfreitag

ZWEITE LESUNG
Hebr 4,14–16; 5,7–9

Er hat den Gehorsam gelernt und ist für alle, die ihm gehorchen, der Urheber des ewigen Heils geworden

**Lesung
aus dem Hebräerbrief.**

Brüder!
Da wir einen erhabenen Hohenpriester haben,
   der die Himmel durchschritten hat,
   Jesus, den Sohn Gottes,
   laßt uns an dem Bekenntnis festhalten.
Wir haben ja nicht einen Hohenpriester,
   der nicht mitfühlen könnte mit unserer Schwäche,
   sondern einen, der in allem wie wir
   in Versuchung geführt worden ist,
   aber nicht gesündigt hat.
Laßt uns also voll Zuversicht hingehen zum Thron der Gnade,
damit wir Erbarmen und Gnade finden
und so Hilfe erlangen zur rechten Zeit.

Als Christus auf Erden lebte,
   hat er mit lautem Schreien und unter Tränen
   Gebete und Bitten vor den gebracht,
   der ihn aus dem Tod retten konnte,
und er ist erhört und aus seiner Angst befreit worden.
Obwohl er der Sohn war,
   hat er durch Leiden den Gehorsam gelernt;
zur Vollendung gelangt,
   ist er für alle, die ihm gehorchen,
   der Urheber des ewigen Heils geworden.

RUF VOR DER PASSION
Vers: vgl. Phil 2,8b–9

Herr Jesus, dir sei Ruhm und Ehre! – R

Christus war für uns gehorsam bis zum Tod,
bis zum Tod am Kreuz.
Darum hat ihn Gott über alle erhöht
und ihm den Namen verliehen, der größer ist als alle Namen.

Herr Jesus, dir sei Ruhm und Ehre!

ZUR PASSION

Die Leidensgeschichte ist viel mehr als ein bloßer Bericht; sie ist Deutung und Verkündigung; sie sagt nicht nur, was geschah, sondern auch warum und wozu es geschah. Das Johannesevangelium zeigt noch deutlicher als die früheren Evangelien, daß Jesus sich mit klarem Wissen freiwillig dem Tod ausgeliefert hat. Souverän steht er seinen Anklägern und Richtern gegenüber. Niemand kann ihm das Leben entreißen, er selbst gibt es hin. Nach der Darstellung des Johannesevangeliums starb Jesus zu der Stunde, als im Tempel die Lämmer für das Paschamahl geschlachtet wurden. Er selbst ist das wahre Osterlamm, sein Blut ist der Preis für unsere Rettung.

PASSION Joh 18,1 – 19,42

Das Leiden unseres Herrn Jesus Christus

E = Evangelist, † = Worte Jesu, S = Worte sonstiger Personen

Das Leiden unseres Herrn Jesus Christus nach Johannes.

Die Verhaftung

1 E Jesus ging mit seinen Jüngern hinaus,
auf die andere Seite des Baches Kidron.
Dort war ein Garten;
in den ging er mit seinen Jüngern hinein.
2 Auch Judas, der Verräter, der ihn auslieferte, kannte den Ort,
weil Jesus dort oft mit seinen Jüngern zusammengekommen war.
3 Judas holte die Soldaten
und die Gerichtsdiener der Hohenpriester und der Pharisäer,
und sie kamen dorthin mit Fackeln, Laternen und Waffen.
4 Jesus, der alles wußte, was mit ihm geschehen sollte,
ging hinaus
und fragte sie:
† Wen sucht ihr?
5 E Sie antworteten ihm:
S Jesus von Nazaret.
E Er sagte zu ihnen:
† Ich bin es.
E Auch Judas, der Verräter, stand bei ihnen.
6 Als er zu ihnen sagte: Ich bin es!,
wichen sie zurück und stürzten zu Boden.

Karfreitag 173

Er fragte sie noch einmal:
   † Wen sucht ihr?
E Sie sagten:
   S Jesus von Nazaret.
E Jesus antwortete:
   † Ich habe euch gesagt, daß ich es bin.
Wenn ihr mich sucht,
   dann laßt diese gehen!
E So sollte sich das Wort erfüllen, das er gesagt hatte:
Ich habe keinen von denen verloren,
   die du mir gegeben hast.
Simon Petrus aber, der ein Schwert bei sich hatte, zog es,
schlug nach dem Diener des Hohenpriesters
und hieb ihm das rechte Ohr ab;
der Diener hieß Malchus.
Da sagte Jesus zu Petrus:
   † Steck das Schwert in die Scheide!
Der Kelch, den mir der Vater gegeben hat
   – soll ich ihn nicht trinken?

Das Verhör vor Hannas und die Verleugnung durch Petrus

E Die Soldaten,
   ihre Befehlshaber
   und die Gerichtsdiener der Juden nahmen Jesus fest,
fesselten ihn
und führten ihn zuerst zu Hannas;
er war nämlich der Schwiegervater des Kajaphas,
   der in jenem Jahr Hoherpriester war.
Kajaphas aber war es, der den Juden den Rat gegeben hatte:
   S Es ist besser, daß ein einziger Mensch für das Volk stirbt.

E Simon Petrus und ein anderer Jünger folgten Jesus.
Dieser Jünger war mit dem Hohenpriester bekannt
und ging mit Jesus in den Hof des hohepriesterlichen Palastes.
Petrus aber blieb draußen am Tor stehen.
Da kam der andere Jünger,
   der Bekannte des Hohenpriesters, heraus;
er sprach mit der Pförtnerin und führte Petrus hinein.
Da sagte die Pförtnerin zu Petrus:
   S Bist du nicht auch einer von den Jüngern dieses Menschen?

E Er antwortete:
S Nein.
18 E Die Diener und die Knechte
hatten sich ein Kohlenfeuer angezündet
und standen dabei, um sich zu wärmen;
denn es war kalt.
Auch Petrus stand bei ihnen und wärmte sich.
19 Der Hohepriester
befragte Jesus über seine Jünger und über seine Lehre.
20 Jesus antwortete ihm:
† Ich habe offen vor aller Welt gesprochen.
Ich habe immer in der Synagoge und im Tempel gelehrt,
wo alle Juden zusammenkommen.
Nichts habe ich im geheimen gesprochen.
21 Warum fragst du mich?
Frag doch die, die mich gehört haben,
was ich zu ihnen gesagt habe;
sie wissen, was ich geredet habe.
22 E Auf diese Antwort hin
schlug einer von den Knechten, der dabeistand, Jesus ins Gesicht
und sagte:
S Redest du so mit dem Hohenpriester?
23 E Jesus entgegnete ihm:
† Wenn es nicht recht war, was ich gesagt habe,
dann weise es nach;
wenn es aber recht war,
warum schlägst du mich?
24 E Danach schickte ihn Hannas
gefesselt zum Hohenpriester Kajaphas.

25 Simon Petrus aber stand am Feuer und wärmte sich.
Sie sagten zu ihm:
S Bist nicht auch du einer von seinen Jüngern?
E Er leugnete und sagte:
S Nein.
26 E Einer von den Dienern des Hohenpriesters,
ein Verwandter dessen,
dem Petrus das Ohr abgehauen hatte, sagte:
S Habe ich dich nicht im Garten bei ihm gesehen?
27 E Wieder leugnete Petrus,
und gleich darauf krähte ein Hahn.

Karfreitag

Das Verhör und die Verurteilung durch Pilatus

Von Kájaphas brachten sie Jesus zum Prätórium;
es war früh am Morgen.
Sie selbst gingen nicht in das Gebäude hinein,
um nicht unrein zu werden,
    sondern das Paschalamm* essen zu können.
Deshalb kam Pilatus zu ihnen heraus
und fragte:
    S Welche Anklage erhebt ihr gegen diesen Menschen?
E Sie antworteten ihm:
    S Wenn er kein Übeltäter wäre,
    hätten wir ihn dir nicht ausgeliefert.
E Pilatus sagte zu ihnen:
    S Nehmt ihr ihn doch,
und richtet ihn nach eurem Gesetz!
E Die Juden antworteten ihm:
    S Uns ist es nicht gestattet, jemand hinzurichten.
E So sollte sich das Wort Jesu erfüllen,
    mit dem er angedeutet hatte, auf welche Weise er sterben werde.
Pilatus ging wieder in das Prätórium hinein,
ließ Jesus rufen
und fragte ihn:
    S Bist du der König der Juden?
E Jesus antwortete:
    ✝ Sagst du das von dir aus,
oder haben es dir andere über mich gesagt?
E Pilatus entgegnete:
    S Bin ich denn ein Jude?
Dein eigenes Volk und die Hohenpriester
    haben dich an mich ausgeliefert.
Was hast du getan?
E Jesus antwortete:
    ✝ Mein Königtum ist nicht von dieser Welt.
Wenn es von dieser Welt wäre,
    würden meine Leute kämpfen,
    damit ich den Juden nicht ausgeliefert würde.
Aber mein Königtum ist nicht von hier.

---

* Sprich: Pas-chalamm.

37 E Pilatus sagte zu ihm:
        S Also bist du doch ein König?
        E Jesus antwortete:
        † Du sagst es,
    ich bin ein König.
    Ich bin dazu geboren und dazu in die Welt gekommen,
        daß ich für die Wahrheit Zeugnis ablege.
    Jeder, der aus der Wahrheit ist,
        hört auf meine Stimme.
38a E Pilatus sagte zu ihm:
        S Was ist Wahrheit?

38b E Nachdem er das gesagt hatte,
        ging er wieder zu den Juden hinaus
    und sagte zu ihnen:
        S Ich finde keinen Grund, ihn zu verurteilen.
39   Ihr seid gewohnt,
        daß ich euch am Paschafest einen Gefangenen freilasse.
    Wollt ihr also, daß ich euch den König der Juden freilasse?
40 E Da schrien sie wieder:
        S Nicht diesen, sondern Barábbas!
    E Barábbas aber war ein Straßenräuber.

1   Darauf ließ Pilatus Jesus geißeln.
2   Die Soldaten flochten einen Kranz aus Dornen;
    den setzten sie ihm auf
    und legten ihm einen purpurroten Mantel um.
3   Sie stellten sich vor ihn hin
        und sagten:
        S Heil dir, König der Juden!
    E Und sie schlugen ihm ins Gesicht.
4   Pilatus ging wieder hinaus
    und sagte zu ihnen:
        S Seht, ich bringe ihn zu euch heraus;
    ihr sollt wissen,
        daß ich keinen Grund finde, ihn zu verurteilen.
5   E Jesus kam heraus;
    er trug die Dornenkrone und den purpurroten Mantel.
    Pilatus sagte zu ihnen:
        S Seht, da ist der Mensch!
6   E Als die Hohenpriester und ihre Diener ihn sahen,
        schrien sie:

Karfreitag 177

   S Ans Kreuz mit ihm,
ans Kreuz mit ihm!
E Pilatus sagte zu ihnen:
   S Nehmt ihr ihn, und kreuzigt ihn!
Denn ich finde keinen Grund, ihn zu verurteilen.
E Die Juden entgegneten ihm:
   S Wir haben ein Gesetz,
und nach diesem Gesetz muß er sterben,
   weil er sich als Sohn Gottes ausgegeben hat.

E Als Pilatus das hörte,
   wurde er noch ängstlicher.
Er ging wieder in das Prätórium hinein
und fragte Jesus:
   S Woher stammst du?
E Jesus aber gab ihm keine Antwort.
Da sagte Pilatus zu ihm:
   S Du sprichst nicht mit mir?
Weißt du nicht, daß ich Macht habe, dich freizulassen,
   und Macht, dich zu kreuzigen?
E Jesus antwortete:
   ✝ Du hättest keine Macht über mich,
   wenn es dir nicht von oben gegeben wäre;
darum liegt größere Schuld
   bei dem, der mich dir ausgeliefert hat.
E Daraufhin wollte Pilatus ihn freilassen,
aber die Juden schrien:
   S Wenn du ihn freiläßt, bist du kein Freund des Kaisers;
jeder, der sich als König ausgibt,
   lehnt sich gegen den Kaiser auf.
E Auf diese Worte hin ließ Pilatus Jesus herausführen,
und er setzte sich auf den Richterstuhl
   an dem Platz, der Lithóstrotos,
auf hebräisch Gábbata, heißt.
Es war am Rüsttag des Paschafestes,
ungefähr um die sechste Stunde.
Pilatus sagte zu den Juden:
   S Da ist euer König!
E Sie aber schrien:
   S Weg mit ihm,
kreuzige ihn!

E Pilatus aber sagte zu ihnen:
S Euren König soll ich kreuzigen?
E Die Hohenpriester antworteten:
S Wir haben keinen König außer dem Kaiser.
16a E Da lieferte er ihnen Jesus aus,
damit er gekreuzigt würde.

Die Hinrichtung Jesu

16b Sie übernahmen Jesus.
17 Er trug sein Kreuz
und ging hinaus zur sogenannten Schädelhöhe,
die auf hebräisch Gólgota heißt.
18 Dort kreuzigten sie ihn
und mit ihm zwei andere,
auf jeder Seite einen,
in der Mitte Jesus.
19 Pilatus ließ auch ein Schild anfertigen
und oben am Kreuz befestigen;
die Inschrift lautete:
Jesus von Nazaret,
der König der Juden.
20 Dieses Schild lasen viele Juden,
weil der Platz, wo Jesus gekreuzigt wurde, nahe bei der Stadt lag.
Die Inschrift war hebräisch, lateinisch und griechisch abgefaßt.
21 Die Hohenpriester der Juden sagten zu Pilatus:
S Schreib nicht: Der König der Juden,
sondern daß er gesagt hat: Ich bin der König der Juden.
22 E Pilatus antwortete:
S Was ich geschrieben habe,
habe ich geschrieben.
23 E Nachdem die Soldaten Jesus ans Kreuz geschlagen hatten,
nahmen sie seine Kleider
und machten vier Teile daraus,
für jeden Soldaten einen.
Sie nahmen auch sein Untergewand,
das von oben her ganz durchgewebt und ohne Naht war.
24 Sie sagten zueinander:
S Wir wollen es nicht zerteilen,
sondern darum losen, wem es gehören soll.
E So sollte sich das Schriftwort erfüllen:

Karfreitag

    Sie verteilten meine Kleider unter sich
    und warfen das Los um mein Gewand.
Dies führten die Soldaten aus.
Bei dem Kreuz Jesu standen seine Mutter
    und die Schwester seiner Mutter, Maria, die Frau des Klopas,
    und Maria von Magdala.
Als Jesus seine Mutter sah
    und bei ihr den Jünger, den er liebte,
    sagte er zu seiner Mutter:
    † Frau, siehe, dein Sohn!
E Dann sagte er zu dem Jünger:
    † Siehe, deine Mutter!
E Und von jener Stunde an nahm sie der Jünger zu sich.

(Hier stehen alle auf.)

Danach, als Jesus wußte, daß nun alles vollbracht war,
    sagte er, damit sich die Schrift erfüllte:
    † Mich dürstet.
E Ein Gefäß mit Essig stand da.
Sie steckten einen Schwamm mit Essig auf einen Ysopzweig
und hielten ihn an seinen Mund.
Als Jesus von dem Essig genommen hatte, sprach er:
    † Es ist vollbracht!
E Und er neigte das Haupt
    und gab seinen Geist auf.

Hier knien alle zu einer kurzen Gebetsstille nieder.

Die Bestattung des Leichnams

Weil Rüsttag war
    und die Körper während des Sabbats
    nicht am Kreuz bleiben sollten,
    baten die Juden Pilatus,
    man möge den Gekreuzigten die Beine zerschlagen
und ihre Leichen dann abnehmen;
denn dieser Sabbat war ein großer Feiertag.
Also kamen die Soldaten
und zerschlugen dem ersten die Beine,
    dann dem andern, der mit ihm gekreuzigt worden war.

³³ Als sie aber zu Jesus kamen
und sahen, daß er schon tot war,
zerschlugen sie ihm die Beine nicht,
³⁴ sondern einer der Soldaten stieß mit der Lanze in seine Seite,
und sogleich floß Blut und Wasser heraus.
³⁵ Und der, der es gesehen hat, hat es bezeugt,
und sein Zeugnis ist wahr.
Und er weiß, daß er Wahres berichtet,
damit auch ihr glaubt.
³⁶ Denn das ist geschehen,
damit sich das Schriftwort erfüllte:
Man soll an ihm kein Gebein zerbrechen.
³⁷ Und ein anderes Schriftwort sagt:
Sie werden auf den blicken, den sie durchbohrt haben.

³⁸ Josef aus Arimathäa war ein Jünger Jesu,
aber aus Furcht vor den Juden nur heimlich.
Er bat Pilatus, den Leichnam Jesu abnehmen zu dürfen,
und Pilatus erlaubte es.
Also kam er und nahm den Leichnam ab.
³⁹ Es kam auch Nikodémus,
der früher einmal Jesus bei Nacht aufgesucht hatte.
Er brachte eine Mischung aus Myrrhe und Aloë,
etwa hundert Pfund.
⁴⁰ Sie nahmen den Leichnam Jesu
und umwickelten ihn mit Leinenbinden,
zusammen mit den wohlriechenden Salben,
wie es beim jüdischen Begräbnis Sitte ist.

⁴¹ An dem Ort, wo man ihn gekreuzigt hatte, war ein Garten,
und in dem Garten war ein neues Grab,
in dem noch niemand bestattet worden war.
⁴² Wegen des Rüsttages der Juden
und weil das Grab in der Nähe lag,
setzten sie Jesus dort bei.

GROSSE FÜRBITTEN

Der Priester spricht die Gebetsaufforderung, in der das Anliegen zum Ausdruck kommt. Dann verharren alle eine Weile in stillem Gebet. Danach spricht der Priester die Oration.

1. *Für die heilige Kirche*

Laßt uns beten, Brüder und Schwestern, für die heilige Kirche Gottes, daß unser Gott und Herr ihr Frieden schenke auf der ganzen Erde, sie eine und behüte und uns ein Leben gewähre in Ruhe und Sicherheit zum Lob seines Namens.
(Beuget die Knie. – *Stille* – Erhebet euch.)

Allmächtiger, ewiger Gott,
du hast in Christus
allen Völkern deine Herrlichkeit geoffenbart.
Behüte, was du in deinem Erbarmen geschaffen hast,
damit deine Kirche auf der ganzen Erde
in festem Glauben verharre.
Darum bitten wir durch Christus, unseren Herrn.

2. *Für den Papst*

Laßt uns auch beten für unsern Papst N.: Der allmächtige Gott, der ihn zum Bischofsamt erwählt hat, erhalte ihn seiner Kirche und gebe ihm Kraft, das heilige Volk Gottes zu leiten.
(Beuget die Knie. – *Stille* – Erhebet euch.)

Allmächtiger, ewiger Gott,
du Hirte deines Volkes,
in deiner Weisheit ist alles begründet.
Höre auf unser Gebet
und bewahre in deiner Güte unseren Papst N.
Leite durch ihn deine Kirche und gib,
daß sie wachse im Glauben und in der Liebe.
Darum bitten wir durch Christus, unseren Herrn.

3. *Für alle Stände der Kirche*

Laßt uns beten für unseren Bischof N., für alle Bischöfe, Priester, Diakone, für alle, die zum Dienst in der Kirche bestellt sind, und für das ganze Volk Gottes:
(Beuget die Knie. – *Stille* – Erhebet euch.)

Allmächtiger, ewiger Gott, dein Geist
heiligt den ganzen Leib der Kirche und leitet ihn.
Erhöre unser Gebet für alle Stände deines Volkes
und gib ihnen die Gnade, dir in Treue zu dienen.
Darum bitten wir durch Christus, unseren Herrn.

4. *Für die Katechumenen*

Laßt uns auch beten für die (unsere) Katechumenen: Unser Herr und
Gott öffne ihre Herzen für sein Wort, er schenke ihnen in der Taufe die
Vergebung aller Sünden und nehme sie auf in sein Vaterhaus, damit sie
das Leben finden in unserem Herrn Jesus Christus.
(Beuget die Knie. – *Stille* – Erhebet euch.)

Allmächtiger, ewiger Gott,
du gibst deiner Kirche immer neue Fruchtbarkeit.
Schenke allen, die sich auf die Taufe vorbereiten,
Wachstum im Glauben und in der Erkenntnis.
Führe sie zur Wiedergeburt aus dem Quell der Taufe
und nimm sie an als deine Kinder.
Darum bitten wir durch Christus, unseren Herrn.

5. *Für die Einheit der Christen*

Laßt uns beten für alle Brüder und Schwestern, die an Christus glauben, daß unser Herr und Gott sie leite auf dem Weg der Wahrheit und
sie zusammenführe in der Einheit der heiligen Kirche.
(Beuget die Knie. – *Stille* – Erhebet euch.)

Allmächtiger Gott,
du allein kannst die Spaltung überwinden
und die Einheit bewahren.
Erbarme dich deiner Christenheit,
die geheiligt ist durch die eine Taufe.
Einige sie im wahren Glauben
und schließe sie zusammen durch das Band der Liebe.
Darum bitten wir durch Christus, unseren Herrn.

Karfreitag

6. Für die Juden

Laßt uns auch beten für die Juden, zu denen Gott, unser Herr, zuerst
gesprochen hat: Er bewahre sie in der Treue zu seinem Bund und in der
Liebe zu seinem Namen, damit sie das Ziel erreichen, zu dem sein Ratschluß sie führen will.
(Beuget die Knie. – *Stille* – Erhebet euch.)

Allmächtiger, ewiger Gott,
du hast Abraham und seinen Kindern
deine Verheißung gegeben.
Erhöre das Gebet deiner Kirche für das Volk,
das du als erstes zu deinem Eigentum erwählt hast:
Gib, daß es zur Fülle der Erlösung gelangt.
Darum bitten wir durch Christus, unseren Herrn.

7. Für alle, die nicht an Christus glauben

Laßt uns beten für alle, die nicht an Christus glauben, daß der Heilige
Geist sie erleuchte und sie auf den Weg des Heiles führe.
(Beuget die Knie. – *Stille* – Erhebet euch.)

Allmächtiger, ewiger Gott,
steh allen bei, die sich nicht zu Christus bekennen,
daß sie mit redlichem Herzen vor dir leben
und die Wahrheit finden.
Uns aber gib,
daß wir das Geheimnis deines Lebens immer tiefer erfassen
und in der brüderlichen Liebe wachsen,
damit wir immer mehr
zu glaubhaften Zeugen deiner Güte werden.
Darum bitten wir durch Christus, unseren Herrn.

8. Für alle, die nicht an Gott glauben

Laßt uns auch beten für alle, die Gott nicht erkennen, daß sie mit seiner
Hilfe ihrem Gewissen folgen und so zum Gott und Vater aller Men-
schen gelangen.
(Beuget die Knie. – *Stille* – Erhebet euch.)

Allmächtiger, ewiger Gott,
du hast den Menschen geschaffen,
daß er dich suche und in dir Ruhe finde.
Gib dich zu erkennen
in den Beweisen deines Erbarmens
und in den Taten deiner Gläubigen,
damit die Menschen trotz aller Hindernisse dich finden
und als den wahren Gott und Vater bekennen.
Darum bitten wir durch Christus, unseren Herrn.

9. Für die Regierenden

Laßt uns beten für die Regierenden: Unser Herr und Gott lenke ihren Geist und ihr Herz nach seinem Willen, damit sie den wahren Frieden und die Freiheit suchen zum Heil aller Völker.
(Beuget die Knie. – *Stille* – Erhebet euch.)

Allmächtiger, ewiger Gott,
in deiner Hand sind die Herzen der Menschen
und das Recht der Völker.
Schau gnädig auf jene, die uns regieren,
damit auf der ganzen Welt
Sicherheit und Frieden herrschen,
Wohlfahrt der Völker und Freiheit des Glaubens.
Darum bitten wir durch Christus, unseren Herrn.

10. Für alle notleidenden Menschen

Laßt uns Gott, den allmächtigen Vater, bitten für alle, die der Hilfe bedürfen: Er reinige die Welt von allem Irrtum, nehme die Krankheiten hinweg, vertreibe den Hunger, löse ungerechte Fesseln, gebe den Heimatlosen Sicherheit, den Pilgernden und Reisenden eine glückliche Heimkehr, den Kranken die Gesundheit und den Sterbenden das ewige Leben.
(Beuget die Knie. – *Stille* – Erhebet euch.)

Allmächtiger, ewiger Gott,
du Trost der Betrübten, du Kraft der Leidenden,
höre auf alle, die in ihrer Bedrängnis zu dir rufen,
und laß sie in jeder Not deine Barmherzigkeit erfahren.
Darum bitten wir durch Christus, unseren Herrn.

Karfreitag

II. ERHEBUNG UND VEREHRUNG DES KREUZES

Einladungsruf beim Zeigen des heiligen Kreuzes:
V: Seht das Kreuz, an dem der Herr gehangen, das Heil der Welt.
A: Kommt, lasset uns anbeten.

GESANG WÄHREND DER KREUZVEREHRUNG

RUF

A: Dein Kreuz, o Herr, verehren wir, / und deine heilige Auferstehung preisen und rühmen wir: / Denn siehe, durch das Holz des Kreuzes / kam Freude in alle Welt.
V: Gott sei uns gnädig und segne uns. / Er lasse sein Angesicht über uns leuchten / und erbarme sich unser. Vgl. Ps 67 (66),2
A: Dein Kreuz, o Herr, verehren wir, / und deine heilige Auferstehung preisen und rühmen wir: / Denn siehe, durch das Holz des Kreuzes / kam Freude in alle Welt.

IMPROPERIEN

1.

A: Mein Volk, was habe ich dir getan,
womit nur habe ich dich betrübt?
Antworte mir.

V: Aus der Knechtschaft Ägyptens habe ich dich herausgeführt.
Du aber bereitest das Kreuz deinem Erlöser.

A: Mein Volk, was habe ich dir getan,
womit nur habe ich dich betrübt?
Antworte mir.

  I. Hágios, ho Theós.
 II. Sanctus Deus.
III. Heiliger, starker Gott.

  I. Hágios Ischyrós.
 II. Sanctus Fortis.
III. Heiliger, starker Gott.

  I. Hágios Athánatos, eléison hemás.
 II. Sanctus Immortális, miserére nobis.
III. Heiliger, starker, unsterblicher Gott, erbarme dich unser.

V: Vierzig Jahre habe ich dich geleitet durch die Wüste.
Ich habe dich mit Manna gespeist
und dich hineingeführt in das Land der Verheißung.
Du aber bereitest das Kreuz deinem Erlöser.

  I. Hágios, ho Theós.
 II. Sanctus Deus.
III. Heiliger, starker Gott.

  I. Hágios Ischyrós.
 II. Sanctus Fortis.
III. Heiliger, starker Gott.

  I. Hágios Athánatos, eléison hemás.
 II. Sanctus Immortális, miserére nobis.
III. Heiliger, starker, unsterblicher Gott, erbarme dich unser.

V: Was hätte ich dir mehr tun sollen und tat es nicht?
Als meinen erlesenen Weinberg pflanzte ich dich,
du aber brachtest mir bittere Trauben,
du hast mich in meinem Durst mit Essig getränkt
und mit der Lanze deinem Erlöser die Seite durchstoßen.

  I. Hágios, ho Theós.
 II. Sanctus Deus.
III. Heiliger, starker Gott.

  I. Hágios Ischyrós.
 II. Sanctus Fortis.
III. Heiliger, starker Gott.

  I. Hágios Athánatos, eléison hemás.
 II. Sanctus Immortális, miserére nobis.
III. Heiliger, starker, unsterblicher Gott, erbarme dich unser.

2.

V: Deinetwegen habe ich Ägypten geschlagen
und seine Erstgeburt,
du aber hast mich geschlagen und dem Tod überliefert.

A: Mein Volk, was habe ich dir getan,
womit nur habe ich dich betrübt?
Antworte mir.

V: Ich habe dich aus Ägypten herausgeführt
und den Pharao versinken lassen im Roten Meer,
du aber hast mich den Hohenpriestern überliefert.

A: Mein Volk ...

Karfreitag

V: Ich habe vor dir einen Weg durch das Meer gebahnt,
du aber hast mit der Lanze meine Seite geöffnet.

A: Mein Volk ...

V: In einer Wolkensäule bin ich dir vorangezogen,
du aber hast mich vor den Richterstuhl des Pilatus geführt.

A: Mein Volk ...

V: Ich habe dich in der Wüste mit Manna gespeist,
du aber hast mich ins Gesicht geschlagen
und mich gegeißelt.

A: Mein Volk ...

V: Ich habe dir Wasser aus dem Felsen zu trinken gegeben
und dich gerettet,
du aber hast mich getränkt mit Galle und Essig.

A: Mein Volk ...

V: Deinetwegen habe ich die Könige Kanaans geschlagen,
du aber schlugst mir mit einem Rohr auf mein Haupt.

A: Mein Volk ...

V: Ich habe dir ein Königszepter in die Hand gegeben,
du aber hast mich gekrönt mit einer Krone von Dornen.

A: Mein Volk ...

V: Ich habe dich erhöht und ausgestattet mit großer Kraft,
du aber erhöhtest mich am Holz des Kreuzes.

A: Mein Volk ...

III. KOMMUNION

ZUR KOMMUNIONFEIER *Als „Sakrament der Liebe Gottes" empfangen wir den geopferten Leib und das vergossene Blut des Herrn. Wir verkünden seinen Tod, und wir schauen aus nach dem Tag der Vollendung.*

Das heilige Sakrament wird zum Altar gebracht, während alle schweigend stehen. Dann beginnt der Priester:
Dem Wort unseres Herrn und Erlösers gehorsam und getreu seiner göttlichen Weisung, wagen wir zu sprechen:

Vater unser im Himmel,
  Geheiligt werde dein Name.
Dein Reich komme.
Dein Wille geschehe,
wie im Himmel so auf Erden.
Unser tägliches Brot gib uns heute.
Und vergib uns unsere Schuld,
wie auch wir vergeben unsern Schuldigern.
Und führe uns nicht in Versuchung,
sondern erlöse uns von dem Bösen.

Der Priester fährt allein fort:
Erlöse uns, Herr, allmächtiger Vater, von allem Bösen
und gib Frieden in unseren Tagen.
Komm uns zu Hilfe mit deinem Erbarmen
und bewahre uns vor Verwirrung und Sünde,
damit wir voll Zuversicht
das Kommen unseres Erlösers Jesus Christus erwarten.

Die Gemeinde beschließt das Gebet mit dem Ruf:
Denn dein ist das Reich und die Kraft
und die Herrlichkeit in Ewigkeit. Amen.

Der Priester spricht leise:
Herr Jesus Christus, der Empfang deines Leibes und Blutes bringe
mir nicht Gericht und Verdammnis, sondern Segen und Heil.

Dann, zur Gemeinde gewendet:
Seht das Lamm Gottes, das hinwegnimmt die Sünde der Welt.

Zusammen mit der Gemeinde fügt er einmal hinzu:
Herr, ich bin nicht würdig, daß du eingehst unter mein Dach, aber
sprich nur ein Wort, so wird meine Seele gesund.

Nach der Kommunion der Gläubigen und einer kurzen Zeit heiligen Schweigens spricht der Priester das Schlußgebet und daran anschließend das Segensgebet.
Lasset uns beten.

Allmächtiger, ewiger Gott,
  durch den Tod und die Auferstehung deines Sohnes
hast du uns das neue Leben geschenkt.
Bewahre in uns, was deine Barmherzigkeit gewirkt hat,
und gib uns durch den Empfang dieses Sakramentes die Kraft,
dir treu zu dienen.
Darum bitten wir durch Christus, unseren Herrn.

Segensgebet über das Volk

Herr, unser Gott,
reicher Segen komme herab auf dein Volk,
das den Tod deines Sohnes gefeiert hat
und die Auferstehung erwartet.
Schenke ihm Verzeihung und Trost,
Wachstum im Glauben und die ewige Erlösung.
Darum bitten wir durch Christus, unseren Herrn.

DER VATER IST BEI MIR
*Wenn ihr den Menschensohn erhöht habt,
dann werdet ihr erkennen, daß ich es bin.
Ihr werdet erkennen, daß ich nichts im eigenen Namen tue,
sondern nur das sage, was mich der Vater gelehrt hat.
Und er, der mich gesandt hat, ist bei mir.
Er hat mich nicht allein gelassen,
weil ich immer das tue, was ihm gefällt. (Joh 8, 28–29)*

KARSAMSTAG

Der Karsamstag ist ein stiller Tag, ohne liturgische Feier. Nur die Tagzeiten werden gebetet.

Jesus ist wirklich gestorben. Er ist in die tiefste menschliche Not hineingegangen, er ist „hinabgestiegen in das Reich des Todes". Er hat unserem Tod die Bitterkeit genommen. Wir wissen, unsere Gemeinschaft mit Christus überdauert den Tod.
Christus ist unser Leben und unsere Auferstehung. Das muß in unserem gegenwärtigen Leben sichtbar werden: in der Freude, die aus der Hoffnung und aus der Liebe geboren wird.

Alles ist mir von meinem Vater übergeben worden,
und niemand kennt den Sohn, nur der Vater.
Und niemand kennt den Vater, nur der Sohn,
und der, dem der Sohn es offenbaren will.

Deshalb liebt mich der Vater,
weil ich mein Leben dahingebe,
um es wieder zu empfangen.
(Mt 11, 27; Joh 10, 17)

DIE OSTERZEIT

HOCHFEST DER AUFERSTEHUNG DES HERRN
OSTERSONNTAG
DIE FEIER DER OSTERNACHT

Die Feier der Osternacht verläuft in vier Zeiten oder Teilen:

1. Teil: *Lichtfeier.* Die Gemeinde versammelt sich um das Feuer. Segnung des Feuers. Bereitung der Osterkerze. Einzug (Prozession) in die Kirche. Das Osterlob (Exsultet).

2. Teil: *Wortgottesdienst.* In den Lesungen werden die früheren Taten Gottes vergegenwärtigt, die auch für die Gegenwart und die Zukunft des neuen Gottesvolkes eine Verheißung sind.

3. Teil: *Tauffeier.* Weihe des Taufwassers und Spendung der Taufe, falls Taufbewerber da sind. Erneuerung des Taufbekenntnisses durch die ganze Gemeinde.

4. Teil: *Eucharistiefeier.* Der auferstandene Herr lädt die Neugetauften und die ganze Gemeinde zu seinem Gastmahl ein; alle, die er durch seinen Tod und seine Auferstehung erlöst und geheilt hat.

Erster Teil
LICHTFEIER
Segnung des Feuers und Bereitung der Osterkerze

Der Priester begrüßt die Gemeinde und führt sie kurz in den Sinn der Nachtfeier ein:

Liebe Brüder und Schwestern!
In der Osternacht ist unser Herr Jesus Christus vom Tode auferstanden und zum Leben hinübergegangen. Darum hält die Kirche in der ganzen Welt diese Nacht heilig, sie lädt ihre Söhne und Töchter, wo immer sie wohnen, ein, zu wachen und zu beten. Auch wir sind in (zu Beginn – am Ende) dieser Nacht der Einladung gefolgt. Wir begehen das Gedächtnis des österlichen Heilswerkes Christi, indem wir das Wort Gottes hören und die heiligen Mysterien feiern in der zuversichtlichen Hoffnung, daß wir einst am Sieg Christi über den Tod und an seinem Leben in Gott teilnehmen dürfen.

Die Feier der Osternacht

Er segnet das Feuer.

Lasset uns beten.

Allmächtiger, ewiger Gott,
du hast durch Christus allen,
die an dich glauben,
das Licht deiner Herrlichkeit geschenkt.
Segne ✚ dieses neue Feuer,
das die Nacht erhellt,
und entflamme in uns die Sehnsucht nach dir,
dem unvergänglichen Licht,
damit wir mit reinem Herzen
zum ewigen Osterfest gelangen.
Darum bitten wir durch Christus, unseren Herrn.
Alle: Amen.

Wo es Brauch ist, ritzt nun der Priester mit einem Griffel ein Kreuz in die Kerze, darüber zeichnet er den griechischen Buchstaben Alpha, darunter den Buchstaben Omega, zwischen die Kreuzarme schreibt er die Jahreszahl. Dabei spricht er:

Christus, gestern und heute *(senkrechter Balken),*	A
Anfang und Ende *(Querbalken),*	1 | 9
Alpha *(über dem Kreuz),*	8 | 6
und Omega *(unter dem Kreuz).*	Ω

Sein ist die Zeit *(1. Ziffer)*
und die Ewigkeit *(2. Ziffer).*
Sein ist die Macht und die Herrlichkeit *(3. Ziffer)*
in alle Ewigkeit. Amen *(4. Ziffer).*

In das eingeritzte Kreuz kann der Priester fünf Weihrauchkörner einfügen in nebenstehender Reihenfolge; dabei spricht er:

Durch seine heiligen Wunden, (1)	1
die leuchten in Herrlichkeit, (2)	4 2 5
behüte uns (3)	3
und bewahre uns (4)	
Christus, der Herr. Amen. (5)	

Der Priester zündet am Feuer die Osterkerze an und spricht dabei:

Christus ist glorreich auferstanden vom Tod.
Sein Licht vertreibe das Dunkel der Herzen.

PROZESSION

Der Diakon oder der Priester selbst nimmt die Osterkerze, hebt sie empor und singt:

Christus, das Licht!

Alle antworten:

Dank sei Gott.

Alle ziehen in die Kirche ein; der Diakon mit der Osterkerze geht voran. Wenn Weihrauch verwendet wird, geht der Rauchfaßträger dem Diakon voraus.
Am Eingang der Kirche bleibt der Diakon stehen, hebt die Osterkerze empor und singt zum zweitenmal:

Christus, das Licht!

Alle antworten:

Dank sei Gott.

Die Mitfeiernden zünden ihre Kerzen an der Osterkerze an und ziehen weiter.
Vor dem Altar wendet sich der Diakon dem Volk zu und singt zum drittenmal:

Christus, das Licht!

Alle antworten:

Dank sei Gott.

In der Kirche werden die Lichter angezündet.

DAS OSTERLOB
(Exsultet)

Während vom Diakon oder vom Priester das Osterlob gesungen wird, stehen alle und halten die brennenden Kerzen.
Wird das Osterlob von einem Kantor gesungen, der nicht Priester oder Diakon ist, so entfallen die durch ( ) eingeklammerten Worte. Das Osterlob kann auch in einer kürzeren Form gesungen werden.

Längere Form des Osterlobes

Frohlocket, ihr Chöre der Engel, frohlocket, ihr himmlischen Scharen, lasset die Posaune erschallen, preiset den Sieger, den erhabenen König! Lobsinge, du Erde, überstrahlt vom Glanz aus der Höhe! Licht des großen Königs umleuchtet dich. Siehe, geschwunden ist allerorten das Dunkel. Auch du freue dich, Mutter Kirche, umkleidet von Licht und herrlichem Glanze! Töne wider, heilige Halle, töne von des Volkes mächtigem Jubel.

Die Feier der Osternacht

(Darum bitte ich euch, geliebte Brüder, ihr Zeugen des Lichtes, das diese Kerze verbreitet: Ruft mit mir zum allmächtigen Vater um sein Erbarmen und seine Hilfe, daß er, der mich ohne mein Verdienst, aus reiner Gnade, in die Schar der Leviten berufen hat, mich erleuchte mit dem Glanz seines Lichtes, damit ich würdig das Lob dieser Kerze verkünde.)

V: Der Herr sei mit euch.
A: Und mit deinem Geiste.)
V: Erhebet die Herzen.
A: Wir haben sie beim Herrn.
V: Lasset uns danken dem Herrn, unserm Gott.
A: Das ist würdig und recht.
V: In Wahrheit ist es würdig und recht, den verborgenen Gott, den allmächtigen Vater, mit aller Glut des Herzens zu rühmen und seinen eingeborenen Sohn, unsern Herrn Jesus Christus, mit jubelnder Stimme zu preisen. Er hat für uns beim ewigen Vater Adams Schuld bezahlt und den Schuldbrief ausgelöscht mit seinem Blut, das er aus Liebe vergossen hat. Gekommen ist das heilige Osterfest, an dem das wahre Lamm geschlachtet ward, dessen Blut die Türen der Gläubigen heiligt und das Volk bewahrt vor Tod und Verderben.

Dies ist die Nacht, die unsere Väter, die Söhne Israels, aus Ägypten befreit und auf trockenem Pfad durch die Fluten des Roten Meeres geführt hat.

Dies ist die Nacht, in der die leuchtende Säule das Dunkel der Sünde vertrieben hat.

Dies ist die Nacht, die auf der ganzen Erde alle, die an Christus glauben, scheidet von den Lastern der Welt, dem Elend der Sünde entreißt, ins Reich der Gnade heimführt und einfügt in die heilige Kirche.

Dies ist die selige Nacht, in der Christus die Ketten des Todes zerbrach und aus der Tiefe als Sieger emporstieg. Wahrhaftig, umsonst wären wir geboren, hätte uns nicht der Erlöser gerettet.

O unfaßbare Liebe des Vaters: Um den Knecht zu erlösen, gabst du den Sohn dahin! O wahrhaft heilbringende Sünde des Adam, du wurdest uns zum Segen, da Christi Tod dich vernichtet hat. O glückliche Schuld, welch großen Erlöser hast du gefunden!

O wahrhaft selige Nacht, dir allein war es vergönnt, die Stunde zu kennen, in der Christus erstand von den Toten. Dies ist die Nacht, von der geschrieben steht: „Die Nacht wird hell wie der Tag, wie strahlendes Licht wird die Nacht mich umgeben." Der Glanz dieser

heiligen Nacht nimmt den Frevel hinweg, reinigt von Schuld, gibt den Sündern die Unschuld, den Trauernden Freude. Weit vertreibt sie den Haß, sie einigt die Herzen und beugt die Gewalten.
In dieser gesegneten Nacht, heiliger Vater, nimm an das Abendopfer unseres Lobes, nimm diese Kerze entgegen als unsere festliche Gabe! Aus dem köstlichen Wachs der Bienen bereitet, wird sie dir dargebracht von deiner heiligen Kirche durch die Hand ihrer Diener. So ist nun das Lob dieser kostbaren Kerze erklungen, die entzündet wurde am lodernden Feuer zum Ruhme des Höchsten. Wenn auch ihr Licht sich in die Runde verteilt hat, so verlor es doch nichts von der Kraft seines Glanzes. Denn die Flamme wird genährt vom schmelzenden Wachs, das der Fleiß der Bienen für diese Kerze bereitet hat.
O wahrhaft selige Nacht, die Himmel und Erde versöhnt, die Gott und Menschen verbindet!
Darum bitten wir dich, o Herr: Geweiht zum Ruhm deines Namens, leuchte die Kerze fort, um in dieser Nacht das Dunkel zu vertreiben. Nimm sie an als lieblich duftendes Opfer, vermähle ihr Licht mit den Lichtern am Himmel. Sie leuchte, bis der Morgenstern erscheint, jener wahre Morgenstern, der in Ewigkeit nicht untergeht: dein Sohn, unser Herr Jesus Christus, der von den Toten erstand, der den Menschen erstrahlt im österlichen Licht: der mit dir lebt und herrscht in Ewigkeit. A: Amen.

Kürzere Form des Osterlobes

Der Anfang lautet wie in der längeren Form. Dann:

In Wahrheit ist es würdig und recht, den verborgenen Gott, den allmächtigen Vater, mit aller Glut des Herzens zu rühmen und seinen eingeborenen Sohn, unseren Herrn Jesus Christus, mit jubelnder Stimme zu preisen. Er hat für uns beim ewigen Vater Adams Schuld bezahlt und den Schuldbrief ausgelöscht mit seinem Blut, das er aus Liebe vergossen hat. Gekommen ist das heilige Osterfest, an dem das wahre Lamm geschlachtet ward, dessen Blut die Türen der Gläubigen heiligt und das Volk bewahrt vor Tod und Verderben.
Dies ist die Nacht, die unsere Väter, die Söhne Israels, aus Ägypten befreit und auf trockenem Pfad durch die Fluten des Roten Meeres geführt hat.
Dies ist die Nacht, in der die leuchtende Säule das Dunkel der Sünde vertrieben hat.
Dies ist die Nacht, die auf der ganzen Erde alle, die an Christus glauben, scheidet von den Lastern der Welt, dem Elend der Sünde

entreißt, ins Reich der Gnade heimführt und einfügt in die heilige Kirche.
Dies ist die selige Nacht, in der Christus die Ketten des Todes zerbrach und aus der Tiefe als Sieger emporstieg.
O unfaßbare Liebe des Vaters: Um den Knecht zu erlösen, gabst du den Sohn dahin! O wahrhaft heilbringende Sünde des Adam, du wurdest uns zum Segen, da Christi Tod dich vernichtet hat. O glückliche Schuld, welch großen Erlöser hast du gefunden!
Der Glanz dieser heiligen Nacht nimmt den Frevel hinweg, reinigt von Schuld, gibt den Sündern die Unschuld, den Trauernden Freude.
O wahrhaft selige Nacht, die Himmel und Erde versöhnt, die Gott und Menschen verbindet! In dieser gesegneten Nacht, heiliger Vater, nimm an das Abendopfer unseres Lobes, nimm diese Kerze entgegen als unsere festliche Gabe! Aus dem köstlichen Wachs der Bienen bereitet, wird sie dir dargebracht von deiner heiligen Kirche durch die Hand ihrer Diener.
So bitten wir dich, o Herr: Geweiht zum Ruhm deines Namens, leuchte die Kerze fort, um in dieser Nacht das Dunkel zu vertreiben. Nimm sie an als lieblich duftendes Opfer, vermähle ihr Licht mit den Lichtern am Himmel. Sie leuchte, bis der Morgenstern erscheint, jener wahre Morgenstern, der in Ewigkeit nicht untergeht: dein Sohn, unser Herr Jesus Christus, der von den Toten erstand, der den Menschen erstrahlt im österlichen Licht, der mit dir lebt und herrscht in Ewigkeit! A: Amen.

Alle löschen die Kerzen aus und setzen sich.

Zweiter Teil
WORTGOTTESDIENST

In dieser Nachtfeier werden neun Lesungen vorgetragen, sieben (oder wenigstens drei) aus dem Alten Testament und zwei aus dem Neuen Testament (Epistel und Evangelium). Die Lesung vom Durchzug durch das Rote Meer (Ex 14) darf nie ausfallen.

ZUR 1. LESUNG *Der biblische Bericht über die Erschaffung der Welt ist nicht eine naturwissenschaftliche Darstellung, sondern eine religiöse Aussage über Gott und diese Welt. Die Sprache ist groß und feierlich. Deutlich wird die Erschaffung des Menschen herausgehoben. Mit Weisheit und Liebe hat Gott ihn nach seinem Bild geschaffen und ihm die Schöpfung unterworfen. Sie soll dem Menschen gehorchen, er aber soll sie in der Ordnung Gottes verwalten.*

ERSTE LESUNG Gen 1,1 – 2,2

Gott sah alles an, was er gemacht hatte: Es war sehr gut

Lesung
   aus dem Buch Génesis.

1 Im Anfang schuf Gott Himmel und Erde;
2 die Erde aber war wüst und wirr,
   Finsternis lag über der Urflut,
   und Gottes Geist schwebte über dem Wasser.
3 Gott sprach:
      Es werde Licht.
   Und es wurde Licht.
4 Gott sah, daß das Licht gut war.
   Gott schied das Licht von der Finsternis,
5 und Gott nannte das Licht Tag,
      und die Finsternis nannte er Nacht.
   Es wurde Abend, und es wurde Morgen:
   erster Tag.
6 Dann sprach Gott:
      Ein Gewölbe entstehe mitten im Wasser
      und scheide Wasser von Wasser.
7 Gott machte also das Gewölbe
      und schied das Wasser unterhalb des Gewölbes
      vom Wasser oberhalb des Gewölbes.
   So geschah es,
8 und Gott nannte das Gewölbe Himmel.
   Es wurde Abend, und es wurde Morgen:
   zweiter Tag.
9 Dann sprach Gott:
      Das Wasser unterhalb des Himmels sammle sich an einem Ort,
      damit das Trockene sichtbar werde.
   So geschah es.
10 Das Trockene nannte Gott Land,
      und das angesammelte Wasser nannte er Meer.
   Gott sah, daß es gut war.
11 Dann sprach Gott:
      Das Land lasse junges Grün wachsen,
   alle Arten von Pflanzen, die Samen tragen,
   und von Bäumen,
      die auf der Erde Früchte bringen mit ihrem Samen darin.

So geschah es.
Das Land brachte junges Grün hervor,
alle Arten von Pflanzen, die Samen tragen,
  alle Arten von Bäumen,
  die Früchte bringen mit ihrem Samen darin.
Gott sah, daß es gut war.
Es wurde Abend, und es wurde Morgen:
dritter Tag.

Dann sprach Gott:
  Lichter sollen am Himmelsgewölbe sein,
  um Tag und Nacht zu scheiden.
Sie sollen Zeichen sein
und zur Bestimmung von Festzeiten, von Tagen und Jahren dienen;
sie sollen Lichter am Himmelsgewölbe sein,
  die über die Erde hin leuchten.
So geschah es.
Gott machte die beiden großen Lichter,
das größere, das über den Tag herrscht,
  das kleinere, das über die Nacht herrscht,
auch die Sterne.
Gott setzte die Lichter an das Himmelsgewölbe,
  damit sie über die Erde hin leuchten,
über Tag und Nacht herrschen
und das Licht von der Finsternis scheiden.
Gott sah, daß es gut war.
Es wurde Abend, und es wurde Morgen:
vierter Tag.

Dann sprach Gott:
  Das Wasser wimmle von lebendigen Wesen,
und Vögel sollen über dem Land am Himmelsgewölbe dahinfliegen.
Gott schuf alle Arten von großen Seetieren
  und anderen Lebewesen, von denen das Wasser wimmelt,
  und alle Arten von gefiederten Vögeln.
Gott sah, daß es gut war.
Gott segnete sie
und sprach: Seid fruchtbar, und vermehrt euch,
und bevölkert das Wasser im Meer,
und die Vögel sollen sich auf dem Land vermehren.
Es wurde Abend, und es wurde Morgen:
fünfter Tag.

24 Dann sprach Gott:
    Das Land bringe alle Arten von lebendigen Wesen hervor,
    von Vieh,
    von Kriechtieren
    und von Tieren des Feldes.
    So geschah es.
25 Gott machte alle Arten von Tieren des Feldes,
    alle Arten von Vieh
    und alle Arten von Kriechtieren auf dem Erdboden.
    Gott sah, daß es gut war.
26 Dann sprach Gott:
    Laßt uns Menschen machen
    als unser Abbild, uns ähnlich.
    Sie sollen herrschen über die Fische des Meeres,
    über die Vögel des Himmels,
    über das Vieh,
    über die ganze Erde
    und über alle Kriechtiere auf dem Land.
27 Gott schuf also den Menschen als sein Abbild;
    als Abbild Gottes schuf er ihn.
    Als Mann und Frau schuf er sie.
28 Gott segnete sie,
    und Gott sprach zu ihnen:
    Seid fruchtbar, und vermehrt euch,
    bevölkert die Erde,
    unterwerft sie euch,
    und herrscht über die Fische des Meeres,
    über die Vögel des Himmels
    und über alle Tiere, die sich auf dem Land regen.
29 Dann sprach Gott:
    Hiermit übergebe ich euch
    alle Pflanzen auf der ganzen Erde, die Samen tragen,
    und alle Bäume mit samenhaltigen Früchten.
    Euch sollen sie zur Nahrung dienen.
30 Allen Tieren des Feldes,
    allen Vögeln des Himmels
    und allem, was sich auf der Erde regt,
    was Lebensatem in sich hat,
    gebe ich alle grünen Pflanzen zur Nahrung.

Die Feier der Osternacht

So geschah es.
Gott sah alles an, was er gemacht hatte:
Es war sehr gut.
Es wurde Abend, und es wurde Morgen:
der sechste Tag.

So wurden Himmel und Erde vollendet und ihr ganzes Gefüge.
Am siebten Tag
   vollendete Gott das Werk, das er geschaffen hatte,
und er ruhte am siebten Tag,
   nachdem er sein ganzes Werk vollbracht hatte.

Oder:

KURZFASSUNG Gen 1, 1.26–31a

Gott sah alles an, was er gemacht hatte: Es war sehr gut

Lesung
   aus dem Buch Génesis.

Im Anfang schuf Gott Himmel und Erde.

Und Gott sprach:
   Laßt uns Menschen machen
als unser Abbild, uns ähnlich.
Sie sollen herrschen über die Fische des Meeres,
über die Vögel des Himmels,
über das Vieh,
über die ganze Erde
   und über alle Kriechtiere auf dem Land.
Gott schuf also den Menschen als sein Abbild;
als Abbild Gottes schuf er ihn.
Als Mann und Frau schuf er sie.

Gott segnete sie,
und Gott sprach zu ihnen:
   Seid fruchtbar, und vermehrt euch,
bevölkert die Erde,
unterwerft sie euch,
und herrscht über die Fische des Meeres,
   über die Vögel des Himmels
   und über alle Tiere, die sich auf dem Land regen.

²⁹ Dann sprach Gott:
  Hiermit übergebe ich euch
  alle Pflanzen auf der ganzen Erde, die Samen tragen,
  und alle Bäume mit samenhaltigen Früchten.
  Euch sollen sie zur Nahrung dienen.
³⁰ Allen Tieren des Feldes,
  allen Vögeln des Himmels
  und allem, was sich auf der Erde regt,
  was Lebensatem in sich hat,
  gebe ich alle grünen Pflanzen zur Nahrung.
  So geschah es.

³¹ᵃ Gott sah alles an, was er gemacht hatte:
  Es war sehr gut.

ANTWORTPSALM

Ps 104 (103), 1–2.5–6.10 u. 12.13–14b.24 u. 1ab (R: vgl. 30)

R Sende aus deinen Geist, (GL 253, 1)
und das Antlitz der Erde wird neu. – **R**

1 Lobe den Herrn, meine Seele! † VII. Ton
  Herr, mein Gott, wie groß bist du! *
  Du bist mit Hoheit und Pracht bekleidet.

2 Du hüllst dich in Licht wie in ein Kleid, *
  du spannst den Himmel aus wie ein Zelt. – (R)

5 Du hast die Erde auf Pfeiler gegründet; *
  in alle Ewigkeit wird sie nicht wanken.

6 Einst hat die Urflut sie bedeckt wie ein Kleid, *
  die Wasser standen über den Bergen. – (R)

10 Du läßt die Quellen hervorsprudeln in den Tälern, *
   sie eilen zwischen den Bergen dahin.

12 An den Ufern wohnen die Vögel des Himmels, *
   aus den Zweigen erklingt ihr Gesang. – (R)

13 Du tränkst die Berge aus deinen Kammern, *
   aus deinen Wolken wird die Erde satt.

14ab Du läßt Gras wachsen für das Vieh, *
   auch Pflanzen für den Menschen, die er anbaut. – (R)

Herr, wie zahlreich sind deine Werke! †
Mit Weisheit hast du sie alle gemacht, *
die Erde ist voll von deinen Geschöpfen.

Lobe den Herrn, meine Seele! *
Herr, mein Gott, wie groß bist du! – R

Oder:

ANTWORTPSALM   Ps 33 (32),4–5.6–7.12–13.20 u. 22   (R: vgl. 5b)

R Von deiner Huld, o Herr, ist die Erde erfüllt. – R   (GL 477)

Das Wort des Herrn ist wahrhaftig, *   V. Ton
all sein Tun ist verläßlich.

Er liebt Gerechtigkeit und Recht, *
die Erde ist erfüllt von der Huld des Herrn. – (R)

Durch das Wort des Herrn wurden die Himmel geschaffen, *
ihr ganzes Heer durch den Hauch seines Mundes.

Wie in einem Schlauch faßt er das Wasser des Meeres, *
verschließt die Urflut in Kammern. – (R)

Wohl dem Volk, dessen Gott der Herr ist, *
der Nation, die er sich zum Erbteil erwählt hat.

Der Herr blickt herab vom Himmel, *
er sieht auf alle Menschen. – (R)

Unsre Seele hofft auf den Herrn; *
er ist für uns Schild und Hilfe.

Laß deine Güte über uns walten, o Herr, *
denn wir schauen aus nach dir. – R

GEBET

Allmächtiger Gott,
du bist wunderbar in allem, was du tust.
Laß deine Erlösten erkennen,
daß deine Schöpfung groß ist,
doch größer noch das Werk der Erlösung,
die du uns in der Fülle der Zeit geschenkt hast
durch den Tod des Osterlammes,
unseres Herrn Jesus Christus,
der mit dir lebt und herrscht in alle Ewigkeit.

Oder (wenn die Kurzfassung gelesen wurde):

Allmächtiger Gott,
du hast den Menschen wunderbar erschaffen
und noch wunderbarer erlöst.
Hilf uns, den Verlockungen der Sünde
durch die Kraft des Geistes zu widerstehen,
damit wir zu den ewigen Freuden gelangen.
Darum bitten wir durch Christus, unseren Herrn.

ZUR 2. LESUNG *Die Berufung Abrahams war der Anfang einer Heilsordnung, die zunächst ihm und seinen Nachkommen, in Wirklichkeit aber allen Völkern zugedacht war. Der Glaube Abrahams war Vertrauen und Gehorsam. Abraham war bereit, seinen einzigen und geliebten Sohn Isaak zu opfern. Gott hat den Sohn Abrahams verschont, aber seinen eigenen geliebten Sohn hat er hingegeben für das Leben der Welt (Joh 3, 16; Röm 8, 32).*

ZWEITE LESUNG   Gen 22, 1–18

Das Opfer unseres Vaters Abraham (Meßbuch: 1. Hochgebet)

Lesung
  aus dem Buch Génesis.

In jenen Tagen
1   **stellte Gott Abraham auf die Probe.**
  Er sprach zu ihm: Abraham!
  Er antwortete: Hier bin ich.
2 **Gott sprach: Nimm deinen Sohn,**
  deinen einzigen, den du liebst, Isaak,
  geh in das Land Morija,
  und bring ihn dort auf einem der Berge, den ich dir nenne,
    als Brandopfer dar.
3 **Frühmorgens stand Abraham auf,**
  sattelte seinen Esel,
  holte seine beiden Jungknechte und seinen Sohn Isaak,
  spaltete Holz zum Opfer
  und machte sich auf den Weg
    zu dem Ort, den ihm Gott genannt hatte.

Als Abraham am dritten Tag aufblickte,
  sah er den Ort von weitem.
Da sagte Abraham zu seinen Jungknechten:
Bleibt mit dem Esel hier!
Ich will mit dem Knaben hingehen und anbeten;
dann kommen wir zu euch zurück.

Abraham nahm das Holz für das Brandopfer
  und lud es seinem Sohn Isaak auf.
Er selbst nahm das Feuer und das Messer in die Hand.
So gingen beide miteinander.
Nach einer Weile sagte Isaak zu seinem Vater Abraham: Vater!
Er antwortete: Ja, mein Sohn!
Dann sagte Isaak:
  Hier ist Feuer und Holz.
Wo aber ist das Lamm für das Brandopfer?
Abraham entgegnete:
  Gott wird sich das Opferlamm aussuchen, mein Sohn.
Und beide gingen miteinander weiter.

Als sie an den Ort kamen, den ihm Gott genannt hatte,
  baute Abraham den Altar,
schichtete das Holz auf,
fesselte seinen Sohn Isaak
und legte ihn auf den Altar, oben auf das Holz.
Schon streckte Abraham seine Hand aus
und nahm das Messer, um seinen Sohn zu schlachten.
Da rief ihm der Engel des Herrn vom Himmel her zu:
  Abraham, Abraham!
Er antwortete: Hier bin ich.
Jener sprach:
  Streck deine Hand nicht gegen den Knaben aus,
und tu ihm nichts zuleide!
Denn jetzt weiß ich, daß du Gott fürchtest;
du hast mir deinen einzigen Sohn nicht vorenthalten.
Als Abraham aufschaute,
  sah er: Ein Widder hatte sich hinter ihm
  mit seinen Hörnern im Gestrüpp verfangen.
Abraham ging hin,
  nahm den Widder
  und brachte ihn statt seines Sohnes als Brandopfer dar.

Abraham nannte jenen Ort Jahwe-Jire – Der Herr sieht –,

wie man noch heute sagt:
   Auf dem Berg läßt sich der Herr sehen.
15 Der Engel des Herrn
16 rief Abraham zum zweitenmal vom Himmel her zu
   und sprach:
   Ich habe bei mir geschworen – Spruch des Herrn:
   Weil du das getan hast
   und deinen einzigen Sohn mir nicht vorenthalten hast,
17 will ich dir Segen schenken in Fülle
   und deine Nachkommen zahlreich machen
   wie die Sterne am Himmel
   und den Sand am Meeresstrand.
   Deine Nachkommen sollen das Tor ihrer Feinde einnehmen.
18 Segnen sollen sich mit deinen Nachkommen alle Völker der Erde,
   weil du auf meine Stimme gehört hast.

Oder:

KURZFASSUNG   Gen 22, 1–2.9a.10–13.15–18

Das Opfer unseres Vaters Abraham (Meßbuch: 1. Hochgebet)

Lesung
   aus dem Buch Génesis.

In jenen Tagen
1 stellte Gott Abraham auf die Probe.
   Er sprach zu ihm: Abraham!
   Er antwortete: Hier bin ich.
2 Gott sprach: Nimm deinen Sohn,
   deinen einzigen, den du liebst, Isaak,
   geh in das Land Morija,
   und bring ihn dort auf einem der Berge, den ich dir nenne,
   als Brandopfer dar.
9a Als sie an den Ort kamen, den ihm Gott genannt hatte,
10   streckte Abraham seine Hand aus
   und nahm das Messer, um seinen Sohn zu schlachten.
11 Da rief ihm der Engel des Herrn vom Himmel her zu:
   Abraham, Abraham!
   Er antwortete: Hier bin ich.
12 Jener sprach:
   Streck deine Hand nicht gegen den Knaben aus,
   und tu ihm nichts zuleide!

Die Feier der Osternacht

Denn jetzt weiß ich, daß du Gott fürchtest;
du hast mir deinen einzigen Sohn nicht vorenthalten.
Als Abraham aufschaute,
    sah er: Ein Widder hatte sich hinter ihm
    mit seinen Hörnern im Gestrüpp verfangen.
Abraham ging hin,
    nahm den Widder
    und brachte ihn statt seines Sohnes als Brandopfer dar.

Der Engel des Herrn
    rief Abraham zum zweitenmal vom Himmel her zu
und sprach:
    Ich habe bei mir geschworen – Spruch des Herrn:
    Weil du das getan hast
    und deinen einzigen Sohn mir nicht vorenthalten hast,
will ich dir Segen schenken in Fülle
    und deine Nachkommen zahlreich machen
    wie die Sterne am Himmel
    und den Sand am Meeresstrand.
Deine Nachkommen sollen das Tor ihrer Feinde einnehmen.
Segnen sollen sich mit deinen Nachkommen alle Völker der Erde,
    weil du auf meine Stimme gehört hast.

ANTWORTPSALM   Ps 16 (15), 5 u. 8.9–10.2 u. 11 (R: 1)

R Behüte mich, Gott,   (GL 527, 7)
denn ich vertraue auf dich. – **R**

Du, Herr, gibst mir das Erbe und reichst mir den Becher; *   IV. Ton
du hältst mein Los in deinen Händen.

Ich habe den Herrn beständig vor Augen. *
Er steht mir zur Rechten, ich wanke nicht. – (**R**)

Darum freut sich mein Herz und frohlockt meine Seele; *
auch mein Leib wird wohnen in Sicherheit.

Denn du gibst mich nicht der Unterwelt preis; *
du läßt deinen Frommen das Grab nicht schauen. – (**R**)

Ich sage zum Herrn: „Du bist mein Herr; *
mein ganzes Glück bist du allein."

Du zeigst mir den Pfad zum Leben. †
Vor deinem Angesicht herrscht Freude in Fülle, *
zu deiner Rechten Wonne für alle Zeit. – **R**

GEBET

Gott, du Vater aller Gläubigen,
durch deine Gnade
mehrst du auf dem ganzen Erdenrund
die Kinder deiner Verheißung.
Durch das österliche Sakrament der Taufe
erfüllst du den Eid,
den du Abraham geschworen hast,
und machst ihn zum Vater aller Völker.
Gib allen, die du zu deinem Volk berufen hast,
die Gnade, diesem Ruf zu folgen.
Darum bitten wir durch Christus, unseren Herrn.

ZUR 3. LESUNG *Der Auszug aus Ägypten lebt in der Erinnerung Israels als das grundlegende Heilsereignis des Anfangs. Ägypten bedeutete Knechtschaft; das Schilfmeer (das Rote Meer) hätte für Israel den Tod bedeutet, wenn Gott nicht eingegriffen hätte. Der Apostel Paulus nennt den Durchzug durch das Rote Meer eine „Taufe": ein Vorbild der Taufe, in der wir mit Christus gestorben und auferstanden sind. Die Rettung am Schilfmeer ist auch Vorbild des rettenden Eingreifens Gottes am Ende der Zeit (Offb 15, 3–4).*

DRITTE LESUNG Ex 14, 15 – 15, 1

Die Israeliten zogen auf trockenem Boden mitten durch das Meer

**Lesung
aus dem Buch Éxodus.**

In jenen Tagen,
  als die Israeliten sahen, daß die Ägypter ihnen nachrückten,
  erschraken sie sehr
und schrien zum Herrn.
¹⁵ Da sprach der Herr zu Mose: Was schreist du zu mir?
Sag den Israeliten, sie sollen aufbrechen.
¹⁶ Und du heb deinen Stab hoch,
  streck deine Hand über das Meer, und spalte es,
    damit die Israeliten
    auf trockenem Boden in das Meer hineinziehen können.
¹⁷ Ich aber will das Herz der Ägypter verhärten,
  damit sie hinter ihnen hineinziehen.

Die Feier der Osternacht

So will ich am Pharao und an seiner ganzen Streitmacht,
an seinen Streitwagen und Reitern meine Herrlichkeit erweisen.
Die Ägypter sollen erkennen, daß ich der Herr bin,
wenn ich am Pharao, an seinen Streitwagen und Reitern
meine Herrlichkeit erweise.

Der Engel Gottes, der den Zug der Israeliten anführte, erhob sich
und ging an das Ende des Zuges,
und die Wolkensäule vor ihnen erhob sich
und trat an das Ende.
Sie kam zwischen das Lager der Ägypter
und das Lager der Israeliten.
Die Wolke war da und Finsternis,
und Blitze erhellten die Nacht.
So kamen sie die ganze Nacht einander nicht näher.

Mose streckte seine Hand über das Meer aus,
und der Herr trieb die ganze Nacht
das Meer durch einen starken Ostwind fort.
Er ließ das Meer austrocknen,
und das Wasser spaltete sich.
Die Israeliten zogen auf trockenem Boden ins Meer hinein,
während rechts und links von ihnen
das Wasser wie eine Mauer stand.
Die Ägypter setzten ihnen nach;
alle Pferde des Pharao, seine Streitwagen und Reiter
zogen hinter ihnen ins Meer hinein.

Um die Zeit der Morgenwache
blickte der Herr aus der Feuer- und Wolkensäule
auf das Lager der Ägypter
und brachte es in Verwirrung.
Er hemmte die Räder an ihren Wagen
und ließ sie nur schwer vorankommen.
Da sagte der Ägypter:
Ich muß vor Israel fliehen;
denn Jahwe kämpft an ihrer Seite gegen Ägypten.

Darauf sprach der Herr zu Mose:
Streck deine Hand über das Meer,
damit das Wasser zurückflutet
und den Ägypter, seine Wagen und Reiter zudeckt.

²⁷ Mose streckte seine Hand über das Meer,
und gegen Morgen flutete das Meer an seinen alten Platz zurück,
   während die Ägypter auf der Flucht ihm entgegenliefen.
So trieb der Herr die Ägypter mitten ins Meer.
²⁸ Das Wasser kehrte zurück
   und bedeckte Wagen und Reiter,
die ganze Streitmacht des Pharao,
   die den Israeliten ins Meer nachgezogen war.
Nicht ein einziger von ihnen blieb übrig.
²⁹ Die Israeliten aber waren auf trockenem Boden
   mitten durch das Meer gezogen,
während rechts und links von ihnen
   das Wasser wie eine Mauer stand.

³⁰ So rettete der Herr an jenem Tag Israel aus der Hand der Ägypter.
Israel sah die Ägypter tot am Strand liegen.
³¹ Als Israel sah,
   daß der Herr
   mit mächtiger Hand an den Ägyptern gehandelt hatte,
fürchtete das Volk den Herrn.
Sie glaubten an den Herrn
und an Mose, seinen Knecht.

¹ Damals sang Mose mit den Israeliten dem Herrn dieses Lied;
sie sagten:
   Ich singe dem Herrn ein Lied,
   denn er ist hoch und erhaben.
Rosse und Wagen warf er ins Meer.

ANTWORTPSALM

              Ex 15, 1b–2b.2c–3.4–5.6 u. 13.17–18 (R: vgl. 1bc)
R Dem Herrn will ich singen,
machtvoll hat er sich kundgetan. – R   (GL 209, 1)

¹ᵇ Ich singe dem Herrn ein Lied, †
denn er ist hoch und erhaben. *   VIII. Ton
Rosse und Wagen warf er ins Meer.

²ᵃᵇ Meine Stärke und mein Lied ist der Herr, *
er ist für mich zum Retter geworden. – (R)

Die Feier der Osternacht

¹ Er ist mein Gott, ihn will ich preisen, *
den Gott meines Vaters will ich rühmen.

Der Herr ist ein Krieger, *
Jahwe ist sein Name. – (R)

Pharaos Wagen und seine Streitmacht warf er ins Meer. *
Seine besten Kämpfer versanken im Schilfmeer.

Fluten deckten sie zu, *
sie sanken in die Tiefe wie Steine. – (R)

Deine Rechte, Herr, ist herrlich an Stärke, *
deine Rechte, Herr, zerschmettert den Feind.

Du lenktest in deiner Güte das Volk, das du erlöst hast, *
du führtest sie machtvoll zu deiner heiligen Wohnung. – (R)

Du brachtest sie hin und pflanztest sie ein *
auf dem Berg deines Erbes.

Einen Ort, wo du thronst, Herr, hast du gemacht; †
ein Heiligtum, Herr, haben deine Hände gegründet. *
Der Herr ist König für immer und ewig. – R

GEBET

Gott,
deine uralten Wunder
leuchten noch in unseren Tagen.
Was einst dein mächtiger Arm
an einem Volk getan hat,
das tust du jetzt an allen Völkern:
Einst hast du Israel
aus der Knechtschaft des Pharao befreit
und durch die Fluten des Roten Meeres geführt;
nun aber führst du alle Völker
durch das Wasser der Taufe zur Freiheit.
Gib, daß alle Menschen Kinder Abrahams werden
und zur Würde des auserwählten Volkes gelangen.
Darum bitten wir durch Christus, unseren Herrn.

Oder:

Herr, unser Gott,
du hast uns durch das Licht des Neuen Bundes
den Sinn der Wunder erschlossen,
die du im Alten Bund gewirkt hast:
Das Rote Meer
ist ein Bild für das Wasser der Taufe;
das befreite Volk Israel deutet hin
auf das heilige Volk des Neuen Bundes.
Gib, daß alle Menschen durch den Glauben
an der Würde Israels teilhaben
und im Heiligen Geist
die Gnade der Wiedergeburt empfangen.
Darum bitten wir durch Christus, unseren Herrn.

ZUR 4. LESUNG *Der Gott der ganzen Erde kümmert sich um sein Volk und seine heilige Stadt Jerusalem. Die Treulose hat seinen Zorn zu spüren bekommen (Zerstörung Jerusalems, 587 v. Chr.); jetzt aber soll sie sein Erbarmen und seine ewige Treue erfahren. Das Trostwort des Propheten weist über die geschichtliche Situation hinaus in die Zukunft, auf ein neues Jerusalem, ein erneuertes Gottesvolk.*

VIERTE LESUNG   Jes 54,5–14

Mit ewiger Huld habe ich Erbarmen mit dir, spricht dein Erlöser, der Herr

**Lesung
   aus dem Buch Jesája.**

5 Jerusalem, dein Schöpfer ist dein Gemahl,
   „Herr der Heere" ist sein Name.
   Der Heilige Israels ist dein Erlöser,
   „Gott der ganzen Erde" wird er genannt.

6 Ja, der Herr hat dich gerufen
     als verlassene, bekümmerte Frau.
   Kann man denn die Frau verstoßen,
     die man in der Jugend geliebt hat?, spricht dein Gott.

7 Nur für eine kleine Weile habe ich dich verlassen,
     doch mit großem Erbarmen hole ich dich heim.

8 Einen Augenblick nur verbarg ich vor dir mein Gesicht
     in aufwallendem Zorn;

Die Feier der Osternacht 211

aber mit ewiger Huld habe ich Erbarmen mit dir,
   spricht dein Erlöser, der Herr.

Wie in den Tagen Noachs soll es für mich sein:
So wie ich damals schwor,
   daß die Flut Noachs die Erde nie mehr überschwemmen wird,
   so schwöre ich jetzt, dir nie mehr zu zürnen
   und dich nie mehr zu schelten.
Auch wenn die Berge von ihrem Platz weichen
   und die Hügel zu wanken beginnen
   – meine Huld wird nie von dir weichen
   und der Bund meines Friedens nicht wanken,
   spricht der Herr, der Erbarmen hat mit dir.

Du Ärmste, vom Sturm Gepeitschte, die ohne Trost ist,
   sieh her:
Ich selbst lege dir ein Fundament aus Malachít
   und Grundmauern aus Saphír.
Aus Rubínen mache ich deine Zinnen,
   aus Berýll deine Tore
und alle deine Mauern aus kostbaren Steinen.
Alle deine Söhne werden Jünger des Herrn sein,
   und groß ist der Friede deiner Söhne.
Du wirst auf Gerechtigkeit gegründet sein.
Du bist fern von Bedrängnis,
   denn du brauchst dich nicht mehr zu fürchten,
und bist fern von Schrecken;
   er kommt an dich nicht heran.

ANTWORTPSALM

        Ps 30 (29),2 u. 4.5–6b.6cd u. 12a u. 13b (R: vgl. 2ab)
R Herr, du zogst mich empor aus der Tiefe;   (GL 527,6)
ich will dich rühmen in Ewigkeit. – R

Ich will dich rühmen, Herr, †   II. Ton
denn du hast mich aus der Tiefe gezogen *
und läßt meine Feinde nicht über mich triumphieren.

Herr, du hast mich herausgeholt aus dem Reich des Todes, *
aus der Schar der Todgeweihten mich zum Leben gerufen. – (R)

Singt und spielt dem Herrn, ihr seine Frommen, *
preist seinen heiligen Namen!

6ab Denn sein Zorn dauert nur einen Augenblick, *
doch seine Güte ein Leben lang. – (R)

6cd Wenn man am Abend auch weint, *
am Morgen herrscht wieder Jubel.

12a Du hast mein Klagen in Tanzen verwandelt, *
13b Herr, mein Gott, ich will dir danken in Ewigkeit.

R Herr, du zogst mich empor aus der Tiefe;
ich will dich rühmen in Ewigkeit.

GEBET

Allmächtiger, ewiger Gott,
verherrliche deinen Namen,
Gewähre, was du den Vätern
um ihres Glaubens willen versprochen hast,
und mehre durch die Taufe die Zahl deiner Kinder.
Laß deine Kirche erfahren, daß sich erfüllt,
was die Heiligen des Alten Bundes gläubig erhofft haben.
Darum bitten wir durch Christus, unseren Herrn.

ZUR 5. LESUNG *Frühere Heilsankündigungen haben von der Rettung als Befreiung aus der Gefangenschaft und Rückkehr in die Heimat gesprochen. In Jesaja 54–55 wird das kommende Heil als neuer Bund bezeichnet, ein „ewiger Bund", in dem sich die früheren Verheißungen erfüllen. Gott ist treu, aber er kann nur einem Volk helfen, das seine Armut vor Gott begreift und sich für die Gabe Gottes öffnet.*

FÜNFTE LESUNG Jes 55,1–11

Kommt zu mir, dann werdet ihr leben. Ich will einen ewigen Bund mit euch schließen

**Lesung
aus dem Buch Jesája.**

So spricht der Herr:
1 Auf, ihr Durstigen, kommt alle zum Wasser!
Auch wer kein Geld hat, soll kommen.

Kauft Getreide, und eßt, kommt und kauft ohne Geld,
kauft Wein und Milch ohne Bezahlung!
Warum bezahlt ihr mit Geld, was euch nicht nährt,
und mit dem Lohn eurer Mühen, was euch nicht satt macht?
Hört auf mich, dann bekommt ihr das Beste zu essen
und könnt euch laben an fetten Speisen.

Neigt euer Ohr mir zu, und kommt zu mir,
hört, dann werdet ihr leben.
Ich will einen ewigen Bund mit euch schließen
  gemäß der beständigen Huld, die ich David erwies.
Seht her: Ich habe ihn zum Zeugen für die Völker gemacht,
zum Fürsten und Gebieter der Nationen.
Völker, die du nicht kennst, wirst du rufen;
Völker, die dich nicht kennen, eilen zu dir,
um des Herrn, deines Gottes, des Heiligen Israels willen,
weil er dich herrlich gemacht hat.

Sucht den Herrn, solange er sich finden läßt,
ruft ihn an, solange er nahe ist.
Der Ruchlose soll seinen Weg verlassen,
  der Frevler seine Pläne.
Er kehre um zum Herrn,
  damit er Erbarmen hat mit ihm,
und zu unserem Gott;
  denn er ist groß im Verzeihen.
Meine Gedanken sind nicht eure Gedanken,
  und eure Wege sind nicht meine Wege – Spruch des Herrn.
So hoch der Himmel über der Erde ist,
  so hoch erhaben sind meine Wege über eure Wege
  und meine Gedanken über eure Gedanken.

Denn wie der Regen und der Schnee vom Himmel fällt
  und nicht dorthin zurückkehrt,
sondern die Erde tränkt
  und sie zum Keimen und Sprossen bringt,
wie er dem Sämann Samen gibt und Brot zum Essen,
  so ist es auch mit dem Wort, das meinen Mund verläßt:
Es kehrt nicht leer zu mir zurück,
  sondern bewirkt, was ich will,
und erreicht all das, wozu ich es ausgesandt habe.

ANTWORTPSALM Jes 12,2.3 u. 4bcd.5–6 (R: 3)

R Ihr werdet Wasser schöpfen voll Freude (GL 209, 2)
aus den Quellen des Heils. – R

2 Gott ist meine Rettung; * VII. Ton
ihm will ich vertrauen und niemals verzagen.

Denn meine Stärke und mein Lied ist der Herr. *
Er ist für mich zum Retter geworden. – (R)

3 Ihr werdet Wasser schöpfen voll Freude *
aus den Quellen des Heils.

4bcd Dankt dem Herrn! Ruft seinen Namen an! †
Macht seine Taten unter den Völkern bekannt, *
verkündet: Sein Name ist groß und erhaben! – (R)

5 Preist den Herrn, denn herrliche Taten hat er vollbracht; *
auf der ganzen Erde soll man es wissen.

6 Jauchzt und jubelt, ihr Bewohner von Zion, *
denn groß ist in eurer Mitte der Heilige Israels. – R

GEBET

Allmächtiger, ewiger Gott,
du einzige Hoffnung der Welt,
durch die Propheten
hast du die Heilsereignisse angekündigt,
die sich in unseren Tagen erfüllen.
Erwecke du selbst in uns das Verlangen,
dir immer treuer zu dienen;
denn niemand macht Fortschritte im Guten,
wenn ihn nicht deine Gnade führt.
Darum bitten wir durch Christus, unseren Herrn.

ZUR 6. LESUNG *In den Werken der Schöpfung offenbart Gott
seine Macht und Größe. Bei allen Völkern gab es weise Menschen, die
in der wohlgeordneten Schönheit die Spuren Gottes erkannten. Der
Vorzug Israels aber war es, daß Gott selbst es auf den Weg der Weisheit geführt hat. In den Zehn Geboten soll es den Weg erkennen, auf
dem es Leben, Frieden und Glück findet.*

Die Feier der Osternacht

SECHSTE LESUNG Bar 3,9–15.32 – 4,4
Geh deinen Weg im Licht der Weisheit Gottes

**Lesung
aus dem Buch Baruch.**

Höre, Israel, die Gebote des Lebens;
merkt auf, um Einsicht zu erlangen.
Warum, Israel, warum lebst du im Gebiet der Feinde,
siechst dahin in einem fremden Land,
bist unrein geworden, den Toten gleich,
wurdest zu den Abgeschiedenen gezählt?
Du hast den Quell der Weisheit verlassen.
Wärest du auf Gottes Weg gegangen,
du wohntest in Frieden für immer.
Nun lerne, wo die Einsicht ist,
wo Kraft und wo Klugheit,
dann erkennst du zugleich,
wo langes Leben und Lebensglück,
wo Licht für die Augen und Frieden zu finden sind.

Wer hat je den Ort der Weisheit gefunden?
Wer ist zu ihren Schatzkammern vorgedrungen?
Doch der Allwissende kennt sie;
er hat sie in seiner Einsicht entdeckt.
Er hat ja die Erde für immer gegründet,
er hat sie mit Tieren bevölkert.
Er entsendet das Licht, und es eilt dahin;
er ruft es zurück, und zitternd gehorcht es ihm.
Froh leuchten die Sterne auf ihren Posten.
Ruft er sie,
so antworten sie: Hier sind wir.
Sie leuchten mit Freude für ihren Schöpfer.
Das ist unser Gott;
kein anderer gilt neben ihm.
Er hat den Weg der Weisheit ganz erkundet
und hat sie Jakob, seinem Diener, verliehen,
Israel, seinem Liebling.
Dann erschien sie auf der Erde
und hielt sich unter den Menschen auf.

Sie ist das Buch der Gebote Gottes,
das Gesetz, das ewig besteht.

Alle, die an ihr festhalten, finden das Leben;
doch alle, die sie verlassen, verfallen dem Tod.
2 Kehr um, Jakob, ergreif sie!
Geh deinen Weg im Glanz ihres Lichtes!
3 Überlaß deinen Ruhm keinem andern,
dein Vorrecht keinem fremden Volk!
4 Glücklich sind wir, das Volk Israel;
denn wir wissen, was Gott gefällt.

ANTWORTPSALM Ps 19 (18), 8.9.10.11–12 (R: Joh 6, 68)

R Herr, du hast Worte des ewigen Lebens. – R (GL 465)

8 Die Weisung des Herrn ist vollkommen und gut, * II. Ton
sie erquickt den Menschen.

Das Gesetz des Herrn ist verläßlich, *
den Unwissenden macht es weise. – (R)

9 Die Befehle des Herrn sind richtig, *
sie erfreuen das Herz;

das Gebot des Herrn ist lauter, *
es erleuchtet die Augen. (R)

10 Die Furcht des Herrn ist rein, *
sie besteht für immer.

Die Urteile des Herrn sind wahr, *
gerecht sind sie alle. (R)

11 Sie sind kostbarer als Gold, als Feingold in Menge. *
Sie sind süßer als Honig, als Honig aus Waben.

12 Auch dein Knecht läßt sich von ihnen warnen; *
wer sie beachtet, hat reichen Lohn. – R

GEBET

Gott, unser Vater,
du mehrst die Zahl deiner Kinder
und rufst aus allen Völkern
Menschen in deine Kirche.
Beschütze gütig die Täuflinge,
damit sie den Quell der Weisheit niemals verlassen
und auf deinen Wegen gehen.
Darum bitten wir durch Christus, unseren Herrn.

Die Feier der Osternacht

ZUR 7. LESUNG *Nach der Zerstörung Jerusalems (587 v. Chr.) empfängt der Prophet ein Gotteswort, das ihm das Geschehene deutet und die Zukunft enthüllt. Gott wird Israel nicht seinem Schicksal überlassen. Er ist ja nicht irgendein Gott; er ist Jahwe Zebaot, der Herr der Heere, Israels Gott. Die Rettung wird aber nicht nur darin bestehen, daß die Gefangenen heimkehren dürfen; Gott wird ihnen ein neues Herz und einen neuen Geist geben. Mit einem erneuerten Volk wird er einen neuen Bund schließen.*

SIEBTE LESUNG

Ez 36, 16–17a. 18–28

Ich gieße reines Wasser über euch aus und schenke euch ein neues Herz

Lesung
   aus dem Buch Ezéchiel.

Das Wort des Herrn erging an mich:
Hör zu, Menschensohn!
Als Israel in seinem Land wohnte,
   machten sie das Land durch ihr Verhalten und ihre Taten unrein.
Da goß ich meinen Zorn über sie aus,
   weil sie Blut vergossen im Land
   und das Land mit ihren Götzen befleckten.
Ich zerstreute sie unter die Völker;
in alle Länder wurden sie vertrieben.
Nach ihrem Verhalten und nach ihren Taten habe ich sie gerichtet.
Als sie aber zu den Völkern kamen,
   entweihten sie überall, wohin sie kamen,
   meinen heiligen Namen;
denn man sagte von ihnen:
   Das ist das Volk Jahwes,
   und doch mußten sie sein Land verlassen.
Da tat mir mein heiliger Name leid,
   den das Haus Israel bei den Völkern entweihte,
   wohin es auch kam.

Darum sag zum Haus Israel:
   So spricht Gott, der Herr:
Nicht euretwegen handle ich, Haus Israel,
sondern um meines heiligen Namens willen,
   den ihr bei den Völkern entweiht habt,
   wohin ihr auch gekommen seid.

23 Meinen großen, bei den Völkern entweihten Namen,
　　den ihr mitten unter ihnen entweiht habt,
　　　werde ich wieder heiligen.
　Und die Völker
　　– Spruch Gottes, des Herrn –
　　werden erkennen, daß ich der Herr bin,
　wenn ich mich an euch vor ihren Augen als heilig erweise.
24 Ich hole euch heraus aus den Völkern,
　ich sammle euch aus allen Ländern und bringe euch in euer Land.
25 Ich gieße reines Wasser über euch aus,
　dann werdet ihr rein.
　Ich reinige euch von aller Unreinheit und von allen euren Götzen.
26 Ich schenke euch ein neues Herz
　　und lege einen neuen Geist in euch.
　Ich nehme das Herz von Stein aus eurer Brust
　　und gebe euch ein Herz von Fleisch.
27 Ich lege meinen Geist in euch
　und bewirke, daß ihr meinen Gesetzen folgt
　　und auf meine Gebote achtet
　　und sie erfüllt.
28 Dann werdet ihr in dem Land wohnen,
　　das ich euren Vätern gab.
　Ihr werdet mein Volk sein,
　　und ich werde euer Gott sein.

ANTWORTPSALM
Ps 42 (41), 3.5 u. 10a; 43 (42), 3–4 (R: vgl. 42 [41], 2)

R Wie der Hirsch verlangt nach frischem Wasser,　　　(GL 209, 3)
　so verlangt meine Seele, Gott, nach dir. – R

42,3 Meine Seele dürstet nach Gott, *　　　　　　　　　I. Ton
　nach dem lebendigen Gott.
　Wann darf ich kommen *
　und Gottes Antlitz schauen? – (R)

5 Das Herz geht mir über, wenn ich daran denke: †
　wie ich zum Haus Gottes zog in festlicher Schar, *
　mit Jubel und Dank in feiernder Menge.

10a Ich sage zu Gott, meinem Fels: *
　„Warum hast du mich vergessen?" – (R)

Die Feier der Osternacht

3 Sende dein Licht und deine Wahrheit, damit sie mich leiten; *
sie sollen mich führen zu deinem heiligen Berg und zu deiner
Wohnung.

So will ich zum Altar Gottes treten, zum Gott meiner Freude. *
Jauchzend will ich dich auf der Harfe loben, Gott, mein Gott. – R

Falls eine Taufe gespendet wird:
Jes 12,2.3 u. 4bcd.5–6 (R: 3), siehe S. 214.

Oder:

ANTWORTPSALM   Ps 51 (50), 12–13.14–15.18–19 (R: vgl. 12a)

R Ein reines Herz erschaffe mir, o Gott. – R   (GL 528, 2)

Erschaffe mir, Gott, ein reines Herz, *   III. Ton
und gib mir einen neuen, beständigen Geist!

Verwirf mich nicht von deinem Angesicht, *
und nimm deinen heiligen Geist nicht von mir! – (R)

Mach mich wieder froh mit deinem Heil; *
mit einem willigen Geist rüste mich aus!

Dann lehre ich Abtrünnige deine Wege, *
und die Sünder kehren um zu dir. – (R)

Schlachtopfer willst du nicht, ich würde sie dir geben; *
an Brandopfern hast du kein Gefallen.

Das Opfer, das Gott gefällt, ist ein zerknirschter (·) Geist, *
ein zerbrochenes und zerschlagenes Herz wirst du, Gott, nicht
verschmähen. – R

GEBET

Gott,
du unwandelbare Kraft, du ewiges Licht,
schau gütig auf deine Kirche
und wirke durch sie das Heil der Menschen.
So erfahre die Welt,
was du von Ewigkeit her bestimmt hast:
Was alt ist, wird neu,
was dunkel ist, wird licht,
was tot war, steht auf zum Leben,

und alles wird wieder heil in dem,
der der Ursprung von allem ist,
in unserem Herrn Jesus Christus,
der mit dir lebt und herrscht in alle Ewigkeit.

Oder:

Herr, unser Gott,
durch die Schriften des Alten und des Neuen Bundes
führst du uns ein
in das Geheimnis dieser heiligen Nacht.
Öffne unsere Augen für das Werk deines Erbarmens
und schenk uns durch die Gnade dieser Osternacht
die feste Zuversicht, daß auch unser Leben
in deiner Herrlichkeit vollendet wird.
Darum bitten wir durch Christus, unseren Herrn.

Oder (wenn eine Taufe folgt):

Sei uns nahe, allmächtiger Gott,
und wirke in den Sakramenten,
die uns deine Liebe schenkt:
Sende den Geist aus,
der uns zu deinen Kindern macht,
den Geist, durch den dir aus dem Wasser der Taufe
ein neues Volk geboren wird.
Was wir unter heiligen Zeichen vollziehen,
das vollende du mit deiner Kraft.
Darum bitten wir durch Christus, unseren Herrn.

Nach dem Gebet zur letzten Lesung aus dem Alten Testament:
Ehre sei Gott, S. 344 ff.

TAGESGEBET

Lasset uns beten.

Gott, du hast diese Nacht hell gemacht
durch den Glanz der Auferstehung unseres Herrn.
Erwecke in deiner Kirche den Geist der Kindschaft,
den du uns durch die Taufe geschenkt hast,
damit wir neu werden an Leib und Seele
und dir mit aufrichtigem Herzen dienen.
Darum bitten wir durch Jesus Christus.

Die Feier der Osternacht

ZUR EPISTEL *Christus ist ein für allemal gestorben und von den Toten auferstanden; sein Leben ist göttliches Leben. In diese Christuswirklichkeit sind wir durch die Taufe eingetreten; alles hat Gott uns durch ihn und mit ihm geschenkt. Aber was wir empfangen haben, muß gelebte Wirklichkeit werden: in der Zustimmung des Glaubens und im Ja des Gehorsams.*

EPISTEL Röm 6, 3—11

Sind wir mit Christus gestorben, so glauben wir, daß wir auch mit ihm leben werden

Lesung
   aus dem Brief des Apostels Paulus an die Römer.

Brüder!
Wir alle, die wir auf Christus Jesus getauft wurden,
   sind auf seinen Tod getauft worden.
Wir wurden mit ihm begraben durch die Taufe auf den Tod;
und wie Christus durch die Herrlichkeit des Vaters
   von den Toten auferweckt wurde,
   so sollen auch wir als neue Menschen leben.

Wenn wir nämlich ihm gleich geworden sind in seinem Tod,
   dann werden wir mit ihm
   auch in seiner Auferstehung vereinigt sein.
Wir wissen doch:
Unser alter Mensch wurde mitgekreuzigt,
   damit der von der Sünde beherrschte Leib vernichtet werde
und wir nicht Sklaven der Sünde bleiben.
Denn wer gestorben ist,
   der ist frei geworden von der Sünde.

Sind wir nun mit Christus gestorben,
   so glauben wir, daß wir auch mit ihm leben werden.
Wir wissen,
   daß Christus, von den Toten auferweckt, nicht mehr stirbt;
der Tod hat keine Macht mehr über ihn.
Denn durch sein Sterben
   ist er ein für allemal gestorben für die Sünde,
sein Leben aber lebt er für Gott.
So sollt auch ihr euch als Menschen begreifen,
   die für die Sünde tot sind,
   aber für Gott leben in Christus Jesus.

ANTWORTPSALM
Ps 118 (117), 1–2.16–17.22–23

R Halleluja, halleluja, halleluja. – R (GL 209, 4)

1 Danket dem Herrn, denn er ist gütig, * VIII. Ton
denn seine Huld währt ewig.

2 So soll Israel sagen: *
Denn seine Huld währt ewig. – (R)

16 „Die Rechte des Herrn ist erhoben, *
die Rechte des Herrn wirkt mit Macht!"

17 Ich werde nicht sterben, sondern leben, *
um die Taten des Herrn zu verkünden. – (R)

22 Der Stein, den die Bauleute verwarfen, *
er ist zum Eckstein geworden.

23 Das hat der Herr vollbracht, *
vor unseren Augen geschah dieses Wunder. – R

ZUM EVANGELIUM *Am Ostermorgen waren die Jünger bestürzt und ratlos. Was ihnen die Frauen vom Grab Jesu erzählten, hielten sie für Geschwätz und glaubten es nicht. Petrus will der Sache auf den Grund gehen, aber er sieht nur das leere Grab und die zurückgelassenen Leinentücher. Voll Verwunderung über das Geschehene sei er wieder nach Hause gegangen, berichtet Lukas (24, 12). Diese Verwunderung war aus Staunen und Entsetzen gemischt, sie war noch kein Glaube. Jesus selbst mußte den Jüngern die Augen öffnen. Er muß sie auch uns öffnen, sonst sehen wir nur Probleme, anstatt dem Auferstandenen zu begegnen.*

EVANGELIUM
Lk 24, 1–12

Was sucht ihr den Lebenden bei den Toten?

☩ Aus dem heiligen Evangelium nach Lukas.

1 Am ersten Tag der Woche
gingen die Frauen
mit den wohlriechenden Salben, die sie zubereitet hatten,
in aller Frühe zum Grab.

2 Da sahen sie,
daß der Stein vom Grab weggewälzt war;

Die Feier der Osternacht

sie gingen hinein,
aber den Leichnam Jesu, des Herrn, fanden sie nicht.

Während sie ratlos dastanden,
  traten zwei Männer in leuchtenden Gewändern zu ihnen.
Die Frauen erschraken und blickten zu Boden.
Die Männer aber sagten zu ihnen:
  Was sucht ihr den Lebenden bei den Toten?
Er ist nicht hier,
  sondern er ist auferstanden.
Erinnert euch an das, was er euch gesagt hat,
  als er noch in Galiläa war:
Der Menschensohn muß den Sündern ausgeliefert
  und gekreuzigt werden
  und am dritten Tag auferstehen.
Da erinnerten sie sich an seine Worte.
Und sie kehrten vom Grab in die Stadt zurück
und berichteten alles den Elf und den anderen Jüngern.

Es waren Maria Magdalene,
  Johanna und Maria, die Mutter des Jakobus;
auch die übrigen Frauen, die bei ihnen waren,
  erzählten es den Aposteln.
Doch die Apostel hielten das alles für Geschwätz
  und glaubten ihnen nicht.

Petrus aber stand auf und lief zum Grab.
Er beugte sich vor,
  sah aber nur die Leinenbinden dort liegen.
Dann ging er nach Hause,
voll Verwunderung über das, was geschehen war.

Dritter Teil

TAUFFEIER

Allerheiligenlitanei
(entfällt, wenn keine Taufe gespendet und auch kein Taufwasser gesegnet wird)

Kyrie, eleison.	*Oder:* Herr, erbarme dich.
Christe, eleison.	Christus, erbarme dich.
Kyrie, eleison.	Herr, erbarme dich.
Heilige Maria, Mutter Gottes	**A:** Bitte für uns.
Heiliger Michael	

Ihr heiligen Engel Gottes — A: Bittet für uns.
Heiliger Johannes der Täufer — A: Bitte für uns.
Heiliger Josef
Heilige Apostel Petrus und Paulus — A: Bittet für uns.
Heiliger Andreas — A: Bitte für uns.
Heiliger Johannes
Heilige Maria Magdalena
Heiliger Stephanus
Heiliger Ignatius von Antiochien
Heiliger Laurentius
Heilige Perpetua und Felizitas — A: Bittet für uns.
Heilige Agnes — A: Bitte für uns.
Heiliger Gregor
Heiliger Augustinus
Heiliger Athanasius
Heiliger Basilius
Heiliger Martin
Heiliger Benedikt
Heiliger Franziskus
Heiliger Dominikus
Heiliger Franz Xaver
Heiliger Pfarrer von Ars
Heilige Katharina von Siena
Heilige Theresia von Ávila
Alle Heiligen Gottes — A: Bittet für uns.
Jesus, sei uns gnädig — A: Herr, befreie uns.
Von allem Bösen
Von aller Sünde
Von der ewigen Verdammnis
Durch deine Menschwerdung und dein heiliges Leben
Durch dein Sterben und dein Auferstehn
Durch die Sendung des Heiligen Geistes
Wir armen Sünder — A: Wir bitten dich, erhöre uns.

Wenn getauft wird:

Schenke diesem (diesen) Erwählten im Wasser der Taufe das neue Leben

Wenn nicht getauft wird:

Heilige in deiner Gnade dieses Wasser für die Taufe deiner Kinder
Jesus, Sohn des lebendigen Gottes
Christus, höre uns. — A: Christus, erhöre uns.

Taufwasserweihe

Der Priester segnet das Taufwasser:

Allmächtiger, ewiger Gott, deine unsichtbare Macht bewirkt das Heil der Menschen durch sichtbare Zeichen. Auf vielfältige Weise hast du das Wasser dazu erwählt, daß es hinweise auf das Geheimnis der Taufe: Schon im Anfang der Schöpfung schwebte dein Geist über dem Wasser und schenkte ihm die Kraft, zu retten und zu heiligen. Selbst die Sintflut war ein Zeichen der Taufe, denn das Wasser brachte der Sünde den Untergang und heiligem Leben einen neuen Anfang. Als die Kinder Abrahams, aus Pharaos Knechtschaft befreit, trockenen Fußes das Rote Meer durchschritten, da waren sie ein Bild deiner Gläubigen, die durch das Wasser der Taufe aus der Knechtschaft des Bösen befreit sind.

Allmächtiger, ewiger Gott, dein geliebter Sohn wurde von Johannes im Jordan getauft und von dir gesalbt mit Heiligem Geiste. Als er am Kreuz hing, flossen aus seiner Seite Blut und Wasser. Nach seiner Auferstehung befahl er den Jüngern: „Geht hin und lehret alle Völker und taufet sie im Namen des Vaters und des Sohnes und des Heiligen Geistes."

Allmächtiger, ewiger Gott, schau gnädig auf deine Kirche und öffne ihr den Brunnen der Taufe. Dieses Wasser empfange die Gnade deines eingeborenen Sohnes vom Heiligen Geiste, damit der Mensch, der auf dein Bild hin geschaffen ist, durch das Sakrament der Taufe gereinigt wird von der alten Schuld und aus Wasser und Heiligem Geiste aufersteht zum neuen Leben deiner Kinder.

Bei den folgenden Worten kann der Priester die Osterkerze einmal oder dreimal in das Wasser einsenken:

Durch deinen geliebten Sohn steige herab in dieses Wasser die Kraft des Heiligen Geistes, damit alle, die durch die Taufe mit Christus begraben sind in seinen Tod, durch die Taufe mit Christus auferstehn zum ewigen Leben. Darum bitten wir durch Jesus Christus, deinen Sohn, unseren Herrn und Gott, der in der Einheit des Heiligen Geistes mit dir lebt und herrscht in Ewigkeit.
A: Amen.

Zuruf   Dan 3, 77

Preist, ihr Quellen, den Herrn,
lobt und erhebt ihn in Ewigkeit!

Oder ein Lied.

Nun werden die einzelnen Täuflinge über ihren Glauben befragt und getauft. Erwachsene Täuflinge empfangen sofort nach der Taufe die Firmung, wenn ein Bischof oder ein Priester mit Firmvollmacht anwesend ist.

Folgt keine Taufe und wird auch kein Taufwasser gesegnet, dann segnet der Priester das Wasser mit folgendem Gebet:

Liebe Brüder und Schwestern!
Wir bitten den Herrn, daß er dieses Wasser segne, mit dem wir nun besprengt werden. Das geweihte Wasser soll uns an die Taufe erinnern; Gott aber erneuere in uns seine Gnade, damit wir dem Geist treu bleiben, den wir empfangen haben.

Kurze Gebetsstille. Dann:

Herr, unser Gott, sei deinem Volk nahe, das wachend und betend diese Osternacht feiert. Du hast uns wunderbar erschaffen und noch wunderbarer wiederhergestellt. Wir gedenken deiner großen Taten und bitten dich:
Segne dieses Wasser, das uns an deine Sorge für uns Menschen erinnert. Im Anfang hast du das Wasser erschaffen, damit es der Erde Fruchtbarkeit bringt und uns Menschen zum frischen Trunk und zum reinigenden Bad wird.
Du hast das Wasser in Dienst genommen für das Werk deines Erbarmens: Im Roten Meer hast du dein Volk durch das Wasser aus der Knechtschaft Ägyptens befreit, in der Wüste mit Wasser aus dem Felsen seinen Durst gestillt.
Die Propheten sahen im Bild des lebendigen Wassers den Neuen Bund, den du mit uns Menschen schließen wolltest.
Durch das Wasser, das Christus im Jordan geheiligt hat, reinigst du im Bad der Taufe den sündigen Menschen und schenkst ihm das neue Leben deiner Kinder.
Darum sei dieses Wasser eine Erinnerung an unsere Taufe, es vereinige uns in österlicher Freude mit unseren Brüdern und Schwestern, die in dieser heiligen Nacht getauft werden, und mit allen, die aus dem Wasser und dem Heiligen Geist wiedergeboren sind zum ewigen Leben. Darum bitten wir durch Christus, unseren Herrn.
A: Amen.

Erneuerung des Taufversprechens

Nach der Spendung der Taufe (und der Firmung) oder, falls eine solche nicht stattfand, nach der Segnung des Wassers erneuern alle, mit brennenden Kerzen in den Händen, das Taufbekenntnis:

Die Feier der Osternacht

Priester:
Liebe Brüder und Schwestern!
Wir alle sind einst durch das österliche Geheimnis der Taufe mit Christus begraben worden, damit wir mit ihm auferstehen zu einem neuen Leben. Nach den vierzig Tagen der Fastenzeit, in denen wir uns auf Ostern vorbereitet haben, wollen wir darum das Taufversprechen erneuern, mit dem wir einst dem Satan abgeschworen und Gott versprochen haben, ihm, unserem Herrn, in der heiligen katholischen Kirche zu dienen.
Deshalb frage ich euch:
P: Widersagt ihr dem Satan?
A: Ich widersage.
P: Und all seiner Bosheit?
A: Ich widersage.
P: Und all seinen Verlockungen?
A: Ich widersage.

Oder:

P: Widersagt ihr dem Bösen, um in der Freiheit der Kinder Gottes leben zu können?
A: Ich widersage.
P: Widersagt ihr den Verlockungen des Bösen, damit es nicht Macht über euch gewinnt?
A: Ich widersage.
P: Widersagt ihr dem Satan, dem Urheber des Bösen?
A: Ich widersage.

Dann fragt der Priester:
P: Glaubt ihr an Gott, den Vater, den Allmächtigen, den Schöpfer des Himmels und der Erde?
A: Ich glaube.
P: Glaubt ihr an Jesus Christus, seinen eingeborenen Sohn, unseren Herrn, der geboren ist von der Jungfrau Maria, der gelitten hat und begraben wurde, von den Toten auferstand und zur Rechten des Vaters sitzt?
A: Ich glaube.
P: Glaubt ihr an den Heiligen Geist, die heilige katholische Kirche, die Gemeinschaft der Heiligen, die Vergebung der Sünden, die Auferstehung der Toten und das ewige Leben?
A: Ich glaube.

Der Priester schließt:
Der allmächtige Gott, der Vater unseres Herrn Jesus Christus, hat uns aus dem Wasser und dem Heiligen Geist neues Leben geschenkt und uns alle Sünden vergeben. Er bewahre uns durch seine Gnade in Christus Jesus, unserem Herrn, zum ewigen Leben.
A: Amen.

Der Priester besprengt die Gemeinde mit dem gesegneten Wasser, währenddessen singen alle die Antiphon:
Ich sah ein Wasser ausgehen vom Tempel,
von dessen rechter Seite.
Halleluja, Halleluja.
Und alle, zu denen das Wasser kam, wurden gerettet,
und sie werden rufen:
Halleluja, Halleluja.

Danach geht der Priester an seinen Sitz und spricht die Fürbitten. Das Glaubensbekenntnis entfällt.

Vierter Teil
EUCHARISTIEFEIER

Der Priester geht zum Altar und beginnt in der gewohnten Weise die Eucharistiefeier.

Wir sind mit Christus auferstanden. Er ist in unserer Mitte gegenwärtig. Wir danken dem Vater durch ihn; wir bitten ihn, daß er uns zu glaubwürdigen Zeugen seiner Auferstehung mache.

GABENGEBET

Herr, unser Gott,
nimm die Gebete und Gaben deines Volkes an
und gib, daß diese österliche Feier,
die im Opfer des wahren Osterlammes ihren Ursprung hat,
uns zum ewigen Heil führt.
Darum bitten wir durch Christus, unseren Herrn.

Osterpräfation I: diese Nacht, S. 410.
In den Hochgebeten I–III eigene Einschübe.

KOMMUNIONVERS 1 Kor 5, 7–8

Unser Osterlamm ist geopfert, Christus, der Herr. Halleluja! Wir sind befreit von Sünde und Schuld. So laßt uns Festmahl halten in Freude. Halleluja!

SCHLUSSGEBET

Herr, unser Gott,
du hast uns durch die österlichen Sakramente gestärkt.
Schenke uns den Geist deiner Liebe,
damit deine Gemeinde ein Herz und eine Seele wird.
Darum bitten wir durch Christus, unseren Herrn.

Zur Entlassung:

Gehet hin in Frieden. Halleluja, Halleluja.
Dank sei Gott, dem Herrn. Halleluja, Halleluja.

ZUM NACHDENKEN
Der neue Mensch

„Der auferstandene Christus trägt die neue Menschheit in sich,
das letzte herrliche Ja Gottes zum neuen Menschen.
Zwar lebt die Menschheit noch im Alten,
aber sie ist schon über das Alte hinaus,
zwar lebt sie noch in einer Welt des Todes,
aber sie ist schon über den Tod hinaus,
zwar lebt sie noch in einer Welt der Sünde,
aber sie ist schon über die Sünde hinaus.
Die Nacht ist noch nicht vorüber,
aber es tagt schon."
(D. Bonhoeffer)

OSTERSONNTAG

Am Tag

Zwischen der Auferstehung Christi und der Offenbarung seiner Macht und Herrlichkeit läuft unsere Zeit, unser Weg. Wir gehen im Licht des Glaubens, oder auch: in der Dunkelheit des Glaubens. Unser Glaube stützt sich auf das Zeugnis derer, die den Auferstandenen gesehen haben. Die Welt um uns aber und die Generationen nach uns leben von dem Glauben, den wir bekennen und durch unser Leben bezeugen.

ERÖFFNUNGSVERS   Vgl. Ps 139 (138), 18.5–6

Ich bin erstanden und bin immer bei dir. Halleluja.
Du hast deine Hand auf mich gelegt. Halleluja.
Wie wunderbar ist für mich dieses Wissen. Halleluja.

Oder: Vgl. Lk 24, 34; Offb 1, 6

Der Herr ist auferstanden, er ist wahrhaft auferstanden. Halleluja.
Sein ist die Macht und die Herrlichkeit in Ewigkeit. Halleluja.

Ehre sei Gott, S. 344 ff.

TAGESGEBET

Allmächtiger, ewiger Gott,
am heutigen Tag
hast du durch deinen Sohn den Tod besiegt
und uns den Zugang zum ewigen Leben erschlossen.
Darum begehen wir in Freude
das Fest seiner Auferstehung.
Schaffe uns neu durch deinen Geist,
damit auch wir auferstehen
und im Licht des Lebens wandeln.
Darum bitten wir durch Jesus Christus.

ZUR 1. LESUNG   *In knappen, inhaltsschweren Sätzen ist in der Petrusrede das apostolische Zeugnis über Jesus zusammengefaßt. In der Mitte steht die Botschaft von seinem Tod und seiner Auferstehung. „Gott hat ihn auferweckt": Auf diesem Zeugnis ruhen unser Oster-*

Ostersonntag

glaube und unsere ganze Hoffnung. Jesus lebt. Gott hat ihn zum Richter über Lebende und Tote bestellt. Der Richter ist aber auch der Retter: Wer an ihn glaubt, wird leben; ihm werden die Sünden vergeben.

ERSTE LESUNG   Apg 10, 34a.37–43

Wir haben mit ihm nach seiner Auferstehung gegessen und getrunken

Lesung
   aus der Apostelgeschichte.

In jenen Tagen
a   begann Petrus zu reden
und sagte:
   Ihr wißt, was im ganzen Land der Juden geschehen ist,
angefangen in Galiläa,
nach der Taufe, die Johannes verkündet hat:
wie Gott Jesus von Nazaret gesalbt hat
   mit dem Heiligen Geist und mit Kraft,
wie dieser umherzog,
Gutes tat
und alle heilte, die in der Gewalt des Teufels waren;
denn Gott war mit ihm.
Und wir sind Zeugen
   für alles, was er im Land der Juden und in Jerusalem getan hat.

Ihn haben sie an den Pfahl gehängt und getötet.
Gott aber hat ihn am dritten Tag auferweckt
und hat ihn erscheinen lassen,
zwar nicht dem ganzen Volk,
wohl aber den von Gott vorherbestimmten Zeugen:
uns, die wir mit ihm nach seiner Auferstehung von den Toten
   gegessen und getrunken haben.

Und er hat uns geboten, dem Volk zu verkündigen
und zu bezeugen:
Das ist der von Gott eingesetzte Richter
   der Lebenden und der Toten.

Von ihm bezeugen alle Propheten,
   daß jeder, der an ihn glaubt,
   durch seinen Namen die Vergebung der Sünden empfängt.

ANTWORTPSALM   Ps 118 (117), 1–2.16–17.22–23 (R: vgl. 24)

R Das ist der Tag, den der Herr gemacht; (GL 232, 4)
laßt uns jubeln und seiner uns freuen. – R

Oder: **Halleluja. – R**

1 Danket dem Herrn, denn er ist gütig, * VI. Ton
   denn seine Huld währt ewig!
2 So soll Israel sagen: *
   Denn seine Huld währt ewig. – (R)
16 Die Rechte des Herrn ist erhoben, *
    die Rechte des Herrn wirkt mit Macht!
17 Ich werde nicht sterben, sondern leben, *
    um die Taten des Herrn zu verkünden. – (R)
22 Der Stein, den die Bauleute verwarfen, *
    er ist zum Eckstein geworden.
23 Das hat der Herr vollbracht, *
    vor unseren Augen geschah dieses Wunder. – R

ZUR 2. LESUNG *Die Auferstehung Jesu erweist sich dort als wahr und wirklich, wo sie Folgen hat. Wer auf den Tod und die Auferstehung Jesu getauft worden ist, dessen Leben ist von Christus her geprägt. Noch sind wir nicht endgültig da, wo Christus ist: „oben", „in der Herrlichkeit" der Vollendung, aber unser Denken, Suchen und Hoffen geht dorthin.*

ZWEITE LESUNG   Kol 3, 1–4

Strebt nach dem, was im Himmel ist, wo Christus zur Rechten Gottes sitzt

Lesung
   aus dem Brief des Apostels Paulus an die Kolosser.

Brüder!
1 Ihr seid mit Christus auferweckt;
  darum strebt nach dem, was im Himmel ist,
     wo Christus zur Rechten Gottes sitzt.
2 Richtet euren Sinn auf das Himmlische
  und nicht auf das Irdische!

Ostersonntag

Denn ihr seid gestorben,
und euer Leben ist mit Christus verborgen in Gott.
Wenn Christus, unser Leben, offenbar wird,
    dann werdet auch ihr mit ihm offenbar werden in Herrlichkeit.

Oder:

2. LESUNG   1 Kor 5, 6b–8

Einführung   *Vor der Opferung des Paschalammes wurde aus den jüdischen Häusern der alte Sauerteig fortgeschafft; mit neuem, ungesäuertem Brot feierte man das Paschamahl. Darin sieht der Apostel einen Hinweis auf das neue Pascha, wie es in der christlichen Gemeinde gefeiert wird und gelebt werden soll. Christus, das Lamm Gottes, ist unser neues Fest, er ist unser Mahl. Der alte Sauerteig (Zersetzung, Sünde) muß fortgeschafft werden; Ostern ist der Tag eines neuen Anfangs.*

Schafft den alten Sauerteig weg, damit ihr neuer Teig seid

Lesung
    aus dem ersten Brief des Apostels Paulus an die Korinther.

Brüder!
Ihr wißt, daß ein wenig Sauerteig den ganzen Teig durchsäuert.
Schafft den alten Sauerteig weg,
    damit ihr neuer Teig seid.
Ihr seid ja schon ungesäuertes Brot;
denn als unser Paschalamm ist Christus geopfert worden.
Laßt uns also das Fest nicht mit dem alten Sauerteig feiern,
    nicht mit dem Sauerteig der Bosheit und Schlechtigkeit,
sondern mit den ungesäuerten Broten
    der Aufrichtigkeit und Wahrheit.

SEQUENZ

Singt das Lob dem Osterlamme,
bringt es ihm dar, ihr Christen.

Das Lamm erlöst' die Schafe:
Christus, der ohne Schuld war,
versöhnte die Sünder mit dem Vater.

Tod und Leben, die kämpften
unbegreiflichen Zweikampf;
des Lebens Fürst, der starb, herrscht nun lebend.

Maria Magdalena,
sag uns, was du gesehen.

Sah Engel in dem Grab,
die Binden und das Linnen.

Das Grab des Herrn sah ich offen
und Christus von Gottes Glanz umflossen.

Er lebt, der Herr, meine Hoffnung,
er geht euch voran nach Galiläa.

Laßt uns glauben, was Maria den Jüngern verkündet.
Sie sahen den Herrn, den Auferstandenen.

Ja, der Herr ist auferstanden, ist wahrhaft erstanden.
Du Sieger, König, Herr, hab Erbarmen.

RUF VOR DEM EVANGELIUM   Vers: vgl. 1 Kor 5,7b–8a

Halleluja. Halleluja.
Unser Paschalamm ist geopfert: Christus.
So laßt uns das Festmahl feiern im Herrn.
Halleluja.

ZUM EVANGELIUM *Von der Auferstehung Jesu haben die ersten Zeugen zwei Dinge gesehen: das leere Grab und den auferstandenen Herrn. Das leere Grab war ein Zeichen, verstehbar erst durch die Begegnung mit dem Auferstandenen. Die Begegnung aber ist nur möglich, wenn das Herz bereit ist, zu sehen und zu glauben. Die Liebe macht dazu fähig. – Das ist auch die Lehre aus der Erzählung von den Emmausjüngern (Lukas 24; Messe am Abend): Das brennende Herz spürt die Nähe des Herrn und versteht die Wahrheit der heiligen Schriften.*

EVANGELIUM   Joh 20, 1–9
Er sah und glaubte

✚ Aus dem heiligen Evangelium nach Johannes.

Am ersten Tag der Woche kam Maria von Mágdala
 frühmorgens, als es noch dunkel war, zum Grab
und sah, daß der Stein vom Grab weggenommen war.
Da lief sie schnell zu Simon Petrus
 und dem Jünger, den Jesus liebte,
und sagte zu ihnen:
 Man hat den Herrn aus dem Grab weggenommen,
und wir wissen nicht, wohin man ihn gelegt hat.

Da gingen Petrus und der andere Jünger hinaus
 und kamen zum Grab;
sie liefen beide zusammen dorthin,
aber weil der andere Jünger schneller war als Petrus,
 kam er als erster ans Grab.
Er beugte sich vor
 und sah die Leinenbinden liegen,
ging aber nicht hinein.

Da kam auch Simon Petrus, der ihm gefolgt war,
 und ging in das Grab hinein.
Er sah die Leinenbinden liegen
 und das Schweißtuch, das auf dem Kopf Jesu gelegen hatte;
es lag aber nicht bei den Leinenbinden,
 sondern zusammengebunden daneben
 an einer besonderen Stelle.
Da ging auch der andere Jünger,
 der zuerst an das Grab gekommen war, hinein;
er sah und glaubte.
Denn sie wußten noch nicht aus der Schrift,
 daß er von den Toten auferstehen mußte.

Oder:
Das Evangelium der Osternacht, S. 222 f.

Oder (bei einer Abendmesse):

RUF VOR DEM EVANGELIUM
und EVANGELIUM Lk 24, 13–35. S. 241 ff.

Glaubensbekenntnis, S. 348 ff.
Fürbitten vgl. S. 794 ff.

ZUR EUCHARISTIEFEIER *Wir glauben und bekennen den Tod des Herrn und seine Auferstehung. In sein Geheimnis treten wir ein; ihm, der in Herrlichkeit kommen wird, begegnen wir in der Feier der Eucharistie.*

GABENGEBET

Herr, unser Gott,
nimm die Gaben an,
die wir in österlicher Freude darbringen
für das Opfer, durch das deine Kirche
auf wunderbare Weise wiedergeboren
und gestärkt wird.
Darum bitten wir durch Christus, unseren Herrn.

Osterpräfation I: diesen Tag, S. 410.
In den Hochgebeten I–III eigene Einschübe.

KOMMUNIONVERS 1 Kor 6, 7–8

Unser Osterlamm ist geopfert, Christus, der Herr. Halleluja.
Wir sind befreit von Sünde und Schuld.
So laßt uns Festmahl halten in Freude. Halleluja.

SCHLUSSGEBET

Allmächtiger Gott,
du hast deiner Kirche
durch die österlichen Geheimnisse
neues Leben geschenkt.
Bewahre und beschütze uns in deiner Liebe
und führe uns zur Herrlichkeit der Auferstehung.
Darum bitten wir durch Christus, unseren Herrn.

GEWISS KEIN TRAUM
Bisweilen scheinen wir einen Schimmer von jener Gestalt zu erhaschen, die wir einst von Angesicht zu Angesicht schauen werden. Wir wissen nicht, wo wir sind, aber wir sind in Wasser getaucht, und eine Stimme sagt uns, daß es Blut ist. Wir tragen ein Mal auf unsere Stirn gezeichnet, und es spricht von Kalvaria. Wir haben gegessen und getrunken, und es war gewiß kein Traum, daß Einer uns nährte aus seiner verwundeten Seite und unsere Natur erneuerte durch das himmlische Fleisch, das er gab. (John H. Newman)

OSTERMONTAG

Nach dem Osterereignis wissen wir, wer Christus ist: der ganz Heilige und Treue, der Sohn. Jetzt wissen wir auch erst, wer Gott ist: der Lebendige, der Leben Schaffende. Er schafft in uns ein neues Herz, in dem sein Wort leuchten und glühen kann. Und er ist bei uns auf unserem Weg.

ERÖFFNUNGSVERS
Vgl. Ex 13, 5.9

Der Herr hat euch in das Land geführt,
wo Milch und Honig strömen.
Immer soll das Gesetz des Herrn in eurem Herzen sein.
Halleluja.

Oder:
Der Herr ist vom Tod auferstanden, wie er gesagt hat.
Freut euch und frohlockt, denn er herrscht in Ewigkeit. Halleluja.
Ehre sei Gott. S. 344 ff.

TAGESGEBET

Gott, du Herr allen Lebens,
durch die Taufe schenkst du deiner Kirche
Jahr für Jahr neue Söhne und Töchter.
Gib, daß alle Christen in ihrem Leben dem Sakrament treu bleiben,
das sie im Glauben empfangen haben.
Darum bitten wir durch Jesus Christus.

ZUR 1. LESUNG *Im Mittelpunkt der Rede des Petrus an Pfingsten steht die Aussage über den Tod Jesu und seine Auferstehung. Die Auferstehung ist durch Zeugen verbürgt, die Jesus gesehen haben; Petrus verweist außerdem auf den Psalm 16, den er auf Christus deutet. Dieser Psalm, zunächst das Gebet eines Menschen, der sein Leben bedroht sieht, ist durch das Christusereignis in seinem Vollsinn deutlich geworden: Gott gibt den, der ihm treu ist, nicht dem Tod preis. Seit der Auferstehung Jesu haben auch wir Hoffnung auf ewiges Leben in der Gemeinschaft mit Gott.*

ERSTE LESUNG

Apg 2,14.22–33

Gott hat Jesus auferweckt, dafür sind wir alle Zeugen

Lesung
    aus der Apostelgeschichte.

14 Am Pfingsttag trat Petrus auf,
zusammen mit den Elf;
er erhob seine Stimme und begann zu reden:
Ihr Juden und alle Bewohner von Jerusalem!
Dies sollt ihr wissen,
achtet auf meine Worte!

22 Jesus, den Nazoräer,
    den Gott vor euch beglaubigt hat
    durch machtvolle Taten, Wunder und Zeichen,
    die er durch ihn in eurer Mitte getan hat, wie ihr selbst wißt –
23 ihn, der nach Gottes beschlossenem Willen und Vorauswissen
    hingegeben wurde,
    habt ihr durch die Hand von Gesetzlosen
    ans Kreuz geschlagen und umgebracht.

24 Gott aber hat ihn von den Wehen des Todes befreit und auferweckt;
denn es war unmöglich, daß er vom Tod festgehalten wurde.

Ostermontag

David nämlich sagt über ihn:
> Ich habe den Herrn beständig vor Augen.
Er steht mir zur Rechten, ich wanke nicht.
Darum freut sich mein Herz
> und frohlockt meine Zunge,
und auch mein Leib wird in sicherer Hoffnung ruhen;
denn du gibst mich nicht der Unterwelt preis,
> noch läßt du deinen Frommen die Verwesung schauen.
Du zeigst mir die Wege zum Leben,
du erfüllst mich mit Freude vor deinem Angesicht.

Brüder,
ich darf freimütig zu euch über den Patriarchen David reden:
Er starb und wurde begraben,
und sein Grabmal ist bei uns erhalten bis auf den heutigen Tag.
Da er ein Prophet war
> und wußte, daß Gott ihm den Eid geschworen hatte,
> > einer von seinen Nachkommen werde auf seinem Thron sitzen,
> > sagte er vorausschauend über die Auferstehung des Christus:
Er gibt ihn nicht der Unterwelt preis,
und sein Leib schaut die Verwesung nicht.
Diesen Jesus hat Gott auferweckt,
> dafür sind wir alle Zeugen.
Nachdem er durch die rechte Hand Gottes erhöht worden war
> und vom Vater
> den verheißenen Heiligen Geist empfangen hatte,
hat er ihn ausgegossen,
> wie ihr seht und hört.

ANTWORTPSALM Ps 89 (88), 2–3.4–5 (R: 2a) (GL 527,2)

R Von den Taten deiner Huld, o Herr, will ich ewig singen. – **R**
Oder: **Halleluja.** – **R**

Von den Taten deiner Huld, Herr, will ich ewig singen, * VIII. Ton
bis zum fernsten Geschlecht laut deine Treue verkünden.

Denn ich bekenne: Deine Huld besteht für immer und ewig; *
deine Treue steht fest im Himmel. – (**R**)

„Ich habe einen Bund geschlossen mit meinem Erwählten *
und David, meinem Knecht, geschworen:

Deinem Haus gebe ich auf ewig Bestand, *
und von Geschlecht zu Geschlecht richte ich deinen Thron auf." – **R**

ZUR 2. LESUNG *Im 1. Korintherbrief lesen wir das älteste schriftliche Zeugnis über die Auferstehung Jesu, geschrieben um das Jahr 55. Es ist älter als die Ostererzählungen der Evangelien. Paulus hat in seinem Damaskuserlebnis Jesus als den Lebenden erfahren (Apg 9, 3–6). Und er hat über die Auferstehung Jesu zuverlässige Überlieferungen, die er weitergibt. Er verweist aber auch (wie Petrus: 1. Lesung) auf die Schrift, das heißt auf Stellen des Alten Testaments, in denen die christliche Kirche Hinweise auf die Auferstehung Jesu erkennt.*

ZWEITE LESUNG

1 Kor 15, 1–8.11

Das Evangelium, das ich euch verkündet habe, ist der Grund, auf dem ihr steht

Lesung
aus dem ersten Brief des Apostels Paulus an die Korinther.

Brüder!
1 Ich erinnere euch
an das Evangelium, das ich euch verkündet habe.
Ihr habt es angenommen;
es ist der Grund, auf dem ihr steht.
2 Durch dieses Evangelium werdet ihr gerettet,
wenn ihr an dem Wortlaut festhaltet,
den ich euch verkündet habe.
Oder habt ihr den Glauben vielleicht unüberlegt angenommen?
3 Denn vor allem habe ich euch überliefert,
was auch ich empfangen habe:
Christus ist für unsere Sünden gestorben, gemäß der Schrift,
4 und ist begraben worden.
Er ist am dritten Tag auferweckt worden, gemäß der Schrift,
5 und erschien dem Kephas, dann den Zwölf.
6 Danach erschien er mehr als fünfhundert Brüdern zugleich;
die meisten von ihnen sind noch am Leben,
einige sind entschlafen.
7 Danach erschien er dem Jakobus,
dann allen Aposteln.
8 Als letztem von allen erschien er auch mir,
dem Unerwarteten, der „Mißgeburt".

Ostermontag

Ob nun ich verkündige oder die anderen:
 das ist unsere Botschaft,
und das ist der Glaube, den ihr angenommen habt.

RUF VOR DEM EVANGELIUM
Vers: vgl. Lk 24, 32

Halleluja. Halleluja.
Brannte uns nicht das Herz,
als der Herr unterwegs mit uns redete
und uns den Sinn der Schrift erschloß?
Halleluja.

ZUM EVANGELIUM
Mit dem Tod Jesu ist für die Jünger eine Welt von Hoffnungen zusammengebrochen. Der Auferstandene selbst belehrt sie, daß alles so geschehen „mußte": so war es in den heiligen Schriften vorausgesagt. Den Jüngern brannte das Herz, als Jesus ihnen „den Sinn der Schrift erschloß"; aber erst beim Brotbrechen gingen ihnen die Augen auf. Als Zeugen des Auferstandenen kehrten sie nach Jerusalem zurück.

EVANGELIUM
Lk 24, 13–35

Sie erkannten ihn, als er das Brot brach

✛ Aus dem heiligen Evangelium nach Lukas.

Am ersten Tag der Woche
 waren zwei von den Jüngern Jesu
 auf dem Weg in ein Dorf namens Emmaus,
 das sechzig Stadien von Jerusalem entfernt ist.
Sie sprachen miteinander über all das, was sich ereignet hatte.
Während sie redeten und ihre Gedanken austauschten,
 kam Jesus hinzu und ging mit ihnen.
Doch sie waren wie mit Blindheit geschlagen,
so daß sie ihn nicht erkannten.
Er fragte sie: Was sind das für Dinge,
 über die ihr auf eurem Weg miteinander redet?
Da blieben sie traurig stehen,
und der eine von ihnen – er hieß Kleopas – antwortete ihm:

Bist du so fremd in Jerusalem,
daß du als einziger nicht weißt,
was in diesen Tagen dort geschehen ist?
19 Er fragte sie: Was denn?

Sie antworteten ihm: Das mit Jesus aus Nazaret.
Er war ein Prophet,
mächtig in Wort und Tat vor Gott und dem ganzen Volk.
20 Doch unsere Hohenpriester und Führer
haben ihn zum Tod verurteilen und ans Kreuz schlagen lassen.
21 Wir aber hatten gehofft,
daß er der sei, der Israel erlösen werde.
Und dazu ist heute schon der dritte Tag,
seitdem das alles geschehen ist.
22 Aber nicht nur das:
Auch einige Frauen aus unserem Kreis
haben uns in große Aufregung versetzt.
Sie waren in der Frühe beim Grab,
23 fanden aber seinen Leichnam nicht.
Als sie zurückkamen,
erzählten sie, es seien ihnen Engel erschienen
und hätten gesagt, er lebe.
24 Einige von uns gingen dann zum Grab
und fanden alles so, wie die Frauen gesagt hatten;
ihn selbst aber sahen sie nicht.

25 Da sagte er zu ihnen: Begreift ihr denn nicht?
Wie schwer fällt es euch,
alles zu glauben, was die Propheten gesagt haben.
26 Mußte nicht der Messias all das erleiden,
um so in seine Herrlichkeit zu gelangen?
27 Und er legte ihnen dar,
ausgehend von Mose und allen Propheten,
was in der gesamten Schrift über ihn geschrieben steht.

28 So erreichten sie das Dorf, zu dem sie unterwegs waren.
Jesus tat, als wolle er weitergehen,
29 aber sie drängten ihn
und sagten: Bleib doch bei uns;
denn es wird bald Abend,
der Tag hat sich schon geneigt.
Da ging er mit hinein, um bei ihnen zu bleiben.

Und als er mit ihnen bei Tisch war,
>nahm er das Brot,
sprach den Lobpreis,
brach das Brot und gab es ihnen.
Da gingen ihnen die Augen auf,
und sie erkannten ihn;
dann sahen sie ihn nicht mehr.
Und sie sagten zueinander:
>Brannte uns nicht das Herz in der Brust,
>als er unterwegs mit uns redete
>und uns den Sinn der Schrift erschloß?

Noch in derselben Stunde brachen sie auf
>und kehrten nach Jerusalem zurück,
und sie fanden die Elf und die anderen Jünger versammelt.
Diese sagten:
>Der Herr ist wirklich auferstanden
und ist dem Simon erschienen.
Da erzählten auch sie,
>was sie unterwegs erlebt
>und wie sie ihn erkannt hatten,
>als er das Brot brach.

Oder:

EVANGELIUM Mt 28, 8–15

Einführung *Ein helles und ein dunkles Bild wird uns im heutigen Evangelium gezeigt: die Frauen beten Jesus an und sprechen damit ihr Bekenntnis zum auferstandenen Herrn aus (V. 8–10). Die Hohenpriester und die Ältesten offenbaren noch über den Tod Jesu hinaus ihren Haß gegen ihn und ihre geheime Furcht vor ihm. Und so ist es geblieben „bis heute" (V. 15): Glaube und Anbetung oder Haß und Lüge, das sind die möglichen Weisen, dem Auferstandenen gegenüber Stellung zu beziehen. Freilich könnte man sagen, das sei eine unerlaubte Vereinfachung; es gibt doch zum mindesten auch die Möglichkeit, daß jemand die Schwierigkeiten nicht überwinden kann, die sich seinem Glauben an die Auferstehung Jesu entgegenstellen. Aber wer Glaubensschwierigkeiten hat, ist eben ein Glaubender, selbst wenn er mit den Schwierigkeiten nicht fertig wird.*

Sagt meinen Brüdern, sie sollen nach Galiläa gehen, und dort werden sie mich sehen

✚ Aus dem heiligen Evangelium nach Matthäus.

8 Nachdem die Frauen die Botschaft des Engels vernommen hatten,
verließen sie sogleich das Grab
und eilten voll Furcht und großer Freude zu seinen Jüngern,
> um ihnen die Botschaft zu verkünden.

9 Plötzlich kam ihnen Jesus entgegen
und sagte: Seid gegrüßt!
Sie gingen auf ihn zu,
warfen sich vor ihm nieder
und umfaßten seine Füße.

10 Da sagte Jesus zu ihnen:
> Fürchtet euch nicht!
Geht und sagt meinen Brüdern,
> sie sollen nach Galiläa gehen,
und dort werden sie mich sehen.

11 Noch während die Frauen unterwegs waren,
> kamen einige von den Wächtern in die Stadt
und berichteten den Hohenpriestern alles, was geschehen war.

12 Diese faßten gemeinsam mit den Ältesten den Beschluß,
> die Soldaten zu bestechen.
Sie gaben ihnen viel Geld

13 und sagten: Erzählt den Leuten:
> Seine Jünger sind bei Nacht gekommen
und haben ihn gestohlen, während wir schliefen.

14 Falls der Statthalter davon hört,
> werden wir ihn beschwichtigen
und dafür sorgen, daß ihr nichts zu befürchten habt.

15 Die Soldaten nahmen das Geld
und machten alles so, wie man es ihnen gesagt hatte.
So kommt es,
> daß dieses Gerücht bei den Juden bis heute verbreitet ist.

Fürbitten vgl. S. 794 ff.

Ostermontag

ZUR EUCHARISTIEFEIER *Vom Wort des Auferstandenen erglüht das Herz der Jünger, und beim Brotbrechen gehen ihnen die Augen auf. Nicht anders als damals geschieht auch heute und hier die Begegnung mit Christus.*

GABENGEBET

Gott,
du hast deinem Volk
durch das Bekenntnis des Glaubens
und den Empfang der Taufe neues Leben geschenkt.
Nimm die Gaben (der Neugetauften und aller)
deiner Gläubigen gnädig an
und laß uns in dir
Seligkeit und ewiges Leben finden.
Darum bitten wir durch Christus, unseren Herrn.

Osterpräfation I, S. 410.
In den Hochgebeten I–III eigene Einschübe.

KOMMUNIONVERS   Vgl. Röm 6, 9

Christus ist vom Tod erstanden; er stirbt nicht mehr.
Gebrochen ist die Macht des Todes. Halleluja.

SCHLUSSGEBET

Allmächtiger Gott,
du hast uns durch die österlichen Geheimnisse
auf den Weg des Lebens geführt.
Laß deine Gnade in uns mächtig werden,
damit wir uns deiner Gaben würdig erweisen
und unseren Weg zu dir vollenden.
Darum bitten wir durch Christus, unseren Herrn.

AN SEINEM TISCH

Er begleitet die beiden verlassenen Wanderer und ist nicht erkennbar. Indem die beiden aber den Unbekannten einladen: Bleibe bei uns, Herr!, sind sie plötzlich die Eingeladenen. Indem sie bereit sind, einem Unbekannten Brot und Wein zu reichen und ihm an ihrem Tisch Rast zu verschaffen, ist in ihrem Brot und Wein plötzlich Christus selbst, und finden sie selbst Rast an seinem Tisch. (J. Z.)

ZWEITER SONNTAG DER OSTERZEIT

Weißer Sonntag

Der gefährlichste Feind des Glaubens und der Liebe ist der Zweifel: die bohrende Frage, ob nicht alles nur Betrug oder Selbsttäuschung war. Gründe und Beweise helfen nicht weiter, sie werden ja ebenfalls in den Zweifel hineingezogen. Helfen kann nur eine große, alles verändernde Erfahrung: die Offenbarung der Wahrheit selbst oder die spontane Mitteilung der Liebe. Dem „ungläubigen" Thomas hat Jesus seine Wunden gezeigt, um die Wunde des Zweifels zu heilen.

ERÖFFNUNGSVERS 1 Petr 2, 2

Wie neugeborene Kinder
verlangt nach der unverfälschten Milch des Wortes,
damit ihr durch sie heranwachst und das Heil erlangt.
Halleluja.

Oder: Esr 2, 36–37

Freut euch und dankt Gott, der euch zu sich gerufen hat.
Ihr seid Kinder Gottes und Erben seiner Herrlichkeit. Halleluja.

Ehre sei Gott, S. 344 ff.

TAGESGEBET

Barmherziger Gott,
durch die jährliche Osterfeier
erneuerst du den Glauben deines Volkes.
Laß uns immer tiefer erkennen,
wie heilig das Bad der Taufe ist,
das uns gereinigt hat,
wie mächtig dein Geist,
aus dem wir wiedergeboren sind,
und wie kostbar das Blut, durch das wir erkauft sind.
Darum bitten wir durch Jesus Christus.

ZUR 1. LESUNG   *Nicht an Wunder sollen die Menschen glauben, sondern an Jesus von Nazaret. Die Apostel bezeugen, daß er auferstanden ist; der gemeinsame Glaube an ihn, den Lebenden, führt die*

Menschen zur Gemeinschaft zusammen – damals und heute. Die Predigt der Apostel wäre weder interessant noch glaubwürdig, wenn sie nicht vom Glauben der ganzen Jüngergemeinde getragen würde.

ERSTE LESUNG Apg 5,12–16

Immer mehr wurden im Glauben zum Herrn geführt, Scharen von Männern und Frauen

**Lesung
aus der Apostelgeschichte.**

Durch die Hände der Apostel
  geschahen viele Zeichen und Wunder im Volk.
Alle kamen einmütig in der Halle Sálomos zusammen.
Von den übrigen wagte niemand, sich ihnen anzuschließen;
aber das Volk schätzte sie hoch.
Immer mehr wurden im Glauben zum Herrn geführt,
Scharen von Männern und Frauen.
Selbst die Kranken trug man auf die Straßen hinaus
  und legte sie auf Betten und Bahren,
damit, wenn Petrus vorüberkam,
  wenigstens sein Schatten auf einen von ihnen fiel.
Auch aus den Nachbarstädten Jerusalems
  strömten die Leute zusammen
und brachten Kranke und von unreinen Geistern Geplagte mit.
Und alle wurden geheilt.

ANTWORTPSALM Ps 118 (117),2 u. 4.22–23.24 u. 26–27a (R: 1)

R Danket dem Herrn, denn er ist gütig, (GL 233,1)
denn seine Huld währt ewig. – R

Oder: **Halleluja. – R**

So soll Israel sagen: * VI. Ton
Denn seine Huld währt ewig.
So sollen alle sagen, die den Herrn fürchten und ehren: *
Denn seine Huld währt ewig. – (R)

Der Stein, den die Bauleute verwarfen, *
er ist zum Eckstein geworden.

23 Das hat der Herr vollbracht, *
vor unseren Augen geschah dieses Wunder. – (R)

24 Dies ist der Tag, den der Herr gemacht hat; *
wir wollen jubeln und uns an ihm freuen.

26 Gesegnet sei er, der kommt im Namen des Herrn! †
Wir segnen euch, vom Haus des Herrn her. *

27a Gott, der Herr, erleuchte uns.

R Danket dem Herrn, denn er ist gütig,
denn seine Huld währt ewig.

Oder: **Halleluja.**

ZUR 2. LESUNG *Das letzte Buch der Bibel ist die Offenbarung des Johannes. Dem Seher wird gezeigt, was geschieht und was geschehen wird. In der Berufungsvision schaut er Christus, den Menschensohn, den Priester und König: den, der lebt und der Macht hat über Leben und Tod, über Welten und Zeiten. Der „Tag des Herrn" ist der Tag seiner Auferstehung, der erste Tag der Woche. Er ist für die Gemeinde und für jeden Christen nicht nur ein Tag der Erinnerung, sondern immer wieder ein Tag der Begegnung mit Christus, dem Auferstandenen.*

ZWEITE LESUNG Offb 1,9–11a.12–13.17–19

Ich war tot, doch nun lebe ich in alle Ewigkeit

**Lesung
aus der Offenbarung des Johannes.**

9 Ich, euer Bruder Johannes, der wie ihr bedrängt ist,
der mit euch an der Königsherrschaft teilhat
und mit euch in Jesus standhaft ausharrt,
ich war auf der Insel Patmos
um des Wortes Gottes willen und des Zeugnisses für Jesus.

10 Am Tag des Herrn wurde ich vom Geist ergriffen
und hörte hinter mir eine Stimme, laut wie eine Posaune.

11a Sie sprach: Schreib das, was du siehst, in ein Buch,
und schick es an die sieben Gemeinden in Kleinasien.

Zweiter Sonntag der Osterzeit

Da wandte ich mich um,
weil ich sehen wollte, wer zu mir sprach.
Als ich mich umwandte,
    sah ich sieben goldene Leuchter
und mitten unter den Leuchtern
    einen, der wie ein Mensch aussah;
er war bekleidet mit einem Gewand,
    das bis auf die Füße reichte,
und um die Brust trug er einen Gürtel aus Gold.

Als ich ihn sah,
    fiel ich wie tot vor seinen Füßen nieder.
Er aber legte seine rechte Hand auf mich
und sagte: Fürchte dich nicht!
Ich bin der Erste und der Letzte
und der Lebendige.
Ich war tot,
    doch nun lebe ich in alle Ewigkeit,
und ich habe die Schlüssel zum Tod und zur Unterwelt.

Schreib auf, was du gesehen hast:
was ist
    und was danach geschehen wird.

RUF VOR DEM EVANGELIUM   Vers: Joh 20, 29
Halleluja. Halleluja.
(So spricht der Herr:)
Weil du mich gesehen hast, Thomas, glaubst du.
Selig sind, die nicht sehen und doch glauben.
Halleluja.

ZUM EVANGELIUM
Der Ostergruß des Auferstandenen heißt „Friede!"; seine Gabe für die Jünger ist der Heilige Geist, der Lebensatem der neuen Schöpfung. In der Kraft des Geistes werden die Jünger das Werk Jesu fortsetzen; sie werden sein Wort verkünden und Sünden vergeben. Der Glaube soll nicht an Erscheinungen und Wundern hängen; er ereignet sich in der Begegnung mit Christus: im Hören des Wortes, in der Gemeinschaft der Glaubenden.

EVANGELIUM

Joh 20, 19–31

Acht Tage darauf kam Jesus und trat in ihre Mitte

✙ Aus dem heiligen Evangelium nach Johannes.

19 Am Abend des ersten Tages der Woche,
   als die Jünger aus Furcht vor den Juden
   die Türen verschlossen hatten,
   kam Jesus,
   trat in ihre Mitte
   und sagte zu ihnen: Friede sei mit euch!
20 Nach diesen Worten
   zeigte er ihnen seine Hände und seine Seite.
   Da freuten sich die Jünger, daß sie den Herrn sahen.
21 Jesus sagte noch einmal zu ihnen: Friede sei mit euch!
   Wie mich der Vater gesandt hat,
   so sende ich euch.
22 Nachdem er das gesagt hatte,
   hauchte er sie an
   und sprach zu ihnen: Empfangt den Heiligen Geist!
23 Wem ihr die Sünden vergebt,
   dem sind sie vergeben;
   wem ihr die Vergebung verweigert,
   dem ist sie verweigert.
24 Thomas, genannt Dídymus – Zwilling –, einer der Zwölf,
   war nicht bei ihnen, als Jesus kam.
25 Die anderen Jünger sagten zu ihm:
   Wir haben den Herrn gesehen.

   Er entgegnete ihnen:
   Wenn ich nicht die Male der Nägel an seinen Händen sehe
   und wenn ich meinen Finger nicht in die Male der Nägel
   und meine Hand nicht in seine Seite lege,
   glaube ich nicht.
26 Acht Tage darauf waren seine Jünger wieder versammelt,
   und Thomas war dabei.
   Die Türen waren verschlossen.

   Da kam Jesus,
   trat in ihre Mitte
   und sagte: Friede sei mit euch!
27 Dann sagte er zu Thomas:

Zweiter Sonntag der Osterzeit

    Streck deinen Finger aus –
    hier sind meine Hände!
Streck deine Hand aus und leg sie in meine Seite,
und sei nicht ungläubig, sondern gläubig!

Thomas antwortete ihm:
    Mein Herr und mein Gott!
Jesus sagte zu ihm:
    Weil du mich gesehen hast, glaubst du.
Selig sind, die nicht sehen und doch glauben.

Noch viele andere Zeichen,
    die in diesem Buch nicht aufgeschrieben sind,
    hat Jesus vor den Augen seiner Jünger getan.
Diese aber sind aufgeschrieben,
    damit ihr glaubt, daß Jesus der Messias ist,
der Sohn Gottes,
und damit ihr durch den Glauben
    das Leben habt in seinem Namen.

Glaubensbekenntnis, S. 348 ff.
Fürbitten vgl. S. 794 ff.

ZUR EUCHARISTIEFEIER *Jesus, der Auferstandene, ist unser Friede. Von ihm empfangen wir das Wort der Vergebung und das Brot des ewigen Lebens. Vom Apostel Thomas lernen wir die Antwort des Glaubens: Mein Herr und mein Gott!*

GABENGEBET

Gott,
du hast deinem Volk
durch das Bekenntnis des Glaubens
und den Empfang der Taufe neues Leben geschenkt.
Nimm die Gaben (der Neugetauften und aller)
deiner Gläubigen gnädig an
und laß uns in dir
Seligkeit und ewiges Leben finden.
Darum bitten wir durch Christus, unseren Herrn.

Osterpräfation I, S. 410.
In den Hochgebeten I–III eigene Einschübe.

KOMMUNIONVERS
Joh 20, 29
Selig, die nicht sehen und doch glauben. Halleluja.

SCHLUSSGEBET
Allmächtiger Gott,
im heiligen Sakrament haben wir
den Leib und das Blut deines Sohnes empfangen.
Laß diese österliche Gabe in uns weiterwirken
und fruchtbar sein.
Darum bitten wir durch Christus, unseren Herrn.

FÜR DEN TAG UND DIE WOCHE
Du allein
Alles, was nicht Gott ist,
kann meine Hoffnung nicht erfüllen.
Gott selbst verlange und suche ich.
An dich allein, mein Gott, wende ich mich.
Du allein hast meine Seele erschaffen können,
du allein kannst sie aufs neue erschaffen.
Du allein hast ihr dein Bild einprägen können,
du allein kannst sie aufs neue prägen
und ihr dein Antlitz wieder eindrücken,
welches ist Jesus Christus, mein Heiland,
der dein Bild ist und das Zeichen deines Wesens. (B. Pascal)

DRITTER SONNTAG DER OSTERZEIT

An Jesus Christus, den Auferstandenen, als an den einen Herrn zu glauben war nie selbstverständlich. Das Erstaunliche ist im Grunde nicht der Unglaube, sondern der Glaube: die Tatsache, daß es Menschen gibt, die sich für Christus entscheiden, ihm ihr Leben weihen – weil er ihnen begegnet ist.

Dritter Sonntag der Osterzeit

ERÖFFNUNGSVERS   Ps 66 (65), 1–2

Jauchzt vor Gott, alle Menschen der Erde!
Spielt zum Ruhm seines Namens!
Verherrlicht ihn mit Lobpreis! Halleluja.

Ehre sei Gott, S. 344 ff.

TAGESGEBET

Allmächtiger Gott,
laß die österliche Freude in uns fortdauern,
denn du hast deiner Kirche
neue Lebenskraft geschenkt
und die Würde unserer Gotteskindschaft
in neuem Glanz erstrahlen lassen.
Gib, daß wir den Tag der Auferstehung
voll Zuversicht erwarten
als einen Tag des Jubels und des Dankes.
Darum bitten wir durch Jesus Christus.

ZUR 1. LESUNG   *Die Apostel können die Auferstehung Jesu bezeugen; sie haben ihn gesehen, und der Heilige Geist treibt sie an, von „diesen Ereignissen" vor allen Menschen zu reden. Was Petrus vor dem Hohen Rat sagt (Apg 4, 30–32), ist eine Kurzfassung der apostolischen Predigt über Jesus: die Juden haben ihn gekreuzigt, aber Gott hat ihn auferweckt und als ersten in seine Herrlichkeit aufgenommen. Und jetzt gewährt der unbegreifliche Gott allen Menschen eine Zeit der Umkehr. Gott hat sich für die Menschen entschieden, nun steht der Mensch vor seiner Entscheidung.*

ERSTE LESUNG   Apg 5, 27b–32.40b–41

Zeugen dieser Ereignisse sind wir und der Heilige Geist

Lesung
   aus der Apostelgeschichte.

In jenen Tagen
   verhörte der Hohepriester die Apostel
   und sagte: Wir haben euch streng verboten,
      in diesem Namen zu lehren;
   ihr aber habt Jerusalem mit eurer Lehre erfüllt;
   ihr wollt das Blut dieses Menschen über uns bringen.

²⁹ Petrus und die Apostel antworteten:
  Man muß Gott mehr gehorchen als den Menschen.
³⁰ Der Gott unserer Väter hat Jesus auferweckt,
  den ihr ans Holz gehängt und ermordet habt.
³¹ Ihn hat Gott als Herrscher und Retter
  an seine rechte Seite erhoben,
    um Israel die Umkehr und Vergebung der Sünden zu schenken.
³² Zeugen dieser Ereignisse sind wir und der Heilige Geist,
  den Gott allen verliehen hat, die ihm gehorchen.
⁴⁰ᵇ Dann verboten sie den Aposteln, im Namen Jesu zu predigen,
  und ließen sie frei.
⁴¹ Die Apostel aber gingen weg vom Hohen Rat
  und freuten sich, daß sie gewürdigt worden waren,
    für Jesu Namen Schmach zu erleiden.

ANTWORTPSALM
             Ps 30 (29), 2 u. 4.5–6b.6cd u. 12a u. 13b (R: vgl. 2ab)

R Herr, du zogst mich empor aus der Tiefe;   (GL 527, 6)
ich will dich rühmen in Ewigkeit. – R

Oder: Halleluja. – R

² Ich will dich rühmen, Herr, †   II. Ton
denn du hast mich aus der Tiefe gezogen *
und läßt meine Feinde nicht über mich triumphieren.

⁴ Herr, du hast mich herausgeholt aus dem Reich des Todes, *
aus der Schar der Todgeweihten mich zum Leben gerufen. – (R)

⁵ Singt und spielt dem Herrn, ihr seine Frommen, *
preist seinen heiligen Namen!

⁶ᵃᵇ Denn sein Zorn dauert nur einen Augenblick, *
doch seine Güte ein Leben lang. – (R)

⁶ᶜᵈ Wenn man am Abend auch weint, *
am Morgen herrscht wieder Jubel.

¹²ᵃ Du hast mein Klagen in Tanzen verwandelt, *
¹³ᵇ Herr, mein Gott, ich will dir danken in Ewigkeit. – R

Dritter Sonntag der Osterzeit

ZUR 2. LESUNG *Wie durch eine Tür hindurch schaut Johannes die Geheimnisse der göttlichen Welt: Das geopferte Lamm, das sterbend den Tod besiegt hat, empfängt Ehre und Anbetung von den himmlischen und kosmischen Mächten. Dadurch, daß die Geschöpfe sich in Anbetung zu ihrem Schöpfer und Erlöser hinwenden, stehen sie selbst im Glanz Gottes; das ist ihre Rettung und ihre Seligkeit.*

ZWEITE LESUNG Offb 5, 11–14

Würdig ist das Lamm, das geschlachtet wurde, Macht zu empfangen und Herrlichkeit

Lesung
 aus der Offenbarung des Johannes.

Ich, Johannes,
 sah und hörte die Stimme von vielen Engeln
 rings um den Thron und um die Lebewesen und die Ältesten;
die Zahl der Engel war zehntausendmal zehntausend
und tausendmal tausend.
Sie riefen mit lauter Stimme:
 Würdig ist das Lamm, das geschlachtet wurde,
Macht zu empfangen,
Reichtum und Weisheit,
Kraft und Ehre,
Herrlichkeit und Lob.

Und alle Geschöpfe im Himmel und auf der Erde,
 unter der Erde und auf dem Meer,
 alles, was in der Welt ist, hörte ich sprechen:
Ihm, der auf dem Thron sitzt, und dem Lamm
 gebühren Lob und Ehre und Herrlichkeit und Kraft
 in alle Ewigkeit.

Und die vier Lebewesen sprachen: Amen.
Und die vierundzwanzig Ältesten fielen nieder
 und beteten an.

RUF VOR DEM EVANGELIUM

Halleluja. Halleluja.

Christus ist auferstanden.
Er, der Schöpfer des Alls, hat sich aller Menschen erbarmt.

Halleluja.

ZUM EVANGELIUM *Seit ihren Anfängen versucht die Kirche Christi, ihre eigene Existenz zu verstehen, ihr Wesen zu deuten. Im Schlußkapitel des Johannesevangeliums (Joh 21) erscheint als Bild der Kirche das Schiff des Petrus: eine mühsame Arbeit, bei der aller Erfolg am Wort und Willen Jesu hängt. Ein anderes Bild zeigt der folgende Abschnitt (Joh 21,15–19): Christus, der gute Hirt, bestellt Petrus zum Hirten seiner Herde. Nicht Johannes, den Jünger der ungebrochenen Treue, sondern Petrus: den, der Christus verleugnet hat und ihn jetzt dreimal seiner Liebe versichert.*

EVANGELIUM   Joh 21,1–19

Jesus trat heran, nahm das Brot und gab es ihnen, ebenso den Fisch

☩ Aus dem heiligen Evangelium nach Johannes.

In jener Zeit
1 offenbarte sich Jesus den Jüngern noch einmal.
Es war am See von Tibérias,
und er offenbarte sich in folgender Weise.
2 Simon Petrus, Thomas, genannt Dídymus – Zwilling –,
Natánaël aus Kana in Galiläa,
die Söhne des Zebedäus
und zwei andere von seinen Jüngern waren zusammen.
3 Simon Petrus sagte zu ihnen: Ich gehe fischen.
Sie sagten zu ihm: Wir kommen auch mit.
Sie gingen hinaus und stiegen in das Boot.
Aber in dieser Nacht fingen sie nichts.
4 Als es schon Morgen wurde, stand Jesus am Ufer.
Doch die Jünger wußten nicht, daß es Jesus war.
5 Jesus sagte zu ihnen:
Meine Kinder, habt ihr nicht etwas zu essen?
Sie antworteten ihm: Nein.
6 Er aber sagte zu ihnen:
Werft das Netz auf der rechten Seite des Bootes aus,
und ihr werdet etwas fangen.
Sie warfen das Netz aus
und konnten es nicht wieder einholen,
so voller Fische war es.

Da sagte der Jünger, den Jesus liebte, zu Petrus:
    Es ist der Herr!
Als Simon Petrus hörte, daß es der Herr sei,
    gürtete er sich das Obergewand um, weil er nackt war,
und sprang in den See.

Dann kamen die anderen Jünger mit dem Boot
– sie waren nämlich nicht weit vom Land entfernt,
    nur etwa zweihundert Ellen –
und zogen das Netz mit den Fischen hinter sich her.

Als sie an Land gingen,
    sahen sie am Boden ein Kohlenfeuer und darauf Fisch und Brot.

Jesus sagte zu ihnen:
    Bringt von den Fischen, die ihr gerade gefangen habt.
Da ging Simon Petrus und zog das Netz an Land.
Es war mit hundertdreiundfünfzig großen Fischen gefüllt,
und obwohl es so viele waren,
    zerriß das Netz nicht.

Jesus sagte zu ihnen: Kommt her und eßt!
Keiner von den Jüngern wagte ihn zu fragen: Wer bist du?
Denn sie wußten, daß es der Herr war.
Jesus trat heran,
nahm das Brot und gab es ihnen,
ebenso den Fisch.

Dies war schon das dritte Mal,
    daß Jesus sich den Jüngern offenbarte,
    seit er von den Toten auferstanden war.

Als sie gegessen hatten, sagte Jesus zu Simon Petrus:
    Simon, Sohn des Johannes,
liebst du mich mehr als diese?
Er antwortete ihm: Ja, Herr, du weißt, daß ich dich liebe.
Jesus sagte zu ihm:
    Weide meine Lämmer!

Zum zweitenmal fragte er ihn:
    Simon, Sohn des Johannes, liebst du mich?
Er antwortete ihm: Ja, Herr, du weißt, daß ich dich liebe.
Jesus sagte zu ihm:
    Weide meine Schafe!

17 Zum drittenmal fragte er ihn:
   Simon, Sohn des Johannes, liebst du mich?
   Da wurde Petrus traurig,
   weil Jesus ihn zum drittenmal gefragt hatte: Hast du mich lieb?
   Er gab ihm zur Antwort: Herr, du weißt alles;
   du weißt, daß ich dich liebhabe.
   Jesus sagte zu ihm:
   > Weide meine Schafe!

18 Amen, amen, das sage ich dir:
   Als du noch jung warst, hast du dich selbst gegürtet
   und konntest gehen, wohin du wolltest.
   Wenn du aber alt geworden bist,
   > wirst du deine Hände ausstrecken,
   > und ein anderer wird dich gürten
   > und dich führen, wohin du nicht willst.

19 Das sagte Jesus,
   um anzudeuten, durch welchen Tod er Gott verherrlichen würde.
   Nach diesen Worten sagte er zu ihm:
   > Folge mir nach!

Oder:

KURZFASSUNG   Joh 21, 1–14

Jesus trat heran, nahm das Brot und gab es ihnen, ebenso den Fisch

✢ Aus dem heiligen Evangelium nach Johannes.

   In jener Zeit
1 offenbarte Jesus sich den Jüngern noch einmal.
   Es war am See von Tibérias,
   und er offenbarte sich in folgender Weise.

2 Simon Petrus, Thomas, genannt Dídymus – Zwilling –,
     Natánaël aus Kana in Galiläa,
     die Söhne des Zebedäus
       und zwei andere von seinen Jüngern waren zusammen.
3 Simon Petrus sagte zu ihnen: Ich gehe fischen.
   Sie sagten zu ihm: Wir kommen auch mit.
   Sie gingen hinaus und stiegen in das Boot.
   Aber in dieser Nacht fingen sie nichts.

4 Als es schon Morgen wurde, stand Jesus am Ufer.
   Doch die Jünger wußten nicht, daß es Jesus war.

Dritter Sonntag der Osterzeit

Jesus sagte zu ihnen:
  Meine Kinder, habt ihr nicht etwas zu essen?
Sie antworteten ihm: Nein.
Er aber sagte zu ihnen:
  Werft das Netz auf der rechten Seite des Bootes aus,
  und ihr werdet etwas fangen.
Sie warfen das Netz aus
  und konnten es nicht wieder einholen,
so voller Fische war es.

Da sagte der Jünger, den Jesus liebte, zu Petrus:
  Es ist der Herr!
Als Simon Petrus hörte, daß es der Herr sei,
  gürtete er sich das Obergewand um, weil er nackt war,
und sprang in den See.

Dann kamen die anderen Jünger mit dem Boot
  – sie waren nämlich nicht weit vom Land entfernt,
  nur etwa zweihundert Ellen –
und zogen das Netz mit den Fischen hinter sich her.

Als sie an Land gingen,
  sahen sie am Boden ein Kohlenfeuer und darauf Fisch und Brot.
Jesus sagte zu ihnen:
  Bringt von den Fischen, die ihr gerade gefangen habt.
Da ging Simon Petrus und zog das Netz an Land.
Es war mit hundertdreiundfünfzig großen Fischen gefüllt,
und obwohl es so viele waren,
  zerriß das Netz nicht.

Jesus sagte zu ihnen: Kommt her und eßt!
Keiner von den Jüngern wagte ihn zu fragen: Wer bist du?
Denn sie wußten, daß es der Herr war.
Jesus trat heran,
nahm das Brot und gab es ihnen,
ebenso den Fisch.

Dies war schon das dritte Mal,
  daß Jesus sich den Jüngern offenbarte,
  seit er von den Toten auferstanden war.

Glaubensbekenntnis, S. 348 ff.
Fürbitten vgl. S. 794 ff.

ZUR EUCHARISTIEFEIER *Jesus offenbart sich den Jüngern durch sein befehlendes Wort und durch die Einladung zum österlichen Mahl. Er selber ist das Wort, und er ist das Mahl. „Kommt her und eßt!" In diesem Mahl erfahren wir seine Nähe, seine Freundschaft, seine Vergebung.*

GABENGEBET

Allmächtiger Gott,
nimm die Gaben an,
die deine Kirche dir in österlicher Freude darbringt.
Du hast ihr Grund gegeben zu solchem Jubel,
erhalte ihr die Freude bis zur Vollendung.
Darum bitten wir durch Christus, unseren Herrn.

Osterpräfation, S. 410 ff.

KOMMUNIONVERS
Vgl. Joh 21, 12–13

Jesus sprach zu seinen Jüngern: Kommt und eßt!
Und er nahm das Brot und gab es ihnen. Halleluja.

SCHLUSSGEBET

Ewiger Gott,
du hast uns durch die Ostergeheimnisse erneuert.
Wende dich uns voll Güte zu
und bleibe bei uns mit deiner Huld,
bis wir mit verklärtem Leib
zum unvergänglichen Leben auferstehen.
Darum bitten wir durch Christus, unseren Herrn.

FÜR DEN TAG UND DIE WOCHE

Die Wende *Die Auferstehung ist die Wende, von der Finsternis zum Licht, von der Angst, der Vergeblichkeit und der Sinnlosigkeit der Nacht zu einem neuen Auftrag, neuer Hoffnung, neuer Zukunft. Wo immer Jesus an das Ufer unseres Lebens tritt, da bricht ein neuer Morgen an. Da erhält das Leben Sinn und Mitte. Jesus steht am Ufer nicht als schweigende Erscheinung, nur zum Staunen und zur Selbsttröstung der Jünger; er gibt Sendung und Auftrag. Dienst an den Menschen, apostolischer Dienst im Namen Jesu lebt von Ostern her: vom Licht Christi, von seinem Auftrag und seiner Verheißung.*

VIERTER SONNTAG DER OSTERZEIT

Die Kirche Christi hat nur den einen guten Hirten; sie hört auf die Stimme dessen, der sein Leben für sie dahingab. Aber dieser Eine hat andere „Hirten" in seinen Dienst genommen. „Wer auf euch hört, der hört auf mich." – Das Bildwort vom Hirten ist durch kein anderes zu ersetzen; wir können aber versuchen, es zu verdeutlichen durch Vorstellungen, die manchem heutigen Menschen vielleicht näherliegen: der gute Kamerad, der treue Freund. Wer Christus findet, der hat das Leben gewonnen; Christus hat ihn gefunden und angenommen.

ERÖFFNUNGSVERS Ps 33 (32), 5–6

Die Erde ist voll von der Huld des Herrn.
Durch das Wort des Herrn wurden die Himmel geschaffen.
Halleluja.

Ehre sei Gott, S. 344 ff.

TAGESGEBET

Allmächtiger, ewiger Gott,
dein Sohn ist der Kirche siegreich vorausgegangen
als der Gute Hirt.
Geleite auch die Herde,
für die er sein Leben dahingab,
aus aller Not zur ewigen Freude.
Darum bitten wir durch ihn, Jesus Christus.

ZUR 1. LESUNG *Nach Ostern und Pfingsten nahm das Evangelium seinen Weg „bis an die Grenzen der Erde". Am Übergang von der Urgemeinde zur universalen Kirche aus Juden und Heiden steht Paulus, der Sohn einer gesetzestreuen jüdischen Familie. Er ging zuerst in die Städte Kleinasiens, später nach Griechenland hinüber und schließlich nach Rom. Überall verkündete er das Evangelium zuerst den jüdischen Diasporagemeinden; aber das Judentum in seiner Gesamtheit verschloß sich der Botschaft, und Paulus hat begriffen, daß er zum Apostel der Heiden berufen war (Gal 1, 13; Eph 3, 8).*

ERSTE LESUNG Apg 13, 14.43b–52

Da ihr euch des ewigen Lebens unwürdig zeigt, wenden wir uns jetzt an die Heiden

**Lesung
aus der Apostelgeschichte.**

In jenen Tagen
14 wanderten Paulus und Bárnabas von Perge weiter
und kamen nach Antióchia in Pisídien.
Dort gingen sie am Sabbat in die Synagoge und setzten sich.
43b Es schlossen sich viele Juden und fromme Proselýten
Paulus und Bárnabas an.
Diese redeten mit ihnen
und ermahnten sie, der Gnade Gottes treu zu bleiben.

44 Am folgenden Sabbat versammelte sich fast die ganze Stadt,
um das Wort des Herrn zu hören.
45 Als die Juden die Scharen sahen, wurden sie eifersüchtig,
widersprachen den Worten des Paulus
und stießen Lästerungen aus.

46 Paulus und Bárnabas aber erklärten freimütig:
Euch mußte das Wort Gottes zuerst verkündet werden.
Da ihr es aber zurückstoßt
und euch des ewigen Lebens unwürdig zeigt,
wenden wir uns jetzt an die Heiden.
47 Denn so hat uns der Herr aufgetragen:
Ich habe dich zum Licht für die Völker gemacht,
bis an das Ende der Erde sollst du das Heil sein.

48 Als die Heiden das hörten, freuten sie sich
und priesen das Wort des Herrn;
und alle wurden gläubig, die für das ewige Leben bestimmt waren.
49 Das Wort des Herrn aber verbreitete sich in der ganzen Gegend.
50 Die Juden jedoch
hetzten die vornehmen gottesfürchtigen Frauen
und die Ersten der Stadt auf,
veranlaßten eine Verfolgung gegen Paulus und Bárnabas
und vertrieben sie aus ihrem Gebiet.
51 Diese aber schüttelten gegen sie den Staub von ihren Füßen
und zogen nach Ikónion.

Vierter Sonntag der Osterzeit

Und die Jünger waren voll Freude
   und erfüllt vom Heiligen Geist.

ANTWORTPSALM
Ps 100 (99), 1–3.4.5 (R: vgl. 3c)
(GL 646, 1)

R Wir sind das Volk des Herrn,
die Herde seiner Weide. – R

Oder: **Halleluja.** – R

Jauchzt vor dem Herrn, alle Länder der Erde! † V. Ton
Dient dem Herrn mit Freude! *
Kommt vor sein Antlitz mit Jubel!

Erkennt: Der Herr allein ist Gott. †
Er hat uns geschaffen, wir sind sein Eigentum, *
sein Volk und die Herde seiner Weide. – (R)

Tretet mit Dank durch seine Tore ein! †
Kommt mit Lobgesang in die Vorhöfe seines Tempels! *
Dankt ihm, preist seinen Namen! – (R)

Denn der Herr ist gütig, †
ewig währt seine Huld, *
von Geschlecht zu Geschlecht seine Treue. – R

ZUR 2. LESUNG *In der Offenbarung des Johannes steht eine Reihe von Visionen über die Katastrophen der Weltgeschichte, die Gerichte Gottes. Dazwischen öffnet sich dem Seher die himmlische Welt, die größere Wirklichkeit; sie soll als Kern und Ziel des Weltgeschehens verstanden werden. Die Welt ist demnach nicht nur Finsternis; das geopferte Lamm ist auch der gute Hirt, der Retter und Heiland. Die wegen ihres Glaubens Verfolgten und Gemordeten sind in Wirklichkeit die Geretteten; die Märtyrer sind die Erstlingsgabe, durch die die Schöpfung ihre ursprüngliche Aufgabe erfüllt: in Dank und Freude Gott anzubeten.*

ZWEITE LESUNG
Offb 7,9.14b–17

Das Lamm wird sie weiden und zu den Quellen des Lebens führen

**Lesung
aus der Offenbarung des Johannes.**

9 Ich, Johannes, sah:
eine große Schar aus allen Nationen und Stämmen,
Völkern und Sprachen;
niemand konnte sie zählen.
Sie standen in weißen Gewändern
vor dem Thron und vor dem Lamm
und trugen Palmzweige in den Händen.

14b Und einer der Ältesten sagte zu mir:
Das sind die, die aus der großen Bedrängnis kommen,
sie haben ihre Gewänder gewaschen
und im Blut des Lammes weiß gemacht.

15 Deshalb stehen sie vor dem Thron Gottes
und dienen ihm bei Tag und Nacht in seinem Tempel;
und der, der auf dem Thron sitzt,
wird sein Zelt über ihnen aufschlagen.

16 Sie werden keinen Hunger und keinen Durst mehr leiden,
und weder Sonnenglut noch irgendeine sengende Hitze
wird auf ihnen lasten.

17 Denn das Lamm in der Mitte vor dem Thron wird sie weiden
und zu den Quellen führen,
aus denen das Wasser des Lebens strömt,
und Gott wird alle Tränen von ihren Augen abwischen.

RUF VOR DEM EVANGELIUM
Vers: Joh 10,14

Halleluja. Halleluja.
(So spricht der Herr:)
Ich bin der gute Hirt.
Ich kenne die Meinen, und die Meinen kennen mich.
Halleluja.

ZUM EVANGELIUM   *Jesus offenbart sich als den guten Hirten. Er kennt die Seinen; sie gehören ihm, und er gehört ihnen. Er beschützt sie und rettet sie in der Gefahr, er schenkt ihnen das Leben. Die Schafe kennen die Stimme ihres Hirten, sie vertrauen ihm und folgen ihm. Über sie hat das Böse und selbst der Tod keine Macht mehr. Wer zu Christus gehört, ist bei Gott geborgen.*

EVANGELIUM Joh 10, 27–30

Ich gebe meinen Schafen ewiges Leben

✠ Aus dem heiligen Evangelium nach Johannes.

In jener Zeit sprach Jesus:
Meine Schafe hören auf meine Stimme;
ich kenne sie,
 und sie folgen mir.
Ich gebe ihnen ewiges Leben.
Sie werden niemals zugrunde gehen,
und niemand wird sie meiner Hand entreißen.
Mein Vater, der sie mir gab, ist größer als alle,
und niemand kann sie der Hand meines Vaters entreißen.
Ich und der Vater sind eins.

Glaubensbekenntnis, S. 348 ff.
Fürbitten vgl. S. 794 ff.

ZUR EUCHARISTIEFEIER *Noch können wir kaum ahnen, wieviel göttlicher Glanz auch über unserer armen irdischen Liturgie liegt. Wir begehen im Geheimnis des Glaubens, was in der Welt Gottes die vollendete Wirklichkeit ist: die Anbetung, die Freude, die Danksagung.*

GABENGEBET

Herr, unser Gott,
gib, daß wir dir allzeit danken
durch die Feier der österlichen Geheimnisse.
In ihnen führst du das Werk der Erlösung fort,
mache sie für uns
zur Quelle der unvergänglichen Freude.
Darum bitten wir durch Christus, unseren Herrn.

Osterpräfation, S. 410 ff.

KOMMUNIONVERS
Auferstanden ist der Gute Hirt. Er gab sein Leben für die Schafe.
Er ist für seine Herde gestorben. Halleluja.

SCHLUSSGEBET
Gott, du Hirt deines Volkes,
sieh voll Huld auf deine Herde,
die durch das kostbare Blut deines Sohnes erkauft ist;
bleibe bei ihr
und führe sie auf die Weide des ewigen Lebens.
Darum bitten wir durch ihn, Christus, unseren Herrn.

FÜR DEN TAG UND DIE WOCHE
Das Neue *Nach seinem Tod und seiner Auferstehung hat Jesus Christus durch seinen Geist in dieser Welt etwas Neues gestiftet: die brüderliche Gemeinschaft all derer, die durch Glauben und Liebe zu ihm gehören: die Kirche. In ihr gibt es vielerlei Gaben und Möglichkeiten, einander zu helfen, wie auch ein Leib viele Glieder hat, deren Zusammenwirken das Leben des ganzen Leibes erst möglich macht. (Vgl. II. Vatikan. Konzil, Die Kirche in der Welt von heute, 32)*

FÜNFTER SONNTAG DER OSTERZEIT

Nach fast zwei Jahrtausenden christlicher Mission, Predigt, Lehre, Erziehung und Kultur: sind die Menschen besser geworden, glücklicher, menschlicher? Ist wenigstens bei den Christen etwas von der Kraft der Auferstehung, vom Glanz der neuen Schöpfung zu sehen? Viele Zeitgenossen werden eher mit Nein als mit Ja antworten, und sie reden vom anbrechenden nachchristlichen Zeitalter – als hätte das Licht Christi nur eine Weile geleuchtet, „und die Finsternis hat es nicht erfaßt" (Joh 1,5). Es gibt auf die gestellte Frage keine globale Antwort. Die Antwort, die uns angeht, ist eine Forderung; das Gebot ist immer noch neu: Liebt einander, wie ich euch geliebt habe.

Fünfter Sonntag der Osterzeit

ERÖFFNUNGSVERS Ps 98 (97), 1–2
Singt dem Herrn ein neues Lied,
denn er hat wunderbare Taten vollbracht
und sein gerechtes Wirken enthüllt vor den Augen der Völker.
Halleluja.

Ehre sei Gott, S. 344 ff.

TAGESGEBET

Gott, unser Vater,
du hast uns durch deinen Sohn erlöst
und als deine geliebten Kinder angenommen.
Sieh voll Güte auf alle, die an Christus glauben,
und schenke ihnen die wahre Freiheit
und das ewige Erbe.
Darum bitten wir durch Jesus Christus.

ZUR 1. LESUNG *Der Apostel Paulus ist nicht als Abenteurer auf Missionsreisen gegangen. Dem Antrieb des Geistes folgend, hat die Gemeinde von Antiochia (in Syrien) Paulus und Barnabas ausgesandt und sie „der Gnade Gottes empfohlen". Das Gebet und Vertrauen der Heimatgemeinde begleitet die Missionare. So konnten diese eine Reihe von Christengemeinden gründen. Und überall setzten sie „Älteste" (Presbyter) ein, um in den Gemeinden den Glauben und die Ordnung zu sichern.*

ERSTE LESUNG Apg 14, 21b–27

Sie berichteten der Gemeinde, was Gott zusammen mit ihnen getan hatte

Lesung
   aus der Apostelgeschichte.

In jenen Tagen
   kehrten Paulus und Barnabas
   nach Lystra, Ikónion und Antióchia zurück.
Sie sprachen den Jüngern Mut zu
und ermahnten sie, treu am Glauben festzuhalten;
sie sagten:
   Durch viele Drangsale
   müssen wir in das Reich Gottes gelangen.

23 In jeder Gemeinde bestellten sie durch Handauflegung Älteste
und empfahlen sie mit Gebet und Fasten dem Herrn,
an den sie nun glaubten.
24 Nachdem sie durch Pisídien gezogen waren,
kamen sie nach Pamphýlien,
25 verkündeten in Perge das Wort
und gingen dann nach Attália hinab.
26 Von dort fuhren sie mit dem Schiff nach Antióchia,
wo man sie für das Werk, das sie nun vollbracht hatten,
der Gnade Gottes empfohlen hatte.
27 Als sie dort angekommen waren,
riefen sie die Gemeinde zusammen
und berichteten alles, was Gott mit ihnen zusammen getan
und daß er den Heiden die Tür zum Glauben geöffnet hatte.

ANTWORTPSALM   Ps 145 (144), 1–2.8–9.10–11.13c–14 (R: 1a)

R Ich will dich rühmen, mein Gott und König. – R   (GL 527, 2)

Oder: Halleluja. – R

1 Ich will dich rühmen, mein Gott und König, *   VIII. Ton
und deinen Namen preisen immer und ewig;
2 ich will dich preisen Tag für Tag *
und deinen Namen loben immer und ewig. – (R)

8 Der Herr ist gnädig und barmherzig, *
langmütig und reich an Gnade.
9 Der Herr ist gütig zu allen, *
sein Erbarmen waltet über all seinen Werken. – (R)

10 Danken sollen dir, Herr, all deine Werke *
und deine Frommen dich preisen.
11 Sie sollen von der Herrlichkeit deines Königtums reden, *
sollen sprechen von deiner Macht. – (R)

13cd Der Herr ist treu in all seinen Worten, *
voll Huld in all seinen Taten.
14 Der Herr stützt alle, die fallen, *
und richtet alle Gebeugten auf. – R

Fünfter Sonntag der Osterzeit

ZUR 2. LESUNG *Am Ende aller Gerichts- und Untergangsvisionen steht im Buch der Offenbarung das Zeugnis von der Neuschaffung aller Dinge durch Gott. Die Weltstadt Babylon, Inbegriff der taumelnden Macht und Lust einer gottfeindlichen Welt, verstummt im Meer der Finsternis (Offb 18,21–24). Die Vergänglichkeit vergeht. Am Ende ist Gott allein groß. Die neue Schöpfung, das neue Jerusalem, die Gemeinde der Geretteten, ist wie eine Braut, die in strahlender Klarheit und Freude und in heiliger Sammlung ihrem Herrn entgegengeht.*

ZWEITE LESUNG   Offb 21,1–5a

Gott wird alle Tränen von ihren Augen abwischen

**Lesung
  aus der Offenbarung des Johannes.**

Ich, Johannes, sah einen neuen Himmel und eine neue Erde;
denn der erste Himmel und die erste Erde sind vergangen,
auch das Meer ist nicht mehr.

Ich sah die heilige Stadt, das neue Jerusalem,
    von Gott her aus dem Himmel herabkommen;
sie war bereit wie eine Braut,
    die sich für ihren Mann geschmückt hat.

Da hörte ich eine laute Stimme vom Thron her rufen:
Seht, die Wohnung Gottes unter den Menschen!
Er wird in ihrer Mitte wohnen,
    und sie werden sein Volk sein;
und er, Gott, wird bei ihnen sein.
Er wird alle Tränen von ihren Augen abwischen:
Der Tod wird nicht mehr sein,
keine Trauer, keine Klage, keine Mühsal.
Denn was früher war, ist vergangen.

Er, der auf dem Thron saß, sprach:
    Seht, ich mache alles neu.

RUF VOR DEM EVANGELIUM
Vers: Joh 13,34

Halleluja. Halleluja.
(So spricht der Herr:)
Ein neues Gebot gebe ich euch:
Wie ich euch geliebt habe, so sollt auch ihr einander lieben.
Halleluja.

Oder:
Dies ist mein Gebot:
Liebet einander, wie ich euch geliebt.

ZUM EVANGELIUM
Von einem neuen Jerusalem war in der vorausgehenden Lesung die Rede (Offb 21) und von einer Erneuerung, die von innen her, von Gott her, die ganze Schöpfung erfaßt. Im Evangelium wird das Lebensgesetz der neuen Schöpfung genannt, das neue Gebot: Liebt einander! Jesus macht seine Jünger für die Erneuerung der Welt mitverantwortlich. Nur durch die Christen kann die Welt Christus erkennen: durch das, was sie sagen und was sie sind.

EVANGELIUM
Joh 13,31–33a.34–35

Ein neues Gebot gebe ich euch: Liebt einander!

✛ Aus dem heiligen Evangelium nach Johannes.

In jener Zeit,
31 als Judas hinausgegangen war, sagte Jesus:
Jetzt ist der Menschensohn verherrlicht,
und Gott ist in ihm verherrlicht.
32 Wenn Gott in ihm verherrlicht ist,
wird auch Gott ihn in sich verherrlichen,
und er wird ihn bald verherrlichen.
33a Meine Kinder, ich bin nur noch kurze Zeit bei euch.
34 Ein neues Gebot gebe ich euch:
Liebt einander!
Wie ich euch geliebt habe,
so sollt auch ihr einander lieben.
35 Daran werden alle erkennen, daß ihr meine Jünger seid:
wenn ihr einander liebt.

Glaubensbekenntnis, S. 348 ff.; Fürbitten vgl. S. 794 ff.

ZUR EUCHARISTIEFEIER

„Daran haben wir die Liebe erkannt, daß er sein Leben für uns hingegeben hat. So müssen auch wir für die Brüder das Leben hingeben" (1 Joh 3, 16).

GABENGEBET

Erhabener Gott,
durch die Feier des heiligen Opfers
gewährst du uns Anteil an deiner göttlichen Natur.
Gib, daß wir dich nicht nur
als den einen wahren Gott erkennen,
sondern unser ganzes Leben nach dir ausrichten.
Darum bitten wir durch Christus, unseren Herrn.

Osterpräfation, S. 410f.

KOMMUNIONVERS
Joh 15, 1. 5

So spricht der Herr:
Ich bin der wahre Weinstock, ihr seid die Rebzweige.
Wer in mir bleibt und in wem ich bleibe,
der bringt reiche Frucht. Halleluja.

SCHLUSSGEBET

Barmherziger Gott, höre unser Gebet.
Du hast uns im Sakrament
das Brot des Himmels gegeben,
damit wir an Leib und Seele gesunden.
Gib, daß wir die Gewohnheiten des alten Menschen ablegen
und als neue Menschen leben.
Darum bitten wir durch Christus, unseren Herrn.

FÜR DEN TAG UND DIE WOCHE

Der Unterschied *Die Liebe ist das einzige, was die Kinder Gottes von den Kindern des Teufels unterscheidet. Hörst du: das einzige. Wer die Liebe hat, ist aus Gott geboren; wer sie nicht hat, ist nicht aus Gott geboren. Das ist das große Zeichen, der große Unterschied. (Augustinus)*

SECHSTER SONNTAG DER OSTERZEIT

Wo Leben ist, da ist Bewegung und Veränderung. Jedes Jahr und jeden Tag steht die Kirche Christi vor neuen Fragen und Aufgaben. Alles beim alten zu lassen würde bedeuten, den Auftrag Christi und die Not der Menschen vergessen. Der Geist Christi, der Geist der Wahrheit und des Friedens, ist in der Kirche der wahre Unruhestifter (es gibt auch falsche). Er erinnert uns an das Wort und den Auftrag Christi.

ERÖFFNUNGSVERS
Vgl. Jes 48, 20

Verkündet es jauchzend, damit man es hört!
Ruft es hinaus bis ans Ende der Erde!
Ruft: Der Herr hat sein Volk befreit. Halleluja.

Ehre sei Gott, S. 344 ff.

TAGESGEBET

Allmächtiger Gott,
laß uns die österliche Zeit
in herzlicher Freude begehen
und die Auferstehung unseres Herrn preisen,
damit das Ostergeheimnis,
das wir in diesen fünfzig Tagen feiern,
unser ganzes Leben prägt und verwandelt.
Darum bitten wir durch Jesus Christus.

ZUR 1. LESUNG   *Die Bekehrung des Heiden Kornelius (Apg 10) und erst recht die Gründung von heidenchristlichen Gemeinden stellte die Leitung der Urgemeinde vor schwierige Fragen. Die Judenchristen hielten sich noch an das jüdische Gesetz; sollte man auch die Heidenchristen dazu verpflichten? Der Beschluß des „Apostelkonzils" war ein Kompromiß. Grundsätzlich war klar, daß nicht das Gesetz rettet, sondern die Gnade Christi. In der Praxis suchte man eine mittlere Linie. Brüderliche Rücksichtnahme bei aller grundsätzlichen Klarheit war die echt christliche Lösung des Problems.*

Sechster Sonntag der Osterzeit

ERSTE LESUNG

Apg 15, 1–2.22–29

Der Heilige Geist und wir haben beschlossen, euch keine weitere Last aufzuerlegen

Lesung
aus der Apostelgeschichte.

In jenen Tagen
kamen einige Leute von Judäa herab
und lehrten die Brüder:
Wenn ihr euch nicht
nach dem Brauch des Mose beschneiden laßt,
könnt ihr nicht gerettet werden.
Nach großer Aufregung und heftigen Auseinandersetzungen
zwischen ihnen und Paulus und Bárnabas
beschloß man,
Paulus und Bárnabas und einige andere von ihnen
sollten wegen dieser Streitfrage
zu den Aposteln und den Ältesten
nach Jerusalem hinaufgehen.

Da beschlossen die Apostel und die Ältesten
zusammen mit der ganzen Gemeinde,
Männer aus ihrer Mitte auszuwählen
und sie zusammen mit Paulus und Bárnabas
nach Antióchia zu senden,
nämlich Judas, genannt Barsábbas, und Silas,
führende Männer unter den Brüdern.
Sie gaben ihnen folgendes Schreiben mit:

Die Apostel und die Ältesten, eure Brüder,
grüßen die Brüder aus dem Heidentum
in Antióchia, in Sýrien und Zilizien.
Wir haben gehört,
daß einige von uns, denen wir keinen Auftrag erteilt haben,
euch mit ihren Reden beunruhigt
und eure Gemüter erregt haben.
Deshalb haben wir uns geeinigt
und beschlossen, Männer auszuwählen
und zusammen mit unseren lieben Brüdern Bárnabas und Paulus
zu euch zu schicken,
die beide für den Namen Jesu Christi, unseres Herrn,
ihr Leben eingesetzt haben.

²⁷ Wir haben Judas und Silas abgesandt,
 die euch das Gleiche auch mündlich mitteilen sollen.
²⁸ Denn der Heilige Geist und wir haben beschlossen,
 euch keine weitere Last aufzuerlegen
 als diese notwendigen Dinge:
²⁹ Götzenopferfleisch, Blut, Ersticktes und Unzucht zu meiden.
 Wenn ihr euch davor hütet,
 handelt ihr richtig.
 Lebt wohl!

ANTWORTPSALM Ps 67 (66), 2–3.5.6 u. 8 (R: 4)

R Die Völker sollen dir danken, o Gott, (GL 732,1)
danken sollen dir die Völker alle. – R

Oder: **Halleluja.** – R

² Gott sei uns gnädig und segne uns. * III. Ton
Er lasse über uns sein Angesicht leuchten,

³ damit auf Erden sein Weg erkannt wird *
und unter allen Völkern sein Heil. – (R)

⁵ Die Nationen sollen sich freuen und jubeln. *
Denn du richtest den Erdkreis gerecht.

Du richtest die Völker nach Recht *
und regierst die Nationen auf Erden. – (R)

⁶ Die Völker sollen dir danken, o Gott, *
danken sollen dir die Völker alle.

⁸ Es segne uns Gott! *
Alle Welt fürchte und ehre ihn! – R

ZUR 2. LESUNG *Wie es sein wird, wenn Gott sein Werk vollendet, darüber kann nur in Bildern und Gleichnissen gesprochen werden. In der heutigen Lesung erscheint die Gemeinschaft der Erlösten als die leuchtende Stadt Gottes, mit hohen Mauern und zwölf Toren, die für alle Völker der Erde geöffnet sind. Allen bietet sie Frieden, Sicherheit, ewiges Glück. Sie braucht keinen Tempel mehr, die ganze*

Sechster Sonntag der Osterzeit

Stadt ist erfüllt von der Gegenwart Gottes und erleuchtet vom Licht Christi. Diese Vision weist über die Geschichte hinaus in die Zukunft; aber sie deutet und richtet auch die Gegenwart.

ZWEITE LESUNG   OffB 21,10–14.22–23

Ein Engel zeigte mir die heilige Stadt, wie sie aus dem Himmel herabkam

Lesung
    aus der Offenbarung des Johannes.

Ein Engel entrückte mich in der Verzückung
    auf einen großen, hohen Berg
und zeigte mir die heilige Stadt Jerusalem,
    wie sie von Gott her aus dem Himmel herabkam,
erfüllt von der Herrlichkeit Gottes.
Sie glänzte wie ein kostbarer Edelstein,
wie ein kristallklarer Jaspis.

Die Stadt hat eine große und hohe Mauer
    mit zwölf Toren und zwölf Engeln darauf.
Auf die Tore sind Namen geschrieben:
die Namen der zwölf Stämme der Söhne Israels.
Im Osten hat die Stadt drei Tore
    und im Norden drei Tore
und im Süden drei Tore
    und im Westen drei Tore.
Die Mauer der Stadt hat zwölf Grundsteine;
auf ihnen stehen die zwölf Namen der zwölf Apostel des Lammes.

Einen Tempel sah ich nicht in der Stadt.
Denn der Herr, ihr Gott,
    der Herrscher über die ganze Schöpfung, ist ihr Tempel,
er und das Lamm.
Die Stadt braucht weder Sonne noch Mond, die ihr leuchten.
Denn die Herrlichkeit Gottes erleuchtet sie,
    und ihre Leuchte ist das Lamm.

RUF VOR DEM EVANGELIUM   Vers: vgl. Joh 14,23

Halleluja. Halleluja.
(So spricht der Herr:)
Wer mich liebt, hält fest an meinem Wort.
Mein Vater wird ihn lieben, und wir werden bei ihm wohnen.
Halleluja.

ZUM EVANGELIUM   *Christus bleibt gegenwärtig in seiner Kirche; er offenbart sich durch sein Wort, das verkündet, gehört und geglaubt wird, und durch die Liebe, mit der die Glaubenden an seinem Wort festhalten. Die Glaubenden: das ist jeder einzelne, und es ist die große Gemeinschaft all derer, die im Licht des auferstandenen Christus ihren Weg gehen. Jesus verheißt ihnen den Geist und schenkt ihnen den Frieden: die Gewißheit der bleibenden Gemeinschaft mit ihm und dem Vater.*

EVANGELIUM   Joh 14,23–29

Der Heilige Geist wird euch an alles erinnern, was ich euch gesagt habe

✛ Aus dem heiligen Evangelium nach Johannes.

In jener Zeit sprach Jesus zu seinen Jüngern:
23 Wenn jemand mich liebt,
   wird er an meinem Wort festhalten;
mein Vater wird ihn lieben,
   und wir werden zu ihm kommen und bei ihm wohnen.
24 Wer mich nicht liebt, hält an meinen Worten nicht fest.
Und das Wort, das ihr hört, stammt nicht von mir,
   sondern vom Vater, der mich gesandt hat.
25 Das habe ich zu euch gesagt, während ich noch bei euch bin.
26 Der Beistand aber, der Heilige Geist,
   den der Vater in meinem Namen senden wird,
   der wird euch alles lehren
und euch an alles erinnern, was ich euch gesagt habe.
27 Frieden hinterlasse ich euch,
   meinen Frieden gebe ich euch;
   nicht einen Frieden, wie die Welt ihn gibt, gebe ich euch.

Euer Herz beunruhige sich nicht und verzage nicht.
Ihr habt gehört,
　　daß ich zu euch sagte:
　　Ich gehe fort und komme wieder zu euch zurück.
Wenn ihr mich lieb hättet,
　　würdet ihr euch freuen, daß ich zum Vater gehe;
denn der Vater ist größer als ich.

Jetzt schon habe ich es euch gesagt, bevor es geschieht,
damit ihr, wenn es geschieht,
　　zum Glauben kommt.

Glaubensbekenntnis, S. 348 ff.
Fürbitten vgl. S. 794 ff.

ZUR EUCHARISTIEFEIER *Es gibt nur ein Wort, das unsere ganze Wahrheit und Hoffnung ausspricht, und dieses Wort ist ein Name: Jesus Christus, der Herr. In ihm ist alles zusammengefaßt, was wir suchen und brauchen. Er ist es, der uns heiligt und rettet.*

GABENGEBET

Herr und Gott,
laß unser Gebet zu dir aufsteigen
und nimm unsere Gaben an.
Reinige uns durch deine Gnade,
damit wir fähig werden,
das Sakrament deiner großen Liebe zu empfangen.
Darum bitten wir durch Christus, unseren Herrn.

Osterpräfation, S. 410 ff.

KOMMUNIONVERS   Joh 14, 15–16

So spricht der Herr:
Wenn ihr mich liebt, werdet ihr meine Gebote halten.
Ich werde den Vater bitten,
und er wird euch einen anderen Beistand geben,
damit er immer bei euch bleibt. Halleluja.

SCHLUSSGEBET

Allmächtiger Gott,
du hast uns durch die Auferstehung Christi
neu geschaffen für das ewige Leben.
Erfülle uns mit der Kraft dieser heilbringenden Speise,
damit das österliche Geheimnis
in uns reiche Frucht bringt.
Darum bitten wir durch Christus, unseren Herrn.

FÜR DEN TAG UND DIE WOCHE

Der Geist *Der Herr verheißt denen, die mit ihm leben wollen, anstelle seiner äußeren Gegenwart das innere Leben, den Trost und das Feuer seines Geistes. Durch den Geist will er künftig wesentlicher und mächtiger bei ihnen sein als bisher in aller Sichtbarkeit des irdischen Daseins. Sie, die im Glauben angefangen haben, seine Vertrauten und seine Freunde zu werden, sie sollen in die Gemeinschaft des Geistes eintreten und damit selbst mehr und mehr in sich die heilige Erregung erfahren dürfen, von der der Herr lebte. Es soll sich ihnen selbst der Quell erschließen, der ihn zuerst belebte und in ihm nach vorwärts drängte. (B. Welte)*

CHRISTI HIMMELFAHRT
Hochfest

Christus ist in der Herrlichkeit Gottes, des Vaters. Er ist dort als der Menschgewordene und der Gekreuzigte, als unser Priester und Fürbitter. Er ist aber von der Erde nicht einfach weggegangen, so daß er nun abwesend wäre. Er hat seine Jünger nicht allein gelassen, er bleibt anwesend in seiner Kirche und durch sie in der Welt, für die Welt. Er ist der Kyrios, der Herr, zu dem wir rufen: Kyrie, eleison: Herr, erbarme dich.

Christi Himmelfahrt

ERÖFFNUNGSVERS　　　　　　　　　　　　　　　　Apg 1,11
Ihr Männer von Galiläa,
was steht ihr da und schaut zum Himmel?
Der Herr wird wiederkommen, wie er jetzt aufgefahren ist. Halleluja.

Ehre sei Gott, S. 344 ff.

TAGESGEBET
Allmächtiger, ewiger Gott,
erfülle uns mit Freude und Dankbarkeit,
denn in der Himmelfahrt deines Sohnes
hast du den Menschen erhöht.
Schenke uns das feste Vertrauen,
daß auch wir zu der Herrlichkeit gerufen sind,
in die Christus uns vorausgegangen ist,
der in der Einheit des Heiligen Geistes
mit dir lebt und herrscht in alle Ewigkeit.

ZUR 1. LESUNG   *In seinem Evangelium hat Lukas berichtet, was Jesus getan und gelehrt hat; in der Apostelgeschichte beschreibt er das Werden und Wachsen der Kirche. Die letzten Worte Jesu vor seinem Weggang sind für die Jünger zugleich Verheißung und Auftrag. Für alle Menschen sollen sie Boten und Zeugen Christi sein; der Geist Gottes gibt ihnen die Kraft dazu. Von Pfingsten bis zur Wiederkunft Christi wird die Kirche Christi missionierende Kirche sein.*

ERSTE LESUNG　　　　　　　　　　　　　　　　Apg 1,1–11
Dieser Jesus, der in den Himmel aufgenommen wurde, wird ebenso wiederkommen, wie ihr ihn habt zum Himmel hingehen sehen

Lesung
　　aus der Apostelgeschichte.

Im ersten Buch, lieber Theóphilus,
　　habe ich über alles berichtet, was Jesus getan und gelehrt hat,
bis zu dem Tag, an dem er in den Himmel aufgenommen wurde.
Vorher hat er durch den Heiligen Geist
　　den Aposteln, die er sich erwählt hatte, Anweisungen gegeben.

³ Ihnen hat er nach seinem Leiden
 durch viele Beweise gezeigt, daß er lebt;
 vierzig Tage hindurch ist er ihnen erschienen
 und hat vom Reich Gottes gesprochen.
⁴ Beim gemeinsamen Mahl gebot er ihnen:
 Geht nicht weg von Jerusalem,
 sondern wartet auf die Verheißung des Vaters,
 die ihr von mir vernommen habt.
⁵ Johannes hat mit Wasser getauft,
 ihr aber
 werdet schon in wenigen Tagen mit dem Heiligen Geist getauft.
⁶ Als sie nun beisammen waren, fragten sie ihn:
 Herr, stellst du in dieser Zeit
 das Reich für Israel wieder her?
⁷ Er sagte zu ihnen:
 Euch steht es nicht zu, Zeiten und Fristen zu erfahren,
 die der Vater in seiner Macht festgesetzt hat.
⁸ Aber ihr werdet die Kraft des Heiligen Geistes empfangen,
 der auf euch herabkommen wird;
 und ihr werdet meine Zeugen sein
 in Jerusalem und in ganz Judäa und Samárien
 und bis an die Grenzen der Erde.
⁹ Als er das gesagt hatte,
 wurde er vor ihren Augen emporgehoben,
 und eine Wolke nahm ihn auf und entzog ihn ihren Blicken.
¹⁰ Während sie unverwandt ihm nach zum Himmel emporschauten,
 standen plötzlich zwei Männer in weißen Gewändern bei ihnen
¹¹ und sagten: Ihr Männer von Galiläa,
 was steht ihr da und schaut zum Himmel empor?
 Dieser Jesus, der von euch ging
 und in den Himmel aufgenommen wurde,
 wird ebenso wiederkommen,
 wie ihr ihn habt zum Himmel hingehen sehen.

Christi Himmelfahrt

ANTWORTPSALM Ps 47 (46), 2–3.6–7.8–9 (R: 6)

R Gott stieg empor unter Jubel, (GL 232, 5)
der Herr beim Schall der Posaunen. – R

Oder: **Halleluja.** – R

Ihr Völker alle, klatscht in d<u>ie</u> Hände; * VI. Ton
jauchzt Gott zu m<u>it</u> lautem Jubel!

Denn furchtgebietend ist der Herr, d<u>er</u> Höchste, *
ein großer König über d<u>ie</u> ganze Erde. – (R)

Gott stieg empor un<u>ter</u> Jubel, *
der Herr <u>beim</u> Schall der Hörner.

Singt unserm Gott, <u>ja</u> singt ihm! *
Spielt uns<u>erm</u> König, spielt ihm! – (R)

Denn Gott ist König der gan<u>zen</u> Erde. *
Spielt ihm ein Psalmenlied!

Gott wurde König über al<u>le</u> Völker, *
Gott sitzt auf sei<u>nem</u> heiligen Thron. – R

ZUR 2. LESUNG *Das Gebet des Apostels wird zu einer großen Aussage über die Macht und Größe Gottes. Gott hat Jesus von den Toten auferweckt und an seine Seite erhöht; er hat ihn zum Haupt der Kirche und der ganzen Schöpfung gemacht. Die Kirche ist „sein Leib": Sie lebt durch ihn, und er lebt in ihr. Die Kirche ist der Raum, wo Christus für die Welt gegenwärtig ist; sie ist die Erscheinungsform Christi in dieser Welt.*

ZWEITE LESUNG Eph 1, 17–23

Gott hat Christus auf den Platz zu seiner Rechten erhoben

Lesung
   aus dem Brief des Apostels Paulus an die Épheser.

Brüder!
Der Gott Jesu Christi, unseres Herrn,
   der Vater der Herrlichkeit,
   gebe euch den Geist der Weisheit und Offenbarung,
   damit ihr ihn erkennt.

18 Er erleuchte die Augen eures Herzens,
damit ihr versteht,
zu welcher Hoffnung ihr durch ihn berufen seid,
welchen Reichtum
die Herrlichkeit seines Erbes den Heiligen schenkt
19 und wie überragend groß
seine Macht sich an uns, den Gläubigen, erweist
durch das Wirken seiner Kraft und Stärke.
20 Er hat sie an Christus erwiesen,
den er von den Toten auferweckt
und im Himmel auf den Platz zu seiner Rechten erhoben hat,
21 hoch über alle Fürsten und Gewalten,
Mächte und Herrschaften
und über jeden Namen, der nicht nur in dieser Welt,
sondern auch in der zukünftigen genannt wird.
22 Alles hat er ihm zu Füßen gelegt
und ihn, der als Haupt alles überragt,
über die Kirche gesetzt.
23 Sie ist sein Leib
und wird von ihm erfüllt, der das All ganz und gar beherrscht.

Oder:

ZWEITE LESUNG Hebr 9,24–28; 10,19–23

Einführung *Durch den Tod hindurch ist Christus in das wahre, himmlische Heiligtum eingetreten und steht „für uns vor Gottes Angesicht". Er hat die Sünden der Vielen hinweggenommen; er wird, wenn er wiederkommt, das Werk der Erlösung vollenden. Weil er treu ist, können wir Hoffnung haben.*

Christus ist in den Himmel selbst hineingegangen

Lesung
aus dem Hebräerbrief.

24 Christus ist nicht
in ein von Menschenhand errichtetes Heiligtum hineingegangen,
in ein Abbild des wirklichen,
sondern in den Himmel selbst,
um jetzt für uns vor Gottes Angesicht zu erscheinen;

auch nicht, um sich selbst viele Male zu opfern,
denn er ist nicht wie der Hohepriester,
>   der jedes Jahr mit fremdem Blut in das Heiligtum hineingeht;
sonst hätte er viele Male seit der Erschaffung der Welt
leiden müssen.
Jetzt aber ist er am Ende der Zeiten ein einziges Mal erschienen,
um durch sein Opfer die Sünde zu tilgen.

Und wie es dem Menschen bestimmt ist,
ein einziges Mal zu sterben,
worauf dann das Gericht folgt,
so wurde auch Christus ein einziges Mal geopfert,
um die Sünden vieler hinwegzunehmen;
beim zweitenmal wird er nicht wegen der Sünde erscheinen,
sondern um die zu retten, die ihn erwarten.

Wir haben also die Zuversicht, Brüder,
durch das Blut Jesu in das Heiligtum einzutreten.
Er hat uns den neuen und lebendigen Weg erschlossen
durch den Vorhang hindurch,
das heißt durch sein Fleisch.

Da wir einen Hohenpriester haben,
der über das Haus Gottes gestellt ist,
laßt uns mit aufrichtigem Herzen
und in voller Gewißheit des Glaubens hintreten,
das Herz durch Besprengung gereinigt vom schlechten Gewissen
und den Leib gewaschen mit reinem Wasser.

Laßt uns an dem unwandelbaren Bekenntnis der Hoffnung
festhalten,
denn er, der die Verheißung gegeben hat, ist treu.

RUF VOR DEM EVANGELIUM   Vers: vgl. Mt 28, 19 u. 20

Halleluja. Halleluja.
(So spricht der Herr:)
Geht zu allen Völkern,
und macht alle Menschen zu meinen Jüngern.
Ich bin bei euch alle Tage bis zum Ende der Welt.
Halleluja.

ZUM EVANGELIUM *Der Evangelist Lukas hat die Osterereignisse auf einen einzigen Tag zusammengedrängt (Kapitel 24). Dieser Tag bedeutet das Ende der alten Ordnung und den Beginn des neuen Zeitalters; es beginnt die Zeit der Kirche und der Mission. Jesus hat sein Werk vollendet und beschließt diese seine irdische Liturgie, indem er die Jünger segnet. Nicht mehr Trauer, sondern Freude über die bleibende Nähe des erhöhten Herrn erfüllt von da an die Jünger, prägt ihren Gottesdienst und ihren Dienst für die Menschen.*

EVANGELIUM   Lk 24,46–53

Während er sie segnete, wurde er zum Himmel erhoben

✙ Aus dem heiligen Evangelium nach Lukas.

In jener Zeit
46 sprach Jesus zu seinen Jüngern:
So steht es in der Schrift:
Der Messias wird leiden
und am dritten Tag von den Toten auferstehen,
47 und in seinem Namen
wird man allen Völkern, angefangen in Jerusalem, verkünden,
sie sollen umkehren, damit ihre Sünden vergeben werden.
48 Ihr seid Zeugen dafür.
49 Und ich werde die Gabe, die mein Vater verheißen hat,
zu euch herabsenden.
Bleibt in der Stadt,
bis ihr mit der Kraft aus der Höhe erfüllt werdet.
50 Dann führte er sie hinaus in die Nähe von Betánien.
Dort erhob er seine Hände und segnete sie.
51 Und während er sie segnete,
verließ er sie und wurde zum Himmel emporgehoben;
52 sie aber fielen vor ihm nieder.

Dann kehrten sie in großer Freude nach Jerusalem zurück.
53 Und sie waren immer im Tempel
und priesen Gott.

Glaubensbekenntnis, S. 348 ff.
Fürbitten vgl. S. 794 ff.

Christi Himmelfahrt

ZUR EUCHARISTIEFEIER *Mit dem Menschen Jesus hat unsere Zukunft begonnen. Er hat uns den Weg gezeigt. Er war ganz für Gott da und ganz für die Menschen. Durch ihn wissen wir für immer, was Liebe ist.*

GABENGEBET
Allmächtiger Gott,
am Fest der Himmelfahrt deines Sohnes
bringen wir dieses Opfer dar.
Gib uns durch diese heilige Feier die Gnade,
daß wir uns über das Irdische erheben
und suchen, was droben ist.
Darum bitten wir durch Christus, unseren Herrn.

Präfation, S. 412 f.
In den Hochgebeten I–III eigener Einschub.

KOMMUNIONVERS Mt 28, 20
Ich bin bei euch alle Tage bis zum Ende der Welt. Halleluja.

SCHLUSSGEBET
Allmächtiger, ewiger Gott,
du hast uns, die wir noch auf Erden leben,
deine göttlichen Geheimnisse anvertraut.
Lenke unser Sinnen und Verlangen zum Himmel,
wo Christus als Erster der Menschen bei dir ist,
der mit dir lebt und herrscht in alle Ewigkeit.

DIE BOTSCHAFT
Christus hat keine Hände, nur unsere Hände,
um seine Arbeit heute zu tun.
Er hat keine Füße, nur unsere Füße,
um Menschen auf seinen Weg zu führen.
Christus hat keine Lippen, nur unsere Lippen,
um den Menschen von ihm zu erzählen.
Wir sind die einzige Bibel, die die Öffentlichkeit noch liest.
Wir sind Gottes letzte Botschaft,
in Taten und Worten geschrieben. (Verfasser unbekannt)

SIEBTER SONNTAG DER OSTERZEIT

„Herrlichkeit" ist für uns heute ein schwieriges Wort. „Herrlichkeit Gottes" meint die sichtbare, erfahrbare Offenbarung seiner Größe und Heiligkeit. Jesus konnte sagen: „Wer mich sieht, der sieht auch meinen Vater." Weil der Vater auf Jesus mit unendlicher Liebe schaut, wird auch seine Menschheit vom Licht Gottes verklärt. Die Fülle Gottes wohnt in ihm. Und wenn wir in seiner Liebe bleiben, bleibt er in uns. Seine Liebe aber verbindet uns, verpflichtet uns zur Einheit. Darin wird Gott „verherrlicht": sichtbar und erfahrbar in dieser Welt.

ERÖFFNUNGSVERS Ps 27 (26), 7–9
Vernimm, o Herr, mein lautes Rufen;
sei mir gnädig und erhöre mich!
Mein Herz denkt an dein Wort: „Sucht mein Angesicht!"
Dein Angesicht, Herr, will ich suchen.
Verbirg nicht dein Gesicht vor mir! Halleluja.

Ehre sei Gott, S. 344 ff.

TAGESGEBET

Allmächtiger Gott,
wir bekennen, daß unser Erlöser
bei dir in deiner Herrlichkeit ist.
Erhöre unser Rufen
und laß uns erfahren,
daß er alle Tage bis zum Ende der Welt
bei uns bleibt, wie er uns verheißen hat.
Er, der in der Einheit des Heiligen Geistes
mit dir lebt und herrscht in alle Ewigkeit.

ZUR 1. LESUNG *Bei seinem Abschied hatte Jesus gesagt: „Ihr werdet meine Zeugen sein" (Apg 1, 8). Der Diakon Stephanus war der erste, der das Zeugnis des Wortes mit seinem Blut besiegelt hat. Stephanus bezeugt, was er gesehen hat: Jesus, den auferstandenen und an die Seite Gottes erhöhten Herrn. Sein Martyrium bedeutet einen Wendepunkt in der Geschichte des Christentums; jetzt nimmt das Evangelium seinen Weg von Jerusalem aus nach Judäa und Samarien und in die Welt der Heiden hinaus.*

Siebter Sonntag der Osterzeit

ERSTE LESUNG   Apg 7,55–60

Ich sehe den Himmel offen und den Menschensohn zur Rechten Gottes stehen

**Lesung
aus der Apostelgeschichte.**

In jenen Tagen
blickte Stéphanus, erfüllt vom Heiligen Geist,
zum Himmel empor,
sah die Herrlichkeit Gottes
und Jesus zur Rechten Gottes stehen
und rief:
Ich sehe den Himmel offen
und den Menschensohn zur Rechten Gottes stehen.

Da erhoben sie ein lautes Geschrei,
hielten sich die Ohren zu,
stürmten gemeinsam auf ihn los,
trieben ihn zur Stadt hinaus und steinigten ihn.
Die Zeugen legten ihre Kleider
zu Füßen eines jungen Mannes nieder, der Saulus hieß.

So steinigten sie Stéphanus;
er aber betete
und rief: Herr Jesus, nimm meinen Geist auf!
Dann sank er in die Knie
und schrie laut:
Herr, rechne ihnen diese Sünde nicht an!
Nach diesen Worten starb er.

ANTWORTPSALM   Ps 97 (96), 1–2.6–7.9 u. 12 (R: vgl. 1a u. 9a)
(GL 529, 8)

R Der Herr ist König,
er ist der Höchste über der ganzen Erde. – **R**

Oder: **Halleluja – R**

Der Herr ist König. Die Erde frohlocke! *   VIII. Ton
Freuen sollen sich die vielen Inseln.

Rings um ihn her sind Wolken und Dunkel, *
Gerechtigkeit und Recht sind die Stützen seines Throns. – (R)

Seine Gerechtigkeit verkünden die Himmel, *
seine Herrlichkeit schauen alle Völker.

⁷ Alle, die Bildern dienen, werden zuschanden, †
alle, die sich der Götzen rühmen. *
Vor ihm werfen sich alle Götter nieder. − (R)

⁹ Denn du, Herr, bist der Höchste über der ganzen Erde, *
hoch erhaben über alle Götter.

¹² Ihr Gerechten, freut euch am Herrn, *
und lobt seinen heiligen Namen!

R Der Herr ist König,
er ist der Höchste über der ganzen Erde.

Oder: Halleluja.

ZUR 2. LESUNG *Der erhöhte Christus wird in Offb 22 mit großen Würdenamen bezeichnet. Er ist „der Erste und der Letzte": es gibt keinen Gott und Retter vor ihm und keinen nach ihm. Er ist der Morgenstern des neuen Tages. Der Tag ist nahe: „Ich komme bald"; das ist als Trost und als Warnung gesagt.*

ZWEITE LESUNG   Offb 22,12−14.16−17.20

Komm, Herr Jesus!

**Lesung
aus der Offenbarung des Johannes.**

Ich, Johannes, hörte eine Stimme, die zu mir sprach:
¹² Siehe, ich komme bald,
und mit mir bringe ich den Lohn,
und ich werde jedem geben,
was seinem Werk entspricht.
¹³ Ich bin das Alpha und das Omega,
der Erste und der Letzte,
der Anfang und das Ende.
¹⁴ Selig, wer sein Gewand wäscht:
Er hat Anteil am Baum des Lebens,
und er wird durch die Tore in die Stadt eintreten können.
¹⁶ Ich, Jesus, habe meinen Engel gesandt
als Zeugen für das, was die Gemeinden betrifft.
Ich bin die Wurzel und der Stamm Davids,
der strahlende Morgenstern.

Siebter Sonntag der Osterzeit

Der Geist und die Braut aber sagen: Komm!
Wer hört, der rufe: Komm!
Wer durstig ist, der komme.
Wer will, empfange umsonst das Wasser des Lebens.

Er, der dies bezeugt, spricht:
 Ja, ich komme bald.
Amen.
Komm, Herr Jesus!

RUF VOR DEM EVANGELIUM   Vers: vgl. Joh 14,18; 16,22b

Halleluja. Halleluja.

(So spricht der Herr:)
Ich lasse euch nicht als Waisen zurück.
Ich komme wieder zu euch. Dann wird euer Herz sich freuen.

Halleluja.

ZUM EVANGELIUM
Jesus hat um die Einheit all derer gebetet, die an ihn glauben. Die Einheit der Kirche hat ihren Ursprung und ihr Ziel in dem einen, dreifaltigen Gott. In ihr soll etwas von Gottes Macht und Herrlichkeit sichtbar werden. Und Christus soll als der geliebte Sohn Gottes in der Welt erkannt werden: durch das Leben derer, die sein Wort gehört und seine Herrlichkeit geschaut haben (Joh 1, 14).

EVANGELIUM   Joh 17,20–26

Sie sollen eins sein, wie wir eins sind; sie sollen vollendet sein in der Einheit

✝ Aus dem heiligen Evangelium nach Johannes.

In jener Zeit erhob Jesus seine Augen zum Himmel
und betete:
Heiliger Vater, ich bitte nicht nur für diese hier,
 sondern auch für alle, die durch ihr Wort an mich glauben.

Alle sollen eins sein:
Wie du, Vater, in mir bist und ich in dir bin,
 sollen auch sie in uns sein,
damit die Welt glaubt, daß du mich gesandt hast.

²² Und ich habe ihnen die Herrlichkeit gegeben,
   die du mir gegeben hast;
denn sie sollen eins sein, wie wir eins sind,
²³ ich in ihnen und du in mir.
So sollen sie vollendet sein in der Einheit,
damit die Welt erkennt,
   daß du mich gesandt hast
   und die Meinen ebenso geliebt hast wie mich.
²⁴ Vater, ich will, daß alle, die du mir gegeben hast,
   dort bei mir sind, wo ich bin.
Sie sollen meine Herrlichkeit sehen,
   die du mir gegeben hast,
   weil du mich schon geliebt hast vor der Erschaffung der Welt.
²⁵ Gerechter Vater, die Welt hat dich nicht erkannt,
ich aber habe dich erkannt,
und sie haben erkannt, daß du mich gesandt hast.
²⁶ Ich habe ihnen deinen Namen bekannt gemacht
   und werde ihn bekannt machen,
damit die Liebe, mit der du mich geliebt hast, in ihnen ist
und damit ich in ihnen bin.

Glaubensbekenntnis, S. 348 ff.
Fürbitten vgl. S. 794 ff.

ZUR EUCHARISTIEFEIER *Jesus ist das lebendige Brot, der wahre Weinstock, der Baum des Lebens. Wer zu ihm kommt, erfährt etwas von der Größe und Weite Gottes, und es ist ihm nicht mehr erlaubt, mit seinem kleinen Ich zufrieden zu sein.*

GABENGEBET

Herr und Gott,
nimm die Gebete und Opfergaben
deiner Gläubigen an.
Laß uns diese heilige Feier
mit ganzer Hingabe begehen,
damit wir einst das Leben
in der Herrlichkeit des Himmels erlangen.
Darum bitten wir durch Christus, unseren Herrn.

Präfation von Christi Himmelfahrt, S. 412 f.

Siebter Sonntag der Osterzeit

KOMMUNIONVERS
Vgl. Joh 17, 22

Ich bitte dich, Vater, laß sie eins sein,
wie wir eins sind. Halleluja.

SCHLUSSGEBET

Erhöre uns, Gott, unser Heil,
und schenke uns die feste Zuversicht,
daß durch die Feier der heiligen Geheimnisse
die ganze Kirche jene Vollendung erlangen wird,
die Christus, ihr Haupt,
in deiner Herrlichkeit schon besitzt,
der mit dir lebt und herrscht in alle Ewigkeit.

FÜR DEN TAG UND DIE WOCHE
Der Abgrund
Es ist in jedem Menschen ein Abgrund, der nur von Gott ausgefüllt werden kann. Je mehr wir im Dunkel des Glaubens Gottes Schönheit erahnen, desto brennender wächst in uns das Verlangen, die Liebe, die Sehnsucht nach IHM. (B. Pascal)

PFINGSTEN

Hochfest

Pfingsten war im Alten Bund ein frohes Erntefest; das neue Pfingsten, fünfzig Tage nach Ostern, ist auf neue Weise ein Fest der Ernte, der Erfüllung und Vollendung. Es ist die Frucht von Ostern, die Bestätigung der Auferstehung Jesu, seiner Erhöhung zum Vater und seiner bleibenden Gegenwart bei der Gemeinde.

Am Vorabend

ERÖFFNUNGSVERS
Röm 5, 5

Die Liebe Gottes ist ausgegossen in unsere Herzen durch den Heiligen Geist, der uns gegeben ist. Halleluja.

Ehre sei Gott, S. 344 ff.

TAGESGEBET

**Gott, unser Herr,
du hast das österliche Geheimnis
im Geschehen des Pfingsttages vollendet
und Menschen aus allen Völkern
das Heil geoffenbart.
Vereine im Heiligen Geist
die Menschen aller Sprachen und Nationen
zum Bekenntnis deines Namens.
Darum bitten wir durch Jesus Christus.**

Oder:

**Allmächtiger Gott,
der Glanz deiner Herrlichkeit
strahle über uns auf,
und Christus, das Licht von deinem Licht,
erleuchte die Herzen aller Getauften
und stärke sie durch den Heiligen Geist.
Darum bitten wir durch Jesus Christus.**

Pfingsten – Am Vorabend

ZUR 1. LESUNG *Babel, die mächtige Stadt, war dem biblischen Verfasser der Inbegriff menschlicher Überheblichkeit. Dort stand der Tempel des Stadtgottes Marduk mit seinem siebenstöckigen Turm, genannt „Fundament des Himmels und der Erde". Aber wo der Mensch seine Grenzen überschreitet, wird die Größe zur Lüge, und die Macht zerfällt. Nur in der Wahrheit kommt die Einheit zustande.*

ERSTE LESUNG Gen 11, 1–9

Man nannte die Stadt Babel; denn dort hat der Herr die Sprachen aller Welt verwirrt

**Lesung
aus dem Buch Génesis.**

Alle Menschen hatten die gleiche Sprache
 und gebrauchten die gleichen Worte.
Als sie von Osten aufbrachen,
 fanden sie eine Ebene im Land Schinar
und siedelten sich dort an.

Sie sagten zueinander: Auf, formen wir Lehmziegel,
 und brennen wir sie zu Backsteinen.
So dienten ihnen gebrannte Ziegel als Steine
 und Erdpech als Mörtel.
Dann sagten sie: Auf, bauen wir uns eine Stadt
 und einen Turm mit einer Spitze bis zum Himmel,
und machen wir uns damit einen Namen,
 dann werden wir uns nicht über die ganze Erde zerstreuen.

Da stieg der Herr herab,
 um sich Stadt und Turm anzusehen,
 die die Menschenkinder bauten.
Er sprach: Seht nur, ein Volk sind sie,
 und eine Sprache haben sie alle.
Und das ist erst der Anfang ihres Tuns.
Jetzt wird ihnen nichts mehr unerreichbar sein,
 was sie sich auch vornehmen.

Auf, steigen wir hinab,
 und verwirren wir dort ihre Sprache,
 so daß keiner mehr die Sprache des anderen versteht.

8 Der Herr zerstreute sie von dort aus über die ganze Erde,
und sie hörten auf, an der Stadt zu bauen.
9 Darum nannte man die Stadt Babel – Wirrsal –,
denn dort hat der Herr die Sprache aller Welt verwirrt,
und von dort aus hat er die Menschen
über die ganze Erde zerstreut.

Oder:

ERSTE LESUNG Ex 19, 3–8a.16–20a

Einführung *Fünfzig Tage nach Ostern feierte man im späten Judentum neben dem Erntedank auch den Bundesschluß und die Gesetzgebung am Sinai. Israel ist Gottes Eigentum, sein heiliges Volk geworden. Christus aber ist mehr als Mose; er ist nicht zum Sinai, sondern zum Himmel hinaufgestiegen und hat vom Vater her den versprochenen Geist gesandt, der von nun an das Gesetz und die Seele des Gottesvolkes sein wird.*

Vor den Augen des ganzen Volkes stieg der Herr auf den Berg Sinai herab

Lesung
aus dem Buch Exodus.

In jenen Tagen
3 stieg Mose zu Gott hinauf.
Da rief ihm der Herr vom Berg her zu:
Das sollst du dem Haus Jakob sagen
und den Israeliten verkünden:
4 Ihr habt gesehen, was ich den Ägyptern angetan habe,
wie ich euch auf Adlerflügeln getragen
und hierher zu mir gebracht habe.
5 Jetzt aber,
wenn ihr auf meine Stimme hört und meinen Bund haltet,
werdet ihr unter allen Völkern mein besonderes Eigentum sein.
Mir gehört die ganze Erde,
6 ihr aber sollt mir als ein Reich von Priestern
und als ein heiliges Volk gehören.
Das sind die Worte, die du den Israeliten mitteilen sollst.
7 Mose ging und rief die Ältesten des Volkes zusammen.
Er legte ihnen alles vor, was der Herr ihm aufgetragen hatte.

Pfingsten – Am Vorabend

Das ganze Volk antwortete einstimmig
und erklärte: Alles, was der Herr gesagt hat, wollen wir tun.

Am dritten Tag, im Morgengrauen,
   begann es zu donnern und zu blitzen.
Schwere Wolken lagen über dem Berg,
und gewaltiger Hörnerschall erklang.
Das ganze Volk im Lager begann zu zittern.
Mose führte es aus dem Lager hinaus Gott entgegen.
Unten am Berg blieben sie stehen.

Der ganze Sinai war in Rauch gehüllt,
denn der Herr war im Feuer auf ihn herabgestiegen:
Der Rauch stieg vom Berg auf wie Rauch aus einem Schmelzofen.
Der ganze Berg bebte gewaltig,
und der Hörnerschall wurde immer lauter.
Mose redete,
und Gott antwortete im Donner.
Der Herr war auf den Sinai,
   auf den Gipfel des Berges, herabgestiegen.
Er hatte Mose zu sich auf den Gipfel des Berges gerufen.

Oder:

ERSTE LESUNG Ez 37, 1–14

Einführung   *Die Vision von der Wiederbelebung der Totengebeine wird in der Lesung selbst auf die Heimkehr und Wiederherstellung des Volkes Israel gedeutet. Gottes mächtiger Lebensatem, der „Geist", soll aber nicht nur die nationale Wiederherstellung des Volkes bewirken, sondern vor allem seine geistige Erneuerung. Es soll sichtbar werden, daß Jahwe, der Gott Israels, auch das Tote zum Leben erwecken und das Angesicht der Erde erneuern kann.*

Ihr ausgetrockneten Gebeine, ich selbst bringe Geist in euch, dann werdet ihr lebendig

Lesung
   aus dem Buch Ezéchiel.

In jenen Tagen
   legte sich die Hand des Herrn auf mich,
und der Herr brachte mich im Geist hinaus
   und versetzte mich mitten in die Ebene.
Sie war voll von Gebeinen.

² Er führte mich ringsum an ihnen vorüber,
und ich sah sehr viele über die Ebene verstreut liegen;
sie waren ganz ausgetrocknet.

³ Er fragte mich: Menschensohn,
können diese Gebeine wieder lebendig werden?
Ich antwortete: Herr und Gott, das weißt nur du.

⁴ Da sagte er zu mir: Sprich als Prophet über diese Gebeine,
und sag zu ihnen: Ihr ausgetrockneten Gebeine,
   hört das Wort des Herrn!

⁵ So spricht Gott, der Herr, zu diesen Gebeinen:
Ich selbst bringe Geist in euch,
   dann werdet ihr lebendig.

⁶ Ich spanne Sehnen über euch und umgebe euch mit Fleisch;
ich überziehe euch mit Haut und bringe Geist in euch,
   dann werdet ihr lebendig.
Dann werdet ihr erkennen, daß ich der Herr bin.

⁷ Da sprach ich als Prophet, wie mir befohlen war;
und noch während ich redete,
   hörte ich auf einmal ein Geräusch:
Die Gebeine rückten zusammen, Bein an Bein.

⁸ Und als ich hinsah, waren plötzlich Sehnen auf ihnen,
und Fleisch umgab sie,
und Haut überzog sie.
Aber es war noch kein Geist in ihnen.

⁹ Da sagte er zu mir: Rede als Prophet zum Geist,
rede, Menschensohn,
sag zum Geist: So spricht Gott, der Herr:
Geist, komm herbei von den vier Winden!
Hauch diese Erschlagenen an,
   damit sie lebendig werden.

¹⁰ Da sprach ich als Prophet, wie er mir befohlen hatte,
und es kam Geist in sie.
Sie wurden lebendig und standen auf –
ein großes, gewaltiges Heer.

¹¹ Er sagte zu mir: Menschensohn,
diese Gebeine sind das ganze Haus Israel.
Jetzt sagt Israel: Ausgetrocknet sind unsere Gebeine,

unsere Hoffnung ist untergegangen,
wir sind verloren.
Deshalb tritt als Prophet auf,
    und sag zu ihnen: So spricht Gott, der Herr:
Ich öffne eure Gräber
    und hole euch, mein Volk, aus euren Gräbern herauf.
Ich bringe euch zurück in das Land Israel.
Wenn ich eure Gräber öffne
    und euch, mein Volk, aus euren Gräbern heraufhole,
dann werdet ihr erkennen, daß ich der Herr bin.
Ich hauche euch meinen Geist ein,
    dann werdet ihr lebendig,
und ich bringe euch wieder in euer Land.
Dann werdet ihr erkennen, daß ich der Herr bin.
Ich habe gesprochen,
und ich führe es aus
– Spruch des Herrn.

Oder:
ERSTE LESUNG
Joel 3, 1–5

Einführung *Joel verheißt für die Endzeit, was Mose einst gewünscht hatte (Num 11, 29): Das ganze Volk wird vom Geist Gottes ergriffen werden. Es werden Tage schwerer Heimsuchung und letzter Entscheidung sein; wer sich mit Glauben und Vertrauen an Gott hält, wird gerettet. Der Apostel Petrus hat in seiner Pfingstrede die Joelweissagung angeführt (Apg 2, 17–21). Die Geistgabe an Pfingsten ist das große Angebot Gottes in den „letzten Tagen" der Menschheitsgeschichte.*

Ich werde meinen Geist ausgießen über meine Knechte und Mägde

Lesung
    aus dem Buch Joël.

So spricht Gott, der Herr:
Es wird geschehen,
    daß ich meinen Geist ausgieße über alles Fleisch.
Eure Söhne und Töchter werden Propheten sein,
eure Alten werden Träume haben,
und eure jungen Männer haben Visionen.
Auch über Knechte und Mägde
    werde ich meinen Geist ausgießen in jenen Tagen.

3 Ich werde wunderbare Zeichen wirken
 am Himmel und auf der Erde:
 Blut und Feuer und Rauchsäulen.
4 Die Sonne wird sich in Finsternis verwandeln
 und der Mond in Blut,
 ehe der Tag des Herrn kommt,
 der große und schreckliche Tag.
5 Und es wird geschehen:
 Wer den Namen des Herrn anruft, wird gerettet.
 Denn auf dem Berg Zion und in Jerusalem gibt es Rettung,
 wie der Herr gesagt hat,
 und wen der Herr ruft,
 der wird entrinnen.

ANTWORTPSALM

Ps 104 (103), 1–2.24–25.27–28.29–30 (R: vgl. 30)

R Sende aus deinen Geist, (GL 253, 1)
und das Antlitz der Erde wird neu. – R

Oder: Halleluja. – R

1 Lobe den Herrn, meine Seele! † VII. Ton
 Herr, mein Gott, wie groß bist du! *
 Du bist mit Hoheit und Pracht bekleidet.
2 Du hüllst dich in Licht wie in ein Kleid, *
 du spannst den Himmel aus wie ein Zelt. – (R)
24 Herr, wie zahlreich sind deine Werke! †
 Mit Weisheit hast du sie alle gemacht, *
 die Erde ist voll von deinen Geschöpfen.
25 Da ist das Meer, so groß und weit, *
 darin ein Gewimmel ohne Zahl: kleine und große Tiere. – (R)
27 Sie alle warten auf dich, *
 daß du ihnen Speise gibst zur rechten Zeit.
28 Gibst du ihnen, dann sammeln sie ein; *
 öffnest du deine Hand, werden sie satt an Gutem. – (R)
29 Verbirgst du dein Gesicht, sind sie verstört; †
 nimmst du ihnen den Atem, so schwinden sie hin *
 und kehren zurück zum Staub der Erde.

Sendest du deinen Geist aus, so werden sie alle erschaffen, *
und du erneuerst das Antlitz der Erde. – R

ZUR 2. LESUNG   *Immer noch warten wir darauf, daß sichtbar wird, was wir durch die Taufe und den Empfang des Heiligen Geistes geworden sind. In der täglichen Erfahrung sehen wir Schwachheit und Sünde. Aber der Geist Gottes hilft uns; er gibt uns die Kraft zu glauben, zu hoffen, zu beten. Er kennt unser Herz.*

ZWEITE LESUNG   Röm 8, 22–27

Der Geist selber tritt für uns ein mit Seufzen, das wir nicht in Worte fassen können

Lesung
  aus dem Brief des Apostels Paulus an die Römer.

Brüder!
Wir wissen, daß die gesamte Schöpfung
  bis zum heutigen Tag seufzt und in Geburtswehen liegt.
Aber auch wir,
  obwohl wir als Erstlingsgabe den Geist haben,
  seufzen in unserem Herzen
und warten darauf, daß wir mit der Erlösung unseres Leibes
  als Söhne offenbar werden.

Denn wir sind gerettet,
  doch in der Hoffnung.
Hoffnung aber, die man schon erfüllt sieht,
  ist keine Hoffnung.
Wie kann man auf etwas hoffen, das man sieht?
Hoffen wir aber auf das, was wir nicht sehen,
  dann harren wir aus in Geduld.

So nimmt sich auch der Geist unserer Schwachheit an.
Denn wir wissen nicht,
  worum wir in rechter Weise beten sollen;
der Geist selber tritt jedoch für uns ein
  mit Seufzen, das wir nicht in Worte fassen können.
Und Gott, der die Herzen erforscht,
  weiß, was die Absicht des Geistes ist:
Er tritt so, wie Gott es will,
  für die Heiligen ein.

RUF VOR DEM EVANGELIUM

Zum Vers Komm, Heiliger Geist knien alle.

Halleluja. Halleluja.
Komm, Heiliger Geist,
erfülle die Herzen deiner Gläubigen,
und entzünde in ihnen das Feuer deiner Liebe.
Halleluja.

ZUM EVANGELIUM
Am letzten Tag des Laubhüttenfestes offenbart sich Jesus als die Quelle lebendigen Wassers. Die Wasserspende einst in der Wüste und das Wasserschöpfen am Laubhüttenfest waren Hinweise auf die eigentliche Gabe, die Gott geben will: den Heiligen Geist. Seine Symbole sind das Wasser, der Atem, der Sturm, das Feuer.

EVANGELIUM
Joh 7, 37–39

Ströme von lebendigem Wasser werden fließen

✜ Aus dem heiligen Evangelium nach Johannes.

37 Am letzten Tag des Festes, dem großen Tag,
> stellte sich Jesus hin
und rief:

Wer Durst hat, komme zu mir,
> und es trinke,
38 > wer an mich glaubt.
Wie die Schrift sagt:
> Aus seinem Inneren
> > werden Ströme von lebendigem Wasser fließen.

39 Damit meinte er den Geist,
> den alle empfangen sollten, die an ihn glauben;
denn der Geist war noch nicht gegeben,
> weil Jesus noch nicht verherrlicht war.

Glaubensbekenntnis, S. 348 ff.; Fürbitten vgl. S. 797 f.

ZUR EUCHARISTIEFEIER
Die Fülle der Gottheit, das Mysterium des dreifaltigen Gottes, wohnte in dem Menschen Jesus. Das kostbare Gefäß mußte zerbrochen werden, damit für uns alle sein Reichtum strömen kann.

GABENGEBET

Herr, unser Gott,
dein Geist segne diese Gaben
und erfülle durch sie die Kirche
mit der Kraft deiner Liebe,
damit die ganze Welt erkennt,
daß du sie zum Heil gerufen hast.
Darum bitten wir durch Christus, unseren Herrn.

Pfingstpräfation, S. 413.
In den Hochgebeten I–III eigener Einschub.

KOMMUNIONVERS Joh 7, 37

Am letzten Tag des Festes, dem großen Tag,
stand Jesus da und rief:
Wer Durst hat, komme zu mir und trinke. Halleluja.

SCHLUSSGEBET

Herr, unser Gott,
du hast uns im heiligen Mahl gesättigt.
Erfülle uns durch dieses Sakrament
mit der Glut des Heiligen Geistes,
den du am Pfingstfest den Aposteln gesandt hast.
Darum bitten wir durch Christus, unseren Herrn.

Am Tag

Der Heilige Geist ist das innerste Geheimnis Gottes, sozusagen sein Herz, und er ist die letzte, äußerste Gabe Gottes für die Welt. Er erneuert die Schöpfung von innen her, er läßt nichts so, wie es war. Wer an die Kraft dieses Geistes glaubt und um sein Kommen bittet, muß wissen, daß er die göttliche Unruhe herbeiruft.

ERÖFFNUNGSVERS Vgl. Weish 1, 7

Der Geist des Herrn erfüllt den Erdkreis.
In ihm hat alles Bestand.
Nichts bleibt verborgen vor ihm. Halleluja.

Oder: Röm 5, 5

**Die Liebe Gottes ist ausgegossen in unsere Herzen
durch den Heiligen Geist, der uns gegeben ist. Halleluja.**

Ehre sei Gott, S. 344 ff.

TAGESGEBET

Allmächtiger, ewiger Gott,
durch das Geheimnis des heutigen Tages
heiligst du deine Kirche
in allen Völkern und Nationen.
Erfülle die ganze Welt
mit den Gaben des Heiligen Geistes,
und was deine Liebe
am Anfang der Kirche gewirkt hat,
das wirke sie auch heute
in den Herzen aller, die an dich glauben.
Darum bitten wir durch Jesus Christus.

ZUR 1. LESUNG   *Die Weissagung des Propheten Joel und die Verheißung Jesu haben sich an Pfingsten erfüllt. Sie erfüllen sich weiterhin während der ganzen Zeit der Kirche. Immer wird man die Kirche Christi daran erkennen und danach beurteilen, ob sie dem Wirken des Geistes Raum gibt und in allen Sprachen den Menschen die Botschaft Gottes zu bringen weiß.*

ERSTE LESUNG   Apg 2, 1–11

Alle wurden mit dem Heiligen Geist erfüllt und begannen zu reden

**Lesung
aus der Apostelgeschichte.**

1 Als der Pfingsttag gekommen war,
befanden sich alle am gleichen Ort.
2 Da kam plötzlich vom Himmel her ein Brausen,
wie wenn ein heftiger Sturm daherfährt,
und erfüllte das ganze Haus, in dem sie waren.
3 Und es erschienen ihnen Zungen wie von Feuer,
die sich verteilten;
auf jeden von ihnen ließ sich eine nieder.

Pfingsten – Am Tag

Alle wurden mit dem Heiligen Geist erfüllt
und begannen, in fremden Sprachen zu reden,
   wie es der Geist ihnen eingab.

In Jerusalem aber wohnten Juden,
fromme Männer aus allen Völkern unter dem Himmel.
Als sich das Getöse erhob,
   strömte die Menge zusammen und war ganz bestürzt;
denn jeder hörte sie in seiner Sprache reden.
Sie gerieten außer sich vor Staunen
und sagten:

Sind das nicht alles Galiläer, die hier reden?
Wieso kann sie jeder von uns in seiner Muttersprache hören:

Parther, Meder und Elamíter,
Bewohner von Mesopotámien, Judäa und Kappadózien,
von Pontus und der Provinz Asien,
von Phrýgien und Pamphýlien,
von Ägypten und dem Gebiet Líbyens nach Zyréne hin,
auch die Römer, die sich hier aufhalten,
Juden und Proselýten,
Kreter und Áraber,
wir hören sie in unseren Sprachen Gottes große Taten verkünden.

ANTWORTPSALM

               Ps 104 (103), 1–2.24–25.29–30.31 u. 34 (R: vgl. 30)

R Sende aus deinen Geist,   (GL 253, 1)
und das Antlitz der Erde wird neu. – **R**

Oder: Halleluja. – **R**

Lobe den Herrn, meine Seele! †   VII. Ton
Herr, mein Gott, wie groß bist du! *
Du bist mit Hoheit und Pracht bekleidet.

Du hüllst dich in Licht wie in ein Kleid, *
du spannst den Himmel aus wie ein Zelt. – (**R**)

Herr, wie zahlreich sind deine Werke! †
Mit Weisheit hast du sie alle gemacht, *
die Erde ist voll von deinen Geschöpfen.

Da ist das Meer, so groß und weit, *
darin ein Gewimmel ohne Zahl: kleine und große Tiere. – (**R**)

²⁹ Verbirgst du dein Gesicht, sind sie verstört; †
   nimmst du ihnen den Atem, so schwinden sie hin *
   und kehren zurück zum Staub der Erde.

³⁰ Sendest du deinen Geist aus, so werden sie alle erschaffen, *
   und du erneuerst das Antlitz der Erde. – (R)

³¹ Ewig währe die Herrlichkeit des Herrn; *
   der Herr freue sich seiner Werke.

³⁴ Möge ihm mein Dichten gefallen. *
   Ich will mich freuen am Herrn.

R Sende aus deinen Geist,
und das Antlitz der Erde wird neu.

Oder: **Halleluja.**

ZUR 2. LESUNG   *Im Bekenntnis „Jesus ist der Herr" hat die Jüngergemeinde ihren Glauben an die Auferstehung Jesu und an seine Erhöhung an die Seite des Vaters ausgesprochen (vgl. Phil 2, 9–11). Es ist der eine Geist Christi, der in der Kirche die Vielheit der Gaben und Dienste bewirkt und der die Einheit des Glaubens und des Bekenntnisses schafft.*

ZWEITE LESUNG   1 Kor 12, 3b–7. 12–13

Durch den einen Geist wurden wir in der Taufe alle in einen einzigen Leib aufgenommen

Lesung
   aus dem ersten Brief des Apostels Paulus an die Korinther.

Brüder!
³ᵇ Keiner kann sagen: Jesus ist der Herr!,
   wenn er nicht aus dem Heiligen Geist redet.

⁴ Es gibt verschiedene Gnadengaben,
   aber nur den einen Geist.

⁵ Es gibt verschiedene Dienste,
   aber nur den einen Herrn.

⁶ Es gibt verschiedene Kräfte, die wirken,
   aber nur den einen Gott:
   Er bewirkt alles in allen.

Pfingsten – Am Tag

Jedem aber wird die Offenbarung des Geistes geschenkt,
   damit sie anderen nützt.
Denn wie der Leib eine Einheit ist, doch viele Glieder hat,
alle Glieder des Leibes aber,
   obgleich es viele sind, einen einzigen Leib bilden:
so ist es auch mit Christus.
Durch den einen Geist
   wurden wir in der Taufe
   alle in einen einzigen Leib aufgenommen,
Juden und Griechen, Sklaven und Freie;
und alle wurden wir
   mit dem einen Geist getränkt.

Oder:

ZWEITE LESUNG   Röm 8, 8–17

Einführung   Der Mensch, der nur sein kleines Ich hat, seinen eigenen Geist und seine Anstrengung im Guten wie im Bösen, ist nach der Ausdrucksweise des Apostels Paulus „Fleisch": er kommt nicht über die Grenzen seiner Schwachheit und Vergänglichkeit hinaus. Durch die Taufe wohnt der Geist Gottes in uns, der Geist Jesu Christi; durch ihn und mit ihm können wir vom Tod zum Leben hinübergehen, zur bleibenden Gemeinschaft mit Gott, unserem Vater.

Alle, die sich vom Geist Gottes leiten lassen, sind Söhne Gottes

Lesung
   aus dem Brief des Apostels Paulus an die Römer.

Brüder!
Wer vom Fleisch bestimmt ist,
   kann Gott nicht gefallen.
Ihr aber seid nicht vom Fleisch,
   sondern vom Geist bestimmt,
da ja der Geist Gottes in euch wohnt.
Wer den Geist Christi nicht hat,
   der gehört nicht zu ihm.
Wenn Christus in euch ist,
   dann ist zwar der Leib tot aufgrund der Sünde,
der Geist aber ist Leben aufgrund der Gerechtigkeit.

¹¹ Wenn der Geist dessen in euch wohnt,
  der Jesus von den Toten auferweckt hat,
    dann wird er, der Christus Jesus von den Toten auferweckt hat,
    auch euren sterblichen Leib lebendig machen,
  durch seinen Geist, der in euch wohnt.

¹² Wir sind also nicht dem Fleisch verpflichtet, Brüder,
    so daß wir nach dem Fleisch leben müßten.
¹³ Wenn ihr nach dem Fleisch lebt,
    müßt ihr sterben;
  wenn ihr aber
    durch den Geist die sündigen Taten des Leibes tötet,
    werdet ihr leben.

¹⁴ Denn alle, die sich vom Geist Gottes leiten lassen,
    sind Söhne Gottes.
¹⁵ Denn ihr habt nicht einen Geist empfangen,
    der euch zu Sklaven macht,
    so daß ihr euch immer noch fürchten müßtet,
  sondern ihr habt den Geist empfangen,
    der euch zu Söhnen macht,
  den Geist, in dem wir rufen: Abba, Vater!

¹⁶ So bezeugt der Geist selber unserem Geist,
    daß wir Kinder Gottes sind.
¹⁷ Sind wir aber Kinder,
    dann auch Erben;
  wir sind Erben Gottes
    und sind Miterben Christi,
  wenn wir mit ihm leiden,
    um mit ihm auch verherrlicht zu werden.

SEQUENZ*

Komm herab, o Heil'ger Geist, / der die finstre Nacht zerreißt, / strahle Licht in diese Welt.

Komm, der alle Armen liebt, / komm, der gute Gaben gibt, / komm, der jedes Herz erhellt.

Höchster Tröster in der Zeit, / Gast, der Herz und Sinn erfreut, / köstlich Labsal in der Not,

---

* Wird die Sequenz nach dem Ruf vor dem Evangelium gesungen, wird sie mit Amen. Halleluja abgeschlossen.

Pfingsten – Am Tag

in der Unrast schenkst du Ruh, / hauchst in Hitze Kühlung zu, / spendest Trost in Leid und Tod.

Komm, o du glückselig Licht, / fülle Herz und Angesicht, / dring bis auf der Seele Grund.

Ohne dein lebendig Wehn / kann im Menschen nichts bestehn, / kann nichts heil sein noch gesund.

Was befleckt ist, wasche rein, / Dürrem gieße Leben ein, / heile du, wo Krankheit quält.

Wärme du, was kalt und hart, / löse, was in sich erstarrt, / lenke, was den Weg verfehlt.

Gib dem Volk, das dir vertraut, / das auf deine Hilfe baut, / deine Gaben zum Geleit.

Laß es in der Zeit bestehn, / deines Heils Vollendung sehn / und der Freuden Ewigkeit.

RUF VOR DEM EVANGELIUM
Zum Vers Komm, Heiliger Geist knien alle.

Halleluja. Halleluja.

Komm, Heiliger Geist,
erfülle die Herzen deiner Gläubigen,
und entzünde in ihnen das Feuer deiner Liebe.

Halleluja.

ZUM EVANGELIUM
Die Geistsendung gehört zum Ostergeschehen, sie wird deshalb im Johannesevangelium (anders als bei Lukas) als Ereignis des Auferstehungstages berichtet. Der Ostergruß des Auferstandenen heißt „Friede"; seine Ostergabe ist die Freude. Beide sind Früchte des Heiligen Geistes (vgl. Gal 5, 22). Der Geist selbst ist die große Gabe, die alle anderen in sich schließt. Er verbindet für immer die Jünger mit dem auferstandenen Herrn, er eint sie untereinander, und er schafft eine erneuerte Welt durch die Vergebung der Sünden.

EVANGELIUM   Joh 20,19–23

Wie mich der Vater gesandt hat, so sende ich euch: Empfangt den Heiligen Geist

✢ Aus dem heiligen Evangelium nach Johannes.

¹⁹ Am Abend des ersten Tages der Woche,
   als die Jünger aus Furcht vor den Juden
   die Türen verschlossen hatten,
   kam Jesus,
trat in ihre Mitte
und sagte zu ihnen: Friede sei mit euch!

²⁰ Nach diesen Worten
   zeigte er ihnen seine Hände und seine Seite.
Da freuten sich die Jünger, daß sie den Herrn sahen.

²¹ Jesus sagte noch einmal zu ihnen: Friede sei mit euch!
Wie mich der Vater gesandt hat,
   so sende ich euch.

²² Nachdem er das gesagt hatte,
   hauchte er sie an
und sprach zu ihnen: Empfangt den Heiligen Geist!

²³ Wem ihr die Sünden vergebt,
   dem sind sie vergeben;
wem ihr die Vergebung verweigert,
   dem ist sie verweigert.

Oder:

EVANGELIUM   Joh 14,15–16.23b–26

Einführung   *Christus wird in seiner Kirche gegenwärtig bleiben durch sein Wort und durch seinen Geist. In der Kraft des Geistes wird das Wort gesagt, verkündet; zu Ende gesprochen ist das Wort aber erst da, wo es gehört und getan wird. Wo das Wort Fleisch geworden ist, wird die Gnade und Wahrheit Gottes erfahren.*

Der Heilige Geist wird euch alles lehren

✢ Aus dem heiligen Evangelium nach Johannes.

In jener Zeit sprach Jesus zu seinen Jüngern:
¹⁵ Wenn ihr mich liebt,
   werdet ihr meine Gebote halten.

Pfingsten – Am Tag

Und ich werde den Vater bitten,
    und er wird euch einen anderen Beistand geben,
    der für immer bei euch bleiben soll.

b Wenn jemand mich liebt,
    wird er an meinem Wort festhalten;
mein Vater wird ihn lieben,
und wir werden zu ihm kommen und bei ihm wohnen.
Wer mich nicht liebt,
    hält an meinen Worten nicht fest.
Und das Wort, das ihr hört,
    stammt nicht von mir, sondern vom Vater, der mich gesandt hat.

Das habe ich zu euch gesagt, während ich noch bei euch bin.
Der Beistand aber, der Heilige Geist,
    den der Vater in meinem Namen senden wird,
    der wird euch alles lehren
und euch an alles erinnern, was ich euch gesagt habe.

Glaubensbekenntnis, S. 348 ff.
Fürbitten vgl. S. 348 ff.

ZUR EUCHARISTIEFEIER *Es ist derselbe Heilige Geist, der durch die Sündenvergebung die Gemeinde erneuert und auf dem Altar unsere Opfergaben heiligt. Für beides danken wir dem Herrn, unserem Gott.*

GABENGEBET

Allmächtiger Gott,
erfülle die Verheißung deines Sohnes:
Sende uns deinen Geist,
damit er uns in die volle Wahrheit einführt
und uns das Geheimnis dieses Opfers
immer mehr erschließt.
Darum bitten wir durch Christus, unseren Herrn.

Pfingstpräfation, S. 413.
In den Hochgebeten I–III eigener Einschub.

KOMMUNIONVERS   Vgl. Apg 2,4.11

Alle wurden mit dem Heiligen Geist erfüllt
und verkündeten Gottes große Taten. Halleluja.

SCHLUSSGEBET

Herr, unser Gott,
du hast deine Kirche
mit himmlischen Gaben beschenkt.
Erhalte ihr deine Gnade,
damit die Kraft aus der Höhe, der Heilige Geist,
in ihr weiterwirkt
und die geistliche Speise sie nährt
bis zur Vollendung.
Darum bitten wir durch Christus, unseren Herrn.

ATME IN MIR, du Heiliger Geist, daß ich Heiliges denke.
Treibe mich, du Heiliger Geist, daß ich Heiliges tue.
Locke mich, du Heiliger Geist, daß ich Heiliges hüte.
Hüte mich, du Heiliger Geist,
daß ich deine Gabe nie mehr verliere. (Augustinus)

PFINGSTMONTAG

Der Ort, wo der Geist Gottes spricht und handelt, ist vor allem die Kirche, konkret: die hier und jetzt versammelte Gemeinde. Er schafft in der Gemeinde die Einheit, er gibt die Freude zum gemeinsamen Beten und Singen, er hilft uns zu einem glaubwürdigen christlichen Leben. Eine Gemeinde kann sich, ebenso wie der einzelne Mensch, dem Wirken des Geistes öffnen oder sich ihm in starrer Unbeweglichkeit verschließen. „Alle, die sich vom Geist Gottes leiten lassen, sind Kinder Gottes."

ERÖFFNUNGSVERS
Offb 1, 5–6

Christus liebt uns
und hat uns durch sein Blut befreit von unseren Sünden;
er hat uns die Würde von Königen gegeben
und uns zu Priestern gemacht
für den Dienst vor seinem Gott und Vater. Halleluja.

Ehre sei Gott, S. 344 ff.

Pfingstmontag

TAGESGEBET

Gott und Vater unseres Herrn Jesus Christus,
im Neuen Bund
berufst du aus allen Völkern dein Volk
und führst es zusammen im Heiligen Geist.
Gib, daß deine Kirche ihrer Sendung treu bleibt,
daß sie ein Sauerteig ist für die Menschheit,
die du in Christus erneuern
und zu deiner Familie umgestalten willst.
Darum bitten wir durch ihn,
der in der Einheit des Heiligen Geistes
mit dir lebt und herrscht in alle Ewigkeit.

ERSTE LESUNG Apg 19, 1b–6a

Habt ihr den Heiligen Geist empfangen, als ihr gläubig wurdet?

Lesung
 aus aus der Apostelgeschichte.

Paulus kam nach Ephesus hinab.
Er traf einige Jünger
und fragte sie:
 Habt ihr den Heiligen Geist empfangen,
 als ihr gläubig wurdet?
Sie antworteten ihm:
 Wir haben noch nicht einmal gehört,
 daß es einen Heiligen Geist gibt.

Da fragte er:
 Mit welcher Taufe seid ihr denn getauft worden?
Sie antworteten: Mit der Taufe des Johannes.
Paulus sagte:
 Johannes hat mit der Taufe der Umkehr getauft
und das Volk gelehrt,
 sie sollten an den glauben, der nach ihm komme:
an Jesus.

Als sie das hörten,
 ließen sie sich auf den Namen Jesu, des Herrn, taufen.
Paulus legte ihnen die Hände auf,
 und der Heilige Geist kam auf sie herab.

Oder:

ERSTE LESUNG Joel 3, 1–5

Ich werde meinen Geist ausgießen über meine Knechte und Mägde

siehe S. 297 f.

ANTWORTPSALM Ps 145 (144), 2–3.4–5.8–9.10–11.15–16 (R: 1b)

R Herr, deinen Namen will ich loben (GL 231, 6 oder 531, 4)
immer und ewig. – R

Oder: Halleluja. – R

2 Ich will dich preisen Tag für Tag * VII. Ton
und deinen Namen loben immer und ewig.

3 Groß ist der Herr und hoch zu loben, *
seine Größe ist unerforschlich. – (R)

4 Ein Geschlecht verkünde dem andern den Ruhm deiner Werke *
und erzähle von deinen gewaltigen Taten.

5 Sie sollen vom herrlichen Glanz deiner Hoheit reden; *
ich will deine Wunder besingen. – (R)

8 Der Herr ist gnädig und barmherzig, *
langmütig und reich an Gnade.

9 Der Herr ist gütig zu allen, *
sein Erbarmen waltet über all seinen Werken. – (R)

10 Danken sollen dir, Herr, all deine Werke *
und deine Frommen dich preisen.

11 Sie sollen von der Herrlichkeit deines Königtums reden, *
sollen sprechen von deiner Macht. – (R)

15 Aller Augen warten auf dich, *
und du gibst ihnen Speise zur rechten Zeit.

16 Du öffnest deine Hand *
und sättigst alles, was lebt, nach deinem Gefallen. – R

Pfingstmontag

ZWEITE LESUNG　　　　　　　　　　　　　　　　　Röm 8, 14–17

Ihr habt den Geist empfangen, der euch zu Söhnen macht, den Geist, in dem wir rufen: Abba, Vater!

Lesung
   aus aus dem Brief des Apostels Paulus an die Römer.

Brüder!
Alle, die sich vom Geist Gottes leiten lassen,
   sind Söhne Gottes.
Denn ihr habt nicht einen Geist empfangen,
   der euch zu Sklaven macht,
   so daß ihr euch immer noch fürchten müßtet,
sondern ihr habt den Geist empfangen, der euch zu Söhnen macht,
den Geist, in dem wir rufen: Abba, Vater!

So bezeugt der Geist selber unserem Geist,
   daß wir Kinder Gottes sind.
Sind wir aber Kinder,
   dann auch Erben;
wir sind Erben Gottes und sind Miterben Christi,
   wenn wir mit ihm leiden,
   um mit ihm auch verherrlicht zu werden.

RUF VOR DEM EVANGELIUM

Zum Vers Komm, Heiliger Geist knien alle.

Halleluja. Halleluja.

Komm, Heiliger Geist,
erfülle die Herzen deiner Gläubigen,
und entzünde in ihnen das Feuer deiner Liebe.

Halleluja.

ZUM EVANGELIUM　*In Gott selbst ist der Geist die einigende und treibende Kraft. Der Geist, d. h. die Liebe allein kann Gott dazu bewegen, seinen Sohn in die Welt zu senden: in eine Welt, die nicht die Liebe, sondern den Zorn Gottes verdient (soweit man darüber in menschlicher Denk- und Sprechweise überhaupt etwas aussagen kann). „Welt" ist ein Wort, das im Evangelium Verschiedenes bezeichnen kann: es kann die ganze von Gott geschaffene und geliebte Welt meinen (Joh 17, 5.24) oder die Welt der Menschen, die bewohnte Erde (17, 25; 16, 21); häufig ist es die „Welt", die sich von Gott abgewandt hat, also die gottferne und verlorene Menschheit, die sich dem Licht verschließt und auch die Jünger Jesu haßt, weil er sie aus der Welt herausgenommen hat (17, 14). Daß Gott diese Welt retten will und dafür das Höchste einsetzt, was er einsetzen kann, ist das Wunder seiner Liebe.*

EVANGELIUM Joh 3, 16–21

Gott hat seinen Sohn in die Welt gesandt, damit die Welt durch ihn gerettet wird

✢ Aus dem heiligen Evangelium nach Johannes.

16 Gott hat die Welt so sehr geliebt,
 daß er seinen einzigen Sohn hingab,
damit jeder, der an ihn glaubt,
 nicht zugrunde geht, sondern das ewige Leben hat.

17 Denn Gott hat seinen Sohn nicht in die Welt gesandt,
 damit er die Welt richtet,
sondern damit die Welt durch ihn gerettet wird.

18 Wer an ihn glaubt,
 wird nicht gerichtet;
wer nicht glaubt,
 ist schon gerichtet,
weil er an den Namen des einzigen Sohnes Gottes
 nicht geglaubt hat.

19 Denn mit dem Gericht verhält es sich so:
Das Licht kam in die Welt,
 und die Menschen liebten die Finsternis mehr als das Licht;
denn ihre Taten waren böse.

20 Jeder, der Böses tut,
 haßt das Licht
und kommt nicht zum Licht,
 damit seine Taten nicht aufgedeckt werden.

Wer aber die Wahrheit tut,
  kommt zum Licht,
damit offenbar wird,
  daß seine Taten in Gott vollbracht sind.

Fürbitten vgl. S. 797 f.

ZUR EUCHARISTIEFEIER *Die Teilnahme an dem einen Brot macht uns zu dem einen Leib Christi. Das hat Folgen für unser Zusammenleben im Alltag. Dem Bruder und der Schwester begegnen heißt von nun an: Christus selbst begegnen.*

GABENGEBET

Gott, unser Vater,
nimm unsere Gaben an,
in denen das Opfer deines Sohnes
gegenwärtig wird.
Aus seiner Seitenwunde
ist die Kirche hervorgegangen
als Werk des Heiligen Geistes.
Laß sie ihren Ursprung nie vergessen,
sondern daraus in dieser Feier
Heil und Leben schöpfen.
Darum bitten wir durch Christus, unseren Herrn.

Sonntagspräfation VIII, S. 420.

KOMMUNIONVERS   Joh 16, 13

Wenn der Geist der Wahrheit kommt,
wird er euch in die volle Wahrheit einführen. Halleluja.

SCHLUSSGEBET

Herr, du hast uns gestärkt
durch das Sakrament deines Sohnes.
Mache das Werk deiner Kirche fruchtbar
und enthülle durch sie den Armen
das Geheimnis unserer Erlösung;
denn die Armen hast du vor allen dazu berufen,
Anteil zu haben an deinem Reich.
Darum bitten wir durch Christus, unseren Herrn.

Oder:

Gütiger Gott,
bewahre dem Volk der Erlösten
deine Liebe und Treue.
Das Leiden deines Sohnes hat uns gerettet,
sein Geist, der von dir ausgeht,
führe uns den rechten Weg.
Darum bitten wir durch Christus, unseren Herrn.

GEBET UM HOFFNUNG

Lieber himmlischer Vater, nun bitten wir dich,
daß du uns allen deinen heiligen Geist gebest, immer wieder,
damit er uns erwecke, erleuchte, ermutige und fähig mache,
den kleinen und doch so großen Schritt zu wagen:
aus dem Trost, mit dem wir uns selbst trösten können, heraus,
und hinein in die Hoffnung auf dich.
Kehre du uns von uns selbst weg zu dir hin.
Zeige uns, wie herrlich du bist und wie herrlich es ist,
dir vertrauen und gehorchen zu dürfen. (K. Barth)

HERRENFESTE IM JAHRESKREIS

Sonntag nach Pfingsten
DREIFALTIGKEITSSONNTAG
Hochfest

Wir machen das Kreuzzeichen und sagen: Im Namen des Vaters und des Sohnes und des Heiligen Geistes. Was hat das Kreuz mit den drei göttlichen Personen zu tun? Es ist das Zeichen des Sohnes, des Menschensohnes, der am Kreuz für uns starb. Im Sohn wohnt die Fülle der Gottheit; der Vater ist im Sohn und der Sohn im Vater durch den Heiligen Geist. Der Heilige Geist ist auch die innige Zuwendung Gottes zu seiner Schöpfung, er ist die wesentliche Liebe. Und wer in der Liebe bleibt, bleibt in Gott, und Gott bleibt in ihm.

ERÖFFNUNGSVERS

Gepriesen sei der dreieinige Gott:
der Vater und sein eingeborener Sohn
und der Heilige Geist;
denn er hat uns sein Erbarmen geschenkt.

Ehre sei Gott, S. 344 ff.

TAGESGEBET

Herr, himmlischer Vater,
du hast dein Wort und deinen Geist
in die Welt gesandt,
um das Geheimnis des göttlichen Lebens
zu offenbaren.
Gib, daß wir im wahren Glauben
die Größe der göttlichen Dreifaltigkeit bekennen
und die Einheit der drei Personen
in ihrem machtvollen Wirken verehren.
Darum bitten wir durch Jesus Christus.

Dreifaltigkeitssonntag

ZUR 1. LESUNG *Das Alte Testament spricht vom lebendigen Gott; sein Wort, sein Geist und seine Weisheit durchdringen die Schöpfung und bestimmen die Geschichte der Menschen. In der Lesung aus dem Buch der Sprichwörter wird die Weisheit als redende Person eingeführt, deren Ursprung in die Ewigkeit Gottes hineinreicht. Sie ist von Anfang an bei Gott, aber sie ist auch in der Welt und bei den Menschen. Der Apostel Paulus wird Christus, den Gekreuzigten, „Gottes Kraft und Gottes Weisheit" nennen (1 Kor 1, 24).*

ERSTE LESUNG Spr 8, 22–31

Als die Urmeere noch nicht waren, wurde ich geboren

Lesung
   aus dem Buch der Sprichwörter.

So spricht die Weisheit Gottes:
22 Der Herr hat mich geschaffen im Anfang seiner Wege,
vor seinen Werken in der Urzeit;
23 in frühester Zeit wurde ich gebildet,
am Anfang, beim Ursprung der Erde.
24 Als die Urmeere noch nicht waren, wurde ich geboren,
als es die Quellen noch nicht gab, die wasserreichen.
25 Ehe die Berge eingesenkt wurden,
vor den Hügeln wurde ich geboren.
26 Noch hatte er die Erde nicht gemacht und die Fluren
und alle Schollen des Festlands.
27 Als er den Himmel baute, war ich dabei,
als er den Erdkreis abmaß über den Wassern,
28 als er droben die Wolken befestigte
und Quellen strömen ließ aus dem Urmeer,
29 als er dem Meer seine Satzung gab
und die Wasser nicht seinen Befehl übertreten durften,
30 als er die Fundamente der Erde abmaß,
da war ich als geliebtes Kind bei ihm.
Ich war seine Freude Tag für Tag
und spielte vor ihm allezeit.
31 Ich spielte auf seinem Erdenrund,
und meine Freude war es, bei den Menschen zu sein.

Dreifaltigkeitssonntag

ANTWORTPSALM Ps 8,4–5.6–7.8–9 (R: 10)

R Herr, unser Herrscher, (GL 710,1)
wie gewaltig ist dein Name auf der ganzen Erde! – R¹

Seh' ich den Himmel, das Werk deiner Finger, * VII. Ton
Mond und Sterne, die du befestigt:

Was ist der Mensch, daß du an ihn denkst, *
des Menschen Kind, daß du dich seiner annimmst?

Du hast ihn nur wenig geringer gemacht als Gott, *
hast ihn mit Herrlichkeit und Ehre gekrönt.

Du hast ihn als Herrscher eingesetzt über das Werk deiner Hände, *
hast ihm alles zu Füßen gelegt:

all die Schafe, Ziegen und Rinder *
und auch die wilden Tiere,

die Vögel des Himmels und die Fische im Meer, *
alles, was auf den Pfaden der Meere dahinzieht. – R

ZUR 2. LESUNG *Wir werden von Gott anerkannt und angenommen nicht wegen unserer Leistungen, sondern weil er selbst uns „gerecht" macht, wenn wir uns an Jesus Christus halten, der für uns gestorben und von den Toten auferstanden ist. Gott liebt uns: daß wir es glauben und darauf vertrauen können, das bewirkt in uns die Kraft des Heiligen Geistes, den wir in der Taufe empfangen haben.*

ZWEITE LESUNG Röm 5,1–5

Wir haben Frieden mit Gott durch Jesus Christus in der Liebe, die ausgegossen ist durch den Heiligen Geist

Lesung
 aus dem Brief des Apostels Paulus an die Römer.

Brüder!
Gerecht gemacht aus Glauben,
 haben wir Frieden mit Gott
 durch Jesus Christus, unseren Herrn.
Durch ihn haben wir auch den Zugang zu der Gnade erhalten,
 in der wir stehen,
und rühmen uns unserer Hoffnung auf die Herrlichkeit Gottes.

---

[1] Der Kehrvers (R) wird nur als *Rahmenvers* genommen.

³ Mehr noch,
wir rühmen uns ebenso unserer Bedrängnis;
denn wir wissen: Bedrängnis bewirkt Geduld,
⁴ Geduld aber Bewährung,
Bewährung Hoffnung.
⁵ Die Hoffnung aber läßt nicht zugrunde gehen;
denn die Liebe Gottes ist ausgegossen in unsere Herzen
durch den Heiligen Geist, der uns gegeben ist.

RUF VOR DEM EVANGELIUM   Vers: vgl. Offb 1,8

Halleluja. Halleluja.
Ehre sei dem Vater und dem Sohn und dem Heiligen Geist.
Ehre sei dem einen Gott,
der war und der ist und der kommen wird.
Halleluja.

ZUM EVANGELIUM   *Die Zeit nach Ostern/Pfingsten ist die Zeit des Heiligen Geistes und die Zeit der Kirche. Der Heilige Geist wird Christus, den Sohn, „verherrlichen": seine göttliche Sendung sichtbar machen und sein Werk vollenden. Er wird zu allen Zeiten die Jünger an das erinnern, was Jesus gesagt und getan hat; er wird sie immer tiefer in die Wahrheit Gottes hineinführen. Mit dem Weggang Jesu ist die Offenbarung also nicht abgeschlossen; die Geistsendung an Pfingsten war ein neuer Anfang.*

EVANGELIUM   Joh 16,12–15

Alles, was der Vater hat, ist mein. Der Geist wird von dem, was mein ist, nehmen und es euch verkünden

✢ Aus dem heiligen Evangelium nach Johannes.

In jener Zeit sprach Jesus zu seinen Jüngern:
¹² Noch vieles habe ich euch zu sagen,
aber ihr könnt es jetzt nicht tragen.
¹³ Wenn aber jener kommt, der Geist der Wahrheit,
wird er euch in die ganze Wahrheit führen.

Dreifaltigkeitssonntag

Denn er wird nicht aus sich selbst heraus reden,
   sondern er wird sagen, was er hört,
und euch verkünden, was kommen wird.
Er wird mich verherrlichen;
denn er wird von dem, was mein ist, nehmen
   und es euch verkünden.

Alles, was der Vater hat, ist mein;
darum habe ich gesagt:
   Er nimmt von dem, was mein ist,
   und wird es euch verkünden.

Glaubensbekenntnis, S. 348 ff.
Fürbitten vgl. S. 800 ff.

ZUR EUCHARISTIEFEIER

„Ich bin in meinem Vater, ihr seid in mir, und ich bin in euch. Wer meine Gebote hat und sie hält, der ist es, der mich liebt.
Wer aber mich liebt, wird von meinem Vater geliebt werden, und auch ich werde ihn lieben und mich ihm offenbaren." (Joh 14, 20–21)

GABENGEBET

Gott, unser Vater,
wir rufen deinen Namen an über Brot und Wein.
Heilige diese Gaben
und nimm mit ihnen auch uns an,
damit wir dir auf ewig gehören.
Darum bitten wir durch Christus, unseren Herrn.

Präfation, S. 415.

KOMMUNIONVERS   Gal 4, 6

Weil ihr Söhne seid,
sandte Gott den Geist seines Sohnes in eure Herzen,
den Geist, der ruft: Abba, Vater.

SCHLUSSGEBET

Herr, unser Gott,
wir haben den Leib
und das Blut deines Sohnes empfangen.

Erhalte uns durch dieses Sakrament
im wahren Glauben und im Bekenntnis
des einen Gottes in drei Personen.
Darum bitten wir durch Christus, unseren Herrn.

FÜR DEN TAG UND DIE WOCHE

Die Nähe Gottes, die die Glaubenden in Jesus Christus erfahren, überbietet alles, was die Menschen vorher von Gott erfahren haben. Man kann es auch so sagen: Gott hat alle seine früheren Offenbarungen überboten durch die letzte Offenbarung in seinem Sohn (vgl. Hebr 1, 1–2). Und durch seinen Geist hat Gott die Menschen zu Brüdern seines Sohnes gemacht und zur Gemeinschaft seiner Kinder gesammelt. Diese überwältigende Erfahrung ihres Glaubens trieb die Jünger Jesu an, die Offenbarung Gottes zu verkünden und allen Menschen das Heil anzubieten, das in Jesus eröffnet ist. (A. Grillmeier)

Donnerstag der 2. Woche nach Pfingsten
HOCHFEST DES LEIBES UND BLUTES CHRISTI
FRONLEICHNAM

Gott hat es gewagt: Er hat den Menschen nach seinem Bild und Gleichnis geschaffen. Und dann das zweite Wagnis: die Menschwerdung des Sohnes, des ganz Heiligen, der in allem uns Menschen gleich wurde. Und das dritte: daß der menschgewordene Sohn für seine Brüder das Brot des Lebens sein will. Das ist seine Ostergabe, in göttlicher Liebe jedem gereicht, der Hunger nach Gott hat. Nimm und iß! Du sollst leben.

ERÖFFNUNGSVERS Vgl. Ps 81 (80), 17
Er hat uns mit bestem Weizen genährt
und mit Honig aus dem Felsen gesättigt.

Ehre sei Gott, S. 344 ff.

Fronleichnam

TAGESGEBET

Herr Jesus Christus,
im wunderbaren Sakrament des Altares
hast du uns das Gedächtnis deines Leidens
und deiner Auferstehung hinterlassen.
Gib uns die Gnade, die heiligen Geheimnisse
deines Leibes und Blutes so zu verehren,
daß uns die Frucht der Erlösung zuteil wird.
Der du in der Einheit des Heiligen Geistes
mit Gott dem Vater lebst und herrschest in alle Ewigkeit.

ZUR 1. LESUNG   *Melchisedek war nach Genesis 14 „Priester des höchsten Gottes", desselben Gottes, den Israel dann unter dem Namen „Jahwe" verehrte. Melchisedek kennt ihn als „Schöpfer des Himmels und der Erde"; ihm bringt er die Gaben der Erde und der menschlichen Arbeit, Brot und Wein, als Opfer dar, ehe er sie Abraham, dem Gast, zur Stärkung anbietet. Melchisedek, der heilige Heide, Priester und König, ist Vorbild Jesu Christi; seine Opfergaben ein Vorbild des neuen Opfers, das vom Aufgang der Sonne bis zu ihrem Untergang Gott dargebracht wird (vgl. Mal 1, 11).*

ERSTE LESUNG   Gen 14, 18–20

Er brachte Brot und Wein dar

Lesung
   aus dem Buch Génesis.

In jenen Tagen
   brachte Melchisédek,
   der König von Salem,
   Brot und Wein heraus.
Er war Priester des Höchsten Gottes.
Er segnete Abram
und sagte:
Gesegnet sei Abram vom Höchsten Gott,
   dem Schöpfer des Himmels und der Erde,
und gepriesen sei der Höchste Gott,
   der deine Feinde an dich ausgeliefert hat.
Darauf gab ihm Abram den Zehnten von allem.

ANTWORTPSALM

Ps 110 (109), 1–2.3.4–5 (R: 4b)

R Du bist Priester auf ewig (GL 684, 1)
nach der Ordnung Melchisédeks. – R

II. Ton

1 So spricht der Herr zu meinem Herrn: †
Setze dich mir zur Rechten, *
und ich lege dir deine Feinde als Schemel unter die Füße.

2 Vom Zion strecke der Herr das Zepter deiner Macht aus: *
Herrsche inmitten deiner Feinde! – (R)

3 Dein ist die Herrschaft am Tag deiner Macht, *
wenn du erscheinst in heiligem Schmuck;

ich habe dich gezeugt noch vor dem Morgenstern, *
wie den Tau in der Frühe. – (R)

4 Der Herr hat geschworen, und nie wird's ihn reuen: *
„Du bist Priester auf ewig nach der Ordnung Melchisédeks."

5 Der Herr steht dir zur Seite, *
er zerschmettert Könige am Tage seines Zorns. – R

ZUR 2. LESUNG *Im 1. Brief des heiligen Paulus an die Korinther ist uns der älteste Text erhalten, der die apostolische Überlieferung von der Einsetzung der Eucharistie wiedergibt. Dem Apostel geht es mehr um die Praxis als um die Lehre, die ja nicht angefochten war. Man kann nicht Gemeinschaft mit Christus haben und gleichzeitig die Bruderliebe verletzen. Das Sakrament ist Begegnung mit dem Herrn, der für alle Menschen gestorben ist und der bei seiner Wiederkunft alle richten wird, und zwar danach, ob sie den „Leib des Herrn" (11, 29) geehrt haben – im Sakrament und im Bruder.*

ZWEITE LESUNG

1 Kor 11, 23–26

Sooft ihr eßt und trinkt, verkündet ihr den Tod des Herrn

Lesung
   aus dem ersten Brief des Apostels Paulus an die Korinther.

Brüder!
23 Ich habe vom Herrn empfangen,
   was ich euch dann überliefert habe:
Jesus, der Herr,
   nahm in der Nacht, in der er ausgeliefert wurde, Brot,

Fronleichnam

sprach das Dankgebet,
brach das Brot
und sagte: Das ist mein Leib für euch.
Tut dies zu meinem Gedächtnis!

Ebenso nahm er nach dem Mahl den Kelch
und sprach: Dieser Kelch ist der Neue Bund in meinem Blut.
Tut dies, sooft ihr daraus trinkt,
    zu meinem Gedächtnis!

Denn sooft ihr von diesem Brot eßt und aus dem Kelch trinkt,
    verkündet ihr den Tod des Herrn, bis er kommt.

SEQUENZ[1]

Deinem Heiland, deinem Lehrer, / deinem Hirten und Ernährer, / Sion, stimm ein Loblied an!

Preis nach Kräften seine Würde, / da kein Lobspruch, keine Zierde / seinem Ruhm genügen kann.

Dieses Brot sollst du erheben, / welches lebt und gibt das Leben, / das man heut' den Christen weist.

Dieses Brot, mit dem im Saale / Christus bei dem Abendmahle / die zwölf Jünger hat gespeist.

Laut soll unser Lob erschallen / und das Herz in Freude wallen, / denn der Tag hat sich genaht.

Da der Herr zum Tisch der Gnaden / uns zum erstenmal geladen / und dies Mahl gestiftet hat.

Neuer König, neue Zeiten, / neue Ostern, neue Freuden, / neues Opfer allzumal!

Vor der Wahrheit muß das Zeichen, / vor dem Licht der Schatten weichen, / hell erglänzt des Tages Strahl.

Was von Christus dort geschehen, / sollen wir fortan begehen, / seiner eingedenk zu sein.

---

[1] Vor dem Ruf vor dem Evangelium kann die Sequenz eingefügt werden. Sie wird entweder ganz genommen oder in ihrer Kurzform, beginnend mit *Seht das Brot.

Treu dem heiligen Befehle / wandeln wir zum Heil der Seele / in sein Opfer Brot und Wein.

Doch wie uns der Glaube kündet, / der Gestalten Wesen schwindet, / Fleisch und Blut wird Brot und Wein.

Was das Auge nicht kann sehen, / der Verstand nicht kann verstehen, / sieht der feste Glaube ein.

Unter beiderlei Gestalten / hohe Dinge sind enthalten, / in den Zeichen tief verhüllt.

Blut ist Trank, und Fleisch ist Speise, / doch der Herr bleibt gleicherweise / ungeteilt in beider Bild.

Wer ihm nahet voll Verlangen, / darf ihn unversehrt empfangen, / ungemindert, wunderbar.

Einer kommt, und tausend kommen, / doch so viele ihn genommen, / er bleibt immer, der er war.

Gute kommen, Böse kommen, / alle haben ihn genommen, / die zum Leben, die zum Tod.

Bösen wird er Tod und Hölle, / Guten ihres Lebens Quelle, / wie verschieden wirkt dies Brot!

Wird die Hostie auch gespalten, / zweifle nicht an Gottes Walten, / daß die Teile das enthalten, / was das ganze Brot enthält.

Niemals kann das Wesen weichen, / teilen läßt sich nur das Zeichen, / Sach' und Wesen sind die gleichen, / beide bleiben unentstellt.

*Seht das Brot, die Engelspeise! / Auf des Lebens Pilgerreise / nehmt es nach der Kinder Weise, / nicht den Hunden werft es hin!

Lang im Bild war's vorbereitet: / Isaak, der zum Opfer schreitet; / Osterlamm, zum Mahl bereitet; / Manna nach der Väter Sinn.

Guter Hirt, du wahre Speise, / Jesus, gnädig dich erweise! / Nähre uns auf deinen Auen, / laß uns deine Wonnen schauen / in des Lebens ewigem Reich!

Du, der alles weiß und leitet, / uns im Tal des Todes weidet, / laß an deinem Tisch uns weilen, / deine Herrlichkeit uns teilen. / Deinen Seligen mach uns gleich!

Fronleichnam 327

Oder:

Lobe, Zion, deinen Hirten; / dem Erlöser der Verirrten / stimme Dank und Jubel an. / Laß dein Lob zum Himmel dringen; / ihn zu rühmen, ihm zu singen, / hat kein Mensch genug getan.

Er ist uns im Brot gegeben, / Brot, das lebt und spendet Leben, / Brot, das Ewigkeit verheißt, / Brot, mit dem der Herr im Saale / dort beim österlichen Mahle / die zwölf Jünger hat gespeist.

Lobt und preist, singt Freudenlieder; / festlich kehrt der Tag uns wieder, / jener Tag von Brot und Wein, / da der Herr zu Tisch geladen / und dies heilge Mahl der Gnaden / setzte zum Gedächtnis ein.

Was bei jenem Mahl geschehen, / sollen heute wir begehen / und verkünden seinen Tod. / Wie der Herr uns aufgetragen, / weihen wir, Gott Dank zu sagen, / nun zum Opfer Wein und Brot.

*Seht das Brot, der Engel Speise, / Brot auf unsrer Pilgerreise, / das den Hunger wahrhaft stillt. / Abrams Opfer hat's gedeutet, / war im Manna vorbereitet, / fand im Osterlamm sein Bild.

Guter Hirt, du Brot des Lebens, / wer dir traut, hofft nicht vergebens, / geht getrost durch diese Zeit. / Die du hier zu Tisch geladen, / ruf auch dort zum Mahl der Gnaden / in des Vaters Herrlichkeit.

Oder:

RUF VOR DEM EVANGELIUM Vers: Joh 6,51–52

Halleluja. Halleluja.
(So spricht der Herr:)
Ich bin das lebendige Brot,
das vom Himmel gekommen ist.
Wer dieses Brot ißt, wird in Ewigkeit leben.
Halleluja.

ZUM EVANGELIUM *Jesus hat die Fünftausend gespeist, weil sie Hunger hatten, so wie einst in der Wüste Gott das Volk Israel mit Manna gespeist hat. Jesus wird auch das Gottesvolk des Neuen Bundes nicht ohne das notwendige Brot lassen. Die Art, wie der Evangelist von der Brotvermehrung erzählt, zeigt, daß er sie im Zusammen-*

hang mit der Eucharistie gesehen hat. Deutlich sind die Hinweise auf das Letzte Abendmahl Jesu und auf die Eucharistiefeier der Urgemeinde, wie Lukas sie gekannt hat.

EVANGELIUM Lk 9, 11b–17

Alle aßen und wurden satt

✢ Aus dem heiligen Evangelium nach Lukas.

In jener Zeit
11b redete Jesus zum Volk vom Reich Gottes
und heilte alle, die seine Hilfe brauchten.
12 Als der Tag zur Neige ging,
kamen die Zwölf zu ihm
und sagten: Schick die Menschen weg,
damit sie in die umliegenden Dörfer und Gehöfte gehen,
dort Unterkunft finden und etwas zu essen bekommen;
denn wir sind hier an einem abgelegenen Ort.
13 Er antwortete: Gebt ihr ihnen zu essen!
Sie sagten: Wir haben nicht mehr
als fünf Brote und zwei Fische;
wir müßten erst weggehen und für all diese Leute Essen kaufen.
14 Es waren etwa fünftausend Männer.

Er erwiderte seinen Jüngern:
Sagt ihnen,
sie sollen sich in Gruppen zu ungefähr fünfzig zusammensetzen.
15 Die Jünger taten, was er ihnen sagte,
und veranlaßten, daß sich alle setzten.
16 Jesus aber nahm die fünf Brote und die zwei Fische,
blickte zum Himmel auf,
segnete sie und brach sie;
dann gab er sie den Jüngern,
damit sie diese an die Leute austeilten.
17 Und alle aßen
und wurden satt.
Als man die übriggebliebenen Brotstücke einsammelte,
waren es zwölf Körbe voll.

Glaubensbekenntnis, S. 348 ff.

Fronleichnam

ZUR EUCHARISTIEFEIER *„Nimm dieses Opfer an ... wie einst die Gaben deines gerechten Dieners Abel, wie das Opfer unseres Vaters Abraham, wie die heilige Gabe, das reine Opfer deines Hohenpriesters Melchisedek." (Erstes Eucharistisches Hochgebet)*

GABENGEBET

Herr, unser Gott,
wir bringen das Brot dar,
das aus vielen Körnern bereitet,
und den Wein,
der aus vielen Trauben gewonnen ist.
Schenke deiner Kirche,
was diese Gaben geheimnisvoll bezeichnen:
die Einheit und den Frieden.
Darum bitten wir durch Christus, unseren Herrn.

Präfation von der heiligen Eucharistie, S. 420f.

KOMMUNIONVERS
Joh 6, 56

So spricht der Herr:
Wer mein Fleisch ißt und mein Blut trinkt,
der bleibt in mir, und ich bleibe in ihm.

SCHLUSSGEBET

Herr Jesus Christus,
der Empfang deines Leibes und Blutes
ist für uns ein Vorgeschmack der kommenden Herrlichkeit.
Sättige uns im ewigen Leben
durch den vollen Genuß deiner Gottheit.
Der du lebst und herrschest in alle Ewigkeit.

DER LEIB CHRISTI – AMEN
Hier soll die Unterweisung wiedergegeben werden, die zu Beginn des 4. Jahrhunderts der heilige Bischof Cyrill von Jerusalem seinen Täuflingen über den Empfang der heiligen Kommunion gab:

„Beim Vortreten streck die Hände nicht flach aus und spreize die Finger nicht, sondern leg die linke Hand unter die rechte wie einen Thron, um den König zu empfangen. Nimm mit hohler Hand den Leib Christi auf und antworte: ‚Amen'. Behutsam heilige nun deine Augen durch Berührung mit dem heiligen Leib; dann iß und achte sorgfältig darauf, daß dir nichts davon verlorengeht ... Noch viel behutsamer als bei Gold und Edelsteinen mußt du hier darauf achten, daß dir nicht das kleinste Teilchen herunterfällt.

Nach deiner Vereinigung mit dem Leib Christi tritt auch zum Kelch des Blutes hin. Streck aber nicht die Hände aus, sondern verneige dich wie zur Anbetung und Verehrung und sprich das ‚Amen'; heilige dich (mit dem Kreuzzeichen) und empfange das Blut Christi. Solange sein Naß noch an deinen Lippen ist, führe davon an Augen und Stirn und heilige auch die übrigen Sinne. Dann warte das (Schluß-)Gebet ab und danke Gott, der dich solcher Geheimnisse gewürdigt hat." (Cyrill von Jerusalem, Katechese V, 21 und 22)

Freitag der 3. Woche nach Pfingsten
HEILIGSTES HERZ JESU
Hochfest

Die Botschaft von der barmherzigen Liebe wird als „gute Nachricht" nur von den Sündern begriffen. Die Pharisäer und Schriftgelehrten waren rechtschaffene Leute; sie fanden das Verhalten Jesu den Sündern gegenüber ebenso ärgerlich wie seine Botschaft. – Müssen wir Sünder werden, um die Barmherzigkeit Gottes zu verstehen, die in Jesus sichtbar geworden ist? Wir brauchen es nicht zu werden; wir müssen nur eine Ahnung von der Heiligkeit Gottes haben, um zu wissen, daß wir es sind. Dann werden wir auch das Danken lernen.

ERÖFFNUNGSVERS Vgl. Ps 33 (32), 11.19

Der Ratschluß des Herrn bleibt ewig bestehen,
die Pläne seines Herzens überdauern die Zeiten:
Er will uns dem Tod entreißen
und in der Hungersnot unser Leben erhalten.

Ehre sei Gott, S. 344 ff.

TAGESGEBET

Allmächtiger Gott,
wir verehren das Herz deines geliebten Sohnes
und preisen die großen Taten seiner Liebe.
Gib, daß wir aus dieser Quelle göttlichen Erbarmens
die Fülle der Gnade und des Lebens empfangen.
Darum bitten wir durch Jesus Christus.

Oder:

Barmherziger Gott,
du öffnest uns den unendlichen Reichtum der Liebe
im Herzen deines Sohnes,
das unsere Sünden verwundet haben.
Gib, daß wir durch aufrichtige Umkehr
Christus Genugtuung leisten
und ihm mit ganzer Hingabe dienen,
der in der Einheit des Heiligen Geistes
mit dir lebt und herrscht in alle Ewigkeit.

ZUR 1. LESUNG *Die Könige und die Mächtigen in Israel waren schlechte Hirten, sie haben nicht für das Volk gesorgt. Darum ist über sie das Gericht gekommen (die Zerstörung Jerusalems 587 v. Chr.). In Zukunft will Gott selbst der gute Hirt seines Volkes sein. In der Fortsetzung des Leseabschnitts wird noch gesagt, daß Gott einen einzigen Hirten für sein Volk bestellen und einen neuen Bund mit ihm schließen wird (Ez 34, 23–25). In der Person Jesu hat diese Verheißung ihre letzte Deutung und Erfüllung gefunden.*

ERSTE LESUNG   Ez 34,11–16

Ich werde meine Schafe auf die Weide führen, ich werde sie ruhen lassen

**Lesung
aus dem Buch Ezéchiel.**

11 So spricht Gott, der Herr:
Ich will meine Schafe selber suchen
und mich selber um sie kümmern.
12 Wie ein Hirt sich um die Tiere seiner Herde kümmert
   an dem Tag,
   an dem er mitten unter den Schafen ist, die sich verirrt haben,
   so kümmere ich mich um meine Schafe
und hole sie zurück von all den Orten,
   wohin sie sich am dunklen, düsteren Tag zerstreut haben.
13 Ich führe sie aus den Völkern heraus,
ich hole sie aus den Ländern zusammen
   und bringe sie in ihr Land.
Ich führe sie in den Bergen Israels auf die Weide,
in den Tälern und an allen bewohnten Orten des Landes.
14 Auf gute Weide will ich sie führen,
im Bergland Israels werden ihre Weideplätze sein.
Dort sollen sie auf guten Weideplätzen lagern,
auf den Bergen Israels sollen sie fette Weiden finden.
15 Ich werde meine Schafe auf die Weide führen,
ich werde sie ruhen lassen – Spruch Gottes, des Herrn.
16 Die verlorengegangenen Tiere will ich suchen,
die vertriebenen zurückbringen,
die verletzten verbinden,
die schwachen kräftigen, die fetten und starken behüten.
Ich will ihr Hirt sein und für sie sorgen, wie es recht ist.

ANTWORTPSALM   Ps 23 (22), 2–3.4.5.6 (R: 1)

R Der Herr ist mein Hirte,   (GL 527, 4)
nichts wird mir fehlen. – R

1 Der Herr ist mein Hirte, nichts wird mir fehlen. †   VIII. Ton
2 Er läßt mich lagern auf grünen Auen *
und führt mich zum Ruheplatz am Wasser.

3 Er stillt mein Verlangen; *
er leitet mich auf rechten Pfaden, treu seinem Namen. – (R)

Muß ich auch wandern in finsterer Schlucht, *
ich fürchte kein Unheil;

denn du bist bei mir, *
dein Stock und dein Stab geben mir Zuversicht. − (R)

Du deckst mir den Tisch *
vor den Augen meiner Feinde.

Du salbst mein Haupt mit Öl, *
du füllst mir reichlich den Becher. − (R)

Lauter Güte und Huld *
werden mir folgen mein Leben lang,

und im Haus des Herrn *
darf ich wohnen für lange Zeit. − R

ZUR 2. LESUNG *Gott hat uns immer geliebt, auch als wir noch Sünder waren (Röm 5, 8); sonst wäre sein Sohn nicht für uns gestorben. Wenn aber Gott so viel für uns getan hat, als wir noch Sünder waren, dann können wir erst recht jetzt, nachdem wir mit ihm versöhnt sind, auf seine Liebe rechnen. Diese unbegreifliche Liebe ist das einzige, worauf wir vertrauen und stolz sein dürfen.*

ZWEITE LESUNG Röm 5, 5b–11

Gott hat seine Liebe zu uns darin erwiesen, daß Christus für uns gestorben ist

Lesung
  aus dem Brief des Apostels Paulus an die Römer.

Brüder!
Die Liebe Gottes ist ausgegossen in unsere Herzen
  durch den Heiligen Geist, der uns gegeben ist.

Christus ist schon zu der Zeit,
  da wir noch schwach und gottlos waren,
  für uns gestorben.
Dabei wird nur schwerlich jemand für einen Gerechten sterben;
vielleicht wird er jedoch für einen guten Menschen sein Leben wagen.

Gott aber hat seine Liebe zu uns darin erwiesen,
  daß Christus für uns gestorben ist,
  als wir noch Sünder waren.

⁹ Nachdem wir jetzt
  durch sein Blut gerecht gemacht sind,
  werden wir durch ihn erst recht
  vor dem Gericht Gottes gerettet werden.

¹⁰ Da wir mit Gott versöhnt wurden durch den Tod seines Sohnes,
  als wir noch Gottes Feinde waren,
  werden wir erst recht, nachdem wir versöhnt sind,
  gerettet werden durch sein Leben.

¹¹ Mehr noch,
  wir rühmen uns Gottes durch Jesus Christus, unseren Herrn,
  durch den wir jetzt schon die Versöhnung empfangen haben.

RUF VOR DEM EVANGELIUM   Vers: Mt 11,29ab

Halleluja. Halleluja.
(So spricht der Herr:)
Nehmt mein Joch auf euch und lernt von mir.
Denn ich bin gütig und von Herzen demütig.
Halleluja.

Oder: Vers: Joh 10,14

Halleluja. Halleluja.
(So spricht der Herr:)
Ich bin der gute Hirt.
Ich kenne die Meinen, und die Meinen kennen mich.
Halleluja.

ZUM EVANGELIUM   *Jesus muß sich den „Frommen" gegenüber rechtfertigen, weil er mit Zöllnern und Sündern Gemeinschaft pflegt. Er ist als Arzt gekommen, um Kranke zu heilen (Lk 5,31), und als Hirt, um die verlorenen Schafe zu suchen. Er hat keine Ruhe, bis er sie gefunden und gerettet hat. Auch „im Himmel", das heißt bei Gott, ist die Freude nicht vollkommen, solange es verlorene Sünder gibt. Der Himmel wird jedesmal heller und die Erde freundlicher, wenn ein Mensch, der sich von Gott entfernt hatte, sich ihm wieder zuwendet und heimkehrt.*

Heiligstes Herz Jesu

EVANGELIUM Lk 15, 3–7

Freut euch mit mir; ich habe mein Schaf wiedergefunden, das verloren war

☩ Aus dem heiligen Evangelium nach Lukas.

In jener Zeit
erzählte Jesus den Pharisäern und Schriftgelehrten ein Gleichnis
und sagte:
Wenn einer von euch hundert Schafe hat
und eins davon verliert,
läßt er dann nicht die neunundneunzig in der Steppe zurück
 und geht dem verlorenen nach, bis er es findet?

Und wenn er es gefunden hat,
 nimmt er es voll Freude auf die Schultern,
und wenn er nach Hause kommt,
 ruft er seine Freunde und Nachbarn zusammen
und sagt zu ihnen: Freut euch mit mir;
ich habe mein Schaf wiedergefunden, das verloren war.

Ich sage euch:
Ebenso wird auch im Himmel
 mehr Freude herrschen über einen einzigen Sünder,
 der umkehrt,
als über neunundneunzig Gerechte,
 die es nicht nötig haben umzukehren.

Glaubensbekenntnis, S. 348 ff.

ZUR EUCHARISTIEFEIER *Der gute Hirt gibt sein Leben hin für die Schafe. „Ich bin der gute Hirt. Ich kenne die Meinen, und die Meinen kennen mich, wie mich der Vater kennt und ich den Vater kenne; und ich gebe mein Leben hin für die Schafe." (Joh 10, 14 f)*

GABENGEBET

Allmächtiger Gott,
sieh auf das durchbohrte Herz deines Sohnes,
der uns geliebt und sich für uns hingegeben hat.
Laß unser Opfer dir wohlgefallen
und zur Sühne für unsere Sünden werden.
Darum bitten wir durch Christus, unseren Herrn.

Präfation, S. 415.

KOMMUNIONVERS
Joh 7, 37–38

Wer Durst hat, komme zu mir,
und es trinke, wer an mich glaubt!
Die Schrift sagt:
Aus seinem Inneren werden Ströme von lebendigem Wasser fließen.

Oder: Joh 19, 34

Ein Soldat stieß mit der Lanze in seine Seite,
und sogleich floß Blut und Wasser heraus.

SCHLUSSGEBET

Herr, unser Gott,
du hast uns gestärkt
mit dem Sakrament jener Liebe,
durch die dein Sohn alles an sich zieht.
Entzünde auch in uns das Feuer seiner Liebe,
damit wir in unseren Brüdern
ihn erkennen und ihm dienen.
Darum bitten wir durch ihn, Christus, unseren Herrn.

BARMHERZIGKEIT

Als wir verloren waren, Gott, hast du uns begnadigt ...
Im Licht Jesu, deines Sohnes, sehen wir die Sünde dieser Welt,
ermessen wir, wie hart und gnadenlos wir miteinander leben.
Wir bitten dich:
Erneuere uns nach seinem Bild und Beispiel,
damit wir nicht länger Böses mit Bösem vergelten,
sondern Frieden stiften und die Wahrheit tun
heute und alle Tage, die wir noch leben dürfen. (H. Oosterhuis)

DIE FEIER DER GEMEINDEMESSE

ERÖFFNUNG

Eröffnungsvers (oder ein entsprechendes Lied) 339
Begrüßung (und kurze Einführung) 339
Allgemeines Schuldbekenntnis und Bitte um Vergebung 341
Kyrie (entfällt, wenn Kyrie-Litanei vorausgegangen) . . 342
Ehre sei Gott (Gloria) 344
Tagesgebet (an Wochentagen nach freier Wahl) . . . 346

WORTGOTTESDIENST

1. Lesung und 1. Zwischengesang (Antwortgesang) . . 346
2. Lesung 347
2. Zwischengesang (Zum Evangelium) 347
Evangelium 347
Das Große od. Apostolische Glaubensbekenntnis (Credo) 348
Fürbitten (Allgemeines Gebet), nach freier Wahl . . . 354

EUCHARISTIEFEIER

Gabenbereitung 354
  Abschließendes Gabengebet 356

Das Eucharistische Hochgebet 356
  Präfationen 398
  Erstes Hochgebet (Dich, gütiger Vater) 358
  Zweites Hochgebet (Ja, du bist heilig, großer Gott, du bist
    der Quell aller Heiligkeit) 367
  Drittes Hochgebet (Ja, du bist heilig, großer Gott, und alle
    deine Werke verkünden dein Lob) 376
  Viertes Hochgebet (Wir preisen dich, heiliger Vater) . . 383

Kommunion 389
  Gebet des Herrn (Vater unser) 389
  Friedensgebet 391
  Brechung des Brotes – Agnus Dei 393
  Gebete vor der Kommunion – Kommunionempfang . . 394
  Schlußgebet 396

ENTLASSUNG 397

ERÖFFNUNG

EINZUG — GESANG ZUR ERÖFFNUNG
Während der Priester einzieht, kann der Gesang zur Eröffnung gesungen werden*.

VEREHRUNG DES ALTARES

BEGRÜSSUNG DER GEMEINDE
Nachdem der Priester den Altar begrüßt hat und an seinen Platz gegangen ist, spricht er (während alle stehen):

Pr.: + Im Namen des Vaters und des Sohnes und des Heiligen Geistes. Amen.

Der Herr sei mit euch.
A.: Und mit deinem Geiste.

Oder:
Die Gnade unseres Herrn Jesus Christus,
die Liebe Gottes des Vaters
und die Gemeinschaft des Heiligen Geistes
sei mit euch.

Oder:
Gnade und Friede von Gott, unserem Vater,
und dem Herrn Jesus Christus
sei mit euch.

*Die hier und im folgenden abgedruckten Rubriken sind ein Auszug aus der authentischen Ausgabe des Meßbuchs für den liturgischen Gebrauch, in der weitere Gestaltungsmöglichkeiten der Meßfeier näherhin beschrieben werden.

Oder:
Gnade und Friede von dem,
der ist und der war und der kommen wird,
sei mit euch.

Oder:
Gnade und Friede
in der heiligen Versammlung der Kirche Gottes
sei mit euch.

Oder:
Der Herr der Herrlichkeit
und Spender jeder Gnade
sei mit euch.

Oder:
Die Gnade des Herrn Jesus,
der für uns Mensch geworden ist
(gelitten hat, gestorben ist . . .),
sei mit euch.

Oder:
Die Gnade unseres Herrn Jesus Christus
sei mit euch.

A.: Und mit deinem Geiste.

Darauf kann der Priester, der Diakon oder ein anderer dazu Beauftragter eine knappe Einführung in die Feier geben.
Wenn zur Eröffnung nicht gesungen wurde, empfiehlt es sich, in die Einführung den Eröffnungsvers einzubeziehen, da dieser häufig einen Leitgedanken der Meßfeier angibt.

ALLGEMEINES SCHULDBEKENNTNIS

An Sonntagen kann an die Stelle des Allgemeinen Schuldbekenntnisses das sonntägliche Taufgedächtnis (Besprengung mit Weihwasser) treten.

Einladung (Form A und B)

Brüder und Schwestern,
damit wir die heiligen Geheimnisse in rechter Weise feiern können, wollen wir bekennen, daß wir gesündigt haben.

Oder:
Bevor wir das Gedächtnis des Herrn begehen, wollen wir uns besinnen und bekennen, daß wir sündige Menschen sind.

Oder:
Brüder und Schwestern,
bevor wir das Wort Gottes hören und das Opfer Christi feiern, wollen wir uns bereiten und Gott um Vergebung unserer Sünden bitten.

Oder:
Damit wir das Gedächtnis des Herrn recht begehen, prüfen wir uns selbst und bekennen unsere Schuld vor Gott und der Kirche.

Einladung (Form B und C)

Zu Beginn dieser Meßfeier wollen wir uns besinnen und das Erbarmen des Herrn auf uns herabrufen.

Oder ein ähnlicher passender Text.

Es folgt eine kurze Stille für die Besinnung; danach das

Bekenntnis:

Form A
Pr.: Wir sprechen das Schuldbekenntnis:
A.: Ich bekenne Gott, dem Allmächtigen,
und allen Brüdern und Schwestern,
daß ich Gutes unterlassen und Böses getan habe
— ich habe gesündigt
in Gedanken, Worten und Werken —
durch meine Schuld, durch meine Schuld,
durch meine große Schuld.
Darum bitte ich die selige Jungfrau Maria,
alle Engel und Heiligen
und euch, Brüder und Schwestern,
für mich zu beten bei Gott, unserem Herrn.

Oder: Form B

Pr.: Erbarme dich, Herr, unser Gott,
    erbarme dich.
A.: Denn wir haben vor dir gesündigt.
Pr.: Erweise, Herr, uns deine Huld.
A.: Und schenke uns dein Heil.

Die Formen A und B können durch ein Bußlied ersetzt werden.

Oder: Form C
mit den hier folgenden oder anderen Anrufungen.

Kyrie-Litanei

V.: Herr Jesus Christus,
du bist vom Vater gesandt,
zu heilen, was verwundet ist:

Die Feier der Gemeindemesse – Eröffnung

Kýrie, eléison *oder:* Herr, erbarme dich (unser).
A.: Kýrie, eléison *oder:* Herr, erbarme dich (unser).

V.: Du bist gekommen, die Sünder zu berufen:
Christe, eléison *oder:* Christus, erbarme dich (unser).
A.: Christe, eléison
               oder: Christus, erbarme dich (unser).

V.: Du bist zum Vater heimgekehrt,
um für uns einzutreten:
Kýrie, eléison *oder:* Herr, erbarme dich (unser).
A.: Kýrie, eléison *oder:* Herr, erbarme dich (unser).

Jede dieser drei Formen wird abgeschlossen durch die
Vergebungsbitte:
Pr.: Der allmächtige Gott erbarme sich unser.
Er lasse uns die Sünden nach
und führe uns zum ewigen Leben.
A.: Amen.

Oder:
Pr.: Nachlaß, Vergebung und Verzeihung unserer Sünden gewähre uns der allmächtige und barmherzige Herr.
A.: Amen.

Oder (besonders bei Form C):
Pr.: Der Herr erbarme sich unser, er nehme von uns Sünde und Schuld, damit wir mit reinem Herzen diese Feier begehen.
A.: Amen.

KYRIE

Es folgen die Kyrie-Rufe (falls sie nicht schon vorausgegangen sind).

V.: Herr, erbarme dich (unser).
A.: Herr, erbarme dich (unser).
V.: Christus, erbarme dich (unser).
A.: Christus, erbarme dich (unser).
V.: Herr, erbarme dich (unser).
A.: Herr, erbarme dich (unser).

Oder:
V.: Kýrie, eléison.
A.: Kýrie, eléison.
V.: Christe, eléison.
A.: Christe, eléison.
V.: Kýrie, eléison.
A.: Kýrie, eléison.

GLORIA

An den Sonntagen außerhalb der Advents- und Fastenzeit, an Hochfesten, Festen und bei anderen festlichen Gottesdiensten folgt das Gloria:

Ehre sei Gott in der Höhe
und Friede auf Erden den Menschen seiner Gnade.
Wir loben dich,
wir preisen dich,
wir beten dich an,
wir rühmen dich und danken dir,
denn groß ist deine Herrlichkeit:
Herr und Gott, König des Himmels,

Die Feier der Gemeindemesse – Eröffnung

Gott und Vater, Herrscher über das All,
Herr, eingeborener Sohn, Jesus Christus.
Herr und Gott, Lamm Gottes, Sohn des Vaters,
du nimmst hinweg die Sünde der Welt:
erbarme dich unser;
du nimmst hinweg die Sünde der Welt:
nimm an unser Gebet;
du sitzest zur Rechten des Vaters:
erbarme dich unser.
Denn du allein bist der Heilige,
du allein der Herr,
du allein der Höchste:
Jesus Christus,
mit dem Heiligen Geist,
zur Ehre Gottes des Vaters. Amen.

Oder:

Glória in excélsis Deo
et in terra pax homínibus bonæ voluntátis.
Laudámus te,
benedícimus te,
adorámus te,
glorificámus te, grátias ágimus tibi
propter magnam glóriam tuam,
Dómine Deus, Rex cæléstis,
Deus Pater omnípotens.
Dómine Fili unigénite, Iesu Christe,
Dómine Deus, Agnus Dei, Fílius Patris,
qui tollis peccáta mundi,
miserére nobis;

qui tollis peccáta mundi,
súscipe deprecatiónem nostram.
Qui sedes ad déxteram Patris,
miserére nobis.
Quóniam tu solus Sanctus,
tu solus Dóminus,
tu solus Altíssimus,
Iesu Christe,
cum Sancto Spíritu:
in glória Dei Patris. Amen.

Das Gloria darf durch ein Gloria-Lied ersetzt werden.

TAGESGEBET
Der Priester lädt zum Gebet ein. Er singt oder spricht:
Lasset uns beten.
Nach einer kurzen Stille spricht der Priester das Tagesgebet.
Die Gemeinde beschließt das Gebet mit dem Ruf:
Amen.

WORTGOTTESDIENST

1. LESUNG UND 1. ZWISCHENGESANG
Der Lektor geht zum Ambo und trägt die erste Lesung vor. Alle hören sitzend zu. Wo nach der Lesung ein Zuruf der Gemeinde üblich ist, fügt der Lektor an:

Wort des lebendigen Gottes.
A.: Dank sei Gott.
Danach kann eine kurze Stille folgen.
Dann trägt der Kantor (Psalmist) als ersten Zwischengesang den Antwortpsalm vor. Die Gemeinde übernimmt den Kehrvers.

2. LESUNG UND 2. ZWISCHENGESANG

Auf die zweite Lesung folgt als zweiter Zwischengesang das Halleluja bzw. der an dessen Stelle vorgesehene Ruf vor dem Evangelium.

EVANGELIUM

D. (Pr.): Der Herr sei mit euch.
A.: Und mit deinem Geiste.

D. (Pr.): ☩ Aus dem heiligen Evangelium nach N.
Oder: Aus dem Evangelium Jesu Christi nach N.
Oder: Aus dem Evangelium nach N.

Dabei bezeichnet er das Buch und sich selbst (auf Stirn, Mund und Brust) mit dem Kreuzzeichen.
A.: Ehre sei dir, o Herr.

Wo nach dem Evangelium ein Zuruf der Gemeinde üblich ist, fügt der Diakon (Priester) an:
Evangelium unseres Herrn Jesus Christus.

Die Gemeinde antwortet:
Lob sei dir, Christus.

Danach küßt der Diakon (Priester) das Buch und spricht leise:
Herr, durch dein Evangelium
nimm hinweg unsere Sünden.

HOMILIE
Die Homilie ist ein Teil der Liturgie. Sie ist an allen Sonntagen und gebotenen Feiertagen vorgeschrieben, sonst empfohlen.

CREDO

An Sonntagen, an Hochfesten und bei anderen festlichen Gottesdiensten folgt das **Credo**:

Das Große Glaubensbekenntnis

(Pr.: Wir sprechen das Große Glaubensbekenntnis.)

A.: Wir glauben an den einen Gott,
den Vater, den Allmächtigen,
der alles geschaffen hat, Himmel und Erde,
die sichtbare und die unsichtbare Welt.

Und an den einen Herrn Jesus Christus,
Gottes eingeborenen Sohn,
aus dem Vater geboren vor aller Zeit:
Gott von Gott, Licht vom Licht,
wahrer Gott vom wahren Gott,
gezeugt, nicht geschaffen,
eines Wesens mit dem Vater;
durch ihn ist alles geschaffen.

Für uns Menschen und zu unserem Heil
ist er vom Himmel gekommen,

Zu den folgenden Worten (bis zu Mensch geworden) verbeugen sich alle (an Weihnachten und am Hochfest der Verkündigung des Herrn kniet man nieder).

hat Fleisch angenommen
durch den Heiligen Geist
von der Jungfrau Maria
und ist Mensch geworden.

Oder:

Credo in unum Deum,
Patrem omnipoténtem,
factórem cæli et terræ,
visibílium ómnium et invisibílium.

Et in unum Dóminum Iesum Christum,
Fílium Dei unigénitum,
et ex Patre natum ante ómnia sæcula.
Deum de Deo, lumen de lúmine,
Deum verum de Deo vero,
génitum, non factum,
consubstantiálem Patri:
per quem ómnia facta sunt.

Qui propter nos hómines et propter nostram salútem
descéndit de cælis.

Ad verba quæ sequuntur, usque ad factus est omnes se inclinant.

Et incarnátus est
de Spíritu Sancto
ex María Vírgine,
et homo factus est.

Er wurde für uns gekreuzigt
unter Pontius Pilatus,
hat gelitten und ist begraben worden,
ist am dritten Tage auferstanden
nach der Schrift
und aufgefahren in den Himmel.

Er sitzt zur Rechten des Vaters
und wird wiederkommen in Herrlichkeit,
zu richten die Lebenden und die Toten;
seiner Herrschaft wird kein Ende sein.

Wir glauben an den Heiligen Geist,
der Herr ist und lebendig macht,
der aus dem Vater und dem Sohn hervorgeht,
der mit dem Vater und dem Sohn
angebetet und verherrlicht wird,
der gesprochen hat durch die Propheten;
und die eine, heilige, katholische
und apostolische Kirche.

Wir bekennen die eine Taufe
zur Vergebung der Sünden.
Wir erwarten die Auferstehung der Toten
und das Leben der kommenden Welt.
Amen.

Crucifíxus étiam pro nobis
sub Póntio Piláto;
passus et sepúltus est,
et resurréxit tértia die,
secúndum Scriptúras,
et ascéndit in cælum,
sedet ad déxteram Patris.

Et íterum ventúrus est cum glória,
iudicáre vivos et mórtuos,
cuius regni non erit finis.

Et in Spíritum Sanctum,
Dóminum et vivificántem:
qui ex Patre Filióque procédit.
Qui cum Patre et Fílio
simul adorátur et conglorificátur:
qui locútus est per prophétas.
Et unam, sanctam, cathólicam
et apostólicam Ecclésiam.

Confíteor unum baptísma
in remissiónem peccatórum.
Et exspécto resurrectiónem mortuórum,
et vitam ventúri sǽculi.
Amen.

An Stelle des Großen Glaubensbekenntnisses kann das Apostolische Glaubensbekenntnis gebetet werden.

(Pr.: Wir sprechen das Apostolische Glaubensbekenntnis.)
A.: Ich glaube an Gott,
den Vater, den Allmächtigen,
den Schöpfer des Himmels und der Erde,
und an Jesus Christus,
seinen eingeborenen Sohn, unsern Herrn,

Zu den folgenden Worten (bis zu Jungfrau Maria) verbeugen sich alle (an Weihnachten und am Hochfest der Verkündigung des Herrn kniet man nieder).

empfangen durch den Heiligen Geist,
geboren von der Jungfrau Maria,
gelitten unter Pontius Pilatus,
gekreuzigt, gestorben und begraben,
hinabgestiegen in das Reich des Todes,
am dritten Tage auferstanden von den Toten,
aufgefahren in den Himmel;
er sitzt zur Rechten Gottes, des allmächtigen Vaters;
von dort wird er kommen,
zu richten die Lebenden und die Toten.
Ich glaube an den Heiligen Geist,
die heilige katholische Kirche,
Gemeinschaft der Heiligen,
Vergebung der Sünden,
Auferstehung der Toten
und das ewige Leben. Amen.

Die Feier der Gemeindemesse – Wortgottesdienst

Oder:

Credo in Deum,
Patrem omnipoténtem,
Creatórem cæli et terræ.
Et in Iesum Christum,
Fílium eius únicum, Dóminum nostrum:
qui concéptus est de Spíritu Sancto,
natus ex María Vírgine,
passus sub Póntio Piláto,
crucifíxus, mórtuus, et sepúltus:
descéndit ad ínferos:
tértia die resurréxit a mórtuis;
ascéndit ad cælos;
sedet ad déxteram Dei
Patris omnipoténtis:
inde ventúrus est
iudicáre vivos et mórtuos.
Credo in Spíritum Sanctum,
sanctam Ecclésiam cathólicam,
Sanctórum communiónem,
remissiónem peccatórum,
carnis resurrectiónem,
vitam ætérnam. Amen.

FÜRBITTEN (ALLGEMEINES GEBET)

Die Fürbitten werden vom Priester eingeleitet und abgeschlossen. Die einzelnen Anliegen können vom Diakon, Lektor, Kantor oder anderen vorgetragen werden. Beispiele S. 785 ff.

EUCHARISTIEFEIER
Gabenbereitung

GESANG ZUR GABENBEREITUNG

Das Herbeibringen und die Bereitung der Gaben können von einem geeigneten Gesang oder von Orgelspiel begleitet werden oder auch in der Stille geschehen.

Es empfiehlt sich, daß die Gläubigen ihre Teilnahme durch eine Gabe bekunden. Sie können durch Vertreter Brot und Wein für die Eucharistie oder selber andere Gaben herbeibringen, die für die Bedürfnisse der Kirche und der Armen bestimmt sind. Auch die Geldkollekte ist eine solche Gabe.

BEGLEITGEBETE ZUR GABENBEREITUNG

Über das Brot:

Gepriesen bist du, Herr, unser Gott, Schöpfer der Welt.
Du schenkst uns das Brot,
die Frucht der Erde und der menschlichen Arbeit.
Wir bringen dieses Brot vor dein Angesicht,
damit es uns das Brot des Lebens werde.

(Gepriesen bist du in Ewigkeit, Herr, unser Gott.)

Der Priester gießt Wein und ein wenig Wasser in den Kelch und spricht leise:

Wie das Wasser sich mit dem Wein verbindet zum heiligen Zeichen, so lasse uns dieser Kelch teilhaben an der Gottheit Christi, der unsere Menschennatur angenommen hat.

Über den Kelch:

Gepriesen bist du, Herr, unser Gott, Schöpfer der Welt. Du schenkst uns den Wein, die Frucht des Weinstocks und der menschlichen Arbeit. Wir bringen diesen Kelch vor dein Angesicht, damit er uns der Kelch des Heiles werde.

(Gepriesen bist du in Ewigkeit, Herr, unser Gott.)

Der Priester verneigt sich und spricht leise:

Herr, wir kommen zu dir mit reumütigem Herzen und mit demütigem Sinn. Nimm uns an und gib, daß unser Opfer dir gefalle.

Der Priester kann die Gaben und den Altar inzensieren; anschließend können der Priester und die Gemeinde inzensiert werden.

ZUR HÄNDEWASCHUNG

Herr, wasche ab meine Schuld,
von meinen Sünden mach mich rein.

EINLADUNG ZUM GABENGEBET

Form A

Pr.: Lasset uns beten zu Gott, dem allmächtigen Vater,
daß er die Gaben der Kirche annehme
zu seinem Lob und zum Heil der ganzen Welt.

Oder Form B

Pr.: Lasset uns beten.

Oder eine andere geeignete Gebetseinladung.
Alle verharren eine kurze Zeit in stillem Gebet.

Oder: Form C
Pr.: Betet, Brüder und Schwestern,
daß mein und euer Opfer
Gott, dem allmächtigen Vater, gefalle.
A.: Der Herr nehme das Opfer an aus deinen Händen
zum Lob und Ruhm seines Namens,
zum Segen für uns und seine ganze heilige Kirche.

GABENGEBET

Durch das Gabengebet wird die Bereitung der Opfergaben abgeschlossen. Die Gemeinde beschließt das Gebet mit dem Ruf:
Amen.

Das Eucharistische Hochgebet

Das Eucharistische Hochgebet beginnt mit der Präfation und wird von der Gemeinde mit dem Zuruf Amen (vor dem Vaterunser) abgeschlossen.

Pr.: Der Herr sei mit euch.
A.: Und mit deinem Geiste.
Pr.: Erhebet die Herzen.
A.: Wir haben sie beim Herrn.
Pr.: Lasset uns danken dem Herrn, unserm Gott.
A.: Das ist würdig und recht.

Oder:
Pr.: Dóminus vobíscum.
A.: Et cum spíritu tuo.
Pr.: Sursum corda.
A.: Habémus ad Dóminum.
Pr.: Grátias agámus Dómino Deo nostro.
A.: Dignum et iustum est.

Präfationen, S. 398–434.
Zum Schluß der Präfation singt oder spricht der Priester zusammen mit der Gemeinde:

Heilig, heilig, heilig
Gott, Herr aller Mächte und Gewalten.
Erfüllt sind Himmel und Erde
von deiner Herrlichkeit.
Hosanna in der Höhe.
Hochgelobt sei,
der da kommt im Namen des Herrn.
Hosanna in der Höhe.

Oder:
Sanctus, Sanctus, Sanctus
Dóminus Deus Sábaoth.
Pleni sunt cæli et terra
glória tua.
Hosánna in excélsis.
Benedíctus
qui venit in nómine Dómini.
Hosánna in excélsis.

Das Sanctus darf nur durch ein Lied ersetzt werden, das mit dem dreimaligen Heilig-Ruf beginnt und dem Inhalt des Sanctus entspricht.

ERSTES HOCHGEBET
DER RÖMISCHE MESS-KANON

Dich, gütiger Vater, bitten wir durch deinen Sohn, unseren Herrn Jesus Christus: Nimm diese heiligen, makellosen Opfergaben an und segne ✝ sie.

Für die Kirche und ihre Hirten

Wir bringen sie dar vor allem für deine heilige katholische Kirche in Gemeinschaft mit deinem Diener, unserem Papst N., mit unserem Bischof N. und mit allen, die Sorge tragen für den rechten, katholischen und apostolischen Glauben. Schenke deiner Kirche Frieden und Einheit, behüte und leite sie auf der ganzen Erde.

Für anwesende und abwesende Gläubige

Gedenke deiner Diener und Dienerinnen (für die wir heute besonders beten) und aller, die hier versammelt sind.

Stilles Gedenken

Herr, du kennst ihren Glauben und ihre Hingabe; für sie bringen wir dieses Opfer des Lobes dar, und sie selber weihen es dir für sich und für alle, die ihnen verbunden sind, für ihre Erlösung und für ihre Hoffnung auf das unverlierbare Heil. Vor dich, den ewigen, lebendigen und wahren Gott, bringen sie ihre Gebete und Gaben.

Gedächtnis der Heiligen

In Gemeinschaft mit der ganzen Kirche gedenken wir deiner Heiligen. Wir ehren vor allem Maria, die glorreiche, allzeit jungfräuliche Mutter unseres Herrn und Gottes Jesus Christus.
* Wir ehren ihren Bräutigam, den heiligen Josef, deine heiligen Apostel und Märtyrer: Petrus und Paulus, Andreas (Jakobus, Johannes, Thomas, Jakobus, Philippus, Bartholomäus, Matthäus, Simon und Thaddäus, Linus, Kletus, Klemens, Xystus, Kornelius, Cyprianus, Laurentius, Chrysogonus, Johannes und Paulus, Kosmas und Damianus) und alle deine Heiligen; blicke auf ihr heiliges Leben und Sterben und gewähre uns auf ihre Fürsprache in allem deine Hilfe und deinen Schutz.

Das Gedächtnis der Heiligen kann auch beginnen:

An Sonntagen:
In Gemeinschaft mit der ganzen Kirche feiern wir den ersten Tag der Woche als den Tag, an dem Christus von den Toten erstanden ist, und gedenken deiner Heiligen: Wir ehren vor allem Maria, die glorreiche, allzeit jungfräuliche Mutter unseres Herrn und Gottes Jesus Christus.*

Von Weihnachten bis Neujahr:
In Gemeinschaft mit der ganzen Kirche feiern wir (die hochheilige Nacht) den hochheiligen Tag, (in der) an dem Maria in unversehrter Jungfräulichkeit der Welt den Erlöser geboren hat. Wir ehren vor allen Heiligen sie, die glorreiche, allzeit jungfräuliche Mutter unseres Herrn und Gottes Jesus Christus.*

An Erscheinung des Herrn:
In Gemeinschaft mit der ganzen Kirche feiern wir den hochheiligen Tag, an dem dein eingeborener Sohn, dir gleich in ewiger Herrlichkeit, als wahrer Mensch leibhaft und sichtbar erschienen ist. Wir gedenken deiner Heiligen und ehren vor allem Maria, die glorreiche, allzeit jungfräuliche Mutter unseres Herrn und Gottes Jesus Christus.*

Am Gründonnerstag, S. 163.

Von der Osternacht bis zum Weißen Sonntag:
In Gemeinschaft mit der ganzen Kirche feiern wir (die hochheilige Nacht) das Hochfest der Auferstehung unseres Herrn Jesus Christus. Wir gedenken deiner Heiligen und ehren vor allem Maria, die glorreiche, allzeit jungfräuliche Mutter unseres Herrn und Gottes Jesus Christus.*

An Christi Himmelfahrt:
In Gemeinschaft mit der ganzen Kirche feiern wir den Tag, an dem unser Herr Jesus Christus, dein eingeborener Sohn, unsere schwache, mit seiner Gottheit vereinte Menschennatur zu deiner Rechten erhoben hat. Wir gedenken deiner Heiligen und ehren vor allem Maria, die glorreiche, allzeit jungfräuliche Mutter unseres Herrn und Gottes Jesus Christus.*

Am Pfingsttag:
In Gemeinschaft mit der ganzen Kirche feiern wir das hohe Pfingstfest, an dem der Heilige Geist in Feuerzungen auf die Jünger herabkam. Wir gedenken deiner Heiligen und ehren vor allem Maria, die glorreiche, allzeit jungfräuliche Mutter unseres Herrn und Gottes Jesus Christus.*

Die Feier der Gemeindemesse – Erstes Hochgebet

Am eigenen Kirchweihfest:
In Gemeinschaft mit der ganzen Kirche feiern wir den Weihetag dieses Hauses, an dem du es zu eigen genommen und mit deiner Gegenwart erfüllt hast. Wir gedenken deiner Heiligen und ehren vor allem Maria, die glorreiche, allzeit jungfräuliche Mutter unseres Herrn und Gottes Jesus Christus. *

An Lichtmeß (2. Februar):
In Gemeinschaft mit der ganzen Kirche feiern wir den Tag, an dem dein eingeborener Sohn im Tempel dargestellt wurde. Wir gedenken deiner Heiligen und ehren vor allem Maria, die glorreiche, allzeit jungfräuliche Mutter unseres Herrn und Gottes Jesus Christus.*

An Verkündigung des Herrn (25. März):
In Gemeinschaft mit der ganzen Kirche feiern wir den Tag, an dem Maria deinen ewigen Sohn durch den Heiligen Geist empfangen hat. Wir ehren vor allen Heiligen sie, die glorreiche, allzeit jungfräuliche Mutter unseres Herrn und Gottes Jesus Christus. *

An Johannes' Geburt (24. Juni):
In Gemeinschaft mit der ganzen Kirche feiern wir den Tag, an dem Johannes geboren wurde, der Christus voranging, um ihm den Weg zu bereiten, dem Erlöser der Welt. Wir gedenken deiner Heiligen und ehren vor allem Maria, die glorreiche, allzeit jungfräuliche Mutter unseres Herrn und Gottes Jesus Christus.*

An Mariä Himmelfahrt (15. August):
In Gemeinschaft mit der ganzen Kirche feiern wir den Tag,
an dem die jungfräuliche Gottesmutter in den Himmel aufgenommen wurde. Wir ehren vor allen Heiligen sie, die glorreiche, allzeit jungfräuliche Mutter unseres Herrn und Gottes Jesus Christus.*

An Mariä Geburt (8. September):
In Gemeinschaft mit der ganzen Kirche feiern wir den Tag,
an dem Maria geboren wurde, die von Ewigkeit her auserwählte Mutter des Erlösers. Wir ehren vor allen Heiligen sie, die glorreiche, allzeit jungfräuliche Mutter unseres Herrn und Gottes Jesus Christus.*

An Allerheiligen (1. November):
In Gemeinschaft mit der ganzen Kirche feiern wir den Tag,
der dem Gedächtnis aller Heiligen geweiht ist, die im Leben Christus nachfolgten und im Sterben von ihm die Krone der Herrlichkeit empfingen. Wir ehren vor allen Heiligen Maria, die glorreiche, allzeit jungfräuliche Mutter unseres Herrn und Gottes Jesus Christus.*

An Mariä Empfängnis (8. Dezember):
In Gemeinschaft mit der ganzen Kirche feiern wir den Tag,
an dem Maria ohne Erbschuld empfangen wurde, da sie auserwählt war, die Mutter des Erlösers zu werden. Wir ehren vor allen Heiligen sie, die glorreiche, allzeit jungfräuliche Mutter unseres Herrn und Gottes Jesus Christus.*

Für die Ortsgemeinde

Nimm gnädig an, o Gott, diese Gaben deiner Diener und deiner ganzen Gemeinde; ordne unsere Tage in deinem Frieden, rette uns vor dem ewigen Verderben und nimm uns auf in die Schar deiner Erwählten.

In der Abendmahlsmesse des Gründonnerstages, S. 163.

Von der Osternacht bis zum Weißen Sonntag:
Nimm gnädig an, o Gott, diese Gaben deiner Diener und deiner ganzen Gemeinde. Wir bringen sie dar auch für jene, die an diesem Osterfest aus dem Wasser und dem Heiligen Geist zum neuen Leben geboren wurden, denen du alle Sünden vergeben hast. Ordne unsere Tage in deinem Frieden, rette uns vor dem ewigen Verderben und nimm uns auf in die Schar deiner Erwählten.

Bei einer Brautmesse:
Nimm gnädig an, o Gott, dieses Opfer deiner Diener, die Gaben der Neuvermählten N. und N. und die Opfergaben deiner ganzen Gemeinde. Sie bittet dich für diese Brautleute, die du zum Traualtar geführt hast: Erhalte sie bis ins hohe Alter in Glück und Frieden (und segne ihren Bund mit Kindern, die sie von deiner Güte erhoffen).

Bitte um Heiligung der Gaben

Schenke, o Gott, diesen Gaben Segen in Fülle und nimm sie zu eigen an. Mache sie uns zum wahren Opfer im Geiste, das dir wohlgefällt: zum Leib und Blut deines geliebten Sohnes, unseres Herrn Jesus Christus.

Einsetzungsbericht – Wandlung

Am Abend vor seinem Leiden nahm er das Brot in seine heiligen und ehrwürdigen Hände, erhob die Augen zum Himmel, zu dir, seinem Vater, dem allmächtigen Gott, sagte dir Lob und Dank, brach das Brot, reichte es seinen Jüngern und sprach:
Nehmet und esset alle davon:
Das ist mein Leib,
der für euch hingegeben wird.

Ebenso nahm er nach dem Mahl diesen erhabenen Kelch in seine heiligen und ehrwürdigen Hände, sagte dir Lob und Dank, reichte den Kelch seinen Jüngern und sprach:
Nehmet und trinket alle daraus:
Das ist der Kelch
des neuen und ewigen Bundes,
mein Blut, das für euch
und für alle vergossen wird
zur Vergebung der Sünden.
Tut dies zu meinem Gedächtnis.

Priester:
Geheimnis des Glaubens.

Zuruf der Gemeinde
Deinen Tod, o Herr, verkünden wir,
und deine Auferstehung preisen wir,
bis du kommst in Herrlichkeit.

Oder:

Mystérium fidei.

Mortem tuam annuntiámus, Dómine,
et tuam resurrectiónem confitémur,
donec vénias.

Darum, gütiger Vater, feiern wir, deine Diener und dein heiliges Volk, das Gedächtnis deines Sohnes, unseres Herrn Jesus Christus. Wir verkünden sein heilbringendes Leiden, seine Auferstehung von den Toten und seine glorreiche Himmelfahrt. So bringen wir aus den Gaben, die du uns geschenkt hast, dir, dem erhabenen Gott, die reine, heilige und makellose Opfergabe dar: das Brot des Lebens und den Kelch des ewigen Heiles.

Blicke versöhnt und gütig darauf nieder und nimm sie an wie einst die Gaben deines gerechten Dieners Abel, wie das Opfer unseres Vaters Abraham, wie die heilige Gabe, das reine Opfer deines Hohenpriesters Melchisédek.

Wir bitten dich, allmächtiger Gott: Dein heiliger Engel trage diese Opfergabe auf deinen himmlischen Altar vor deine göttliche Herrlichkeit; und wenn wir durch unsere Teilnahme am Altar den heiligen Leib und das Blut deines Sohnes empfangen, erfülle uns mit aller Gnade und allem Segen des Himmels.

Für die Verstorbenen

Gedenke auch deiner Diener und Dienerinnen, die uns vorangegangen sind, bezeichnet mit dem Siegel des Glaubens, und die nun ruhen in Frieden.

(Stilles Gedenken)

Wir bitten dich: Führe sie und alle, die in Christus entschlafen sind, in das Land der Verheißung, des Lichtes und des Friedens.

Weitere Bitten

Auch uns, deinen sündigen Dienern, die auf deine reiche Barmherzigkeit hoffen, gib Anteil und Gemeinschaft mit deinen heiligen Aposteln und Märtyrern: Johannes, Stephanus, Matthias, Barnabas (Ignatius Alexander, Marzellinus, Petrus, Felizitas, Perpetua Agatha, Luzia, Agnes, Cäcilia, Anastasia) und mit aller deinen Heiligen; wäge nicht unser Verdienst, sondern schenke gnädig Verzeihung und gib uns mit ihnen das Erbe des Himmels. Darum bitten wir dich durch unseren Herrn Jesus Christus.

Denn durch ihn erschaffst du immerfort all diese guten Gaben, gibst ihnen Leben und Weihe und spendest sie uns.

Abschließender Lobpreis

Durch ihn und mit ihm und in ihm
ist dir, Gott, allmächtiger Vater,
in der Einheit des Heiligen Geistes
alle Herrlichkeit und Ehre
jetzt und in Ewigkeit.

Alle: Amen.

Fortsetzung S. 389.

ZWEITES HOCHGEBET

Pr.: Der Herr sei mit euch.
A.: Und mit deinem Geiste.
Pr.: Erhebet die Herzen.
A.: Wir haben sie beim Herrn.
Pr.: Lasset uns danken dem Herrn, unserm Gott.
A.: Das ist würdig und recht.

Oder:

Pr.: Dóminus vobíscum.
A.: Et cum spíritu tuo.
Pr.: Sursum corda.
A.: Habémus ad Dóminum.
Pr.: Grátias agámus Dómino Deo nostro.
A.: Dignum et iustum est.

In Wahrheit ist es würdig und recht, dir, Herr, heiliger Vater, immer und überall zu danken durch deinen geliebten Sohn Jesus Christus. Er ist dein Wort, durch ihn hast du alles erschaffen. Ihn hast du gesandt als unseren Erlöser und Heiland: Er ist Mensch geworden durch den Heiligen Geist, geboren von der Jungfrau Maria. Um deinen Ratschluß zu erfüllen und dir ein heiliges Volk zu erwerben, hat er sterbend die Arme ausgebreitet am Holze des Kreuzes. Er hat die Macht des Todes gebrochen und die Auferstehung kundgetan. Darum preisen wir dich mit allen Engeln und Heiligen und singen vereint mit ihnen das Lob deiner Herrlichkeit:

Heilig, heilig, heilig
Gott, Herr aller Mächte und Gewalten.
Erfüllt sind Himmel und Erde
von deiner Herrlichkeit.
Hosanna in der Höhe.
Hochgelobt sei,
der da kommt im Namen des Herrn.
Hosanna in der Höhe.

Oder:
Sanctus, Sanctus, Sanctus
Dóminus Deus Sábaoth.
Pleni sunt cæli et terra
glória tua.
Hosánna in excélsis.
Benedíctus
qui venit in nómine Dómini.
Hosánna in excélsis.

Bitte um Heiligung der Gaben

Ja, du bist heilig, großer Gott, du bist der Quell aller Heiligkeit. Darum bitten wir dich: *

(Fortsetzung S. 372.)

Hier kann an bestimmten Tagen das Festgeheimnis erwähnt werden (S. 369–371).

An Sonntagen:
Darum kommen wir vor dein Angesicht und feiern in Gemeinschaft mit der ganzen Kirche den ersten Tag der Woche als den Tag, an dem Christus von den Toten erstanden ist. Durch ihn, den du zu deiner Rechten erhöht hast, bitten wir dich: *

Von Weihnachten bis Neujahr:
Darum kommen wir vor dein Angesicht und feiern in Gemeinschaft mit der ganzen Kirche (die hochheilige Nacht) den hochheiligen Tag, (in der) an dem Maria in unversehrter Jungfräulichkeit der Welt den Erlöser geboren hat. Durch ihn, unseren Retter und Herrn, bitten wir dich: *

An Erscheinung des Herrn:
Darum kommen wir vor dein Angesicht und feiern in Gemeinschaft mit der ganzen Kirche den hochheiligen Tag, an dem dein eingeborener Sohn, dir gleich in ewiger Herrlichkeit, als wahrer Mensch leibhaft und sichtbar erschienen ist. Durch ihn, unseren Erlöser und Heiland, bitten wir dich: *

In der Abendmahlmesse des Gründonnerstages: S. 164.

Von der Osternacht bis zum Weißen Sonntag:
Darum kommen wir vor dein Angesicht und feiern in Gemeinschaft mit der ganzen Kirche (die hochheilige Nacht) das Hochfest der Auferstehung unseres Herrn Jesus Christus. Durch ihn, der zu deiner Rechten erhöht ist, bitten wir dich: *

An Christi Himmelfahrt:
Darum kommen wir vor dein Angesicht und feiern in Gemeinschaft mit der ganzen Kirche den Tag, an dem unser Herr Jesus Christus, dein eingeborener Sohn, unsere schwache, mit seiner Gottheit vereinte Menschennatur zu deiner Rechten erhoben hat. Durch ihn bitten wir dich:*

Am Pfingsttag:
Darum kommen wir vor dein Angesicht und feiern in Gemeinschaft mit der ganzen Kirche das hohe Pfingstfest, an dem der Heilige Geist in Feuerzungen auf die Jünger herabkam. Und wir bitten dich:*

Am eigenen Kirchweihfest:
Darum kommen wir vor dein Angesicht und feiern in Gemeinschaft mit der ganzen Kirche den Weihetag dieses Hauses, an dem du es zu eigen genommen und mit deiner Gegenwart erfüllt hast. Durch Christus, den Herrn und das Haupt der Kirche, bitten wir dich:*

An Lichtmeß (2. Februar):
Darum kommen wir vor dein Angesicht und feiern in Gemeinschaft mit der ganzen Kirche den Tag, an dem dein eingeborener Sohn im Tempel dargestellt wurde. Durch ihn, das Licht von deinem Licht, bitten wir dich:*

An Verkündigung des Herrn (25. März):
Darum kommen wir vor dein Angesicht und feiern in Gemeinschaft mit der ganzen Kirche den Tag, an dem Maria deinen ewigen Sohn durch den Heiligen Geist empfangen hat. Durch ihn, der zu unserem Heil Mensch geworden ist, bitten wir dich:*

An Johannes' Geburt (24. Juni):

Darum kommen wir vor dein Angesicht und feiern in Gemeinschaft mit der ganzen Kirche den Tag, an dem Johannes geboren wurde, der Christus voranging, um ihm den Weg zu bereiten, dem Erlöser der Welt. Durch ihn, der nach Johannes kam und doch vor ihm war, bitten wir dich:*

An Mariä Himmelfahrt (15. August):

Darum kommen wir vor dein Angesicht und feiern in Gemeinschaft mit der ganzen Kirche den Tag, an dem die jungfräuliche Gottesmutter in den Himmel aufgenommen wurde von unserem Herrn Jesus Christus. Durch ihn, den Urheber und Vollender unseres Glaubens, bitten wir dich:*

An Mariä Geburt (8. September):

Darum kommen wir vor dein Angesicht und feiern in Gemeinschaft mit der ganzen Kirche den Tag, an dem Maria geboren wurde, die von Ewigkeit her auserwählte Mutter des Erlösers. Durch ihn, unseren Heiland, bitten wir dich:*

An Allerheiligen (1. November):

Darum kommen wir vor dein Angesicht und feiern in Gemeinschaft mit der ganzen Kirche den Tag, der dem Gedächtnis aller Heiligen geweiht ist, die im Leben Christus nachfolgten und im Sterben von ihm die Krone der Herrlichkeit empfingen. Durch ihn, den Urheber und Vollender unseres Glaubens, bitten wir dich:*

An Mariä Empfängnis (8. Dezember):

Darum kommen wir vor dein Angesicht und feiern in Gemeinschaft mit der ganzen Kirche den Tag, an dem Maria ohne Erbschuld empfangen wurde, da sie auserwählt war, die Mutter des Erlösers zu werden. Durch ihn, der unsere Sünden hinwegnimmt, bitten wir dich:*

*Sende deinen Geist auf diese Gaben herab und heilige sie, damit sie uns werden Leib ✝ und Blut deines Sohnes, unseres Herrn Jesus Christus.

Einsetzungsbericht — Wandlung

Denn am Abend, an dem er ausgeliefert wurde und sich aus freiem Willen dem Leiden unterwarf, nahm er das Brot und sagte Dank, brach es, reichte es seinen Jüngern und sprach:
Nehmet und esset alle davon:
Das ist mein Leib,
der für euch hingegeben wird.

Ebenso nahm er nach dem Mahl den Kelch, dankte wiederum, reichte ihn seinen Jüngern und sprach:
Nehmet und trinket alle daraus:
Das ist der Kelch
des neuen und ewigen Bundes,
mein Blut, das für euch
und für alle vergossen wird
zur Vergebung der Sünden.
Tut dies zu meinem Gedächtnis.

Priester:
Geheimnis des Glaubens.

Zuruf der Gemeinde
Deinen Tod, o Herr, verkünden wir, und deine Auferstehung preisen wir, bis du kommst in Herrlichkeit.

Oder:
Mystérium fídei.

Mortem tuam annuntiámus, Dómine,
et tuam resurrectiónem confitémur,
donec vénias.

Erinnerung — Darbringung — Dank und Bitte
Darum, gütiger Vater, feiern wir das Gedächtnis des Todes und der Auferstehung deines Sohnes und bringen dir so das Brot des Lebens und den Kelch des Heiles dar. Wir danken dir, daß du uns berufen hast, vor dir zu stehen und dir zu dienen.

Wir bitten dich: Schenke uns Anteil an Christi Leib und Blut und laß uns eins werden durch den Heiligen Geist.

Fürbitten für die Kirche und ihre Hirten

Gedenke deiner Kirche auf der ganzen Erde und vollende dein Volk in der Liebe, vereint mit unserem Papst N., unserem Bischof N. und allen Bischöfen, unseren Priestern und Diakonen und mit allen, die zum Dienst in der Kirche bestellt sind.

An bestimmten Tagen und bei verschiedenen Anlässen kann hier eine besondere Bitte angefügt werden.

Von der Osternacht bis zum Weißen Sonntag:
Gedenke auch jener, die an diesem Osterfest aus dem Wasser und dem Heiligen Geist zum neuen Leben geboren wurden, denen du alle Sünden vergeben hast.

Bei einer Brautmesse:
Gedenke auch der Neuvermählten N. und N. Du hast sie zusammengeführt und ihren Bund gesegnet. Darum erhalte sie bis ins hohe Alter in Glück und Frieden (und schenke ihnen die Kinder, die sie von deiner Güte erhoffen).

Für die Verstorbenen

In Messen für Verstorbene:

Erbarme dich unseres Bruders N. (unserer Schwester N.), den (die) du aus dieser Welt zu dir gerufen hast. Durch die Taufe gehört er (sie) Christus an, ihm ist er (sie) gleichgeworden im Tod: laß ihn sie mit Christus zum Leben auferstehen.

Die Feier der Gemeindemesse ~ Zweites Hochgebet 375

Gedenke (aller) unserer Brüder und Schwestern, die entschlafen sind in der Hoffnung, daß sie auferstehen. Nimm sie und alle, die in deiner Gnade aus dieser Welt geschieden sind, in dein Reich auf, wo sie dich schauen von Angesicht zu Angesicht.

Für alle

Vater, erbarme dich über uns alle, damit uns das ewige Leben zuteil wird in der Gemeinschaft mit der seligen Jungfrau und Gottesmutter Maria, mit deinen Aposteln und mit allen, die bei dir Gnade gefunden haben von Anbeginn der Welt, daß wir dich loben und preisen durch deinen Sohn Jesus Christus.

Abschließender Lobpreis

Durch ihn und mit ihm und in ihm
ist dir, Gott, allmächtiger Vater,
in der Einheit des Heiligen Geistes
alle Herrlichkeit und Ehre
jetzt und in Ewigkeit.

Alle: Amen.

Fortsetzung S. 389.

DRITTES HOCHGEBET

Lobpreis

Ja, du bist heilig, großer Gott, und alle deine Werke verkünden dein Lob. Denn durch deinen Sohn, unseren Herrn Jesus Christus, und in der Kraft des Heiligen Geistes erfüllst du die ganze Schöpfung mit Leben und Gnade. Bis ans Ende der Zeiten versammelst du dir ein Volk, damit deinem Namen das reine Opfer dargebracht werde vom Aufgang der Sonne bis zum Untergang.

Bitte um Heiligung der Gaben
Darum bitten wir dich, allmächtiger Gott:*

(Fortsetzung S. 379).

Hier kann an bestimmten Tagen das Festgeheimnis erwähnt werden (S. 376–379).

An Sonntagen:
Darum kommen wir vor dein Angesicht und feiern in Gemeinschaft mit der ganzen Kirche den ersten Tag der Woche als den Tag, an dem Christus von den Toten erstanden ist. Durch ihn, den du zu deiner Rechten erhöht hast, bitten wir dich, allmächtiger Gott:*

Von Weihnachten bis Neujahr:
Darum kommen wir vor dein Angesicht und feiern in Gemeinschaft mit der ganzen Kirche (die hochheilige Nacht) den hochheiligen Tag, (in der) an dem Maria in unversehrter Jungfräulichkeit der Welt den Erlöser geboren hat. Durch ihn, unseren Retter und Herrn, bitten wir dich, allmächtiger Gott: *

Die Feier der Gemeindemesse – Drittes Hochgebet 377

An Erscheinung des Herrn:
Darum kommen wir vor dein Angesicht und feiern in Gemeinschaft mit der ganzen Kirche den hochheiligen Tag, an dem dein eingeborener Sohn, dir gleich in ewiger Herrlichkeit, als wahrer Mensch leibhaft und sichtbar erschienen ist. Durch ihn, unseren Erlöser und Heiland, bitten wir dich, allmächtiger Gott:*

In der Abendmahlmesse des Gründonnerstages: S. 164f.

Von der Osternacht bis zum Weißen Sonntag:
Darum kommen wir vor dein Angesicht und feiern in Gemeinschaft mit der ganzen Kirche (die hochheilige Nacht) das Hochfest der Auferstehung unseres Herrn Jesus Christus. Durch ihn, der zu deiner Rechten erhöht ist, bitten wir dich, allmächtiger Gott:*

An Christi Himmelfahrt:
Darum kommen wir vor dein Angesicht und feiern in Gemeinschaft mit der ganzen Kirche den Tag, an dem unser Herr Jesus Christus, dein eingeborener Sohn, unsere schwache, mit seiner Gottheit vereinte Menschennatur zu deiner Rechten erhoben hat. Durch ihn bitten wir dich, allmächtiger Gott:*

Am Pfingsttag:
Darum kommen wir vor dein Angesicht und feiern in Gemeinschaft mit der ganzen Kirche das hohe Pfingstfest, an dem der Heilige Geist in Feuerzungen auf die Jünger herabkam. Und wir bitten dich, allmächtiger Gott: *

Am eigenen Kirchweihfest:
Darum kommen wir vor dein Angesicht und feiern in Gemeinschaft mit der ganzen Kirche den Weihetag dieses Hauses, an dem du es zu eigen genommen und mit deiner Gegenwart erfüllt hast. Durch Christus, den Herrn und das Haupt der Kirche, bitten wir dich, allmächtiger Gott:*

An Lichtmeß (2. Februar):
Darum kommen wir vor dein Angesicht und feiern in Gemeinschaft mit der ganzen Kirche den Tag, an dem dein eingeborener Sohn im Tempel dargestellt wurde. Durch ihn, das Licht von deinem Licht, bitten wir dich, allmächtiger Gott:*

An Verkündigung des Herrn (25. März):
Darum kommen wir vor dein Angesicht und feiern in Gemeinschaft mit der ganzen Kirche den Tag, an dem Maria deinen ewigen Sohn durch den Heiligen Geist empfangen hat. Durch ihn, der zu unserem Heil Mensch geworden ist, bitten wir dich, allmächtiger Gott: *

An Johannes' Geburt (24. Juni):
Darum kommen wir vor dein Angesicht und feiern in Gemeinschaft mit der ganzen Kirche den Tag, an dem Johannes geboren wurde, der Christus voranging, um ihm den Weg zu bereiten, dem Erlöser der Welt. Durch ihn, der nach Johannes kam und doch vor ihm war, bitten wir dich, allmächtiger Gott:*

An Mariä Himmelfahrt (15. August):
Darum kommen wir vor dein Angesicht und feiern in Gemeinschaft mit der ganzen Kirche den Tag, an dem die jungfräuliche Gottesmutter in den Himmel aufgenommen wurde von unserem Herrn Jesus Christus. Durch ihn, den Urheber und Vollender unseres Glaubens, bitten wir dich, allmächtiger Gott:*

An Mariä Geburt (8. September):
Darum kommen wir vor dein Angesicht und feiern in Gemeinschaft mit der ganzen Kirche den Tag, an dem Maria geboren wurde, die von Ewigkeit her auserwählte Mutter des Erlösers. Durch ihn, unseren Heiland, bitten wir dich, allmächtiger Gott:*

Die Feier der Gemeindemesse – Drittes Hochgebet

An Allerheiligen (1. November):
Darum kommen wir vor dein Angesicht und feiern in Gemeinschaft mit der ganzen Kirche den Tag, der dem Gedächtnis aller Heiligen geweiht ist, die im Leben Christus nachfolgten und im Sterben von ihm die Krone der Herrlichkeit empfingen. Durch ihn, den Urheber und Vollender unseres Glaubens, bitten wir dich, allmächtiger Gott: *

An Mariä Empfängnis (8. Dezember):
Darum kommen wir vor dein Angesicht und feiern in Gemeinschaft mit der ganzen Kirche den Tag, an dem Maria ohne Erbschuld empfangen wurde, da sie auserwählt war, die Mutter des Erlösers zu werden. Durch ihn, der unsere Sünden hinwegnimmt, bitten wir dich, allmächtiger Gott: *

---

* Heilige unsere Gaben durch deinen Geist, damit sie uns werden Leib ✝ und Blut deines Sohnes, unseres Herrn Jesus Christus, der uns aufgetragen hat, dieses Geheimnis zu feiern.

Einsetzungsbericht — Wandlung

Denn in der Nacht, da er verraten wurde, nahm er das Brot und sagte Dank, brach es, reichte es seinen Jüngern und sprach:
Nehmet und esset alle davon:
Das ist mein Leib,
der für euch hingegeben wird.

Ebenso nahm er nach dem Mahl den Kelch,
dankte wiederum, reichte ihn seinen Jüngern
und sprach:
Nehmet und trinket alle daraus:
Das ist der Kelch
des neuen und ewigen Bundes,
mein Blut, das für euch
und für alle vergossen wird
zur Vergebung der Sünden.
Tut dies zu meinem Gedächtnis.

Priester:
Geheimnis des Glaubens.

Zuruf der Gemeinde
Deinen Tod, o Herr, verkünden wir,
und deine Auferstehung preisen wir,
bis du kommst in Herrlichkeit.

Oder:
Mystérium fídei.

Mortem tuam annuntiámus, Dómine,
et tuam resurrectiónem confitémur,
donec vénias.

Erinnerung — Darbringung — Bitte

Darum, gütiger Vater, feiern wir das Gedächtnis
deines Sohnes. Wir verkünden sein heilbringendes
Leiden, seine glorreiche Auferstehung und Himmelfahrt
und erwarten seine Wiederkunft. So bringen wir dir mit
Lob und Dank dieses heilige und lebendige Opfer dar.

Schau gütig auf die Gabe deiner Kirche. Denn sie stellt dir das Lamm vor Augen, das geopfert wurde und uns nach deinem Willen mit dir versöhnt hat. Stärke uns durch den Leib und das Blut deines Sohnes und erfülle uns mit seinem Heiligen Geist, damit wir ein Leib und ein Geist werden in Christus.

Er mache uns auf immer zu einer Gabe, die dir wohlgefällt, damit wir das verheißene Erbe erlangen mit deinen Auserwählten, mit der seligen Jungfrau und Gottesmutter Maria, mit deinen Aposteln und Märtyrern (mit dem – der – heiligen N.: *Tagesheiliger oder Patron*) und mit allen Heiligen, auf deren Fürsprache wir vertrauen.

Fürbitten für die Welt, die Kirche und ihre Hirten
Barmherziger Gott, wir bitten dich: Dieses Opfer unserer Versöhnung bringe der ganzen Welt Frieden und Heil. Beschütze deine Kirche auf ihrem Weg durch die Zeit und stärke sie im Glauben und in der Liebe: deinen Diener, unseren Papst N., unseren Bischof N. und die Gemeinschaft der Bischöfe, unsere Priester und Diakone, alle, die zum Dienst in der Kirche bestellt sind, und das ganze Volk deiner Erlösten.

Von der Osternacht bis zum Weißen Sonntag, S. 374.
Bei einer Brautmesse, S. 374.

Für die anwesende Gemeinde und für alle

Erhöre, gütiger Vater, die Gebete der hier versammelten Gemeinde und führe zu dir auch alle deine Söhne und Töchter, die noch fern sind von dir.

Für die Verstorbenen

In einer Messe für bestimmte Verstorbene:

Erbarme dich unseres Bruders N. (unserer Schwester N.), den (die) du aus dieser Welt zu dir gerufen hast. Durch die Taufe gehört er (sie) Christus an, ihm ist er (sie) gleichgeworden im Tod: gib ihm (ihr) auch Anteil an der Auferstehung, wenn Christus die Toten auferweckt und unseren irdischen Leib seinem verklärten Leib ähnlich macht.

Erbarme dich (aller) unserer verstorbenen Brüder und Schwestern und aller, die in deiner Gnade aus dieser Welt geschieden sind. Nimm sie auf in deine Herrlichkeit. Und mit ihnen laß auch uns, wie du verheißen hast, zu Tische sitzen in deinem Reich.

In einer Messe für bestimmte Verstorbene:

Dann wirst du alle Tränen trocknen. Wir werden dich, unseren Gott, schauen, wie du bist, dir ähnlich sein auf ewig und dein Lob singen ohne Ende.

Darum bitten wir dich durch unseren Herrn Jesus Christus. Denn durch ihn schenkst du der Welt alle guten Gaben.

Abschließender Lobpreis

Durch ihn und mit ihm und in ihm
ist dir, Gott, allmächtiger Vater,
in der Einheit des Heiligen Geistes
alle Herrlichkeit und Ehre
jetzt und in Ewigkeit.

Alle: **Amen.**

Fortsetzung S. 389.

VIERTES HOCHGEBET

Pr.: Der Herr sei mit euch.
A.: Und mit deinem Geiste.
Pr.: Erhebet die Herzen.
A.: Wir haben sie beim Herrn.
Pr.: Lasset uns danken dem Herrn, unserm Gott.
A.: Das ist würdig und recht.

Oder:

Pr.: Dóminus vobíscum.
A.: Et cum spíritu tuo.
Pr.: Sursum corda.
A.: Habémus ad Dóminum.
Pr.: Grátias agámus Dómino Deo nostro.
A.: Dignum et iustum est.

In Wahrheit ist es würdig, dir zu danken, heiliger Vater. Es ist recht, dich zu preisen. Denn du allein bist der lebendige und wahre Gott. Du bist vor den Zeiten und lebst in Ewigkeit. Du wohnst in unzugänglichem Lichte. Alles hast du erschaffen, denn du bist die Liebe und der Ursprung des Lebens. Du erfüllst deine Geschöpfe mit Segen und erfreust sie alle mit dem Glanz deines Lichtes. Vor dir stehen die Scharen der Engel und schauen dein Angesicht. Sie dienen dir Tag und Nacht, nie endet ihr Lobgesang. Mit ihnen preisen auch wir deinen Namen, durch unseren Mund rühmen dich alle Geschöpfe und künden voll Freude das Lob deiner Herrlichkeit:

Heilig, heilig, heilig
Gott, Herr aller Mächte und Gewalten.
Erfüllt sind Himmel und Erde
von deiner Herrlichkeit.
Hosanna in der Höhe.
Hochgelobt sei,
der da kommt im Namen des Herrn.
Hosanna in der Höhe.

Oder:

Sanctus, Sanctus, Sanctus
Dóminus Deus Sábaoth.
Pleni sunt cæli et terra
glória tua.
Hosánna in excélsis.
Benedíctus
qui venit in nómine Dómini.
Hosánna in excélsis.

Die Feier der Gemeindemesse – Viertes Hochgebet

Dank für das Werk der Schöpfung und der Erlösung

Wir preisen dich, heiliger Vater, denn groß bist du, und alle deine Werke künden deine Weisheit und Liebe.

Den Menschen hast du nach deinem Bild geschaffen und ihm die Sorge für die ganze Welt anvertraut. Über alle Geschöpfe sollte er herrschen und allein dir, seinem Schöpfer, dienen.

Als er im Ungehorsam deine Freundschaft verlor und der Macht des Todes verfiel, hast du ihn dennoch nicht verlassen, sondern voll Erbarmen allen geholfen, dich zu suchen und zu finden.

Immer wieder hast du den Menschen deinen Bund angeboten und sie durch die Propheten gelehrt, das Heil zu erwarten.

So sehr hast du die Welt geliebt, heiliger Vater, daß du deinen eingeborenen Sohn als Retter gesandt hast, nachdem die Fülle der Zeiten gekommen war. Er ist Mensch geworden durch den Heiligen Geist, geboren von der Jungfrau Maria. Er hat wie wir als Mensch gelebt, in allem uns gleich außer der Sünde.

Den Armen verkündete er die Botschaft vom Heil, den Gefangenen Freiheit, den Trauernden Freude.

Um deinen Ratschluß zu erfüllen, hat er sich dem Tod überliefert, durch seine Auferstehung den Tod bezwungen und das Leben neu geschaffen.

Damit wir nicht mehr uns selber leben, sondern ihm, der für uns gestorben und auferstanden ist, hat er von dir, Vater, als erste Gabe für alle, die glauben, den Heiligen Geist gesandt, der das Werk deines Sohnes auf Erden weiterführt und alle Heiligung vollendet.

Bitte um Heiligung der Gaben

So bitten wir dich, Vater: der Geist heilige diese Gaben, damit sie uns werden Leib + und Blut unseres Herrn Jesus Christus, der uns die Feier dieses Geheimnisses aufgetragen hat als Zeichen des ewigen Bundes.

Einsetzungsbericht — Wandlung

Da er die Seinen liebte, die in der Welt waren, liebte er sie bis zur Vollendung. Und als die Stunde kam, da er von dir verherrlicht werden sollte, nahm er beim Mahl das Brot und sagte Dank, brach das Brot, reichte es seinen Jüngern und sprach:
Nehmet und esset alle davon:
Das ist mein Leib,
der für euch hingegeben wird.

Ebenso nahm er den Kelch mit Wein, dankte wiederum, reichte den Kelch seinen Jüngern und sprach:

Die Feier der Gemeindemesse – Viertes Hochgebet

Nehmet und trinket alle daraus:
Das ist der Kelch
des neuen und ewigen Bundes,
mein Blut, das für euch
und für alle vergossen wird
zur Vergebung der Sünden.
Tut dies zu meinem Gedächtnis.

Priester:
Geheimnis des Glaubens.

Zuruf der Gemeinde
Deinen Tod, o Herr, verkünden wir,
und deine Auferstehung preisen wir,
bis du kommst in Herrlichkeit.

Oder:
Mystérium fidei.

Mortem tuam annuntiámus, Dómine,
et tuam resurrectiónem confitémur,
donec vénias.

Erinnerung – Darbringung – Bitte

Darum, gütiger Vater, feiern wir das Gedächtnis unserer Erlösung. Wir verkünden den Tod deines Sohnes und sein Hinabsteigen zu den Vätern, bekennen seine Auferstehung und Himmelfahrt und erwarten sein Kommen in Herrlichkeit. So bringen wir dir seinen Leib und sein Blut dar, das Opfer, das dir wohlgefällt und der ganzen Welt Heil bringt.

Sieh her auf die Opfergabe, die du selber deiner Kirche bereitet hast, und gib, daß alle, die Anteil erhalten an dem **einen** Brot und dem **einen** Kelch, **ein** Leib werden im Heiligen Geist, **eine** lebendige Opfergabe in Christus zum Lob deiner Herrlichkeit.

Fürbitten für die Kirche und ihre Hirten,
für die anwesende Gemeinde und für alle

Herr, gedenke aller, für deren Heil wir das Opfer darbringen. Wir bitten dich für unseren Papst N., unseren Bischof N. und die Gemeinschaft der Bischöfe, für unsere Priester und Diakone und für alle, die zum Dienst in der Kirche bestellt sind, für alle, die ihre Gaben spenden, für die hier versammelte Gemeinde, für dein ganzes Volk und für alle Menschen, die mit lauterem Herzen dich suchen.

Für die Verstorbenen

Wir empfehlen dir auch jene, die im Frieden Christi heimgegangen sind, und alle Verstorbenen, um deren Glauben niemand weiß als du. Gütiger Vater, gedenke, daß wir deine Kinder sind, und schenke uns allen das Erbe des Himmels in Gemeinschaft mit der seligen Jungfrau und Gottesmutter Maria, mit deinen Aposteln und mit allen Heiligen. Und wenn die ganze Schöpfung von der Verderbnis der Sünde und des Todes befreit ist, laß uns zusammen mit ihr dich verherrlichen in deinem Reich durch unseren Herrn Jesus Christus. Denn durch ihn schenkst du der Welt alle guten Gaben.

Abschließender Lobpreis

Durch ihn und mit ihm und in ihm
ist dir, Gott, allmächtiger Vater,
in der Einheit des Heiligen Geistes
alle Herrlichkeit und Ehre
jetzt und in Ewigkeit.
Alle: Amen.

KOMMUNION

GEBET DES HERRN
Dem Wort unseres Herrn und Erlösers gehorsam und getreu seiner göttlichen Weisung wagen wir zu sprechen:

Oder:
Lasset uns beten, wie der Herr uns zu beten gelehrt hat:

Oder:
Wir heißen Kinder Gottes und sind es. Darum beten wir voll Vertrauen:

Oder:
Wir haben den Geist empfangen, der uns zu Kindern Gottes macht. Darum wagen wir zu sprechen:

Oder eine andere geeignete Einladung. Diese kann auch der Zeit des Kirchenjahres angepaßt werden.

A.: Vater unser im Himmel,
Geheiligt werde dein Name.
Dein Reich komme.
Dein Wille geschehe, wie im Himmel so auf Erden.
Unser tägliches Brot gib uns heute.
Und vergib uns unsere Schuld,
wie auch wir vergeben unsern Schuldigern.
Und führe uns nicht in Versuchung,
sondern erlöse uns von dem Bösen.

Oder:
Pater noster, qui es in cælis:
sanctificétur nomen tuum;
advéniat regnum tuum;
fiat volúntas tua, sicut in cælo, et in terra.
Panem nostrum cotidiánum da nobis hódie;
et dimítte nobis débita nostra,
sicut et nos dimíttimus debitóribus nostris;
et ne nos indúcas in tentatiónem;
sed líbera nos a malo.

Pr.: Erlöse uns, Herr, allmächtiger Vater, von allem Bösen und gib Frieden in unseren Tagen. Komm uns zu Hilfe mit deinem Erbarmen und bewahre uns vor Verwirrung und Sünde, damit wir voll Zuversicht das Kommen unseres Erlösers Jesus Christus erwarten.

A.: Denn dein ist das Reich und die Kraft
und die Herrlichkeit in Ewigkeit. Amen.

Oder:
Quia tuum est regnum, et potéstas,
et glória in sæcula.

FRIEDENSGEBET

Der Priester lädt nun mit folgenden oder ähnlichen Worten zum Friedensgebet ein:

Der Herr hat zu seinen Aposteln gesagt:
Frieden hinterlasse ich euch,
meinen Frieden gebe ich euch.
Deshalb bitten wir:
Herr Jesus Christus, schau nicht auf unsere Sünden,
sondern auf den Glauben deiner Kirche
und schenke ihr nach deinem Willen
Einheit und Frieden.

Gebetseinladung und Christusanrede können der Zeit des Kirchenjahres oder dem Anlaß angepaßt werden. Etwa:

In der Weihnachtszeit:

Als Christus geboren wurde,
verkündeten Engel den Frieden auf Erden.
Deshalb bitten wir:
Herr Jesus Christus, starker Gott, Friedensfürst,*

In der Fastenzeit:

Christus ist unser Friede und unsere Versöhnung.
Deshalb bitten wir:
Herr Jesus Christus,*

* schau nicht auf unsere Sünden,
sondern auf den Glauben deiner Kirche
und schenke ihr nach deinem Willen
Einheit und Frieden.

In der Osterzeit:
Am Ostertag trat Jesus in die Mitte seiner Jünger
und sprach den Friedensgruß.
Deshalb bitten wir:
Herr Jesus Christus, du Sieger über Sünde und Tod, *

An Pfingsten:
Unser Herr Jesus Christus hat den Heiligen Geist gesandt,
damit er die Kirche aus allen Völkern
in Einheit und Liebe zusammenfüge.
Deshalb bitten wir:
Herr Jesus Christus, *

* schau nicht auf unsere Sünden,
sondern auf den Glauben deiner Kirche
und schenke ihr nach deinem Willen
Einheit und Frieden.

Der Gemeinde zugewandt, breitet der Priester die Hände aus und singt oder spricht:
Der Friede des Herrn sei allezeit mit euch.

Die Gemeinde antwortet:
Und mit deinem Geiste.

(Priester oder Diakon:
Gebt einander ein Zeichen des Friedens und der Versöhnung.)

BRECHUNG DES BROTES

Der Priester bricht die Hostie in mehrere Teile zum Zeichen, daß alle an dem einen Leib Christi teilhaben. Ein kleines Fragment der Hostie senkt er in den Kelch. Dabei spricht er leise:

Das Sakrament des Leibes und Blutes Christi
schenke uns ewiges Leben.

Inzwischen wird der Gesang zur Brotbrechung (Agnus Dei) gesungen bzw. gesprochen:

Lamm Gottes,
du nimmst hinweg die Sünde der Welt:
erbarme dich unser.

Lamm Gottes,
du nimmst hinweg die Sünde der Welt:
erbarme dich unser.

Lamm Gottes,
du nimmst hinweg die Sünde der Welt:
gib uns deinen Frieden.

Oder:
Agnus Dei,
qui tollis peccáta mundi:
miserére nobis.

Agnus Dei,
qui tollis peccáta mundi:
miserére nobis.

Agnus Dei,
qui tollis peccáta mundi:
dona nobis pacem.

Es kann auch ein Agnus-Dei-Lied gesungen werden.

STILLES GEBET VOR DER KOMMUNION

Der Priester spricht leise:

Herr Jesus Christus, Sohn des lebendigen Gottes,
dem Willen des Vaters gehorsam,
hast du im Heiligen Geist durch deinen Tod
der Welt das Leben geschenkt.
Erlöse mich durch deinen Leib und dein Blut
von allen Sünden und allem Bösen.
Hilf mir, daß ich deine Gebote treu erfülle,
und laß nicht zu,
daß ich jemals von dir getrennt werde.

Oder:

Herr Jesus Christus,
der Empfang deines Leibes und Blutes
bringe mir nicht Gericht und Verdammnis,
sondern Segen und Heil.

EINLADUNG ZUR KOMMUNION

Der Priester hält ein Stück der Hostie über der Schale und spricht, zur Gemeinde gewandt, laut:

Seht das Lamm Gottes, das hinwegnimmt die Sünde der Welt.

Gemeinsam mit der Gemeinde spricht er einmal:

Herr, ich bin nicht würdig, daß du eingehst unter mein Dach, aber sprich nur ein Wort, so wird meine Seele gesund.

Der Priester kann hinzufügen:
Selig, die zum Hochzeitsmahl des Lammes geladen sind.

Oder:
Kostet und seht, wie gut der Herr ist.

Oder:
Wer von diesem Brot ißt, wird in Ewigkeit leben.

Oder einen Kommunionvers aus dem Meßbuch.

KOMMUNIONSPENDUNG

Kommunion des Priesters:
Der Leib Christi schenke mir das ewige Leben.
Das Blut Christi schenke mir das ewige Leben.

Kommunion der Gläubigen
Der Priester zeigt dem, der die Kommunion empfängt, die Hostie, indem er sagt:
Der Leib Christi.

Der Kommunikant antwortet:
Amen.

Wird die Kommunion unter beiden Gestalten gereicht, so sagt der Kommunionspender beim Reichen des Kelches:
Das Blut Christi.

Der Kommunikant antwortet:
Amen.

KOMMUNIONVERS
Während oder nach der Kommunion: Kommunionvers oder ein entsprechendes Lied.

Nach der Kommunionausteilung betet der Priester still:
Was wir mit dem Munde empfangen haben, Herr, das laß uns mit reinem Herzen aufnehmen, und diese zeitliche Speise werde uns zur Arznei der Unsterblichkeit.

BESINNUNG UND DANK
Nach der Kommunionausteilung kann der Priester an seinen Sitz zurückkehren. Auch kann man einige Zeit in stillem Gebet verweilen. Es empfiehlt sich, einen Dankpsalm oder ein Loblied zu singen.

SCHLUSSGEBET
Der Priester singt oder spricht das Schlußgebet.
Die Gemeinde beschließt das Gebet mit dem Ruf:
Amen.

ENTLASSUNG

Wenn noch kurze Verlautbarungen für die Gemeinde zu machen sind, werden sie hier eingefügt. Darauf folgt die Entlassung:

Pr.: Der Herr sei mit euch.
A.: Und mit deinem Geiste.
Pr.: Es segne euch der allmächtige Gott,
 der Vater und der Sohn ✠ und der Heilige Geist.
A.: Amen.

Oder:
Pr.: Dóminus vobíscum.
A.: Et cum spíritu tuo.
Pr.: Benedícat vos omnípotens Deus,
 Pater, et Fílius, ✠ et Spíritus Sanctus.
A.: Amen.

Statt des einfachen Segens kann der Priester eine feierliche Segensformel oder das Gebet über die Gläubigen sprechen.

Dann singt oder spricht der Diakon (oder der Priester selbst):
Gehet hin in Frieden.

Die Gemeinde:
Dank sei Gott, dem Herrn.

In der Osterwoche bis zum Weißen Sonntag:
Gehet hin in Frieden. Halleluja, halleluja.
Dank sei Gott, dem Herrn. Halleluja, halleluja.

Das doppelte Halleluja kann in der ganzen Osterzeit hinzugefügt werden.

Folgt unmittelbar auf die Meßfeier eine andere liturgische Feier, so endet die Meßfeier mit dem Schlußgebet, ohne den Schlußsegen und die Entlassung.

PRÄFATIONEN

Präfation vom Advent I

Das zweimalige Kommen Christi

In Wahrheit ist es würdig und recht, dir, allmächtiger Vater, zu danken durch unseren Herrn Jesus Christus. Denn in seinem ersten Kommen hat er sich entäußert und ist Mensch geworden. So hat er die alte Verheißung erfüllt und den Weg des Heiles erschlossen. Wenn er wiederkommt im Glanz seiner Herrlichkeit, werden wir sichtbar empfangen, was wir jetzt mit wachem Herzen gläubig erwarten. Darum preisen wir dich mit allen Engeln und Heiligen und singen vereint mit ihnen das Lob deiner Herrlichkeit: Heilig . . .

Präfation vom Advent II

Das Warten auf den Herrn einst und heute

In Wahrheit ist es würdig und recht, dir, Herr, heiliger Vater, allmächtiger, ewiger Gott, immer und überall zu danken durch unseren Herrn Jesus Christus. Von ihm redet die Botschaft aller Propheten, die jungfräuliche Mutter trug ihn voll Liebe in ihrem Schoß, seine Ankunft verkündete Johannes der Täufer und zeigte auf ihn, der unerkannt mitten unter den Menschen war. Er schenkt uns in diesen Tagen die Freude, uns für das Fest seiner Geburt zu bereiten, damit wir ihn wachend und betend erwarten und bei seinem Kommen mit Liedern des Lobes empfangen. Darum singen wir mit den Engeln und Erzengeln, den Thronen und Mächten und mit all den Scharen des himmlischen Heeres den Hochgesang von deiner göttlichen Herrlichkeit: Heilig . . .

Weitere Präfationen für die Adventszeit
(für den deutschen Sprachraum)

Präfation vom Advent III

Die Geschenke des kommenden Herrn

Wir danken dir, Vater im Himmel, und rühmen dich durch unseren Herrn Jesus Christus. Ihn hast du der verlorenen Menschheit als Erlöser verheißen. Seine Wahrheit leuchtet den Suchenden, seine Kraft stärkt die Schwachen, seine Heiligkeit bringt den Sündern Vergebung. Denn er ist der Heiland der Welt, den du gesandt hast, weil du getreu bist. Darum preisen wir dich mit den Kerubim und Serafim und singen mit allen Chören der Engel das Lob deiner Herrlichkeit: Heilig . . .

Präfation vom Advent IV

Adams Sünde und Christi Gnade

In Wahrheit ist es würdig und recht, dir, Herr, heiliger Vater, allmächtiger, ewiger Gott, immer und überall zu danken und dein Erbarmen zu preisen. Denn was durch Adams Sünde verlorenging, bringt uns Christus zurück, unser Retter und Heiland. Was du durch sein erstes Kommen begonnen hast, wirst du bei seiner Wiederkunft an uns vollenden. Darum dienen dir alle Geschöpfe, ehren dich die Erlösten, rühmt dich die Schar deiner Heiligen. Auch wir preisen dich mit den Chören der Engel und singen vereint mit ihnen das Lob deiner Herrlichkeit: Heilig . . .

Präfation vom Advent V

Der Herr ist nahe

In Wahrheit ist es würdig und recht, dir, Vater im Himmel, zu danken und dein Erbarmen zu preisen. Denn schon leuchtet auf der Tag der Erlösung, und nahe ist die Zeit unsres Heiles, da der Retter kommt, unser Herr Jesus Christus. Durch ihn rühmen wir das Werk deiner Liebe und vereinen uns mit den Chören der Engel zum Hochgesang von deiner göttlichen Herrlichkeit: Heilig ...

Präfation von Weihnachten I

Christus, das Licht

In Wahrheit ist es würdig und recht, dir, Herr, heiliger Vater, allmächtiger, ewiger Gott, immer und überall zu danken. Denn Fleisch geworden ist das Wort, und in diesem Geheimnis erstrahlt dem Auge unseres Geistes das neue Licht deiner Herrlichkeit. In der sichtbaren Gestalt des Erlösers läßt du uns den unsichtbaren Gott erkennen, um in uns die Liebe zu entflammen zu dem, was kein Auge geschaut hat. Darum singen wir mit den Engeln und Erzengeln, den Thronen und Mächten und mit all den Scharen des himmlischen Heeres den Hochgesang von deiner göttlichen Herrlichkeit: Heilig . . .

Präfation von Weihnachten II

Die Erneuerung der Welt durch den menschgewordenen Sohn Gottes

In Wahrheit ist es würdig und recht, dir, Vater im Himmel, zu danken durch unseren Herrn Jesus Christus. Denn groß ist das Geheimnis seiner Geburt, heute ist er, der unsichtbare Gott, sichtbar als Mensch erschienen. Vor aller Zeit aus dir geboren, hat er sich den Gesetzen der Zeit unterworfen. In ihm ist alles neu geschaffen. Er heilt die Wunden der ganzen Schöpfung, richtet auf, was darniederliegt, und ruft den verlorenen Menschen ins Reich deines Friedens. Darum rühmen dich Himmel und Erde, Engel und Menschen und singen das Lob deiner Herrlichkeit: Heilig . . .

Präfation von Weihnachten III

Der wunderbare Tausch

In Wahrheit ist es würdig und recht, dir, allmächtiger Vater, zu danken und dein Erbarmen zu rühmen durch unseren Herrn Jesus Christus. Durch ihn schaffst du den Menschen neu und schenkst ihm ewige Ehre. Denn einen wunderbaren Tausch hast du vollzogen: dein göttliches Wort wurde ein sterblicher Mensch, und wir sterbliche Menschen empfangen in Christus dein göttliches Leben. Darum preisen wir dich mit allen Chören der Engel und singen vereint mit ihnen das Lob deiner Herrlichkeit: Heilig . . .

Präfation von Erscheinung des Herrn

Christus als Licht der Völker

In Wahrheit ist es würdig und recht, dir, Herr, heiliger Vater, allmächtiger, ewiger Gott, immer und überall zu danken. Denn heute enthüllst du das Geheimnis unseres Heiles, heute offenbarst du das Licht der Völker, deinen Sohn Jesus Christus. Er ist als sterblicher Mensch auf Erden erschienen und hat uns neu geschaffen im Glanz seines göttlichen Lebens. Darum singen wir mit den Engeln und Erzengeln, den Thronen und Mächten und mit all den Scharen des himmlischen Heeres den Hochgesang von deiner göttlichen Herrlichkeit: Heilig . . .

Präfation am Fest der Taufe Jesu

Die Offenbarung des Geheimnisses Jesu am Jordan

In Wahrheit ist es würdig und recht, dir, allmächtiger Vater, zu danken und deine Größe zu preisen. Denn bei der Taufe im Jordan offenbarst du das Geheimnis deines Sohnes durch wunderbare Zeichen: Die Stimme vom Himmel verkündet ihn als deinen geliebten Sohn, der auf Erden erschienen ist, als dein ewiges Wort, das unter uns Menschen wohnt. Der Geist schwebt über ihm in Gestalt einer Taube und bezeugt ihn als deinen Knecht, den du gesalbt hast, den Armen die Botschaft der Freude zu bringen. Darum singen wir mit den Engeln und Erzengeln, den Thronen und Mächten und mit all den Scharen des himmlischen Heeres den Hochgesang von deiner göttlichen Herrlichkeit: Heilig ...

Präfation vom 1. Fastensonntag

Jesu Fasten und unsere Buße

In Wahrheit ist es würdig und recht, dir, Herr, heiliger Vater, allmächtiger, ewiger Gott, immer und überall zu danken durch unseren Herrn Jesus Christus. Denn er hat in der Wüste vierzig Tage gefastet und durch sein Beispiel diese Zeit der Buße geheiligt. Er macht die teuflische List des Versuchers zunichte und läßt uns die Bosheit des Feindes durchschauen. Er gibt uns die Kraft, den alten Sauerteig zu entfernen, damit wir Ostern halten mit lauterem Herzen und zum ewigen Ostern gelangen. Darum preisen wir dich mit den Kerubim und Serafim und singen mit allen Chören der Engel das Lob deiner Herrlichkeit: Heilig ...

Präfation vom 2. Fastensonntag

Die Botschaft vom Berg der Verklärung

In Wahrheit ist es würdig und recht, dir, Vater im Himmel, zu danken durch unseren Herrn Jesus Christus. Denn er hat den Jüngern seinen Tod vorausgesagt und ihnen auf dem heiligen Berg seine Herrlichkeit kundgetan. In seiner Verklärung erkennen wir, was Gesetz und Propheten bezeugen: daß wir durch das Leiden mit Christus zur Auferstehung gelangen. Durch ihn rühmen wir deine Größe und singen mit den Chören der Engel das Lob deiner Herrlichkeit: Heilig . . .

Präfation vom 3. Fastensonntag

Jesus hat Verlangen nach unserem Glauben

In Wahrheit ist es würdig und recht, dir, Herr, heiliger Vater, allmächtiger, ewiger Gott, immer und überall zu danken durch unseren Herrn Jesus Christus. Er hatte der Samariterin schon die Gnade des Glaubens geschenkt, als er sie bat, ihm einen Trunk Wasser zu reichen. Nach ihrem Glauben dürstete ihn mehr als nach dem Wasser, denn er wollte im gläubigen Herzen das Feuer der göttlichen Liebe entzünden. Darum preisen dich deine Erlösten und vereinen sich mit den Chören der Engel zum Hochgesang von deiner göttlichen Herrlichkeit: Heilig . . .

Präfation vom 4. Fastensonntag

Die Erleuchtung des Menschen durch Christus

In Wahrheit ist es würdig und recht, dir, Herr, heiliger Vater, allmächtiger, ewiger Gott, immer und überall zu danken durch unseren Herrn Jesus Christus. Denn durch seine Menschwerdung hat er das Menschengeschlecht aus der Finsternis zum Licht des Glaubens geführt. Wir sind als Knechte der Sünde geboren, er aber macht uns zu deinen Kindern durch die neue Geburt aus dem Wasser der Taufe. Darum preisen wir jetzt und in Ewigkeit dein Erbarmen und singen mit den Chören der Engel das Lob deiner Herrlichkeit: Heilig . . .

Präfation vom 5. Fastensonntag

Jesu Erbarmen mit Lazarus und mit uns

In Wahrheit ist es würdig und recht, dir, Herr, heiliger Vater, allmächtiger, ewiger Gott, immer und überall zu danken durch unseren Herrn Jesus Christus. Da er Mensch ist wie wir, weinte er über den Tod seines Freundes, da er Gott ist von Ewigkeit, rief er Lazarus aus dem Grabe. Er hat Erbarmen mit uns Menschen und führt uns zum neuen Leben durch die österlichen Sakramente. Durch ihn preisen wir das Werk deiner Liebe und vereinen uns mit den Chören der Engel zum Hochgesang von deiner göttlichen Herrlichkeit: Heilig . . .

Präfation für die Fastenzeit I

Der geistliche Sinn der Fastenzeit

In Wahrheit ist es würdig und recht, dir, Vater im Himmel, zu danken und dein Erbarmen zu preisen. Denn jedes Jahr schenkst du deinen Gläubigen die Gnade, das Osterfest in der Freude des Heiligen Geistes zu erwarten. Du mahnst uns in dieser Zeit der Buße zum Gebet und zu Werken der Liebe, du rufst uns zur Feier der Geheimnisse, die in uns die Gnade der Kindschaft erneuern. So führst du uns mit geläutertem Herzen zur österlichen Freude und zur Fülle des Lebens durch unseren Herrn Jesus Christus. Durch ihn rühmen wir deine Größe und vereinen uns mit den Chören der Engel zum Hochgesang von deiner göttlichen Herrlichkeit: Heilig . . .

Präfation für die Fastenzeit II

Innere Erneuerung durch Buße

Wir danken dir, Vater im Himmel, und rühmen deinen heiligen Namen. Denn jetzt ist die Zeit der Gnade, jetzt sind die Tage des Heiles. Du hilfst uns, das Böse zu überwinden, du schenkst uns von neuem die Reinheit des Herzens. Du gibst deinen Kindern die Kraft, in dieser vergänglichen Welt das unvergängliche Heil zu wirken durch unseren Herrn Jesus Christus. Durch ihn preisen wir dich in deiner Kirche und vereinen uns mit den Engeln und Heiligen zum Hochgesang von deiner göttlichen Herrlichkeit: Heilig . . .

Präfation für die Fastenzeit III

Die Früchte der Entsagung

In Wahrheit ist es würdig und recht, dir, allmächtiger Vater, zu danken und dich in dieser Zeit der Buße durch Entsagung zu ehren. Die Entsagung mindert in uns die Selbstsucht und öffnet unser Herz für die Armen. Denn deine Barmherzigkeit drängt uns, das Brot mit ihnen zu teilen in der Liebe deines Sohnes, unseres Herrn Jesus Christus. Durch ihn preisen wir deine Größe und singen mit den Chören der Engel das Lob deiner Herrlichkeit: Heilig . . .

Präfation für die Fastenzeit IV

Das Fasten als Sieg

In Wahrheit ist es würdig und recht, dir, Herr, heiliger Vater, allmächtiger, ewiger Gott, immer und überall zu danken. Durch das Fasten des Leibes hältst du die Sünde nieder, erhebst du den Geist, gibst du uns die Kraft und den Sieg durch unseren Herrn Jesus Christus. Durch ihn preisen wir dein Erbarmen und singen mit den Chören der Engel das Lob deiner Herrlichkeit: Heilig . . .

Präfation vom Palmsonntag

Der Unschuldige leidet für die Sünder

In Wahrheit ist es würdig und recht, dir, allmächtiger Vater, zu danken und das Werk deiner Liebe zu rühmen durch unseren Herrn Jesus Christus. Er war ohne Sünde und hat für die Sünder gelitten. Er war ohne Schuld und hat sich ungerechtem Urteil unterworfen. Sein Tod hat unsere Vergehen getilgt, seine Auferstehung uns Gnade und Leben erworben. Darum preisen wir jetzt und in Ewigkeit dein Erbarmen und singen mit den Chören der Engel das Lob deiner Herrlichkeit: Heilig ...

Präfation vom Gründonnerstag

(Chrisam-Messe)
Das Priestertum des Neuen Bundes

In Wahrheit ist es würdig und recht, dir, Herr, heiliger Vater, allmächtiger, ewiger Gott, immer und überall zu danken. Du hast deinen eingeborenen Sohn gesalbt mit dem Heiligen Geist und ihn bestellt zum Hohenpriester des Neuen und Ewigen Bundes; du hast bestimmt, daß dieses eine Priestertum fortlebe in deiner Kirche. Denn Christus hat dein ganzes Volk ausgezeichnet mit der Würde seines königlichen Priestertums, aus ihm hat er in brüderlicher Liebe Menschen erwählt, die durch Auflegung der Hände teilhaben an seinem priesterlichen Dienste. In seinem Namen feiern sie immer neu das Opfer, durch das er die Menschen erlöst hat, und bereiten deinen Kindern das Ostermahl. Sie dienen deinem Volke in Werken der Liebe, sie nähren es durch das Wort und stärken es durch die Sakramente. Ihr Leben sollen sie einsetzen für dich und das Heil der Menschen, dem Vorbild Christi folgen und dir ihre Liebe und ihren Glauben in Treue bezeugen. Darum preisen wir dich mit allen Chören der Engel und singen vereint mit ihnen das Lob deiner Herrlichkeit: Heilig ...

Präfation vom Leiden Christi I

Die Macht des gekreuzigten Herrn

In Wahrheit ist es würdig und recht, dir, allmächtiger Vater, zu danken und das Werk deiner Gnade zu rühmen. Denn das Leiden deines Sohnes wurde zum Heil für die Welt. Seine Erlösungstat bewegt uns, deine Größe zu preisen. Im Kreuz enthüllt sich dein Gericht, im Kreuz erstrahlt die Macht des Retters, der sich für uns dahingab, unseres Herrn Jesus Christus. Durch ihn loben dich deine Erlösten und vereinen sich mit den Chören der Engel zum Hochgesang von deiner göttlichen Herrlichkeit: Heilig . . .

Präfation vom Leiden Christi II

Der Sieg Christi in seinem Leiden

In Wahrheit ist es würdig und recht, dir, allmächtiger Vater, zu danken und das Werk deines Erbarmens zu rühmen durch unseren Herrn Jesus Christus. Denn wiederum kommen die Tage, die seinem heilbringenden Leiden und seiner glorreichen Auferstehung geweiht sind. Es kommt der Tag des Triumphes über den alten Feind, es naht das Fest der Erlösung. Darum preisen wir dich mit allen Chören der Engel und singen vereint mit ihnen das Lob deiner Herrlichkeit: Heilig . . .

Präfation für die Osterzeit I

Das wahre Osterlamm

In Wahrheit ist es würdig und recht, dir, Vater, immer und überall zu danken, diese Nacht (diesen Tag, diese Tage) aber aufs höchste zu feiern, da unser Osterlamm geopfert ist, Jesus Christus. Denn er ist das wahre Lamm, das die Sünde der Welt hinwegnimmt. Durch seinen Tod hat er unseren Tod vernichtet und durch seine Auferstehung das Leben neu geschaffen. Darum jubelt in dieser Nacht (heute) der ganze Erdkreis in österlicher Freude, darum preisen dich die himmlischen Mächte und die Chöre der Engel und singen das Lob deiner Herrlichkeit: Heilig ...

Präfation für die Osterzeit II

Das neue Leben in Christus

Wir danken dir, Vater im Himmel, und rühmen dich durch unseren Herrn Jesus Christus. Durch ihn erstehen die Kinder des Lichtes zum ewigen Leben, durch ihn wird den Gläubigen das Tor des himmlischen Reiches geöffnet. Denn unser Tod ist durch seinen Tod überwunden, in seiner Auferstehung ist das Leben für alle erstanden. Durch ihn preisen wir dich in österlicher Freude und singen mit den Chören der Engel das Lob deiner Herrlichkeit: Heilig ...

Präfation für die Osterzeit III

Christus lebt und tritt beim Vater für uns ein

In Wahrheit ist es würdig und recht, dir, Vater, in diesen Tagen freudig zu danken, da unser Osterlamm geopfert ist, Jesus Christus. Er bringt sich dir allzeit für uns dar und steht vor dir als unser Anwalt. Denn einmal geopfert, stirbt er nicht wieder, sondern lebt auf ewig als das Lamm, das geschlachtet ist. Durch ihn preisen wir dich in österlicher Freude und singen mit den Chören der Engel das Lob deiner Herrlichkeit: Heilig . . .

Präfation für die Osterzeit IV

Die Erneuerung der ganzen Schöpfung durch das Ostergeheimnis

In Wahrheit ist es würdig und recht, dir, Vater, in diesen Tagen freudig zu danken, da unser Osterlamm geopfert ist, Jesus Christus. Das Alte ist vergangen, die gefallene Welt erlöst, das Leben in Christus erneuert. Darum preisen wir dich in österlicher Freude und singen mit den Chören der Engel das Lob deiner Herrlichkeit: Heilig . . .

Präfation für die Osterzeit V

Christus als Priester und Opferlamm

In Wahrheit ist es würdig und recht, dir, Vater, in diesen Tagen freudig zu danken, da unser Osterlamm geopfert ist, Jesus Christus. Als er seinen Leib am Kreuz dahingab, hat er die Opfer der Vorzeit vollendet. Er hat sich dir dargebracht zu unserem Heil, er selbst ist der Priester, der Altar und das Opferlamm. Durch ihn preisen wir dich in österlicher Freude und singen mit den Chören der Engel das Lob deiner Herrlichkeit: Heilig . . .

Präfation von Christi Himmelfahrt I

Das Geheimnis der Himmelfahrt

In Wahrheit ist es würdig und recht, dir, allmächtiger Vater, zu danken durch unseren Herrn Jesus Christus, den König der Herrlichkeit. Denn er ist (heute) als Sieger über Sünde und Tod aufgefahren in den Himmel. Die Engel schauen den Mittler zwischen Gott und den Menschen, den Richter der Welt, den Herrn der ganzen Schöpfung. Er kehrt zu dir heim, nicht um uns Menschen zu verlassen, er gibt den Gliedern seines Leibes die Hoffnung, ihm dorthin zu folgen, wohin er als erster vorausging.

Am Fest:
Darum jubelt heute der ganze Erdkreis in österlicher Freude, darum preisen dich die himmlischen Mächte und die Chöre der Engel und singen das Lob deiner Herrlichkeit: Heilig . . .

An den Tagen bis Pfingsten:
Darum preisen wir dich in österlicher Freude und singen mit den Chören der Engel das Lob deiner Herrlichkeit: Heilig . . .

Präfation von Christi Himmelfahrt II

Erscheinung und Himmelfahrt des Auferstandenen

In Wahrheit ist es würdig und recht, dir, Herr, heiliger Vater, allmächtiger, ewiger Gott, immer und überall zu danken durch unseren Herrn Jesus Christus. Denn nach seiner Auferstehung ist er den Jüngern leibhaft erschienen; vor ihren Augen wurde er zum Himmel erhoben, damit er uns Anteil gebe an seinem göttlichen Leben.

Am Fest:
Darum jubelt heute der ganze Erdkreis in österlicher Freude, darum preisen dich die himmlischen Mächte und die Chöre der Engel und singen das Lob deiner Herrlichkeit: Heilig . . .

An den Tagen bis Pfingsten:
Darum preisen wir dich in österlicher Freude und singen mit den Chören der Engel das Lob deiner Herrlichkeit: Heilig . . .

Präfation von Pfingsten

Die Vollendung des Ostergeschehens am Pfingsttag

In Wahrheit ist es würdig und recht, dir, Herr, heiliger Vater, immer und überall zu danken und diesen Tag in festlicher Freude zu feiern. Denn heute hast du das österliche Heilswerk vollendet, heute hast du den Heiligen Geist gesandt über alle, die du mit Christus auferweckt und zu deinen Kindern berufen hast. Am Pfingsttag erfüllst du deine Kirche mit Leben: Dein Geist schenkt allen Völkern die Erkenntnis des lebendigen Gottes und vereint die vielen Sprachen im Bekenntnis des einen Glaubens. Darum preisen dich alle Völker auf dem Erdenrund in österlicher Freude. Darum rühmen dich die himmlischen Kräfte und die Mächte der Engel und singen das Lob deiner Herrlichkeit: Heilig . . .

Präfation vom Heiligen Geist I

Der Heilige Geist als Geschenk des erhöhten Christus

In Wahrheit ist es würdig und recht, dir, Herr, heiliger Vater, allmächtiger, ewiger Gott, immer und überall zu danken durch unseren Herrn Jesus Christus. Denn er hat das Werk der Erlösung vollbracht, er ist aufgefahren über alle Himmel und thront zu deiner Rechten. Er hat den Heiligen Geist, wie er den Jüngern versprochen, ausgegossen über alle, die du zu deinen Kindern erwählt hast. Darum preisen wir jetzt und in Ewigkeit dein Erbarmen und singen mit den Chören der Engel das Lob deiner Herrlichkeit: Heilig . . .

Präfation vom Heiligen Geist II

Durch den Heiligen Geist führt Gott die Kirche

In Wahrheit ist es würdig und recht, dir, Vater im Himmel, zu danken und dich mit der ganzen Schöpfung zu loben. Denn deine Vorsehung waltet über jeder Zeit; in deiner Weisheit und Allmacht führst du das Steuer der Kirche und stärkst sie durch die Kraft des Heiligen Geistes. In ihm kann sie allezeit auf deine Hilfe vertrauen, in Not und Bedrängnis zu dir rufen und in Tagen der Freude dir danken durch unseren Herrn Jesus Christus. Durch ihn preisen wir dein Erbarmen und singen mit den Chören der Engel das Lob deiner Herrlichkeit: Heilig . . .

Präfation von der Heiligsten Dreifaltigkeit

Das Geheimnis des einen Gottes in drei Personen

In Wahrheit ist es würdig und recht, dir, Herr, heiliger Vater, allmächtiger, ewiger Gott, immer und überall zu danken. Mit deinem eingeborenen Sohn und dem Heiligen Geist bist du der eine Gott und der eine Herr, nicht in der Einzigkeit einer Person, sondern in den drei Personen des einen göttlichen Wesens. Was wir auf deine Offenbarung hin von deiner Herrlichkeit glauben, das bekennen wir ohne Unterschied von deinem Sohn, das bekennen wir vom Heiligen Geiste. So beten wir an im Lobpreis des wahren und ewigen Gottes die Sonderheit in den Personen, die Einheit im Wesen und die gleiche Fülle in der Herrlichkeit. Dich loben die Engel und Erzengel, die Kerubim und Serafim. Wie aus einem Mund preisen sie dich Tag um Tag und singen auf ewig das Lob deiner Herrlichkeit: Heilig . . .

Präfation vom heiligsten Herzen Jesu

Das Herz des Erlösers und die Gläubigen

In Wahrheit ist es würdig und recht, dir, allmächtiger Vater, zu danken und dich mit der ganzen Schöpfung zu loben durch unseren Herrn Jesus Christus. Am Kreuz erhöht, hat er sich für uns dahingegeben aus unendlicher Liebe und alle an sich gezogen. Aus seiner geöffneten Seite strömen Blut und Wasser, aus seinem durchbohrten Herzen entspringen die Sakramente der Kirche. Das Herz des Erlösers steht offen für alle, damit sie freudig schöpfen aus den Quellen des Heiles. Durch ihn rühmen dich deine Erlösten und singen mit den Chören der Engel das Lob deiner Herrlichkeit: Heilig . . .

Präfation vom Königtum Christi

Christus als Priester und König

In Wahrheit ist es würdig und recht, dir, Herr, heiliger Vater, immer und überall zu danken. Du hast deinen eingeborenen Sohn, unseren Herrn Jesus Christus, mit dem Öl der Freude gesalbt zum ewigen Priester und zum König der ganzen Schöpfung. Als makelloses Lamm und friedenstiftendes Opfer hat er sich dargebracht auf dem Altar des Kreuzes, um das Werk der Erlösung zu vollziehen. Wenn einst die ganze Schöpfung seiner Herrschaft unterworfen ist, wird er dir, seinem Vater, das ewige, alles umfassende Reich übergeben: das Reich der Wahrheit und des Lebens, das Reich der Heiligkeit und der Gnade, das Reich der Gerechtigkeit, der Liebe und des Friedens. Durch ihn rühmen dich Himmel und Erde, Engel und Menschen und singen das Lob deiner Herrlichkeit: Heilig . . .

Präfation für die Sonntage im Jahreskreis I

Ostergeheimnis und Gottesvolk

In Wahrheit ist es würdig und recht, dir, Herr, heiliger Vater, allmächtiger, ewiger Gott, immer und überall zu danken durch unseren Herrn Jesus Christus. Denn er hat Großes an uns getan: durch seinen Tod und seine Auferstehung hat er uns von der Sünde und von der Knechtschaft des Todes befreit und zur Herrlichkeit des neuen Lebens berufen. In ihm sind wir ein auserwähltes Geschlecht, dein heiliges Volk, dein königliches Priestertum. So verkünden wir die Werke deiner Macht, denn du hast uns aus der Finsternis in dein wunderbares Licht gerufen. Darum singen wir mit den Engeln und Erzengeln, den Thronen und Mächten und mit all den Scharen des himmlischen Heeres den Hochgesang von deiner göttlichen Herrlichkeit: Heilig . . .

Präfation für die Sonntage im Jahreskreis II

Das Heilsgeschehen in Christus

In Wahrheit ist es würdig und recht, dir, allmächtiger Vater, zu danken und das Werk deiner Gnade zu rühmen durch unseren Herrn Jesus Christus. Denn aus Erbarmen mit uns sündigen Menschen ist er Mensch geworden aus Maria, der Jungfrau. Durch sein Leiden am Kreuz hat er uns vom ewigen Tod befreit und durch seine Auferstehung uns das unvergängliche Leben erworben. Darum preisen dich deine Erlösten und singen mit den Chören der Engel das Lob deiner Herrlichkeit: Heilig . . .

Präfation für die Sonntage im Jahreskreis III

Die Rettung des Menschen durch den Menschen Jesus Christus

In Wahrheit ist es würdig und recht, dir, Herr, heiliger Vater, allmächtiger, ewiger Gott, immer und überall zu danken. Denn wir erkennen deine Herrlichkeit in dem, was du an uns getan hast: Du bist uns mit der Macht deiner Gottheit zu Hilfe gekommen und hast uns durch deinen menschgewordenen Sohn Rettung und Heil gebracht aus unserer menschlichen Sterblichkeit. So kam uns aus unserer Vergänglichkeit das unvergängliche Leben durch unseren Herrn Jesus Christus. Durch ihn preisen wir jetzt und in Ewigkeit dein Erbarmen und singen mit den Chören der Engel das Lob deiner Herrlichkeit: Heilig . . .

Präfation für die Sonntage im Jahreskreis IV

Das Heilsgeschehen in Christus

Wir danken dir, Vater im Himmel, und rühmen dich durch unseren Herrn Jesus Christus. Denn durch seine Geburt hat er den Menschen erneuert, durch sein Leiden unsere Sünden getilgt, in seiner Auferstehung den Weg zum Leben erschlossen und in seiner Auffahrt zu dir das Tor des Himmels geöffnet. Durch ihn rühmen dich deine Erlösten und singen mit den Chören der Engel das Lob deiner Herrlichkeit: Heilig . . .

Präfation für die Sonntage im Jahreskreis V

Das Ziel der Schöpfung

In Wahrheit ist es würdig und recht, dir, allmächtiger Vater, zu danken und dich mit der ganzen Schöpfung zu loben. Denn du hast die Welt mit all ihren Kräften ins Dasein gerufen und sie dem Wechsel der Zeit unterworfen. Den Menschen aber hast du auf dein Bild hin geschaffen und ihm das Werk deiner Allmacht übergeben. Du hast ihn bestimmt, über die Erde zu herrschen, dir, seinem Herrn und Schöpfer, zu dienen und das Lob deiner großen Taten zu verkünden durch unseren Herrn Jesus Christus. Darum singen wir mit den Engeln und Erzengeln, den Thronen und Mächten und mit all den Scharen des himmlischen Heeres den Hochgesang von deiner göttlichen Herrlichkeit: Heilig . . .

Präfation für die Sonntage im Jahreskreis VI

Der Heilige Geist, Anfang der ewigen Osterfreude

In Wahrheit ist es würdig und recht, dir, Vater im Himmel, zu danken und dich mit der ganzen Schöpfung zu loben. Denn in dir leben wir, in dir bewegen wir uns und sind wir. Jeden Tag erfahren wir aufs neue das Wirken deiner Güte. Schon in diesem Leben besitzen wir den Heiligen Geist, das Unterpfand ewiger Herrlichkeit. Durch ihn hast du Jesus auferweckt von den Toten und uns die sichere Hoffnung gegeben, daß sich an uns das österliche Geheimnis vollendet. Darum preisen wir dich mit allen Chören der Engel und singen vereint mit ihnen das Lob deiner Herrlichkeit: Heilig . . .

Präfation für die Sonntage im Jahreskreis VII

Der Gehorsam Christi und unsere Versöhnung mit Gott

In Wahrheit ist es würdig und recht, dir, Vater im Himmel, zu danken und deine Gnade zu rühmen. So sehr hast du die Welt geliebt, daß du deinen Sohn als Erlöser gesandt hast. Er ist uns Menschen gleichgeworden in allem, außer der Sünde, damit du in uns lieben kannst, was du in deinem eigenen Sohne geliebt hast. Durch den Ungehorsam der Sünde haben wir deinen Bund gebrochen, durch den Gehorsam deines Sohnes hast du ihn erneuert. Darum preisen wir das Werk deiner Liebe und vereinen uns mit den Chören der Engel zum Hochgesang von deiner göttlichen Herrlichkeit: Heilig . . .

Präfation für die Sonntage im Jahreskreis VIII

Einheit der Dreifaltigkeit und Einheit der Kirche

In Wahrheit ist es würdig und recht, dir, allmächtiger Vater, zu danken und dein Erbarmen zu rühmen. Die Sünde hatte die Menschen von dir getrennt, du aber hast sie zu dir zurückgeführt durch das Blut deines Sohnes und die Kraft deines Geistes. Wie du eins bist mit dem Sohn und dem Heiligen Geist, so ist deine Kirche geeint nach dem Bild des dreieinigen Gottes. Sie ist dein heiliges Volk, der Leib Christi und der Tempel des Heiligen Geistes zum Lob deiner Weisheit und Liebe. Darum preisen wir dich in deiner Kirche und vereinen uns mit den Engeln und Heiligen zum Hochgesang von deiner göttlichen Herrlichkeit: Heilig . . .

FESTGEHEIMNISSE CHRISTI UND HEILIGENFESTE IM JAHRESKREIS

Präfation von der heiligen Eucharistie I

Die Eucharistie als Opfer Christi und Opfer der Kirche

In Wahrheit ist es würdig und recht, dir, Herr, heiliger Vater, allmächtiger, ewiger Gott, immer und überall zu danken durch unseren Herrn Jesus Christus. Als der wahre und ewige Hohepriester hat er die Feier eines immerwährenden Opfers gestiftet. Er hat sich selbst als Opfergabe dargebracht für das Heil der Welt und uns geboten, daß auch wir diese Gabe darbringen zu seinem Gedächtnis. Er stärkt uns, wenn wir seinen Leib empfangen, den er für uns geopfert hat. Er heiligt uns, wenn wir sein Blut trinken, das er für uns vergossen hat. Darum singen wir mit den Engeln und Erzengeln, den Thronen und Mächten und mit all den Scharen des himmlischen Heeres den Hochgesang von deiner göttlichen Herrlichkeit: Heilig . . .

Präfation von der heiligen Eucharistie II

Abendmahl Christi und Eucharistiefeier der Gläubigen

In Wahrheit ist es würdig und recht, dir, Herr, heiliger Vater, allmächtiger, ewiger Gott, immer und überall zu danken durch unseren Herrn Jesus Christus. Denn er hat beim Letzten Abendmahl das Gedächtnis des Kreuzesopfers gestiftet zum Heil der Menschen bis ans Ende der Zeiten. Er hat sich dargebracht als Lamm ohne Makel, als Gabe, die dir gefällt, als Opfer des Lobes. Dieses erhabene Geheimnis heiligt und stärkt deine Gläubigen, damit der eine Glaube die Menschen der einen Erde erleuchte, die eine Liebe sie alle verbinde. So kommen wir zu deinem heiligen Tisch, empfangen von dir Gnade um Gnade und werden neu gestaltet nach dem Bild deines Sohnes. Durch ihn rühmen dich Himmel und Erde, Engel und Menschen und singen wie aus einem Munde das Lob deiner Herrlichkeit: Heilig . . .

Präfation von der seligen Jungfrau Maria I

Maria, die Mutter des Erlösers

In Wahrheit ist es würdig und recht, dir, Herr, heiliger Vater, immer und überall zu danken und dich am Fest (Gedenktag) der seligen Jungfrau Maria zu preisen.
(*In Votivmessen:*
In Wahrheit ist es würdig und recht, dir, Herr, heiliger Vater, immer und überall zu danken, weil du Großes getan hast an der seligen Jungfrau Maria.)
Vom Heiligen Geist überschattet, hat sie deinen eingeborenen Sohn empfangen und im Glanz unversehrter Jungfräulichkeit der Welt das ewige Licht geboren, unseren Herrn Jesus Christus. Durch ihn loben die Engel deine Herrlichkeit, beten dich an die Mächte, erbeben die Gewalten. Die Himmel und die himmlischen Kräfte und die seligen Serafim feiern dich jubelnd im Chore. Mit ihrem Lobgesang laß auch unsere Stimmen sich vereinen und voll Ehrfurcht rufen: Heilig . . .

Präfation von der seligen Jungfrau Maria II

Das Magnificat der Kirche

In Wahrheit ist es würdig und recht, dir, Vater, für die Erwählung der seligen Jungfrau Maria zu danken und mit ihr das Werk deiner Gnade zu rühmen. Du hast an der ganzen Schöpfung Großes getan und allen Menschen Barmherzigkeit erwiesen. Denn du hast geschaut auf die Niedrigkeit deiner Magd und durch sie der Welt den Heiland geschenkt, deinen Sohn, unseren Herrn Jesus Christus. Durch ihn preisen wir jetzt und in Ewigkeit dein Erbarmen und singen mit den Chören der Engel das Lob deiner Herrlichkeit: Heilig . . .

Präfation von den Engeln

Lob Gottes durch die Verehrung der Engel

In Wahrheit ist es würdig und recht, dir, allmächtiger Vater, zu danken und in der Herrlichkeit der Engel deine Macht und Größe zu preisen. Denn dir gereicht es zur Verherrlichung und zum Lob, wenn wir sie ehren, die du erschaffen hast. An ihrem Glanz und ihrer Würde erkennen wir, wie groß und über alle Geschöpfe erhaben du selber bist. Dich, den ewigen Gott, rühmen sie ohne Ende durch unseren Herrn Jesus Christus. Mit ihrem Lobgesang laß auch unsere Stimmen sich vereinen und voll Ehrfurcht rufen: Heilig . . .

Präfation vom heiligen Josef

Josef in der Heilsgeschichte

In Wahrheit ist es würdig und recht, dir, allmächtiger Vater, zu danken und am Fest (bei der Verehrung) des heiligen Josef die Wege deiner Weisheit zu rühmen. Denn ihm, dem Gerechten, hast du die jungfräuliche Gottesmutter anvertraut, ihn, deinen treuen und klugen Knecht, bestellt zum Haupt der Heiligen Familie. An Vaters Statt sollte er deinen eingeborenen Sohn beschützen, der durch die Überschattung des Heiligen Geistes empfangen war, unseren Herrn Jesus Christus. Durch ihn loben die Engel deine Herrlichkeit, beten dich an die Mächte, erbeben die Gewalten. Die Himmel und die himmlischen Kräfte und die seligen Serafim feiern dich jubelnd im Chore. Mit ihrem Lobgesang laß auch unsere Stimmen sich vereinen und voll Ehrfurcht rufen: Heilig . . .

Präfation von den Heiligen I

Die Glorie der Heiligen und die Gläubigen

In Wahrheit ist es würdig und recht, dir, Herr, heiliger Vater, allmächtiger, ewiger Gott, immer und überall zu danken. Die Schar der Heiligen verkündet deine Größe, denn in der Krönung ihrer Verdienste krönst du das Werk deiner Gnade. Du schenkst uns in ihrem Leben ein Vorbild, auf ihre Fürsprache gewährst du uns Hilfe und gibst uns in ihrer Gemeinschaft das verheißene Erbe. Ihr Zeugnis verleiht uns die Kraft, im Kampf gegen das Böse zu siegen und mit ihnen die Krone der Herrlichkeit zu empfangen durch unseren Herrn Jesus Christus. Darum preisen wir dich mit allen Engeln und Heiligen und singen vereint mit ihnen das Lob deiner Herrlichkeit: Heilig . . .

Präfation von den Heiligen II

Die Heiligen und wir

In Wahrheit ist es würdig und recht, dir, Vater im Himmel, zu danken und das Werk deiner Gnade zu preisen. Denn in den Heiligen schenkst du der Kirche leuchtende Zeichen deiner Liebe. Durch das Zeugnis ihres Glaubens verleihst du uns immer neu die Kraft, nach der Fülle des Heiles zu streben. Durch ihre Fürsprache und ihr heiliges Leben gibst du uns Hoffnung und Zuversicht. Darum rühmen dich Himmel und Erde, Engel und Menschen und singen wie aus einem Munde das Lob deiner Herrlichkeit: Heilig . . .

Präfation am Fest der Darstellung des Herrn

Christus kommt in seinen Tempel

In Wahrheit ist es würdig und recht, dir, Herr, heiliger Vater, allmächtiger, ewiger Gott, immer und überall zu danken. Denn heute hat die jungfräuliche Mutter deinen ewigen Sohn zum Tempel getragen; Simeon, vom Geist erleuchtet, preist ihn als Ruhm deines Volkes Israel, als Licht zur Erleuchtung der Heiden. Darum gehen auch wir dem Erlöser freudig entgegen und singen mit den Engeln und Heiligen das Lob deiner Herrlichkeit: Heilig . . .

Präfation am Fest der Verkündigung des Herrn

Maria empfängt das ewige Wort

In Wahrheit ist es würdig und recht, dir, Vater im Himmel, zu danken und das Werk deiner Liebe zu rühmen. Denn heute brachte der Engel Maria die Botschaft, und deine Magd nahm sie auf mit gläubigem Herzen. Durch die Kraft des Heiligen Geistes empfing die Jungfrau dein ewiges Wort, und das Wort wurde Mensch in ihrem Schoß, um unter uns Menschen zu wohnen. So hast du an Israel deine Verheißung erfüllt und den gesandt, den die Völker erwarten, deinen Sohn, unseren Herrn Jesus Christus. Durch ihn preisen wir dein Erbarmen und singen mit den Chören der Engel das Lob deiner Herrlichkeit: Heilig . . .

Präfation von Johannes dem Täufer

Johannes als Vorläufer Christi

In Wahrheit ist es würdig und recht, dir, allmächtiger Vater, zu danken und am Fest des heiligen Johannes das Werk deiner Gnade zu rühmen. Du hast ihn geehrt vor allen, die je eine Frau geboren hat, schon im Mutterschoß erfuhr er das kommende Heil, seine Geburt erfüllte viele mit Freude. Als einziger der Propheten schaute er den Erlöser und zeigte hin auf das Lamm, das die Sünde der Welt hinwegnimmt. Im Jordan taufte er Christus, der seiner Kirche die Taufe geschenkt hat, so wurde das Wasser zum heiligen Quell des ewigen Lebens. Bis an sein Ende gab Johannes Zeugnis für das Licht und besiegelte mit dem Blut seine Treue. Darum preisen wir dich mit allen Engeln und Heiligen und singen vereint mit ihnen das Lob deiner Herrlichkeit: Heilig . . .

Präfation von den Aposteln Petrus und Paulus

Die verschiedene Sendung der Apostel Petrus und Paulus

In Wahrheit ist es würdig und recht, dich, allmächtiger Vater, in deinen Heiligen zu preisen und am Fest der Apostel Petrus und Paulus das Werk deiner Gnade zu rühmen. Petrus hat als erster den Glauben an Christus bekannt und aus Israels heiligem Rest die erste Kirche gesammelt. Paulus empfing die Gnade tiefer Einsicht und die Berufung zum Lehrer der Heiden. Auf verschiedene Weise dienten beide Apostel der einen Kirche, gemeinsam empfingen sie die Krone des Lebens. Darum ehren wir beide in gemeinsamer Feier und vereinen uns mit allen Engeln und Heiligen zum Hochgesang von deiner göttlichen Herrlichkeit: Heilig . . .

Präfation am Fest der Verklärung Christi

Die Verklärung Christi als Verheißung

In Wahrheit ist es würdig und recht, dir, Herr, heiliger Vater, allmächtiger, ewiger Gott, immer und überall zu danken durch unseren Herrn Jesus Christus. Denn er enthüllte auf dem Berg der Verklärung seine verborgene Herrlichkeit, er ließ vor auserwählten Zeugen seinen sterblichen Leib im Lichtglanz erstrahlen und gab den Jüngern die Kraft, das Ärgernis des Kreuzes zu tragen. So schenkte er der ganzen Kirche die Hoffnung, vereint mit ihrem Haupt die ewige Verklärung zu empfangen. Darum preisen wir deine Größe und vereinen uns mit den Chören der Engel zum Hochgesang von deiner göttlichen Herrlichkeit: Heilig . . .

Präfation am Fest der Aufnahme Mariens in den Himmel

Die Herrlichkeit Marias und die Kirche

In Wahrheit ist es würdig und recht, dir, allmächtiger Vater, zu danken und das Werk deiner Gnade zu rühmen. Denn heute hast du die jungfräuliche Gottesmutter in den Himmel erhoben, als erste empfing sie von Christus die Herrlichkeit, die uns allen verheißen ist, und wurde zum Urbild der Kirche in ihrer ewigen Vollendung. Dem pilgernden Volk ist sie ein untrügliches Zeichen der Hoffnung und eine Quelle des Trostes. Denn ihr Leib, der den Urheber des Lebens geboren hat, sollte die Verwesung nicht schauen. Darum preisen wir jetzt und in Ewigkeit dein Erbarmen und singen mit den Chören der Engel das Lob deiner Herrlichkeit: Heilig . . .

Präfation am Fest Kreuzerhöhung

Das Kreuz als Zeichen des Sieges

In Wahrheit ist es würdig und recht, dir, Herr, heiliger Vater, allmächtiger, ewiger Gott, immer und überall zu danken. Denn du hast das Heil der Welt auf das Holz des Kreuzes gegründet. Vom Baum des Paradieses kam der Tod, vom Baum des Kreuzes erstand das Leben. Der Feind, der am Holz gesiegt hat, wurde auch am Holze besiegt durch unseren Herrn Jesus Christus. Durch ihn loben die Engel deine Herrlichkeit, beten dich an die Mächte, erbeben die Gewalten. Die Himmel und die himmlischen Kräfte und die seligen Serafim feiern dich jubelnd im Chore. Mit ihrem Lobgesang laß auch unsere Stimmen sich vereinen und voll Ehrfurcht rufen: Heilig . . .

Präfation am Hochfest Allerheiligen

Das himmlische Jerusalem, unsere Heimat

In Wahrheit ist es würdig und recht, dir, allmächtiger Vater, zu danken und dich mit der ganzen Schöpfung zu rühmen. Denn heute schauen wir deine heilige Stadt, unsere Heimat, das himmlische Jerusalem. Dort loben dich auf ewig die verherrlichten Glieder der Kirche, unsere Brüder und Schwestern, die schon zur Vollendung gelangt sind. Dorthin pilgern auch wir im Glauben, ermutigt durch ihre Fürsprache und ihr Beispiel, und gehen freudig dem Ziel der Verheißung entgegen. Darum preisen wir dich in der Gemeinschaft deiner Heiligen und singen mit den Chören der Engel das Lob deiner Herrlichkeit: Heilig ...

Präfation am Hochfest der ohne Erbsünde empfangenen Jungfrau Maria

Maria, das Urbild der Kirche

In Wahrheit ist es würdig und recht, dir, Vater im Himmel, zu danken und das Werk deiner Liebe zu rühmen. Denn du hast Maria vor der Erbschuld bewahrt, du hast sie mit der Fülle der Gnade beschenkt, da sie erwählt war, die Mutter deines Sohnes zu werden. In unversehrter Jungfräulichkeit hat sie Christus geboren, der als schuldloses Lamm die Sünde der Welt hinwegnimmt. Sie ist Urbild und Anfang der Kirche, der makellosen Braut deines Sohnes. Vor allen Heiligen ist sie ein Vorbild der Heiligkeit, ihre Fürsprache erfleht uns deine Gnade durch unseren Herrn Jesus Christus. Durch ihn preisen dich Himmel und Erde, Engel und Menschen und singen wie aus einem Munde das Lob deiner Herrlichkeit: Heilig ...

Am Jahrestag der Kirchweihe
A: Jahrestag der eigenen Kirche

Die Kirche als Tempel Gottes

In Wahrheit ist es würdig und recht, dir, Herr, heiliger Vater, allmächtiger, ewiger Gott, immer und überall zu danken. Zu deiner Ehre wurde dieses Haus errichtet, in dem du deine pilgernde Kirche versammelst, um ihr darin ein Bild deiner Gegenwart zu zeigen und ihr die Gnade deiner Gemeinschaft zu schenken. Denn du selbst erbaust dir einen Tempel aus lebendigen Steinen. Von allen Orten rufst du deine Kinder zusammen und fügst sie ein in den geheimnisvollen Leib deines Sohnes. Hier lenkst du unseren Blick auf das himmlische Jerusalem und gibst uns die Hoffnung, dort deinen Frieden zu schauen. Darum preisen wir dich in deiner Kirche und vereinen uns mit allen Engeln und Heiligen zum Hochgesang von deiner göttlichen Herrlichkeit: Heilig . . .

B: Jahrestag einer andern Kirche

Die Kirche als Braut Christi und Tempel des Heiligen Geistes

In Wahrheit ist es würdig und recht, dir, Vater im Himmel, zu danken und deine Größe zu rühmen. In jedem Haus des Gebetes wohnst du als Spender der Gnade, als Geber alles Guten: Denn du erbaust uns zum Tempel des Heiligen Geistes, dessen Glanz im Leben der Gläubigen aufstrahlt. Im sichtbaren Bau erkennen wir das Bild deiner Kirche, die du zur Braut deines Sohnes erwählt hast. Du heiligst sie Tag für Tag, bis du sie, unsere Mutter, in die Herrlichkeit aufnimmst mit der unzählbaren Schar ihrer Kinder. Darum preisen wir dich in deiner Kirche und vereinen uns mit allen Engeln und Heiligen zum Hochgesang von deiner göttlichen Herrlichkeit: Heilig . . .

Präfation in der Brautmesse

Die eheliche Liebe als Zeichen der Liebe Gottes

In Wahrheit ist es würdig und recht, dir, allmächtiger Vater, zu danken und das Werk deiner Gnade zu rühmen. Denn du hast den Menschen als Mann und Frau erschaffen und ihren Bund zum Abbild deiner schöpferischen Liebe erhoben. Die du aus Liebe geschaffen und unter das Gesetz der Liebe gestellt hast, die verbindest du in der Ehe zu heiliger Gemeinschaft und gibst ihnen Anteil an deinem ewigen Leben. So heiligt das Sakrament der Ehe den Bund der Gatten und macht ihn zu einem Zeichen deiner göttlichen Liebe durch unseren Herrn Jesus Christus. Durch ihn preisen dich deine Erlösten und singen mit den Chören der Engel das Lob deiner Herrlichkeit: Heilig . . .

In Messen für die Einheit der Christen

Die Einheit als Werk Gottes durch Christus und den Heiligen Geist

In Wahrheit ist es würdig und recht, dir, Herr, heiliger Vater, allmächtiger, ewiger Gott, immer und überall zu danken durch unseren Herrn Jesus Christus. In ihm hast du uns zur Erkenntnis der Wahrheit geführt und uns zu Gliedern seines Leibes gemacht durch den einen Glauben und die eine Taufe. Durch ihn hast du deinen Heiligen Geist ausgegossen über alle Völker, damit er Großes wirke mit seinen Gaben. Er wohnt in den Herzen der Glaubenden, er durchdringt und leitet die ganze Kirche und schafft ihre Einheit in Christus. Darum preisen wir jetzt und in Ewigkeit dein Erbarmen und singen mit den Chören der Engel das Lob deiner Herrlichkeit: Heilig . . .

Präfation von den Verstorbenen I

Die Hoffnung der Gläubigen

In Wahrheit ist es würdig und recht, dir, Herr, heiliger Vater, allmächtiger, ewiger Gott, immer und überall zu danken durch unseren Herrn Jesus Christus. In ihm erstrahlt uns die Hoffnung, daß wir zur Seligkeit auferstehn. Bedrückt uns auch das Los des sicheren Todes, so tröstet uns doch die Verheißung der künftigen Unsterblichkeit. Denn deinen Gläubigen, o Herr, wird das Leben gewandelt, nicht genommen. Und wenn die Herberge der irdischen Pilgerschaft zerfällt, ist uns im Himmel eine ewige Wohnung bereitet. Darum singen wir mit den Engeln und Erzengeln, den Thronen und Mächten und mit all den Scharen des himmlischen Heeres den Hochgesang von deiner göttlichen Herrlichkeit: Heilig . . .

Präfation von den Verstorbenen II

Der Eine, der für alle starb

Wir danken dir, Vater im Himmel, und rühmen dich durch unseren Herrn Jesus Christus. Denn er ist der Eine, der den Tod auf sich nahm für uns alle, damit wir im Tode nicht untergehn. Er ist der Eine, der für uns alle gestorben ist, damit wir bei dir in Ewigkeit leben. Durch ihn preisen dich deine Erlösten und singen mit den Chören der Engel das Lob deiner Herrlichkeit: Heilig . . .

Präfation von den Verstorbenen III

Christus, die Auferstehung und das Leben

In Wahrheit ist es würdig und recht, dir, allmächtiger Vater, zu danken durch unseren Herrn Jesus Christus. Denn er ist das Heil der Welt, das Leben der Menschen, die Auferstehung der Toten. Durch ihn rühmen dich Himmel und Erde, Engel und Menschen und singen wie aus einem Munde das Lob deiner Herrlichkeit: Heilig . . .

Präfation von den Verstorbenen IV

Der Mensch in Gottes Hand

In Wahrheit ist es würdig und recht, dir, Herr, heiliger Vater, allmächtiger, ewiger Gott, immer und überall zu danken. Denn in deinen Händen ruht unser Leben: nach deinem Willen werden wir geboren und durch deine Führung geleitet. Nach deiner Verfügung empfangen wir den Sold der Sünde und kehren zurück zur Erde, von der wir genommen sind. Doch du hast uns erlöst durch das Kreuz deines Sohnes, darum erweckt uns einst dein Befehl zur Herrlichkeit der Auferstehung mit Christus. Durch ihn preisen wir jetzt und in Ewigkeit dein Erbarmen und singen mit den Chören der Engel das Lob deiner Herrlichkeit: Heilig . . .

Präfation von den Verstorbenen V

Der Tod als Sold der Sünde und das neue Leben als Geschenk Gottes

In Wahrheit ist es würdig und recht, dir, Herr, heiliger Vater, allmächtiger, ewiger Gott, immer und überall zu danken. Durch die Sünde kam der Tod in die Welt, und niemand kann ihm entrinnen. Doch deine Liebe hat die Macht des Todes gebrochen und uns gerettet durch den Sieg unseres Herrn Jesus Christus, der uns aus der Vergänglichkeit hinüberführt in das ewige Leben. Durch ihn rühmen dich Himmel und Erde, Engel und Menschen und singen wie aus einem Munde das Lob deiner Herrlichkeit: Heilig . . .

Präfation für Wochentage I

Die Erneuerung der Welt durch Christus

Wir danken dir, Vater im Himmel, und rühmen dich durch unseren Herrn Jesus Christus. Denn ihn hast du zum Haupt der neuen Schöpfung gemacht, aus seiner Fülle haben wir alle empfangen. Obwohl er dir gleich war an Herrlichkeit, hat er sich selbst erniedrigt und der Welt den Frieden gebracht durch sein Blut, das er am Stamm des Kreuzes vergossen hat. Deshalb hast du ihn über alle Geschöpfe erhöht, so wurde er für jene, die auf ihn hören, zum Urheber des ewigen Heiles. Durch ihn preisen wir jetzt und in Ewigkeit dein Erbarmen und singen mit den Chören der Engel das Lob deiner Herrlichkeit: Heilig . . .

Präfation für Wochentage II

Schöpfung, Sünde und Erlösung

In Wahrheit ist es würdig und recht, dir, Herr, heiliger Vater, immer und überall zu danken für deine Liebe, die du uns niemals entzogen hast. Du hast den Menschen in deiner Güte erschaffen und ihn, als er der gerechten Strafe verfallen war, in deiner großen Barmherzigkeit erlöst durch unseren Herrn Jesus Christus. Durch ihn preisen wir das Werk deiner Gnade und singen mit den Chören der Engel das Lob deiner Herrlichkeit: Heilig . . .

Präfation für Wochentage III

Gott als unser Schöpfer und Erlöser

In Wahrheit ist es würdig und recht, dir, Herr, heiliger Vater, allmächtiger, ewiger Gott, immer und überall zu danken. Denn du bist der Schöpfer der Welt, du bist der Erlöser aller Menschen durch deinen geliebten Sohn, unseren Herrn Jesus Christus. Durch ihn loben die Engel deine Herrlichkeit, beten dich an die Mächte, erbeben die Gewalten. Die Himmel und die himmlischen Kräfte und die seligen Serafim feiern dich jubelnd im Chore. Mit ihrem Lobgesang laß auch unsere Stimmen sich vereinen und voll Ehrfurcht rufen: Heilig . . .

DIE ZEIT IM JAHRESKREIS

1. Sonntag im Jahreskreis
FEST DER TAUFE CHRISTI
S. 74 ff.

2. SONNTAG IM JAHRESKREIS

Alles Vergängliche ist ein Gleichnis: das Wasser und der Wein, die Liebe und die Ehe. Der Wein ist gut, und die Ehe ist gut, aber beide gehören noch zur Ordnung der Zeichen: sie weisen auf das Größere hin, auf das, was bleibt. Sie wecken die Sehnsucht nach der Quelle und nach dem Meer: nach der Freude Gottes.

ERÖFFNUNGSVERS   Ps 66 (65), 4
**Alle Welt bete dich an, o Gott, und singe dein Lob,
sie lobsinge deinem Namen, du Allerhöchster.**

Ehre sei Gott, S. 344 ff.

TAGESGEBET

Allmächtiger Gott,
du gebietest über Himmel und Erde,
du hast Macht über die Herzen der Menschen.
Darum kommen wir voll Vertrauen zu dir;
stärke alle, die sich um die Gerechtigkeit mühen,
und schenke unserer Zeit deinen Frieden.
Darum bitten wir durch Jesus Christus.

ZUR 1. LESUNG   *Nach dem Ende des babylonischen Exils war der Neuanfang für die heimgekehrten Judäer schwierig. Wo blieb das versprochene glorreiche Heil? Der Prophet dieser Zeit, gewiß auch selbst ein Angefochtener, begriff, daß die Antwort nur aus dem Glau-*

ben kommen konnte. Und die Antwort lautete: Hoffnung. Der Prophet sucht nach Worten und Namen, um zu sagen, daß Gott Jerusalem liebt und daß diese Liebe zu seinem Volk die eigentliche Gabe Gottes und das Unterpfand des kommenden Glückes ist.

ERSTE LESUNG Jes 62,1–5

Wie der Bräutigam sich freut über die Braut, so freut sich dein Gott über dich

**Lesung
aus dem Buch Jesája.**

1 Um Zions willen kann ich nicht schweigen,
um Jerusalems willen nicht still sein,
  bis das Recht in ihm aufstrahlt wie ein helles Licht
  und sein Heil aufleuchtet wie eine brennende Fackel.

2 Dann sehen die Völker deine Gerechtigkeit
und alle Könige deine strahlende Pracht.
Man ruft dich mit einem neuen Namen,
  den der Mund des Herrn für dich bestimmt.

3 Du wirst zu einer prächtigen Krone in der Hand des Herrn,
zu einem königlichen Diadem in der Rechten deines Gottes.

4 Nicht länger nennt man dich „Die Verlassene"
  und dein Land nicht mehr „Das Ödland",
sondern man nennt dich „Meine Wonne"
und dein Land „Die Vermählte".
Denn der Herr hat an dir seine Freude,
  und dein Land wird mit ihm vermählt.

5 Wie der junge Mann sich mit der Jungfrau vermählt,
  so vermählt sich mit dir dein Erbauer.
Wie der Bräutigam sich freut über die Braut,
  so freut sich dein Gott über dich.

ANTWORTPSALM Ps 96 (95), 1–2.3–4.6–7.10 (R: vgl. 3a)

R Kündet den Völkern die Herrlichkeit des Herrn! – R (GL 529,6)

1 Singet dem Herrn ein neues Lied, * II. Ton
singt dem Herrn, alle Länder der Erde!

2 Singt dem Herrn und preist seinen Namen, *
verkündet sein Heil von Tag zu Tag! – (R)

2. Sonntag im Jahreskreis 437

Erzählt bei den Völkern von seiner Herrlichkeit, *
bei allen Nationen von seinen Wundern!

Denn groß ist der Herr und hoch zu preisen, *
mehr zu fürchten als alle Götter. – (R)

Hoheit und Pracht sind vor seinem Angesicht, *
Macht und Glanz in seinem Heiligtum.

Bringt dar dem Herrn, ihr Stämme der Völker, *
bringt dar dem Herrn Lob und Ehre! – (R)

Verkündet bei den Völkern: *
Der Herr ist König.

Den Erdkreis hat er gegründet, so daß er nicht wankt. *
Er richtet die Nationen so, wie es recht ist. – R

ZUR 2. LESUNG *Mit dem heutigen Sonntag beginnt eine Reihe von Lesungen aus den Kapiteln 12–15 des 1. Korintherbriefs. Er spricht von den verschiedenen Geistesgaben, die es in den christlichen Gemeinden gibt. Die Gaben und Fähigkeiten sind verschieden, aber sie kommen aus dem Reichtum des einen Gottes und aus der Liebe des einen Geistes, den der Sohn vom Vater her sendet. Und jeder einzelne steht mit den Gaben, die er empfangen hat, im Dienst der ganzen Gemeinde.*

ZWEITE LESUNG 1 Kor 12,4–11

Ein und derselbe Geist teilt einem jeden seine besondere Gabe zu, wie er will

Lesung
　aus dem ersten Brief des Apostels Paulus an die Korinther.

Brüder!
Es gibt verschiedene Gnadengaben,
　aber nur den einen Geist.
Es gibt verschiedene Dienste,
　aber nur den einen Herrn.
Es gibt verschiedene Kräfte, die wirken,
　aber nur den einen Gott:
Er bewirkt alles in allen.

Jedem aber wird die Offenbarung des Geistes geschenkt,
　damit sie anderen nützt.

8 Dem einen wird vom Geist die Gabe geschenkt,
   Weisheit mitzuteilen,
   dem andern durch den gleichen Geist
   die Gabe, Erkenntnis zu vermitteln,
9 dem dritten im gleichen Geist Glaubenskraft,
   einem andern – immer in dem einen Geist –
   die Gabe, Krankheiten zu heilen,
10 einem andern Wunderkräfte,
   einem andern prophetisches Reden,
   einem andern die Fähigkeit, die Geister zu unterscheiden,
   wieder einem andern verschiedene Arten von Zungenrede,
   einem andern schließlich die Gabe, sie zu deuten.
11 Das alles bewirkt ein und derselbe Geist;
   einem jeden teilt er seine besondere Gabe zu,
   wie er will.

RUF VOR DEM EVANGELIUM   Vers: vgl. 2 Thess 2,14

Halleluja. Halleluja.

Durch das Evangelium hat Gott uns berufen
zur Herrlichkeit Jesu Christi, unseres Herrn.

Halleluja.

ZUM EVANGELIUM   *Wie das Kommen der Sterndeuter (Magier) und die Taufe Jesu im Jordan ist auch das Wunder bei der Hochzeit von Kana ein Epiphaniegeschehen: ein Aufleuchten göttlicher Macht und Herrlichkeit in der Person des Jesus von Nazaret. Den Anstoß zu diesem ersten „Zeichen" gab Maria, die Mutter Jesu, das Urbild der hoffenden und bittenden Gemeinde. Maria wird auch beim Kreuz Jesu stehen, wenn seine „Stunde" gekommen ist. Die Stunde Jesu ist die seines messianischen Auftretens, vor allem aber die Stunde seiner Erhöhung am Kreuz und seines Hinübergehens aus dieser Welt in die Herrlichkeit beim Vater.*

2. Sonntag im Jahreskreis

EVANGELIUM Joh 2, 1–11

So tat Jesus sein erstes Zeichen – in Kana in Galiläa

✛ Aus dem heiligen Evangelium nach Johannes.

In jener Zeit
   fand in Kana in Galiläa eine Hochzeit statt,
und die Mutter Jesu war dabei.
Auch Jesus und seine Jünger waren zur Hochzeit eingeladen.

Als der Wein ausging,
   sagte die Mutter Jesu zu ihm: Sie haben keinen Wein mehr.
Jesus erwiderte ihr: Was willst du von mir, Frau?
Meine Stunde ist noch nicht gekommen.
Seine Mutter sagte zu den Dienern:
   Was er euch sagt, das tut!

Es standen dort sechs steinerne Wasserkrüge,
   wie es der Reinigungsvorschrift der Juden entsprach;
jeder faßte ungefähr hundert Liter.
Jesus sagte zu den Dienern: Füllt die Krüge mit Wasser!
Und sie füllten sie bis zum Rand.
Er sagte zu ihnen: Schöpft jetzt,
und bringt es dem, der für das Festmahl verantwortlich ist.
Sie brachten es ihm.

Er kostete das Wasser,
   das zu Wein geworden war.
Er wußte nicht, woher der Wein kam;
die Diener aber, die das Wasser geschöpft hatten, wußten es.
Da ließ er den Bräutigam rufen
und sagte zu ihm: Jeder setzt zuerst den guten Wein vor
und erst, wenn die Gäste zuviel getrunken haben,
   den weniger guten.
Du jedoch
   hast den guten Wein bis jetzt zurückgehalten.

So tat Jesus sein erstes Zeichen,
in Kana in Galiläa,
und offenbarte seine Herrlichkeit,
und seine Jünger glaubten an ihn.

Glaubensbekenntnis, S. 348 ff.
Fürbitten vgl. S. 800 ff.

ZUR EUCHARISTIEFEIER *Jesus hat Wasser in Wein verwandelt. Als aber seine Stunde gekommen war, reichte er seinen Jüngern den Becher mit dem „guten Wein": „Nehmt und trinkt alle daraus: das ist mein Blut, das für euch und die Vielen vergossen wird."*

GABENGEBET

Herr,
gib, daß wir das Geheimnis des Altares
ehrfürchtig feiern;
denn sooft wir
die Gedächtnisfeier dieses Opfers begehen,
vollzieht sich an uns das Werk der Erlösung.
Darum bitten wir durch Christus, unseren Herrn.

Präfation, S. 416 ff.

KOMMUNIONVERS Ps 23 (22), 5

Herr, du deckst mir den Tisch vor den Augen meiner Feinde.
Du füllst mir reichlich den Becher.

Oder: 1 Joh 4, 16

Wir haben die Liebe erkannt und an die Liebe geglaubt,
die Gott zu uns hat.

SCHLUSSGEBET

Barmherziger Gott,
du hast uns alle
mit dem einen Brot des Himmels gestärkt.
Erfülle uns mit dem Geist deiner Liebe,
damit wir ein Herz und eine Seele werden.
Darum bitten wir durch Christus, unseren Herrn.

FÜR DEN TAG UND DIE WOCHE

Hochzeit und kein Wein: *das Bild eines leeren, ausgetrockneten Lebens. „Auf den Gassen jammern die Leute: Es gibt keinen Wein mehr" (Jes 24, 11). Die leeren Krüge in Kana bedeuten Ende und Wende. In dem, was Jesus tut, schimmert göttlicher Glanz; wer Augen hat, kann im Wunder das Zeichen sehen: Gott greift ein, in der Mitte der Zeit hat er sein Volk besucht und ihm Erlösung geschaffen.*

3. SONNTAG IM JAHRESKREIS

Daß Gott sich um die Menschen kümmert, daß er in dieser Welt spricht und handelt, ist nicht nur eine schöne Idee oder ein Traum. Die profane Geschichte weiß darüber nicht viel zu sagen, und doch ist es Gottes Wort, das die ganze Geschichte der Menschheit treibt. Gott hat zu Abraham gesprochen, zu Mose, zu den Propheten. Und schließlich durch Jesus Christus. Gott spricht auch heute. Sein Wort hört der Mensch, der sich in seiner Gegenwart sammelt, und die Gemeinde, die zusammenkommt, um zu hören und zu antworten: Amen, so ist es, so sei es.

ERÖFFNUNGSVERS Ps 96 (95), 1.6

Singet dem Herrn ein neues Lied, singt dem Herrn, alle Lande!
Hoheit und Pracht sind vor seinem Angesicht,
Macht und Glanz in seinem Heiligtum!

Ehre sei Gott. S. 344 ff.

TAGESGEBET

Allmächtiger, ewiger Gott,
lenke unser Tun nach deinem Willen
und gib,
daß wir im Namen deines geliebten Sohnes
reich werden an guten Werken.
Darum bitten wir durch ihn, Jesus Christus.

ZUR 1. LESUNG *Das Wort Gottes hatte am Sinai das Volk zusammengerufen und zur Gottesgemeinde gemacht (Ex 19–24). Als in einer viel späteren Zeit die Reste Israels aus dem babylonischen Exil heimkehrten, wurde in einer heiligen Versammlung der Gottesbund erneuert. Ehrfürchtig stehend hörte das ganze Volk die Lesung des Gottesrechtes und bekannte sich durch das laute „Amen, amen" von neuem zu diesem Gesetz, das die Grundlage des Sinai-Bundes war, das kostbare Geschenk Gottes für sein Volk.*

ERSTE LESUNG

Neh 8, 2–4a.5–6.8–10

Man las aus dem Buch, dem Gesetz Gottes, vor und gab dazu Erklärungen, so daß die Leute verstehen konnten

**Lesung
aus dem Buch Nehemía.**

In jenen Tagen
2 brachte der Priester Esra
das Gesetz vor die Versammlung;
zu ihr gehörten die Männer und die Frauen
und alle, die das Gesetz verstehen konnten.
3 Vom frühen Morgen bis zum Mittag
las Esra auf dem Platz vor dem Wassertor
den Männern und Frauen und denen,
die es verstehen konnten,
das Gesetz vor.
Das ganze Volk lauschte auf das Buch des Gesetzes.
4a Der Schriftgelehrte Esra stand auf einer Kanzel aus Holz,
die man eigens dafür errichtet hatte.
5 Esra öffnete das Buch vor aller Augen;
denn er stand höher als das versammelte Volk;
als er das Buch aufschlug,
erhoben sich alle.
6 Dann pries Esra den Herrn, den großen Gott;
darauf antworteten alle mit erhobenen Händen: Amen, amen!
Sie verneigten sich,
warfen sich vor dem Herrn nieder,
mit dem Gesicht zur Erde.
8 Man las aus dem Buch, dem Gesetz Gottes, in Abschnitten vor
und gab dazu Erklärungen,
so daß die Leute das Vorgelesene verstehen konnten.
9 Der Statthalter Nehemía,
der Priester und Schriftgelehrte Esra
und die Leviten, die das Volk unterwiesen,
sagten dann zum ganzen Volk:
Heute ist ein heiliger Tag zu Ehren des Herrn, eures Gottes.
Seid nicht traurig, und weint nicht!
Alle Leute weinten nämlich,
als sie die Worte des Gesetzes hörten.

Dann sagte Esra zu ihnen:
    Nun geht, haltet ein festliches Mahl,
und trinkt süßen Wein!
Schickt auch denen etwas, die selbst nichts haben,
denn heute ist ein heiliger Tag zur Ehre des Herrn.
Macht euch keine Sorgen;
denn die Freude am Herrn ist eure Stärke.

ANTWORTPSALM   Ps 19 (18), 8.9.10.12 u. 15 (R: vgl. Joh 6, 63b)

R Deine Worte, o Herr, sind Geist und Leben. – R   (GL 465)

Die Weisung des Herrn ist vollkommen und gut, *   II. Ton
sie erquickt den Menschen.

Das Gesetz des Herrn ist verläßlich, *
den Unwissenden macht es weise. – (R)

Die Befehle des Herrn sind richtig, *
sie erfreuen das Herz;

das Gebot des Herrn ist lauter, *
es erleuchtet die Augen. – (R)

Die Furcht des Herrn ist rein, *
sie besteht für immer.

Die Urteile des Herrn sind wahr, *
gerecht sind sie alle. – (R)

Auch dein Knecht läßt sich von ihnen warnen; *
wer sie beachtet, hat reichen Lohn.

Die Worte meines Mundes mögen dir gefallen; †
was ich im Herzen erwäge, stehe dir vor Augen, *
Herr, mein Fels und mein Erlöser. – R

ZUR 2. LESUNG   *Die Vielfalt der Geistesgaben in der Gemeinde ist notwendig, damit ihr Leben sich entfalten kann. Das zeigt der Vergleich mit dem Leib und seinen verschiedenen Organen. Auch die kleineren, unscheinbaren Dienste sind für den Bestand der Gemeinde unentbehrlich; in ihnen kann sich die größte aller Gaben des Geistes offenbaren: die Liebe.*

ZWEITE LESUNG 1 Kor 12,12–31a

Ihr seid der Leib Christi, und jeder einzelne ist ein Glied an ihm

Lesung
aus dem ersten Brief des Apostels Paulus an die Korinther.

Brüder!
12 Wie der Leib eine Einheit ist, doch viele Glieder hat,
alle Glieder des Leibes aber,
obgleich es viele sind, einen einzigen Leib bilden:
so ist es auch mit Christus.

13 Durch den einen Geist
wurden wir in der Taufe
alle in einen einzigen Leib aufgenommen,
Juden und Griechen,
Sklaven und Freie;
und alle wurden wir mit dem einen Geist getränkt.

14 Auch der Leib besteht nicht nur aus e i n e m Glied,
sondern aus vielen Gliedern.

15 Wenn der Fuß sagt: Ich bin keine Hand,
ich gehöre nicht zum Leib!,
so gehört er doch zum Leib.

16 Und wenn das Ohr sagt: Ich bin kein Auge,
ich gehöre nicht zum Leib!,
so gehört es doch zum Leib.

17 Wenn der ganze Leib nur Auge wäre,
wo bliebe dann das Gehör?
Wenn er nur Gehör wäre,
wo bliebe dann der Geruchssinn?

18 Nun aber hat Gott jedes einzelne Glied so in den Leib eingefügt,
wie es seiner Absicht entsprach.

19 Wären alle zusammen nur e i n Glied,
wo bliebe dann der Leib?

20 So aber gibt es viele Glieder
und doch nur e i n e n Leib.

21 Das Auge kann nicht zur Hand sagen:
Ich bin nicht auf dich angewiesen.
Der Kopf kann nicht zu den Füßen sagen:
Ich brauche euch nicht.

3. Sonntag im Jahreskreis

² Im Gegenteil,
gerade die schwächer scheinenden Glieder des Leibes
sind unentbehrlich.
³ Denen, die wir für weniger edel ansehen,
erweisen wir um so mehr Ehre,
und unseren weniger anständigen Gliedern
begegnen wir mit mehr Anstand,
⁴ während die anständigen das nicht nötig haben.
Gott aber hat den Leib so zusammengefügt,
daß er dem geringsten Glied mehr Ehre zukommen ließ,
⁵ damit im Leib kein Zwiespalt entstehe,
sondern alle Glieder einträchtig füreinander sorgen.

⁶ Wenn darum ein Glied leidet,
leiden alle Glieder mit;
wenn ein Glied geehrt wird,
freuen sich alle anderen mit ihm.
Ihr aber seid der Leib Christi,
und jeder einzelne ist ein Glied an ihm.

So hat Gott in der Kirche die einen als Apostel eingesetzt,
die andern als Propheten,
die dritten als Lehrer;
ferner verlieh er die Kraft, Wunder zu tun,
sodann die Gaben, Krankheiten zu heilen,
zu helfen, zu leiten,
endlich die verschiedenen Arten von Zungenrede.
Sind etwa alle Apostel,
alle Propheten,
alle Lehrer?
Haben alle die Kraft, Wunder zu tun?
Besitzen alle die Gabe, Krankheiten zu heilen?
Reden alle in Zungen?
Können alle solches Reden auslegen?

ª Strebt aber nach den höheren Gnadengaben.

Oder:

KURZFASSUNG 1 Kor 12, 12–14, 27
Ihr seid der Leib Christi, und jeder einzelne ist ein Glied an ihm

Lesung
   aus dem ersten Brief des Apostels Paulus an die Korinther.

Brüder!
12 Wie der Leib eine Einheit ist, doch viele Glieder hat,
   alle Glieder des Leibes aber,
      obgleich es viele sind, einen einzigen Leib bilden:
   so ist es auch mit Christus.
13 Durch den einen Geist
      wurden wir in der Taufe
   alle in einen einzigen Leib aufgenommen,
   Juden und Griechen,
   Sklaven und Freie;
   und alle wurden wir mit dem einen Geist getränkt.
14 Auch der Leib besteht nicht nur aus e i n e m Glied,
   sondern aus vielen Gliedern.
27 Ihr aber seid der Leib Christi,
   und jeder einzelne ist ein Glied an ihm.

RUF VOR DEM EVANGELIUM Vers: vgl. Jes 61, 1 (Lk 4, 18)
Halleluja. Halleluja.

Der Herr hat mich gesandt,
den Armen die Frohe Botschaft zu bringen
und den Gefangenen die Freiheit zu verkünden.

Halleluja.

ZUM EVANGELIUM   *Die Abschnitte aus dem Evangelium sind an den Sonntagen dieses Jahres dem Lukasevangelium entnommen. Lukas beruft sich auf die Überlieferungen der ersten Augenzeugen sowie auf geschriebene Berichte, die ihm bereits vorlagen. Lukas stellt die Zeit Jesu als eine ganz besondere Zeit der Gnade dar, als die Zeit der Erfüllung. Die Zeit der Propheten geht mit Johannes dem Täufer zu Ende, es beginnt die Zeit Christi und die Zeit der Kirche. Beim ersten Auftreten Jesu in Nazaret wird diese Zeit als Zeit des Geistes, der Gnade und der Befreiung gekennzeichnet.*

3. Sonntag im Jahreskreis

EVANGELIUM Lk 1,1-4; 4,14-21

Heute hat sich dieses Schriftwort erfüllt

✛ Aus dem heiligen Evangelium nach Lukas.

Schon viele haben es unternommen,
    einen Bericht über all das abzufassen,
    was sich unter uns ereignet und erfüllt hat.
Dabei hielten sie sich an die Überlieferung derer,
    die von Anfang an Augenzeugen und Diener des Wortes waren.

Nun habe ich mich entschlossen,
    allem von Grund auf sorgfältig nachzugehen,
    um es für dich, hochverehrter Theóphilus,
    der Reihe nach aufzuschreiben.
So kannst du dich von der Zuverlässigkeit der Lehre überzeugen,
    in der du unterwiesen wurdest.

In jener Zeit
    kehrte Jesus,
    erfüllt von der Kraft des Geistes,
    nach Galiläa zurück.
Und die Kunde von ihm verbreitete sich in der ganzen Gegend.
Er lehrte in den Synagogen
    und wurde von allen gepriesen.

So kam er auch nach Nazaret, wo er aufgewachsen war,
und ging, wie gewohnt, am Sabbat in die Synagoge.
Als er aufstand, um aus der Schrift vorzulesen,
    reichte man ihm das Buch des Propheten Jesája.
Er schlug das Buch auf
und fand die Stelle, wo es heißt:
    Der Geist des Herrn ruht auf mir;
denn der Herr hat mich gesalbt.
Er hat mich gesandt,
    damit ich den Armen eine gute Nachricht bringe;
    damit ich den Gefangenen die Entlassung verkünde
und den Blinden das Augenlicht;
damit ich die Zerschlagenen in Freiheit setze
    und ein Gnadenjahr des Herrn ausrufe.

Dann schloß er das Buch,
gab es dem Synagogendiener
und setzte sich.

Die Augen aller in der Synagoge waren auf ihn gerichtet.
21 Da begann er, ihnen darzulegen:
 Heute hat sich das Schriftwort, das ihr eben gehört habt, erfüllt.

Glaubensbekenntnis, S. 348 ff.
Fürbitten vgl. S. 800 ff.

ZUR EUCHARISTIEFEIER Bis zum Ende der Zeiten verkündet Jesus den Armen die frohe Botschaft. Wenn wir sie hören, begreifen wir erst, wie arm wir waren. Das Wort Jesu ist Wahrheit, sein Leib ist Brot für den Hunger der Welt.

GABENGEBET

Herr,
nimm unsere Gaben an und heilige sie,
damit sie zum Sakrament der Erlösung werden,
das uns Heil und Segen bringt.
Darum bitten wir durch Christus, unseren Herrn.

Präfation, S. 416 ff.

KOMMUNIONVERS Ps 34 (33), 6

Blickt auf zum Herrn, so wird euer Gesicht leuchten,
und ihr braucht nicht zu erröten.

Oder: Joh 8, 12

Ich bin das Licht der Welt – so spricht der Herr.
Wer mir nachfolgt, wird nicht in der Finsternis gehen.
Er wird das Licht des Lebens haben.

SCHLUSSGEBET

Allmächtiger Gott,
in deinem Mahl
schenkst du uns göttliches Leben.
Gib, daß wir dieses Sakrament
immer neu als dein großes Geschenk empfangen
und aus seiner Kraft leben.
Darum bitten wir durch Christus, unseren Herrn.

FÜR DEN TAG UND DIE WOCHE
Die Unsicherheit

Wir besitzen Jesus nicht. Er besitzt uns. Diese Unsicherheit gehört zum Glauben, denn der Glaube ist „Feststehen in dem, was man erhofft, Überzeugtsein von dem, was man nicht sieht" (Hebr 11,1). Auch für den Christen wohnt Gott im unzugänglichen Licht. Kein Wort kann ihn fassen. Auch nicht das Wort der Schrift, das ihn offenbart. Ein gewisses Maß an Solidarität mit denen, die heute unter der Abwesenheit Gottes leiden, steht dem Christen nicht nur gut an, es wird ihm in der Nachfolge Jesu abgefordert (vgl. Mt 27,46). (R. Zerfaß)

4. SONNTAG IM JAHRESKREIS

Wer in dieser Welt dazu berufen ist, das Wort Gottes zu sagen, der ist „geheiligt", das heißt Gott und seinem Dienst geweiht. Er ist allein, er muß mit Widerstand rechnen. Auch mit dem Widerstand im eigenen Innern, solange er nicht eins geworden ist mit dem Wort, das er anderen sagen muß.
Jesus ist mit seiner Botschaft nicht „angekommen"; es ging ihm wie allen Propheten. Aber wie Gott zu Jeremia sagte: „Ich bin bei dir", so kann Jesus sagen: „Der Vater ist bei mir."

ERÖFFNUNGSVERS   Ps 106 (105),47
Hilf uns, Herr, unser Gott, führe uns aus den Völkern zusammen!
Wir wollen deinen heiligen Namen preisen,
uns rühmen, weil wir dich loben dürfen.
Ehre sei Gott. S. 344 ff.

TAGESGEBET

Herr, unser Gott,
du hast uns erschaffen, damit wir dich preisen.
Gib, daß wir dich mit ungeteiltem Herzen anbeten
und die Menschen lieben, wie du sie liebst.
Darum bitten wir durch Jesus Christus.

4. Sonntag im Jahreskreis

ZUR 1. LESUNG *Jeremia wurde Prophet, nicht weil er wollte, sondern weil er mußte. „Ich habe dich ausersehen – geheiligt – zum Propheten bestimmt." Jeremia erschrickt vor der Aufgabe, er ahnt den Widerstand. Aber noch mehr erschrickt er vor der Möglichkeit, dem Ruf auszuweichen. Jeremia ist jung in der Stunde seiner Berufung, und immer wird er das Herz eines Jüngers haben.*

ERSTE LESUNG   Jer 1,4–5.17–19

Zum Propheten für die Völker habe ich dich bestimmt

Lesung
   aus dem Buch Jeremía.

In den Tagen Joschíjas, des Königs von Juda,
4   erging das Wort des Herrn an mich:
5 Noch ehe ich dich im Mutterleib formte,
       habe ich dich ausersehen,
   noch ehe du aus dem Mutterschoß hervorkamst,
       habe ich dich geheiligt,
   zum Propheten für die Völker habe ich dich bestimmt.
17 Gürte dich,
   tritt vor sie hin,
   und verkünde ihnen alles, was ich dir auftrage.
   Erschrick nicht vor ihnen,
   sonst setze ich dich vor ihren Augen in Schrecken.
18 Ich selbst mache dich heute zur befestigten Stadt,
   zur eisernen Säule und zur ehernen Mauer gegen das ganze Land,
   gegen die Könige, Beamten und Priester von Juda
   und gegen das Volk auf dem Land.

19 Mögen sie dich bekämpfen,
       sie werden dich nicht bezwingen;
   denn ich bin mit dir, um dich zu retten –
   Spruch des Herrn.

ANTWORTPSALM   Ps 71 (70), 1–2.3.5–6.15 u. 17 (R: 15a)

R Mein Mund soll künden von deiner Gerechtigkeit. – R   (GL 717,1)

1 Herr, ich suche <u>Zu</u>flucht bei dir. *   III. Ton
   Laß mich doch <u>nie</u>mals scheitern!

4. Sonntag im Jahreskreis

Reiß mich heraus und rette mich in deiner Gerechtigkeit, *
wende dein Ohr mir zu und hilf mir! – (R)

Sei mir ein sicherer Hort, *
zu dem ich allzeit kommen darf.

Du hast mir versprochen zu helfen, *
denn du bist mein Fels und meine Burg. – (R)

Herr, mein Gott, du bist ja meine Zuversicht, *
meine Hoffnung von Jugend auf.

Vom Mutterleib an stütze ich mich auf dich, †
vom Mutterschoß an bist du mein Beschützer, *
dir gilt mein Lobpreis allezeit.   (R)

Mein Mund soll von deiner Gerechtigkeit künden †
und von deinen Wohltaten sprechen den ganzen Tag, *
denn ich kann sie nicht zählen.

Gott, du hast mich gelehrt von Jugend auf, *
und noch heute verkünde ich dein wunderbares Walten. – R

ZUR 2. LESUNG   *Paulus hat von den verschiedenen Geistesgaben in der Gemeinde gesprochen; ihretwegen war es in Korinth zu Spaltungen gekommen. Nun aber schiebt er allen kleinen Kram beiseite, um das Hohelied der Liebe zu singen. Sie allein macht den Menschen frei und groß; alles andere hat ohne sie keinen Wert, keinen Bestand.*

ZWEITE LESUNG 1 Kor 12, 31 – 13, 13

Für jetzt bleiben Glaube, Hoffnung, Liebe, diese drei; doch am größten unter ihnen ist die Liebe

Lesung
  aus dem ersten Brief des Apostels Paulus an die Korinther.

Brüder!
Strebt nach den höheren Gnadengaben!
Ich zeige euch jetzt einen anderen Weg,
  einen, der alles übersteigt:
Wenn ich in den Sprachen der Menschen und Engel redete,
  hätte aber die Liebe nicht,
  wäre ich dröhnendes Erz oder eine lärmende Pauke.

2 Und wenn ich prophetisch reden könnte
und alle Geheimnisse wüßte und alle Erkenntnisse hätte;
wenn ich alle Glaubenskraft besäße
und Berge damit versetzen könnte,
hätte aber die Liebe nicht,
wäre ich nichts.

3 Und wenn ich meine ganze Habe verschenkte,
und wenn ich meinen Leib dem Feuer übergäbe,
hätte aber die Liebe nicht,
nützte es mir nichts.

4 Die Liebe ist langmütig;
die Liebe ist gütig.
Sie ereifert sich nicht,
sie prahlt nicht,
sie bläht sich nicht auf.

5 Sie handelt nicht ungehörig,
sucht nicht ihren Vorteil,
läßt sich nicht zum Zorn reizen,
trägt das Böse nicht nach.

6 Sie freut sich nicht über das Unrecht,
sondern freut sich an der Wahrheit.

7 Sie erträgt alles,
glaubt alles,
hofft alles,
hält allem stand.

8 Die Liebe hört niemals auf.
Prophetisches Reden hat ein Ende.
Zungenrede verstummt,
Erkenntnis vergeht.

9 Denn Stückwerk ist unser Erkennen,
Stückwerk unser prophetisches Reden;

10 wenn aber das Vollendete kommt,
vergeht alles Stückwerk.

11 Als ich ein Kind war,
redete ich wie ein Kind,
dachte wie ein Kind
und urteilte wie ein Kind.
Als ich ein Mann wurde,
legte ich ab, was Kind an mir war.

4. Sonntag im Jahreskreis

Jetzt schauen wir in einen Spiegel
  und sehen nur rätselhafte Umrisse,
dann aber schauen wir von Angesicht zu Angesicht.
Jetzt erkenne ich unvollkommen,
  dann aber werde ich durch und durch erkennen,
  so wie ich auch durch und durch erkannt worden bin.

Für jetzt bleiben Glaube, Hoffnung, Liebe, diese drei;
doch am größten unter ihnen
  ist die Liebe.

Oder:

KURZFASSUNG 1 Kor 13, 4–13

Für jetzt bleiben Glaube, Hoffnung, Liebe, diese drei; doch am größten unter ihnen ist die Liebe

Lesung
  aus dem ersten Brief des Apostels Paulus an die Korínther.

Brüder!
Die Liebe ist langmütig,
die Liebe ist gütig.
Sie ereifert sich nicht,
sie prahlt nicht,
sie bläht sich nicht auf.
Sie handelt nicht ungehörig,
sucht nicht ihren Vorteil,
läßt sich nicht zum Zorn reizen,
trägt das Böse nicht nach.
Sie freut sich nicht über das Unrecht,
  sondern freut sich an der Wahrheit.
Sie erträgt alles,
glaubt alles,
hofft alles,
hält allem stand.

Die Liebe hört niemals auf.
Prophetisches Reden hat ein Ende,
  Zungenrede verstummt,
  Erkenntnis vergeht.
Denn Stückwerk ist unser Erkennen,
  Stückwerk unser prophetisches Reden;

¹⁰ wenn aber das Vollendete kommt,
   vergeht alles Stückwerk.
¹¹ Als ich ein Kind war,
   redete ich wie ein Kind,
   dachte wie ein Kind
   und urteilte wie ein Kind.
   Als ich ein Mann wurde,
   legte ich ab, was Kind an mir war.
¹² Jetzt schauen wir in einen Spiegel
   und sehen nur rätselhafte Umrisse,
   dann aber schauen wir von Angesicht zu Angesicht.
   Jetzt erkenne ich unvollkommen,
   dann aber werde ich durch und durch erkennen,
   so wie ich auch durch und durch erkannt worden bin.
¹³ Für jetzt bleiben Glaube, Hoffnung, Liebe, diese drei;
   doch am größten unter ihnen
   ist die Liebe.

RUF VOR DEM EVANGELIUM   Vers: vgl. Jes 61,1 (Lk 4,18)

Halleluja. Halleluja.

Der Herr hat mich gesandt,
den Armen die Frohe Botschaft zu bringen
und den Gefangenen die Freiheit zu verkünden.

Halleluja.

ZUM EVANGELIUM   *Die Predigt Jesu in der Synagoge von Nazaret ist Evangelium: die gute Nachricht vom Kommen der Gottesherrschaft, hier und heute. Die Zeit der Menschheit ist in ihrer entscheidenden Mitte angekommen. Jesus selbst ist die Mitte; auf ihm ruht der Geist Gottes. Das Evangelium glauben heißt an die Person Jesu glauben. Wer das Evangelium hört, wird vor die Entscheidung gestellt.*

EVANGELIUM   Lk 4,21–30

Wie Elija und Elischa, so ist Jesus nicht nur zu den Juden gesandt

✚ Aus dem heiligen Evangelium nach Lukas.

In jener Zeit
²¹   begann Jesus in der Synagoge in Nazaret darzulegen:

4. Sonntag im Jahreskreis

Heute hat sich das Schriftwort, das ihr eben gehört habt, erfüllt.
Seine Rede fand bei allen Beifall;
sie staunten darüber, wie begnadet er redete,
und sagten: Ist das nicht der Sohn Josefs?

Da entgegnete er ihnen:
> Sicher werdet ihr mir das Sprichwort vorhalten:
> Arzt, heile dich selbst!
Wenn du in Kafárnaum so große Dinge getan hast,
> wie wir gehört haben,
dann tu sie auch hier in deiner Heimat!

Und er setzte hinzu: Amen, das sage ich euch:
Kein Prophet wird in seiner Heimat anerkannt.

Wahrhaftig, das sage ich euch:
> In Israel gab es viele Witwen in den Tagen des Elíja,
> als der Himmel für drei Jahre und sechs Monate verschlossen war
> und eine große Hungersnot über das ganze Land kam.
Aber zu keiner von ihnen wurde Elíja gesandt,
> nur zu einer Witwe in Sarépta bei Sidon.

Und viele Aussätzige gab es in Israel zur Zeit des Propheten Elíscha.
Aber keiner von ihnen wurde geheilt,
> nur der Syrer Náaman.

Als die Leute in der Synagoge das hörten,
> gerieten sie alle in Wut.
Sie sprangen auf
und trieben Jesus zur Stadt hinaus;
sie brachten ihn an den Abhang des Berges,
> auf dem ihre Stadt erbaut war,
> und wollten ihn hinabstürzen.
Er aber schritt mitten durch die Menge hindurch
> und ging weg.

Glaubensbekenntnis, S. 348 ff.
Fürbitten vgl. S. 800 ff.

ZUR EUCHARISTIEFEIER *Das Wort Jesu ist Offenbarung, Verheißung, Forderung. Er gibt uns sein Wort, er gibt uns sich selber. Er gibt sich ganz, und man kann ihn nur ganz aufnehmen.*

GABENGEBET

Herr, unser Gott,
wir legen die Gaben
als Zeichen unserer Hingabe auf deinen Altar.
Nimm sie entgegen
und mach sie zum Sakrament unserer Erlösung.
Darum bitten wir durch Christus, unseren Herrn.

Präfation, S. 416 ff.

KOMMUNIONVERS Ps 31 (30), 17–18

Laß dein Angesicht leuchten über deinem Knecht,
hilf mir in deiner Güte.
Herr, laß mich nicht scheitern, denn ich rufe zu dir.

Oder: Mt 5, 3.5

Selig, die vor Gott arm sind; denn ihnen gehört das Himmelreich.
Selig, die keine Gewalt anwenden; denn sie werden das Land erben.

SCHLUSSGEBET

Barmherziger Gott,
das Sakrament der Erlösung,
das wir empfangen haben,
nähre uns auf dem Weg zu dir
und schenke dem wahren Glauben
beständiges Wachstum.
Darum bitten wir durch Christus, unseren Herrn.

FÜR DEN TAG UND DIE WOCHE

Unbequem   *Die frohe Botschaft Jesu ist keine bequeme Botschaft, sie war es nie. Das Evangelium ist nicht von dieser Welt; es ist Gottes Wort an die Welt und fordert ihren Widerspruch heraus. – „Lehren, mein lieber junger Mann, das ist kein Spaß. Gottes Wort, das ist glühendes Eisen. Und du willst es lehren, indem du es mit der Zange anfaßt, um dir die Finger nicht zu verbrennen! Du willst nicht mit beiden Händen danach greifen? Daß ich nicht lache." (G. Bernanos)*

5. SONNTAG IM JAHRESKREIS

Nicht durch Nachgrübeln erfährt der Mensch, wer er ist. Er weiß es durch die Begegnung mit der Wirklichkeit und durch die Tat. Die Wirklichkeit begegnet dem Menschen im Du: im menschlichen Du, und im größeren Du des göttlichen Geheimnisses. Wen Gott anspricht, der weiß, daß er ein kleiner Mensch ist und ein verlorener Sünder. Aber Gott macht ihn rein durch sein glühendes Wort; dann sendet er ihn, mit Auftrag und Verantwortung.

ERÖFFNUNGSVERS Ps 95 (94), 6–7
**Kommt, laßt uns niederfallen,
uns verneigen vor dem Herrn, unserem Schöpfer!
Denn er ist unser Gott.**

Ehre sei Gott, S. 344 ff.

TAGESGEBET

**Gott, unser Vater,
wir sind dein Eigentum
und setzen unsere Hoffnung
allein auf deine Gnade.
Bleibe uns nahe in jeder Not und Gefahr
und schütze uns.
Darum bitten wir durch Jesus Christus.**

ZUR 1. LESUNG *In einfacher und großer Sprache berichtet Jesaja, wie der Gott Israels ihn zum Propheten berufen hat. Vor dem heiligen, unnahbaren Gott begreift er seine Sündhaftigkeit und die Sünde des Volkes. Er wird geheiligt und von Gott in Dienst genommen. Er wird das Wort Gottes in Israel ausrichten, gegen Israel, das Volk, das er liebt und mit dem er sich solidarisch weiß.*

ERSTE LESUNG   Jes 6, 1–2a.3–8

Hier bin ich, sende mich

**Lesung
aus dem Buch Jesája.**

1 Im Todesjahr des Königs Usíja sah ich den Herrn.
Er saß auf einem hohen und erhabenen Thron.
Der Saum seines Gewandes füllte den Tempel aus.
2a Sérafim standen über ihm.
3 Sie riefen einander zu:
  Heilig, heilig, heilig ist der Herr der Heere.
Von seiner Herrlichkeit ist die ganze Erde erfüllt.
4 Die Türschwellen bebten bei ihrem lauten Ruf,
und der Tempel füllte sich mit Rauch.
5 Da sagte ich: Weh mir, ich bin verloren.
Denn ich bin ein Mann mit unreinen Lippen
und lebe mitten in einem Volk mit unreinen Lippen,
und meine Augen haben den König, den Herrn der Heere, gesehen.
6 Da flog einer der Sérafim zu mir;
er trug in seiner Hand eine glühende Kohle,
  die er mit einer Zange vom Altar genommen hatte.
7 Er berührte damit meinen Mund
und sagte:
  Das hier hat deine Lippen berührt:
Deine Schuld ist getilgt,
deine Sünde gesühnt.
8 Danach hörte ich die Stimme des Herrn,
  der sagte: Wen soll ich senden?
Wer wird für uns gehen?
Ich antwortete: Hier bin ich,
sende mich!

ANTWORTPSALM   Ps 138 (137), 1–2b.2c–3.4–5.7c–8 (R: 1b)

R Vor den Engeln will ich dir singen und spielen, o Herr. – R   (GL
                                                                  527, 1)
1 Ich will dir danken aus ganzem Herzen, *
dir vor den Engeln singen und spielen;   VIII. Ton
2ab ich will mich niederwerfen zu deinem heiligen Tempel hin *
und deinem Namen danken für deine Huld und Treue. – (R)

5. Sonntag im Jahreskreis

:d Denn du hast die Worte meines Mundes gehört, *
deinen Namen und dein Wort über alles verherrlicht.

Du hast mich erhört an dem Tag, als ich rief; *
du gabst meiner Seele große Kraft. – (R)

Dich sollen preisen, Herr, alle Könige der Welt, *
wenn sie die Worte deines Mundes vernehmen.

Sie sollen singen von den Wegen des Herrn; *
denn groß ist die Herrlichkeit des Herrn. – (R)

:d Du streckst die Hand aus gegen meine wütenden Feinde, *
und deine Rechte hilft mir.

Der Herr nimmt sich meiner an. †
Herr, deine Huld währt ewig. *
Laß nicht ab vom Werk deiner Hände! – R

ZUR 2. LESUNG *Der Apostel Paulus sieht seine Berufung ganz im Licht Christi, des Auferstandenen. Der heutige Leseabschnitt enthält das älteste schriftliche Zeugnis des Auferstehungsglaubens, geschrieben ums Jahr 55 n. Chr., also noch vor den Evangelien. Die Auferstehung Jesu ist für Paulus die Grundtatsache; ohne sie gäbe es keinen Apostel Paulus und keine Christusbotschaft.*

ZWEITE LESUNG   1 Kor 15, 1–11

Das ist unsere Botschaft, und das ist der Glaube, den ihr angenommen habt

Lesung
  aus dem ersten Brief des Apostels Paulus an die Korínther.

Ich erinnere euch, Brüder,
  an das Evangelium, das ich euch verkündet habe.
Ihr habt es angenommen;
es ist der Grund, auf dem ihr steht.
Durch dieses Evangelium werdet ihr gerettet,
  wenn ihr an dem Wortlaut festhaltet,
    den ich euch verkündet habe.
Oder habt ihr den Glauben vielleicht unüberlegt angenommen?

Denn vor allem habe ich euch überliefert,
  was auch ich empfangen habe:

4 Christus ist für unsere Sünden gestorben, gemäß der Schrift,
und ist begraben worden.
5 Er ist am dritten Tag auferweckt worden, gemäß der Schrift,
und erschien dem Kephas, dann den Zwölf.
6 Danach erschien er mehr als fünfhundert Brüdern zugleich;
die meisten von ihnen sind noch am Leben,
einige sind entschlafen.
7 Danach erschien er dem Jakobus,
dann allen Aposteln.
8 Als letztem von allen erschien er auch mir,
dem Unerwarteten, der „Mißgeburt".
9 Denn ich bin der geringste von den Aposteln;
ich bin nicht wert, Apostel genannt zu werden,
weil ich die Kirche Gottes verfolgt habe.
10 Doch durch Gottes Gnade bin ich, was ich bin,
und sein gnädiges Handeln an mir
ist nicht ohne Wirkung geblieben.
Mehr als sie alle habe ich mich abgemüht –
nicht ich, sondern die Gnade Gottes zusammen mit mir.
11 Ob nun ich verkündige oder die anderen:
das ist unsere Botschaft,
und das ist der Glaube, den ihr angenommen habt.

Oder:

KURZFASSUNG 1 Kor 15, 3–8.11

Das ist unsere Botschaft, und das ist der Glaube, den ihr angenommen habt

Lesung
aus dem ersten Brief des Apostels Paulus an die Korínther.

Brüder!
3 Vor allem habe ich euch überliefert, was auch ich empfangen habe:
Christus ist für unsere Sünden gestorben, gemäß der Schrift,
4 und ist begraben worden.
5 Er ist am dritten Tag auferweckt worden, gemäß der Schrift,
und erschien dem Kephas, dann den Zwölf.
6 Danach erschien er mehr als fünfhundert Brüdern zugleich;
die meisten von ihnen sind noch am Leben,
einige sind entschlafen.
7 Danach erschien er dem Jakobus,
dann allen Aposteln.

5. Sonntag im Jahreskreis

Als letztem von allen erschien er auch mir,
dem Unerwarteten, der „Mißgeburt".

Ob nun ich verkündige oder die anderen:
das ist unsere Botschaft,
und das ist der Glaube, den ihr angenommen habt.

RUF VOR DEM EVANGELIUM   Vers: Mt 4,19
Halleluja. Halleluja.

(So spricht der Herr:)
Folgt mir nach!
Ich werde euch zu Menschenfischern machen.
Halleluja.

ZUM EVANGELIUM   *Nur bei Lukas steht die Erzählung von dem wunderbaren Fischfang des Petrus. Vom Boot des Petrus aus lehrt Jesus die Volksmenge, die am Ufer steht. Zu Petrus sagt er: Fahr hinaus! Und Petrus erhält die Verheißung: Von jetzt an wirst du Menschen fangen. Ein ausdrücklicher Ruf zur Nachfolge ergeht hier nicht. Aber Petrus spürt in der Nähe Jesu die Heiligkeit des anwesenden Gottes. Etwas Entscheidendes ist in dieser Stunde im Leben des Petrus und seiner Gefährten geschehen.*

EVANGELIUM   Lk 5,1–11
Sie ließen alles zurück und folgten ihm nach

✢ Aus dem heiligen Evangelium nach Lukas.

In jener Zeit,
als Jesus am Ufer des Sees Gennésaret stand,
drängte sich das Volk um ihn und wollte das Wort Gottes hören.
Da sah er zwei Boote am Ufer liegen.
Die Fischer waren ausgestiegen und wuschen ihre Netze.
Jesus stieg in das Boot, das dem Simon gehörte,
und bat ihn, ein Stück weit vom Land wegzufahren.
Dann setzte er sich
und lehrte das Volk vom Boot aus.

Als er seine Rede beendet hatte,
sagte er zu Simon: Fahr hinaus auf den See!
Dort werft eure Netze zum Fang aus!

⁵ Simon antwortete ihm:
   Meister, wir haben die ganze Nacht gearbeitet
   und nichts gefangen.
   Doch wenn du es sagst,
      werde ich die Netze auswerfen.
⁶ Das taten sie,
   und sie fingen eine so große Menge Fische,
      daß ihre Netze zu reißen drohten.
⁷ Deshalb winkten sie ihren Gefährten im anderen Boot,
   sie sollten kommen und ihnen helfen.
   Sie kamen, und gemeinsam füllten sie beide Boote bis zum Rand,
      so daß sie fast untergingen.
⁸ Als Simon Petrus das sah,
   fiel er Jesus zu Füßen
   und sagte: Herr, geh weg von mir;
      ich bin ein Sünder.
⁹ Denn er und alle seine Begleiter waren erstaunt und erschrocken,
   weil sie so viele Fische gefangen hatten;
¹⁰ ebenso ging es Jakobus und Johannes,
   den Söhnen des Zebedäus, die mit Simon zusammenarbeiteten.
   Da sagte Jesus zu Simon:
      Fürchte dich nicht!
   Von jetzt an wirst du Menschen fangen.
¹¹ Und sie zogen die Boote an Land,
   ließen alles zurück
      und folgten ihm nach.

Glaubensbekenntnis, S. 348 ff.
Fürbitten vgl. S. 800 ff.

ZUR EUCHARISTIEFEIER *„Herr, geh weg von mir, ich bin ein Sünder", sagt Petrus. „Herr, ich bin nicht würdig …", sagen wir und wissen doch schon, daß er uns nicht fortschickt.*

GABENGEBET

Herr, unser Gott,
du hast Brot und Wein geschaffen,
um uns Menschen in diesem vergänglichen Leben
Nahrung und Freude zu schenken.

5. Sonntag im Jahreskreis

Mache diese Gaben zum Sakrament,
das uns ewiges Leben bringt.
Darum bitten wir durch Christus, unseren Herrn.

Präfation, S. 416 ff.

KOMMUNIONVERS Ps 107 (106), 8—9

Wir wollen dem Herrn danken für seine Huld,
für sein wunderbares Tun an den Menschen,
weil er die hungernde Seele mit seinen Gaben erfüllt hat.

Oder: Mt 5, 4. 6

Selig, die trauern; denn sie werden getröstet werden.
Selig, die hungern und dürsten nach der Gerechtigkeit;
denn sie werden satt werden.

SCHLUSSGEBET

Barmherziger Gott,
du hast uns teilhaben lassen
an dem einen Brot und dem einen Kelch.
Laß uns eins werden in Christus
und Diener der Freude sein für die Welt.
Darum bitten wir durch Christus, unseren Herrn.

FÜR DEN TAG UND DIE WOCHE

Das Geschenk *Gott will zu den Menschen durch Menschen kommen, zu den Sündern durch Sünder, die wissen, daß sie nur durch die Gnade Gottes etwas sind. — „Nicht die Bußpredigt, nicht der Ruf zur Umkehr, sondern das Geschenk des reichen Fischfangs hat Petrus seine Schuld erkennen und bekennen lassen. Jetzt handelt Jesus gegen allen Sachverstand; diesen Sünder will er als Menschenfischer, als seinen Boten, und die andern mit ihm. Jesus überwältigt durch Güte: Sie verließen alles und folgten ihm nach."* (F. Kerstiens)

6. SONNTAG IM JAHRESKREIS

Wir können uns die Bedingungen und die Zeit unseres Lebens nicht aussuchen. Wir können gegen das Leben protestieren und gegen den Tod, aber wir leben, und wir werden sterben. Wir sind glücklich oder unglücklich, oder beides. Aber: was ist mir wichtig, was will ich wirklich, wem traue ich – wem kann ich glauben? Auch diesen Fragen kann ich nicht ausweichen, sie werden mir gestellt. Und wenn ich ein hörendes Herz habe, erfahre ich die Antwort.

ERÖFFNUNGSVERS Ps 31 (30), 3–4
Sei mir ein schützender Fels, eine feste Burg, die mich rettet.
Denn du bist mein Fels und meine Burg;
um deines Namens willen wirst du mich führen und leiten.

Ehre sei Gott, S. 344 ff.

TAGESGEBET
Gott, du liebst deine Geschöpfe,
und es ist deine Freude,
bei den Menschen zu wohnen.
Gib uns ein neues und reines Herz,
das bereit ist, dich aufzunehmen.
Darum bitten wir durch Jesus Christus.

ZUR 1. LESUNG *Die Lesung aus dem Propheten Jeremia ist ein Gegenstück zu den Seligpreisungen und Weherufen im heutigen Evangelium. – Zwei Arten von Menschen werden miteinander verglichen: der Mann, der auf Gott vertraut, und der Mann, der auf Menschen vertraut. Wer sich auf Gott verläßt, an seine Treue und seine helfende Macht glaubt, wird zwar von Schwierigkeiten nicht verschont, aber er weiß sich geborgen. Jeremia hat diese Worte vielleicht mit dem Blick auf den unglücklichen König Zidkija gesagt, der in seiner Politik „auf Menschen vertraute" und damit die Katastrophe Jerusalems herbeiführte.*

6. Sonntag im Jahreskreis

ERSTE LESUNG
Jer 17, 5–8

*Verflucht, wer auf Menschen vertraut;
gesegnet, wer auf den Herrn sich verläßt*

**Lesung
aus dem Buch Jeremía.**

So spricht der Herr:
Verflucht der Mann, der auf Menschen vertraut,
auf schwaches Fleisch sich stützt,
und dessen Herz sich abwendet vom Herrn.
Er ist wie ein kahler Strauch in der Steppe,
 der nie einen Regen kommen sieht;
er bleibt auf dürrem Wüstenboden,
 im salzigen Land, wo niemand wohnt.

Gesegnet der Mann, der auf den Herrn sich verläßt
 und dessen Hoffnung der Herr ist.
Er ist wie ein Baum, der am Wasser gepflanzt ist
 und am Bach seine Wurzeln ausstreckt:
Er hat nichts zu fürchten, wenn Hitze kommt;
seine Blätter bleiben grün;
auch in einem trockenen Jahr ist er ohne Sorge,
unablässig bringt er seine Früchte.

ANTWORTPSALM
Ps 1, 1–2.3.4 u. 6 (R: vgl. Jer 17, 7)

R Gesegnet, wer auf den Herrn sich verläßt. – R (GL 708, 1)

Wohl dem Mann, der nicht dem Rat der Frevler folgt, † IV. Ton
nicht auf dem Weg der Sünder geht, *
nicht im Kreis der Spötter sitzt,

sondern Freude hat an der Weisung des Herrn, *
über seine Weisung nachsinnt bei Tag und bei Nacht. – (R)

Er ist wie ein Baum, der an Wasserbächen gepflanzt ist, †
der zur rechten Zeit seine Frucht bringt *
und dessen Blätter nicht welken.

Alles, was er tut, *
wird ihm gut gelingen. – (R)

4 Nicht so die Frevler: *
Sie sind wie Spreu, die der Wind verweht.
6 Denn der Herr kennt den Weg der Gerechten, *
der Weg der Frevler aber führt in den Abgrund.

R Gesegnet, wer auf den Herrn sich verläßt.

ZUR 2. LESUNG *Nicht erst dem modernen Menschen bereitet die Lehre von der Auferstehung der Toten Schwierigkeiten. Paulus hat versucht, sie den Christen von Korinth zu erklären. Er kann dabei von der Auferstehung Jesu ausgehen, die er als gesichert voraussetzt. Sie wäre nicht möglich gewesen, wenn es keine Auferstehung gäbe. Wer Glaubenswahrheiten in Frage stellt, muß sich darüber im klaren sein, daß die Wahrheit der christlichen Botschaft unteilbar ist. Leugnet man einen Satz, so folgen die anderen.*

ZWEITE LESUNG 1 Kor 15, 12. 16–20

Wenn Christus nicht auferweckt worden ist, dann ist euer Glaube nutzlos

Lesung
aus dem ersten Brief des Apostels Paulus an die Korínther.

Brüder!
12 Wenn verkündigt wird,
daß Christus von den Toten auferweckt worden ist,
wie können dann einige von euch sagen:
Eine Auferstehung der Toten gibt es nicht?
16 Denn wenn Tote nicht auferweckt werden,
ist auch Christus nicht auferweckt worden.
17 Wenn aber Christus nicht auferweckt worden ist,
dann ist euer Glaube nutzlos,
und ihr seid immer noch in euren Sünden;
18 und auch die in Christus Entschlafenen sind dann verloren.
19 Wenn wir unsere Hoffnung
nur in diesem Leben auf Christus gesetzt haben,
sind wir erbärmlicher daran als alle anderen Menschen.
20 Nun aber ist Christus von den Toten auferweckt worden
als der Erste der Entschlafenen.

6. Sonntag im Jahreskreis

RUF VOR DEM EVANGELIUM
Vers: Lk 6,23ab

Halleluja. Halleluja.
(So spricht der Herr:)
Freut euch und jubelt!
Euer Lohn im Himmel wird groß sein.
Halleluja.

ZUM EVANGELIUM
Der Bergpredigt im Matthäusevangelium entspricht bei Lukas die sogenannte Feldrede (Lk 7,20–49). Auf die Seligpreisungen am Anfang folgen bei Lk vier Weherufe. Jesus spricht das Heil den Armen zu: denen, die hungern und weinen und wegen des Glaubens verfolgt werden; den Menschen, die wissen, daß sie nichts haben, und die fähig sind, sich ungesichert Gott auszuliefern. Die Weherufe gelten den Reichen und Satten, den harten Menschen, die angesichts fremder Not lachen können.

EVANGELIUM
Lk 6,17.20–26

Selig, ihr Armen! – Weh euch, ihr Reichen!

✢ Aus dem heiligen Evangelium nach Lukas.

In jener Zeit
    stieg Jesus mit seinen Jüngern den Berg hinab.
In der Ebene
    blieb er mit einer großen Schar seiner Jünger stehen,
und viele Menschen aus ganz Judäa und Jerusalem
    und dem Küstengebiet von Tyrus und Sidon strömten herbei.

Jesus richtete seine Augen auf seine Jünger
und sagte:
    Selig, ihr Armen,
    denn euch gehört das Reich Gottes.
Selig, die ihr jetzt hungert,
    denn ihr werdet satt werden.
Selig, die ihr jetzt weint,
    denn ihr werdet lachen.
Selig seid ihr, wenn euch die Menschen hassen
    und aus ihrer Gemeinschaft ausschließen,
    wenn sie euch beschimpfen
    und euch in Verruf bringen um des Menschensohnes willen.

23 Freut euch und jauchzt an jenem Tag;
euer Lohn im Himmel wird groß sein.
Denn ebenso haben es ihre Väter mit den Propheten gemacht.

24 Aber weh euch, die ihr reich seid;
denn ihr habt keinen Trost mehr zu erwarten.

25 Weh euch, die ihr jetzt satt seid;
denn ihr werdet hungern.
Weh euch, die ihr jetzt lacht;
denn ihr werdet klagen und weinen.

26 Weh euch, wenn euch alle Menschen loben;
denn ebenso haben es ihre Väter
mit den falschen Propheten gemacht.

Glaubensbekenntnis, S. 348 ff.
Fürbitten vgl. S. 800 ff.

ZUR EUCHARISTIEFEIER
Zum Gastmahl Gottes sind die Armen eingeladen. Die Reichen haben keine Zeit. Die Armen und die Hungrigen kann Gott sättigen, nur sie.

GABENGEBET

Barmherziger Gott,
das heilige Opfer reinige uns von Sünden
und mache uns zu neuen Menschen.
Es helfe uns, nach deinem Willen zu leben,
damit wir den verheißenen Lohn erlangen.
Darum bitten wir durch Christus, unseren Herrn.

Präfation, S. 416 ff.

KOMMUNIONVERS   Vgl. Ps 78 (77), 29–30

Alle aßen und wurden satt; er gab ihnen, was sie begehrten.
Ihr Verlangen wurde erfüllt.

Oder: Joh 3, 16

Gott hat die Welt so geliebt, daß er seinen einzigen Sohn hingab,
damit jeder, der an ihn glaubt, nicht zugrunde geht,
sondern das ewige Leben hat.

SCHLUSSGEBET

Gott, du Spender alles Guten,
du hast uns das Brot des Himmels geschenkt.
Erhalte in uns das Verlangen nach dieser Speise,
die unser wahres Leben ist.
Darum bitten wir durch Christus, unseren Herrn.

FÜR DEN TAG UND DIE WOCHE

Mir gesagt *Wenn wir das Evangelium hören, wissen wir, daß da nicht von fremden Menschen die Rede ist, sondern von uns. Wir, wir sind die Armen, die Hungernden, die Weinenden – oder die Reichen und Satten, die Lachenden. – Seltsam, daß man es sagen muß und daß es keine Wiederholung ist: Man verläßt sich auf Gott nur, soweit man sich selbst verläßt. (M. Blondel)*

7. SONNTAG IM JAHRESKREIS

Schenken, ohne zu fragen, ob es sich lohnt; zu denen gut sein, die uns schaden; auf Gewalt verzichten ...: die Gefahr ist nicht groß, daß wir die Forderungen Jesu wörtlich nehmen. Wo kämen wir hin! Wer es aber wagt, wer sich darauf einläßt, der wird einen Hauch verspüren von der herben, herrlichen Freiheit Gottes, von der Liebe, die umsonst gibt.

ERÖFFNUNGSVERS   Ps 13 (12), 6

Herr, ich baue auf deine Huld,
mein Herz soll über deine Hilfe frohlocken.
Singen will ich dem Herrn, weil er mir Gutes getan hat.

Ehre sei Gott, S. 344 ff.

TAGESGEBET

Barmherziger Gott,
du hast durch deinen Sohn zu uns gesprochen.
Laß uns immer wieder über dein Wort nachsinnen,
damit wir reden und tun, was dir gefällt.
Darum bitten wir durch Jesus Christus.

ZUR 1. LESUNG *Saul, der Verfolger, war eines Nachts dem verfolgten David wehrlos ausgeliefert. Aber David hat den König nicht angetastet. Heute würden wir ein solches Verhalten Großmut nennen; David selbst nannte es „Gerechtigkeit und Treue" (1 Sam 26, 23). An Feindesliebe hat er schon deshalb nicht gedacht, weil er Saul nicht als seinen Feind, sondern immer noch als seinen König ansah. Ohne es zu ahnen, wuchs er bei dieser Gelegenheit über sich selbst hinaus und handelte nach dem Wort und Beispiel Jesu.*

ERSTE LESUNG   1 Sam 26,2.7−9.12−13.22−23

Der Herr hat dich in meine Hand gegeben; doch ich wollte mich an dir nicht vergreifen

Lesung
   aus dem ersten Buch Sámuel.

In jenen Tagen
2   machte sich Saul
      mit dreitausend Mann, ausgesuchten Kriegern aus Israel,
      auf den Weg
   und zog in die Wüste von Sif hinab,
      um dort nach David zu suchen.
7   David und Ábischai kamen in der Nacht zu den Leuten Sauls
      und fanden Saul mitten im Lager schlafend;
   sein Speer steckte neben seinem Kopf in der Erde,
   und rings um ihn schliefen Abner und seine Leute.
8   Da sagte Ábischai zu David:
      Heute hat Gott deinen Feind in deine Hand gegeben.
   Jetzt werde ich ihn mit einem einzigen Speerstoß
      auf den Boden spießen,
   einen zweiten brauche ich nicht dafür.
9   David aber erwiderte Ábischai:
      Bring ihn nicht um!
   Denn wer hat je seine Hand gegen den Gesalbten des Herrn erhoben
      und ist ungestraft geblieben?
12   David nahm den Speer und den Wasserkrug,
      die neben Sauls Kopf waren,
   und sie gingen weg.
   Niemand sah und niemand bemerkte etwas,
   und keiner wachte auf;

7. Sonntag im Jahreskreis

alle schliefen,
   denn der Herr hatte sie in einen tiefen Schlaf fallen lassen.

David ging auf die andere Seite des Tals hinüber
und stellte sich in größerer Entfernung auf den Gipfel des Berges,
   so daß ein weiter Zwischenraum zwischen ihnen war.
David sagte: Seht her,
hier ist der Speer des Königs.
Einer von den jungen Männern soll herüberkommen und ihn holen.
Der Herr wird jedem seine Gerechtigkeit und Treue vergelten.
Obwohl dich der Herr heute in meine Hand gegeben hatte,
   wollte ich meine Hand nicht an den Gesalbten des Herrn legen.

ANTWORTPSALM   Ps 103 (102), 1–2.3–4.8 u. 10.12–13   (R: vgl. 8)

R Gnädig und barmherzig ist der Herr,   (GL 527, 5)
voll Langmut und reich an Güte. – R

Lobe den Herrn, meine Seele, *   IV. Ton
und alles in mir seinen heiligen Namen!

Lobe den Herrn, meine Seele, *
und vergiß nicht, was er dir Gutes getan hat: – (R)

der dir all deine Schuld vergibt *
und all deine Gebrechen heilt;

der dein Leben vor dem Untergang rettet *
und dich mit Huld und Erbarmen krönt. – (R)

Der Herr ist barmherzig und gnädig, *
langmütig und reich an Güte.

Er handelt an uns nicht nach unsern Sünden *
und vergilt uns nicht nach unsrer Schuld. – (R)

So weit der Aufgang entfernt ist vom Untergang, *
so weit entfernt er die Schuld von uns.

Wie ein Vater sich seiner Kinder erbarmt, *
so erbarmt sich der Herr über alle, die ihn fürchten. – R

ZUR 2. LESUNG   *Durch die Auferstehung Jesu wissen wir: Der Tod ist nicht das Letzte, auch für uns nicht. Aber „wie werden die Toten auferstehen?" fragten die Christen in Korinth. Paulus gibt eine erste Antwort mit dem Hinweis auf Pflanzen, Tiere, Sterne (1 Kor 15, 35–40). Um aber das Eigentliche zu sagen, braucht er Worte, die mehr der Welt Gottes als der des Menschen zugehören: Kraft, Geist, Unvergänglichkeit, Herrlichkeit. Wie Christus gegenüber Adam, so ist der neue Mensch gegenüber dem früheren nicht nur eine Verbesserung, sondern ein Umsturz, eine neue Schöpfung.*

ZWEITE LESUNG 1 Kor 15,45–49

Wie wir nach dem Bild des Irdischen gestaltet wurden, so werden wir auch nach dem Bild des Himmlischen gestaltet werden

Lesung
   aus dem ersten Brief des Apostels Paulus an die Korinther.

Brüder!
So steht es in der Schrift:
45 Adam, der Erste Mensch, wurde ein irdisches Lebewesen.
Der Letzte Adam wurde lebendigmachender Geist.
46 Aber zuerst kommt nicht das Überirdische;
zuerst kommt das Irdische,
   dann das Überirdische.
47 Der Erste Mensch stammt von der Erde und ist Erde;
der Zweite Mensch stammt vom Himmel.
48 Wie der von der Erde irdisch war,
   so sind es auch seine Nachfahren.
Und wie der vom Himmel himmlisch ist,
   so sind es auch seine Nachfahren.
49 Wie wir nach dem Bild des Irdischen gestaltet wurden,
   so werden wir auch
      nach dem Bild des Himmlischen gestaltet werden.

RUF VOR DEM EVANGELIUM Vers: vgl. Joh 13, 34

Halleluja. Halleluja.

(So spricht der Herr:)
Ein neues Gebot gebe ich euch:
Wie ich euch geliebt habe, so sollt auch ihr einander lieben.

Halleluja

7. Sonntag im Jahreskreis

Oder:

**Dies ist mein Gebot:
Liebet einander, wie ich euch geliebt.**

ZUM EVANGELIUM   *Als Fortsetzung der Feldrede berichtet Lukas verschiedene Jesusworte, die wir als Ausdeutungen der Feldrede verstehen können. Jesus spricht zu denen, die ihm zuhören (Lk 6, 27), damals und heute. Aber: die Menschen lieben, die uns hassen und verfolgen, sind wir da nicht überfordert? Es ist uns aufgegeben, mehr zu tun, als wir können, mehr zu werden, als wir sind. Wir sollen Gott ähnlicher werden, so wie das Kind seinem Vater ähnlich ist.*

EVANGELIUM   Lk 6, 27–38

Seid barmherzig, wie es euer Vater ist

✛ Aus dem heiligen Evangelium nach Lukas.

In jener Zeit sprach Jesus zu seinen Jüngern:
Euch, die ihr mir zuhört, sage ich:
Liebt eure Feinde;
tut denen Gutes, die euch hassen.
Segnet die, die euch verfluchen;
betet für die, die euch mißhandeln.

Dem, der dich auf die eine Wange schlägt,
   halte auch die andere hin,
und dem, der dir den Mantel wegnimmt,
   laß auch das Hemd.
Gib jedem, der dich bittet;
und wenn dir jemand etwas wegnimmt,
   verlang es nicht zurück.

Was ihr von anderen erwartet,
   das tut ebenso auch ihnen.

Wenn ihr nur die liebt, die euch lieben,
   welchen Dank erwartet ihr dafür?
Auch die Sünder lieben die, von denen sie geliebt werden.

Und wenn ihr nur denen Gutes tut, die euch Gutes tun,
   welchen Dank erwartet ihr dafür?
Das tun auch die Sünder.

34 Und wenn ihr nur denen etwas leiht,
   von denen ihr es zurückzubekommen hofft,
   welchen Dank erwartet ihr dafür?
   Auch die Sünder leihen Sündern
   in der Hoffnung, alles zurückzubekommen.

35 Ihr aber sollt eure Feinde lieben
   und sollt Gutes tun und leihen,
   auch wo ihr nichts dafür erhoffen könnt.
   Dann wird euer Lohn groß sein,
   und ihr werdet Söhne des Höchsten sein;
   denn auch er ist gütig gegen die Undankbaren und Bösen.

36 Seid barmherzig,
   wie es auch euer Vater ist!

37 Richtet nicht,
   dann werdet auch ihr nicht gerichtet werden.
   Verurteilt nicht,
   dann werdet auch ihr nicht verurteilt werden.
   Erlaßt einander die Schuld,
   dann wird auch euch die Schuld erlassen werden.

38 Gebt,
   dann wird auch euch gegeben werden.
   In reichem, vollem, gehäuftem, überfließendem Maß
   wird man euch beschenken;
   denn nach dem Maß, mit dem ihr meßt und zuteilt,
   wird auch euch zugeteilt werden.

Glaubensbekenntnis, S. 348 ff.
Fürbitten vgl. S. 800 ff.

ZUR EUCHARISTIEFEIER *Jesus hat die Liebe nicht nur gepredigt: Er liebte die Seinen, die in der Welt waren, und er liebte sie „bis zur Vollendung" (Joh 13, 1).*

GABENGEBET

Allmächtiger Gott,
in der Feier der göttlichen Geheimnisse
erfüllen wir den Dienst, der uns aufgetragen ist.

Gib, daß wir deine Größe würdig loben und preisen
und aus diesem Opfer Heil empfangen.
Darum bitten wir durch Christus, unseren Herrn.

Präfation, S. 416 ff.

KOMMUNIONVERS
Ps 9, 2–3
Herr, verkünden will ich all deine Wunder.
Ich will jauchzen und an dir mich freuen,
für dich, du Höchster, will ich singen und spielen.

Oder: Joh 11, 27

Ja, Herr, ich glaube, daß du der Messias bist,
der Sohn Gottes, der in die Welt kommen soll.

SCHLUSSGEBET

Getreuer Gott,
du hast uns das heilige Sakrament
als Unterpfand der kommenden Herrlichkeit gegeben.
Schenke uns einst das Heil in seiner ganzen Fülle.
Darum bitten wir durch Christus, unseren Herrn.

FÜR DEN TAG UND DIE WOCHE
Die unendliche Möglichkeit   *Mit Gottes Liebe das Leben und die Menschen lieben; um der unendlichen Möglichkeit willen warten wie er, beurteilen wie er, ohne zu verurteilen, dem Befehl gehorchen, wenn er ergeht, und niemals zurückschauen – dann kann er dich brauchen; dann, vielleicht, braucht er dich. Und wenn er dich nicht braucht: in seiner Hand hat jede Stunde einen Sinn, hat Hoheit und Glanz, Ruhe und Zusammenhang. (D. H.)*

8. SONNTAG IM JAHRESKREIS

Man erkennt einen Menschen am Gesicht, an der Hand, am Gang; man erkennt ihn an seinem Wort und an der Tat. Woran erkennt man das gute Wort? Man könnte sagen: am Klang. Am inneren Klang. Der gute Klang kommt aus dem guten Herzen, aus dem Herzen Gottes. Der Geist spricht zum Geist, und der Geist antwortet dem Geist.

ERÖFFNUNGSVERS
Ps 18 (17), 19.20

Der Herr wurde mein Halt.
Er führte mich hinaus ins Weite,
er befreite mich, denn er hat an mir Gefallen.

Ehre sei Gott, S. 344 ff.

TAGESGEBET

Allmächtiger Gott,
deine Vorsehung bestimmt den Lauf der Dinge
und das Schicksal der Menschen.
Lenke die Welt in den Bahnen deiner Ordnung,
damit die Kirche
in Frieden deinen Auftrag erfüllen kann.
Darum bitten wir durch Jesus Christus.

ZUR 1. LESUNG   *Die Worte und die Taten eines Menschen offenbaren, was in ihm ist. Nicht vorschnell zu urteilen, sondern sachlich zu prüfen ist Pflicht der Gerechtigkeit und Gabe der Weisheit, die von Gott kommt. Und vieles hängt davon ab, welchen Menschen wir in unserem Leben Gewicht und Einfluß zugestehen wollen.*

ERSTE LESUNG
Sir 27, 4–7 (5–8)

Lobe keinen Menschen, ehe du ihn beurteilt hast

Lesung
   aus dem Buch Jesus Sirach.

4 Im Sieb bleibt, wenn man es schüttelt, der Abfall zurück;
so entdeckt man die Fehler eines Menschen,
   wenn man über ihn nachdenkt.

5 Töpferware wird nach der Brennhitze des Ofens eingeschätzt,
ebenso der Mensch nach dem Urteil, das man über ihn fällt.

6 Der Art des Baumes entspricht seine Frucht;
so wird ein jeder nach seiner Gesinnung beurteilt.

7 Lobe keinen Menschen,
   ehe du ihn beurteilt hast;
denn das ist die Prüfung für jeden.

8. Sonntag im Jahreskreis

ANTWORTPSALM Ps 92 (91), 2-3.13-14.15-16 (R: 2a)

R Wie schön es ist, dem Herrn zu danken. – R (GL 737, 1)

Wie schön ist es, dem Herrn zu danken, * I. Ton
deinem Namen, du Höchster, zu singen,

am Morgen deine Huld zu verkünden *
und in den Nächten deine Treue. – (R)

Der Gerechte gedeiht wie die Palme, *
er wächst wie die Zedern des Libanon.

Gepflanzt im Hause des Herrn, *
gedeihen sie in den Vorhöfen unseres Gottes. – (R)

Sie tragen Frucht noch im Alter *
und bleiben voll Saft und Frische;

sie verkünden: Gerecht ist der Herr; *
mein Fels ist er, an ihm ist kein Unrecht. – R

ZUR 2. LESUNG *Über dem Leben des Menschen liegt der Schatten der Vergänglichkeit. Aber die Auferstehung Jesu gibt uns Hoffnung auf Unsterblichkeit, auf ewiges Leben in der Gemeinschaft mit Gott. Der Anfang ist schon gemacht: Durch die Taufe sind wir hineingenommen in das Mysterium des Todes und der Auferstehung Jesu. Das verpflichtet uns zur intensiven Teilnahme „am Werk des Herrn": am dankbaren Lobpreis Gottes und am Dienst der Verkündigung.*

ZWEITE LESUNG 1 Kor 15,54-58

Gott hat uns den Sieg geschenkt durch Jesus Christus

Lesung
  aus dem ersten Brief des Apostels Paulus an die Korinther.

Brüder!
Wenn sich dieses Vergängliche mit Unvergänglichkeit bekleidet
  und dieses Sterbliche mit Unsterblichkeit,
    dann erfüllt sich das Wort der Schrift:
Verschlungen ist der Tod vom Sieg.
Tod, wo ist dein Sieg?
Tod, wo ist dein Stachel?

8. Sonntag im Jahreskreis

⁵⁶ Der Stachel des Todes aber ist die Sünde,
die Kraft der Sünde ist das Gesetz.
⁵⁷ Gott aber sei Dank,
der uns den Sieg geschenkt hat
durch Jesus Christus, unseren Herrn.
⁵⁸ Daher, geliebte Brüder, seid standhaft und unerschütterlich,
nehmt immer eifriger am Werk des Herrn teil,
und denkt daran,
daß im Herrn eure Mühe nicht vergeblich ist.

RUF VOR DEM EVANGELIUM Vers: vgl. Phil 2,15d.16a

Halleluja. Halleluja.

Haltet fest am Worte Christi;
dann leuchtet ihr als Lichter in der Welt.

Halleluja.

ZUM EVANGELIUM *Wer andere führen will, muß einen klaren Blick haben und ein lauteres Herz. Er muß ein „guter Mensch" sein. Man erkennt ihn an seinen Taten und Worten, so wie man den Baum an seinen Früchten erkennt.*

EVANGELIUM Lk 6,39–45

Wovon das Herz voll ist, davon spricht der Mund

☩ Aus dem heiligen Evangelium nach Lukas.

In jener Zeit
³⁹ sprach Jesus zu seinen Jüngern:
Kann ein Blinder einen Blinden führen?
Werden nicht beide in eine Grube fallen?
⁴⁰ Der Jünger steht nicht über seinem Meister;
jeder aber, der alles gelernt hat,
wird wie sein Meister sein.

⁴¹ Warum siehst du den Splitter im Auge deines Bruders,
aber den Balken in deinem eigenen Auge bemerkst du nicht?
⁴² Wie kannst du zu deinem Bruder sagen:
Bruder, laß mich den Splitter aus deinem Auge herausziehen!,
während du den Balken in deinem eigenen Auge nicht siehst?

8. Sonntag im Jahreskreis

Du Heuchler!
Zieh zuerst den Balken aus deinem Auge;
dann kannst du versuchen,
 den Splitter aus dem Auge deines Bruders herauszuziehen.

Es gibt keinen guten Baum, der schlechte Früchte hervorbringt,
noch einen schlechten Baum, der gute Früchte hervorbringt.
Jeden Baum erkennt man an seinen Früchten:
von den Disteln pflückt man keine Feigen,
und vom Dornstrauch erntet man keine Trauben.

Ein guter Mensch bringt Gutes hervor,
 weil in seinem Herzen Gutes ist;
und ein böser Mensch bringt Böses hervor,
 weil in seinem Herzen Böses ist.
Wovon das Herz voll ist,
 davon spricht der Mund.

Glaubensbekenntnis, S. 348 ff.
Fürbitten vgl. S. 800 ff.

ZUR EUCHARISTIEFEIER *Jesus ist der „gute Baum", der Baum des Lebens. Von ihm leben wir. Er bringt uns die Wahrheit Gottes, und er nimmt uns in die Gemeinschaft seines göttlichen und menschlichen Lebens auf.*

GABENGEBET

Gütiger Gott,
du selber hast uns die Gaben geschenkt,
die wir auf den Altar legen.
Nimm sie an als Zeichen unserer Hingabe
und gib uns die Kraft
zu einem Leben nach deinem Willen,
damit wir einst den ewigen Lohn empfangen.
Darum bitten wir durch Christus, unseren Herrn.

Präfation, S. 416 ff.

KOMMUNIONVERS Ps 13 (12), 6

Singen will ich dem Herrn, weil er mir Gutes getan hat,
den Namen des Höchsten will ich preisen.

Oder: Mt 28, 20

Ich bin bei euch alle Tage bis zum Ende der Welt – so spricht der Herr.

SCHLUSSGEBET

Barmherziger Gott,
du hast uns in diesem Mahl
die Gabe des Heiles geschenkt.
Dein Sakrament gebe uns Kraft in dieser Zeit
und in der kommenden Welt das ewige Leben.
Darum bitten wir durch Christus, unseren Herrn.

FÜR DEN TAG UND DIE WOCHE

Wie Jesus Christus *Als erstes würde ich raten, daß die Christen alle miteinander anfangen müssen, wie Jesus Christus zu leben. Wenn ihr im Geist eures Meisters zu uns kommen wolltet, könnten wir euch nicht widerstehen. (Gandhi)*

9. SONNTAG IM JAHRESKREIS

In der Auffassung, wir Christen seien die besseren Menschen, werden wir heute reichlich verunsichert. Wir können die Augen nicht vor der Wirklichkeit verschließen. Und die Ohren nicht vor dem Wort Jesu. Jesus hat den Juden und seinen eigenen Jüngern einen Heiden als Vorbild hingestellt. Dieser Heide hat zum Glauben gefunden, weil er gut war und helfen wollte. Sein Glaube war Vertrauen und Ehrfurcht.

ERÖFFNUNGSVERS   Ps 25 (24), 16.18

Herr, wende dich mir zu und sei mir gnädig,
denn ich bin einsam und gebeugt.
Sieh meine Not und meine Plage an
und vergib mir all meine Sünden.

Ehre sei Gott, S. 344 ff.

TAGESGEBET

Gott, unser Vater,
deine Vorsehung geht niemals fehl.
Halte von uns fern, was uns schadet,
und gewähre uns alles, was zum Heile dient.
Darum bitten wir durch Jesus Christus.

9. Sonntag im Jahreskreis

ZUR 1. LESUNG *In dem großen Tempelweihegebet hat König Salomo nicht nur für das Königshaus und das Volk Israel gebetet, sondern auch für die „Fremden": die Heiden, die hier zum Gott Israels und der ganzen Welt beten werden. Gott will für alle Menschen und für all ihre Nöte erreichbar sein. – Die Lesung ist im Hinblick auf das Evangelium gewählt (Lk 7, 1–10); auch dort zeigt sich eine freundschaftliche Offenheit des Judentums gegenüber dem Vertreter des Heidentums. Der Ort aber, an dem Gott von jetzt an den Menschen helfend begegnen will, ist nicht mehr der Tempel aus Stein, sondern Jesus Christus, der Sohn.*

ERSTE LESUNG 1 Kön 8, 41–43
Herr, höre an den Fremden, der zu dir betet

Lesung aus dem ersten Buch der Könige.

In jenen Tagen betete Sálomo im Tempel zum Herrn:
Auch Fremde, die nicht zu deinem Volk Israel gehören,
  werden wegen deines Namens aus fernen Ländern kommen;
denn sie werden von deinem großen Namen,
  deiner starken Hand und deinem hoch erhobenen Arm hören.
Sie werden kommen und in diesem Haus beten.

Höre sie dann im Himmel,
  dem Ort, wo du wohnst,
und tu alles, weswegen der Fremde zu dir ruft.
Dann werden alle Völker der Erde deinen Namen erkennen.
Sie werden dich fürchten,
  wie dein Volk Israel dich fürchtet,
und erfahren,
  daß dein Name ausgerufen ist
    über diesem Haus, das ich gebaut habe.

ANTWORTPSALM Ps 117 (116), 1.2 (R: Mk 16, 15)
(GL 646, 5)
R Geht hinaus in die ganze Welt,
und verkündet allen das Evangelium. – R
(*Oder:* Hallelúja.)

Lobet den Herrn, alle Völker, * VI. Ton
preist ihn, alle Nationen! – (R)

Denn mächtig waltet über uns seine Huld, *
die Treue des Herrn währt in Ewigkeit. – R

ZUR 2. LESUNG *Am heutigen Sonntag beginnt die Lesung des Briefs an die Galater; sie wird bis zum 14. Sonntag fortgesetzt. In der Landschaft Galatien hat Paulus ums Jahr 50 n. Chr. das Evangelium verkündet und christliche Gemeinden gegründet. Später kamen dorthin andere Missionare; sie bestritten die apostolische Autorität des Paulus und verlangten, daß auch die Heidenchristen sich an die Vorschriften des jüdischen Gesetzes halten müssen. Mit aller Kraft und Leidenschaft verteidigt Paulus die Reinheit seiner Lehre und die Echtheit seiner Berufung und Sendung.*

ZWEITE LESUNG Gal 1, 1–2.6–10

Wollte ich noch den Menschen gefallen, dann wäre ich kein Knecht Christi

Lesung
aus dem Brief des Apostels Paulus an die Galáter.

1 Paulus, zum Apostel berufen,
nicht von Menschen oder durch einen Menschen,
sondern durch Jesus Christus und durch Gott, den Vater,
der ihn von den Toten auferweckt hat,
2 und alle Brüder, die bei mir sind,
an die Gemeinden in Galátien.

6 Ich bin erstaunt,
daß ihr euch so schnell von dem abwendet,
der euch durch die Gnade Christi berufen hat,
und daß ihr euch einem anderen Evangelium zuwendet.
7 Doch es gibt kein anderes Evangelium,
es gibt nur einige Leute, die euch verwirren
und die das Evangelium Christi verfälschen wollen.
8 Wer euch aber ein anderes Evangelium verkündigt,
als wir euch verkündigt haben,
der sei verflucht,
auch wenn wir selbst es wären oder ein Engel vom Himmel.
9 Was ich gesagt habe,
das sage ich noch einmal:
Wer euch ein anderes Evangelium verkündigt,
als ihr angenommen habt,
der sei verflucht.
10 Geht es mir denn um die Zustimmung der Menschen,
oder geht es mir um Gott?

9. Sonntag im Jahreskreis

Suche ich etwa Menschen zu gefallen?
Wollte ich noch den Menschen gefallen,
   dann wäre ich kein Knecht Christi.

RUF VOR DEM EVANGELIUM Vers: Joh 3, 16

Halleluja. Halleluja.

So sehr hat Gott die Welt geliebt,
daß er seinen einzigen Sohn hingab,
damit jeder, der an ihn glaubt, in ihm das ewige Leben hat.

Halleluja.

ZUM EVANGELIUM *Den Hauptmann von Kafarnaum zeichnet der Evangelist Lukas als einen gütigen und ehrfürchtigen Menschen, einen frommen Heiden, ein Vorbild auch für Juden. Lukas zeigt sich hier wie auch sonst als der ökumenische Evangelist; ihm liegt mehr daran, das Verbindende und Versöhnende als das Trennende zu betonen.*

EVANGELIUM Lk 7, 1–10

Nicht einmal in Israel habe ich einen solchen Glauben gefunden

✝ Aus dem heiligen Evangelium nach Lukas.

In jener Zeit,
   als Jesus seine Rede vor dem Volk beendet hatte,
   ging er nach Kafárnaum hinein.
 Ein Hauptmann hatte einen Diener,
   der todkrank war und den er sehr schätzte.
Als der Hauptmann von Jesus hörte,
   schickte er einige von den jüdischen Ältesten zu ihm
mit der Bitte, zu kommen und seinen Diener zu retten.

Sie gingen zu Jesus und baten ihn inständig.
Sie sagten: Er verdient es, daß du seine Bitte erfüllst;
denn er liebt unser Volk und hat uns die Synagoge gebaut.

Da ging Jesus mit ihnen.
Als er nicht mehr weit von dem Haus entfernt war,
   schickte der Hauptmann Freunde
und ließ ihm sagen: Herr, bemüh dich nicht!
Denn ich bin es nicht wert,
   daß du mein Haus betrittst.

7 Deshalb habe ich mich auch nicht für würdig gehalten,
    selbst zu dir zu kommen.
Sprich nur ein Wort,
    dann muß mein Diener gesund werden.
8 Auch ich muß Befehlen gehorchen,
und ich habe selber Soldaten unter mir;
sage ich nun zu einem: Geh!,
    so geht er,
und zu einem andern: Komm!,
    so kommt er,
und zu meinem Diener: Tu das!,
    so tut er es.
9 Jesus war erstaunt über ihn, als er das hörte.
Und er wandte sich um
    und sagte zu den Leuten, die ihm folgten:
Ich sage euch:
Nicht einmal in Israel
habe ich einen solchen Glauben gefunden.
10 Und als die Männer, die der Hauptmann geschickt hatte,
in das Haus zurückkehrten,
stellten sie fest, daß der Diener gesund war.

Glaubensbekenntnis. S. 348 ff.; Fürbitten vgl. S. 800 ff.

ZUR EUCHARISTIEFEIER *Der heidnische Hauptmann wußte nichts von Liturgie, aber er hatte, mehr als viele Christen, die große Haltung der Ehrfurcht. Mit seinen Worten beten wir: Herr, ich bin nicht würdig ..., aber sprich nur ein Wort, dann wird meine Seele gesund.*

GABENGEBET

Herr, unser Gott,
im Vertrauen auf deine Güte
kommen wir mit Gaben zu deinem Altar.
Tilge unsere Schuld
durch das Geheimnis des Glaubens,
das wir im Auftrag deines Sohnes feiern,
und schenke uns deine Gnade.
Darum bitten wir durch Christus, unseren Herrn.

Präfation. S. 416 ff.

KOMMUNIONVERS Ps 17 (16), 6
Ich rufe dich an, denn du, Gott, erhörst mich.
Wende dein Ohr mir zu, vernimm meine Rede.

Oder: Mk 11, 23.24

So spricht der Herr: Amen, ich sage euch:
Betet und bittet, um was ihr wollt;
glaubt nur, daß ihr es schon erhalten habt, dann wird es euch zuteil.

SCHLUSSGEBET

Herr, wir haben den Leib
und das Blut deines Sohnes empfangen.
Führe uns durch deinen Geist,
damit wir uns nicht nur mit Worten zu dir bekennen,
sondern dich auch durch unser Tun bezeugen
und den ewigen Lohn erhalten in deinem Reich.
Darum bitten wir durch Christus, unseren Herrn.

FÜR DEN TAG UND DIE WOCHE
Auch die anderen *Gottes Heilswille umfaßt auch alle, die den Schöpfer anerkennen. Unter ihnen besonders die Muslim, die sich zum Glauben Abrahams bekennen und mit uns den einen und barmherzigen Gott anbeten, der die Menschen am Jüngsten Tag richten wird. Aber auch den anderen, die in Schatten und Bildern den unbekannten Gott suchen, ist dieser Gott nicht fern; er gibt ja allen Wesen Leben und Atem und alles, und er will, daß alle Menschen gerettet werden. (II. Vatikan. Konzil, Über die Kirche, 16)*

10. SONNTAG IM JAHRESKREIS

Viel Großes ist gesagt worden über das Leben und über den Tod. Jesus hat den Tod gekannt, den Tod anderer Menschen und seinen eigenen. Auch er hat ihn gefürchtet. Jesus hat ja gesagt zu seinem Tod, damit wir leben können. Wir wissen jetzt: Der Tod hat nicht das letzte Wort. Er ist aber für uns die letzte große Entscheidung und Wende.

10. Sonntag im Jahreskreis

ERÖFFNUNGSVERS   Ps 27 (26), 1–2
Der Herr ist mein Licht und mein Heil;
vor wem sollte ich mich fürchten?
Der Herr ist die Kraft meines Lebens;
vor wem sollte mir bangen?
Meine Bedränger und Feinde,
sie müssen straucheln und fallen.

Ehre sei Gott, S. 344 ff.

TAGESGEBET

Gott, unser Vater,
alles Gute kommt allein von dir.
Schenke uns deinen Geist,
damit wir erkennen, was recht ist,
und es mit deiner Hilfe auch tun.
Darum bitten wir durch Jesus Christus.

ZUR 1. LESUNG *Der Prophet Elija war ein „Mann Gottes": ein Mensch, der die Wege Gottes wußte und in der Kraft Gottes handelte. Er war im 8. Jahrhundert vor Chr. der große Verfechter der wahren Jahwe-Religion gegen den Baalskult in Kanaan. Das ganze Leben dieses Mannes kommt uns wie ein Wunder, ein Zeichen der Nähe Gottes vor. „Der Herr erhörte das Gebet des Elija." In der ständigen Verbundenheit mit Gott lag das Geheimnis der Macht dieses Propheten.*

ERSTE LESUNG   1 Kön 17, 17–24

Sieh, dein Sohn lebt

Lesung
   aus dem ersten Buch der Könige.

In jenen Tagen
17 erkrankte der Sohn der Witwe, bei der Elíja wohnte.
Die Krankheit verschlimmerte sich so,
   daß zuletzt kein Atem mehr in ihm war.
18 Da sagte sie zu Elíja:
   Was habe ich mit dir zu schaffen, Mann Gottes?
Du bist nur zu mir gekommen, um an meine Sünde zu erinnern
   und meinem Sohn den Tod zu bringen.

10. Sonntag im Jahreskreis

Er antwortete ihr: Gib mir deinen Sohn!
Und er nahm ihn von ihrem Schoß,
   trug ihn in das Obergemach hinauf, in dem er wohnte,
   und legte ihn auf sein Bett.
Dann rief er zum Herrn
   und sagte: Herr, mein Gott,
willst du denn auch über die Witwe, in deren Haus ich wohne,
   Unheil bringen
und ihren Sohn sterben lassen?
Hierauf streckte er sich dreimal über den Knaben hin,
   rief zum Herrn
   und flehte: Herr, mein Gott,
laß doch das Leben in diesen Knaben zurückkehren!

Der Herr erhörte das Gebet Elijas.
Das Leben kehrte in den Knaben zurück,
   und er lebte wieder auf.
Elija nahm ihn,
brachte ihn vom Obergemach in das Haus hinab
und gab ihn seiner Mutter zurück
mit den Worten: Sieh, dein Sohn lebt.

Da sagte die Frau zu Elija:
   Jetzt weiß ich, daß du ein Mann Gottes bist
und daß das Wort des Herrn wirklich in deinem Mund ist.

ANTWORTPSALM Ps 30(29),2 u. 4.5–6b.9 u. 11.12–13 (R: vgl. 2ab)
R Herr, du zogst mich empor aus der Tiefe;   (GL 527, 6)
ich will dich rühmen in Ewigkeit. – R

Ich will dich rühmen, Herr, †   II. Ton
denn du hast mich aus der Tiefe gezogen *
und läßt meine Feinde nicht über mich triumphieren.

Herr, du hast mich herausgeholt aus dem Reich des Todes, *
aus der Schar der Todgeweihten mich zum Leben gerufen. – (R)

Singt und spielt dem Herrn, ihr seine Frommen, *
preist seinen heiligen Namen!

▸ Denn sein Zorn dauert nur einen Augenblick, *
doch seine Güte ein Leben lang. – (R)

Zu dir, Herr, rief ich um Hilfe, *
ich flehte meinen Gott um Gnade an.

11 Höre mich, Herr, sei mir gnädig! *
    Herr, sei du mein Helfer! – (R)

12 Da hast du mein Klagen in Tanzen verwandelt, *
    hast mir das Trauergewand ausgezogen und mich mit Freude umgürtet.

13 Darum singt dir mein Herz und will nicht verstummen. *
    Herr, mein Gott, ich will dir danken in Ewigkeit.

R   Herr, du zogst mich empor aus der Tiefe;
    ich will dich rühmen in Ewigkeit.

ZUR 2. LESUNG *Weil Paulus die Heiden nicht auf das jüdische Gesetz verpflichtete, warf man ihm vor, er habe die Lehre der Apostel verfälscht. Paulus kann darauf hinweisen, daß er, mehr als viele andere, tief im Judentum verwurzelt war, daß aber die Offenbarung Jesu Christi, des Herrn, ihm selbst unfaßbar, ihn über die Grenzen des Judentums hinaus in die Welt der Heidenvölker gewiesen hat. Was er verkündet, ist nicht Menschenweisheit, sondern Gottes Wort.*

ZWEITE LESUNG   Gal 1,11–19

Gott offenbarte mir seinen Sohn, damit ich ihn unter den Heiden verkündige

Lesung
    aus dem Brief des Apostels Paulus an die Gálater.

11 Ich erkläre euch, Brüder:
    Das Evangelium, das ich verkündigt habe,
    stammt nicht von Menschen;
12 ich habe es ja nicht
    von einem Menschen übernommen oder gelernt,
    sondern durch die Offenbarung Jesu Christi empfangen.
13 Ihr habt doch gehört,
    wie ich früher als gesetzestreuer Jude gelebt habe,
    und wißt, wie maßlos ich die Kirche Gottes verfolgte
    und zu vernichten suchte.
14 In der Treue zum jüdischen Gesetz
    übertraf ich die meisten Altersgenossen in meinem Volk,
    und mit dem größten Eifer
    setzte ich mich für die Überlieferungen meiner Väter ein.

Als aber Gott, der mich schon im Mutterleib auserwählt
    und durch seine Gnade berufen hat,
    mir in seiner Güte
    seinen Sohn offenbarte,
    damit ich ihn unter den Heiden verkündige,
    da zog ich keinen Menschen zu Rate;
ich ging auch nicht sogleich nach Jerusalem hinauf
zu denen, die vor mir Apostel waren,
sondern zog nach Arabien
    und kehrte dann wieder nach Damaskus zurück.
Drei Jahre später ging ich hinauf nach Jerusalem,
    um Kephas kennenzulernen,
und blieb fünfzehn Tage bei ihm.
Von den anderen Aposteln habe ich keinen gesehen,
nur Jakobus, den Bruder des Herrn.

RUF VOR DEM EVANGELIUM   Vers: vgl. Lk 7, 16

Halleluja. Halleluja.

Ein großer Prophet trat unter uns auf:
Gott nahm sich seines Volkes an.

Halleluja.

ZUM EVANGELIUM   *Der junge Mann aus Nain war das einzige Kind seiner Mutter, einer Witwe. Jesus hat ihn auferweckt, um die Mutter zu trösten, aber auch um die Macht der Liebe Gottes zu offenbaren; um zu sagen: Die Zeit ist gekommen, die Verheißungen gehen in Erfüllung, Tote stehen auf, den Armen wird das Evangelium verkündet (vgl. Lk 7, 22).*

EVANGELIUM   Lk 7, 11–17

Ich befehle dir, junger Mann: Steh auf!

✚ Aus dem heiligen Evangelium nach Lukas.

In jener Zeit
    ging Jesus in eine Stadt namens Naïn;
seine Jünger und eine große Menschenmenge folgten ihm.
Als er in die Nähe des Stadttors kam,
    trug man gerade einen Toten heraus.
Es war der einzige Sohn seiner Mutter, einer Witwe.
Und viele Leute aus der Stadt begleiteten sie.

¹³ Als der Herr die Frau sah,
   hatte er Mitleid mit ihr
   und sagte zu ihr: Weine nicht!
¹⁴ Dann ging er zu der Bahre hin und faßte sie an.
   Die Träger blieben stehen,
   und er sagte: Ich befehle dir, junger Mann: Steh auf!
¹⁵ Da richtete sich der Tote auf
   und begann zu sprechen,
   und Jesus gab ihn seiner Mutter zurück.
¹⁶ Alle wurden von Furcht ergriffen;
   sie priesen Gott
   und sagten: Ein großer Prophet ist unter uns aufgetreten:
   Gott hat sich seines Volkes angenommen.
¹⁷ Und die Kunde davon
   verbreitete sich überall in Judäa und im ganzen Gebiet ringsum.

Glaubensbekenntnis, S. 348 ff.
Fürbitten vgl. S. 800 ff.

ZUR EUCHARISTIEFEIER *Durch das Wort deutet Jesus seine Taten, und seine Taten bestätigen das Wort. „Ich bin die Auferstehung und das Leben. Wer an mich glaubt, wird leben ... Ich bin das lebendige Brot. Wer von diesem Brot ißt, wird leben."*

GABENGEBET

Herr, sieh gütig auf dein Volk,
das sich zu deinem Lob versammelt hat.
Nimm an, was wir darbringen,
und mehre durch diese Feier unsere Liebe.
Darum bitten wir durch Christus, unseren Herrn.

Präfation, S. 416 ff.

KOMMUNIONVERS   Ps 18 (17), 3

Herr, du bist mein Fels, meine Burg, mein Retter,
mein Gott, meine Zuflucht.

Oder: 1 Joh 4, 16

Gott ist Liebe, und wer in der Liebe bleibt, bleibt in Gott,
und Gott bleibt in ihm.

SCHLUSSGEBET

Barmherziger Gott,
die heilende Kraft dieses Sakramentes
befreie uns von allem verkehrten Streben
und führe uns auf den rechten Weg.
Darum bitten wir durch Christus, unseren Herrn.

FÜR DEN TAG UND DIE WOCHE
Meine Hoffnung *Zu wem sollte ich rufen, Herr,*
zu wem meine Zuflucht nehmen, wenn nicht zu dir?
Du allein hast meine Seele erschaffen können,
du allein kannst sie aufs neue erschaffen.
Du allein hast ihr dein Bildnis einprägen können,
du allein kannst sie umprägen
und ihr dein ausgelöschtes Antlitz wieder eindrücken,
welches ist Jesus Christus, mein Heiland,
der dein Bild ist und das Zeichen deines Wesens. (B. Pascal)

11. SONNTAG IM JAHRESKREIS

Man kann die Sünde als Ungehorsam verstehen, als Auflehnung gegen den Willen Gottes. Aber sie ist auch Schwachheit, Krankheit, Irrweg. Nicht eine Steigerung des Menschen, sondern eine Minderung und Gefährdung. Jesus hat weder die Sünde gelobt noch die Rechtschaffenheit getadelt. Er hat aber der reuigen Sünderin verziehen und ihr den Frieden geschenkt; dem Pharisäer konnte er nur ein Gleichnis erzählen.

ERÖFFNUNGSVERS
Ps 27 (26),7.9
Vernimm, o Herr, mein lautes Rufen, sei mir gnädig und erhöre mich.
Du bist meine Hilfe: Verstoß mich nicht,
verlaß mich nicht, du Gott meines Heils!
Ehre sei Gott, S. 344 ff.

TAGESGEBET

Gott, du unsere Hoffnung und unsere Kraft,
ohne dich vermögen wir nichts.
Steh uns mit deiner Gnade bei,
damit wir denken, reden und tun, was dir gefällt.
Darum bitten wir durch Jesus Christus.

ZUR 1. LESUNG   *Der Prophet war im Alten Bund so etwas wie eine oberste Kontrollinstanz gegenüber dem König. Er sprach im Namen Gottes, des wahren Königs in Israel. Natan hielt dem König David seine Verbrechen vor: Ehebruch und Mord. Die Sünde wird als Verachtung Gottes und als Undank gekennzeichnet. Die Größe des Königs zeigt sich nun darin, daß er sich die Wahrheit sagen läßt, seine Schuld anerkennt; er ehrt Gott dadurch, daß er sich seinem Gericht ausliefert. Deshalb wird ihm vergeben.*

ERSTE LESUNG   2 Sam 12,7–10.13

Der Herr hat dir deine Sünde vergeben; du wirst nicht sterben

Lesung
aus dem zweiten Buch Sámuel.

In jenen Tagen
7 sagte der Prophet Natan zu David:
So spricht der Herr, der Gott Israels:
Ich habe dich zum König von Israel gesalbt,
und ich habe dich aus der Hand Sauls gerettet.
8 Ich habe dir das Haus deines Herrn
und die Frauen deines Herrn in den Schoß gegeben,
und ich habe dir das Haus Israel und Juda gegeben,
und wenn das zu wenig ist,
gebe ich dir noch manches andere dazu.
9 Aber warum hast du das Wort des Herrn verachtet
und etwas getan, was ihm mißfällt?
Du hast den Hetíter Urija mit dem Schwert erschlagen
und hast dir seine Frau zur Frau genommen;
durch das Schwert der Ammoníter hast du ihn umgebracht.
10 Darum soll jetzt das Schwert
auf ewig nicht mehr von deinem Haus weichen;

11. Sonntag im Jahreskreis

denn du hast mich verachtet
   und dir die Frau des Hetiters genommen,
   damit sie deine Frau werde.
Darauf sagte David zu Natan:
   Ich habe gegen den Herrn gesündigt.
Natan antwortete David:
   Der Herr hat dir deine Sünde vergeben;
du wirst nicht sterben.

ANTWORTPSALM   Ps 32 (31),1–2.5.7 u. 11 (R: vgl. 5)

R Herr, vergib mir meine Schuld, (GL 527, 5)
verzeih mir meine Sünde. – R

Wohl dem, dessen Frevel vergeben *   IV. Ton
und dessen Sünde bedeckt ist.

Wohl dem Menschen, dem der Herr die Schuld nicht zur Last legt *
und dessen Herz keine Falschheit kennt. – (R)

Ich bekannte dir meine Sünde *
und verbarg nicht länger meine Schuld vor dir.

Ich sagte: Ich will dem Herrn meine Frevel bekennen.*
Und du hast mir die Schuld vergeben. – (R)

Du bist mein Schutz, bewahrst mich vor Not; *
du rettest mich und hüllst mich in Jubel.

Freut euch am Herrn und jauchzt, ihr Gerechten, *
jubelt alle, ihr Menschen mit redlichem Herzen! – R

ZUR 2. LESUNG   *Die Frage, was eigentlich den Menschen vor Gott „gerecht" macht, so daß Gott zu ihm ja sagen kann, ist nicht veraltet, auch die Antwort nicht, die Paulus im Brief an die Galater gibt. Keine eigene Leistung, und wäre es die Erfüllung göttlicher Gebote, kann Gott gegenüber einen Anspruch begründen. Nicht als ob die sittliche Anstrengung keinen Wert hätte, aber an erster Stelle steht die Gnade: Gott wendet sich dem Menschen zu, weil er will, umsonst; er gibt ihm alles und vergibt ihm durch Jesus Christus, den Gekreuzigten. Hier gilt kein Rechtsanspruch, sondern allein der Glaube an die größere Liebe.*

ZWEITE LESUNG Gal 2, 16.19–21

Nicht mehr ich lebe, sondern Christus lebt in mir

**Lesung
aus dem Brief des Apostels Paulus an die Galater.**

Brüder!
16 **Wir haben erkannt,
 daß der Mensch nicht durch Werke des Gesetzes gerecht wird,
 sondern durch den Glauben an Jesus Christus,
und nicht durch Werke des Gesetzes;
denn durch Werke des Gesetzes wird niemand gerecht.**
19 **Ich aber bin durch das Gesetz dem Gesetz gestorben,
 damit ich für Gott lebe.
Ich bin mit Christus gekreuzigt worden;**
20 **nicht mehr ich lebe,
 sondern Christus lebt in mir.
Soweit ich aber jetzt noch in dieser Welt lebe,
 lebe ich im Glauben an den Sohn Gottes,
 der mich geliebt und sich für mich hingegeben hat.**
21 **Ich mißachte die Gnade Gottes in keiner Weise;
denn käme die Gerechtigkeit durch das Gesetz,
 so wäre Christus vergeblich gestorben.**

RUF VOR DEM EVANGELIUM Vers: 1 Joh 4, 10b

Halleluja. Halleluja.

Gott hat uns geliebt
und seinen Sohn gesandt als Sühne für unsere Sünden.

Halleluja.

ZUM EVANGELIUM *Jesus hat nie die Sünde verharmlost; sie war für ihn das größte Übel, die schlimmste Krankheit. Aber er war gut zu den Sündern und hat ihnen die Vergebung Gottes zugesprochen. Wir wissen nicht, wer die Sünderin war, die beim Gastmahl Jesus die Füße salbte; ob es Maria Magdalene war, ist unsicher (vgl. Lk 8, 2). Dem Pharisäer versucht Jesus zu sagen, daß alle Menschen vor Gott zahlungsunfähige Schuldner sind. Aber das Erbarmen Gottes ist mächtiger als die Sünde.*

11. Sonntag im Jahreskreis

EVANGELIUM Lk 7, 36 – 8, 3

Ihr sind ihre vielen Sünden vergeben, weil sie mir so viel Liebe gezeigt hat

✢ Aus dem heiligen Evangelium nach Lukas.

In jener Zeit
   ging Jesus in das Haus eines Pharisäers,
   der ihn zum Essen eingeladen hatte,
   und legte sich zu Tisch.
Als nun eine Sünderin, die in der Stadt lebte,
   erfuhr, daß er im Haus des Pharisäers bei Tisch war,
   kam sie mit einem Alabastergefäß voll wohlriechendem Öl
   und trat von hinten an ihn heran.
Dabei weinte sie,
und ihre Tränen fielen auf seine Füße.
Sie trocknete seine Füße mit ihrem Haar,
küßte sie und salbte sie mit dem Öl.

Als der Pharisäer, der ihn eingeladen hatte, das sah,
   dachte er: Wenn er wirklich ein Prophet wäre,
   müßte er wissen, was das für eine Frau ist,
   von der er sich berühren läßt;
er wüßte, daß sie eine Sünderin ist.

Da wandte sich Jesus an ihn
und sagte: Simon, ich möchte dir etwas sagen.
Er erwiderte: Sprich, Meister!
Jesus sagte:
   Ein Geldverleiher hatte zwei Schuldner;
der eine war ihm fünfhundert Denare schuldig,
   der andere fünfzig.
Als sie ihre Schulden nicht bezahlen konnten,
   erließ er sie beiden.
Wer von ihnen wird ihn nun mehr lieben?
Simon antwortete: Ich nehme an, der, dem er mehr erlassen hat.
Jesus sagte zu ihm: Du hast recht.

Dann wandte er sich der Frau zu
und sagte zu Simon:
   Siehst du diese Frau?
Als ich in dein Haus kam,
   hast du mir kein Wasser zum Waschen der Füße gegeben;

sie aber hat ihre Tränen über meinen Füßen vergossen
und sie mit ihrem Haar abgetrocknet.
⁴⁵ Du hast mir zur Begrüßung keinen Kuß gegeben;
sie aber hat mir, seit ich hier bin,
unaufhörlich die Füße geküßt.
⁴⁶ Du hast mir nicht das Haar mit Öl gesalbt;
sie aber hat mir mit ihrem wohlriechenden Öl die Füße gesalbt.
⁴⁷ Deshalb sage ich dir:
Ihr sind ihre vielen Sünden vergeben,
weil sie mir so viel Liebe gezeigt hat.
Wem aber nur wenig vergeben wird,
der zeigt auch nur wenig Liebe.
⁴⁸ Dann sagte er zu ihr:
Deine Sünden sind dir vergeben.
⁴⁹ Da dachten die anderen Gäste: Wer ist das,
daß er sogar Sünden vergibt?
⁵⁰ Er aber sagte zu der Frau:
Dein Glaube hat dir geholfen.
Geh in Frieden!

¹ In der folgenden Zeit wanderte er von Stadt zu Stadt
und von Dorf zu Dorf
und verkündete das Evangelium vom Reich Gottes.
Die Zwölf begleiteten ihn,
² außerdem einige Frauen,
die er von bösen Geistern und von Krankheiten geheilt hatte:
Maria Magdalene, aus der sieben Dämonen ausgefahren waren,
³ Johanna, die Frau des Chuzas, eines Beamten des Herodes,
Susanna und viele andere.
Sie alle unterstützten Jesus und die Jünger
mit dem, was sie besaßen.

11. Sonntag im Jahreskreis

Oder:
KURZFASSUNG Lk 7, 36–50
Ihr sind ihre vielen Sünden vergeben, weil sie mir so viel Liebe gezeigt hat

✠ Aus dem heiligen Evangelium nach Lukas.

In jener Zeit
> ging Jesus in das Haus eines Pharisäers,
> der ihn zum Essen eingeladen hatte,
> und legte sich zu Tisch.

Als nun eine Sünderin, die in der Stadt lebte,
> erfuhr, daß er im Haus des Pharisäers bei Tisch war,
> kam sie mit einem Alabastergefäß voll wohlriechendem Öl
> und trat von hinten an ihn heran.

Dabei weinte sie,
und ihre Tränen fielen auf seine Füße.
Sie trocknete seine Füße mit ihrem Haar,
küßte sie und salbte sie mit dem Öl.

Als der Pharisäer, der ihn eingeladen hatte, das sah,
> dachte er: Wenn er wirklich ein Prophet wäre,
> müßte er wissen, was das für eine Frau ist,
> von der er sich berühren läßt;
er wüßte, daß sie eine Sünderin ist.

Da wandte sich Jesus an ihn
und sagte: Simon, ich möchte dir etwas sagen.
Er erwiderte: Sprich, Meister!

Jesus sagte:
> Ein Geldverleiher hatte zwei Schuldner;
der eine war ihm fünfhundert Denare schuldig,
der andere fünfzig.
Als sie ihre Schulden nicht bezahlen konnten,
> erließ er sie beiden.
Wer von ihnen wird ihn nun mehr lieben?
Simon antwortete: Ich nehme an, der, dem er mehr erlassen hat.
Jesus sagte zu ihm: Du hast recht.

Dann wandte er sich der Frau zu
und sagte zu Simon:
> Siehst du diese Frau?
Als ich in dein Haus kam,
> hast du mir kein Wasser zum Waschen der Füße gegeben;

sie aber hat ihre Tränen über meinen Füßen vergossen
und sie mit ihrem Haar abgetrocknet.
45 Du hast mir zur Begrüßung keinen Kuß gegeben;
sie aber hat mir, seit ich hier bin,
unaufhörlich die Füße geküßt.
46 Du hast mir nicht das Haar mit Öl gesalbt;
sie aber hat mir mit ihrem wohlriechenden Öl die Füße gesalbt.
47 Deshalb sage ich dir:
Ihr sind ihre vielen Sünden vergeben,
weil sie mir so viel Liebe gezeigt hat.
Wem aber nur wenig vergeben wird,
der zeigt auch nur wenig Liebe.
48 Dann sagte er zu ihr:
Deine Sünden sind dir vergeben.
49 Da dachten die anderen Gäste: Wer ist das,
daß er sogar Sünden vergibt?
50 Er aber sagte zu der Frau:
Dein Glaube hat dir geholfen.
Geh in Frieden!

Glaubensbekenntnis, S. 348 ff.
Fürbitten vgl. S. 800 ff.

ZUR EUCHARISTIEFEIER *Friede ist die Voraussetzung der gemeinsamen Eucharistiefeier und ist auch ihre Frucht. Der Friede kommt aber aus der Vergebung. Gott vergibt uns, „wie auch wir vergeben".*

GABENGEBET

Herr,
durch diese Gaben
nährst du den ganzen Menschen:
du gibst dem irdischen Leben Nahrung
und dem Leben der Gnade Wachstum.
Laß uns daraus immer neue Kraft schöpfen
für Seele und Leib.
Darum bitten wir durch Christus, unseren Herrn.

Präfation, S. 416 ff.

11. Sonntag im Jahreskreis

KOMMUNIONVERS
Ps 27 (26),4
Nur eines erbitte ich mir vom Herrn, danach verlangt mich:
im Haus des Herrn zu wohnen alle Tage meines Lebens.

Oder: Joh 17,11
Heiliger Vater, bewahre sie in deinem Namen, die du mir gegeben hast,
damit sie eins sind wie wir.

SCHLUSSGEBET

Herr, unser Gott,
das heilige Mahl ist ein sichtbares Zeichen,
daß deine Gläubigen in dir eins sind.
Laß diese Feier wirksam werden
für die Einheit der Kirche.
Darum bitten wir durch Christus, unseren Herrn.

FÜR DEN TAG UND DIE WOCHE

Die Kirche Christi ist keine Sekte von Auserwählten, die im „Haus voll Glorie" von der Welt Abstand halten. Die Kirche steht stellvertretend für die ganze Menschheit vor Gott: dienend, büßend, mittragend, innerlichst mitbeteiligt an allem irdischen Geschehen. Und jeder einzelne in dieser Kirche trägt Verantwortung für alle anderen. Jeder schafft mit an der Atmosphäre der Gemeinde. Wer gut denkt und handelt, stärkt die positiven Kräfte, wer böse ist, belastet schon vor allem Tun, schon durch sein böses Denken, diese Welt. Im Guten wie im Bösen verwandeln wir beständig die Welt.

12. SONNTAG IM JAHRESKREIS

„Die Leute" wissen von Jesus, daß er ein ungewöhnlicher Mensch war. „Ihr aber": was wissen die Jünger? Wer nach Jesus fragt, wird selbst zum Gefragten, er wird vor die Entscheidung gestellt. Und die Antwort kann nicht ein bloßes Wort sein. An Jesus als den „Messias Gottes", den von Gott gesandten Retter, glauben kann nur, wer bereit ist, dem Menschensohn auf seinem Weg zu folgen.

ERÖFFNUNGSVERS   Ps 28 (27), 8–9

Der Herr ist die Stärke seines Volkes,
er ist Schutz und Heil für seinen Gesalbten.
Herr, hilf deinem Volk und segne dein Erbe,
führe und trage es in Ewigkeit.

Ehre sei Gott, S. 344 ff.

TAGESGEBET

Heiliger Gott,
gib, daß wir deinen Namen
allezeit fürchten und lieben.
Denn du entziehst keinem deine väterliche Hand,
der fest in deiner Liebe verwurzelt ist.
Darum bitten wir durch Jesus Christus.

ZUR 1. LESUNG *Von einer geheimnisvollen Persönlichkeit ist in der Lesung aus Sacharja die Rede. Es scheint eine königlich-prophetische Märtyrergestalt zu sein. Der Tod dieses Ungenannten war für das Volk eine Katastrophe, aber auch der Beginn einer vom Geist Gottes bewirkten Reue und Umkehr. Manche Erklärer denken an den Tod des Gottesknechts, von dem in Jesaja 53 die Rede ist. Nach dem Johannesevangelium (19, 37) ist Jesus am Kreuz der, „den sie durchbohrt haben". (Vgl. die Leidensweissagung im heutigen Evangelium.)*

12. Sonntag im Jahreskreis

ERSTE LESUNG Sach 12, 10–11; 13, 1

Sie werden auf den blicken, den sie durchbohrt haben (Joh 19, 37)

**Lesung
aus dem Buch Sachárja.**

So spricht der Herr:
Über das Haus David und über die Einwohner Jerusalems
 werde ich den Geist des Mitleids und des Gebets ausgießen.
Und sie werden auf den blicken,
 den sie durchbohrt haben.
Sie werden um ihn klagen,
 wie man um den einzigen Sohn klagt;
sie werden bitter um ihn weinen,
 wie man um den Erstgeborenen weint.
An jenem Tag wird die Totenklage in Jerusalem
 so laut sein wie die Klage um Hádad-Rímmon
 in der Ebene von Megíddo.
An jenem Tag wird für das Haus David
 und für die Einwohner Jerusalems
 eine Quelle fließen zur Reinigung von Sünde und Unreinheit.

ANTWORTPSALM Ps 63 (62), 2.3–4.5–6.8–9 (R: vgl. 2)

R Meine Seele dürstet nach dir, mein Gott. – R (GL 676, 1)

Gott, du mein Gott, dich suche ich, * II. Ton
meine Seele dürstet nach dir.

Nach dir schmachtet mein Leib *
wie dürres, lechzendes Land ohne Wasser. – (R)

Darum halte ich Ausschau nach dir im Heiligtum, *
um deine Macht und Herrlichkeit zu sehen.

Denn deine Huld ist besser als das Leben; *
darum preisen dich meine Lippen. – (R)

Ich will dich rühmen mein Leben lang, *
in deinem Namen die Hände erheben.

Wie an Fett und Mark wird satt meine Seele, *
mit jubelnden Lippen soll mein Mund dich preisen. – (R)

8 Ja, du wurdest meine Hilfe; *
   jubeln kann ich im Schatten deiner Flügel.
9 Meine Seele hängt an dir, *
   deine rechte Hand hält mich fest.

   R Meine Seele dürstet nach dir, mein Gott.

ZUR 2. LESUNG *Für uns heutige Christen ist die Frage nicht mehr, ob wir die jüdischen Gesetzesvorschriften zu befolgen haben. Durch den Glauben an Christus sind wir freie Menschen geworden, die wahren Nachkommen Abrahams. Abraham wurde von Gott als „gerecht" anerkannt; er wurde angenommen, weil er an Gottes Treue glaubte und seinem Wort vertraute. Das ist auch der Weg, den Christus uns heute zeigt.*

ZWEITE LESUNG   Gal 3,26–29

Ihr alle, die ihr auf Christus getauft seid, habt Christus als Gewand angelegt

Lesung
   aus dem Brief des Apostels Paulus an die Galater.

Brüder!
26 Ihr seid alle durch den Glauben
   Söhne Gottes in Christus Jesus.
27 Denn ihr alle, die ihr auf Christus getauft seid,
   habt Christus als Gewand angelegt.
28 Es gibt nicht mehr Juden und Griechen, nicht Sklaven und Freie,
   nicht Mann und Frau;
   denn ihr alle seid „einer" in Christus Jesus.
29 Wenn ihr aber zu Christus gehört,
   dann seid ihr Abrahams Nachkommen,
   Erben kraft der Verheißung.

RUF VOR DEM EVANGELIUM   Vers: Joh 10,27
Halleluja. Halleluja.
(So spricht der Herr:)
Meine Schafe hören auf meine Stimme;
ich kenne sie, und sie folgen mir.
Halleluja.

12. Sonntag im Jahreskreis

ZUM EVANGELIUM
Das heutige Evangelium enthält 1. ein Lehrgespräch, das in dem Christusbekenntnis des Petrus gipfelt, 2. die Ankündigung, daß der Menschensohn leiden muß, und 3. den Aufruf zur Kreuzesnachfolge. Diese drei Stücke gehören eng zusammen. Jesus, der „Messias Gottes", geht seinen Weg nicht so, wie die Menschen es erwarten, sondern so, wie Gott es ihm bestimmt hat. Es ist der Leidensweg, und diesen Weg muß auch der Jünger Jesu gehen, und zwar „täglich". Das hat Jesus „zu allen" gesagt.

EVANGELIUM　　　　　　　　　　　　　　　　Lk 9, 18–24

Du bist der Messias Gottes.
Der Menschensohn muß vieles erleiden

☩ Aus dem heiligen Evangelium nach Lukas.

In jener Zeit,
    als Jesus in der Einsamkeit betete und die Jünger bei ihm waren,
    fragte er sie:
Für wen halten mich die Leute?
Sie antworteten: Einige für Johannes den Täufer,
andere für Elija;
wieder andere sagen:
    Einer der alten Propheten ist auferstanden.

Da sagte er zu ihnen: Ihr aber,
für wen haltet ihr mich?
Petrus antwortete: Für den Messias Gottes.
Doch er verbot ihnen streng,
    es jemand weiterzusagen.

Und er fügte hinzu:
    Der Menschensohn muß vieles erleiden
und von den Ältesten,
    den Hohenpriestern und den Schriftgelehrten verworfen werden;
er wird getötet werden,
    aber am dritten Tag wird er auferstehen.

Zu allen sagte er:
    Wer mein Jünger sein will, der verleugne sich selbst,
nehme täglich sein Kreuz auf sich
und folge mir nach.

²⁴ Denn wer sein Leben retten will,
   wird es verlieren;
wer aber sein Leben um meinetwillen verliert,
   der wird es retten.

Glaubensbekenntnis, S. 348 ff.
Fürbitten vgl. S. 800 ff.

ZUR EUCHARISTIEFEIER *Weggemeinschaft und Mahlgemeinschaft mit Jesus: beides ist uns gegeben und aufgegeben. Durch den Tod hindurch geht unser Weg zur Gemeinschaft des Lebens mit ihm.*

GABENGEBET

Barmherziger Gott,
nimm das Opfer des Lobes
und der Versöhnung an.
Löse uns durch diese Feier aus aller Verstrickung,
damit wir in freier Hingabe ganz dir angehören.
Darum bitten wir durch Christus, unseren Herrn.

Präfation, S. 416 ff.

KOMMUNIONVERS   Ps 145 (144), 15

Aller Augen warten auf dich, o Herr,
und du gibst ihnen Speise zur rechten Zeit.

Oder: Joh 10, 11.15

Ich bin der gute Hirt. Ich gebe mein Leben für meine Schafe – so spricht der Herr.

SCHLUSSGEBET

Gütiger Gott,
du hast uns
durch den Leib und das Blut Christi gestärkt.
Gib, daß wir niemals verlieren,
was wir in jeder Feier der Eucharistie empfangen.
Darum bitten wir durch Christus, unseren Herrn.

FÜR DEN TAG UND DIE WOCHE

Der Ruf   *Reich Gottes bedeutet für jeden einzelnen Menschen Antwort auf ein persönliches Gerufensein, Zustimmung zu einem persönli-*

chen Willen Gottes, einem Willen, der für jeden von uns anders lautet und der sich auch je nach Umständen verschieden darbietet. Wir müssen Jesus nachfolgen, ohne das Wohin des Weges im voraus zu kennen. Wir müssen stets in jener Unruhe bleiben, die zwar ihre Richtung kennt und Frieden hat, aber doch wach ist, weil sie auf einen lebendigen und sich erst allmählich enthüllenden Willen Gottes bezogen ist. Das einzige Mittel, zu erkennen, was Gott von uns will, ist, diesen Willen zu tun. (Y. de Montcheuil)

13. SONNTAG IM JAHRESKREIS

Die Entscheidung für Christus ist den meisten von uns zunächst abgenommen worden; andere haben bei der Taufe für uns geantwortet: Ich glaube. Ich widersage. Ich gelobe. Aber dann haben wir auch selbst die Frage und den Ruf gehört. Unser Herz hat geantwortet, wir haben ja gesagt. Die große Entscheidung vermindert unsere Freiheit nicht, aber sie bestimmt unsere Richtung.

ERÖFFNUNGSVERS Ps 47 (46), 2
Ihr Völker alle, klatscht in die Hände,
jauchzt Gott zu mit lautem Jubel.

Ehre sei Gott, S. 344 ff.

TAGESGEBET

Gott, unser Vater,
du hast uns in der Taufe
zu Kindern des Lichtes gemacht.
Laß nicht zu,
daß die Finsternis des Irrtums
über uns Macht gewinnt,
sondern hilf uns,
im Licht deiner Wahrheit zu bleiben.
Darum bitten wir durch Jesus Christus.

13. Sonntag im Jahreskreis

ZUR 1. LESUNG *Von Jüngerschaft und Nachfolge ist in der 1. Lesung und im Evangelium die Rede. Elija, der gewaltige Kämpfer für die reine Jahwe-Religion, gibt im Auftrag Gottes sein Prophetenamt an Elischa weiter. Elischa begreift sofort, um was es geht, als Elija seinen Mantel über ihn wirft. Er läßt sich vom Geist Gottes ergreifen und in Dienst nehmen. Sein Abschied von der Familie ist radikal und steht nur scheinbar im Widerspruch zu dem, was Jesus von seinen Jüngern fordern wird (Lk 9, 61–62).*

ERSTE LESUNG 1 Kön 19, 16b. 19–21

Elischa stand auf und folgte Elija

Lesung
   aus dem ersten Buch der Könige.

In jenen Tagen sprach der Herr zu Elíja:
16b Salbe Elíscha, den Sohn Schafats aus Abel-Mehóla,
   zum Propheten an deiner Stelle.
19 Elíja ging vom Gottesberg weg
   und traf Elíscha, den Sohn Schafats.
Er war gerade mit zwölf Gespannen am Pflügen,
und er selbst pflügte mit dem zwölften.
Im Vorbeigehen warf Elíja seinen Mantel über ihn.
20 Sogleich verließ Elíscha die Rinder,
eilte Elíja nach
und bat ihn:
   Laß mich noch meinem Vater und meiner Mutter
   den Abschiedskuß geben;
dann werde ich dir folgen.
Elíja antwortete: Geh,
aber komm dann zurück!
Bedenke, was ich an dir getan habe.
21 Elíscha ging von ihm weg,
   nahm seine zwei Rinder und schlachtete sie.
Mit dem Joch der Rinder kochte er das Fleisch
   und setzte es den Leuten zum Essen vor.
Dann stand er auf,
   folgte Elíja und trat in seinen Dienst.

13. Sonntag im Jahreskreis

ANTWORTPSALM Ps 16(15), 1–2 u. 5.7–8.9 u. 11 (R: vgl. 5 a u. 2 b) (GL 528, 3)

R Du, Herr, bist mein Erbe,
mein ganzes Glück bist du allein. – R

Behüte mich, Gott, denn ich vertraue dir. † VI. Ton
Ich sage zum Herrn: „Du bist mein Herr; *
mein ganzes Glück bist du allein."

Du, Herr, gibst mir das Erbe und reichst mir den Becher; *
du hältst mein Los in deinen Händen. – (R)

Ich preise den Herrn, der mich beraten hat. *
Auch mahnt mich mein Herz in der Nacht.

Ich habe den Herrn beständig vor Augen. *
Er steht mir zur Rechten, ich wanke nicht. – (R)

Darum freut sich mein Herz und frohlockt meine Seele; *
auch mein Leib wird wohnen in Sicherheit.

Du zeigst mir den Pfad zum Leben. †
Vor deinem Angesicht herrscht Freude in Fülle, *
zu deiner Rechten Wonne für alle Zeit. – R

ZUR 2. LESUNG   *Die Freiheit ist wie ein frischer Wind; nicht jeder weiß sie zu schätzen. Den Christen von Galatien muß Paulus eindringlich sagen, daß sie durch Christus freie Menschen geworden sind und daß sie ihre Freiheit weder mißbrauchen noch preisgeben dürfen. Fremde Mächte und Zwänge stellen sich heute wie damals der Freiheit des Christen entgegen: der Haß, die Lüge, die Maßlosigkeit in jeder Form; das, was der Apostel kurz „das Begehren des Fleisches" nennt. Die Freiheit, zu der Christus uns befreit hat, ist Verheißung und Forderung.*

ZWEITE LESUNG   Gal 5, 1.13–18
Ihr seid zur Freiheit berufen

Lesung
   aus dem Brief des Apostels Paulus an die Galater.

Brüder!
Zur Freiheit hat uns Christus befreit.
Bleibt daher fest
   und laßt euch nicht von neuem
   das Joch der Knechtschaft auflegen.

¹³ Ihr seid zur Freiheit berufen, Brüder.
Nur nehmt die Freiheit nicht zum Vorwand für das Fleisch,
sondern dient einander in Liebe!
¹⁴ Denn das ganze Gesetz ist in dem einen Wort zusammengefaßt:
Du sollst deinen Nächsten lieben wie dich selbst.
¹⁵ Wenn ihr einander beißt und verschlingt,
dann gebt acht, daß ihr euch nicht gegenseitig umbringt.
¹⁶ Darum sage ich:
Laßt euch vom Geist leiten,
dann werdet ihr das Begehren des Fleisches nicht erfüllen.
¹⁷ Denn das Begehren des Fleisches richtet sich gegen den Geist,
das Begehren des Geistes aber gegen das Fleisch;
beide stehen sich als Feinde gegenüber,
so daß ihr nicht imstande seid, das zu tun, was ihr wollt.
¹⁸ Wenn ihr euch aber vom Geist führen laßt,
dann steht ihr nicht unter dem Gesetz.

RUF VOR DEM EVANGELIUM   Vers: 1 Sam 3,9; Joh 6,68c
Halleluja. Halleluja.

Rede, Herr, dein Diener hört.
Du hast Worte des ewigen Lebens.
Halleluja.

ZUM EVANGELIUM   *Mit großer Entschiedenheit begibt sich Jesus auf den Weg nach Jerusalem. Dort wird sich alles vollenden, wie es ihm bestimmt ist. Jesus will keine Gewalt anwenden, er gibt sich ganz in die Hand des Vaters. – Im zweiten Teil dieses Evangeliums stehen drei Weisungen für die Nachfolge. Sie sind radikal; der ganze Mensch wird gefordert. Keine Halbheit und kein Rückzug ist erlaubt. Wer ist zu einer solchen Nachfolge tauglich? Wer gerufen wird und den freien Mut hat, sich wie Jesus in die Hand Gottes zu geben.*

EVANGELIUM   Lk 9,51–62
Er entschloß sich, nach Jerusalem zu gehen.
Ich will dir folgen, wohin du auch gehst

✢ Aus dem heiligen Evangelium nach Lukas.

⁵¹ Als die Zeit herankam,
in der Jesus in den Himmel aufgenommen werden sollte,
entschloß er sich, nach Jerusalem zu gehen.

13. Sonntag im Jahreskreis

Und er schickte Boten vor sich her.
Diese kamen in ein samaritisches Dorf
und wollten eine Unterkunft für ihn besorgen.
Aber man nahm ihn nicht auf,
    weil er auf dem Weg nach Jerusalem war.

Als die Jünger Jakobus und Johannes das sahen,
    sagten sie: Herr,
sollen wir befehlen, daß Feuer vom Himmel fällt
    und sie vernichtet?
Da wandte er sich um und wies sie zurecht.
Und sie gingen zusammen in ein anderes Dorf.

Als sie auf ihrem Weg weiterzogen,
    redete ein Mann Jesus an
und sagte: Ich will dir folgen, wohin du auch gehst.
Jesus antwortete ihm:
Die Füchse haben ihre Höhlen und die Vögel ihre Nester;
der Menschensohn aber hat keinen Ort,
    wo er sein Haupt hinlegen kann.

Zu einem anderen sagte er: Folge mir nach!
Der erwiderte:
    Laß mich zuerst heimgehen und meinen Vater begraben.
Jesus sagte zu ihm:
    Laß die Toten ihre Toten begraben;
du aber geh und verkünde das Reich Gottes!

Wieder ein anderer sagte:
    Ich will dir nachfolgen, Herr.
Zuvor aber laß mich von meiner Familie Abschied nehmen.
Jesus erwiderte ihm:
    Keiner, der die Hand an den Pflug gelegt hat
    und nochmals zurückblickt,
        taugt für das Reich Gottes.

Glaubensbekenntnis, S. 348 ff.
Fürbitten vgl. S. 800 ff.

ZUR EUCHARISTIEFEIER *Jesus ist der ganz Gehorsame und deshalb auch der ganz Freie. „Deshalb liebt mich der Vater, weil ich mein Leben hingebe ... Diesen Auftrag habe ich von meinem Vater empfangen" (Joh 10, 17-18).*

GABENGEBET

Herr, unser Gott,
in den Geheimnissen, die wir feiern,
wirkst du unser Heil.
Gib, daß wir den Dienst an diesem Altar
würdig vollziehen,
von dem wir deine Gaben empfangen.
Darum bitten wir durch Christus, unseren Herrn.

Präfation, S. 416 ff.

KOMMUNIONVERS   Ps 103 (102), 1
Lobe den Herrn, meine Seele!
Alles in mir lobe seinen heiligen Namen.

Oder: Joh 17, 20–21

Vater, ich bitte für sie, daß sie in uns eins seien,
damit die Welt glaubt, daß du mich gesandt hast – so spricht der Herr.

SCHLUSSGEBET

Gütiger Gott,
die heilige Opfergabe,
die wir dargebracht und empfangen haben,
schenke uns neues Leben.
Laß uns Frucht bringen in Beharrlichkeit
und dir auf immer verbunden bleiben.
Darum bitten wir durch Christus, unseren Herrn.

FÜR DEN TAG UND DIE WOCHE

Nachfolge *vollzieht sich, schon vom ersten Ansatz an, im konkreten Lebensvollzug. Erst wenn und soviel einer ‚auf dem Weg‘ ist, wird ihm Belehrung, kommen Einsichten und geschehen Erfahrungen. – Jesus bietet keine Aussichten, ja nicht einmal Sicherungen im Irdischen und auch keine Nestgeborgenheit. Wer einmal in die Nachfolge eingetreten ist, muß mehr und mehr darauf verzichten, bürgerlich zu denken und zu hoffen ... Der Nachfolger ist auf den Acker der Welt gestellt, ihn hat er für den Samen des göttlichen Wortes aufzureißen. Er darf nicht nach dem schauen, was hinter ihm liegt.* (C. Küven)

14. SONNTAG IM JAHRESKREIS

Die Jünger Jesu sollen in der Welt den Frieden ausrufen. Friede hat nichts mit Untätigkeit zu tun. Der Friede muß getan und gewonnen werden, im Leben jedes Menschen und im Leben der Völker. In dieser Welt gibt es Frieden nur durch Versöhnung, durch Verzeihung. Gott will die Versöhnung, er bietet sie an. Wenn ein Mensch begreift, daß ihm verziehen wurde, kann er neu anfangen. Dann hört er den Bach wieder rauschen und spürt die Wärme der Sonne.

ERÖFFNUNGSVERS Ps 48 (47), 10–11
Deiner Huld, o Gott, gedenken wir in deinem heiligen Tempel.
Wie dein Name, Gott, so reicht dein Ruhm bis an die Enden der Erde;
deine rechte Hand ist voll von Gerechtigkeit.

Ehre sei Gott, S. 344 ff.

TAGESGEBET
Barmherziger Gott,
durch die Erniedrigung deines Sohnes
hast du die gefallene Menschheit
wieder aufgerichtet
und aus der Knechtschaft der Sünde befreit.
Erfülle uns mit Freude über die Erlösung
und führe uns zur ewigen Seligkeit.
Darum bitten wir durch Jesus Christus.

ZUR 1. LESUNG *Nach der Rückkehr des Volkes aus dem babylonischen Exil (seit 538 v. Chr.) waren die Anfänge in Jerusalem schwierig, und der Wiederaufbau ging nur langsam voran. Noch schwieriger war die innere Erneuerung des Volkes in der Reinheit des Glaubens und der Kraft der Hoffnung. Die Propheten dieser Zeit, späte Schüler des großen Jesaja, mahnten und trösteten. Gott hat die Macht, Leben und Frieden und Freude zu schaffen. Und alle Völker sollen daran teilhaben.*

ERSTE LESUNG   Jes 66,10–14c

Wie einen Strom leite ich den Frieden zu ihr

Lesung
   aus dem Buch Jesája.

10 Freut euch mit Jerusalem!
   Jubelt in der Stadt, alle, die ihr sie liebt.
   Seid fröhlich mit ihr,
      alle, die ihr über sie traurig wart.
11 Saugt euch satt an ihrer tröstenden Brust,
   trinkt und labt euch an ihrem mütterlichen Reichtum!
12 Denn so spricht der Herr:
   Seht her: Wie einen Strom leite ich den Frieden zu ihr
   und den Reichtum der Völker wie einen rauschenden Bach.
   Ihre Kinder wird man auf den Armen tragen
      und auf den Knien schaukeln.
13 Wie eine Mutter ihren Sohn tröstet,
      so tröste ich euch;
   in Jerusalem findet ihr Trost.
14abc Wenn ihr das seht, wird euer Herz sich freuen,
   und ihr werdet aufblühen wie frisches Gras.
   So offenbart sich die Hand des Herrn an seinen Knechten.

ANTWORTPSALM   Ps 66 (65), 1–3.4–5.6–7.16 u. 20 (R: 1)

R Jauchzt vor Gott, alle Länder der Erde! – R   (GL 233, 2)

1 Jauchzt vor Gott, alle Länder der Erde! †   VI. Ton
2 Spielt zum Ruhm seines Namens! *
   Verherrlicht ihn mit Lobpreis!
3 Sagt zu Gott: „Wie ehrfurchtgebietend sind deine Taten; *
   vor deiner gewaltigen Macht müssen die Feinde sich beugen." – (R)

4 Alle Welt bete dich an und singe dein Lob, *
   sie lobsinge deinem Namen!
5 Kommt und seht die Taten Gottes! *
   Staunenswert ist sein Tun an den Menschen: – (R)

6 Er verwandelte das Meer in trockenes Land, †
   sie schritten zu Fuß durch den Strom; *
   dort waren wir über ihn voll Freude.

14. Sonntag im Jahreskreis

In seiner Kraft ist er Herrscher auf ewig; †
seine Augen prüfen <u>die</u> Völker. *
Die Trotzigen können sich gegen <u>ihn</u> nicht erheben. – (R)

Ihr alle, die ihr Gott fürchtet, kommt <u>und</u> hört; *
ich will euch erzählen, was er mir <u>Gu</u>tes getan hat.

Gepriesen sei Gott; denn er hat mein Gebet nicht <u>ver</u>worfen *
und mir seine <u>Huld</u> nicht entzogen. – R

ZUR 2. LESUNG *Am Schluß des Galaterbriefs faßt Paulus das Wesentliche kurz zusammen. Der ganze Streit, ob Jude oder Heide, ist überholt, seitdem Christus am Kreuz für alle gestorben ist. Eine neue Schöpfung ist im Werden. Ihr Gesetz heißt Glaube und Liebe. Glaube, der in der Liebe wirksam ist.*

ZWEITE LESUNG   Gal 6, 14–18

Ich trage die Zeichen Jesu an meinem Leib

Lesung
  aus dem Brief des Apostels Paulus an die Galater.

Brüder!
Ich will mich allein
  des Kreuzes Jesu Christi, unseres Herrn, rühmen,
durch das mir die Welt gekreuzigt ist und ich der Welt.

Denn es kommt nicht darauf an,
  ob einer beschnitten oder unbeschnitten ist,
sondern darauf, daß er neue Schöpfung ist.

Friede und Erbarmen komme über alle,
  die sich von diesem Grundsatz leiten lassen,
  und über das Israel Gottes.

In Zukunft
  soll mir niemand mehr solche Schwierigkeiten bereiten.
Denn ich trage die Zeichen Jesu an meinem Leib.

Die Gnade Jesu Christi, unseres Herrn,
  sei mit eurem Geist, meine Brüder.
Amen.

RUF VOR DEM EVANGELIUM
Vers: Kol 3,15a.16a

Halleluja. Halleluja.
In eurem Herzen herrsche der Friede Christi.
Das Wort Christi wohne mit seinem ganzen Reichtum bei euch.
Halleluja.

ZUM EVANGELIUM
Nach der Aussendung der Zwölf (Lk 9,1–6) berichtet Lukas die Aussendung einer größeren Gruppe von Jüngern. Die Zahl 72 (oder 70) entspricht der Zahl der Völker der Erde nach Genesis 10; zu allen Völkern soll die Botschaft gelangen, daß Gottes Herrschaft und Reich nahe gekommen ist. Noch in anderem Sinn ist die universale Zahl 72 von Bedeutung: Der Auftrag, die frohe Botschaft in die Welt zu tragen, ergeht an alle Jünger, an alle wachen Christen. Die Ernte ist groß. Und die Weisungen Jesu bleiben gültig: Gewaltlosigkeit, Armut, Selbstlosigkeit, aber auch Entschiedenheit, wo die Situation es fordert.

EVANGELIUM
Lk 10,1–12.17–20

Der Friede, den ihr dem Haus wünscht, wird auf ihm ruhen

✢ Aus dem heiligen Evangelium nach Lukas. ·

1 In jener Zeit suchte der Herr zweiundsiebzig andere Jünger aus und sandte sie zu zweit voraus in alle Städte und Ortschaften,
   in die er selbst gehen wollte.

2 Er sagte zu ihnen: Die Ernte ist groß,
   aber es gibt nur wenig Arbeiter.
   Bittet also den Herrn der Ernte,
   Arbeiter für seine Ernte auszusenden.

3 Geht!
   Ich sende euch wie Schafe mitten unter die Wölfe.

4 Nehmt keinen Geldbeutel mit,
   keine Vorratstasche und keine Schuhe!
   Grüßt niemand unterwegs!

5 Wenn ihr in ein Haus kommt,
   so sagt als erstes: Friede diesem Haus!

6 Und wenn dort ein Mann des Friedens wohnt,
   wird der Friede, den ihr ihm wünscht, auf ihm ruhen;
   andernfalls wird er zu euch zurückkehren.

14. Sonntag im Jahreskreis

Bleibt in diesem Haus,
eßt und trinkt, was man euch anbietet;
denn wer arbeitet, hat ein Recht auf seinen Lohn.
Zieht nicht von einem Haus in ein anderes!

Wenn ihr in eine Stadt kommt und man euch aufnimmt,
so eßt, was man euch vorsetzt.
Heilt die Kranken, die dort sind,
und sagt den Leuten:
Das Reich Gottes ist euch nahe.

Wenn ihr aber in eine Stadt kommt,
in der man euch nicht aufnimmt,
dann stellt euch auf die Straße
und ruft: Selbst den Staub eurer Stadt, der an unseren Füßen klebt,
lassen wir euch zurück;
doch das sollt ihr wissen:
Das Reich Gottes ist nahe.
Ich sage euch:
Sodom wird es an jenem Tag nicht so schlimm ergehen
wie dieser Stadt.

Die Zweiundsiebzig kehrten zurück und berichteten voll Freude:
Herr, sogar die Dämonen gehorchen uns,
wenn wir deinen Namen aussprechen.
Da sagte er zu ihnen:
Ich sah den Satan wie einen Blitz vom Himmel fallen.
Seht, ich habe euch die Vollmacht gegeben,
auf Schlangen und Skorpione zu treten
und die ganze Macht des Feindes zu überwinden.
Nichts wird euch schaden können.

Doch freut euch nicht darüber, daß euch die Geister gehorchen,
sondern freut euch darüber,
daß eure Namen im Himmel verzeichnet sind.

Oder:

KURZFASSUNG Lk 10, 1–9
Der Friede, den ihr dem Haus wünscht, wird auf ihm ruhen

✛ Aus dem heiligen Evangelium nach Lukas.

In jener Zeit suchte der Herr zweiundsiebzig andere Jünger aus
und sandte sie zu zweit voraus in alle Städte und Ortschaften,
in die er selbst gehen wollte.

2 Er sagte zu ihnen: Die Ernte ist groß,
   aber es gibt nur wenig Arbeiter.
   Bittet also den Herrn der Ernte,
   Arbeiter für seine Ernte auszusenden.
3 Geht!
   Ich sende euch wie Schafe mitten unter die Wölfe.
4 Nehmt keinen Geldbeutel mit,
   keine Vorratstasche und keine Schuhe!
   Grüßt niemand unterwegs!
5 Wenn ihr in ein Haus kommt,
   so sagt als erstes: Friede diesem Haus!
6 Und wenn dort ein Mann des Friedens wohnt,
   wird der Friede, den ihr ihm wünscht, auf ihm ruhen;
   andernfalls wird er zu euch zurückkehren.
7 Bleibt in diesem Haus,
   eßt und trinkt, was man euch anbietet;
   denn wer arbeitet, hat ein Recht auf seinen Lohn.
   Zieht nicht von einem Haus in ein anderes!
8 Wenn ihr in eine Stadt kommt und man euch aufnimmt,
   so eßt, was man euch vorsetzt.
9 Heilt die Kranken, die dort sind,
   und sagt den Leuten:
   Das Reich Gottes ist euch nahe.

Glaubensbekenntnis, S. 348 ff.
Fürbitten vgl. S. 800 ff.

ZUR EUCHARISTIEFEIER *Die Sendung hat ihren Rang und ihre Kraft von der Mitte her, von dem, der aussendet. Jesus hat sein Leben und seine Sendung vom Vater her verstanden; und „wie mich der Vater gesandt hat, so sende ich euch".*

GABENGEBET

Herr, zu deiner Ehre feiern wir dieses Opfer.
Es befreie uns vom Bösen
und helfe uns,
Tag für Tag das neue Leben sichtbar zu machen,
das wir von dir empfangen.
Darum bitten wir durch Christus, unseren Herrn.

Präfation, S. 416 ff.

KOMMUNIONVERS   Ps 34 (33), 9
Kostet und seht, wie gütig der Herr ist.
Selig der Mensch, der bei ihm seine Zuflucht nimmt.
Oder: Mt 11, 28
Kommt alle zu mir,
die ihr euch plagt und unter Lasten stöhnt!
Ich will euch Ruhe verschaffen – so spricht der Herr.

SCHLUSSGEBET
Herr, du hast uns mit reichen Gaben beschenkt.
Laß uns in der Danksagung verharren
und einst die Fülle des Heils erlangen.
Darum bitten wir durch Christus, unseren Herrn.

FÜR DEN TAG UND DIE WOCHE
Dem Licht dienen   *Wer an Jesus Christus glaubt, der muß wissen, daß ihm ein Licht in großer Dunkelheit anvertraut ist, und dann soll er nicht auf die anderen sehen und danach fragen, wie sie das beurteilen. Nein, gerade wenn wir uns ganz diesem Licht hingeben und gar nicht auf die Seite sehen, nicht nach dem Urteil der anderen fragen, gerade dann wird das Licht, dem wir dienen, am ehesten noch ernst genommen werden. (G. von Rad)*

15. SONNTAG IM JAHRESKREIS

Der Mitmensch, an dem ich vorbeigehe, dem ich ausweiche, den ich nicht sehen will, der mir nahe ist und doch nicht mein Nächster, das ist die Hölle. Der Haß ist die Hölle. Er hat, wie die Liebe, viele Stufen und Weisen. Das Grundgesetz des Lebens aber ist die Liebe. Wer es erfüllt, ist ein göttlicher Mensch.

ERÖFFNUNGSVERS   Ps 17 (16), 15
Ich will in Gerechtigkeit dein Angesicht schauen,
mich satt sehen an deiner Gestalt, wenn ich einst erwache.
Ehre sei Gott, S. 344 ff.

TAGESGEBET

Gott, du bist unser Ziel,
du zeigst den Irrenden das Licht der Wahrheit
und führst sie auf den rechten Weg zurück.
Gib allen, die sich Christen nennen, die Kraft,
zu meiden, was diesem Namen widerspricht,
und zu tun, was unserem Glauben entspricht.
Darum bitten wir durch Jesus Christus.

ZUR 1. LESUNG   *Dafür, daß Gott Israel zu seinem Volk gemacht hat, gibt es keine andere Erklärung als Gottes Liebe und seine Treue zum einmal gegebenen Wort. Für die Erwählten aber ergibt sich als Folgerung: Gott zu lieben aus ganzem Herzen und mit ganzer Kraft, das heißt: auf seine Stimme zu hören und seinem Wort zu folgen. Es ist kein fernes, fremdes und schwieriges Wort. Es geht nicht über deine Kraft, es ist dir nahe, und du kannst damit leben.*

ERSTE LESUNG   Dtn 30, 10–14

Das Wort ist ganz nah bei dir, du kannst es halten

Lesung
   aus dem Buch Deuteronómium.

Mose sprach zum Volk:
10 Du sollst auf die Stimme des Herrn, deines Gottes, hören
und auf seine Gebote und Gesetze achten,
   die in dieser Urkunde der Weisung einzeln aufgezeichnet sind.
Du sollst zum Herrn, deinem Gott,
   mit ganzem Herzen und mit ganzer Seele zurückkehren.
11 Denn dieses Gebot, auf das ich dich heute verpflichte,
   geht nicht über deine Kraft und ist nicht fern von dir.
12 Es ist nicht im Himmel,
   so daß du sagen müßtest:
      Wer steigt für uns in den Himmel hinauf,
      holt es herunter und verkündet es uns,
      damit wir es halten können?
13 Es ist auch nicht jenseits des Meeres,
   so daß du sagen müßtest:
      Wer fährt für uns über das Meer,

15. Sonntag im Jahreskreis

holt es herüber und verkündet es uns,
damit wir es halten können?

4 Nein, das Wort ist ganz nah bei dir,
es ist in deinem Mund und in deinem Herzen,
du kannst es halten.

ANTWORTPSALM

Ps 69 (68), 14 u. 17.30–31.33–34.36–37 (R: vgl. 33)

R Ihr Gebeugten, suchet den Herrn; (GL 698, 1)
euer Herz lebe auf! – R

Ich bete zu dir, Herr, zur Zeit der Gnade. † II. Ton
Erhöre mich in deiner großen Huld, *
Gott, hilf mir in deiner Treue.

Erhöre mich, Herr, in deiner Huld und Güte, *
wende dich mir zu in deinem großen Erbarmen! – (R)

Ich bin elend und voller Schmerzen; *
doch deine Hilfe, o Gott, wird mich erhöhen.

Ich will den Namen Gottes rühmen im Lied, *
in meinem Danklied ihn preisen. – (R)

Schaut her, ihr Gebeugten, und freut euch; *
ihr, die ihr Gott sucht: euer Herz lebe auf!

Denn der Herr hört auf die Armen, *
er verachtet die Gefangenen nicht. – (R)

Denn Gott wird Zion retten, *
wird Judas Städte neu erbauen.

Seine Knechte werden dort wohnen und das Land besitzen, †
ihre Nachkommen sollen es erben; *
wer seinen Namen liebt, soll darin wohnen. – R

Oder:

ANTWORTPSALM Ps 19 (18), 8.9.10.11–12 (R: 9a)

R Die Befehle des Herrn sind richtig; (GL 465)
sie erfreuen das Herz. – R

Die Weisung des Herrn ist vollkommen und gut, * II. Ton
sie erquickt den Menschen.

Das Gesetz des Herrn ist verläßlich, *
den Unwissenden macht es weise. – (R)

9 Die Befehle des Herrn sind richtig, *
sie erfreuen das Herz;

das Gebot des Herrn ist lauter, *
es erleuchtet die Augen. – (R)

10 Die Furcht des Herrn ist rein, *
sie besteht für immer.

Die Urteile des Herrn sind wahr, *
gerecht sind sie alle. – (R)

11 Sie sind kostbarer als Gold, als Feingold in Menge. *
Sie sind süßer als Honig, als Honig aus Waben.

12 Auch dein Knecht läßt sich von ihnen warnen; *
wer sie beachtet, hat reichen Lohn.

R Die Befehle des Herrn sind richtig;
sie erfreuen das Herz.

ZUR 2. LESUNG *Der Brief an die Kolosser (heute und an den drei folgenden Sonntagen) wendet sich gegen falsche Lehren, die vom Judenchristentum her in die Gemeinde eingedrungen sind. Die universale und zentrale Stellung Christi in der geschaffenen Welt und im Leben der Menschen verträgt sich nicht mit der Auffassung, man müsse außerdem auch kosmische Mächte und Gewalten verehren und sich an die jüdischen Überlieferungen halten. Christus ist vor allem, und er lebt zuinnerst in allem. In ihm aber lebt die Fülle Gottes selbst. Durch ihn haben wir die Erlösung und den Frieden mit Gott.*

ZWEITE LESUNG Kol 1, 15–20

Alles ist durch ihn und auf ihn hin geschaffen

Lesung
   aus dem Brief des Apostels Paulus an die Kolosser.

15 Christus ist das Ebenbild des unsichtbaren Gottes,
der Erstgeborene der ganzen Schöpfung.
16 Denn in ihm wurde alles erschaffen im Himmel und auf Erden,
das Sichtbare und das Unsichtbare,
Throne und Herrschaften, Mächte und Gewalten;
alles ist durch ihn und auf ihn hin geschaffen.
17 Er ist vor aller Schöpfung,
in ihm hat alles Bestand.

Er ist das Haupt des Leibes,
der Leib aber ist die Kirche.
Er ist der Ursprung,
  der Erstgeborene der Toten;
so hat er in allem den Vorrang.
Denn Gott wollte mit seiner ganzen Fülle in ihm wohnen,
  um durch ihn alles zu versöhnen.
Alles im Himmel und auf Erden wollte er zu Christus führen,
  der Friede gestiftet hat am Kreuz durch sein Blut.

RUF VOR DEM EVANGELIUM   Vers: Joh 6,63c.68c

Halleluja. Halleluja.

Deine Worte, Herr, sind Geist und Leben.
Du hast Worte des ewigen Lebens.

Halleluja.

ZUM EVANGELIUM   *„Was muß ich tun?" fragt der Gesetzeslehrer zuerst, und dann: „Wer ist mein Nächster?" Auf die erste Frage weiß er selbst die Antwort; sie steht im Gesetz, in den Schriften des Alten Bundes (Dtn 6,5 und Lev 19,18). Auf die zweite Frage antwortet Jesus mit der Beispielerzählung vom barmherzigen Samariter. Dein Nächster ist, wer deine Hilfe braucht. Ihm bist du der Nächste. Der „Nächste", dem ich begegne, ist nicht nur der andere; er ist der Mensch, in dem Gott mir begegnet und mich in seine Gemeinschaft ruft.*

EVANGELIUM   Lk 10,25–37

Wer ist mein Nächster?

✛ Aus dem heiligen Evangelium nach Lukas.

In jener Zeit
  wollte ein Gesetzeslehrer Jesus auf die Probe stellen.
Er fragte ihn:
  Meister, was muß ich tun, um das ewige Leben zu gewinnen?
Jesus sagte zu ihm: Was steht im Gesetz?
Was liest du dort?
Er antwortete:
  **Du sollst den Herrn, deinen Gott, lieben
  mit ganzem Herzen und ganzer Seele,
  mit all deiner Kraft und all deinen Gedanken,
und: Deinen Nächsten sollst du lieben wie dich selbst.**

²⁸ Jesus sagte zu ihm: Du hast richtig geantwortet.
Handle danach,
    und du wirst leben.
²⁹ Der Gesetzeslehrer wollte seine Frage rechtfertigen
und sagte zu Jesus: Und wer ist mein Nächster?
³⁰ Darauf antwortete ihm Jesus:
Ein Mann ging von Jerusalem nach Jéricho hinab
    und wurde von Räubern überfallen.
Sie plünderten ihn aus und schlugen ihn nieder;
dann gingen sie weg
    und ließen ihn halbtot liegen.
³¹ Zufällig kam ein Priester denselben Weg herab;
er sah ihn und ging weiter.
³² Auch ein Levit kam zu der Stelle;
er sah ihn und ging weiter.
³³ Dann kam ein Mann aus Samárien, der auf der Reise war.
Als er ihn sah, hatte er Mitleid,
³⁴ ging zu ihm hin,
    goß Öl und Wein auf seine Wunden
    und verband sie.
Dann hob er ihn auf sein Reittier,
    brachte ihn zu einer Herberge und sorgte für ihn.
³⁵ Am andern Morgen holte er zwei Denare hervor,
gab sie dem Wirt
    und sagte: Sorge für ihn,
und wenn du mehr für ihn brauchst,
    werde ich es dir bezahlen, wenn ich wiederkomme.
³⁶ Was meinst du:
Wer von diesen dreien hat sich als der Nächste dessen erwiesen,
    der von den Räubern überfallen wurde?
³⁷ Der Gesetzeslehrer antwortete:
Der, der barmherzig an ihm gehandelt hat.

Da sagte Jesus zu ihm:
    Dann geh und handle genauso!

Glaubensbekenntnis, S. 348 ff.; Fürbitten vgl. S. 800 ff.

ZUR EUCHARISTIEFEIER   *„Der Gesetzeslehrer wußte nicht, wer sein Nächster war, weil er nicht an Jesus glaubte"* (Ambrosius). *Weiß* ich, wer mein Nächster ist? Für mich ist Christus selbst der Nächste geworden. Er heilt meine Wunden. Er liebt mich – weil ich seine Liebe brauche.

GABENGEBET

Gott,
sieh auf dein Volk, das im Gebet versammelt ist,
und nimm unsere Gaben an.
Heilige sie, damit alle, die sie empfangen,
in deiner Liebe wachsen und dir immer treuer dienen.
Darum bitten wir durch Christus, unseren Herrn.

Präfation, S. 416 ff.

KOMMUNIONVERS   Ps 84 (83), 4–5

Der Sperling findet ein Haus
und die Schwalbe ein Nest für ihre Jungen –
deine Altäre, Herr der Heere, mein Gott und mein König!
Selig, die wohnen in deinem Haus, die dich allezeit loben!

Oder: Joh 6, 56

So spricht der Herr:
Wer mein Fleisch ißt und mein Blut trinkt,
der bleibt in mir, und ich bleibe in ihm.

SCHLUSSGEBET

Herr, unser Gott,
wir danken dir für die heilige Gabe.
Laß deine Heilsgnade in uns wachsen,
sooft wir diese Speise empfangen.
Darum bitten wir durch Christus, unseren Herrn.

FÜR DEN TAG UND DIE WOCHE

Jener Fremde   *Solange du dir selbst mehr gönnst als jenem Fremden, den du nie gesehen, solange hast du nie einen Augenblick in Gottes Grund hineingelugt.* (Meister Eckehart)

*Der Nächste ist der nahe Mensch, kein Schatten, der vorüberhuscht.
Der Mensch, der gerade vorbeigeht.
Laß mich ihn sehen, bevor er vorbeigegangen ist.
Hilf mir, ihn zu lieben, Du Mensch unter Menschen.*

16. SONNTAG IM JAHRESKREIS

Wer rechnet ernsthaft damit, in seinem Leben Gott zu begegnen? Was wäre das für ein Gott, dem man jeden Tag irgendwo irgendwie begegnen könnte? Aber Gott ist da, und er ist der Ankommende. Nicht in dem, was wir „Gottesgestalt" nennen, sondern ganz einfach als Mensch. Als Freund, als Fremder, als Ausländer, als einer, der uns braucht. Er kommt so, wie er will, nicht wie wir es uns ausdenken.

ERÖFFNUNGSVERS   Ps 54 (53),6.8
**Gott ist mein Helfer, der Herr beschützt mein Leben.
Freudig bringe ich dir mein Opfer dar
und lobe deinen Namen, Herr,
denn du bist gütig.**
Ehre sei Gott, S. 344 ff.

TAGESGEBET

**Herr, unser Gott, sieh gnädig auf alle,
die du in deinen Dienst gerufen hast.
Mach uns stark im Glauben,
in der Hoffnung und in der Liebe,
damit wir immer wachsam sind
und auf dem Weg deiner Gebote bleiben.
Darum bitten wir durch Jesus Christus.**

ZUR 1. LESUNG   *Abraham kannte die Fremden nicht, die in der Mittagshitze vor seinem Zelt vorbeikamen. Aber er wollte sie nicht weiterziehen lassen, ohne ihnen Gutes zu tun. Abrahams Gastlichkeit und das göttliche Verheißungswort am Schluß sind die Schwerpunkte dieser Erzählung. Gott kam zu Abraham unerwartet, unauffällig. Abraham nahm ihn als fremden Gast auf und wurde sein Freund.*

16. Sonntag im Jahreskreis

ERSTE LESUNG Gen 18, 1–10a

Mein Herr, geh an deinem Knecht nicht vorbei

Lesung
aus dem Buch Génesis.

In jenen Tagen
   erschien der Herr Abraham
   bei den Eichen von Mamre.
Abraham saß zur Zeit der Mittagshitze am Zelteingang.
Er blickte auf und sah vor sich drei Männer stehen.
Als er sie sah,
   lief er ihnen vom Zelteingang aus entgegen,
warf sich zur Erde nieder
und sagte: Mein Herr, wenn ich dein Wohlwollen gefunden habe,
   geh doch an deinem Knecht nicht vorbei!
Man wird etwas Wasser holen;
dann könnt ihr euch die Füße waschen
   und euch unter dem Baum ausruhen.
Ich will einen Bissen Brot holen,
und ihr könnt dann nach einer kleinen Stärkung weitergehen;
denn deshalb seid ihr doch bei eurem Knecht vorbeigekommen.
Sie erwiderten: Tu, wie du gesagt hast.

Da lief Abraham eiligst ins Zelt zu Sara
und rief: Schnell drei Sea feines Mehl!
Rühr es an, und backe Brotfladen!
Er lief weiter zum Vieh,
   nahm ein zartes, prächtiges Kalb
   und übergab es dem Jungknecht, der es schnell zubereitete.
Dann nahm Abraham Butter,
Milch
und das Kalb, das er hatte zubereiten lassen,
und setzte es ihnen vor.
Er wartete ihnen unter dem Baum auf, während sie aßen.

Sie fragten ihn: Wo ist deine Frau Sara?
Dort im Zelt, sagte er.
Da sprach der Herr:
   In einem Jahr komme ich wieder zu dir,
   dann wird deine Frau Sara einen Sohn haben.

ANTWORTPSALM
Ps 15 (14), 2–3.4.5 (R: 1)
(GL 626, 3)

R Herr, wer darf Gast sein in deinem Zelt,
wer darf weilen auf deinem heiligen Berg? – R

2 Der makellos lebt und das Rechte tut; †   IV. Ton
der von Herzen die Wahrheit sagt *
3 und mit seiner Zunge nicht verleumdet;

der seinem Freund nichts Böses antut *
und seinen Nächsten nicht schmäht; – (R)

4 der den Verworfenen verachtet, *
doch alle, die den Herrn fürchten, in Ehren hält;

der sein Versprechen nicht ändert, *
das er seinem Nächsten geschworen hat; – (R)

5 der sein Geld nicht auf Wucher ausleiht *
und nicht zum Nachteil des Schuldlosen Bestechung annimmt.

Wer sich danach richtet, *
der wird niemals wanken. – R

ZUR 2. LESUNG
Im Dienst Christi stehen heißt: am Kreuz Christi mittragen. Der Apostel ist im Gefängnis, weil er das Evangelium verkündet hat. Das ist für ihn ein Grund tiefer Freude, weil es die Bestätigung seiner Christusgemeinschaft ist, sein Beitrag zum Werk der Versöhnung, der neuen Gemeinschaft zwischen Gott und den Menschen.

ZWEITE LESUNG
Kol 1, 24–28

Das Geheimnis, das seit ewigen Zeiten verborgen war, wurde jetzt den Heiligen offenbart

Lesung
    aus dem Brief des Apostels Paulus an die Kolosser.

Brüder!
24 Ich freue mich in den Leiden, die ich für euch ertrage.
Für den Leib Christi, die Kirche,
    ergänze ich in meinem irdischen Leben
    das, was an den Leiden Christi noch fehlt.

25 Ich diene der Kirche durch das Amt,
    das Gott mir übertragen hat,
    damit ich euch das Wort Gottes in seiner Fülle verkündige,

16. Sonntag im Jahreskreis

jenes Geheimnis,
   das seit ewigen Zeiten und Generationen verborgen war.
Jetzt wurde es seinen Heiligen offenbart;
Gott wollte ihnen zeigen,
   wie reich und herrlich dieses Geheimnis unter den Völkern ist:
Christus ist unter euch,
er ist die Hoffnung auf Herrlichkeit.

Ihn verkündigen wir;
wir ermahnen jeden Menschen
   und belehren jeden mit aller Weisheit,
      um dadurch alle in der Gemeinschaft mit Christus
      vollkommen zu machen.

RUF VOR DEM EVANGELIUM   Vers: vgl. Lk 8, 15

Halleluja. Halleluja.

Selig, die das Wort mit aufrichtigem Herzen hören
und Frucht bringen in Geduld.

Halleluja.

ZUM EVANGELIUM
Jesus kommt als Gast in das Haus der Freunde und läßt sich bewirten. Aber was er seinen Freunden geben will, ist mehr als das, was er empfängt. Er ist gekommen, um zu dienen; er dient uns mit seinem Wort, er selbst ist das Wort Gottes für uns. Dieses Wort aufnehmen, es im Glauben hören und in der Tat befolgen, darauf kommt es an. Maria hat schneller als ihre Schwester Marta begriffen, daß der Glaube und die Tat des Glaubens, die Liebe, erst möglich werden durch die Begegnung mit Jesus und das Hören auf sein Wort.

EVANGELIUM   Lk 10, 38–42

Marta nahm ihn freundlich auf. – Maria hat das Bessere gewählt

✝ **Aus dem heiligen Evangelium nach Lukas.**

In jener Zeit kam Jesus in ein Dorf,
und eine Frau namens Marta nahm ihn freundlich auf.

⁳⁹ Sie hatte eine Schwester, die Maria hieß.
Maria setzte sich dem Herrn zu Füßen
und hörte seinen Worten zu.
⁴⁰ Marta aber war ganz davon in Anspruch genommen,
für ihn zu sorgen.
Sie kam zu ihm
und sagte: Herr, kümmert es dich nicht,
daß meine Schwester die ganze Arbeit mir allein überläßt?
Sag ihr doch, sie soll mir helfen!
⁴¹ Der Herr antwortete:
Marta, Marta, du machst dir viele Sorgen und Mühen.
⁴² Aber nur eines ist notwendig.
Maria hat das Bessere gewählt,
das soll ihr nicht genommen werden.

Glaubensbekenntnis, S. 348 ff.
Fürbitten vgl. S. 800 ff.

ZUR EUCHARISTIEFEIER *In der Feier des eucharistischen Mahles begegnen wir dem Herrn, wir und die Vielen aus aller Welt, die bei ihm mit Abraham, Isaak und Jakob zu Tische sitzen. Wir hören sein Wort und empfangen das lebendige Brot. Beides verbindet uns und verpflichtet uns zur größeren Gemeinschaft.*

GABENGEBET

Herr, du hast die vielen Opfer,
die dir je von Menschen dargebracht werden,
in dem einen Opfer des Neuen Bundes vollendet.
Nimm die Gaben deiner Gläubigen an
und heilige sie,
wie du einst das Opfer Abels angenommen hast;
und was jeder einzelne zu deiner Ehre darbringt,
das werde allen zum Heil.
Darum bitten wir durch Christus, unseren Herrn.

Präfation, S. 416 ff.

KOMMUNIONVERS   Ps 111 (110), 4–5

Ein Gedächtnis seiner Wunder hat der Herr gestiftet,
gnädig und barmherzig ist der Herr.
Er gibt denen Speise, die ihn fürchten.

Oder: Offb 3,20
So spricht der Herr:
Ich stehe an der Tür und klopfe.
Wenn einer meine Stimme hört und die Tür öffnet,
werde ich bei ihm eintreten und mit ihm Mahl halten,
und er mit mir.

SCHLUSSGEBET

Barmherziger Gott, höre unser Gebet.
Du hast uns im Sakrament
das Brot des Himmels gegeben,
damit wir an Seele und Leib gesunden.
Gib, daß wir
die Gewohnheiten des alten Menschen ablegen
und als neue Menschen leben.
Darum bitten wir durch Christus, unseren Herrn.

FÜR DEN TAG UND DIE WOCHE

Den Fremdling umgibt das Geheimnis Gottes; gerade der Unbekannte trägt den Segen der Gottheit ins Haus. Gott selbst kommt im Gast. Darum sollte man einen Wanderer nicht an seinem Zelt vorbeiziehen lassen. Wer sein Leben mit einem andern teilt, erhält ein volleres Leben. Die Theologie des Judentums weiß auch, daß Gastfreundschaft eine Möglichkeit ist, Sünden zu sühnen. Das Christentum wurde durch Gastfreundschaft ausgebreitet ... Gastlich ist im biblischen Sinn nur, wer den Fremdling einlädt, der es nötig hat, aufgenommen zu werden (Lk 14,12–14). Wer nur Menschen zu sich bittet, von denen er ‚etwas hat‘, erhält durch ihre Tischgemeinschaft weder Segen noch Sühne. (H. Rusche)

17. SONNTAG IM JAHRESKREIS

Einen Freund finden kann nur, wer imstande ist, ein Freund zu sein: frei, um über sich zu verfügen, und bereit, sich zu verschenken. Er kann vertrauen, und der Freund vertraut ihm. Der Freund kann um alles bitten. Und er ist da, wenn der Freund ihn braucht. – Gott ist der Heilige, der ganz Andere, der Herr. Gott ist auch der Freund, der einzige schließlich. Er ist für uns da. Und er braucht uns.

ERÖFFNUNGSVERS
Vgl. Ps 68 (67),6–7.36
Gott ist hier, an heiliger Stätte.
Gott versammelt sein Volk in seinem Haus,
er schenkt ihm Stärke und Kraft.

Ehre sei Gott, S. 344ff.

TAGESGEBET

Gott, du Beschützer aller, die auf dich hoffen,
ohne dich ist nichts gesund und nichts heilig.
Führe uns in deinem Erbarmen den rechten Weg
und hilf uns,
die vergänglichen Güter so zu gebrauchen,
daß wir die ewigen nicht verlieren.
Darum bitten wir durch Jesus Christus.

ZUR 1. LESUNG   *Abraham wagt es, mit Gott zu rechten und zu handeln. Das ist keine naiv-primitive Geschichte. Es geht um die Gerechtigkeit Gottes, also um Gott selbst. Abraham ahnt das, was im heutigen Evangelium gesagt wird: Der „Richter über die ganze Erde" ist auch der Freund, der Vater (Lk 11,8). Er rechnet anders als die Menschen, er kennt nicht unsere Mengenlehre: Wenige Gerechte genügen, um viele Gottlose zu retten (vgl. Gen 18,25). Am Ende wird es ein einziger Gerechter sein, der die Vielen rettet: der geliebte Sohn.*

17. Sonntag im Jahreskreis

ERSTE LESUNG Gen 18, 20–32
Herr, zürne doch nicht, wenn ich mit dir rede

Lesung
  aus dem Buch Génesis.

In jenen Tagen
sprach der Herr zu Abraham:
Das Klagegeschrei über Sodom und Gomórra,
  ja, das ist laut geworden,
und ihre Sünde, ja, die ist schwer.
Ich will hinabgehen
  und sehen, ob ihr Tun wirklich dem Klagegeschrei entspricht,
  das zu mir gedrungen ist.
Ich will es wissen.

Die Männer wandten sich von dort ab und gingen auf Sodom zu.
Abraham aber stand noch immer vor dem Herrn.

Abraham trat näher
und sagte:
Willst du auch den Gerechten mit den Ruchlosen wegraffen?
Vielleicht gibt es fünfzig Gerechte in der Stadt:
Willst du auch sie wegraffen
  und nicht doch dem Ort vergeben
  wegen der fünfzig Gerechten dort?
Das kannst du doch nicht tun,
die Gerechten zusammen mit den Ruchlosen umbringen.
Dann ginge es ja dem Gerechten genauso wie dem Ruchlosen.
Das kannst du doch nicht tun.
Sollte sich der Richter über die ganze Erde
  nicht an das Recht halten?

Da sprach der Herr:
  Wenn ich in Sodom, in der Stadt, fünfzig Gerechte finde,
  werde ich ihretwegen dem ganzen Ort vergeben.

Abraham antwortete
und sprach: Ich habe es nun einmal unternommen,
  mit meinem Herrn zu reden, obwohl ich Staub und Asche bin.
Vielleicht fehlen an den fünfzig Gerechten fünf.
Wirst du wegen der fünf die ganze Stadt vernichten?
Nein, sagte er,
ich werde sie nicht vernichten,
  wenn ich dort fünfundvierzig finde.

29 Abraham fuhr fort, zum Herrn zu reden:
　　Vielleicht finden sich dort nur vierzig.
　　Da sprach er:
　　　Ich werde es der vierzig wegen nicht tun.

30 Und weiter sagte Abraham:
　　　Mein Herr zürne nicht, wenn ich weiterrede.
　　Vielleicht finden sich dort nur dreißig.
　　Er entgegnete:
　　　Ich werde es nicht tun, wenn ich dort dreißig finde.

31 Darauf sagte Abraham:
　　　Ich habe es nun einmal unternommen,
　　　mit meinem Herrn zu reden.
　　Vielleicht finden sich dort nur zwanzig.
　　Er antwortete:
　　　Ich werde sie um der zwanzig willen nicht vernichten.

32 Und nochmals sagte er:
　　　Mein Herr zürne nicht,
　　　wenn ich nur noch einmal das Wort ergreife.
　　Vielleicht finden sich dort nur zehn.
　　Und wiederum sprach er:
　　　Ich werde sie um der zehn willen nicht vernichten.

ANTWORTPSALM　　　Ps 138 (137), 1–2 b.2 c–3.6–7 b.7 c–8 (R: 3 a)

R Herr, du hast mich erhört an dem Tag, als ich rief. – R (GL 698, 1)

1 Ich will dir danken aus ganzem Herzen, *　　　　　　　II. Ton
　　dir vor den Engeln singen und spielen;

2ab ich will mich niederwerfen zu deinem heiligen Tempel hin *
　　und deinem Namen danken für deine Huld und Treue. – (R)

2cd Denn du hast die Worte meines Mundes gehört, *
　　deinen Namen und dein Wort über alles verherrlicht.

3 Du hast mich erhört an dem Tag, als ich rief; *
　　du gabst meiner Seele große Kraft. – (R)

6 Ja, der Herr ist erhaben; †
　　doch er schaut auf die Niedrigen, *
　　und die Stolzen erkennt er von fern.

7ab Gehe ich auch mitten durch große Not: *
　　du erhältst mich am Leben. – (R)

17. Sonntag im Jahreskreis

¹ Du streckst die Hand aus gegen meine wüt<u>en</u>den Feinde, *
und de<u>ine</u> Rechte hilft mir.

Der Herr nimmt sich meiner an. †
Herr, deine <u>Huld</u> währt ewig. *
Laß nicht ab vom <u>Werk</u> deiner Hände! − R

ZUR 2. LESUNG   *Weder heidnische Philosophie noch jüdische Überlieferungen und Gesetzesbräuche können dem Menschen helfen. Letzten Endes bleibt nur der Glaube an die rettende Macht Gottes. Dieser Glaube ist möglich, weil Gott Jesus von den Toten auferweckt hat. In der Taufe sind wir mit ihm zu einem neuen Leben auferstanden. Die Schuld ist vergeben, Gott hat uns angenommen.*

ZWEITE LESUNG   Kol 2,12−14

Gott hat euch mit Christus zusammen lebendig gemacht und euch alle Sünden vergeben

Lesung
   aus dem Brief des Apostels Paulus an die Kolósser.

Brüder!
Mit Christus wurdet ihr in der Taufe begraben,
mit ihm auch auferweckt,
durch den Glauben an die Kraft Gottes,
   der ihn von den Toten auferweckt hat.

Ihr wart tot infolge eurer Sünden,
   und euer Leib war unbeschnitten;
Gott aber hat euch mit Christus zusammen lebendig gemacht
und uns alle Sünden vergeben.

Er hat den Schuldschein, der gegen uns sprach,
   durchgestrichen
und seine Forderungen, die uns anklagten,
   aufgehoben.
Er hat ihn dadurch getilgt,
   daß er ihn an das Kreuz geheftet hat.

RUF VOR DEM EVANGELIUM
Vers: Röm 8, 15bc

Halleluja. Halleluja.

Ihr habt den Geist empfangen, der euch zu Söhnen macht,
den Geist, in dem wir rufen: Abba, Vater!

Halleluja.

ZUM EVANGELIUM
Jesus hat gebetet, und er hat seine Jünger beten gelehrt. Er hat ihnen das Vaterunser als Grundform und Grundweisung für alles Beten gegeben. Bei Matthäus hat das Vaterunser sieben Bitten, bei Lukas nur fünf; vielleicht ist das die ursprünglichere Form. Jede Gemeinde und auch jeder Christ betet das Vaterunser, auch wenn sie den gleichen Wortlaut sprechen, auf ihre je eigene Weise. Und wer das Vaterunser mit aufrichtigem Herzen beten kann, hat angefangen, ein Jünger Jesu zu sein. – Lukas schließt an das Vaterunser weitere Jesusworte an: das Gleichnis vom bittenden Freund, die Ermutigung zum Bittgebet und zuletzt die Zusicherung, daß Gott uns nicht nur die kleinen Dinge geben will, sondern vor allem die große Gabe des Heiligen Geistes.

EVANGELIUM
Lk 11, 1–13

Bittet, dann wird euch gegeben

✢ Aus dem heiligen Evangelium nach Lukas.

1 Jesus betete einmal an einem Ort;
und als er das Gebet beendet hatte,
   sagte einer seiner Jünger zu ihm: Herr, lehre uns beten,
wie schon Johannes seine Jünger beten gelehrt hat.
2 Da sagte er zu ihnen: Wenn ihr betet, so sprecht:
Vater, dein Name werde geheiligt.
Dein Reich komme.
3 Gib uns täglich das Brot, das wir brauchen.
4 Und erlaß uns unsere Sünden;
denn auch wir erlassen jedem, was er uns schuldig ist.
Und führe uns nicht in Versuchung.
5 Dann sagte er zu ihnen:

17. Sonntag im Jahreskreis

Wenn einer von euch einen Freund hat
und um Mitternacht zu ihm geht
und sagt: Freund, leih mir drei Brote;
denn einer meiner Freunde, der auf Reisen ist,
ist zu mir gekommen,
und ich habe ihm nichts anzubieten!,
wird dann etwa der Mann drinnen antworten: Laß mich in Ruhe,
die Tür ist schon verschlossen,
und meine Kinder schlafen bei mir;
ich kann nicht aufstehen und dir etwas geben?

Ich sage euch:
Wenn er schon nicht deswegen aufsteht
und ihm seine Bitte erfüllt,
weil er sein Freund ist,
so wird er doch wegen seiner Zudringlichkeit aufstehen
und ihm geben, was er braucht.

Darum sage ich euch:
Bittet, dann wird euch gegeben;
sucht, dann werdet ihr finden;
klopft an, dann wird euch geöffnet.
Denn wer bittet, der empfängt;
wer sucht, der findet;
und wer anklopft, dem wird geöffnet.
Oder ist unter euch ein Vater,
der seinem Sohn eine Schlange gibt,
wenn er um einen Fisch bittet,
oder einen Skorpion, wenn er um ein Ei bittet?

Wenn nun schon ihr, die ihr böse seid,
euren Kindern gebt, was gut ist,
wieviel mehr wird der Vater im Himmel
den Heiligen Geist denen geben, die ihn bitten.

Glaubensbekenntnis, S. 348 ff.
Fürbitten vgl. S. 800 ff.

ZUR EUCHARISTIEFEIER *Herr, gib uns jeden Tag das Brot, das wir brauchen. Gib es allen Menschen, die Hunger haben. Und den Satten gib den täglichen Hunger. Den Hunger nach deinem Wort und nach deinem Brot.*

GABENGEBET

Gütiger Gott,
nimm die Gaben an,
die wir von deiner Güte empfangen haben.
Laß deine Kraft in ihnen wirken,
damit sie uns in diesem Leben heiligen
und zu den ewigen Freuden führen.
Darum bitten wir durch Christus, unseren Herrn.

Präfation, S. 416 ff.

KOMMUNIONVERS   Ps 103 (102), 2

Lobe den Herrn, meine Seele,
und vergiß nicht, was er dir Gutes getan hat!

Oder:

Mt 5, 7–8

Selig, die barmherzig sind; denn sie werden Erbarmen finden.
Selig, die ein reines Herz haben; denn sie werden Gott schauen.

SCHLUSSGEBET

Herr, unser Gott,
wir haben
das Gedächtnis des Leidens Christi gefeiert
und das heilige Sakrament empfangen.
Was uns dein Sohn
in unergründlicher Liebe geschenkt hat,
das werde uns nicht zum Gericht,
sondern bringe uns das ewige Heil.
Darum bitten wir durch Christus, unseren Herrn.

FÜR DEN TAG UND DIE WOCHE

Die Worte, *die wir zu Gott sagen, sie können leise und arm und schüchtern sein. Wenn sie nur von Herzen kommen. Und wenn sie nur der Geist Gottes mitbetet. Dann hört sie Gott. Dann wird er keines dieser Worte vergessen. Dann wird er die Worte in seinem Herzen aufbewahren, weil man die Worte der Liebe nicht vergessen kann. Und dann wird er uns geduldig, ja selig weiter zuhören, ein ganzes Leben lang, bis wir ausgeredet haben, bis wir unser ganzes Leben ausgeredet haben.* (K. Rahner)

18. SONNTAG IM JAHRESKREIS

Nichts bleibt, wie es war, auch ich selber nicht. Nichts von dem, was ich weiß und will und zu haben meine. Ist also die Vergänglichkeit das einzige, was dauert? Der Wahrheit, meiner eigenen Wahrheit, komme ich näher, wenn ich anders frage: Ein Mensch, den Gott angeschaut, angesprochen, den er geliebt hat, kann ein solcher Mensch jemals vergehen, als wäre nichts geschehen, als wäre nicht der lebendige Gott ihm begegnet?

ERÖFFNUNGSVERS Ps 70 (69), 2.6
Gott, komm mir zu Hilfe; Herr, eile, mir zu helfen.
Meine Hilfe und mein Retter bist du, Herr, säume nicht.

Ehre sei Gott, S. 344 ff.

TAGESGEBET

Gott, unser Vater,
steh deinen Dienern bei
und erweise allen, die zu dir rufen,
Tag für Tag deine Liebe.
Du bist unser Schöpfer
und der Lenker unseres Lebens.
Erneuere deine Gnade in uns, damit wir dir gefallen,
und erhalte, was du erneuert hast.
Darum bitten wir durch Jesus Christus.

ZUR 1. LESUNG *Das Buch Kohelet ist im Alten Testament ein seltsames Buch. Der Verfasser quält sich und seine Leser mit unbequemen Fragen, auf die er bei den Philosophen und Theologen seiner Zeit keine Antwort bekommt. Was ist der Mensch? Wozu lebt er? Was nützen ihm Reichtum und Wissen, wenn der Tod doch alles auslöscht? – Im heutigen Evangelium kehren diese Fragen wieder, freilich in einem ganz anderen Klima. Aller Reichtum verfällt, aber es gibt etwas Besseres, einen Reichtum „vor Gott": nicht das, was der Mensch hat, sondern das, was Gott aus ihm gemacht hat.*

ERSTE LESUNG

Koh 1,2; 2,21–23

Was hat der Mensch von all seiner Mühe?

**Lesung
aus dem Buch Kohélet.**

2 Windhauch, Windhauch, sagte Kohélet,
Windhauch, Windhauch,
  das ist alles Windhauch.

21 Denn es kommt vor,
daß ein Mensch,
  dessen Besitz durch Wissen, Können und Erfolg erworben wurde,
ihn einem andern,
der sich nicht dafür angestrengt hat,
als dessen Anteil überlassen muß.
Auch das ist Windhauch
und etwas Schlimmes, das häufig vorkommt.

22 Was erhält der Mensch dann durch seinen ganzen Besitz
und durch das Gespinst seines Geistes,
  für die er sich unter der Sonne anstrengt?

23 Alle Tage besteht sein Geschäft nur aus Sorge und Ärger,
und selbst in der Nacht kommt sein Geist nicht zur Ruhe.
Auch das ist Windhauch.

ANTWORTPSALM

Ps 90 (89), 3–4.5–6.12–13.14 u. 17 (R: vgl. 1)

(GL 711, 2)

R Herr, du bist unsere Zuflucht
von Geschlecht zu Geschlecht. – R

3 Du läßt die Menschen zurückkehren zum Staub *
und sprichst: „Kommt wieder, ihr Menschen!"

I. Ton

4 Denn tausend Jahre sind für dich wie der Tag, der gestern
vergangen ist, *
wie eine Wache in der Nacht. – (R)

5 Von Jahr zu Jahr säst du die Menschen aus; *
sie gleichen dem sprossenden Gras.

6 Am Morgen grünt es und blüht, *
am Abend wird es geschnitten und welkt. – (R)

12 Unsere Tage zu zählen, lehre uns! *
Dann gewinnen wir ein weises Herz.

Herr, wende dich uns doch endlich zu! *
Hab Mitleid mit deinen Knechten! – (R)

Sättige uns am Morgen mit deiner Huld! *
Dann wollen wir jubeln und uns freuen all unsre Tage.

Es komme über uns die Güte des Herrn, unsres Gottes! †
Laß das Werk unsrer Hände gedeihen, *
ja, laß gedeihen das Werk unsrer Hände! – R

ZUR 2. LESUNG   *Das neue Leben der Gemeinschaft mit Christus erwarten wir nicht erst für die Zukunft. Durch den Glauben und die Taufe sind wir mit Christus gestorben und mit ihm zum Leben erweckt worden. In Christus sind wir eine neue Schöpfung geworden. Zu sehen ist davon noch nicht viel; wie Christus selbst sind auch wir gleichsam noch „verborgen in Gott". Aber das Neue will Form und Gestalt annehmen in unserem Leben jetzt und hier. Nicht fromme Worte, sondern eine klare Lebensführung kann die Wahrheit und die Liebe Christi sichtbar machen.*

ZWEITE LESUNG   Kol 3, 1–5.9–11
Strebt nach dem, was im Himmel ist, wo Christus zur Rechten Gottes sitzt

Lesung
    aus dem Brief des Apostels Paulus an die Kolósser.

Brüder!
Ihr seid mit Christus auferweckt;
darum strebt nach dem, was im Himmel ist,
    wo Christus zur Rechten Gottes sitzt.
Richtet euren Sinn auf das Himmlische
    und nicht auf das Irdische!

Denn ihr seid gestorben,
und euer Leben ist mit Christus verborgen in Gott.
Wenn Christus, unser Leben, offenbar wird,
    dann werdet auch ihr mit ihm offenbar werden in Herrlichkeit.

Darum tötet, was irdisch an euch ist:
die Unzucht, die Schamlosigkeit, die Leidenschaft,
die bösen Begierden
und die Habsucht, die ein Götzendienst ist.

⁹ Belügt einander nicht;
denn ihr habt den alten Menschen mit seinen Taten abgelegt
¹⁰ und seid zu einem neuen Menschen geworden,
der nach dem Bild seines Schöpfers erneuert wird,
um ihn zu erkennen.
¹¹ Wo das geschieht,
gibt es nicht mehr Griechen oder Juden,
Beschnittene oder Unbeschnittene,
Fremde, Skythen, Sklaven oder Freie,
sondern Christus ist alles und in allen.

RUF VOR DEM EVANGELIUM   Vers: Mt 5, 3

Halleluja. Halleluja.

Selig, die arm sind vor Gott;
denn ihnen gehört das Himmelreich.

Halleluja.

ZUM EVANGELIUM   *Jesus läßt sich nicht in den Dienst irgendeiner politischen Theologie stellen. Er sagt aber allen Menschen, wie es um die Welt bestellt ist und wie die Jüngergemeinde sich in dieser Welt zu verstehen hat. Vermögen und Erfolg bringen die Gefahr mit sich, daß der Mensch hart wird gegen andere Menschen und stumpf gegenüber dem Anspruch Gottes. Er wird ein praktischer „Atheist": ein Mensch ohne Gott, nicht mehr fähig, die Wirklichkeit Gottes zu begreifen. Er verfehlt den Sinn seines Lebens.*

EVANGELIUM   Lk 12, 13–21

Wem wird all das gehören, was du angehäuft hast?

✠ Aus dem heiligen Evangelium nach Lukas.

In jener Zeit
¹³ bat einer aus der Volksmenge Jesus:
Meister, sag meinem Bruder,
er soll das Erbe mit mir teilen.
¹⁴ Er erwiderte ihm: Mensch,
wer hat mich zum Richter oder Schlichter bei euch gemacht?
¹⁵ Dann sagte er zu den Leuten: Gebt acht,
hütet euch vor jeder Art von Habgier.

Denn der Sinn des Lebens besteht nicht darin,
 daß ein Mensch
  aufgrund seines großen Vermögens im Überfluß lebt.

Und er erzählte ihnen folgendes Beispiel:
Auf den Feldern eines reichen Mannes stand eine gute Ernte.
Da überlegte er hin und her: Was soll ich tun?
Ich weiß nicht, wo ich meine Ernte unterbringen soll.
Schließlich sagte er:
 So will ich es machen: Ich werde meine Scheunen abreißen
 und größere bauen;
dort werde ich mein ganzes Getreide
 und meine Vorräte unterbringen.
Dann kann ich zu mir selber sagen:
 Nun hast du einen großen Vorrat, der für viele Jahre reicht.
Ruh dich aus, iß und trink,
 und freu dich des Lebens!

Da sprach Gott zu ihm: Du Narr!
Noch in dieser Nacht wird man dein Leben von dir
zurückfordern.
Wem wird dann all das gehören, was du angehäuft hast?

So geht es jedem,
 der nur für sich selbst Schätze sammelt,
 aber vor Gott nicht reich ist.

Glaubensbekenntnis, S. 348 ff.
Fürbitten vgl. S. 800 ff.

ZUR EUCHARISTIEFEIER *Als arme Menschen und gemeinsam mit den Armen feiern wir das Fest der Eucharistie, der großen Danksagung jeden Sonntag. Christus ist arm geworden für uns, seine Liebe hat uns reich gemacht.*

GABENGEBET

Barmherziger Gott, heilige diese Gaben.
Nimm das Opfer an,
das dir im Heiligen Geist dargebracht wird,
und mache uns selbst zu einer Gabe,
die für immer dir gehört.
Darum bitten wir durch Christus, unseren Herrn.

Präfation, S. 416 ff.

KOMMUNIONVERS Weish 16, 20
Herr, du hast uns Brot vom Himmel gegeben,
das allen Wohlgeschmack in sich enthält.

Oder: Joh 6, 35

So spricht der Herr:
Ich bin das Brot des Lebens,
wer zu mir kommt, wird nicht mehr hungern,
und wer an mich glaubt, wird nicht mehr Durst haben.

SCHLUSSGEBET

Barmherziger Gott,
in den heiligen Gaben empfangen wir neue Kraft.
Bleibe bei uns in aller Gefahr
und versage uns nie deine Hilfe,
damit wir der ewigen Erlösung würdig werden.
Darum bitten wir durch Christus, unseren Herrn.

FÜR DEN TAG UND DIE WOCHE

Die große Versuchung *Sich nicht vorwärts zu bewegen, zu bleiben, wie man ist, sich auf das zu verlassen, was man hat, ist eine sehr große Versuchung. Denn was man hat, kennt man, man fühlt sich darin sicher, man kann sich daran festhalten.*
Wir haben Angst vor dem Schritt ins Ungewisse, ins Unsichere, und vermeiden ihn deshalb. Jeder neue Schritt birgt die Gefahr des Scheiterns, und das ist einer der Gründe, weshalb der Mensch die Freiheit fürchtet. (nach E. Fromm)

19. SONNTAG IM JAHRESKREIS

Wach sein heißt wissen, was geschieht, und bereit sein für das, was kommt; in Treue der Gegenwart dienen, im Glauben die Zukunft wagen. Wenn die Herde schläft, muß der Hirt wachen, um die Gefahr abzuwehren, aber auch um die Zeichen der Hoffnung zu sehen, um Wege in die Zukunft zu suchen.

19. Sonntag im Jahreskreis

ERÖFFNUNGSVERS
Vgl. Ps 74 (73), 20.19.22.23

Blick hin, o Herr, auf deinen Bund
und vergiß das Leben deiner Armen nicht für immer.
Erhebe dich, Gott, und führe deine Sache.
Vergiß nicht das Rufen derer, die dich suchen.

Ehre sei Gott, S. 344 ff.

TAGESGEBET

Allmächtiger Gott,
wir dürfen dich Vater nennen,
denn du hast uns an Kindes Statt angenommen
und uns den Geist deines Sohnes gesandt.
Gib, daß wir in diesem Geist wachsen
und einst das verheißene Erbe empfangen.
Darum bitten wir durch Jesus Christus.

ZUR 1. LESUNG
Die Kapitel 11–19 des Weisheitsbuches schildern das Walten der göttlichen Weisheit, wie es beim Auszug Israels aus Ägypten sichtbar wurde. „Jene Nacht" (18, 6) ist die Nacht, in der alle Erstgeburt der Ägypter getötet wurde (Ex 11, 4–7; 12, 29). Die Väter, das heißt die Israeliten, waren darauf vorbereitet; es war für sie eine Nacht des Wachens, wie auch Gott über Israel gewacht hat. Wach sein für den Tag, an dem der Herr kommt, ist auch die Mahnung des heutigen Evangeliums.

ERSTE LESUNG
Weish 18, 6–9

Während du die Gegner straftest, Herr, hast du uns zu dir gerufen und verherrlicht

Lesung
   aus dem Buch der Weisheit.

Die Nacht der Befreiung wurde unseren Vätern vorher angekündigt;
denn sie sollten zuversichtlich sein
   und sicher wissen,
      welchen eidlichen Zusagen sie vertrauen konnten.
So erwartete dein Volk
   die Rettung der Gerechten und den Untergang der Feinde.

8 Während du die Gegner straftest,
   hast du uns zu dir gerufen und verherrlicht.

9 Denn im Verborgenen
   feierten die frommen Söhne der Guten ihr Opferfest;
 sie verpflichteten sich einmütig auf das göttliche Gesetz,
   daß die Heiligen
   in gleicher Weise Güter wie Gefahren teilen sollten,
 und sangen schon im voraus die Loblieder der Väter.

ANTWORTPSALM Ps 33 (32), 1 u. 12.18–19.20 u. 22 (R: vgl. 12 b)

R Selig das Volk, (GL 646, 1)
das der Herr sich zum Erbteil erwählt hat. – R

1 Ihr Gerechten, jubelt vor dem Herrn; * V. Ton
für die Frommen ziemt es sich, Gott zu loben.

12 Wohl dem Volk, dessen Gott der Herr ist, *
die Nation, die er sich zum Erbteil erwählt hat. – (R)

18 Das Auge des Herrn ruht auf allen, die ihn fürchten und ehren, *
die nach seiner Güte ausschaun;

19 denn er will sie dem Tod entreißen *
und in der Hungersnot ihr Leben erhalten. – (R)

20 Unsre Seele hofft auf den Herrn, *
er ist für uns Schild und Hilfe.

22 Laß deine Güte über uns walten, o Herr, *
denn wir schauen aus nach dir. – R

ZUR 2. LESUNG *Die Kapitel 11 und 12 des Hebräerbriefs (heute und an den drei folgenden Sonntagen) stehen unter dem Thema Glauben. Der ganze Brief ist an Christen gerichtet, die im Glauben müde und unsicher geworden sind. Glaube ist mehr als ein Fürwahrhalten bestimmter Sätze, auch mehr als Geduld und Tapferkeit. Der Glaube hat seinen Grund in der Treue Gottes und sein Vorbild an den großen Gestalten der alten und der neueren Zeit, angefangen bei Abraham, dem Vater unseres Glaubens. Der Glaube ist Hoffnung. Er ist das Ja des ganzen Menschen zum Wort und Willen Gottes in dieser gegenwärtigen Welt.*

19. Sonntag im Jahreskreis

ZWEITE LESUNG   Hebr 11, 1–2.8–19

Er erwartete die Stadt, die Gott selbst geplant und gebaut hat

Lesung
  aus dem Hebräerbrief.

Brüder!
Glaube ist: Feststehen in dem, was man erhofft,
Überzeugtsein von Dingen, die man nicht sieht.
Aufgrund dieses Glaubens
  haben die Alten ein ruhmvolles Zeugnis erhalten.

Aufgrund des Glaubens gehorchte Abraham dem Ruf,
  wegzuziehen in ein Land, das er zum Erbe erhalten sollte;
und er zog weg,
  ohne zu wissen, wohin er kommen würde.

Aufgrund des Glaubens
  hielt er sich als Fremder im verheißenen Land
  wie in einem fremden Land auf
und wohnte mit Isaak und Jakob,
  den Miterben derselben Verheißung, in Zelten;
denn er erwartete die Stadt mit den festen Grundmauern,
  die Gott selbst geplant und gebaut hat.

Aufgrund des Glaubens empfing selbst Sara die Kraft,
  trotz ihres Alters noch Mutter zu werden;
denn sie hielt den für treu,
  der die Verheißung gegeben hatte.
So stammen denn auch von einem einzigen Menschen,
  dessen Kraft bereits erstorben war,
  viele ab:
zahlreich wie die Sterne am Himmel
  und der Sand am Meeresstrand, den man nicht zählen kann.

Voll Glauben sind diese alle gestorben,
  ohne das Verheißene erlangt zu haben;
nur von fern haben sie es geschaut und gegrüßt
und haben bekannt, daß sie Fremde und Gäste auf Erden sind.
Mit diesen Worten geben sie zu erkennen,
  daß sie eine Heimat suchen.
Hätten sie dabei an die Heimat gedacht,
  aus der sie weggezogen waren,
  so wäre ihnen Zeit geblieben zurückzukehren;

16 nun aber streben sie nach einer besseren Heimat,
nämlich der himmlischen.
Darum schämt sich Gott ihrer nicht,
er schämt sich nicht, ihr Gott genannt zu werden;
denn er hat für sie eine Stadt vorbereitet.

17 Aufgrund des Glaubens brachte Abraham den Isaak dar,
als er auf die Probe gestellt wurde,
und gab den einzigen Sohn dahin,
er, der die Verheißungen empfangen hatte

18 und zu dem gesagt worden war:
Durch Isaak wirst du Nachkommen haben.

19 Er verließ sich darauf,
daß Gott sogar die Macht hat, Tote zum Leben zu erwecken;
darum erhielt er Isaak auch zurück.
Das ist ein Sinnbild.

Oder:

KURZFASSUNG   Hebr 11, 1−2.8−12

Er erwartete die Stadt, die Gott selbst geplant und gebaut hat

Lesung
aus dem Hebräerbrief.

Brüder!
1 Glaube ist: Feststehen in dem, was man erhofft,
Überzeugtsein von Dingen, die man nicht sieht.
2 Aufgrund dieses Glaubens
haben die Alten ein ruhmvolles Zeugnis erhalten.

8 Aufgrund des Glaubens gehorchte Abraham dem Ruf,
wegzuziehen in ein Land, das er zum Erbe erhalten sollte;
und er zog weg,
ohne zu wissen, wohin er kommen würde.

9 Aufgrund des Glaubens
hielt er sich als Fremder im verheißenen Land
wie in einem fremden Land auf
und wohnte mit Isaak und Jakob,
den Miterben derselben Verheißung, in Zelten;

10 denn er erwartete die Stadt mit den festen Grundmauern,
die Gott selbst geplant und gebaut hat.

Aufgrund des Glaubens empfing selbst Sara die Kraft,
  trotz ihres Alters noch Mutter zu werden;
denn sie hielt den für treu,
  der die Verheißung gegeben hatte.
So stammen denn auch von einem einzigen Menschen,
  dessen Kraft bereits erstorben war,
  viele ab:
zahlreich wie die Sterne am Himmel
  und der Sand am Meeresstrand, den man nicht zählen kann.

RUF VOR DEM EVANGELIUM Vers: Mt 24,42a.44

Halleluja. Halleluja.

Seid wachsam und haltet euch bereit!
Denn der Menschensohn kommt
zu einer Stunde, in der ihr es nicht erwartet.

Halleluja.

ZUM EVANGELIUM *Nur bei Lukas steht das Trostwort für die „kleine Herde". Die Gemeinde der Jünger Jesu ist in der Welt eine machtlose Minderheit, damals und heute. Dennoch, die Kirche ist auf Weite und Universalität angelegt. Den Glaubenden gehört die Zukunft, das „Reich". Es kommt darauf an, daß sie ihre Situation in der Zeit dieser Welt begreifen. Es ist die Zeit des Wachens und Durchhaltens auf den Tag hin, an dem der Herr kommt.*

EVANGELIUM Lk 12,32–48

Haltet auch ihr euch bereit

☩ Aus dem heiligen Evangelium nach Lukas.

In jener Zeit sprach Jesus zu seinen Jüngern:
Fürchte dich nicht, du kleine Herde!
Denn euer Vater hat beschlossen,
  euch das Reich zu geben.

Verkauft eure Habe,
  und gebt den Erlös den Armen!
Macht euch Geldbeutel, die nicht zerreißen.
Verschafft euch einen Schatz, der nicht abnimmt,
  droben im Himmel, wo kein Dieb ihn findet
  und keine Motte ihn frißt.

³⁴ Denn wo euer Schatz ist,
    da ist auch euer Herz.
³⁵ Legt euren Gürtel nicht ab,
    und laßt eure Lampen brennen!
³⁶ Seid wie Menschen,
    die auf die Rückkehr ihres Herrn warten,
    der auf einer Hochzeit ist,
    und die ihm öffnen,
        sobald er kommt und anklopft.
³⁷ Selig die Knechte,
    die der Herr wach findet, wenn er kommt.
Amen, ich sage euch:
Er wird sich gürten,
sie am Tisch Platz nehmen lassen
und sie der Reihe nach bedienen.
³⁸ Und kommt er erst in der zweiten oder dritten Nachtwache
    und findet sie wach –
        selig sind sie.
³⁹ Bedenkt:
Wenn der Herr des Hauses wüßte,
    in welcher Stunde der Dieb kommt,
    so würde er verhindern, daß man in sein Haus einbricht.
⁴⁰ Haltet auch ihr euch bereit!
Denn der Menschensohn kommt zu einer Stunde,
    in der ihr es nicht erwartet.

⁴¹ Da sagte Petrus:
    Herr, meinst du mit diesem Gleichnis nur uns
    oder auch all die anderen?
⁴² Der Herr antwortete:
Wer ist denn der treue und kluge Verwalter,
    den der Herr einsetzen wird,
    damit er seinem Gesinde zur rechten Zeit die Nahrung zuteilt?
⁴³ Selig der Knecht,
    den der Herr damit beschäftigt findet, wenn er kommt.
⁴⁴ Wahrhaftig, das sage ich euch:
Er wird ihn zum Verwalter seines ganzen Vermögens machen.
⁴⁵ Wenn aber der Knecht denkt:
    Mein Herr kommt noch lange nicht zurück!,

19. Sonntag im Jahreskreis

   und anfängt, die Knechte und Mägde zu schlagen;
wenn er ißt und trinkt und sich berauscht,
dann wird der Herr an einem Tag kommen,
   an dem der Knecht es nicht erwartet,
und zu einer Stunde, die er nicht kennt;
und der Herr wird ihn in Stücke hauen
   und ihm seinen Platz unter den Ungläubigen zuweisen.

Der Knecht, der den Willen seines Herrn kennt,
   sich aber nicht darum kümmert und nicht danach handelt,
   der wird viele Schläge bekommen.
Wer aber, ohne den Willen des Herrn zu kennen,
   etwas tut, was Schläge verdient,
   der wird wenig Schläge bekommen.

Wem viel gegeben wurde,
   von dem wird viel zurückgefordert werden,
und wem man viel anvertraut hat,
   von dem wird man um so mehr verlangen.

Oder:
KURZFASSUNG   Lk 12, 35–40
Haltet auch ihr euch bereit

✛ Aus dem heiligen Evangelium nach Lukas.

In jener Zeit sprach Jesus zu seinen Jüngern:
Legt euren Gürtel nicht ab,
und laßt eure Lampen brennen!
Seid wie Menschen,
   die auf die Rückkehr ihres Herrn warten,
   der auf einer Hochzeit ist,
und die ihm öffnen,
   sobald er kommt und anklopft.

Selig die Knechte,
   die der Herr wach findet, wenn er kommt.
Amen, ich sage euch:
Er wird sich gürten,
sie am Tisch Platz nehmen lassen
und sie der Reihe nach bedienen.
Und kommt er erst in der zweiten oder dritten Nachtwache
   und findet sie wach –
   selig sind sie.

⁳⁹ Bedenkt:
Wenn der Herr des Hauses wüßte,
  in welcher Stunde der Dieb kommt,
    so würde er verhindern, daß man in sein Haus einbricht.

⁴⁰ Haltet auch ihr euch bereit!
Denn der Menschensohn kommt zu einer Stunde,
  in der ihr es nicht erwartet.

Glaubensbekenntnis, S. 348 ff.
Fürbitten vgl. S. 800 ff.

ZUR EUCHARISTIEFEIER *Es ist nicht so wichtig, wie klein oder groß die „kleine Herde" ist, die sich um den Altar versammelt. Wichtig ist, daß sie zum Ort der Gegenwart Gottes wird. Vom Altar aus wird die Welt erneuert und gerettet.*

GABENGEBET

Herr, unser Gott,
wir bringen die Gaben zum Altar,
die du selber uns geschenkt hast.
Nimm sie von deiner Kirche entgegen
und mache sie für uns zum Sakrament des Heiles.
Darum bitten wir durch Christus, unseren Herrn.

Präfation, S. 416 ff.

KOMMUNIONVERS   Ps 147, 12.14

Jerusalem, preise den Herrn, er sättigt dich mit bestem Weizen.

Oder: Joh 6, 51

So spricht der Herr:
Das Brot, das ich geben werde, ist mein Fleisch;
ich gebe es hin für das Leben der Welt.

SCHLUSSGEBET

Barmherziger Gott,
wir haben
den Leib und das Blut deines Sohnes empfangen.
Das heilige Sakrament bringe uns Heil,
es erhalte uns in der Wahrheit
und sei unser Licht in der Finsternis.
Darum bitten wir durch Christus, unseren Herrn.

FÜR DEN TAG UND DIE WOCHE

Herr, du willst zu uns kommen *und uns heimsuchen mit deiner Wahrheit und Freude. So bereiten wir unsere Herzen in Demut und bekennen: Dein Kommen haben wir vergessen. Wir haben gelebt, als wäre kein Gericht, und haben unsere Tage vertan wie ein Geschwätz. Herr, komm über uns mit deinem Gericht, komm über uns mit unerbittlicher, heiliger Liebe. Erwecke uns, daß wir uns aufmachen auf den Weg zu dir. Führe uns, Herr, aus der Nacht dieser Zeit in deinen ewigen Tag.* (K. B. Ritter)

20. SONNTAG IM JAHRESKREIS

Symbole des Lebens wie des Todes sind Wasser und Feuer. Das Wasser reinigt und erquickt, es kann auch zerstören und töten. Das Feuer wärmt, löst, verwandelt, es ist eine kostbare Gabe für die Menschen. Oder es richtet und verbrennt, was nicht länger bestehen soll. Jesus ist mit Wasser getauft worden, und er ist in das Feuer des Gottesgerichts hineingegangen, um uns alle zu retten.

ERÖFFNUNGSVERS Ps 84 (83), 10–11

Gott, du unser Beschützer, schau auf das Angesicht deines Gesalbten.
Denn ein einziger Tag in den Vorhöfen deines Heiligtums
ist besser als tausend andere.

Ehre sei Gott, S. 344 ff.

TAGESGEBET

Barmherziger Gott,
was kein Auge geschaut und kein Ohr gehört hat,
das hast du denen bereitet, die dich lieben.
Gib uns ein Herz,
das dich in allem und über alles liebt,
damit wir
den Reichtum deiner Verheißungen erlangen,
der alles übersteigt, was wir ersehnen.
Darum bitten wir durch Jesus Christus.

ZUR 1. LESUNG

Das Schicksal des Propheten Jeremía war aufs engste mit seiner Botschaft verbunden. Er mußte der Stadt Jerusalem den Untergang ansagen; wo nationalistische Kreise noch auf Rettung hofften, mußte er sagen: „Täuscht euch nicht ..." (Jer 37, 9). Dafür warf man ihn in eine tiefe Zisterne hinab, um ihn dort sterben zu lassen. Sein Eintauchen in die Welt des Todes und seine Rettung sind eine verhüllte Vorausdarstellung des Todes Jesu und seiner Auferweckung.

ERSTE LESUNG
Jer 38, 4–6.8–10

Weh mir, Mutter, daß du mich geboren hast, einen Mann, der mit aller Welt in Zank und Streit liegt (Jer 15, 10)

**Lesung
aus dem Buch Jeremía.**

In jenen Tagen
4 sagten die Beamten zum König:
Jeremía muß mit dem Tod bestraft werden;
denn er lähmt mit seinen Reden die Hände der Krieger,
die in dieser Stadt noch übriggeblieben sind,
und die Hände des ganzen Volkes.
Denn dieser Mensch sucht nicht Heil,
sondern Unheil für dieses Volk.
5 Der König Zidkíja erwiderte:
Nun, er ist in eurer Hand;
denn der König vermag nichts gegen euch.
6 Da ergriffen sie Jeremía
und warfen ihn in die Zisterne des Prinzen Malkíja,
die sich im Wachhof befand;
man ließ ihn an Stricken hinunter.
In der Zisterne war kein Wasser,
sondern nur Schlamm,
und Jeremía sank in den Schlamm.
8 Der Kuschíter Ebed-Melech, ein Höfling, sagte zum König:
9 Mein Herr und König,
schlecht war alles,
was diese Männer dem Propheten Jeremía angetan haben;

20. Sonntag im Jahreskreis

sie haben ihn in die Zisterne geworfen,
>   damit er dort unten verhungert.
Denn es gibt in der Stadt kein Brot mehr.
Da befahl der König dem Kuschíter Ebed-Mélech:
>   Nimm dir von hier drei Männer mit,
und zieh den Propheten Jeremía aus der Zisterne herauf,
>   bevor er stirbt.

ANTWORTPSALM   Ps 40 (39), 2–3b.3c–4b.18 (R: vgl. Ps 70 [69], 2)

R O Gott, komm mir zu Hilfe, (GL 716, 1)
Herr, eile, mir zu helfen. – R

Ich hoffte, ja ich hoffte auf den Herrn. *   III. Ton
Da neigte er sich mir zu und hörte mein Schreien.

b Er zog mich herauf aus der Grube des Grauens, *
aus Schlamm und Morast. – (R)

d Er stellte meine Füße auf den Fels, *
machte fest meine Schritte.

b Er legte mir ein neues Lied in den Mund, *
einen Lobgesang auf ihn, unsern Gott. – (R)

Ich bin arm und gebeugt; *
der Herr aber sorgt für mich.

Meine Hilfe und mein Retter bist du. *
Mein Gott, säume doch nicht! – R

ZUR 2. LESUNG   *Jesus hat für die Zukunft gelebt und gelitten, für seine und unsere Zukunft. Er ist das große Vorbild für die Jüngergemeinde, die in vielfacher Not den „Wettkampf" zu bestehen, das heißt, ihren Glauben zu bewähren hat. Der Widerstand gegen den Glauben muß nicht blutiger Kampf von außen sein. Die eigenen Schwierigkeiten und die Gleichgültigkeit der Umwelt sind keine geringeren Gefahren.*

ZWEITE LESUNG   Hebr 12,1–4

Laßt uns mit Ausdauer in dem Wettkampf laufen, der uns aufgetragen ist

Lesung
   aus dem Hebräerbrief.

Brüder!
1 **Da uns eine solche Wolke von Glaubenszeugen umgibt,**
   wollen auch wir alle Last und die Fesseln der Sünde abwerfen.
Laßt uns mit Ausdauer in dem Wettkampf laufen,
   der uns aufgetragen ist,
2 **und dabei auf Jesus blicken,**
   den Urheber und Vollender des Glaubens;
er hat angesichts der vor ihm liegenden Freude
   das Kreuz auf sich genommen, ohne auf die Schande zu achten,
und sich zur Rechten von Gottes Thron gesetzt.

3 **Denkt an den,**
   der von den Sündern solchen Widerstand gegen sich erduldet hat;
dann werdet ihr nicht ermatten und den Mut nicht verlieren.
4 **Ihr habt im Kampf gegen die Sünde**
   noch nicht bis aufs Blut Widerstand geleistet.

RUF VOR DEM EVANGELIUM   Vers: Joh 10,27

Halleluja. Halleluja.

(So spricht der Herr:)
Meine Schafe hören auf meine Stimme;
ich kenne sie, und sie folgen mir.

Halleluja.

ZUM EVANGELIUM   *„Feuer" ist im Alten und im Neuen Testament Bildwort für das Gericht Gottes. Jesus ist auf dem Weg nach Jerusalem. Er fürchtet die Stunde der Entscheidung, und er sehnt sie doch herbei. Das Wort von der „Taufe" meint nichts anderes als das Wort vom „Feuer". Beide können auch vom Heiligen Geist verstanden werden: Der Geist Gottes ist das Feuer, in dem alles geprüft und geläutert und in Reinheit vollendet wird.*

EVANGELIUM Lk 12, 49–53

Ich bin nicht gekommen, um Frieden zu bringen, sondern Spaltung

✢ Aus dem heiligen Evangelium nach Lukas.

In jener Zeit sprach Jesus zu seinen Jüngern:
Ich bin gekommen,
   um Feuer auf die Erde zu werfen.
Wie froh wäre ich, es würde schon brennen!
Ich muß mit einer Taufe getauft werden,
und ich bin sehr bedrückt,
   solange sie noch nicht vollzogen ist.

Meint ihr,
   ich sei gekommen, um Frieden auf die Erde zu bringen?
Nein, sage ich euch,
nicht Frieden, sondern Spaltung.
Denn von nun an wird es so sein:
Wenn fünf Menschen im gleichen Haus leben,
   wird Zwietracht herrschen:
Drei werden gegen zwei stehen
   und zwei gegen drei,
der Vater gegen den Sohn
   und der Sohn gegen den Vater,
die Mutter gegen die Tochter
   und die Tochter gegen die Mutter,
die Schwiegermutter gegen ihre Schwiegertochter
   und die Schwiegertochter gegen die Schwiegermutter.

Glaubensbekenntnis, S. 348 ff.; Fürbitten vgl. S. 800 ff.

ZUR EUCHARISTIEFEIER

„Wer nahe bei mir ist, ist dem Feuer nahe; wer fern von mir ist, der ist fern vom Reich Gottes." (von Origenes als Wort Jesu zitiert)

GABENGEBET

Herr, wir bringen unsere Gaben dar
für die Feier,
in der sich ein heiliger Tausch vollzieht.
Nimm sie in Gnaden an
und schenke uns dich selbst
in deinem Sohn Jesus Christus,
der mit dir lebt und herrscht in alle Ewigkeit.

Präfation, S. 416 ff.

KOMMUNIONVERS
Ps 130 (129), 7
Beim Herrn ist die Huld, bei ihm ist Erlösung in Fülle.

Oder:
Joh 6, 51
So spricht der Herr:
Ich bin das lebendige Brot, das vom Himmel herabgekommen ist.
Wer von diesem Brote ißt, wird leben in Ewigkeit.

SCHLUSSGEBET
Barmherziger Gott,
im heiligen Mahl
schenkst du uns Anteil am Leben deines Sohnes.
Dieses Sakrament
mache uns auf Erden Christus ähnlich,
damit wir im Himmel
zur vollen Gemeinschaft mit ihm gelangen,
der mit dir lebt und herrscht in alle Ewigkeit.

FÜR DEN TAG UND DIE WOCHE
Das Drängende der irdischen Existenz Jesu drängt in die Taufe des Leidens und damit der Auferstehung hinein. Erst wenn das Weizenkorn in die Erde gefallen ist und viele Frucht getragen hat, sieht man, was in ihm war. Gottes Wort ist erst gesprochen, wenn der Menschgewordene nicht nur gelebt hat, sondern gestorben und auferweckt worden ist. (H. U. von Balthasar)

21. SONNTAG IM JAHRESKREIS

Bewegt uns die Frage noch, ob wir gerettet werden, und die Frage, ob es viele oder wenige sind, die gerettet werden im Gericht Gottes? Es gibt annähernd eine Milliarde Christen, aber die Welt ist voll Haß und Angst, die Christen nicht ausgenommen. Angst vor dem Leben, vor der Zukunft, vor den Menschen. „Aber hin und wieder gibt es einen Christen, und wo er auftritt, gerät die Welt in Staunen", sagte neulich ein unfreundlicher Kritiker des Christentums. Hin und wieder gibt es einen Christen.

21. Sonntag im Jahreskreis

ERÖFFNUNGSVERS
Ps 86 (85), 1–3

Wende dein Ohr mir zu, erhöre mich, Herr,
hilf deinem Knecht, der dir vertraut, sei mir gnädig, o Herr.
Den ganzen Tag rufe ich zu dir.

Ehre sei Gott, S. 344 ff.

TAGESGEBET

Gott, unser Herr,
du verbindest alle, die an dich glauben,
zum gemeinsamen Streben.
Gib, daß wir lieben, was du befiehlst,
und ersehnen, was du uns verheißen hast,
damit in der Unbeständigkeit dieses Lebens
unsere Herzen dort verankert seien,
wo die wahren Freuden sind.
Darum bitten wir durch Jesus Christus.

ZUR 1. LESUNG
Der Prophet, der im dritten Teil des Buches Jesaja spricht (Jes 56–66), lebte im 5. oder 4. Jahrhundert v. Chr. Er richtet seinen Blick in die Zukunft: Nach dem Gericht über die Völker der Erde wird Gott von den geretteten Heiden einige in die Welt hinaussenden. Sie werden Zeugen der Macht Gottes sein und Zeichen der Sammlung und Rettung für alle. Die Völker sollen lernen, in den Ereignissen der Geschichte das Walten Gottes zu erkennen.

ERSTE LESUNG
Jes 66, 18–21

Sie werden aus allen Völkern eure Brüder herbeiholen

Lesung
aus dem Buch Jesája.

So spricht der Herr:
Ich kenne die Taten und die Gedanken der Völker aller Sprachen
und komme, um sie zusammenzurufen,
und sie werden kommen und meine Herrlichkeit sehen.
Ich stelle bei ihnen ein Zeichen auf
und schicke von ihnen einige, die entronnen sind,
  zu den übrigen Völkern und zu den fernen Inseln,
  die noch nichts von mir gehört
  und meine Herrlichkeit noch nicht gesehen haben.
Sie sollen meine Herrlichkeit unter den Völkern verkünden.

²⁰ Sie werden aus allen Völkern
    eure Brüder als Opfergabe für den Herrn herbeiholen
auf Rossen und Wagen,
in Sänften, auf Maultieren und Dromedaren,
her zu meinem heiligen Berg nach Jerusalem, spricht der Herr,
so wie die Söhne Israels
    ihr Opfer in reinen Gefäßen zum Haus des Herrn bringen.
²¹ Und auch aus ihnen
    werde ich Männer als Priester und Leviten auswählen,
    spricht der Herr.

ANTWORTPSALM Ps 117 (116), 1.2 (R: Mk 16, 15)
R Geht hinaus in die ganze Welt, (GL 646, 5)
und verkündet allen das Evangelium! – R

(Oder: Halleluja.)

1 Lobet den Herrn, alle Völker, * VI. Ton
  preist ihn, alle Nationen! – (R)

2 Denn mächtig waltet über uns seine Huld, *
  die Treue des Herrn währt in Ewigkeit. – R

ZUR 2. LESUNG *Die Situation des Menschen ist durch Schwachheit und Unvollkommenheit gekennzeichnet; der Mensch ist noch nicht fertig. Der Sohn Gottes selbst ist in Schwachheit gekommen, um uns zu helfen. Er hat Versuchung, Leiden und Tod kennengelernt; er hat den Gehorsam gelernt (Hebr 5, 8). Auch die Gemeinde der Jünger muß damit rechnen, daß Gott sie in die harte Schule des Gehorsams nimmt. Als Ziel dieser göttlichen Erziehung wird genannt: Heilung, Friede, Leben.*

ZWEITE LESUNG Hebr 12, 5–7.11–13
Wen der Herr liebt, den züchtigt er

**Lesung
aus dem Hebräerbrief.**

Brüder!
5 Ihr habt die Mahnung vergessen,
    die euch als Söhne anredet:

21. Sonntag im Jahreskreis 559

Mein Sohn, verachte nicht die Zucht des Herrn,
verzage nicht, wenn er dich zurechtweist.
Denn wen der Herr liebt, den züchtigt er;
er schlägt mit der Rute jeden Sohn, den er gern hat.
Haltet aus, wenn ihr gezüchtigt werdet.
Gott behandelt euch wie Söhne.
Denn wo ist ein Sohn, den sein Vater nicht züchtigt?

Jede Züchtigung
scheint zwar für den Augenblick nicht Freude zu bringen,
sondern Schmerz;
später aber
schenkt sie denen, die durch diese Schule gegangen sind,
als Frucht den Frieden und die Gerechtigkeit.
Darum macht die erschlafften Hände wieder stark
und die wankenden Knie wieder fest,
und ebnet die Wege für eure Füße,
damit die lahmen Glieder nicht ausgerenkt,
sondern geheilt werden.

RUF VOR DEM EVANGELIUM   Vers: Joh 14,6

Halleluja. Halleluja.

(So spricht der Herr:)
Ich bin der Weg und die Wahrheit und das Leben.
Niemand kommt zum Vater außer durch mich.

Halleluja.

ZUM EVANGELIUM   *Drei Jesusworte sind in diesem Abschnitt zusammengestellt: das Wort von der engen Tür, das von der geschlossenen Tür und das Wort von der Zulassung aller Völker zum Reich Gottes (13,23–24.25–27.28–30). – Die Zahl der Geretteten kennt Gott allein. Wichtig ist, daß es in der Geschichte Gottes mit jedem Menschen und auch mit den Völkern einen entscheidenden Augenblick gibt: „Wenn der Herr des Hauses aufsteht und die Tür verschließt..." Das Mahnwort in diesem Evangelium heißt: „Bemüht euch mit allen Kräften!" Am Ende steht eine Verheißung für alle Völker der Erde: Es wird mehr Gerettete geben, als eine engherzige Theologie fassen kann.*

EVANGELIUM Lk 13,22–30

Man wird von Osten und Westen und von Norden und Süden kommen und im Reich Gottes zu Tisch sitzen

✠ Aus dem heiligen Evangelium nach Lukas.

In jener Zeit
22 zog Jesus auf seinem Weg nach Jerusalem
von Stadt zu Stadt und von Dorf zu Dorf
und lehrte.
23 Da fragte ihn einer:
Herr, sind es nur wenige, die gerettet werden?
Er sagte zu ihnen:
24 Bemüht euch mit allen Kräften, durch die enge Tür zu gelangen;
denn viele, sage ich euch, werden versuchen hineinzukommen,
aber es wird ihnen nicht gelingen.
25 Wenn der Herr des Hauses aufsteht und die Tür verschließt,
dann steht ihr draußen,
klopft an die Tür
und ruft: Herr, mach uns auf!
Er aber wird euch antworten:
Ich weiß nicht, woher ihr seid.
26 Dann werdet ihr sagen:
Wir haben doch mit dir gegessen und getrunken,
und du hast auf unseren Straßen gelehrt.
27 Er aber wird erwidern:
Ich sage euch, ich weiß nicht, woher ihr seid.
Weg von mir,
ihr habt alle Unrecht getan!
28 Da werdet ihr heulen und mit den Zähnen knirschen,
wenn ihr seht, daß Abraham, Isaak und Jakob
und alle Propheten im Reich Gottes sind,
ihr selbst aber ausgeschlossen seid.
29 Und man wird von Osten und Westen
und von Norden und Süden kommen
und im Reich Gottes zu Tisch sitzen.
30 Dann werden manche von den Letzten die Ersten sein
und manche von den Ersten die Letzten.

Glaubensbekenntnis, S. 348 ff.; Fürbitten vgl. S. 800 ff.

21. Sonntag im Jahreskreis

ZUR EUCHARISTIEFEIER *„Im Reich Gottes zu Tisch sitzen": das ist ein Bild, und das eucharistische Mahl ist ein Vorzeichen der gemeinten Wirklichkeit. Allen gilt die Einladung. Die entscheidende Frage wird sein, ob wir drinnen sind oder draußen; ob wir bei Jesus sind, durch unseren Glauben und unsere Treue.*

GABENGEBET

Herr und Gott,
du hast dir
das eine Volk des Neuen Bundes erworben
durch das Opfer deines Sohnes,
das er ein für allemal dargebracht hat.
Sieh gnädig auf uns
und schenke uns in deiner Kirche
Einheit und Frieden.
Darum bitten wir durch Christus, unseren Herrn.

Präfation, S. 416 ff.

KOMMUNIONVERS   Vgl. Ps 104 (103), 13–15

Herr, von den Früchten deiner Schöpfung werden alle satt.
Du schenkst dem Menschen Brot von der Erde
und Wein, der sein Herz erfreut.

Oder: Joh 6, 54

So spricht der Herr:
Wer mein Fleisch ißt und mein Blut trinkt, hat das ewige Leben,
und ich werde ihn auferwecken am Letzten Tag.

SCHLUSSGEBET

Herr, unser Gott,
schenke uns durch dieses Sakrament
die Fülle deines Erbarmens und mache uns heil.
Gewähre uns deine Hilfe,
damit wir so vor dir leben können,
wie es dir gefällt.
Darum bitten wir durch Christus, unseren Herrn.

FÜR DEN TAG UND DIE WOCHE
Menschwerdung *ist Eingehen der Gottbewegung in die Weltbewegung. Dem Weltenlauf wird nicht Einhalt geboten; es werden ihm neue Impulse verliehen. Gott geht in unsere Geschichte ein. Mit der Menschwerdung beginnt ein Vorgang, der andauert, ein Pro-zeß, der Schritt für Schritt weitergeht. Erst vom Tod und von der Auferstehung Jesu her ist zu ermessen, was in seinem Leben vor sich ging. Aber auch diese beiden Geschehnisse bilden keinen letzten Abschluß des Werdeprozesses Menschwerdung. Das Geschehen geht weiter in denen, die sich glaubend auf das Christusereignis einlassen. (P.-W. Scheele)*

22. SONNTAG IM JAHRESKREIS

Ein Mensch, dem nichts daran liegt, reich zu werden und aufzusteigen, der einfach gut sein und dienen will, das kommt so selten vor, daß es geradezu verdächtig erscheint. Verdienen, haben, sich behaupten: das scheint begehrenswerter, als gut zu sein und nichts zu haben. Die Demut gilt in unserer Welt so wenig wie die Unschuld. Aber nur zum Demütigen kann Gott sagen: Mein Freund, rücke weiter hinauf.

ERÖFFNUNGSVERS Ps 86 (85), 3.5
Sei mir gnädig, o Herr. Den ganzen Tag rufe ich zu dir.
Herr, du bist gütig und bereit, zu verzeihen;
für alle, die zu dir rufen, reich an Gnade.

Ehre sei Gott, S. 344 ff.

TAGESGEBET
Allmächtiger Gott,
von dir kommt alles Gute.
Pflanze in unser Herz
die Liebe zu deinem Namen ein.
Binde uns immer mehr an dich,
damit in uns wächst, was gut und heilig ist.
Wache über uns und erhalte, was du gewirkt hast.
Darum bitten wir durch Jesus Christus.

ZUR 1. LESUNG *Was der Weisheitslehrer Bescheidenheit nennt, ist mehr als Klugheit und Höflichkeit. Es geht um die Grundhal-*

22. Sonntag im Jahreskreis

tung des Menschen gegenüber Gott und dem Nächsten. Ehrfurcht und Vertrauen, Solidarität, Mitgefühl und Liebe sind in der Demut. Mut zum Dienen, wie Jesus es durch sein Wort gelehrt und durch seine Tat gezeigt hat.

ERSTE LESUNG　　　　　　Sir 3, 17–18.20.28–29 (19–21.30–31)

Bescheide dich, dann wirst du Gnade finden bei Gott

Lesung
　aus dem Buch Jesus Sirach.

Mein Sohn, bei all deinem Tun bleibe bescheiden,
und du wirst mehr geliebt werden
　als einer, der Gaben verteilt.
Je größer du bist, um so mehr bescheide dich,
dann wirst du Gnade finden bei Gott.
Denn groß ist die Macht Gottes,
und von den Demütigen wird er verherrlicht.

Für die Wunde des Übermütigen gibt es keine Heilung,
denn ein giftiges Kraut hat in ihm seine Wurzeln.
Ein weises Herz versteht die Sinnsprüche der Weisen,
ein Ohr, das auf die Weisheit hört, macht Freude.

ANTWORTPSALM　　　　　Ps 68 (67), 4–5b.6–7.10–11 (R: 11a)

R Deine Geschöpfe finden Wohnung bei dir, o Gott. – **R**　　(GL 527, 4)

Die Gerechten freuen sich und jubeln vor Gott; *　　　　VIII. Ton
sie jauchzen in heller Freude.

Singt für Gott, spielt seinem Namen; *
jubelt ihm zu, ihm, der auf den Wolken einherfährt! – (R)

Ein Vater der Waisen, ein Anwalt der Witwen *
ist Gott in seiner heiligen Wohnung.

Gott bringt die Verlassenen heim, †
führt die Gefangenen hinaus in das Glück; *
doch die Empörer müssen wohnen im dürren Land. – (R)

Gott, du ließest Regen strömen in Fülle *
und erquicktest dein verschmachtendes Erbland.

Deine Geschöpfe finden dort Wohnung; *
Gott, in deiner Güte versorgst du den Armen. – R

ZUR 2. LESUNG
Der Alte Bund, so belehrt uns der Hebräerbrief, war eine vorläufige, vorbereitende Offenbarung, gegeben „bis zur Zeit einer besseren Ordnung" (Hebr 9, 10). Die Offenbarung des Neuen Bundes ist zugleich menschlicher und göttlicher; ihr Mittler ist der Gottmensch Jesus Christus. „Berg Zion", „Stadt des lebendigen Gottes", „himmlisches Jerusalem": das sind Bezeichnungen für die unmittelbare Gegenwart Gottes, die dem Glaubenden jetzt schon gewährt wird, wenn auch ihre sichtbare Vollendung noch aussteht. Sich daran erinnern heißt auch die Folgerungen daraus ziehen: Treue zum Wort Gottes und Ehrfurcht vor seiner Gegenwart.

ZWEITE LESUNG Hebr 12, 18–19.22–24a

Ihr seid zum Berg Zion hingetreten, zur Stadt des lebendigen Gottes

Lesung
aus dem Hebräerbrief.

Brüder!
18 Ihr seid nicht zu einem sichtbaren, lodernden Feuer hingetreten,
zu dunklen Wolken, zu Finsternis und Sturmwind,
19 zum Klang der Posaunen und zum Schall der Worte,
bei denen die Hörer flehten,
diese Stimme solle nicht weiter zu ihnen reden.

22 Ihr seid vielmehr zum Berg Zion hingetreten,
zur Stadt des lebendigen Gottes,
dem himmlischen Jerusalem,
zu Tausenden von Engeln, zu einer festlichen Versammlung
23 und zur Gemeinschaft der Erstgeborenen,
die im Himmel verzeichnet sind;
zu Gott, dem Richter aller,
zu den Geistern der schon vollendeten Gerechten,
24a zum Mittler eines neuen Bundes.

RUF VOR DEM EVANGELIUM Vers: Mt 11, 29ab

Halleluja. Halleluja.
(So spricht der Herr:)
Nehmt mein Joch auf euch und lernt von mir;
denn ich bin gütig und von Herzen demütig.
Halleluja.

22. Sonntag im Jahreskreis

ZUM EVANGELIUM *Jesus hat oft Gäste eingeladen, und er selbst war bei Freunden und Bekannten zu Gast. In der Mahlgemeinschaft suchte er die Menschen mit seiner Botschaft anzusprechen. Den Gästen im Haus des Pharisäers erteilt er eine Lehre, die wie eine kluge Tischregel aussieht. Die verborgene Innenseite dieser Regel wurde beim Letzten Abendmahl sichtbar: nicht um berechnende Höflichkeit geht es, sondern um die Grundhaltung der dienenden Liebe: „Ich bin unter euch wie der, der bedient" (Lk 22, 27). Auch die Frage, wen man einladen soll, ist dann nicht eine Frage menschlichen Aufrechnens; Gottes eigene, selbstlos schenkende Liebe soll im Verhalten des Jüngers sichtbar werden.*

EVANGELIUM   Lk 14, 1. 7–14

Wer sich selbst erhöht, wird erniedrigt, und wer sich selbst erniedrigt, wird erhöht werden

✢ Aus dem heiligen Evangelium nach Lukas.

Als Jesus an einem Sabbat
   in das Haus eines führenden Pharisäers zum Essen kam,
   beobachtete man ihn genau.
Als er bemerkte, wie sich die Gäste die Ehrenplätze aussuchten,
   nahm er das zum Anlaß, ihnen eine Lehre zu erteilen.
Er sagte zu ihnen:
Wenn du zu einer Hochzeit eingeladen bist,
   such dir nicht den Ehrenplatz aus.
Denn es könnte ein anderer eingeladen sein,
   der vornehmer ist als du,
und dann würde der Gastgeber, der dich und ihn eingeladen hat,
   kommen
   und zu dir sagen: Mach diesem hier Platz!
Du aber wärst beschämt
   und müßtest den untersten Platz einnehmen.
Wenn du also eingeladen bist,
   setz dich lieber, wenn du hinkommst, auf den untersten Platz;
dann wird der Gastgeber zu dir kommen
   und sagen: Mein Freund, rück weiter hinauf!
Das wird für dich eine Ehre sein vor allen anderen Gästen.

¹¹ Denn wer sich selbst erhöht,
   wird erniedrigt,
   und wer sich selbst erniedrigt,
   wird erhöht werden.
¹² Dann sagte er zu dem Gastgeber:
   Wenn du mittags oder abends ein Essen gibst,
     so lade nicht deine Freunde oder deine Brüder,
       deine Verwandten oder reiche Nachbarn ein;
   sonst laden auch sie dich ein,
   und damit ist dir wieder alles vergolten.
¹³ Nein, wenn du ein Essen gibst,
     dann lade Arme, Krüppel, Lahme und Blinde ein.
¹⁴ Du wirst selig sein,
   denn sie können es dir nicht vergelten;
   es wird dir vergolten werden
     bei der Auferstehung der Gerechten.

Glaubensbekenntnis, S. 348 ff.; Fürbitten vgl. S. 800 ff.

ZUR EUCHARISTIEFEIER   *Die Armen, die Jesus zum eucharistischen Mahl einlädt, sind wir. Er will für uns dasein, er dient uns in so göttlicher Demut, daß wir es gar nicht sehen. Nur der Glaube sagt uns: Es ist der Herr.*

GABENGEBET

Herr, unser Gott,
diese Opferfeier bringe uns Heil und Segen.
Was du jetzt unter heiligen Zeichen wirkst,
das vollende in deinem Reich.
Darum bitten wir durch Christus, unseren Herrn.

Präfation, S. 416 ff.

KOMMUNIONVERS   Ps 31 (30), 20
Wie groß ist deine Güte, o Herr,
die du bereithältst für alle, die dich fürchten und ehren.

Oder: Mt 5, 9–10

Selig, die Frieden stiften;
denn sie werden Söhne Gottes genannt werden.
Selig, die um der Gerechtigkeit willen verfolgt werden;
denn ihnen gehört das Himmelreich.

SCHLUSSGEBET

Allmächtiger Gott,
du hast uns gestärkt durch das lebendige Brot,
das vom Himmel kommt.
Deine Liebe,
die wir im Sakrament empfangen haben,
mache uns bereit,
dir in unseren Brüdern zu dienen.
Darum bitten wir durch Christus, unseren Herrn.

FÜR DEN TAG UND DIE WOCHE

Mein Gebet an dich:
Triff, triff bis zur Wurzel mein Herz, das entblößte.
Gib mir die Kraft,
leicht meine Freuden und Sorgen zu tragen.
Gib mir die Kraft,
meine Liebe fruchtbar im Dienste zu machen.
Gib mir die Kraft,
die Armen nie zu verleugnen
und meine Knie vor fremder Macht nicht zu beugen.
Gib mir die Kraft,
meinen Geist über täglichen Kleinkram zu erheben.
Und gib mir die Kraft,
meine Kraft deinem Willen hinzugeben
in Liebe. (Rabindranath Tagore, gest. 1941)

23. SONNTAG IM JAHRESKREIS

Die Demut hat es mit Gott zu tun, in zweiter Linie mit den Menschen.
Aber nie mit der Dummheit. Nur der weise gewordene, der klar und
reif gewordene Mensch kann demütig sein. Er geht seinen Weg von
Stufe zu Stufe, von Freiheit zu Freiheit. Er folgt Jesus nach.

ERÖFFNUNGSVERS   Ps 119 (118), 137.124

Herr, du bist gerecht, und deine Entscheide sind richtig.
Handle an deinem Knecht nach deiner Huld.

Ehre sei Gott, S. 344 ff.

TAGESGEBET

Gütiger Gott,
du hast uns durch deinen Sohn erlöst
und als deine geliebten Kinder angenommen.
Sieh voll Güte auf alle, die an Christus glauben,
und schenke ihnen die wahre Freiheit
und das ewige Erbe.
Darum bitten wir durch Jesus Christus.

ZUR 1. LESUNG   *Ein waches und hörendes Herz hatte der König Salomo von Gott erbeten, als er seine Regierung antrat. Auch der Verfasser des Weisheitsbuches betet um Weisheit. Es ist notwendig, darum zu beten. Studium und Nachdenken allein tun es nicht. Die Klarheit des Geistes und der zündende Funke lassen sich nicht erzwingen; man kann sie nur erbitten und als Geschenk annehmen.*

ERSTE LESUNG   Weish 9, 13–19

Welcher Mensch kann Gottes Plan erkennen?

**Lesung
aus dem Buch der Weisheit.**

13 **Welcher Mensch kann Gottes Plan erkennen,
oder wer begreift, was der Herr will?**
14 **Unsicher sind die Berechnungen der Sterblichen
und hinfällig unsere Gedanken;**
15 **denn der vergängliche Leib beschwert die Seele,
und das irdische Zelt belastet den um vieles besorgten Geist.**
16 **Wir erraten kaum, was auf der Erde vorgeht,
und finden nur mit Mühe, was doch auf der Hand liegt;
wer kann dann ergründen, was im Himmel ist?**
17 **Wer hat je deinen Plan erkannt,
wenn du ihm nicht Weisheit gegeben
und deinen heiligen Geist aus der Höhe gesandt hast?**
18 **So wurden die Pfade der Erdenbewohner gerade gemacht,
und die Menschen lernten, was dir gefällt;**
19 **durch die Weisheit wurden sie gerettet.**

23. Sonntag im Jahreskreis

ANTWORTPSALM   Ps 90 (89), 3-4.5-6.12-13.14 u. 17 (R: vgl. 1)

R Herr, du bist unsere Zuflucht (GL 711,2)
von Geschlecht zu Geschlecht. – **R**

Du läßt die Menschen zurückkehren zum Staub *   I. Ton
und sprichst: „Kommt wieder, ihr Menschen!"

Denn tausend Jahre sind für dich wie der Tag, der gestern vergangen ist, *
wie eine Wache in der Nacht. – (**R**)

Von Jahr zu Jahr säst du die Menschen aus; *
sie gleichen dem sprossenden Gras.

Am Morgen grünt es und blüht, *
am Abend wird es geschnitten und welkt. – (**R**)

Unsere Tage zu zählen, lehre uns! *
Dann gewinnen wir ein weises Herz.

Herr, wende dich uns doch endlich zu! *
Hab Mitleid mit deinen Knechten!   (**R**)

Sättige uns am Morgen mit deiner Huld! *
Dann wollen wir jubeln und uns freuen all unsre Tage.

Es komme über uns die Güte des Herrn, unsres Gottes! †
Laß das Werk unsrer Hände gedeihen, *
ja, laß gedeihen das Werk unsrer Hände! – **R**

ZUR 2. LESUNG   *Der Brief des Apostels Paulus an Philemon ist ein sehr persönlicher Brief. Ein entlaufener Sklave des Philemon war zu Paulus ins Gefängnis gekommen. Paulus hat ihn getauft und lieb gewonnen. Nun schickt er ihn zu Philemon zurück. Er bittet nicht um die Freilassung des Onesimus; er rüttelt nicht am sozialen Gefüge seiner Zeit. Wenn die Menschen, die an Christus glauben, einander als Brüder annehmen, dann wird sich mit Notwendigkeit auch die rechte soziale Ordnung ergeben.*

ZWEITE LESUNG Phlm 9b–10.12–17

Nimm ihn auf, nicht mehr als Sklaven, sondern als geliebten Bruder

**Lesung
aus dem Brief des Apostels Paulus an Philémon.**

Lieber Bruder!
9b Ich, Paulus,
  ein alter Mann, der jetzt für Christus Jesus im Kerker liegt,
10 ich bitte dich für mein Kind Onésimus,
  dem ich im Gefängnis zum Vater geworden bin.

12 Ich schicke ihn zu dir zurück,
  ihn, das bedeutet mein eigenes Herz.
13 Ich würde ihn gern bei mir behalten,
  damit er mir an deiner Stelle dient,
    solange ich um des Evangeliums willen im Gefängnis bin.
14 Aber ohne deine Zustimmung wollte ich nichts tun.
  Deine gute Tat soll nicht erzwungen,
    sondern freiwillig sein.
15 Denn vielleicht
    wurde er nur deshalb eine Weile von dir getrennt,
    damit du ihn für ewig zurückerhältst,
16 nicht mehr als Sklaven, sondern als weit mehr:
    als geliebten Bruder.
  Das ist er jedenfalls für mich,
  um wieviel mehr dann für dich,
    als Mensch und auch vor dem Herrn.
17 Wenn du dich mir verbunden fühlst,
    dann nimm ihn also auf wie mich selbst!

RUF VOR DEM EVANGELIUM Vers: Ps 119 (118), 135

Halleluja. Halleluja.
Laß dein Angesicht leuchten über deinem Knecht,
und lehre mich deine Gesetze.
Halleluja.

ZUM EVANGELIUM *Der Weg Jesu führt nach Jerusalem, nach Golgota. Wer mit ihm gehen will, muß die Bedingungen wissen: Verzicht auf Besitz, Familie, Freunde, Ehre, ja auf das eigene Leben. Jesus verlangt nicht von allen das Gleiche, von niemand das Unmögliche. Er ruft jeden auf seinen ihm eigenen Weg. Der größere Verzicht, der von einzelnen gefordert wird, ist die andere Seite der größeren Liebe, zu der sie gerufen sind.*

EVANGELIUM
Lk 14, 25–33

Keiner von euch kann mein Jünger sein, wenn er nicht auf seinen ganzen Besitz verzichtet

☩ Aus dem heiligen Evangelium nach Lukas.

In jener Zeit,
    als viele Menschen Jesus begleiteten,
    wandte er sich an sie
und sagte: Wenn jemand zu mir kommt
    und nicht Vater und Mutter,
    Frau und Kinder, Brüder und Schwestern,
    ja sogar sein Leben gering achtet,
    dann kann er nicht mein Jünger sein.
Wer nicht sein Kreuz trägt und mir nachfolgt,
    der kann nicht mein Jünger sein.
Wenn einer von euch einen Turm bauen will,
    setzt er sich dann nicht zuerst hin
    und rechnet, ob seine Mittel für das ganze Vorhaben ausreichen?
Sonst könnte es geschehen,
    daß er das Fundament gelegt hat,
    dann aber den Bau nicht fertigstellen kann.
Und alle, die es sehen, würden ihn verspotten
und sagen: Der da hat einen Bau begonnen
und konnte ihn nicht zu Ende führen.

Oder wenn ein König gegen einen anderen in den Krieg zieht,
    setzt er sich dann nicht zuerst hin
    und überlegt, ob er sich mit seinen zehntausend Mann
    dem entgegenstellen kann,
    der mit zwanzigtausend gegen ihn anrückt?
Kann er es nicht,
    dann schickt er eine Gesandtschaft,
    solange der andere noch weit weg ist,
    und bittet um Frieden.
Darum kann keiner von euch mein Jünger sein,
    wenn er nicht auf seinen ganzen Besitz verzichtet.

Glaubensbekenntnis, S. 348 ff.
Fürbitten vgl. S. 800 ff.

ZUR EUCHARISTIEFEIER   *Wenn wir das Gedenken an die Opferhingabe Jesu begehen, bitten wir um den Heiligen Geist: um die Liebe, die Jesus zum Kreuz geführt und die sein Opfer vollendet hat.*

GABENGEBET

Herr, unser Gott,
du schenkst uns den Frieden
und gibst uns die Kraft, dir aufrichtig zu dienen.
Laß uns dich mit unseren Gaben ehren
und durch die Teilnahme
an dem einen Brot und dem einen Kelch
eines Sinnes werden.
Darum bitten wir durch Christus, unseren Herrn.

Präfation, S. 416 ff.

KOMMUNIONVERS   Ps 42 (41), 2–3

Wie der Hirsch lechzt nach frischem Wasser,
so lechzt meine Seele, Gott, nach dir.
Meine Seele dürstet nach Gott, nach dem lebendigen Gott.

Oder: Joh 8, 12

So spricht der Herr:
Ich bin das Licht der Welt.
Wer mir nachfolgt, wird nicht in der Finsternis gehen,
sondern wird das Licht des Lebens haben.

SCHLUSSGEBET

Herr, unser Gott,
in deinem Wort und Sakrament
gibst du uns Nahrung und Leben.
Laß uns durch diese großen Gaben
in der Liebe wachsen
und zur ewigen Gemeinschaft
mit deinem Sohn gelangen,
der mit dir lebt und herrscht in alle Ewigkeit.

FÜR DEN TAG UND DIE WOCHE
Innere Zeichen *auf dem Weg der Nachfolge:*
Liebe und Geduld,
Rechtschaffenheit und Demut,
Treue und Mut
− *Stille. (D. H.)*

24. SONNTAG IM JAHRESKREIS

Wenn gesagt wird, daß Gott sich freut, dann wird vorausgesetzt, daß er auch den Schmerz kennt. Er ist der lebendige Gott, er ist der Ursprung, er ist die Fülle. Und er ist die Liebe. Er hat Geduld mit uns, er wartet darauf, uns aufzufangen, wenn wir fallen, uns zu umarmen, wenn wir aus der Verlorenheit heimkehren. Gott nimmt den Menschen ernst, er hält ihm die Treue. − Woher wissen wir das alles? Nur weil Jesus es uns gesagt hat.

ERÖFFNUNGSVERS   Vgl. Sir 36, 18.21−22
Herr, gib Frieden denen, die auf dich hoffen,
und erweise deine Propheten als zuverlässig.
Erhöre das Gebet deiner Diener und deines Volkes.

Ehre sei Gott, S. 344 ff.

TAGESGEBET

Gott, du Schöpfer und Lenker aller Dinge,
sieh gnädig auf uns.
Gib, daß wir dir mit ganzem Herzen dienen
und die Macht deiner Liebe an uns erfahren.
Darum bitten wir durch Jesus Christus.

ZUR 1. LESUNG
Das Bild eines zürnenden Gottes, der in glühendem Zorn alles Gottwidrige vernichtet, ist ein Versuch, in menschlicher Sprache etwas über Gottes Heiligkeit und Gerechtigkeit auszusagen. Aber schon im Alten Testament wird dieses Bild korrigiert. Gott will es nicht dulden, daß sein Volk das goldene Kalb anbetet, aber er

vergibt dem Volk seine Sünde. Vor allem durch seine erbarmende Liebe will er sich als Gott erweisen. Er kündet das Strafgericht vorher an, weil er es im Grunde gar nicht will. Er hört auf die Fürsprache des Mose, wie er einst auf die Fürbitte Abrahams gehört hat (vgl. 1. Lesung am 17. Sonntag).

ERSTE LESUNG Ex 32,7–11.13–14

Der Herr ließ sich das Böse reuen, das er seinem Volk angedroht hatte

Lesung
  aus dem Buch Exodus.

In jenen Tagen
7 **sprach der Herr zu Mose:**
Geh, steig hinunter,
denn dein Volk, das du aus Ägypten heraufgeführt hast,
  läuft ins Verderben.
8 **Schnell sind sie von dem Weg abgewichen,**
  den ich ihnen vorgeschrieben habe.
Sie haben sich ein Kalb aus Metall gegossen
  und werfen sich vor ihm zu Boden.
Sie bringen ihm Schlachtopfer dar
und sagen: Das sind deine Götter, Israel,
  die dich aus Ägypten heraufgeführt haben.
9 **Weiter sprach der Herr zu Mose:**
  Ich habe dieses Volk durchschaut:
Ein störrisches Volk ist es.
10 **Jetzt laß mich, damit mein Zorn gegen sie entbrennt**
  und sie verzehrt.
Dich aber will ich zu einem großen Volk machen.
11 **Da versuchte Mose,**
  den Herrn, seinen Gott, zu besänftigen,
und sagte: Warum, Herr, ist dein Zorn gegen dein Volk entbrannt?
Du hast es doch mit großer Macht und starker Hand
  aus Ägypten herausgeführt.
13 **Denk an deine Knechte,**
  an Abraham, Isaak und Israel,

denen du mit einem Eid
   bei deinem eigenen Namen zugesichert und gesagt hast:
   Ich will eure Nachkommen zahlreich machen
   wie die Sterne am Himmel,
und: Dieses ganze Land, von dem ich gesprochen habe,
   will ich euren Nachkommen geben,
   und sie sollen es für immer besitzen.
Da ließ sich der Herr das Böse reuen,
   das er seinem Volk angedroht hatte.

ANTWORTPSALM Ps 51(50), 3–4.12–13.17 u. 19 (R: vgl. Lk 15, 18)

R Ich will zu meinem Vater gehen (GL 56, 3)
und meine Schuld bekennen. – R

Gott, sei mir gnädig nach deiner Huld, * VII. Ton
tilge meine Frevel nach deinem reichen Erbarmen!

Wasch meine Schuld von mir ab, *
und mach mich rein von meiner Sünde. – (R)

Erschaffe mir, Gott, ein reines Herz, *
und gib mir einen neuen, beständigen Geist!

Verwirf mich nicht von deinem Angesicht, *
und nimm deinen heiligen Geist nicht von mir! – (R)

Herr, öffne mir die Lippen, *
und mein Mund wird deinen Ruhm verkünden.

Das Opfer, das Gott gefällt, ist ein zerknirschter Geist, *
ein zerbrochenes und zerschlagenes Herz wirst du, Gott, nicht
verschmähen. – R

ZUR 2. LESUNG   *Die Briefe an Timotheus und an Titus (Pastoralbriefe) sind als Briefe des Apostels Paulus überliefert und können als sein geistliches Testament gelten. Timotheus hatte sich dem Apostel auf der zweiten Missionsreise angeschlossen und war dann sein treuer Mitarbeiter. – Die zentrale Aussage der heutigen Lesung lautet: Christus Jesus ist in die Welt gekommen, um die Sünder zu retten. Paulus selbst ist dafür ein Beispiel (vgl. 1. Lesung und Evangelium).*

ZWEITE LESUNG 1 Tim 1, 12–17

Christus Jesus ist gekommen, um die Sünder zu retten

Lesung
   aus dem ersten Brief des Apostels Paulus an Timótheus.

¹² Ich danke dem, der mir Kraft gegeben hat:
Christus Jesus, unserem Herrn.
Er hat mich für treu gehalten und in seinen Dienst genommen,
¹³   obwohl ich ihn früher lästerte, verfolgte und verhöhnte.
Aber ich habe Erbarmen gefunden,
denn ich wußte in meinem Unglauben nicht, was ich tat.
¹⁴ So übergroß war die Gnade unseres Herrn,
   die mir in Christus Jesus den Glauben und die Liebe schenkte.
¹⁵ Das Wort ist glaubwürdig
   und wert, daß man es beherzigt:
Christus Jesus ist in die Welt gekommen,
   um die Sünder zu retten.
Von ihnen bin ich der erste.
¹⁶ Aber ich habe Erbarmen gefunden,
damit Christus Jesus an mir
   als erstem seine ganze Langmut beweisen konnte,
zum Vorbild für alle,
   die in Zukunft an ihn glauben, um das ewige Leben zu erlangen.
¹⁷ Dem König der Ewigkeit,
dem unvergänglichen, unsichtbaren, einzigen Gott,
   sei Ehre und Herrlichkeit in alle Ewigkeit.
Amen.

RUF VOR DEM EVANGELIUM Vers: vgl. 2 Kor 5, 19

Halleluja. Halleluja.

Gott hat in Christus die Welt mit sich versöhnt
und uns das Wort von der Versöhnung anvertraut.

Halleluja.

ZUM EVANGELIUM *Daß Jesus mit Zöllnern und Sündern Tischgemeinschaft hat und sie auf diese Weise aufwertet, ist für die Pharisäer und Schriftgelehrten ein Skandal. Ihnen erzählt Jesus die drei Gleichnisse: das vom verlorenen und wiedergefundenen Schaf,*

*das von der verlorenen und wiedergefundenen Drachme; und das
große Gleichnis vom verlorenen Sohn.
„Ein einziger Sünder, der umkehrt": nur ein unendlich großer Gott
kann sich über etwas so Kleines freuen. Und nur ein Sünder ist in der
Lage, Gott diese Freude zu bereiten. Aber: Wer ist kein Sünder?*

EVANGELIUM Lk 15, 1–32

Im Himmel herrscht Freude über einen einzigen Sünder, der umkehrt

☩ Aus dem heiligen Evangelium nach Lukas.

In jener Zeit
> kamen alle Zöllner und Sünder zu Jesus,
> um ihn zu hören.

Die Pharisäer und die Schriftgelehrten empörten sich darüber
und sagten: Er gibt sich mit Sündern ab
und ißt sogar mit ihnen.

Da erzählte er ihnen ein Gleichnis
und sagte:
> Wenn einer von euch hundert Schafe hat
> und eins davon verliert,
> läßt er dann nicht die neunundneunzig in der Steppe zurück
> und geht dem verlorenen nach, bis er es findet?

Und wenn er es gefunden hat,
> nimmt er es voll Freude auf die Schultern,

und wenn er nach Hause kommt,
> ruft er seine Freunde und Nachbarn zusammen

und sagt zu ihnen: Freut euch mit mir;
ich habe mein Schaf wiedergefunden, das verloren war.

Ich sage euch:
Ebenso wird auch im Himmel
> mehr Freude herrschen über einen einzigen Sünder,
> der umkehrt,
> als über neunundneunzig Gerechte,
> die es nicht nötig haben umzukehren.

Oder wenn eine Frau zehn Drachmen hat
> und eine davon verliert,
> zündet sie dann nicht eine Lampe an,
> fegt das ganze Haus
> und sucht unermüdlich, bis sie das Geldstück findet?

9 Und wenn sie es gefunden hat,
   ruft sie ihre Freundinnen und Nachbarinnen zusammen
   und sagt: Freut euch mit mir;
   ich habe die Drachme wiedergefunden, die ich verloren hatte.
10 Ich sage euch:
   Ebenso herrscht auch bei den Engeln Gottes
   Freude über einen einzigen Sünder, der umkehrt.
11 Weiter sagte Jesus:
   Ein Mann hatte zwei Söhne.
12 Der jüngere von ihnen sagte zu seinem Vater:
   Vater, gib mir das Erbteil, das mir zusteht.
   Da teilte der Vater das Vermögen auf.
13 Nach wenigen Tagen packte der jüngere Sohn alles zusammen
   und zog in ein fernes Land.
   Dort führte er ein zügelloses Leben
   und verschleuderte sein Vermögen.
14 Als er alles durchgebracht hatte,
   kam eine große Hungersnot über das Land,
   und es ging ihm sehr schlecht.
15 Da ging er zu einem Bürger des Landes
   und drängte sich ihm auf;
   der schickte ihn aufs Feld zum Schweinehüten.
16 Er hätte gern seinen Hunger mit den Futterschoten gestillt,
   die die Schweine fraßen;
   aber niemand gab ihm davon.
17 Da ging er in sich
   und sagte:
   Wie viele Tagelöhner meines Vaters
   haben mehr als genug zu essen,
   und ich komme hier vor Hunger um.
18 Ich will aufbrechen und zu meinem Vater gehen
   und zu ihm sagen: Vater,
   ich habe mich gegen den Himmel und gegen dich versündigt.
19 Ich bin nicht mehr wert, dein Sohn zu sein;
   mach mich zu einem deiner Tagelöhner.
20 Dann brach er auf und ging zu seinem Vater.
   Der Vater sah ihn schon von weitem kommen,
   und er hatte Mitleid mit ihm.
   Er lief dem Sohn entgegen,
   fiel ihm um den Hals und küßte ihn.

Da sagte der Sohn: Vater,
ich habe mich gegen den Himmel und gegen dich versündigt;
   ich bin nicht mehr wert, dein Sohn zu sein.

Der Vater aber sagte zu seinen Knechten:
   Holt schnell das beste Gewand, und zieht es ihm an,
steckt ihm einen Ring an die Hand, und zieht ihm Schuhe an.
Bringt das Mastkalb her, und schlachtet es;
wir wollen essen und fröhlich sein.
Denn mein Sohn war tot und lebt wieder;
er war verloren und ist wiedergefunden worden.
Und sie begannen, ein fröhliches Fest zu feiern.

Sein älterer Sohn war unterdessen auf dem Feld.
Als er heimging und in die Nähe des Hauses kam,
   hörte er Musik und Tanz.

Da rief er einen der Knechte
   und fragte, was das bedeuten solle.
Der Knecht antwortete:
   Dein Bruder ist gekommen,
   und dein Vater hat das Mastkalb schlachten lassen,
   weil er ihn heil und gesund wiederbekommen hat.
Da wurde er zornig und wollte nicht hineingehen.
Sein Vater aber kam heraus
   und redete ihm gut zu.

Doch er erwiderte dem Vater:
   So viele Jahre schon diene ich dir,
   und nie habe ich gegen deinen Willen gehandelt;
mir aber hast du nie auch nur einen Ziegenbock geschenkt,
   damit ich mit meinen Freunden ein Fest feiern konnte.
Kaum aber ist der hier gekommen,
   dein Sohn, der dein Vermögen mit Dirnen durchgebracht hat,
   da hast du für ihn das Mastkalb geschlachtet.

Der Vater antwortete ihm:
   Mein Kind, du bist immer bei mir,
und alles, was mein ist, ist auch dein.
Aber jetzt müssen wir uns doch freuen und ein Fest feiern;
denn dein Bruder war tot
   und lebt wieder;
er war verloren
   und ist wiedergefunden worden.

Oder:

KURZFASSUNG Lk 15, 1–10

Im Himmel herrscht Freude über einen einzigen Sünder, der umkehrt

☩ Aus dem heiligen Evangelium nach Lukas.

In jener Zeit
1 kamen alle Zöllner und Sünder zu Jesus,
um ihn zu hören.
2 Die Pharisäer und die Schriftgelehrten empörten sich darüber
und sagten: Er gibt sich mit Sündern ab
und ißt sogar mit ihnen.
3 Da erzählte er ihnen ein Gleichnis
4 und sagte:
Wenn einer von euch hundert Schafe hat
und eins davon verliert,
läßt er dann nicht die neunundneunzig in der Steppe zurück
und geht dem verlorenen nach, bis er es findet?
5 Und wenn er es gefunden hat,
nimmt er es voll Freude auf die Schultern,
6 und wenn er nach Haus kommt,
ruft er seine Freunde und Nachbarn zusammen
und sagt zu ihnen: Freut euch mit mir,
ich habe mein Schaf wiedergefunden, das verloren war.
7 Ich sage euch:
Ebenso wird auch im Himmel
mehr Freude herrschen über einen einzigen Sünder, der umkehrt,
als über neunundneunzig Gerechte,
die es nicht nötig haben umzukehren.
8 Oder wenn eine Frau zehn Drachmen hat
und eine davon verliert,
zündet sie dann nicht eine Lampe an,
fegt das ganze Haus
und sucht unermüdlich, bis sie das Geldstück findet?
9 Und wenn sie es gefunden hat,
ruft sie ihre Freundinnen und Nachbarinnen zusammen
und sagt: Freut euch mit mir;
ich habe die Drachme wiedergefunden, die ich verloren hatte.
10 Ich sage euch:
Ebenso herrscht auch bei den Engeln Gottes
Freude über einen einzigen Sünder, der umkehrt.

24. Sonntag im Jahreskreis

Glaubensbekenntnis, S. 348 ff.
Fürbitten vgl. S. 800 ff.

ZUR EUCHARISTIEFEIER
Es muß uns ernst sein mit dieser Bitte: „Erhöre, gütiger Vater, die Gebete der hier versammelten Gemeinde, und führe zu dir auch alle deine Söhne und Töchter, die noch fern sind von dir." (Drittes eucharistisches Hochgebet)

GABENGEBET

Herr,
nimm die Gebete und Gaben deiner Kirche an;
und was jeder einzelne
zur Ehre deines Namens darbringt,
das werde allen zum Heil.
Darum bitten wir durch Christus, unseren Herrn.

Präfation, S. 416 ff.

KOMMUNIONVERS Ps 36 (35), 8
Gott, wie köstlich ist deine Huld.
Die Menschen bergen sich im Schatten deiner Flügel.

Oder: Vgl. 1 Kor 10, 16

Der Kelch des Segens, über den wir den Segen sprechen,
ist Teilhabe am Blut Christi.
Das Brot, das wir brechen, ist Teilhabe am Leib Christi.

SCHLUSSGEBET

Herr, unser Gott,
wir danken dir,
daß du uns Anteil
am Leib und Blut Christi gegeben hast.
Laß nicht unser eigenes Streben
Macht über uns gewinnen,
sondern gib, daß die Wirkung dieses Sakramentes
unser Leben bestimmt.
Darum bitten wir durch Christus, unseren Herrn.

FÜR DEN TAG UND DIE WOCHE

Wer ist dieser Vater, *der den verlorenen Sohn aufnimmt? Offenbar Gott selbst. Niemand ist Vater wie er. Niemand fühlt so zart wie er. Du bist sein Sohn: selbst dann, wenn du vielleicht alles vergeudet hast, was er dir gab; selbst wenn du mit nichts zurückkommst. Er wird sich über deine Rückkehr mehr freuen als über die Klugheit und Tüchtigkeit seines anderen Sohnes. (Tertullian, Über die Buße 8)*

25. SONNTAG IM JAHRESKREIS

Die Armut ist keine Tugend und der Reichtum kein Laster. Aber die Sucht, reicher und noch reicher zu werden, schafft nicht nur soziale Konflikte; sie verdirbt den Menschen. Der Mensch ist wie ein tiefer Brunnen, er kann sich nur von seinem Grund her füllen. Auf dem Grund, in der tiefen Mitte des Menschen, geschieht Gottes Gegenwart. Er ist die Fülle.

ERÖFFNUNGSVERS
Das Heil des Volkes bin ich – so spricht der Herr.
In jeder Not, aus der sie zu mir rufen, will ich sie erhören.
Ich will ihr Herr sein für alle Zeit.

Ehre sei Gott, S. 344 ff.

TAGESGEBET
Heiliger Gott,
du hast uns das Gebot der Liebe
zu dir und zu unserem Nächsten aufgetragen
als die Erfüllung des ganzen Gesetzes.
Gib uns die Kraft,
dieses Gebot treu zu befolgen,
damit wir das ewige Leben erlangen.
Darum bitten wir durch Jesus Christus.

ZUR 1. LESUNG *Der Prophet Amos (8. Jh. v. Chr.) hat gegen die religiösen und sozialen Mißstände in seinem Land angekämpft. In den Scheltreden, die er seinen Gerichtsdrohungen vorausschickt, entrollt sich uns das Bild einer reichen Oberschicht, die in ihrem Wohlstand gedankenlos und selbstsicher dahinlebt. Es geht dabei nicht nur um die Verletzung bestimmter Gebote, sondern um eine Gesamthaltung, die direkt dem widerspricht, was Jahwe, der Gott Israels, von seinem Volk erwartet.*

25. Sonntag im Jahreskreis

ERSTE LESUNG
Am 8, 4–7

Hört dieses Wort, die ihr sagt: „Wir wollen mit Geld die Hilflosen kaufen"
Lesung aus dem Buch Amos.

Hört dieses Wort,
 die ihr die Schwachen verfolgt
 und die Armen im Land unterdrückt.
Ihr sagt: Wann ist das Neumondfest vorbei?
 Wir wollen Getreide verkaufen.
Und wann ist der Sabbat vorbei?
 Wir wollen den Kornspeicher öffnen,
das Maß kleiner und den Preis größer machen
und die Gewichte fälschen.
Wir wollen mit Geld die Hilflosen kaufen,
für ein Paar Sandalen die Armen.
Sogar den Abfall des Getreides machen wir zu Geld.

Beim Stolz Jakobs hat der Herr geschworen:
Keine ihrer Taten werde ich jemals vergessen.

ANTWORTPSALM Ps 113 (112), 1–2.4–5.6–7.8–9 (R: vgl. 1a u. 7b)

R Lobet den Herrn, (GL 728, 1)
der den Armen erhöht. – **R**

(*Oder:* Halleluja.)

Lobet, ihr Knechte des Herrn, * II. Ton
lobt den Namen des Herrn!
Der Name des Herrn sei gepriesen *
von nun an bis in Ewigkeit! – (**R**)

Der Herr ist erhaben über alle Völker, *
seine Herrlichkeit überragt die Himmel.
Wer gleicht dem Herrn, unserm Gott, *
im Himmel und auf Erden? – (**R**)

Wer gleicht ihm, der in der Höhe thront, *
der hinabschaut in die Tiefe,
der den Schwachen aus dem Staub emporhebt *
und den Armen erhöht, der im Schmutz liegt? – (**R**)

Er gibt ihm einen Sitz bei den Edlen, *
bei den Edlen seines Volkes.
Die Frau, die kinderlos war, läßt er im Hause wohnen; *
sie wird Mutter und freut sich an ihren Kindern. – **R**

ZUR 2. LESUNG   *In Kap. 2–3 des 1. Briefes an Timotheus stehen Hinweise zur Ordnung in der Gemeinde, an erster Stelle zum Gottesdienst. Für das Gebet stehen vier Wörter: Bitten, Gebete, Fürbitten, Danksagung. Durch die Häufung der Ausdrücke wird die Dringlichkeit des Gebets und auch seine umfassende Weite betont. Alles Gebet richtet sich an den einen Gott durch Jesus Christus, den Mittler zwischen Gott und den Menschen. Die Hände, die sich (nach alter Sitte) zum Gebet erheben, sind „rein", wenn sie zur Tat der Liebe bereit sind – wie die ausgestreckten Hände des Gekreuzigten.*

ZWEITE LESUNG 1 Tim 2, 1–8

Ich fordere auf zu Bitten und Gebeten für alle Menschen, denn Gott will, daß alle gerettet werden

Lesung
aus dem ersten Brief des Apostels Paulus an Timótheus.

1 Vor allem fordere ich zu Bitten und Gebeten,
zu Fürbitte und Danksagung auf,
und zwar für alle Menschen,
2 für die Herrscher und für alle, die Macht ausüben,
damit wir in aller Frömmigkeit und Rechtschaffenheit
ungestört und ruhig leben können.
3 Das ist recht und gefällt Gott, unserem Retter;
4 er will, daß alle Menschen gerettet werden
und zur Erkenntnis der Wahrheit gelangen.
5 Denn:
Einer ist Gott,
Einer auch Mittler zwischen Gott und den Menschen:
der Mensch Christus Jesus,
6 der sich als Lösegeld hingegeben hat für alle,
ein Zeugnis zur vorherbestimmten Zeit,
7 als dessen Verkünder und Apostel ich eingesetzt wurde
– ich sage die Wahrheit und lüge nicht –,
als Lehrer der Heiden im Glauben und in der Wahrheit.
8 Ich will,
daß die Männer überall beim Gebet ihre Hände in Reinheit erheben,
frei von Zorn und Streit.

RUF VOR DEM EVANGELIUM Vers: vgl. 2 Kor 8,9

Halleluja. Halleluja.

Jesus Christus, der reich war,
wurde aus Liebe arm.
Und durch seine Armut hat er uns reich gemacht.

Halleluja.

ZUM EVANGELIUM *Im Gleichnis vom ungerechten Verwalter lobt Jesus nicht die Gaunereien dieses Verwalters, sondern seine Klugheit: weil er wenigstens am Schluß die kritische Situation begriffen und entsprechend gehandelt hat. Klug ist (in diesem Zusammenhang), wer an den Tag der Rechenschaft denkt. Der Reichtum, auf den die Menschen sich verlassen, auch Mammon genannt, ist unzuverlässig und außerdem ungerecht: Niemand hat ein Recht auf Überfluß, solange es die Armut gibt.*

EVANGELIUM Lk 16,1–13

Ihr könnt nicht beiden dienen, Gott und dem Mammon

✛ Aus dem heiligen Evangelium nach Lukas.

In jener Zeit sprach Jesus zu seinen Jüngern:
Ein reicher Mann hatte einen Verwalter.
Diesen beschuldigte man bei ihm,
   er verschleudere sein Vermögen.
Darauf ließ er ihn rufen
und sagte zu ihm: Was höre ich über dich?
Leg Rechenschaft ab über deine Verwaltung!
Du kannst nicht länger mein Verwalter sein.

Da überlegte der Verwalter:
   Mein Herr entzieht mir die Verwaltung.
Was soll ich jetzt tun?
Zu schwerer Arbeit tauge ich nicht,
   und zu betteln schäme ich mich.
Doch – ich weiß, was ich tun muß,
   damit mich die Leute in ihre Häuser aufnehmen,
   wenn ich als Verwalter abgesetzt bin.

Und er ließ die Schuldner seines Herrn,
   einen nach dem andern, zu sich kommen
und fragte den ersten: Wieviel bist du meinem Herrn schuldig?

⁶ Er antwortete: Hundert Faß Öl.
Da sagte er zu ihm: Nimm deinen Schuldschein,
   setz dich gleich hin, und schreib „fünfzig".
⁷ Dann fragte er einen andern: Wieviel bist du schuldig?
Der antwortete: Hundert Sack Weizen.
Da sagte er zu ihm: Nimm deinen Schuldschein,
   und schreib „achtzig".

⁸ Und der Herr lobte die Klugheit des unehrlichen Verwalters
und sagte:
   Die Kinder dieser Welt
   sind im Umgang mit ihresgleichen klüger
   als die Kinder des Lichtes.

⁹ Ich sage euch:
Macht euch Freunde mit Hilfe des ungerechten Mammons,
damit ihr in die ewigen Wohnungen aufgenommen werdet,
   wenn es mit euch zu Ende geht.

¹⁰ Wer in den kleinsten Dingen zuverlässig ist,
   der ist es auch in den großen,
und wer bei den kleinsten Dingen Unrecht tut,
   der tut es auch bei den großen.

¹¹ Wenn ihr im Umgang mit dem ungerechten Reichtum
   nicht zuverlässig gewesen seid,
   wer wird euch dann das wahre Gut anvertrauen?

¹² Und wenn ihr im Umgang mit dem fremden Gut
   nicht zuverlässig gewesen seid,
   wer wird euch dann euer wahres Eigentum geben?

¹³ Kein Sklave kann zwei Herren dienen;
er wird entweder den einen hassen und den andern lieben,
   oder er wird zu dem einen halten und den andern verachten.
Ihr könnt nicht beiden dienen,
Gott und dem Mammon.

25. Sonntag im Jahreskreis

Oder:

KURZFASSUNG Lk 16, 10–13

Ihr könnt nicht beiden dienen, Gott und dem Mammon

✢ Aus dem heiligen Evangelium nach Lukas.

In jener Zeit sprach Jesus zu seinen Jüngern:
10 Wer in den kleinsten Dingen zuverlässig ist,
  der ist es auch in den großen,
 und wer bei den kleinsten Dingen Unrecht tut,
  der tut es auch bei den großen.

11 Wenn ihr im Umgang mit dem ungerechten Reichtum
  nicht zuverlässig gewesen seid,
  wer wird euch dann das wahre Gut anvertrauen?

12 Und wenn ihr im Umgang mit dem fremden Gut
  nicht zuverlässig gewesen seid,
  wer wird euch dann euer wahres Eigentum geben?

13 Kein Sklave kann zwei Herren dienen,
 er wird entweder den einen hassen und den andern lieben,
  oder er wird zu dem einen halten und den andern verachten.
 Ihr könnt nicht beiden dienen,
 Gott und dem Mammon.

Glaubensbekenntnis, S. 348 ff.
Fürbitten vgl. S. 800 ff.

ZUR EUCHARISTIEFEIER *Wir feiern die heilige Eucharistie gemeinsam, wir essen alle von dem einen Brot und werden so zu dem einen Leib Christi. Wissen wir, daß wir es sind, und was wir einander schulden?*

GABENGEBET

Herr, unser Gott,
nimm die Gaben deines Volkes an
und gib, daß wir im Geheimnis
der heiligen Eucharistie empfangen,
was wir im Glauben bekennen.
Darum bitten wir durch Christus, unseren Herrn.

Präfation, S. 416 ff.

KOMMUNIONVERS
Ps 119 (118), 4–5
Herr, du hast deine Befehle gegeben, damit man sie genau beachtet.
Wären doch meine Schritte fest darauf gerichtet,
deinen Gesetzen zu folgen.

Oder:
Joh 10, 14
So spricht der Herr:
Ich bin der Gute Hirt, ich kenne die Meinen,
und die Meinen kennen mich.

SCHLUSSGEBET
Allmächtiger Gott,
du erneuerst uns durch deine Sakramente.
Gewähre uns deine Hilfe
und mache das Werk der Erlösung,
das wir gefeiert haben,
auch in unserem Leben wirksam.
Darum bitten wir durch Christus, unseren Herrn.

FÜR DEN TAG UND DIE WOCHE
Das Gute nicht tun *heißt dem Bösen Raum geben, in sich selbst und in der Welt. In den Leerraum, der entsteht, wenn wir ein Werk nicht tun, das die Brüderlichkeit erfordert und das Gott getan haben will, stürzen sich alsbald die Mächte des Bösen. Denn es gibt keine neutrale Zone, es gibt nur Licht oder Finsternis. (H Spaemann)*

26. SONNTAG IM JAHRESKREIS

Es ist nicht nur die Armut der Armen, die allen Reichtum fragwürdig macht. Und die Gefahr, in der der Reiche lebt, besteht nicht eigentlich darin, seinen Reichtum zu verlieren, sondern ihn zu behalten, etwa so, wie man einen Knecht behält, der sich zum Herrn und Tyrannen gemacht hat. Die Gefahr ist, daß für den Reichtum Gottes, für seine Liebe und seinen Trost, im Leben des Reichen kein Raum mehr ist.

26. Sonntag im Jahreskreis

ERÖFFNUNGSVERS Vgl. Dan 3, 31.29.30.43.42

Alles, was du uns getan hast, o Herr,
das hast du nach deiner gerechten Entscheidung getan,
denn wir haben gesündigt, wir haben dein Gesetz übertreten.
Verherrliche deinen Namen und rette uns
nach der Fülle deines Erbarmens.

Ehre sei Gott, S. 344 ff.

TAGESGEBET

Großer Gott, du offenbarst deine Macht vor allem
im Erbarmen und im Verschonen.
Darum nimm uns in Gnaden auf,
wenn uns auch Schuld belastet.
Gib, daß wir unseren Lauf vollenden
und zur Herrlichkeit des Himmels gelangen.
Darum bitten wir durch Jesus Christus.

ZUR 1. LESUNG
Das 8. Jahrhundert war für das Nordreich Israel eine Zeit politischer und wirtschaftlicher Blüte. Es ging gut, wenigstens denen, die Geld und Macht hatten. Ihnen muß Amos das Gericht Gottes ansagen. „Weh den Sorglosen, den Selbstsicheren!" Es macht dem Propheten keine Freude, mit Vorwürfen und Drohungen zu kommen. Aber er sieht zu klar, wie die führende Schicht ihre Verantwortung für die Armen im Volk Gottes vergißt, und er weiß, wohin das führen wird.

ERSTE LESUNG Am 6, 1a.4–7

Weh den Sorglosen; das Fest der Faulenzer ist nun vorbei

Lesung
   aus dem Buch Amos.

Weh den Sorglosen auf dem Zion
   und den Selbstsicheren auf dem Berg von Samária.
Ihr liegt auf Betten aus Elfenbein
   und faulenzt auf euren Polstern.
Zum Essen holt ihr euch Lämmer aus der Herde
   und Mastkälber aus dem Stall.

⁵ Ihr grölt zum Klang der Harfe,
ihr wollt Lieder erfinden wie David.
⁶ Ihr trinkt den Wein aus großen Humpen,
ihr salbt euch mit dem feinsten Öl
und sorgt euch nicht über den Untergang Josefs.
⁷ Darum müssen sie jetzt in die Verbannung,
allen Verbannten voran.
Das Fest der Faulenzer ist nun vorbei.

ANTWORTPSALM Ps 146 (145), 6–7.8–9b.9c–10 (R: 1)

R Lobe den Herrn, meine Seele! – R (GL 527, 3)

(*Oder:* Halleluja.)

⁶ Der Herr hat Himmel und Erde gemacht, † I. Ton
das Meer und alle Geschöpfe; *
er hält ewig die Treue.

⁷ Recht verschafft er den Unterdrückten, †
den Hungernden gibt er Brot; *
der Herr befreit die Gefangenen. – (R)

⁸ Der Herr öffnet den Blinden die Augen, *
er richtet die Gebeugten auf.

⁹ᵃᵇ Der Herr beschützt die Fremden *
und verhilft den Waisen und Witwen zu ihrem Recht. – (R)

⁹ᶜᵈ Der Herr liebt die Gerechten, *
doch die Schritte der Frevler leitet er in die Irre.

¹⁰ Der Herr ist König auf ewig, *
dein Gott, Zion, herrscht von Geschlecht zu Geschlecht. – R

ZUR 2. LESUNG *Zweimal ist in dieser Lesung vom „guten Bekenntnis" die Rede: zuerst vom Taufbekenntnis des Timotheus, falls hier nicht sein Gelöbnis bei der Übernahme des Bischofsamtes gemeint ist; dann vom Bekenntnis Jesu, der durch sein Wort und sein Leiden bis in den Tod von der Wahrheit Gottes Zeugnis gegeben hat. Timotheus wird ein „Mann Gottes" genannt: durch die Taufe und die Bischofsweihe wohnt in ihm Gottes Geist, er bestimmt sein Leben und seine Amtsführung. Wie Christus soll auch Timotheus von Gottes Wahrheit und Treue Zeugnis geben.*

26. Sonntag im Jahreskreis

ZWEITE LESUNG 1 Tim 6,11–16

Erfülle deinen Auftrag rein und ohne Tadel, bis zum Erscheinen Jesu Christi

**Lesung
 aus dem ersten Brief des Apostels Paulus an Timótheus.**

Du aber, ein Mann Gottes,
 strebe unermüdlich nach Gerechtigkeit, Frömmigkeit, Glauben,
 Liebe, Standhaftigkeit und Sanftmut.
Kämpfe den guten Kampf des Glaubens,
ergreife das ewige Leben,
 zu dem du berufen worden bist
 und für das du vor vielen Zeugen
 das gute Bekenntnis abgelegt hast.

Ich gebiete dir bei Gott,
 von dem alles Leben kommt,
 und bei Christus Jesus,
 der vor Pontius Pilatus das gute Bekenntnis abgelegt hat
 und als Zeuge dafür eingetreten ist:
Erfülle deinen Auftrag rein und ohne Tadel,
bis zum Erscheinen Jesu Christi, unseres Herrn,
das zur vorherbestimmten Zeit herbeiführen wird
 der selige und einzige Herrscher,
 der König der Könige und Herr der Herren,
 der allein die Unsterblichkeit besitzt,
 der in unzugänglichem Licht wohnt,
 den kein Mensch gesehen hat
  noch je zu sehen vermag:
Ihm gebührt Ehre und ewige Macht.
Amen.

RUF VOR DEM EVANGELIUM Vers: vgl. 2 Kor 8,9

Halleluja. Halleluja.
Jesus Christus, der reich war,
wurde aus Liebe arm.
Und durch seine Armut hat er uns reich gemacht.
Halleluja.

ZUM EVANGELIUM *Lukas ist mehr als die anderen Evangelisten den Jesusworten über Reichtum und Armut nachgegangen. Das Gleichnis vom reichen Mann und dem armen Lazarus ist denen ge-*

*sagt, die sich in ihrem Besitz und ihrer Stellung für Zeit und Ewigkeit
sicher fühlen. Das sind im Grunde all die Menschen, denen ihre große
oder kleine Habe zum Hindernis wird. Der Ruf Gottes kann in ihrem
Herzen nicht ankommen, sie sind ja immer besetzt. Wie kann der arme
Reiche dann gerettet werden? Eine Antwort steht bei Lukas 18,27:
„Was für Menschen unmöglich ist, ist für Gott möglich." Für jeden
Menschen, aber für den reichen ganz besonders, ist es Tat und Gabe
Gottes, wenn er sein Herz für Gottes Anruf öffnen kann.*

EVANGELIUM Lk 16, 19–31

Lazarus wird jetzt getröstet, du aber mußt leiden

☩ Aus dem heiligen Evangelium nach Lukas.

In jener Zeit sprach Jesus:
19 Es war einmal ein reicher Mann,
   der sich in Purpur und feines Leinen kleidete
   und Tag für Tag herrlich und in Freuden lebte.
20 Vor der Tür des Reichen aber
   lag ein armer Mann namens Lázarus,
   dessen Leib voller Geschwüre war.
21 Er hätte gern seinen Hunger mit dem gestillt,
   was vom Tisch des Reichen herunterfiel.
   Statt dessen kamen die Hunde
   und leckten an seinen Geschwüren.
22 Als nun der Arme starb,
   wurde er von den Engeln in Abrahams Schoß getragen.
   Auch der Reiche starb und wurde begraben.
23 In der Unterwelt,
   wo er qualvolle Schmerzen litt,
   blickte er auf und sah von weitem Abraham,
   und Lázarus in seinem Schoß.
24 Da rief er: Vater Abraham, hab Erbarmen mit mir,
   und schick Lázarus zu mir;
   er soll wenigstens die Spitze seines Fingers ins Wasser tauchen
   und mir die Zunge kühlen,
   denn ich leide große Qual in diesem Feuer.
25 Abraham erwiderte:

26. Sonntag im Jahreskreis

Mein Kind, denk daran,
daß du schon zu Lebzeiten deinen Anteil am Guten erhalten hast,
Lázarus aber nur Schlechtes.
Jetzt wird er dafür getröstet,
du aber mußt leiden.

6 Außerdem ist zwischen uns und euch
ein tiefer, unüberwindlicher Abgrund,
so daß niemand von hier zu euch
oder von dort zu uns kommen kann,
selbst wenn er wollte.

7 Da sagte der Reiche:
Dann bitte ich dich, Vater,
schick ihn in das Haus meines Vaters!

8 Denn ich habe noch fünf Brüder.
Er soll sie warnen,
damit nicht auch sie an diesen Ort der Qual kommen.

9 Abraham aber sagte:
Sie haben Mose und die Propheten,
auf die sollen sie hören.

10 Er erwiderte: Nein, Vater Abraham,
nur wenn einer von den Toten zu ihnen kommt,
werden sie umkehren.

11 Darauf sagte Abraham:
Wenn sie auf Mose und die Propheten nicht hören,
werden sie sich auch nicht überzeugen lassen,
wenn einer von den Toten aufersteht.

Glaubensbekenntnis. S. 348 ff.
Fürbitten vgl. S. 800 ff.

ZUR EUCHARISTIEFEIER *Einen hohen Preis hat Christus bezahlt, um uns zu helfen. Er ist ganz arm geworden, um uns durch seine Armut reich und frei zu machen.*

GABENGEBET

Barmherziger Gott,
nimm unsere Gaben an
und öffne uns in dieser Feier
die Quelle, aus der aller Segen strömt.
Darum bitten wir durch Christus, unseren Herrn.

Präfation. S. 416 ff.

KOMMUNIONVERS
Ps 119 (118), 49–50

Herr, denk an das Wort für deinen Knecht,
durch das du mir Hoffnung gabst!
Sie ist mein Trost im Elend.

Oder: Vgl. 1 Joh 3, 16

Die Liebe Gottes haben wir daran erkannt,
daß Christus sein Leben für uns gegeben hat.
So müssen auch wir das Leben hingeben für die Brüder.

SCHLUSSGEBET

Allmächtiger Gott,
in der Feier der Eucharistie
haben wir den Tod des Herrn verkündet.
Dieses Sakrament stärke uns an Leib und Seele
und mache uns bereit, mit Christus zu leiden,
damit wir auch mit ihm zur Herrlichkeit gelangen,
der mit dir lebt und herrscht in alle Ewigkeit.

FÜR DEN TAG UND DIE WOCHE

Dem Hungrigen *gehört das Brot, das du zurückhältst, dem Nackten das Kleidungsstück, das du im Schrank verwahrst, dem Barfüßigen der Schuh, der bei dir verfault, dem Bedürftigen das Silber, das du vergraben hast. Aber du bist mürrisch und unzugänglich, du gehst jeder Begegnung mit einem Armen aus dem Weg, damit du nicht genötigt wirst, auch nur ein Weniges abzugeben. Du kennst nur die eine Rede: Ich habe nichts und kann nichts geben, denn ich bin arm. Ja, arm bist du wirklich: arm an Liebe, arm an Gottesglauben, arm an ewiger Hoffnung. (Basilius von Cäsarea, 4. Jh.)*

27. SONNTAG IM JAHRESKREIS

Glauben hat mit Vertrauen und mit Treue zu tun. Dem Freund glaube ich, daß er die Wahrheit sagt. Ich traue seinem Wort, denn ich kenne sein Herz. Gott ist treu, und was er tut, ist wahr. Er schuldet mir keinen Lohn und keine Erklärung. Er führt und fordert, entscheidet und richtet. Er ist der Herr. Er ist aber auch der Freund: er gibt und hilft, und er dankt.

27. Sonntag im Jahreskreis

ERÖFFNUNGSVERS Est 13,9.10–11 (Vulgata)

Deiner Macht ist das All unterworfen, Herr,
und niemand kann sich dir widersetzen;
denn du hast Himmel und Erde gemacht
und alles, was wir unter dem Himmel bestaunen.
Du bist der Herr über alles.

Ehre sei Gott, S. 344 ff.

TAGESGEBET

Allmächtiger Gott,
du gibst uns in deiner Güte mehr,
als wir verdienen,
und Größeres, als wir erbitten.
Nimm weg, was unser Gewissen belastet,
und schenke uns jenen Frieden,
den nur deine Barmherzigkeit geben kann.
Darum bitten wir durch Jesus Christus.

ZUR 1. LESUNG
Der Prophet Habakuk, der kleine Prophet, beklagt sich bei Gott: Es gibt im Land kein Recht, keine Gerechtigkeit mehr, und Gott schweigt. Die Antwort, die er bekommt, verspricht keine baldige Hilfe, fordert vielmehr Vertrauen, auch wenn die Hilfe sich verzögert. Der Treue Gottes muß die Treue des Menschen entsprechen. Das biblische Wort, das mit „Treue" übersetzt wird, bedeutet zugleich Glaube und Treue. Auch im heutigen Evangelium schwingt im Wort „Glaube" die Bedeutung von Treue und Vertrauen mit. Der Mensch ehrt Gott durch den Glauben und das Vertrauen, Gott aber nimmt diesen Menschen an und schenkt ihm das Leben.

ERSTE LESUNG Hab 1,2–3; 2,2–4

Der Gerechte bleibt wegen seiner Treue am Leben

**Lesung
aus dem Buch Hábakuk.**

**Wie lange, Herr, soll ich noch rufen,
und du hörst nicht?
Ich schreie zu dir: Hilfe, Gewalt!
Aber du hilfst nicht.**

³ Warum läßt du mich die Macht des Bösen erleben
   und siehst der Unterdrückung zu?
Wohin ich blicke, sehe ich Gewalt und Mißhandlung,
erhebt sich Zwietracht und Streit.

² Der Herr gab mir Antwort
und sagte: Schreib nieder, was du siehst,
schreib es deutlich auf die Tafeln,
   damit man es mühelos lesen kann.

³ Denn erst zu der bestimmten Zeit trifft ein, was du siehst;
aber es drängt zum Ende und ist keine Täuschung;
wenn es sich verzögert,
   so warte darauf;
denn es kommt,
es kommt und bleibt nicht aus.

⁴ Sieh her:
Wer nicht rechtschaffen ist,
   schwindet dahin,
der Gerechte aber
   bleibt wegen seiner Treue am Leben.

ANTWORTPSALM Ps 95 (94), 1–2.6–7c.7d–9 (R: vgl. 7d.8a)

R Hört auf die Stimme des Herrn; (GL 529, 5)
verhärtet nicht euer Herz! – R

¹ Kommt, laßt uns jubeln vor dem Herrn * IV. Ton
und zujauchzen dem Fels unsres Heiles!

² Laßt uns mit Lob seinem Angesicht nahen, *
vor ihm jauchzen mit Liedern! – (R)

⁶ Kommt, laßt uns niederfallen, uns vor ihm verneigen, *
laßt uns niederknien vor dem Herrn, unserm Schöpfer!

⁷ᵃᵇᶜ Denn er ist unser Gott, †
wir sind das Volk seiner Weide, *
die Herde, von seiner Hand geführt. – (R)

⁷ᵈ Ach, würdet ihr doch heute auf seine Stimme hören: †
⁸ Verhärtet euer Herz nicht wie in Meriba, *
wie in der Wüste am Tag von Massa!

⁹ Dort haben eure Väter mich versucht, *
sie haben mich auf die Probe gestellt und hatten doch mein Tun
gesehen. – R

27. Sonntag im Jahreskreis

ZUR 2. LESUNG *Jeder Christ ist auch für den Glauben seines Bruders verantwortlich. Das gilt in besonderer Weise vom Bischof und vom Priester, denen das „kostbare Gut" anvertraut ist, nämlich die reine, unverkürzte Wahrheit des Evangeliums. Im 2. Brief an Timotheus steht als Mahnung, was Paulus im Brief an die Römer als sein Bekenntnis schreiben konnte: „Ich schäme mich des Evangeliums nicht; es ist eine Kraft Gottes, die jeden rettet, der glaubt" (Röm 1, 16; vgl. Hab 2, 4).*

ZWEITE LESUNG 2 Tim 1, 6–8.13–14
Schäme dich nicht, dich zu unserem Herrn zu bekennen

Lesung
   aus dem zweiten Brief des Apostels Paulus an Timótheus.

Mein Sohn!
Ich rufe dir ins Gedächtnis:
Entfache die Gnade Gottes wieder,
   die dir durch die Auflegung meiner Hände zuteil geworden ist.
Denn Gott hat uns nicht einen Geist der Verzagtheit gegeben,
   sondern den Geist der Kraft,
   der Liebe und der Besonnenheit.
Schäme dich also nicht,
   dich zu unserem Herrn zu bekennen;
schäme dich auch meiner nicht,
   der ich seinetwegen im Gefängnis bin,
sondern leide mit mir für das Evangelium.
Gott gibt dazu die Kraft.

Halte dich an die gesunde Lehre,
   die du von mir gehört hast;
nimm sie dir zum Vorbild,
und bleibe beim Glauben und bei der Liebe,
   die uns in Christus Jesus geschenkt ist.
Bewahre das dir anvertraute kostbare Gut
   durch die Kraft des Heiligen Geistes, der in uns wohnt.

RUF VOR DEM EVANGELIUM Vers: vgl. 1 Petr 1, 25
Halleluja. Halleluja.
Das Wort des Herrn bleibt in Ewigkeit,
das Evangelium, das euch verkündet wird.
Halleluja.

ZUM EVANGELIUM *Die Apostel waren sicher nicht ungläubig, aber ihr Glaube war noch schwach, das hat ihnen Jesus wiederholt bescheinigt. Wo aber der Glaube schwach ist, fehlt es auch an Liebe und Hoffnung, an Mut und Zuversicht. Die Bitte „Stärke unseren Glauben" ist zu allen Zeiten notwendig. — Was im zweiten Teil dieses Evangeliums vom Bauern und seinem Knecht gesagt wird, setzt eine soziale Situation voraus, die uns unerträglich erscheint. Jesus setzt sich damit hier nicht auseinander. Er will den Jüngern nur sagen, daß sie mit ihrer Arbeit keinen Anspruch vor Gott erwerben. Daß der Jünger zur Arbeit für Gott gerufen wurde und daß er sie tun konnte, ist Geschenk Gottes.*

EVANGELIUM Lk 17,5—10

Wäre euer Glaube auch nur so groß wie ein Senfkorn!

✢ Aus dem heiligen Evangelium nach Lukas.

5 In jener Zeit
 baten die Apostel den Herrn:
 Stärke unseren Glauben!

6 Der Herr erwiderte:
 Wenn euer Glaube auch nur so groß wäre wie ein Senfkorn,
 würdet ihr zu dem Maulbeerbaum hier sagen:
 Heb dich samt deinen Wurzeln aus dem Boden,
 und verpflanz dich ins Meer!,
 und er würde euch gehorchen.

7 Wenn einer von euch einen Sklaven hat,
 der pflügt oder das Vieh hütet,
 wird er etwa zu ihm, wenn er vom Feld kommt, sagen:
 Nimm gleich Platz zum Essen?

8 Wird er nicht vielmehr zu ihm sagen:
 Mach mir etwas zu essen,
 gürte dich, und bediene mich;
 wenn ich gegessen und getrunken habe,
 kannst auch du essen und trinken.

9 Bedankt er sich etwa bei dem Sklaven,
 weil er getan hat, was ihm befohlen wurde?

So soll es auch bei euch sein:
Wenn ihr alles getan habt, was euch befohlen wurde,
  sollt ihr sagen: Wir sind unnütze Sklaven;
wir haben nur unsere Schuldigkeit getan.

Glaubensbekenntnis, S. 348 ff.
Fürbitten vgl. S. 800 ff.

ZUR EUCHARISTIEFEIER *Die Eucharistiefeier setzt unseren Glauben voraus, sie ist aber auch die Quelle, aus der er gespeist wird. Vom Wort und vom Sakrament und auch vom Glauben der Gemeinde lebt der Glaube eines jeden von uns.*

GABENGEBET

Allmächtiger Gott,
nimm die Gaben an,
die wir nach deinem Willen darbringen.
Vollende in uns
das Werk der Erlösung und der Heiligung
durch die Geheimnisse,
die wir zu deiner Verherrlichung feiern.
Darum bitten wir durch Christus, unseren Herrn.

Präfation, S. 416 ff.

KOMMUNIONVERS   Klgl 3, 25

Gut ist der Herr zu dem, der auf ihn hofft, zur Seele, die ihn sucht.

Oder: Vgl. 1 Kor 10, 17

Ein Brot ist es, darum sind wir viele ein Leib.
Denn wir alle haben teil an dem einen Brot und dem einen Kelch.

SCHLUSSGEBET

Gott und Vater,
du reichst uns das Brot des Lebens
und den Kelch der Freude.
Gestalte uns nach dem Bild deines Sohnes,
der im Sakrament unsere Speise geworden ist.
Darum bitten wir durch ihn, Christus, unseren Herrn.

FÜR DEN TAG UND DIE WOCHE

Zu denen, die glauben, *sagt Christus:*
daß bei Gott nichts stirbt,
weder Samenkorn noch Tropfen, weder Staub noch Mensch.
Nur die Vergangenheit stirbt, und die Gegenwart stirbt.
Aber die Zukunft lebt ewig.
Zu denen, die glauben, sagt er:
Ich bin die Zukunft der Menschen. (aus Indien)

28. SONNTAG IM JAHRESKREIS

Jeder Mensch braucht die Hilfe anderer, um leben zu können. Wird sie ihm verweigert, so spricht man von Unmenschlichkeit. Wer aber nur das und all das haben will, worauf er glaubt, Anspruch zu haben, verliert dabei selber etwas wesentlich Menschliches: die Fähigkeit, sich beschenken zu lassen und zu danken. Gerade das Kostbarste: das Leben selbst und die Liebe, kann uns nur geschenkt werden.

ERÖFFNUNGSVERS
Ps 130 (129), 3–4

Würdest du, Herr, unsere Sünden beachten,
Herr, wer könnte bestehen?
Doch bei dir ist Vergebung, Gott Israels.

Ehre sei Gott, S. 344 ff.

TAGESGEBET

Herr, unser Gott,
deine Gnade komme uns zuvor und begleite uns,
damit wir dein Wort im Herzen bewahren
und immer bereit sind, das Gute zu tun.
Darum bitten wir durch Jesus Christus.

ZUR 1. LESUNG *Naaman, der General aus Damaskus, war tüchtig, aber er war krank geworden. Elischa hat ihn vom Aussatz geheilt. Nun will Naaman dem Propheten danken und den Gott des Propheten, den Gott Israels, ehren. Er muß aber in seine heidnische Hei-*

mat zurück, wie soll er sich da verhalten? Der strenge Prophet hat diesen frommen Heiden, trotz der Einfalt und Unsicherheit seines Glaubens, gütig und fast ehrfürchtig behandelt, wie ein Seelsorger, der an die Aufrichtigkeit eines Neubekehrten glaubt, ihm helfen möchte und ihn doch nur der Führung Gottes anheimgeben kann.

ERSTE LESUNG 2 Kön 5,14–17

Naaman kehrte zum Gottesmann zurück und bekannte sich zum Herrn

Lesung
  aus dem zweiten Buch der Könige.

In jenen Tagen
  ging Náaman, der Syrer, zum Jordan hinab
und tauchte siebenmal unter,
  wie ihm der Gottesmann Elíscha befohlen hatte.
Da wurde sein Leib gesund wie der Leib eines Kindes,
und er war rein von seinem Aussatz.

Nun kehrte er mit seinem ganzen Gefolge zum Gottesmann zurück,
trat vor ihn hin
  und sagte: Jetzt weiß ich,
    daß es nirgends auf der Erde einen Gott gibt außer in Israel.
So nimm jetzt von deinem Knecht ein Dankgeschenk an!
Elíscha antwortete:
  So wahr der Herr lebt, in dessen Dienst ich stehe:
  Ich nehme nichts an.
Auch als Náaman ihn dringend bat, es zu nehmen,
  lehnte er ab.

Darauf sagte Náaman:
Wenn es also nicht sein kann,
  dann gebe man deinem Knecht so viel Erde,
  wie zwei Maultiere tragen können;
denn dein Knecht
  wird keinem andern Gott mehr
  Brand- und Schlachtopfer darbringen
  als Jahwe allein.

ANTWORTPSALM
Ps 98 (97), 1.2–3b.3c–4 (R: vgl. 2)

R Der Herr hat sein Heil enthüllt (GL 149,1)
vor den Augen der Völker! – R

1 Singet dem Herrn ein neues Lied, * VIII. Ton
denn er hat wunderbare Taten vollbracht!

Er hat mit seiner Rechten geholfen *
und mit seinem heiligen Arm. – (R)

2 Der Herr hat sein Heil bekannt gemacht *
und sein gerechtes Wirken enthüllt vor den Augen der Völker.

3ab Er dachte an seine Huld *
und an seine Treue zum Hause Israel. – (R)

3cd Alle Enden der Erde *
sahen das Heil unsres Gottes.

4 Jauchzt vor dem Herrn, alle Länder der Erde, *
freut euch, jubelt und singt! – R

ZUR 2. LESUNG
Der 2. Brief an Timotheus ist in der eindringlichen Sprache eines Testaments geschrieben. Wer in die Spuren des Apostels tritt, entscheidet sich für ein gefährliches Leben. Der Dienst am Evangelium und die verantwortungsbewußte Liebe zu den „Auserwählten" (2, 10) fordern den Einsatz des ganzen Menschen. – Die vier abschließenden Wenn-Sätze klingen wie ein altes Bekennerlied; sie sind heute noch wahr. Zwei Möglichkeiten gibt es, zwei Wege: mit Christus zu leben, in Treue ihm nachzufolgen, oder ihm untreu zu werden, ihn zu verleugnen. Gott aber bleibt treu; er hat Heil und Herrlichkeit für den bereit, der ihm die Treue hält.

ZWEITE LESUNG
2 Tim 2,8–13

Wenn wir standhaft bleiben, werden wir mit Christus herrschen

Lesung
aus dem zweiten Brief des Apostels Paulus an Timótheus.

8 Denk daran, daß Jesus Christus, der Nachkomme Davids,
von den Toten auferstanden ist;
so lautet mein Evangelium,

28. Sonntag im Jahreskreis

für das ich zu leiden habe
und sogar wie ein Verbrecher gefesselt bin;
aber das Wort Gottes ist nicht gefesselt.

Das alles erdulde ich um der Auserwählten willen,
damit auch sie das Heil in Christus Jesus
und die ewige Herrlichkeit erlangen.
Das Wort ist glaubwürdig:
Wenn wir mit Christus gestorben sind,
werden wir auch mit ihm leben;
wenn wir standhaft bleiben,
werden wir auch mit ihm herrschen;
wenn wir ihn verleugnen,
wird auch er uns verleugnen.
Wenn wir untreu sind,
bleibt er doch treu,
denn er kann sich selbst nicht verleugnen.

RUF VOR DEM EVANGELIUM Vers: 1 Thess 5, 18

Halleluja. Halleluja.

Dankt für alles; denn das will Gott von euch,
die ihr Christus Jesus gehört.

Halleluja.

ZUM EVANGELIUM *Nicht die Krankheit ist für Jesus das Problem, sondern der Mensch. Er heilt die zehn Aussätzigen, aber nur einer kommt zurück, um zu danken. Nur an ihm ist das Wunder ganz geschehen. Dieser eine, ein Samariter, glaubt und weiß, daß er nicht nur geheilt, sondern auch angenommen ist. Die anderen haben keine Zeit, sie haben Nachholbedarf, Ansprüche an das Leben. Den aber, der ihnen das wirkliche Leben geben könnte, lassen sie stehen.*

EVANGELIUM Lk 17, 11–19

Ist keiner umgekehrt, um Gott zu ehren, außer diesem Fremden?

✢ **Aus dem heiligen Evangelium nach Lukas.**

**Auf dem Weg nach Jerusalem
zog Jesus durch das Grenzgebiet von Samárien und Galiläa.**

¹² Als er in ein Dorf hineingehen wollte,
　　kamen ihm zehn Aussätzige entgegen.
　Sie blieben in der Ferne stehen
¹³ und riefen: Jesus,
　Meister,
　hab Erbarmen mit uns!
¹⁴ Als er sie sah,
　　sagte er zu ihnen: Geht, zeigt euch den Priestern!
　Und während sie zu den Priestern gingen,
　　wurden sie rein.
¹⁵ Einer von ihnen aber kehrte um,
　　als er sah, daß er geheilt war;
　und er lobte Gott mit lauter Stimme.
¹⁶ Er warf sich vor den Füßen Jesu zu Boden und dankte ihm.
　Dieser Mann war aus Samárien.
¹⁷ Da sagte Jesus:
　　Es sind doch alle zehn rein geworden.
　Wo sind die übrigen neun?
¹⁸ Ist denn keiner umgekehrt, um Gott zu ehren,
　　außer diesem Fremden?
¹⁹ Und er sagte zu ihm: Steh auf und geh!
　Dein Glaube hat dir geholfen.

Glaubensbekenntnis, S. 348 ff.; Fürbitten vgl. S. 800 ff.

ZUR EUCHARISTIEFEIER　*Heilung und Heil habe ich erfahren am Tag meiner Taufe und oft seither. Daran denken heißt dafür danken. „Wir danken dir, Herr, daß du uns berufen hast, vor dir zu stehen und dir zu dienen." (Zweites eucharistisches Hochgebet)*

GABENGEBET

Herr und Gott,
nimm die Gebete und Opfergaben
deiner Gläubigen an.
Laß uns diese heilige Feier
mit ganzer Hingabe begehen,
damit wir einst das Leben
in der Herrlichkeit des Himmels erlangen.
Darum bitten wir durch Christus, unseren Herrn.

Präfation, S. 416 ff.

KOMMUNIONVERS
Ps 34 (33), 11
Reiche müssen darben und hungern.
Wer aber den Herrn sucht, braucht kein Gut zu entbehren.

Oder:
Vgl. 1 Joh 3, 2
Wenn der Herr offenbar wird, werden wir ihm ähnlich sein;
denn wir werden ihn sehen, wie er ist.

SCHLUSSGEBET

Allmächtiger Gott,
in der heiligen Opferfeier
nährst du deine Gläubigen
mit dem Leib und dem Blut deines Sohnes.
Gib uns durch dieses Sakrament auch Anteil
am göttlichen Leben.
Darum bitten wir durch Christus, unseren Herrn.

FÜR DEN TAG UND DIE WOCHE
Die tiefe Bekehrung *Herr, du hast mich geheilt. Von dir kommt es, daß ich lebe. Deine Liebe hat mich gefunden, noch bevor ich rief. Ich habe von dir die Heilung empfangen, aber das Herz, das du berühren möchtest, ist immer noch nicht in seiner Tiefe aufgetan zum lebendigen Glauben: das Zurückkehren, die tiefe Bekehrung ist immer noch zu tun.*
Herr, locke mich mit der Kraft deiner Liebe. Laß mich dankbar werden, damit das Herz, dieses so oft in sich befangene und verzagte, dieses so oft stumpfe und verschlossene Herz sich weitet und öffnet für dein größeres Wort: „Steh auf und geh! Dein Glaube hat dich heil gemacht." (J. Bours)

29. SONNTAG IM JAHRESKREIS

Kein bewußt lebender Mensch kann sich mit dem Vorhandenen, dem Erreichten zufriedengeben. Auch Gott ist nicht mit dieser Welt zufrieden, er ist immer noch an der Arbeit, bis zur Stunde Jesu und bis ans Ende der Zeit (vgl. Joh 5, 17). Und der Mensch ist in der Welt das einzige Wesen, das diesen Gott erreichen und fassen kann. Er kann Gottes Macht und Liebe anrufen; er kann schreien, singen, danken, bitten. Der Mensch allein kann beten.

ERÖFFNUNGSVERS   Ps 17 (16),6.8
Ich rufe dich an, denn du, Gott, erhörst mich.
Wende dein Ohr mir zu, vernimm meine Rede!
Behüte mich wie den Augapfel, den Stern des Auges,
birg mich im Schatten deiner Flügel.

Ehre sei Gott, S. 344 ff.

TAGESGEBET

Allmächtiger Gott,
du bist unser Herr und Gebieter.
Mach unseren Willen bereit,
deinen Weisungen zu folgen,
und gib uns ein Herz, das dir aufrichtig dient.
Darum bitten wir durch Jesus Christus.

ZUR 1. LESUNG   *Zur Zeit des Auszugs aus Ägypten waren die Amalekiter, ein nomadischer Stämmeverband auf der Sinai-Halbinsel, stärker als die Schar der Israeliten. Beim Zusammenstoß der beiden ging es um Wasserstellen und Weideplätze. Josua, der Zweite neben Mose, führte die Männer Israels in den Kampf; aber den Sieg errang nicht er, sondern Mose, der auf dem Berg vom Morgen bis zum Abend die Hände zum Gebet erhoben hielt.*

29. Sonntag im Jahreskreis

ERSTE LESUNG Ex 17, 8–13

Solange Mose seine Hand erhoben hielt, war Israel stärker

Lesung
   aus dem Buch Éxodus.

In jenen Tagen kam Ámalek
und suchte in Réfidim den Kampf mit Israel.
Da sagte Mose zu Jósua:
   Wähl uns Männer aus,
   und zieh in den Kampf gegen Ámalek!
Ich selbst werde mich morgen auf den Gipfel des Hügels stellen
   und den Gottesstab mitnehmen.
Jósua tat, was ihm Mose aufgetragen hatte,
   und kämpfte gegen Ámalek,
während Mose, Aaron und Hur auf den Gipfel des Hügels stiegen.

Solange Mose seine Hand erhoben hielt,
   war Israel stärker;
sooft er aber die Hand sinken ließ,
   war Ámalek stärker.
Als dem Mose die Hände schwer wurden,
   holten sie einen Steinbrocken, schoben ihn unter Mose,
und er setzte sich darauf.
Aaron und Hur stützten seine Arme,
der eine rechts,
   der andere links,
so daß seine Hände erhoben blieben,
   bis die Sonne unterging.
So besiegte Jósua mit scharfem Schwert
   Ámalek und sein Heer.

ANTWORTPSALM Ps 121 (120), 1–2.3–4.5–6.7–8 (R: vgl. 2)

R Unsere Hilfe ist im Namen des Herrn, (GL 711, 2)
der Himmel und Erde geschaffen hat. – R

Ich hebe meine Augen auf zu den Bergen: *   I. Ton
Woher kommt mir Hilfe?

Meine Hilfe kommt vom Herrn, *
der Himmel und Erde gemacht hat. – (R)

3 Er läßt deinen Fuß nicht wanken; *
er, der dich behütet, schläft nicht.

4 Nein, der Hüter Israels *
schläft und schlummert nicht. − (R)

5 Der Herr ist dein Hüter, der Herr gibt dir Schatten: *
er steht dir zur Seite.

6 Bei Tag wird dir die Sonne nicht schaden *
noch der Mond in der Nacht. − (R)

7 Der Herr behüte dich vor allem Bösen, *
er behüte dein Leben.

8 Der Herr behüte dich, wenn du fortgehst und wiederkommst, *
von nun an bis in Ewigkeit.

R Unsere Hilfe ist im Namen des Herrn,
der Himmel und Erde geschaffen hat.

ZUR 2. LESUNG   *Der Glaube ist nie ein fertiger Besitz. Er muß wachsen und reifen: durch das Lesen der Heiligen Schrift, durch lebendige Erfahrung und durch selbstlos dienendes Weitergeben. Dazu ist am meisten der verpflichtet, der in der Gemeinde Verantwortung trägt. Daher die eindringliche Mahnung an Timotheus, mit dem Hinweis auf das Kommen Jesu Christi.*

ZWEITE LESUNG   2 Tim 3, 14 − 4, 2

Durch die Schrift belehrt, wird der Mensch Gottes zu jedem guten Werk bereit gemacht

Lesung
   aus dem zweiten Brief des Apostels Paulus an Timótheus.

Mein Sohn!
14 Bleibe bei dem, was du gelernt
      und wovon du dich überzeugt hast.
   Du weißt, von wem du es gelernt hast;
15 denn du kennst von Kindheit an
      die heiligen Schriften, die dir Weisheit verleihen können,
      damit du durch den Glauben an Christus Jesus gerettet wirst.
16 Jede von Gott eingegebene Schrift
      ist auch nützlich zur Belehrung,

zur Widerlegung, zur Besserung,
zur Erziehung in der Gerechtigkeit;
so wird der Mensch Gottes
    zu jedem guten Werk bereit und gerüstet sein.

Ich beschwöre dich bei Gott und bei Christus Jesus,
    dem kommenden Richter der Lebenden und der Toten,
    bei seinem Erscheinen und bei seinem Reich:
Verkünde das Wort,
tritt dafür ein,
    ob man es hören will oder nicht;
weise zurecht, tadle, ermahne,
in unermüdlicher und geduldiger Belehrung.

RUF VOR DEM EVANGELIUM Vers: Hebr 4, 12

Halleluja. Halleluja.
Lebendig ist das Wort Gottes und kraftvoll.
Es richtet über die Regungen und Gedanken der Herzen.
Halleluja.

ZUM EVANGELIUM *Die Zeit bis zum Kommen des Menschensohnes, also die Zeit der jetzt laufenden Geschichte, ist für die Christenheit immer wieder Zeit großer Not und Unsicherheit. Die Frage, ob Christus auf der Erde dann noch Glauben antreffen wird, ist nicht dazu angetan, uns zu beruhigen, so wenig wie die Zeit, in der wir leben. Es ist Zeit der Bewährung, der Geduld und des beharrlichen Betens.*

EVANGELIUM Lk 18, 1–8

Sollte Gott seinen Auserwählten, die zu ihm schreien, nicht zu ihrem Recht verhelfen?

✢ Aus dem heiligen Evangelium nach Lukas.

In jener Zeit
    sagte Jesus den Jüngern durch ein Gleichnis,
    daß sie allezeit beten und darin nicht nachlassen sollten:
In einer Stadt lebte ein Richter,
    der Gott nicht fürchtete
    und auf keinen Menschen Rücksicht nahm.

3 In der gleichen Stadt lebte auch eine Witwe,
   die immer wieder zu ihm kam
   und sagte: Verschaff mir Recht gegen meinen Feind!
4 Lange wollte er nichts davon wissen.
   Dann aber sagte er sich:
   Ich fürchte zwar Gott nicht
   und nehme auch auf keinen Menschen Rücksicht;
5 trotzdem will ich dieser Witwe zu ihrem Recht verhelfen,
   denn sie läßt mich nicht in Ruhe.
   Sonst kommt sie am Ende noch
   und schlägt mich ins Gesicht.
6 Und der Herr fügte hinzu:
   Bedenkt, was der ungerechte Richter sagt.
7 Sollte Gott seinen Auserwählten,
   die Tag und Nacht zu ihm schreien,
   nicht zu ihrem Recht verhelfen, sondern zögern?
8 Ich sage euch:
   Er wird ihnen unverzüglich ihr Recht verschaffen.

   Wird jedoch der Menschensohn, wenn er kommt,
   auf der Erde noch Glauben vorfinden?

Glaubensbekenntnis, S. 348 ff.
Fürbitten vgl. S. 800 ff.

ZUR EUCHARISTIEFEIER *Wir ehren Gott, wenn wir ihm danken, aber auch wenn wir ihn bitten. Damit bekennen wir unseren Glauben an den lebendigen Gott, den einen und einzigen, von dem wir Hilfe erwarten.*

GABENGEBET

Hilf uns, Herr,
daß wir den Dienst am Altar
mit freiem Herzen vollziehen.
Befreie uns durch diese Feier von aller Schuld,
damit wir rein werden und dir gefallen.
Darum bitten wir durch Christus, unseren Herrn.

Präfation, S. 416 ff.

KOMMUNIONVERS Ps 33 (32), 18–19
Das Auge des Herrn ruht auf allen, die ihn fürchten und ehren,
die nach seiner Güte ausschauen.
Denn er will sie dem Tod entreißen
und in der Hungersnot ihr Leben erhalten.

Oder: Mk 10, 45
Der Menschensohn ist gekommen,
um sein Leben als Lösegeld hinzugeben für viele.

SCHLUSSGEBET
Allmächtiger Gott,
gib, daß die heiligen Geheimnisse,
die wir gefeiert haben, in uns Frucht bringen.
Schenke uns Tag für Tag,
was wir zum Leben brauchen,
und führe uns zur ewigen Vollendung.
Darum bitten wir durch Christus, unseren Herrn.

FÜR DEN TAG UND DIE WOCHE
Auf dem Weg des Betens macht die Seele die Erfahrung, als ob Gott es sei, der da schweige. Ist er überhaupt noch da? Gibt es ihn? Eine bittere Erfahrung: dieses Rufen, aber keiner hört. Diese ungeheure Verlassenheit.
Der Glaube sagt uns, daß Gott immer da ist; daß er immer für mich da ist; daß wir nie umsonst rufen. Das genügt, wenn es einen auch sehr schwer ankommen muß, sich damit zu begnügen.
Die Seele gelangt jedoch auf diese Weise zu einer sehr reinen Form der Hingabe und Selbstlosigkeit: zu einem echten und vorbehaltlosen Sich-lassen, Sich-hineinbegeben in den unbegreiflichen, dunklen und heiligen Abgrund des göttlichen Wesens. (F. Moschner)

30. SONNTAG IM JAHRESKREIS

Gott ist groß. Er ist der andere, und er ist anders. Aber seine Größe ist nicht wie eine abweisende Grenze. Er läßt es sich gefallen, daß Menschen über ihn reden und daß sie zu ihm reden; auch daß wir Törichtes reden, etwa: Ich danke dir, daß ich nicht bin wie dieser Pharisäer. Aber Gott wartet darauf, daß wir still werden und unsere Armut begreifen.

ERÖFFNUNGSVERS Vgl. Ps 105 (104), 3–4

Freuen sollen sich alle, die den Herrn suchen.
Sucht den Herrn und seine Macht, sucht sein Antlitz allezeit.

Ehre sei Gott, S. 344 ff.

TAGESGEBET

Allmächtiger, ewiger Gott,
mehre in uns den Glauben,
die Hoffnung und die Liebe.
Gib uns die Gnade,
zu lieben, was du gebietest,
damit wir erlangen, was du verheißen hast.
Darum bitten wir durch Jesus Christus.

ZUR 1. LESUNG   *Daß Gott sich auf die Seite der Armen und Unterdrückten stellt, steht überall im Alten Testament, auch im Neuen. Von einem feststellbaren Eingreifen Gottes wird allerdings nur selten berichtet. Im Textzusammenhang der heutigen Lesung ist vom rechten und vom schlechten Opfer die Rede. Nur der rechte Mensch kann Gott ein rechtes Opfer darbringen; auf den Menschen kommt es an, auf seine aufrichtige Hinwendung zu Gott und die Bereitschaft, dem Mitmenschen zu helfen, wenn er in Not ist.*

30. Sonntag im Jahreskreis

ERSTE LESUNG   Sir 35,15b–17.20–22a

Das Flehen der Armen dringt durch die Wolken

**Lesung
aus dem Buch Jesus Sirach.**

Der Herr ist der Gott des Rechts,
bei ihm gibt es keine Begünstigung.
Er ist nicht parteiisch gegen den Armen,
das Flehen des Bedrängten hört er.
Er mißachtet nicht das Schreien der Waise
    und der Witwe, die viel zu klagen hat.

Wer Gott wohlgefällig dient, der wird angenommen,
und sein Bittruf erreicht die Wolken.
Das Flehen des Armen dringt durch die Wolken,
    es ruht nicht, bis es am Ziel ist.
Es weicht nicht, bis Gott eingreift
    und Recht schafft als gerechter Richter.

ANTWORTPSALM   Ps 34 (33), 2–3.17–18.19 u. 23 (R: vgl. 7)

R Der Herr erhört den Armen,   (GL 698,1)
er hilft ihm aus all seiner Not. – **R**

Ich will den Herrn allezeit preisen; *   II. Ton
immer sei sein Lob in meinem Mund.

Meine Seele rühme sich des Herrn; *
die Armen sollen es hören und sich freuen. – (**R**)

Das Antlitz des Herrn richtet sich gegen die Bösen, *
um ihr Andenken von der Erde zu tilgen.

Schreien die Gerechten, so hört sie der Herr; *
er entreißt sie all ihren Ängsten. – (**R**)

Nahe ist der Herr den zerbrochenen Herzen, *
er hilft denen auf, die zerknirscht sind.

Der Herr erlöst seine Knechte; *
straflos bleibt, wer zu ihm sich flüchtet. – **R**

ZUR 2. LESUNG   *Der Apostel Paulus hat nicht nur geredet und
Briefe geschrieben. Er hat mit seinen Händen gearbeitet, keine Anstrengung und keine Gefahr gefürchtet. Am Ende seines Lebens sind*

ihm die Hände gebunden; er ist ein einsamer, alter Mann, von allen im Stich gelassen. Dennoch ist er voll Dank und voll Hoffnung. Das Geheimnis dieses Apostellebens war die Liebe; sie ist das Geheimnis jedes fruchtbaren Lebens. Und die Liebe hört nie auf. Das Opfer des eigenen Lebens wird der letzte Gottesdienst des Apostels sein.

ZWEITE LESUNG 2 Tim 4,6–8.16–18
Schon jetzt liegt für mich der Kranz der Gerechtigkeit bereit

Lesung
   aus dem zweiten Brief des Apostels Paulus an Timótheus.

Mein Sohn!
6 Ich werde nunmehr geopfert,
und die Zeit meines Aufbruchs ist nahe.
7 Ich habe den guten Kampf gekämpft,
den Lauf vollendet,
die Treue gehalten.
8 Schon jetzt liegt für mich der Kranz der Gerechtigkeit bereit,
den mir der Herr, der gerechte Richter,
an jenem Tag geben wird,
aber nicht nur mir,
sondern allen, die sehnsüchtig auf sein Erscheinen warten.
16 Bei meiner ersten Verteidigung ist niemand für mich eingetreten;
alle haben mich im Stich gelassen.
Möge es ihnen nicht angerechnet werden.
17 Aber der Herr stand mir zur Seite und gab mir Kraft,
damit durch mich die Verkündigung vollendet wird
und alle Heiden sie hören;
und so wurde ich dem Rachen des Löwen entrissen.
18 Der Herr wird mich allem Bösen entreißen,
er wird mich retten und in sein himmlisches Reich führen.
Ihm sei die Ehre in alle Ewigkeit.
Amen.

RUF VOR DEM EVANGELIUM Vers: vgl. 2 Kor 5,19
Halleluja. Halleluja.

Gott hat in Christus die Welt mit sich versöhnt
und uns das Wort der Versöhnung anvertraut.

Halleluja.

30. Sonntag im Jahreskreis

ZUM EVANGELIUM   *Das Beispiel vom Pharisäer und vom Zöllner wird denen erzählt, die von ihrer eigenen Gerechtigkeit überzeugt sind, heute etwa denen, die ihr Christentum „praktizieren" und deshalb geneigt sind, die zu verachten, die es nicht tun; den Frommen also, die Gott und den Menschen vorrechnen, wie große Verdienste sie sich erworben haben. Von Gott aber wird nur der angenommen („gerechtfertigt"), der alles Vertrauen auf eigene Leistung und Gerechtigkeit preisgegeben hat. Der Zöllner gehört zu den Armen, die Hunger und Durst haben nach der Gerechtigkeit, die von Gott kommt.*

EVANGELIUM   Lk 18,9–14

Der Zöllner kehrte als Gerechter nach Hause zurück, der Pharisäer nicht

☩ Aus dem heiligen Evangelium nach Lukas.

In jener Zeit
erzählte Jesus einigen,
    die von ihrer eigenen Gerechtigkeit überzeugt waren
    und die anderen verachteten,
    dieses Beispiel:

Zwei Männer gingen zum Tempel hinauf, um zu beten;
der eine war ein Pharisäer,
    der andere ein Zöllner.
Der Pharisäer stellte sich hin und sprach leise dieses Gebet:
Gott, ich danke dir,
    daß ich nicht wie die anderen Menschen bin,
die Räuber, Betrüger, Ehebrecher
oder auch wie dieser Zöllner dort.
Ich faste zweimal in der Woche
    und gebe dem Tempel
    den zehnten Teil meines ganzen Einkommens.
Der Zöllner aber blieb ganz hinten stehen
    und wagte nicht einmal, seine Augen zum Himmel zu erheben,
sondern schlug sich an die Brust
und betete: Gott, sei mir Sünder gnädig!

Ich sage euch:
Dieser kehrte als Gerechter nach Hause zurück,
    der andere nicht.

Denn wer sich selbst erhöht,
  wird erniedrigt,
wer sich aber selbst erniedrigt,
  wird erhöht werden.

Glaubensbekenntnis, S. 348 ff.
Fürbitten vgl. S. 800 ff.

ZUR EUCHARISTIEFEIER

Gott ist dem zerbrochenen Herzen nahe (Ps 34, 19). „Suche also nicht einen hohen Berg, als wärest du dort näher bei Gott. Erhebst du dich, so zieht er sich zurück; beugst du dich nieder, so neigt er sich zu dir herab." (Augustinus)

GABENGEBET

Allmächtiger Gott,
sieh gnädig auf die Gaben, die wir darbringen,
und laß uns dieses Opfer so feiern,
daß es dir zur Ehre gereicht.
Darum bitten wir durch Christus, unseren Herrn.

Präfation, S. 416 ff.

KOMMUNIONVERS
Vgl. Ps 20 (19), 6

Wir jubeln über die Hilfe des Herrn.
Wir frohlocken im Namen unseres Gottes.

Oder:
Eph 5, 2

Christus hat uns geliebt und sich für uns hingegeben
als Gabe und Opfer, das Gott wohlgefällt.

SCHLUSSGEBET

Herr, unser Gott,
gib, daß deine Sakramente
in uns das Heil wirken, das sie enthalten,
damit wir einst
als unverhüllte Wirklichkeit empfangen,
was wir jetzt in heiligen Zeichen begehen.
Darum bitten wir durch Christus, unseren Herrn.

31. Sonntag im Jahreskreis

FÜR DEN TAG UND DIE WOCHE
Opfer und Gebet *werden nur aus solchen Händen angenommen, die sich Ihm entgegenhalten. „Laßt uns nicht beten, ihr Brüder, wie es im Gleichnis der Pharisäer tat. Der Pharisäer, von der Prahlsucht besiegt, und der Zöllner, in Reue gebeugt, traten vor dich hin, den alleinigen Herrn. Jener rühmte sich und erhob sich über den anderen; so wurde er des Guten beraubt. Dieser hingegen verstummte und wurde der Gnade gewürdigt.*
Erbarme dich unser! Nimm uns auf in die Zahl der Befreiten! Heiland, hab Erbarmen mit mir!" (Ostkirchliches Gebet)

31. SONNTAG IM JAHRESKREIS

Es gibt in der Welt Sünder und Heilige. Auch in der Kirche. Wir selbst rechnen uns wohl nicht zu den Heiligen, aber auch nicht eigentlich zu den Sündern. Es muß da doch noch einen mittleren Weg geben, eine gute Mitte. Von Sündern wird in unserer Zeit kaum gesprochen, man nennt sie eher Asoziale und Kriminelle (als ob das alles wäre). Zur Kirche kommen sie nicht, es wäre ja auch peinlich, so einen neben sich zu haben. Nur – Jesus war froh, wenn er „so einen" fand, dem er helfen, den er umarmen konnte.

ERÖFFNUNGSVERS   Ps 38 (37), 22–23
**Herr, verlaß mich nicht, bleib mir nicht fern, mein Gott!
Eile mir zu Hilfe, Herr, du mein Heil.**
Ehre sei Gott, S. 344 ff.

TAGESGEBET
Allmächtiger, barmherziger Gott,
es ist deine Gabe und dein Werk,
wenn das gläubige Volk
dir würdig und aufrichtig dient.
Nimm alles von uns,
was uns auf dem Weg zu dir aufhält,
damit wir ungehindert der Freude entgegeneilen,
die du uns verheißen hast.
Darum bitten wir durch Jesus Christus.

ZUR 1. LESUNG *Gottes Weisheit hat sich in der Geschichte auf vielfache Weise gezeigt, mit Vorliebe aber als Milde und Erbarmen. Das kann er sich leisten, weil er groß und mächtig ist. Er behandelt die Sünder mit Geduld, mit der Liebe eines Erziehers; er will nicht den Tod, er ist ein Freund des Lebens. – Weite des Geistes und Vertrauen auf Gottes Weisheit und Liebe sprechen aus diesem Leseabschnitt.*

ERSTE LESUNG   Weish 11,22 – 12,2

Du hast mit allen Erbarmen, weil du alles liebst, was ist

**Lesung
aus dem Buch der Weisheit.**

22 Herr,
die ganze Welt ist vor dir wie ein Stäubchen auf der Waage,
wie ein Tautropfen, der am Morgen zur Erde fällt.
23 Du hast mit allen Erbarmen, weil du alles vermagst,
und siehst über die Sünden der Menschen hinweg,
damit sie sich bekehren.
24 Du liebst alles, was ist,
und verabscheust nichts von allem, was du gemacht hast;
denn hättest du etwas gehaßt,
so hättest du es nicht geschaffen.
25 Wie könnte etwas ohne deinen Willen Bestand haben,
oder wie könnte etwas erhalten bleiben,
das nicht von dir ins Dasein gerufen wäre?
26 Du schonst alles, weil es dein Eigentum ist,
Herr, du Freund des Lebens.
1 Denn in allem ist dein unvergänglicher Geist.
2 Darum bestrafst du die Sünder nur nach und nach;
du mahnst sie und erinnerst sie an ihre Sünden,
damit sie sich von der Schlechtigkeit abwenden
und an dich glauben, Herr.

31. Sonntag im Jahreskreis

ANTWORTPSALM   Ps 145 (144), 1–2.8–9.10–11.13c–14 (R: 1a)

R Ich will dich rühmen, mein Gott und König. – R   (GL 477)

Ich will dich rühmen, mein Gott und König, *   V. Ton
und deinen Namen preisen immer und ewig;
ich will dich preisen Tag für Tag *
und deinen Namen loben immer und ewig. – (R)

Der Herr ist gnädig und barmherzig, *
langmütig und reich an Gnade.
Der Herr ist gütig zu allen, *
sein Erbarmen waltet über all seinen Werken. – (R)

Danken sollen dir, Herr, all deine Werke *
und deine Frommen dich preisen.
Sie sollen von der Herrlichkeit deines Königtums reden, *
sollen sprechen von deiner Macht. – (R)

cd Der Herr ist treu in all seinen Worten, *
voll Huld in all seinen Taten.
Der Herr stützt alle, die fallen, *
und richtet alle Gebeugten auf. – R

ZUR 2. LESUNG   *Im 2. Brief an die Thessalonicher muß Paulus einiges richtigstellen. Da gab es Christen, die meinten, der Tag des Herrn, das heißt der Tag seiner Wiederkunft, stehe unmittelbar bevor; es lohne sich daher nicht mehr, zu arbeiten und sich verantwortlich um die gegenwärtige Welt zu kümmern. Uns heutigen Christen macht dieser Brief, am Ende des Kirchenjahrs gelesen, die Spannung bewußt, in die wir hineingestellt sind. Die Geschichte der Welt (und eines jeden von uns) läuft in einer bestimmten, nicht umkehrbaren Richtung. Sie hat ein Ziel: die Ankunft Jesu Christi, unseres Herrn, und unsere Vereinigung mit ihm (2, 1). Über das genaue Datum zu spekulieren hat wenig Sinn; auf den Willen zum Guten kommt es an und auf die Tat des Glaubens (1, 11).*

ZWEITE LESUNG
2 Thess 1,11 – 2,2

Der Name Jesu soll in euch verherrlicht werden und ihr in ihm

Lesung
aus dem zweiten Brief des Apostels Paulus an die Thessalonicher.

Brüder!
11 Wir beten immer für euch,
daß unser Gott euch eurer Berufung würdig mache
und in seiner Macht allen Willen zum Guten
und jedes Werk des Glaubens vollende.
12 So soll der Name Jesu, unseres Herrn,
in euch verherrlicht werden
und ihr in ihm,
durch die Gnade unseres Gottes und Herrn Jesus Christus.

1 Brüder,
wir schreiben euch über die Ankunft Jesu Christi, unseres Herrn,
und unsere Vereinigung mit ihm
und bitten euch:
2 Laßt euch nicht so schnell aus der Fassung bringen
und in Schrecken jagen,
wenn in einem prophetischen Wort
oder einer Rede oder in einem Brief,
der angeblich von uns stammt,
behauptet wird, der Tag des Herrn sei schon da.

RUF VOR DEM EVANGELIUM
Vers: Joh 3,16

Halleluja. Halleluja.
So sehr hat Gott die Welt geliebt,
daß er seinen einzigen Sohn hingab,
damit jeder, der an ihn glaubt, in ihm das ewige Leben hat.
Halleluja.

ZUM EVANGELIUM   *Einem Menschen begegnen heißt: in sein Leben eintreten, so daß die Wege sich nie mehr ganz trennen können. Die Begegnung geschieht von beiden Seiten her. Zachäus, der Zöllner, steigt auf einen Baum, um Jesus zu sehen; Jesus schaut zu ihm hinauf und kehrt dann in sein Haus ein. Entsetzen bei den Frommen, Freude im Himmel. Freude auch im Herzen des Zöllners, weil er, zum erstenmal vielleicht, Liebe erfährt.*

31. Sonntag im Jahreskreis

EVANGELIUM   Lk 19, 1–10

Der Menschensohn ist gekommen, um zu suchen und zu retten, was verloren ist

✜ Aus dem heiligen Evangelium nach Lukas.

In jener Zeit
   kam Jesus nach Jéricho
   und ging durch die Stadt.
Dort wohnte ein Mann namens Zachäus;
er war der oberste Zollpächter und war sehr reich.
Er wollte gern sehen, wer dieser Jesus sei,
doch die Menschenmenge versperrte ihm die Sicht;
   denn er war klein.
Darum lief er voraus und stieg auf einen Maulbeerfeigenbaum,
   um Jesus zu sehen, der dort vorbeikommen mußte.

Als Jesus an die Stelle kam,
   schaute er hinauf
und sagte zu ihm: Zachäus, komm schnell herunter!
Denn ich muß heute in deinem Haus zu Gast sein.

Da stieg er schnell herunter
   und nahm Jesus freudig bei sich auf.
Als die Leute das sahen,
   empörten sie sich
und sagten: Er ist bei einem Sünder eingekehrt.

Zachäus aber wandte sich an den Herrn
und sagte: Herr, die Hälfte meines Vermögens
   will ich den Armen geben,
und wenn ich von jemand zu viel gefordert habe,
   gebe ich ihm das Vierfache zurück.

Da sagte Jesus zu ihm:
   Heute ist diesem Haus das Heil geschenkt worden,
   weil auch dieser Mann ein Sohn Abrahams ist.
Denn der Menschensohn ist gekommen,
   um zu suchen und zu retten, was verloren ist.

Glaubensbekenntnis, S. 348 ff.
Fürbitten vgl. S. 800 ff.

ZUR EUCHARISTIEFEIER *Zu Beginn des Gottesdienstes „bekennen wir, daß wir gesündigt haben". Gott verzeiht uns. Er hat uns seine Liebe darin erwiesen, daß Christus für uns gestorben ist, als wir noch Sünder waren (Röm 5, 8). Er schenkt uns die Gnade der Umkehr und die Freude seiner Gemeinschaft.*

GABENGEBET

Heiliger Gott,
diese Gabe werde zum reinen Opfer,
das deinen Namen groß macht unter den Völkern.
Für uns aber werde sie zum Sakrament,
das uns die Fülle deines Erbarmens schenkt.
Darum bitten wir durch Christus, unseren Herrn.
Präfation, S. 416 ff.

KOMMUNIONVERS   Ps 16 (15), 11
Herr, du zeigst mir den Pfad zum Leben;
vor deinem Angesicht herrscht Freude in Fülle.
Oder: Joh 6, 57
So spricht der Herr:
Wie mich der lebendige Vater gesandt hat
und wie ich durch den Vater lebe,
so wird jeder, der mich ißt, durch mich leben.

SCHLUSSGEBET

Gütiger Gott,
du hast uns mit dem Brot des Himmels gestärkt.
Laß deine Kraft in uns wirken,
damit wir fähig werden,
die ewigen Güter zu empfangen,
die uns in diesen Gaben verheißen sind.
Darum bitten wir durch Christus, unseren Herrn.

FÜR DEN TAG UND DIE WOCHE

Begegnung   *Das Du begegnet mir von Gnaden; alles Wirkliche im Leben ist Begegnung: Ich werde am Du; Ich-werdend spreche ich Du. Jeder wird, der er sein soll, jeweils erst durch den Andern: Mein Ich entsteht im Du.*
Was ist Erlösung denn sonst als die Vollendung der Schöpfung Gottes zum Reiche Gottes. (M. Buber und F. Rosenzweig)

32. SONNTAG IM JAHRESKREIS

Bevor es auf der Erde Menschen gab, vollzogen sich in der Natur gewaltige Veränderungen. Aber niemand staunte, niemand erschrak, niemand sprach von Katastrophen. Es gab weder das Wort noch die Furcht noch die Hoffnung. Der Mensch aber fragt nach dem Sinn, nach gestern und morgen. Er lebt von der Hoffnung, von vielen kleinen Hoffnungen und von der einen großen: Ich lebe, und ich werde leben. Die andere Möglichkeit ist die Verzweiflung: Alles vergeht, auch ich vergehe; nichts wird bleiben, und vielleicht ist es besser so. Für den Menschen aber, der zum Leben erwacht ist, für den, der aus dem tiefen Grund seines Wesens lebt, gibt es Hoffnung: im Glauben an die Auferstehung der Toten und das ewige Leben.

ERÖFFNUNGSVERS   Ps 88 (87), 3
**Herr, laß mein Gebet zu dir dringen,
wende dein Ohr meinem Flehen zu.**

Ehre sei Gott, S. 344 ff.

TAGESGEBET
**Allmächtiger und barmherziger Gott,
wir sind dein Eigentum,
du hast uns in deine Hand geschrieben.
Halte von uns fern, was uns gefährdet,
und nimm weg, was uns an Seele und Leib bedrückt,
damit wir freien Herzens deinen Willen tun.
Darum bitten wir durch Jesus Christus.**

ZUR 1. LESUNG
Der Bericht über das Martyrium der Makkabäischen Brüder ist dadurch wichtig, daß hier deutlich der Glaube an die Unsterblichkeit und die Auferstehung der Toten ausgesprochen wird. Nach biblischer Auffassung bildet der Mensch eine untrennbare leiblich-seelische Einheit; es ist der ganze Mensch mit Leib und Seele, dem Gott die Hoffnung auf ewiges Leben gibt.

ERSTE LESUNG

2 Makk 7,1–2.7a.9–14

Der König der Welt wird uns zum ewigen Leben auferwecken

Lesung
   aus dem zweiten Buch der Makkabäer.

In jenen Tagen
¹ geschah es,
   daß man sieben Brüder mit ihrer Mutter festnahm.
Der König Antiochus wollte sie zwingen,
   entgegen dem göttlichen Gesetz Schweinefleisch zu essen,
und ließ sie darum mit Geißeln und Riemen peitschen.
² Einer von ihnen ergriff für die andern das Wort
und sagte: Was willst du uns fragen und von uns wissen?
Eher sterben wir,
   als daß wir die Gesetze unserer Väter übertreten.
^{7a} Als der erste der Brüder gestorben war,
   führten sie den zweiten zur Folterung.
⁹ Als der zweite in den letzten Zügen lag,
   sagte er: Du Unmensch!
Du nimmst uns dieses Leben;
aber der König der Welt
   wird uns zu einem neuen, ewigen Leben auferwecken,
weil wir für seine Gesetze gestorben sind.
¹⁰ Nach ihm folterten sie den dritten.
Als sie seine Zunge forderten,
   streckte er sie sofort heraus
   und hielt mutig die Hände hin.
¹¹ Dabei sagte er gefaßt:
Vom Himmel habe ich sie bekommen,
   und wegen seiner Gesetze achte ich nicht auf sie.
Von ihm hoffe ich sie wiederzuerlangen.
¹² Sogar der König und seine Leute
   staunten über den Mut des jungen Mannes,
   dem die Schmerzen nichts bedeuteten.
¹³ Als er tot war,
   quälten und mißhandelten sie den vierten genauso.
¹⁴ Dieser sagte, als er dem Ende nahe war:
Gott hat uns die Hoffnung gegeben,
   daß er uns wieder auferweckt.

32. Sonntag im Jahreskreis

Darauf warten wir gern,
   wenn wir von Menschenhand sterben.
Für dich aber
   gibt es keine Auferstehung zum Leben.

ANTWORTPSALM   Ps 17 (16), 1 u. 3.5–6.8 u. 15 (R: vgl. 15)

R Dein Angesicht werde ich schauen,   (GL 528, 3)
wenn ich erwache. – R

Höre, Herr, die gerechte Sache, †   VI. Ton
achte auf <u>mein</u> Flehen, *
vernimm mein Gebet <u>von</u> Lippen o<u>hn</u>e Falsch!

Mein Mund verging sich nicht, †
trotz allem, was die Menschen <u>auch</u> treiben; *
ich halte mich an das <u>Wort</u> deiner Lippen. – (R)

Auf dem Weg deiner Gebote gehn mei<u>ne</u> Schritte, *
meine Füße wanken nicht <u>auf</u> deinen Pfaden.

Ich rufe dich an, denn du, Gott, <u>er</u>hörst mich. *
Wende dein Ohr mir zu, ver<u>nimm</u> meine Rede! – (R)

Behüte mich wie den Augapfel, den Stern <u>des</u> Auges, *
birg mich im Schat<u>ten</u> deiner Flügel.

Ich will in Gerechtigkeit dein Ange<u>sicht</u> schauen, *
mich satt sehen an deiner Ge<u>s</u>talt, <u>wenn</u> ich erwache. – R

ZUR 2. LESUNG   *Die Mahnung des Apostels an die Gemeinde von Thessalonich wird wie von selbst zum Gebet für die Gemeinde. Daran schließt sich die Bitte um das Gebet der Gemeinde für die Apostel und Missionare, „damit das Wort des Herrn sich ausbreitet und verherrlicht wird". Das Wort des Herrn ist das Evangelium, die Botschaft vom Gottesreich. Verherrlicht wird dieses Wort, wenn es gehört und angenommen wird. Im Grunde ist es Gott selbst, der sein Wort verherrlicht: er gibt ihm die Kraft, die Menschen zu erreichen und die Herzen umzuwandeln.*

ZWEITE LESUNG
2 Thess 2, 16 – 3, 5

Der Herr gebe euch Kraft zu jedem guten Werk und Wort

**Lesung
aus dem zweiten Brief des Apostels Paulus an die Thessalónicher.**

Brüder!
16 Jesus Christus, unser Herr,
und Gott, unser Vater, der uns seine Liebe zugewandt
und uns in seiner Gnade
ewigen Trost und sichere Hoffnung geschenkt hat,
17 tröste euch
und gebe euch Kraft zu jedem guten Werk und Wort.

1 Im übrigen, Brüder, betet für uns,
damit das Wort des Herrn sich ausbreitet und verherrlicht wird,
ebenso wie bei euch.
2 Betet auch darum,
daß wir vor den bösen und schlechten Menschen gerettet werden;
denn nicht alle nehmen den Glauben an.
3 Aber der Herr ist treu;
er wird euch Kraft geben und euch vor dem Bösen bewahren.
4 Wir vertrauen im Herrn auf euch,
daß ihr jetzt und auch in Zukunft tut, was wir anordnen.
5 Der Herr richte euer Herz darauf,
daß ihr Gott liebt
und unbeirrt auf Christus wartet.

RUF VOR DEM EVANGELIUM
Vers: Offb 1, 5a.6b

Halleluja. Halleluja.

Jesus Christus ist der Erstgeborene der Toten.
Ihm sei die Herrlichkeit und die Macht
in alle Ewigkeit.

Halleluja.

ZUM EVANGELIUM *Es gibt unsinnige Fragen, niemand kann darauf antworten. Zu diesen gehört die Frage der Sadduzäer nach der Auferstehung der Toten; sie erwarten keine Antwort, sie wollen Jesus nur lächerlich machen. Jesus setzt wie die Pharisäer voraus, daß es eine Auferstehung der Toten gibt; er lehnt aber die armselige Vorstel-*

lung ab, als wäre das Leben der kommenden Welt nur eine Verlängerung des gegenwärtigen. Was wirkliches Leben ist, können wir ja vorerst kaum ahnen; nicht die Biologie wird das letzte Wort haben, sondern die Macht Gottes.

EVANGELIUM   Lk 20,27–38

Er ist kein Gott von Toten, sondern von Lebenden

☩ Aus dem heiligen Evangelium nach Lukas.

In jener Zeit
kamen einige von den Sadduzäern,
die die Auferstehung leugnen,
zu Jesus
und fragten ihn:

Meister, Mose hat uns vorgeschrieben:
Wenn ein Mann, der einen Bruder hat, stirbt
und eine Frau hinterläßt, ohne Kinder zu haben,
dann soll sein Bruder die Frau heiraten
und seinem Bruder Nachkommen verschaffen.

Nun lebten einmal sieben Brüder.
Der erste nahm sich eine Frau,
starb aber kinderlos.
Da nahm sie der zweite,
danach der dritte,
und ebenso die anderen bis zum siebten;
sie alle hinterließen keine Kinder, als sie starben.
Schließlich starb auch die Frau.

Wessen Frau wird sie nun bei der Auferstehung sein?
Alle sieben haben sie doch zur Frau gehabt.

Da sagte Jesus zu ihnen:
Nur in dieser Welt heiraten die Menschen.
Die aber, die Gott für würdig hält,
an jener Welt
und an der Auferstehung von den Toten teilzuhaben,
werden dann nicht mehr heiraten.
Sie können auch nicht mehr sterben,
weil sie den Engeln gleich
und durch die Auferstehung zu Söhnen Gottes geworden sind.

³⁷ Daß aber die Toten auferstehen,
    hat schon Mose in der Geschichte vom Dornbusch angedeutet,
in der er den Herrn
    den Gott Abrahams, den Gott Isaaks und den Gott Jakobs nennt.
³⁸ Er ist doch kein Gott von Toten,
    sondern von Lebenden;
denn für ihn sind alle lebendig.

Oder:

KURZFASSUNG Lk 20,27.34–38

Er ist kein Gott von Toten, sondern von Lebenden

✢ Aus dem heiligen Evangelium nach Lukas.

In jener Zeit sprach Jesus
²⁷   zu einigen von den Sadduzäern,
    die die Auferstehung leugnen:
³⁴ Nur in dieser Welt heiraten die Menschen.
³⁵ Die aber, die Gott für würdig hält,
    an jener Welt
    und an der Auferstehung von den Toten teilzuhaben,
werden dann nicht mehr heiraten.
³⁶ Sie können auch nicht mehr sterben,
    weil sie den Engeln gleich
    und durch die Auferstehung zu Söhnen Gottes geworden sind.

³⁷ Daß aber die Toten auferstehen,
    hat schon Mose in der Geschichte vom Dornbusch angedeutet,
in der er den Herrn
    den Gott Abrahams, den Gott Isaaks und den Gott Jakobs nennt.
³⁸ Er ist doch kein Gott von Toten,
    sondern von Lebenden;
denn für ihn sind alle lebendig.

Glaubensbekenntnis, S. 348 ff.
Fürbitten vgl. S. 800 ff.

32. Sonntag im Jahreskreis

ZUR EUCHARISTIEFEIER *„Meine Seele dürstet nach Gott, nach dem lebendigen Gott": mit dem Psalmwort spreche ich mich selber aus, strecke mich aus nach erfülltem Leben im Licht seines Angesichts. Mein ganzes Dasein hängt an diesem Dürsten nach dem lebendigen Gott.*

GABENGEBET

Gott, unser Vater,
nimm unsere Opfergaben gnädig an
und gib, daß wir mit gläubigem Herzen
das Leidensgeheimnis deines Sohnes feiern,
der mit dir lebt und herrscht in alle Ewigkeit.

Präfation, S. 416 ff.

KOMMUNIONVERS   Ps 23 (22), 1–2
Der Herr ist mein Hirte, nichts wird mir fehlen.
Er läßt mich lagern auf grünen Auen
und führt mich zum Ruheplatz am Wasser.

Oder: Vgl. Lk 24, 35

Die Jünger erkannten den Herrn Jesus,
als er das Brot brach.

SCHLUSSGEBET

Wir danken dir, gütiger Gott,
für die heilige Gabe,
in der wir die Kraft von oben empfangen.
Erhalte in uns deinen Geist
und laß uns dir stets aufrichtig dienen.
Darum bitten wir durch Christus, unseren Herrn.

FÜR DEN TAG UND DIE WOCHE

Der Sinn *Die Welt und das Leben sind geschaffen. Sie genügen dem Menschen nicht. Unsere Seele ist unruhig, bis sie in Gott ruht. – Der christliche Glaube und die aus ihm wachsende Hoffnung sind mehr als ein bloßes Wissen, wie es um den Sinn bestellt ist; sie sind bereits Teilnahme am neuen Leben. Durch die Gemeinschaft mit Christus hat für den Glaubenden die Zukunft schon begonnen. „Ich lebe", ruft uns der Menschensohn zu, und: „Auch ihr sollt leben". (Georg Moser)*

33. SONNTAG IM JAHRESKREIS

Der Tag des Herrn, der Tag seiner offenbaren Ankunft, wird das Ende dieser Zeit bedeuten. Die Macht und die Herrlichkeit werden sichtbar werden; es wird klar sein, was gilt und wer bleibt. Sollen wir den Tag herbeiwünschen? Er hat schon begonnen: Gott richtet und rettet, jetzt.

ERÖFFNUNGSVERS Vgl. Jer 29, 11.12.14
So spricht der Herr:
Ich sinne Gedanken des Friedens und nicht des Unheils.
Wenn ihr mich anruft, so werde ich euch erhören
und euch aus der Gefangenschaft von allen Orten zusammenführen.

Ehre sei Gott, S. 344 ff.

TAGESGEBET
Gott, du Urheber alles Guten,
du bist unser Herr.
Laß uns begreifen, daß wir frei werden,
wenn wir uns deinem Willen unterwerfen,
und daß wir die vollkommene Freude finden,
wenn wir in deinem Dienst treu bleiben.
Darum bitten wir durch Jesus Christus.

ZUR 1. LESUNG *Der Prophet Maleachi lebte in der Zeit nach dem babylonischen Exil, im 5. Jahrhundert v. Chr. Er verstand sein Jahrhundert als Zeit des endgültigen Eingreifens Gottes, als Endzeit. Aber die Priester und das Volk nehmen die Zeit nicht ernst: sie nehmen Gott nicht ernst. Der Prophet muß schelten und drohen. Am „Tag des Herrn" wird alles Unheilige wie im Feuer verbrannt werden; über den Gottesfürchtigen aber wird die „Sonne der Gerechtigkeit" aufgehen, für sie wird es der Tag der Rettung sein.*

33. Sonntag im Jahreskreis

ERSTE LESUNG Mal 3, 19–20b

Für euch, die ihr meinen Namen fürchtet, wird die Sonne der Gerechtigkeit aufgehen

**Lesung
aus dem Buch Maleáchi.**

Seht, der Tag kommt,
er brennt wie ein Ofen:
Da werden alle Überheblichen und Frevler zu Spreu,
und der Tag, der kommt, wird sie verbrennen,
spricht der Herr der Heere.
Weder Wurzel noch Zweig wird ihnen bleiben.

ab Für euch aber, die ihr meinen Namen fürchtet,
wird die Sonne der Gerechtigkeit aufgehen,
und ihre Flügel bringen Heilung.

ANTWORTPSALM Ps 98 (97), 5–6.7–8.9 (R: vgl. 9 a)

R Der Herr wird kommen, (GL 119, 1)
um die Erde zu richten. – R

Spielt dem Herrn <u>auf</u> der Harfe, * IV. Ton
auf der Harfe <u>zu</u> lautem Gesang!

Zum Schall der Trompe<u>ten</u> und Hörner *
jauchzt vor <u>dem</u> Herrn, dem König! – (R)

Es brause das Meer und alles, was <u>es</u> erfüllt, *
der Erdkreis und <u>seine</u> Bewohner.

In die Hände klatschen sol<u>len</u> die Ströme, *
die Berge sollen jubeln im Chor. – (R)

Jauchzt vor dem Herrn, <u>wenn</u> er kommt, *
um die <u>Erde</u> zu richten.

Er richtet den Erd<u>kreis</u> gerecht, *
die Nationen <u>so</u>, wie es recht ist. – R

ZUR 2. LESUNG

Überspannte Zukunftserwartung kann die Menschen lähmen. In Thessalonich gab es Christen, die sich um ihre nächste Pflicht nicht mehr kümmerten, weil die Zeit ja dem Ende zu ging. Sie sollen in Ruhe ihrer Arbeit nachgehen und ihr selbstverdientes

Brot essen, ist der nüchterne Rat des Apostels. Das erwartete Kommen des Herrn verlangt vom Christen eine Haltung verantwortlicher Nüchternheit.

ZWEITE LESUNG 2 Thess 3,7–12

Wer nicht arbeiten will, soll auch nicht essen

Lesung
   aus dem zweiten Brief des Apostels Paulus an die Thessalonicher.

Brüder!
7 Ihr wißt, wie man uns nachahmen soll.

8 Wir haben bei euch kein unordentliches Leben geführt
   und bei niemand unser Brot umsonst gegessen;
wir haben uns gemüht und geplagt,
Tag und Nacht haben wir gearbeitet,
   um keinem von euch zur Last zu fallen.

9 Nicht als hätten wir keinen Anspruch auf Unterhalt;
wir wollten euch aber ein Beispiel geben,
   damit ihr uns nachahmen könnt.

10 Denn als wir bei euch waren,
   haben wir euch die Regel eingeprägt:
Wer nicht arbeiten will, soll auch nicht essen.

11 Wir hören aber,
   daß einige von euch ein unordentliches Leben führen
   und alles mögliche treiben, nur nicht arbeiten.

12 Wir ermahnen sie
   und gebieten ihnen im Namen Jesu Christi, des Herrn,
   in Ruhe ihrer Arbeit nachzugehen
   und ihr selbstverdientes Brot zu essen.

RUF VOR DEM EVANGELIUM Vers: Lk 21,28

Halleluja. Halleluja.

Richtet euch auf, und erhebt euer Haupt;
denn eure Erlösung ist nahe.

Halleluja.

33. Sonntag im Jahreskreis

ZUM EVANGELIUM *Der Tempel von Jerusalem, der Stolz und die Freude Israels, wird zerstört werden. Für jüdische Ohren war das ein unfaßbarer Gedanke; es bedeutete ihnen geradezu den Weltuntergang. Für den Evangelisten Lukas ist die Zerstörung des Tempels bereits ein Ereignis der Vergangenheit, und die Welt ist nicht untergegangen. Die Frage nach dem Ende der Zeit ist wesentlich Frage nach dem Kommen des Menschensohnes in Macht und Herrlichkeit. Über den Zeitpunkt wird nur gesagt: Das Ende kommt noch nicht sofort (21,9). Vorher wird es Katastrophen und Verfolgungen geben. Mit wachen Augen und ruhigem Herzen sollen die Jünger Jesu die Ereignisse verfolgen und versuchen, ihren Sinn zu begreifen.*

EVANGELIUM Lk 21,5–19

Wenn ihr standhaft bleibt, werdet ihr das Leben gewinnen

☩ Aus dem heiligen Evangelium nach Lukas.

In jener Zeit,
    als einige darüber sprachen,
    daß der Tempel
    mit schönen Steinen und Weihegeschenken geschmückt sei,
    sagte Jesus:
Es wird eine Zeit kommen,
    da wird von allem, was ihr hier seht,
    kein Stein auf dem andern bleiben;
alles wird niedergerissen werden.

Sie fragten ihn: Meister, wann wird das geschehen,
und an welchem Zeichen wird man erkennen, daß es beginnt?

Er antwortete: Gebt acht, daß man euch nicht irreführt!
Denn viele werden unter meinem Namen auftreten
    und sagen: Ich bin es!
und: Die Zeit ist da. –
Lauft ihnen nicht nach!

Und wenn ihr von Kriegen und Unruhen hört,
    laßt euch dadurch nicht erschrecken!
Denn das muß als erstes geschehen;
aber das Ende kommt noch nicht sofort.

¹⁰ Dann sagte er zu ihnen:
Ein Volk wird sich gegen das andere erheben
und ein Reich gegen das andere.
¹¹ Es wird gewaltige Erdbeben
und an vielen Orten Seuchen und Hungersnöte geben;
schreckliche Dinge werden geschehen,
und am Himmel wird man gewaltige Zeichen sehen.
¹² Aber bevor das alles geschieht,
wird man euch festnehmen und euch verfolgen.
Man wird euch um meines Namens willen
den Gerichten der Synagogen übergeben,
ins Gefängnis werfen und vor Könige und Statthalter bringen.
¹³ Dann werdet ihr Zeugnis ablegen können.
¹⁴ Nehmt euch fest vor,
nicht im voraus für eure Verteidigung zu sorgen;
¹⁵ denn ich werde euch die Worte und die Weisheit eingeben,
so daß alle eure Gegner nicht dagegen ankommen
und nichts dagegen sagen können.
¹⁶ Sogar eure Eltern und Geschwister,
eure Verwandten und Freunde werden euch ausliefern,
und manche von euch wird man töten.
¹⁷ Und ihr werdet um meines Namens willen
von allen gehaßt werden.
¹⁸ Und doch wird euch kein Haar gekrümmt werden.
¹⁹ Wenn ihr standhaft bleibt,
werdet ihr das Leben gewinnen.

Glaubensbekenntnis, S. 348 ff.
Fürbitten vgl. S. 800 ff.

ZUR EUCHARISTIEFEIER *„Bis du kommst in Herrlichkeit": in jeder Eucharistiefeier bezeugt die Gemeinde ihren Glauben an den Herrn, der gekommen ist und der kommen wird, um sein Werk zu vollenden. Bis dahin ist Zeit der Kirche und Zeit des Heiligen Geistes, Zeit der Hoffnung und des standhaften Ausharrens.*

33. Sonntag im Jahreskreis

GABENGEBET

Herr, unser Gott,
die Gabe, die wir darbringen,
schenke uns die Kraft, dir treu zu dienen,
und führe uns zur ewigen Gemeinschaft mit dir.
Darum bitten wir durch Christus, unseren Herrn.

Präfation, S. 416 ff.

KOMMUNIONVERS Ps 73 (72), 28
Gott nahe zu sein ist mein Glück.
Ich setze mein Vertrauen auf Gott, den Herrn.

Oder: Mk 11, 23–24
So spricht der Herr:
Amen, ich sage euch: Betet und bittet, um was ihr wollt,
glaubt nur, daß ihr es schon erhalten habt,
dann wird es euch zuteil.

SCHLUSSGEBET

Barmherziger Gott,
wir haben den Auftrag deines Sohnes erfüllt
und sein Gedächtnis begangen.
Die heilige Gabe,
die wir in dieser Feier empfangen haben,
helfe uns,
daß wir in der Liebe zu dir und unseren Brüdern
Christus nachfolgen,
der mit dir lebt und herrscht in alle Ewigkeit.

FÜR DEN TAG UND DIE WOCHE

Den Zeitpunkt der Vollendung der Erde und der neuen Menschheit kennen wir nicht. Auch die Art und Weise wissen wir nicht, wie das Universum umgestaltet werden soll. – Die Wahrheit verfehlen die Christen, die meinen, sie könnten ihre irdischen Pflichten vernachlässigen, weil wir hier ja keine bleibende Stätte haben. Sie verkennen, daß sie durch den Glauben erst recht aufgerufen sind, ihre Pflicht zu erfüllen. Ein Christ, der seine irdischen Pflichten vernachlässigt, versäumt damit seine Pflichten gegen den Nächsten, ja gegen Gott selbst und bringt sein ewiges Heil in Gefahr. (II. Vatikanisches Konzil, Über die Kirche in der Welt von heute, 39 u. 43)

Letzter Sonntag im Jahreskreis
CHRISTKÖNIGSSONNTAG
Hochfest

Wir hören „König" und denken an Macht und Glanz auf der einen, gehorsame Unterwerfung auf der anderen Seite. In dieser Sprache wird auch im Alten Testament das Königtum Gottes dargestellt. Durch Jesus Christus haben wir gelernt, zwischen Bild und gemeinter Wirklichkeit zu unterscheiden. Er ist ein König, der mißhandelt und ans Kreuz geschlagen wird, damals und immer. Er ist König nicht trotzdem, sondern gerade durch das Kreuz: durch seine Opferhingabe für die Vielen. Durch ihn haben wir die Versöhnung, die Freiheit, den Frieden.

ERÖFFNUNGSVERS Offb 5, 12; 1, 6

Würdig ist das Lamm, das geschlachtet ist, Macht zu empfangen, Reichtum und Weisheit, Kraft und Ehre.
Ihm sei die Herrlichkeit und die Herrschermacht in Ewigkeit.

Ehre sei Gott, S. 344 ff.

TAGESGEBET

Allmächtiger, ewiger Gott,
du hast deinem geliebten Sohn
alle Gewalt gegeben im Himmel und auf Erden
und ihn zum Haupt der neuen Schöpfung gemacht.
Befreie alle Geschöpfe von der Macht des Bösen,
damit sie allein dir dienen
und dich in Ewigkeit rühmen.
Darum bitten wir durch Jesus Christus.

ZUR 1. LESUNG *Jahwe hat seinem Volk, das er aus Ägypten herausgeführt hat, nicht erlaubt, zu leben wie alle anderen Völker (1 Sam 8, 5). Zwar hat er der Einsetzung eines Königs zugestimmt, aber er selbst ist und bleibt König in Israel; ihm sind die Könige verantwortlich. – Der großen Persönlichkeit Davids gelang es, alle Stämme Israels in einem Reich zu vereinigen, aber nach Salomos Tod*

Christkönigssonntag 637

kam die große Spaltung. Jesus, der wahre König auf dem Thron Davids, wird in seinem allumfassenden Reich das Getrennte vereinigen. „und seine Herrschaft wird kein Ende haben" (Lk 1, 33).

ERSTE LESUNG 2 Sam 5, 1–3

Sie salbten David zum König von Israel

Lesung
   aus dem zweiten Buch Sámuel.

In jenen Tagen
   kamen alle Stämme Israels zu David nach Hebron
und sagten: Wir sind doch von deinem Fleisch und Bein.
Schon früher,
   als noch Saul unser König war,
   bist du es gewesen, der Israel in den Kampf
   und wieder nach Hause geführt hat.
Der Herr hat zu dir gesagt:
   Du sollst der Hirt meines Volkes Israel sein,
   du sollst Israels Fürst werden.

Alle Ältesten Israels kamen zum König von Hebron;
der König David
   schloß mit ihnen in Hebron einen Vertrag vor dem Herrn,
und sie salbten David
   zum König von Israel.

ANTWORTPSALM Ps 122 (121), 1–3.4–5 (R: 1b)

R Zum Haus des Herrn wollen wir pilgern. – **R** (GL 118, 5)

Ich freue mich, als man mir sagte: * I. Ton
„Zum Haus des Herrn wollen wir pilgern."

Schon stehen wir in deinen Toren, Jerusalem: †
Jerusalem, du starke Stadt, *
dicht gebaut und fest gefügt. – (**R**)

Dorthin ziehen die Stämme hinauf, die Stämme des Herrn, †
wie es Israel geboten ist, *
den Namen des Herrn zu preisen.

Denn dort stehen Throne bereit für das Gericht, *
die Throne des Hauses David. – **R**

ZUR 2. LESUNG *Die großen Aussagen der Lesung führen uns mitten in das Geheimnis Gottes hinein. Von Gott her sollen wir die Welt und uns selber verstehen. Durch den Sohn hat Gott die Welt geschaffen, durch ihn will er sie versöhnen und retten: Wir leben nicht mehr in der Fremde, in der Finsternis; am Kreuz hat Jesus den Frieden gestiftet. Wir haben Grund zum Dank und zur Freude.*

ZWEITE LESUNG   Kol 1,12–20

Er hat uns aufgenommen in das Reich seines geliebten Sohnes

**Lesung
aus dem Brief des Apostels Paulus an die Kolósser.**

Brüder!
12 Dankt dem Vater mit Freude!
Er hat euch fähig gemacht,
   Anteil zu haben am Los der Heiligen, die im Licht sind.
13 Er hat uns der Macht der Finsternis entrissen
und aufgenommen in das Reich seines geliebten Sohnes.
14 Durch ihn haben wir die Erlösung,
die Vergebung der Sünden.
15 Er ist das Ebenbild des unsichtbaren Gottes,
der Erstgeborene der ganzen Schöpfung.
16 Denn in ihm wurde alles erschaffen
   im Himmel und auf Erden,
das Sichtbare und das Unsichtbare,
Throne und Herrschaften, Mächte und Gewalten;
alles ist durch ihn und auf ihn hin geschaffen.
17 Er ist vor aller Schöpfung,
in ihm hat alles Bestand.
18 Er ist das Haupt des Leibes,
der Leib aber ist die Kirche.
Er ist der Ursprung,
der Erstgeborene der Toten;
so hat er in allem den Vorrang.
19 Denn Gott wollte mit seiner ganzen Fülle in ihm wohnen,
20   um durch ihn alles zu versöhnen.
Alles im Himmel und auf Erden wollte er zu Christus führen,
der Friede gestiftet hat am Kreuz
durch sein Blut.

Christkönigssonntag 639

RUF VOR DEM EVANGELIUM   Vers: Mk 11,9.10

Halleluja. Halleluja.
Gesegnet sei, der kommt im Namen des Herrn!
Gesegnet sei das Reich unseres Vaters David,
das nun kommt.
Halleluja.

ZUM EVANGELIUM *Die Aussagen über das Königtum Christi stehen in den Evangelien vor allem in der Kindheitsgeschichte und in der Leidensgeschichte. Die großen Worte des Engels bei der Verkündigung an Maria werden scheinbar vom Kreuz Lügen gestraft. Der Messias, der König der Juden: aus den hohen Titeln sind Spottworte geworden. Die Verbrecher rechts und links sind der verkörperte Hohn auf den Anspruch Jesu. Aber da sagt einer: Herr, denk an mich ...! So haben die Beter in Israel seit Jahrhunderten zu Gott gerufen. Jesus nimmt das Glaubensbekenntnis des reuigen Verbrechers an und antwortet ihm als König, der Macht hat.*

EVANGELIUM   Lk 23,35–43

Jesus, denk an mich, wenn du in deiner Macht als König kommst

✢ Aus dem heiligen Evangelium nach Lukas.

In jener Zeit
    verlachten die führenden Männer des Volkes Jesus
und sagten: Anderen hat er geholfen,
    nun soll er sich selbst helfen,
    wenn er der erwählte Messias Gottes ist.

Auch die Soldaten verspotteten ihn;
sie traten vor ihn hin,
reichten ihm Essig
und sagten: Wenn du der König der Juden bist,
    dann hilf dir selbst!

Über ihm war eine Tafel angebracht;
auf ihr stand: Das ist der König der Juden.

Einer der Verbrecher, die neben ihm hingen, verhöhnte ihn:
Bist du denn nicht der Messias?
Dann hilf dir selbst und auch uns!

40 Der andere aber wies ihn zurecht
und sagte: Nicht einmal du fürchtest Gott?
Dich hat doch das gleiche Urteil getroffen.
41 Uns geschieht recht,
wir erhalten den Lohn für unsere Taten;
dieser aber hat nichts Unrechtes getan.
42 Dann sagte er: Jesus,
denk an mich, wenn du in deiner Macht als König kommst.
43 Jesus antwortete ihm:
Amen, ich sage dir.
Heute noch wirst du mit mir im Paradies sein.

Glaubensbekenntnis, S. 348 ff.

ZUR EUCHARISTIEFEIER *Der Gemeinde, die sich um den Altar versammelt, wird im 1. Petrusbrief (2, 9) gesagt: Ihr seid ein auserwähltes Geschlecht, eine königliche Priesterschaft ... damit ihr die großen Taten dessen verkündet, der euch aus der Finsternis in sein wunderbares Licht gerufen hat.*

GABENGEBET

Herr, unser Gott,
wir bringen das Opfer deines Sohnes dar,
das die Menschheit mit dir versöhnt.
Er, der für uns gestorben ist,
schenke allen Völkern Einheit und Frieden,
der mit dir lebt und herrscht in alle Ewigkeit.

Präfation, S. 416 ff.

KOMMUNIONVERS Ps 29 (28), 10–11
Der Herr thront als König in Ewigkeit.
Der Herr segne sein Volk mit Frieden.

SCHLUSSGEBET

Allmächtiger Gott,
du hast uns berufen,
Christus, dem König der ganzen Schöpfung, zu dienen.

Stärke uns durch diese Speise,
die uns Unsterblichkeit verheißt,
damit wir Anteil erhalten
an seiner Herrschaft und am ewigen Leben.
Darum bitten wir durch ihn, Christus, unseren Herrn.

FÜR DEN TAG UND DIE WOCHE
Das Weizenkorn   *(Der Großinquisitor:) „Hättest du Krone und Schwert genommen, so hätten sich dir alle freudig unterworfen. In einer einzigen Hand wäre die Herrschaft über die Leiber und über die Seelen vereint, und das Reich des ewigen Friedens wäre angebrochen. Du hast es versäumt ... Du stiegst nicht herab vom Kreuz, als man dir mit Spott und Hohn zurief: Steig herab vom Kreuz, und wir werden glauben, daß du Gottes Sohn bist. Du stiegst nicht herab, weil du die Menschen nicht durch ein Wunder zu Sklaven machen wolltest, weil dich nach freier und nicht nach einer durch Wunder erzwungenen Liebe verlangte ... (Dostojewski, Die Brüder Karamasoff)*
Jesus antwortet nicht auf diesen Vorwurf. Dostojewski aber hat seinem Buch die Worte vorausgestellt: „Wahrhaftig, ich sage euch: Wenn das Weizenkorn nicht in die Erde fällt und stirbt, bleibt es allein; wenn es aber stirbt, bringt es reiche Frucht."

FESTE DES HERRN UND DER HEILIGEN

2. Februar

DARSTELLUNG DES HERRN

Fest

Das Fest am 40. Tag nach der Geburt des Herrn wurde in Jerusalem mindestens seit Anfang des 5. Jahrhunderts gefeiert; es wurde „mit gleicher Freude wie Ostern begangen" (Bericht der Pilgerin Aetheria). In Rom wurde es vermutlich im 5. Jahrhundert eingeführt. Kerzenweihe und Lichterprozession kamen erst später hinzu. In der Ostkirche wurde es „Fest der Begegnung" genannt: Der Messias kommt in seinen Tempel und begegnet dem Gottesvolk des Alten Bundes, vertreten durch Simeon und Hanna. Im Westen wurde es eher als Marienfest verstanden. Seit der Liturgiereform von 1960 wird „Mariä Lichtmeß" als „Fest der Darstellung des Herrn" begangen. Es ist, wie das Fest der Verkündigung des Herrn, ein weihnachtliches Fest außerhalb der Weihnachtszeit.

KERZENWEIHE

**Seht, Christus, der Herr, kommt in Macht und Herrlichkeit,
er wird die Augen seiner Diener erleuchten. Halleluja.**

Oder ein anderer passender Gesang.
Der Priester segnet die Kerzen und spricht:
Lasset uns beten.

**Gott, du Quell und Ursprung allen Lichtes,
du hast am heutigen Tag
dem greisen Simeon Christus geoffenbart
als das Licht zur Erleuchtung der Heiden.
Segne ✢ die Kerzen,
die wir in unseren Händen tragen
und zu deinem Lob entzünden.
Führe uns auf dem Weg des Glaubens und der Liebe
zu jenem Licht, das nie erlöschen wird.
Darum bitten wir durch Christus, unseren Herrn.**

Oder:

Lasset uns beten.

**Gott, du bist das wahre Licht,
das die Welt mit seinem Glanz hell macht.
Erleuchte auch unsere Herzen,
damit alle, die heute mit brennenden Kerzen
in deinem heiligen Haus vor dich hintreten,
einst das ewige Licht deiner Herrlichkeit schauen.
Darum bitten wir durch Christus, unseren Herrn.**

Nun lädt der Priester die Gemeinde zur Prozession ein:

**Laßt uns ziehen in Frieden,
Christus, dem Herrn, entgegen!**

Während der Prozession wird gesungen; man verwendet dazu den Lobgesang des Simeon oder einen anderen passenden Gesang.

Der Lobgesang des Simeon   Lk 2, 29–32

Kehrvers:

**Ein Licht, das die Heiden erleuchtet,
und Herrlichkeit für dein Volk Israel. – R**

**Nun läßt du, Herr, deinen Knecht,
wie du gesagt hast, in Frieden scheiden. – R**

**Meine Augen haben das Heil gesehen,
das du vor allen Völkern bereitet hast. – R**

MESSFEIER

ERÖFFNUNGSVERS   Vgl. Ps 48 (47), 10–11

**Wir haben dein Heil empfangen, o Gott, inmitten deines Tempels.
Wie dein Name, Gott, so reicht dein Ruhm bis an die Enden der Erde;
deine rechte Hand ist voll von Gerechtigkeit.**

Ehre sei Gott, S. 344 ff.

TAGESGEBET

**Allmächtiger, ewiger Gott,
dein eingeborener Sohn
hat unsere menschliche Natur angenommen
und wurde am heutigen Tag im Tempel dargestellt.**

2. Februar. Darstellung des Herrn

Läutere unser Leben und Denken,
damit wir mit reinem Herzen vor dein Antlitz treten.
Darum bitten wir durch Jesus Christus.

Fällt das Fest auf einen Wochentag, so wird vor dem Evangelium nur eine der angegebenen Lesungen genommen.

ZUR 1. LESUNG *In der Zeit des Propheten Maleachi (5. Jh. v. Chr.) stand es in Jerusalem mit dem Tempelkult ebenso schlecht wie mit den sittlichen und sozialen Verhältnissen. Der Prophet ruft die Priester und das Volk zur Umkehr auf. Er richtet den Blick auf das bevorstehende Kommen Gottes zum Gericht. Vorher aber muß der Tempel gereinigt und die Priesterschaft geläutert werden. Ein „Bote" wird dem Herrn vorausgehen und ihm den Weg bereiten. Das Neue Testament hat Johannes den Täufer als den angekündigten Boten verstanden (Mt 17, 10–13). Der Größere, der nach ihm kommt, ist Jesus; er ist „der Herr".*

ERSTE LESUNG   Mal 3, 1–4

Dann kommt zu seinem Tempel der Herr, den ihr sucht

Lesung
   aus dem Buch Maleáchi.

So spricht Gott, der Herr:
Seht, ich sende meinen Boten;
er soll den Weg für mich bahnen.
Dann kommt plötzlich zu seinem Tempel
   der Herr, den ihr sucht,
      und der Bote des Bundes, den ihr herbeiwünscht.
Seht, er kommt!,
   spricht der Herr der Heere.

Doch wer erträgt den Tag, an dem er kommt?
Wer kann bestehen, wenn er erscheint?
Denn er ist wie das Feuer im Schmelzofen
   und wie die Lauge im Waschtrog.
Er setzt sich, um das Silber zu schmelzen und zu reinigen:
Er reinigt die Söhne Levis,
   er läutert sie wie Gold und Silber.
Dann werden sie dem Herrn die richtigen Opfer darbringen.

4 Und dem Herrn
   wird das Opfer Judas und Jerusalems angenehm sein
   wie in den Tagen der Vorzeit,
      wie in längst vergangenen Jahren.

ANTWORTPSALM   Ps 24 (23),7–8.9–10 (R: vgl. 10b)

R Der Herr der Heere, (GL 122,1)
er ist der König der Herrlichkeit. – R

7 Ihr Tore, hebt euch nach oben, †   VIII. Ton
hebt euch, ihr uralten Pforten; *
denn es kommt der König der Herrlichkeit.

8 Wer ist der König der Herrlichkeit? †
Der Herr, stark und gewaltig. *
der Herr, mächtig im Kampf. – (R)

9 Ihr Tore, hebt euch nach oben, †
hebt euch, ihr uralten Pforten; *
denn es kommt der König der Herrlichkeit.

10 Wer ist der König der Herrlichkeit? †
der Herr der Heerscharen, *
er ist der König der Herrlichkeit. – R

ZUR 2. LESUNG   *Der Weg, auf dem Christus die Welt mit Gott versöhnt hat, war sein Leiden und Sterben für die Sünden der Welt. Er, der Sohn, der ganz Heilige, ist unser Bruder geworden, er hat die Versuchung und den Tod erlitten. So ist er für uns „ein barmherziger und treuer Hoherpriester vor Gott" geworden. Wir aber wurden durch ihn geheiligt und auf neue Weise als Söhne Gottes angenommen.*

ZWEITE LESUNG   Hebr 2,11–12.13c–18

Er mußte in allem seinen Brüdern gleich sein

**Lesung
aus dem Hebräerbrief.**

11 Er, der heiligt,
   und sie, die geheiligt werden,
      stammen alle von Einem ab;
   darum scheut er sich nicht, sie Brüder zu nennen

und zu sagen:
   Ich will deinen Namen meinen Brüdern verkünden,
     inmitten der Gemeinde dich preisen;
c und ferner:
   Seht, ich und die Kinder, die Gott mir geschenkt hat.

Da nun die Kinder Menschen von Fleisch und Blut sind,
   hat auch Jesus in gleicher Weise Fleisch und Blut angenommen,
um durch seinen Tod den zu entmachten,
   der die Gewalt über den Tod hat, nämlich den Teufel,
und um die zu befreien,
   die durch die Furcht vor dem Tod
   ihr Leben lang der Knechtschaft verfallen waren.
Denn er nimmt sich keineswegs der Engel an,
   sondern der Nachkommen Abrahams nimmt er sich an.

Darum mußte er in allem seinen Brüdern gleich sein,
um ein barmherziger und treuer Hoherpriester vor Gott zu sein
   und die Sünden des Volkes zu sühnen.
Denn da er selbst in Versuchung geführt wurde und gelitten hat,
   kann er denen helfen, die in Versuchung geführt werden.

RUF VOR DEM EVANGELIUM Vers: vgl. Lk 2, 32

Halleluja. Halleluja.

Ein Licht, das die Heiden erleuchtet,
und Herrlichkeit für das Volk Israel!

Halleluja.

ZUM EVANGELIUM *Jesus kommt in den Tempel nicht nur, um die Vorschrift des Gesetzes zu erfüllen; er ist der Herr des Tempels. Der greise Simeon erkennt in dem Kind den Heilbringer für Israel und die Heidenvölker: den Messias. Mit dem Kommen Jesu setzt aber auch die Krise und das Gericht ein. An ihm entscheidet sich die Geschichte Israels und der Völker. Maria aber erfährt, daß sie als Mutter des Erlösers seinen Leidensweg mitgehen wird.*

EVANGELIUM

Lk 2, 22–40

Meine Augen haben das Heil gesehen

✚ Aus dem heiligen Evangelium nach Lukas.

22 Es kam für die Eltern Jesu
    der Tag der vom Gesetz des Mose vorgeschriebenen Reinigung.
Sie brachten das Kind nach Jerusalem hinauf,
    um es dem Herrn zu weihen,
23 gemäß dem Gesetz des Herrn,
    in dem es heißt:
Jede männliche Erstgeburt soll dem Herrn geweiht sein.
24 Auch wollten sie ihr Opfer darbringen,
    wie es das Gesetz des Herrn vorschreibt:
ein Paar Turteltauben oder zwei junge Tauben.

25 In Jerusalem lebte damals ein Mann namens Símeon.
    Er war gerecht und fromm
    und wartete auf die Rettung Israels,
und der Heilige Geist ruhte auf ihm.
26 Vom Heiligen Geist war ihm offenbart worden,
    er werde den Tod nicht schauen,
    ehe er den Messias des Herrn gesehen habe.
27 Jetzt wurde er vom Geist in den Tempel geführt;
und als die Eltern Jesus hereinbrachten,
    um zu erfüllen, was nach dem Gesetz üblich war,
28   nahm Símeon das Kind in seine Arme
und pries Gott mit den Worten:
29 Nun läßt du, Herr,
    deinen Knecht, wie du gesagt hast, in Frieden scheiden.
30 Denn meine Augen haben das Heil gesehen,
31   das du vor allen Völkern bereitet hast,
32 ein Licht, das die Heiden erleuchtet,
    und Herrlichkeit für dein Volk Israel.

33 Sein Vater und seine Mutter
    staunten über die Worte, die über Jesus gesagt wurden.
34 Und Símeon segnete sie
und sagte zu Maria, der Mutter Jesu:
    Dieser ist dazu bestimmt,
    daß in Israel viele durch ihn zu Fall kommen
    und viele aufgerichtet werden,

2. Februar. Darstellung des Herrn

und er wird ein Zeichen sein, dem widersprochen wird.
Dadurch sollen die Gedanken vieler Menschen offenbar werden.
Dir selbst aber
   wird ein Schwert durch die Seele dringen.

Damals lebte auch eine Prophetin namens Hanna,
eine Tochter Pénuëls, aus dem Stamm Ascher.
Sie war schon hochbetagt.
Als junges Mädchen hatte sie geheiratet
   und sieben Jahre mit ihrem Mann gelebt;
nun war sie eine Witwe von vierundachtzig Jahren.
Sie hielt sich ständig im Tempel auf
   und diente Gott Tag und Nacht mit Fasten und Beten.

In diesem Augenblick nun trat sie hinzu,
pries Gott
und sprach über das Kind
zu allen, die auf die Erlösung Jerusalems warteten.

Als seine Eltern alles getan hatten,
   was das Gesetz des Herrn vorschreibt,
   kehrten sie nach Galiläa in ihre Stadt Nazaret zurück.
Das Kind wuchs heran und wurde kräftig;
Gott erfüllte es mit Weisheit,
   und seine Gnade ruhte auf ihm.

Oder:

KURZFASSUNG   Lk 2,22–32

Meine Augen haben das Heil gesehen

✛ Aus dem heiligen Evangelium nach Lukas.

Es kam für die Eltern Jesu
   der Tag der vom Gesetz des Mose vorgeschriebenen Reinigung.
Sie brachten das Kind nach Jerusalem hinauf,
   um es dem Herrn zu weihen,
gemäß dem Gesetz des Herrn,
   in dem es heißt:
      Jede männliche Erstgeburt soll dem Herrn geweiht sein.
Auch wollten sie ihr Opfer darbringen,
   wie es das Gesetz des Herrn vorschreibt:
ein Paar Turteltauben oder zwei junge Tauben.

²⁵ In Jerusalem lebte damals ein Mann namens Simeon.
    Er war gerecht und fromm
        und wartete auf die Rettung Israels,
    und der Heilige Geist ruhte auf ihm.
²⁶ Vom Heiligen Geist war ihm offenbart worden,
        er werde den Tod nicht schauen,
        ehe er den Messias des Herrn gesehen habe.
²⁷ Jetzt wurde er vom Geist in den Tempel geführt;
    und als die Eltern Jesus hereinbrachten,
        um zu erfüllen, was nach dem Gesetz üblich war,
²⁸   nahm Simeon das Kind in seine Arme
    und pries Gott mit den Worten:
²⁹ Nun läßt du, Herr,
        deinen Knecht, wie du gesagt hast, in Frieden scheiden.
³⁰ Denn meine Augen haben das Heil gesehen,
³¹   das du vor allen Völkern bereitet hast,
³² ein Licht, das die Heiden erleuchtet,
    und Herrlichkeit für dein Volk Israel.

ZUR EUCHARISTIEFEIER   *In der Eucharistie setzt sich das Geheimnis der Menschwerdung fort: die rettende Begegnung Gottes mit den Menschen durch Jesus Christus; „durch sein Blut haben wir die Erlösung, die Vergebung der Sünden" (Eph 1,7).*

GABENGEBET

Allmächtiger Gott,
nach deinem Ratschluß hat dein eigener Sohn
sich als makelloses Lamm
für das Leben der Welt geopfert.
Nimm die Gabe an,
die deine Kirche in festlicher Freude darbringt.
Darum bitten wir durch Christus, unseren Herrn.

Präfation, S. 424.

KOMMUNIONVERS   Lk 2,30–31
Meine Augen haben das Heil gesehen,
das du vor allen Völkern bereitet hast.

SCHLUSSGEBET

Barmherziger Gott,
stärke unsere Hoffnung
durch das Sakrament, das wir empfangen haben,
und vollende in uns das Werk deiner Gnade.
Du hast die Erwartung Simeons erfüllt
und ihn Christus schauen lassen.
Erfülle auch unser Verlangen:
Laß uns Christus entgegengehen
und in ihm das ewige Leben finden,
der mit dir lebt und herrscht in alle Ewigkeit.

19. März
HL. JOSEF,
BRÄUTIGAM DER GOTTESMUTTER MARIA

Hochfest

Der hl. Josef wird von den Evangelisten Matthäus und Lukas erwähnt. Nach beiden Evangelien war Josef davidischer Abstammung: das Bindeglied zwischen dem davidischen Königshaus und dem Messias. Die Stationen seines Lebens sind bekannt. Er war ein Mann des Glaubens und des Vertrauens, Mitwisser göttlicher Geheimnisse, ein großer Schweiger. Als liebevoller Gatte der Jungfrau Maria hat er an Jesus die Stelle des Vaters vertreten. Wie lange Josef gelebt hat, wissen wir nicht; das letztemal wird er bei der Osterwallfahrt mit dem zwölfjährigen Jesus erwähnt. Die öffentliche Verehrung des hl. Josef beginnt im Abendland erst im 14./15. Jahrhundert. Im römischen Kalender steht sein Fest seit 1621. Pius IX. erklärte ihn zum Schutzpatron der Kirche.

ERÖFFNUNGSVERS   Vgl. Lk 12,42

Seht, das ist der treue und kluge Hausvater,
dem der Herr seine Familie anvertraut,
damit er für sie sorge.
Ehre sei Gott, S. 344 ff.

TAGESGEBET

Allmächtiger Gott,
du hast Jesus, unseren Heiland,
und seine Mutter Maria
der treuen Sorge des heiligen Josef anvertraut.
Höre auf seine Fürsprache
und hilf deiner Kirche,
die Geheimnisse der Erlösung treu zu verwalten,
bis das Werk des Heiles vollendet ist.
Darum bitten wir durch Jesus Christus.

ZUR 1. LESUNG *König David will für die Lade Gottes ein Haus bauen, einen Tempel. Gott verwehrt es ihm durch den Propheten Natan; er braucht kein Haus aus Stein. Statt dessen erhält David die Verheißung, daß Gott ihm ein Haus bauen, das heißt, seinem Königtum ewigen Bestand geben will. Die Verheißung geht zunächst auf Salomo, den Sohn und Nachfolger Davids, wurde aber schon früh messianisch gedeutet: Wenn die Zeit erfüllt ist, wird der wahre Erbe geboren werden. Sein Thron wird für immer bestehen, „er wird groß sein und Sohn des Höchsten genannt werden" (Lk 1, 32).*

ERSTE LESUNG   2 Sam 7, 4–5a.12–14a.16

Der Herr wird ihm den Thron seines Vaters David geben (Lk 1, 32)

**Lesung
aus dem zweiten Buch Sámuel.**

⁴ Das Wort des Herrn erging an Natan:
⁵ᵃ Geh zu meinem Knecht David,
und sag zu ihm: So spricht der Herr:
¹² Wenn deine Tage erfüllt sind
und du dich zu deinen Vätern legst,
werde ich deinen leiblichen Sohn
als deinen Nachfolger einsetzen
und seinem Königtum Bestand verleihen.
¹³ Er wird für meinen Namen ein Haus bauen,
und ich werde seinem Königsthron ewigen Bestand verleihen.

19. März. Hl. Josef

Ich will für ihn Vater sein,
 und er wird für mich Sohn sein.
Dein Haus und dein Königtum
 sollen durch mich auf ewig bestehen bleiben;
dein Thron soll auf ewig Bestand haben.

ANTWORTPSALM Ps 89 (88), 2–3.4–5.27 u. 29 (R: Lk 1, 32b)

R Gott, der Herr, wird ihm den Thron seines Vaters David geben. – R

Von den Taten deiner Huld, Herr, will ich ewig singen, * (GL 233, 7)
bis zum fernsten Geschlecht laut deine Treue verkünden. VI. Ton

Denn ich bekenne: Deine Huld besteht für immer und ewig; *
deine Treue steht fest im Himmel. – (R)

„Ich habe einen Bund geschlossen mit meinem Erwählten *
und David, meinem Knecht, geschworen:

Deinem Haus gebe ich auf ewig Bestand, *
und von Geschlecht zu Geschlecht richte ich deinen Thron auf. – (R)

Er wird zu mir rufen: Mein Vater bist du, *
mein Gott, der Fels meines Heiles.

Auf ewig werde ich ihm meine Huld bewahren, *
mein Bund mit ihm bleibt allzeit bestehen." – R

ZUR 2. LESUNG *Paulus unterscheidet im Alten Testament das Gesetz und die Verheißung. Die Verheißung ist älter als das Gesetz, Abraham ist früher als Mose. Nicht die Erfüllung des Gesetzes kann den Menschen vor Gott „gerecht" machen; das kann nur Gott selbst, indem er die Verheißung erfüllt. Abraham hat der Verheißung geglaubt, er hat sich völlig auf Gottes Macht und Treue verlassen. Gott glauben als dem, „der die Toten lebendig macht und das, was nicht ist, ins Dasein ruft": mit einem solchen Glauben wird Gott als Gott geehrt.*

ZWEITE LESUNG

Röm 4,13.16–18.22

Gegen alle Hoffnung hat er voll Hoffnung geglaubt

Lesung
aus dem Brief des Apostels Paulus an die Römer.

Brüder!
¹³ Abraham und seine Nachkommen
erhielten nicht aufgrund des Gesetzes
die Verheißung, Erben der Welt zu sein,
sondern aufgrund der Glaubensgerechtigkeit.
¹⁶ Deshalb gilt: „aus Glauben",
damit auch gilt: „aus Gnade".
Nur so bleibt die Verheißung für alle Nachkommen gültig,
nicht nur für die, welche das Gesetz haben,
sondern auch für die, welche wie Abraham den Glauben haben.
¹⁷ Nach dem Schriftwort:
Ich habe dich zum Vater vieler Völker bestimmt,
ist er unser aller Vater vor Gott, dem er geglaubt hat,
dem Gott, der die Toten lebendig macht
und das, was nicht ist, ins Dasein ruft.
¹⁸ Gegen alle Hoffnung hat er voll Hoffnung geglaubt,
daß er der Vater vieler Völker werde,
nach dem Wort:
So zahlreich werden deine Nachkommen sein.
²² Darum wurde der Glaube ihm als Gerechtigkeit angerechnet.

RUF VOR DEM EVANGELIUM

In der Fastenzeit: Vers: vgl. Ps 84 (83), 5

Dein ist die Ehre, dein ist die Macht, Christus, Herr und Erlöser. – R
Selig, die in deinem Hause wohnen, Herr,
die dich loben allezeit.
Dein ist die Ehre, dein ist die Macht, Christus, Herr und Erlöser.

In der Osterzeit: Vers: vgl. Ps (83), 5
Halleluja. Halleluja.
Selig, die in deinem Hause wohnen, Herr,
die dich loben allezeit.
Halleluja.

19. März. Hl. Josef

ZUM EVANGELIUM　*Der Stammbaum Jesu am Anfang des Matthäusevangeliums ist als theologische Aussage über Jesus und über den Sinn der Geschichte Israels zu verstehen. Jesus ist der Christus, der Messias, der Verheißene seit David und seit Abraham. Er ist, vom Neuen Testament her gesehen, der eigentliche Sinn der Geschichte Israels. – Josef war „gerecht", das heißt in der Sprache der Bibel auch: Er war gütig. Deshalb wollte er Maria, deren Geheimnis er nicht verstand, im Frieden entlassen. Aber dann wurde er selbst zum Mitwisser und Gehilfen des göttlichen Werkes.*

EVANGELIUM　　　　　　　　　　　　Mt 1,16.18–21.24a

Josef tat, was der Engel des Herrn ihm befohlen hatte

✙ **Aus dem heiligen Evangelium nach Matthäus.**

Jakob war der Vater von Josef, dem Mann Marias;
von ihr wurde Jesus geboren,
　der der Christus – der Messias – genannt wird.
Mit der Geburt Jesu Christi war es so:
Maria, seine Mutter, war mit Josef verlobt;
noch bevor sie zusammengekommen waren,
　zeigte sich, daß sie ein Kind erwartete –
durch das Wirken des Heiligen Geistes.
Josef, ihr Mann,
　der gerecht war und sie nicht bloßstellen wollte,
　beschloß, sich in aller Stille von ihr zu trennen.
Während er noch darüber nachdachte,
　erschien ihm ein Engel des Herrn im Traum
und sagte: Josef, Sohn Davids,
fürchte dich nicht, Maria als deine Frau zu dir zu nehmen;
denn das Kind, das sie erwartet,
　ist vom Heiligen Geist.
Sie wird einen Sohn gebären;
ihm sollst du den Namen Jesus geben;
denn er wird sein Volk von seinen Sünden erlösen.
Als Josef erwachte,
　tat er, was der Engel des Herrn ihm befohlen hatte.

Oder:

EVANGELIUM Lk 2,41–51a

Einführung Jesus hat sich mit seinen Eltern auf den Weg nach Jerusalem gemacht; dort aber hat er in eigener Verantwortung den Weg des Selbstverständlichen verlassen. Er ist im Haus seines Vaters geblieben, mitten unter den Lehrern im Tempel, hörend und fragend. Der Zwölfjährige beginnt, über seine Eltern, seine Lehrer und auch über seine angestammte Religion hinauszuwachsen. Aber noch ist seine Zeit nicht gekommen. Er kehrt nach Nazaret zurück und übt dort im Gehorsam gegen seinen irdischen Vater den größeren Gehorsam ein, der ihn bis zur Hingabe seines Lebens führen wird.

Dein Vater und ich haben dich voll Angst gesucht

✢ Aus dem heiligen Evangelium nach Lukas.

41 Die Eltern Jesu gingen jedes Jahr zum Paschafest nach Jerusalem.
42 Als er zwölf Jahre alt geworden war,
zogen sie wieder hinauf, wie es dem Festbrauch entsprach.
43 Nachdem die Festtage zu Ende waren,
machten sie sich auf den Heimweg.
Der junge Jesus aber blieb in Jerusalem,
ohne daß seine Eltern es merkten.
44 Sie meinten, er sei irgendwo in der Pilgergruppe,
und reisten eine Tagesstrecke weit;
dann suchten sie ihn bei den Verwandten und Bekannten.
45 Als sie ihn nicht fanden,
kehrten sie nach Jerusalem zurück und suchten ihn dort.
46 Nach drei Tagen fanden sie ihn im Tempel;
er saß mitten unter den Lehrern,
hörte ihnen zu
und stellte Fragen.
47 Alle, die ihn hörten, waren erstaunt
über sein Verständnis und über seine Antworten.
48 Als seine Eltern ihn sahen, waren sie sehr betroffen,
und seine Mutter sagte zu ihm:
Kind, wie konntest du uns das antun?
Dein Vater und ich haben dich voll Angst gesucht.

19. März. Hl. Josef

Da sagte er zu ihnen:
  Warum habt ihr mich gesucht?
Wußtet ihr nicht,
  daß ich in dem sein muß, was meinem Vater gehört?
Doch sie verstanden nicht, was er damit sagen wollte.
Dann kehrte er mit ihnen nach Nazaret zurück
  und war ihnen gehorsam.

Glaubensbekenntnis, S. 348 ff.

ZUR EUCHARISTIEFEIER *Jesus hat in Jerusalem das Schreien der Opfertiere gehört und ihr Blut gesehen, und er hat begriffen: Gott will ein ganz anderes Opfer; „darum sage ich: Ja, ich komme; deinen Willen zu tun, mein Gott, macht mir Freude" (Ps 40, 8–9).*

GABENGEBET

Herr, unser Gott,
der heilige Josef hat deinem ewigen Sohn,
den die Jungfrau Maria geboren hat,
in Treue gedient.
Laß auch uns Christus dienen
und dieses Opfer mit reinem Herzen feiern.
Darum bitten wir durch Christus, unseren Herrn.

Präfation vom hl. Josef, S. 423.

KOMMUNIONVERS   Mt 25, 21

Komm, du guter und getreuer Knecht;
nimm teil am Festmahl deines Herrn.

SCHLUSSGEBET

Herr, unser Gott,
du hast uns am Fest des heiligen Josef
um deinen Altar versammelt
und mit dem Brot des Lebens gestärkt.
Schütze deine Familie und erhalte in ihr deine Gaben.
Darum bitten wir durch Christus, unseren Herrn.

25. März
VERKÜNDIGUNG DES HERRN
Hochfest

Neun Monate vor dem Fest der Geburt des Herrn wird das Fest der Verkündigung gefeiert: Der Engel Gottes verkündet Maria, daß sie zur Mutter des Messias, des Gottessohnes, erwählt ist. Maria hat, auch als Vertreterin ihres Volkes und der Menschheit, ihr großes Ja gesagt. Die Gottesmutterschaft ist das zentrale Geheimnis im Leben Marias; alles andere hat dort seinen Ursprung und seine Erklärung. – Ein Fest der „Verkündigung der Geburt des Herrn" wurde in der Ostkirche bereits um 550 am 25. März gefeiert; in Rom wurde es im 7. Jahrhundert eingeführt.

ERÖFFNUNGSVERS   Vgl. Hebr 10, 5.7
Als Christus in diese Welt eintrat, sprach er zu seinem Vater:
Siehe, ich komme, um deinen Willen zu erfüllen.

Ehre sei Gott, S. 344 ff.

TAGESGEBET

Gott, du bist groß und unbegreiflich.
Nach deinem Willen ist dein ewiges Wort
im Schoß der Jungfrau Maria Mensch geworden.
Gläubig bekennen wir,
daß unser Erlöser wahrer Gott und wahrer Mensch ist.
Mache uns würdig,
Anteil zu erhalten an seinem göttlichen Leben.
Darum bitten wir durch ihn, Jesus Christus.

ZUR 1. LESUNG   *Jerusalem und das davidische Königshaus waren in größter Gefahr, als im Jahr 735 der Prophet Jesaja zum König Ahas geschickt wurde. Im Auftrag Gottes bot er dem König ein Zeichen der Rettung an. Der König aber will seine eigene Politik machen. Daraufhin kündigt Gott ihm und dem Haus David ein Zeichen der Rettung an, das allerdings auch ein Zeichen des Gerichts sein wird: Es wird einen Sohn Davids geben, den Sohn der Jungfrau, in dem der symbolische Name Immanu-El (Mit uns ist Gott) volle Wahrheit sein wird.*

25. März. Verkündigung des Herrn

ERSTE LESUNG Jes 7, 10–14

Seht, die Jungfrau wird ein Kind empfangen;
sie wird ihm den Namen Immanuel – Gott mit uns – geben

Lesung
   aus dem Buch Jesája.

In jenen Tagen
   sprach der Herr zu Ahas – dem König von Juda;
er sagte:
   Erbitte dir vom Herrn, deinem Gott, ein Zeichen,
sei es von unten, aus der Unterwelt,
   oder von oben, aus der Höhe.

Ahas antwortete:
   Ich will um nichts bitten
und den Herrn nicht auf die Probe stellen.

Da sagte Jesája:
   Hört her, ihr vom Haus David!
   Genügt es euch nicht, Menschen zu belästigen?
Müßt ihr auch noch meinen Gott belästigen?
Darum wird euch der Herr von sich aus ein Zeichen geben:
Seht, die Jungfrau wird ein Kind empfangen,
sie wird einen Sohn gebären,
und sie wird ihm den Namen Immánuel
   – Gott mit uns – geben.

ANTWORTPSALM Ps 40 (39), 7–8.9–10.11 (R: vgl. 8a.9a)

R Mein Gott, ich komme;
deinen Willen zu tun macht mir Freude. – **R**   (GL 601, 1)

An Schlacht- und Speiseopfern hast du kein Gefallen, *   III. Ton
Brand- und Sündopfer forderst du nicht.
Doch das Gehör hast du mir eingepflanzt; †
darum sage ich: Ja, ich komme. *
In dieser Schriftrolle steht, was an mir geschehen ist. – (**R**)

Deinen Willen zu tun, mein Gott, macht mir Freude, *
deine Weisung trag' ich im Herzen.
Gerechtigkeit verkünde ich in großer Gemeinde, *
meine Lippen verschließe ich nicht; Herr, du weißt es. – (**R**)

11 Deine Gerechtigkeit verberge ich nicht im Herzen, *
ich spreche von deiner Treue und Hilfe,

ich schweige nicht über deine Huld und Wahrheit *
vor der großen Gemeinde.

R Mein Gott, ich komme;
deinen Willen zu tun macht mir Freude.

ZUR 2. LESUNG *Durch das Christusereignis ist die Ordnung des Alten Bundes überholt. Rettung und Heil gibt es für die Menschen nicht durch einen Opferkult, der nur als äußere Leistung verstanden wird; das wußten auch die Frommen des Alten Bundes. Der Sohn Gottes ist gekommen, um uns durch Hingabe des eigenen Lebens mit Gott zu versöhnen.*

ZWEITE LESUNG Hebr 10,4–10

Ja, ich komme – so steht es über mich in der Schriftrolle –, um deinen Willen, Gott, zu tun

Lesung
   aus dem Hebräerbrief.

Brüder!
4 Das Blut von Stieren und Böcken
   kann unmöglich Sünden wegnehmen.
5 Darum spricht Christus bei seinem Eintritt in die Welt:

Schlacht- und Speiseopfer hast du nicht gefordert,
   doch einen Leib hast du mir geschaffen;
6 an Brand- und Sündopfern hast du kein Gefallen.
7 Da sagte ich: Ja, ich komme
   – so steht es über mich in der Schriftrolle –,
   um deinen Willen, Gott, zu tun.

8 Zunächst sagt er:
   Schlacht- und Speiseopfer,
   Brand- und Sündopfer forderst du nicht,
du hast daran kein Gefallen,
   obgleich sie doch nach dem Gesetz dargebracht werden;
9 dann aber hat er gesagt:
   Ja, ich komme, um deinen Willen zu tun.
So hebt Christus das erste auf,
   um das zweite in Kraft zu setzen.

25. März. Verkündigung des Herrn

Aufgrund dieses Willens
  sind wir durch die Opfergabe des Leibes Jesu Christi
  ein für allemal geheiligt.

RUF VOR DEM EVANGELIUM

In der Fastenzeit: Vers: vgl. Joh 1, 14ab
Christus, du ewiges Wort des Vaters, Ehre sei dir! – R

Das Wort ist Fleisch geworden und hat unter uns gewohnt,
und wir haben seine Herrlichkeit geschaut.

Christus, du ewiges Wort des Vaters, Ehre sei dir!

In der Osterzeit: Vers: vgl. Joh 1, 14ab
Halleluja. Halleluja.

Das Wort ist Fleisch geworden und hat unter uns gewohnt,
und wir haben seine Herrlichkeit geschaut.

Halleluja.

ZUM EVANGELIUM *Mehr als alle anderen Frauen ist Maria von Gott geliebt und gesegnet. Sie steht in der Reihe der großen Auserwählten (Abraham, David) und überragt sie alle. Was zu Maria über Jesus gesagt wird, übertrifft bei weitem das über Johannes Gesagte (Lk 1, 15–17). Titel und Name kennzeichnen Jesus als den verheißenen Messias der Endzeit. Er ist wahrer Mensch und gehört doch zur Welt Gottes. Anders als Zacharias antwortet Maria auf die Botschaft des Engels mit dem einfachen: Mir geschehe, wie du es gesagt hast.*

EVANGELIUM Lk 1, 26–38

Du hast bei Gott Gnade gefunden, Maria; du wirst ein Kind empfangen, einen Sohn wirst du gebären

✢ Aus dem heiligen Evangelium nach Lukas.

In jener Zeit wurde der Engel Gábriel
  von Gott in eine Stadt in Galiläa namens Nazaret
  zu einer Jungfrau gesandt.
Sie war mit einem Mann namens Josef verlobt,
  der aus dem Haus David stammte.
Der Name der Jungfrau war Maria.

28 Der Engel trat bei ihr ein
und sagte: Sei gegrüßt, du Begnadete,
 der Herr ist mit dir.
29 Sie erschrak über die Anrede
und überlegte, was dieser Gruß zu bedeuten habe.
30 Da sagte der Engel zu ihr: Fürchte dich nicht, Maria;
denn du hast bei Gott Gnade gefunden.
31 Du wirst ein Kind empfangen,
einen Sohn wirst du gebären:
 dem sollst du den Namen Jesus geben.
32 Er wird groß sein
und Sohn des Höchsten genannt werden.
Gott, der Herr, wird ihm den Thron seines Vaters David geben.
33 Er wird über das Haus Jakob in Ewigkeit herrschen,
und seine Herrschaft wird kein Ende haben.
34 Maria sagte zu dem Engel:
 Wie soll das geschehen, da ich keinen Mann erkenne?
35 Der Engel antwortete ihr:
 Der Heilige Geist wird über dich kommen,
und die Kraft des Höchsten wird dich überschatten.
Deshalb wird auch das Kind heilig
 und Sohn Gottes genannt werden.
36 Auch Elisabet, deine Verwandte,
 hat noch in ihrem Alter einen Sohn empfangen;
obwohl sie als unfruchtbar galt,
 ist sie jetzt schon im sechsten Monat.
37 Denn für Gott ist nichts unmöglich.
38 Da sagte Maria:
 Ich bin die Magd des Herrn;
mir geschehe, wie du es gesagt hast.

Danach verließ sie der Engel.

Glaubensbekenntnis, S. 348 ff.
Zu den Worten hat Fleisch angenommen bzw. empfangen durch den Heiligen Geist knien alle nieder.

25. März. Verkündigung des Herrn

ZUR EUCHARISTIEFEIER *„Siehe, ich komme, um deinen Willen zu tun": Maria hat das Gebetswort des Psalmes in ihre eigene Sprache übersetzt: Ich bin die Magd des Herrn. Gehorsam aus Liebe ist die Seele ihres Lebens, ihre Weise, an der Opferhingabe des Sohnes teilzunehmen.*

GABENGEBET

Allmächtiger Gott,
nimm die Gaben deiner Kirche gütig an.
Sie erkennt in der Menschwerdung deines Sohnes
ihren eigenen Ursprung;
laß uns heute
in der Feier dieses Geheimnisses seine Liebe erfahren.
Darum bitten wir durch Christus, unseren Herrn.

Präfation, S. 425.

KOMMUNIONVERS Jes 7, 14

Seht, die Jungfrau wird empfangen und einen Sohn gebären.
Sein Name ist: Immanuel – Gott mit uns.

SCHLUSSGEBET

Ewiger Gott,
bewahre, was du uns
im Sakrament des Glaubens geschenkt hast.
Laß uns festhalten am Bekenntnis,
daß dein Sohn, den die Jungfrau empfangen hat,
wahrer Gott und wahrer Mensch ist,
und führe uns in der Kraft seiner Auferstehung
zur ewigen Freude.
Darum bitten wir durch ihn, Christus, unseren Herrn.

24. Juni
GEBURT DES HL. JOHANNES DES TÄUFERS
Hochfest

Johannes der Täufer ist außer Maria der einzige Heilige, dessen leibliche Geburt in der Liturgie gefeiert wird, und zwar sechs Monate vor der Geburt Jesu (vgl Lk 1,36). Aus dem Lukasevangelium wird entnommen, daß Johannes geheiligt wurde, als Maria zu Elisabet kam. Die ungewöhnlichen Umstände seiner Geburt weisen auf die Bedeutung des Johannes in der Heilsgeschichte hin. Er steht an der Schwelle vom Alten zum Neuen Bund. Die ersten Jünger Jesu kamen aus dem Kreis der Johannesjünger.

Am Vorabend

Aus pastoralen Gründen ist es erlaubt, die Texte der Messe „Am Tag", S. 672 ff., zu nehmen.

ERÖFFNUNGSVERS Lk 1,15.14
**Johannes wird groß sein vor Gott,
und schon im Mutterleib wird er vom Heiligen Geist erfüllt sein;
viele werden sich über seine Geburt freuen.**

Ehre sei Gott, S. 344 ff.

TAGESGEBET

**Allmächtiger Gott,
führe deine Kirche auf dem Weg des Heiles
und gib uns die Gnade,
den Weisungen Johannes' des Täufers zu folgen,
damit wir zu dem gelangen,
den er vorausverkündet hat,
zu unserem Herrn Jesus Christus, deinem Sohn,
der in der Einheit des Heiligen Geistes
mit dir lebt und herrscht in alle Ewigkeit.**

ZUR 1. LESUNG   *Als Jeremia um das Jahr 626 v. Chr. zum Propheten berufen wurde, war er noch jung und schüchtern, und im Verlauf der nächsten vierzig Jahre ist ihm das Prophetenamt immer* schwerer geworden. Aber seine Berufung und Sendung war beschlossen, noch ehe er geboren war; man kann darin einen Hinweis auf das sehen, was über Johannes den Täufer im Evangelium berichtet wird. Gott hat dem Jeremia Auftrag und Sendung gegeben: Ich sende dich – du wirst gehen – du wirst verkünden. Zum Auftrag kommt die Zusage: Ich bin bei dir, ich werde dich retten.

ERSTE LESUNG   Jer 1, 4–10

Noch ehe ich dich im Mutterleib formte, habe ich dich ausersehen

**Lesung
aus dem Buch Jeremía.**

In den Tagen Joschíjas, des Königs von Juda,
  erging das Wort des Herrn an mich:
Noch ehe ich dich im Mutterleib formte,
  habe ich dich ausersehen,
noch ehe du aus dem Mutterschoß hervorkamst,
  habe ich dich geheiligt,
zum Propheten für die Völker habe ich dich bestimmt.

Da sagte ich: Ach, mein Gott und Herr,
  ich kann doch nicht reden,
ich bin ja noch so jung.

Aber der Herr erwiderte mir:
  Sag nicht: Ich bin noch so jung.
Wohin ich dich auch sende, dahin sollst du gehen,
und was ich dir auftrage, das sollst du verkünden.
Fürchte dich nicht vor ihnen;
denn ich bin mit dir, um dich zu retten
– Spruch des Herrn.

Dann streckte der Herr seine Hand aus,
berührte meinen Mund
und sagte zu mir:
  Hiermit lege ich meine Worte in deinen Mund.
Sieh her!
Am heutigen Tag setze ich dich über Völker und Reiche;
du sollst ausreißen und niederreißen,
  vernichten und einreißen,
  aufbauen und einpflanzen.

24. Juni. Geburt des hl. Johannes des Täufers

ANTWORTPSALM Ps 71 (70),5–6.7–8.15 u. 17 (R: vgl. 6ab)

R Vom Mutterleib an bist du mein Beschützer, o Gott;
dir gilt mein Lobpreis allezeit. – R

5 Herr, mein Gott, du bist meine Zuversicht, *
meine Hoffnung von Jugend auf.

6 Vom Mutterleib an stütze ich mich auf dich, †
vom Mutterschoß an bist du mein Beschützer; *
dir gilt mein Lobpreis allezeit. – (R)

7 Für viele bin ich wie ein Gezeichneter, *
du aber bist meine starke Zuflucht.

8 Mein Mund ist erfüllt von deinem Lob, *
von deinem Ruhm den ganzen Tag. – (R)

15 Mein Mund soll von deiner Gerechtigkeit künden †
und von deinen Wohltaten sprechen den ganzen Tag; *
denn ich kann sie nicht zählen.

17 Gott, du hast mich gelehrt von Jugend auf, *
und noch heute verkünde ich dein wunderbares Walten. – R

ZUR 2. LESUNG *Die Propheten des Alten Bundes haben über die Zeit des Messias nachgedacht und geweissagt; Johannes der Täufer konnte auf den Gekommenen hinweisen: Dieser ist es. Die ganze Größe Christi und die Tragweite seines Kommens konnte freilich auch Johannes nur undeutlich erkennen.*

ZWEITE LESUNG 1 Petr 1,8–12

Nach diesem Heil haben die Propheten gesucht und geforscht

Lesung
aus dem ersten Brief des Apostels Petrus.

Brüder!
8 Ihr habt Jesus Christus nicht gesehen,
und dennoch liebt ihr ihn;
ihr seht ihn auch jetzt nicht;
aber ihr glaubt an ihn und jubelt
in unsagbarer, von himmlischer Herrlichkeit verklärter Freude,
9 da ihr das Ziel des Glaubens erreichen werdet: euer Heil.

Nach diesem Heil haben die Propheten gesucht und geforscht,
und sie haben über die Gnade geweissagt,
    die für euch bestimmt ist.
Sie haben nachgeforscht,
    auf welche Zeit und welche Umstände
    der in ihnen wirkende Geist Christi hindeute,
    der die Leiden Christi und die darauf folgende Herrlichkeit
    im voraus bezeugte.
Den Propheten wurde offenbart,
    daß sie damit nicht sich selbst,
    sondern euch dienten;
und jetzt ist euch dies alles von denen verkündet worden,
    die euch in der Kraft des vom Himmel gesandten Heiligen Geistes
    das Evangelium gebracht haben.
Das alles zu sehen
    ist sogar das Verlangen der Engel.

RUF VOR DEM EVANGELIUM   Vers: vgl. Joh 1,7; Lk 1,17

Halleluja. Halleluja.

Er kam als Zeuge,
um Zeugnis abzulegen für das Licht
und das Volk für den Herrn zu bereiten.

Halleluja.

ZUM EVANGELIUM   *Als einziger Evangelist erzählt Lukas die Kindheitsgeschichte des Johannes, und zwar als einen Teil der Kindheitsgeschichte Jesu. Zwischen dem Vorläufer Johannes und dem Größeren, der nach ihm kommt, besteht – das will Lukas verdeutlichen – keine Rivalität, sondern eine enge Verbundenheit. Im Licht von Mal 3,23–24 erscheint Johannes als der Bote und Prophet, der dem kommenden Herrn die Wege bereitet.*

EVANGELIUM Lk 1, 5–17

Sie wird dir einen Sohn gebären; dem sollst du den Namen Johannes geben

✛ Aus dem heiligen Evangelium nach Lukas.

5 Zur Zeit des Herodes, des Königs von Judäa,
   lebte ein Priester namens Zacharías,
   der zur Priesterklasse Abíja gehörte.
   Seine Frau stammte aus dem Geschlecht Aarons;
   sie hieß Elisabet.
6 Beide lebten so, wie es in den Augen Gottes recht ist,
   und hielten sich in allem
   streng an die Gebote und Vorschriften des Herrn.
7 Sie hatten keine Kinder,
   denn Elisabet war unfruchtbar,
   und beide waren schon in vorgerücktem Alter.
8 Eines Tages, als seine Priesterklasse wieder an der Reihe war
   und er beim Gottesdienst mitzuwirken hatte,
9 wurde, wie nach der Priesterordnung üblich, das Los geworfen,
   und Zacharías fiel die Aufgabe zu,
   im Tempel des Herrn das Rauchopfer darzubringen.
10 Während er nun zur festgelegten Zeit das Opfer darbrachte,
   stand das ganze Volk draußen und betete.
11 Da erschien dem Zacharías ein Engel des Herrn;
   er stand auf der rechten Seite des Rauchopferaltars.
12 Als Zacharías ihn sah, erschrak er,
   und es befiel ihn Furcht.
13 Der Engel aber sagte zu ihm: Fürchte dich nicht, Zacharias!
   Dein Gebet ist erhört worden.
   Deine Frau Elisabet wird dir einen Sohn gebären;
   dem sollst du den Namen Johannes geben.
14 Große Freude wird dich erfüllen,
   und auch viele andere werden sich über seine Geburt freuen.
15 Denn er wird groß sein vor dem Herrn.
   Wein und andere berauschende Getränke wird er nicht trinken,
   und schon im Mutterleib wird er vom Heiligen Geist erfüllt sein.
16 Viele Israeliten wird er zum Herrn, ihrem Gott, bekehren.
17 Er wird mit dem Geist und mit der Kraft des Elíja
   dem Herrn vorangehen,

24. Juni. Geburt des hl. Johannes des Täufers

um das Herz der Väter wieder den Kindern zuzuwenden
und die Ungehorsamen zur Gerechtigkeit zu führen
und so das Volk für den Herrn bereit zu machen.

Glaubensbekenntnis, S. 348 ff.

ZUR EUCHARISTIEFEIER *Bote und Zeuge der Wahrheit Gottes zu sein, dafür hat Johannes gelebt, und dafür ist er gestorben. Er hat auf Jesus hingewiesen, das Lamm Gottes, das die Schuld der Welt auf sich genommen und gesühnt hat.*

GABENGEBET

Herr und Gott,
zum Fest des heiligen Johannes
bringen wir unsere Gaben dar.
Hilf uns, im täglichen Leben zu verwirklichen,
was wir am Altar in heiligen Zeichen begehen.
Darum bitten wir durch Christus, unseren Herrn.

Präfation, S. 425.

KOMMUNIONVERS   Lk 1, 68

Gepriesen sei der Herr, der Gott Israels!
Denn er hat sein Volk besucht und ihm Erlösung geschaffen.

SCHLUSSGEBET

Herr, unser Gott,
du hast uns gestärkt mit dem Brot des Lebens.
Die mächtige Fürsprache des heiligen Johannes
begleite unser ganzes Leben.
Sie erwirke uns einst
das Erbarmen des Weltenrichters,
den er als das Opferlamm für unsere Sünden
vorausverkündet hat,
unseres Herrn Jesus Christus,
der in der Einheit des Heiligen Geistes
mit dir lebt und herrscht in alle Ewigkeit.

Am Tag

ERÖFFNUNGSVERS Joh 1,6–7; Lk 1,17

Ein Mensch trat auf, der von Gott gesandt war;
sein Name war Johannes.
Er kam als Zeuge, um Zeugnis abzulegen für das Licht
und das Volk für den Herrn bereitzumachen.

Ehre sei Gott, S. 344 ff.

TAGESGEBET

Gott,
du hast den heiligen Johannes den Täufer berufen,
das Volk des Alten Bundes
Christus, seinem Erlöser, entgegenzuführen.
Schenke deiner Kirche die Freude im Heiligen Geist
und führe alle, die an dich glauben,
auf dem Weg des Heiles und des Friedens.
Darum bitten wir durch Jesus Christus.

ZUR 1. LESUNG *Nicht vom Erfolg lebt der Prophet, sondern allein vom Wort Gottes und vom Glauben an seine Berufung. Von seiner Berufung und seinem Mißerfolg spricht der Prophet in Jesaja 49. Aber Gott hat ihn nicht im Stich gelassen, er hat ihm einen noch größeren Auftrag gegeben: Allen Völkern soll er die Botschaft bringen, daß Gott ein rettender und helfender Gott ist.*

ERSTE LESUNG Jes 49,1–6

Ich mache dich zum Licht für die Völker

Lesung
aus dem Buch Jesája.

1 Hört auf mich, ihr Inseln,
merkt auf, ihr Völker in der Ferne!
Der Herr hat mich schon im Mutterleib berufen;
als ich noch im Schoß meiner Mutter war,
hat er meinen Namen genannt.
2 Er machte meinen Mund zu einem scharfen Schwert,
er verbarg mich im Schatten seiner Hand.
Er machte mich zum spitzen Pfeil
und steckte mich in seinen Köcher.

24. Juni. Geburt des hl. Johannes des Täufers

Er sagte zu mir: Du bist mein Knecht, Israel,
　　an dem ich meine Herrlichkeit zeigen will.

Ich aber sagte: Vergeblich habe ich mich bemüht,
habe meine Kraft umsonst und nutzlos vertan.
Aber mein Recht liegt beim Herrn
　　und mein Lohn bei meinem Gott.

Jetzt aber hat der Herr gesprochen,
　　der mich schon im Mutterleib
　　zu seinem Knecht gemacht hat,
　　damit ich Jakob zu ihm heimführe
　　und Israel bei ihm versammle.
So wurde ich in den Augen des Herrn geehrt,
　　und mein Gott war meine Stärke.

Und er sagte:
　　Es ist zu wenig, daß du mein Knecht bist,
　　nur um die Stämme Jakobs wieder aufzurichten
　　und die Verschonten Israels heimzuführen.
Ich mache dich zum Licht für die Völker,
damit mein Heil bis an das Ende der Erde reicht.

ANTWORTPSALM　　Ps 139 (138), 1–3.13–14.15–16 (R: vgl. 14a)

R Ich danke dir, Herr:　　　　　　　　　　　　　(GL 755, 1)
du hast mich wunderbar gestaltet. – **R**

Herr, du hast mich erforscht, und du kennst mich. †　　IV. Ton
Ob ich sitze oder stehe, du weißt von mir. *
Von fern erkennst du meine Gedanken.

Ob ich gehe oder ruhe, es ist dir bekannt; *
du bist vertraut mit all meinen Wegen. – (**R**)

Du hast mein Inneres geschaffen, *
mich gewoben im Schoß meiner Mutter.

Ich danke dir, daß du mich so wunderbar gestaltet hast. *
Ich weiß: Staunenswert sind deine Werke. – (**R**)

Als ich geformt wurde im Dunkeln, †
kunstvoll gewirkt in den Tiefen der Erde, *
waren meine Glieder dir nicht verborgen.

Deine Augen sahen, wie ich entstand, *
in deinem Buch war schon alles verzeichnet. – **R**

24. Juni. Geburt des hl. Johannes des Täufers

ZUR 2. LESUNG   *In allen Städten, wohin Paulus auf seinen Missionsreisen kam, wandte er sich zuerst an die dortigen Juden. Er versuchte, ihnen den Sinn der Schrift zu erschließen und die Geschichte Israels zu deuten, die in Jesus, dem Messias, ihre Erfüllung gefunden habe. Er sprach auch von Johannes dem Täufer, dem letzten Propheten des Alten Bundes, dessen Aufgabe es war, auf Jesus als den verheißenen Messias hinzuweisen.*

ZWEITE LESUNG   Apg 13,16.22–26

Vor dem Auftreten Jesu hat Johannes Umkehr und Taufe verkündigt

Lesung aus der Apostelgeschichte.

¹⁶ In der Synagoge von Antióchia in Pisídien stand Paulus auf,
gab mit der Hand ein Zeichen und sagte:

Ihr Israeliten und ihr Gottesfürchtigen, hört!

²² Gott erhob David zum König,
von dem er bezeugte:
  Ich habe David, den Sohn des Ísai,
  als einen Mann nach meinem Herzen gefunden,
  der alles, was ich will, vollbringen wird.

²³ Aus seinem Geschlecht
  hat Gott dem Volk Israel, der Verheißung gemäß,
  Jesus als Retter geschickt.

²⁴ Vor dessen Auftreten hat Johannes
  dem ganzen Volk Israel Umkehr und Taufe verkündigt.

²⁵ Als Johannes aber seinen Lauf vollendet hatte,
  sagte er: Ich bin nicht der, für den ihr mich haltet;
aber seht, nach mir kommt einer,
  dem die Sandalen von den Füßen zu lösen ich nicht wert bin.

²⁶ Brüder,
ihr Söhne aus Abrahams Geschlecht und ihr Gottesfürchtigen!
Uns wurde das Wort dieses Heils gesandt.

RUF VOR DEM EVANGELIUM   Vers: vgl. Lk 1,76

Halleluja. Halleluja.

Du wirst Prophet des Höchsten heißen;
denn du wirst dem Herrn vorausgehen und ihm den Weg bereiten.

Halleluja.

24. Juni. Geburt des hl. Johannes des Täufers

ZUM EVANGELIUM *Die Erzählung von der Geburt und der Beschneidung des Vorläufers gipfelt in der Namengebung. „Gott ist gnädig" oder „Gott hat Gnade erwiesen" ist die Deutung des Namens Johannes. Noch wissen die Eltern und Verwandten nicht, was Gott mit diesem Kind vorhat; aber sie spüren, daß mit seiner Geburt etwas Großes in Gang gekommen ist.*

EVANGELIUM Lk 1,57–66.80

Sein Name ist Johannes

✢ Aus dem heiligen Evangelium nach Lukas.

Für Elisabet kam die Zeit der Niederkunft,
 und sie brachte einen Sohn zur Welt.
Ihre Nachbarn und Verwandten hörten,
 welch großes Erbarmen der Herr ihr erwiesen hatte,
und freuten sich mit ihr.

Am achten Tag kamen sie zur Beschneidung des Kindes
und wollten ihm den Namen seines Vaters Zacharías geben.

Seine Mutter aber widersprach ihnen
und sagte: Nein, er soll Johannes heißen.

Sie antworteten ihr:
 Es gibt doch niemand in deiner Verwandtschaft, der so heißt.
Da fragten sie seinen Vater durch Zeichen,
 welchen Namen das Kind haben solle.

Er verlangte ein Schreibtäfelchen
und schrieb zum Erstaunen aller darauf:
 Sein Name ist Johannes.

Im gleichen Augenblick
 konnte er Mund und Zunge wieder gebrauchen,
 und er redete und pries Gott.
Und alle, die in jener Gegend wohnten, erschraken,
und man sprach von all diesen Dingen
 im ganzen Bergland von Judäa.

Alle, die davon hörten, machten sich Gedanken darüber
und sagten: Was wird wohl aus diesem Kind werden?
Denn es war deutlich,
 daß die Hand des Herrn mit ihm war.

⁸⁰ Das Kind wuchs heran,
   und sein Geist wurde stark.
   Und Johannes lebte in der Wüste
   bis zu dem Tag,
   an dem er den Auftrag erhielt, in Israel aufzutreten.

Glaubensbekenntnis, S. 348 ff.

ZUR EUCHARISTIEFEIER *Die „barmherzige Liebe unseres Gottes" leuchtet uns jeden Morgen neu. Kinder dieses Lichts zu sein und Boten der barmherzigen Liebe, das ist die Sendung und die Freude derer, die Gott in seine Nähe gerufen hat.*

GABENGEBET

Herr, unser Gott,
in Freude legen wir unsere Gaben auf deinen Altar
am Geburtsfest des heiligen Vorläufers Johannes.
Er hat angekündigt, daß der Erlöser kommt,
und als er gekommen war, auf ihn gezeigt,
auf Jesus Christus, deinen Sohn,
der mit dir lebt und herrscht in alle Ewigkeit.

Präfation, S. 425.

KOMMUNIONVERS   Lk 1,78
Durch die barmherzige Liebe unseres Gottes
hat uns besucht das aufstrahlende Licht aus der Höhe.

SCHLUSSGEBET

Herr, unser Gott,
am Geburtstag Johannes' des Täufers
hast du deine Kirche
zum Festmahl des Lammes geladen
und sie mit Freude erfüllt.
Gib, daß wir Christus,
den Johannes vorausverkündigt hat,
als den erkennen,
der uns das ewige Leben erworben hat,
der mit dir lebt und herrscht in alle Ewigkeit.

29. Juni
HL. PETRUS UND HL. PAULUS, APOSTEL
Hochfest

Die Apostel Petrus und Paulus haben beide unter Kaiser Nero das Martyrium erlitten. Petrus hieß ursprünglich Simon und stammte aus Betsaida in Galiläa; Jesus gab ihm den Namen Kephas, „Fels", lateinisch Petrus. Petrus wird in allen Apostelverzeichnissen als erster genannt. Nach dem Weggang Jesu übernahm er die Leitung der Jüngergemeinde in Jerusalem. Er hat auch den ersten Heiden in die Kirche aufgenommen (Apg 10, 1 1). Sein Aufenthalt in Rom und sein Martyrium unter Kaiser Nero können als historisch gesichert gelten. Das Todesjahr steht nicht mit Sicherheit fest; es muß zwischen 64 und 67 n. Chr. gewesen sein. Als Todesjahr des Paulus wird 67 genannt. Das Fest seiner Bekehrung wird am 25. Januar begangen.

Am Vorabend

Aus pastoralen Gründen ist es erlaubt, die Texte der Messe „Am Tag", S. 682 ff., zu nehmen.

ERÖFFNUNGSVERS
Petrus, der Apostel,
und Paulus, der Lehrer der Völker,
sie haben uns dein Gesetz gelehrt, o Herr.

Ehre sei Gott, S. 344 ff.

TAGESGEBET

Herr, unser Gott,
durch die Apostel Petrus und Paulus
hast du in der Kirche den Grund des Glaubens gelegt.
Auf ihre Fürsprache hin
erhalte und vollende diesen Glauben,
der uns zum ewigen Heil führt.
Darum bitten wir durch Jesus Christus.

ZUR 1. LESUNG *Petrus und Johannes erscheinen in Apg 3–4 als die führenden Apostel. Als fromme Juden gehen sie zur Zeit des Abendopfers (15 Uhr) zum Tempel hinauf, um zu beten. Der gelähmte Bettler, der an der Schönen Pforte saß, war dort offenbar eine bekannte Gestalt. Petrus heilt ihn im Namen Jesu und in der Kraft seines Geistes. Durch Wort und Tat bezeugen die Apostel die machtvolle Gegenwart Jesu, des Lebenden, den Gott „zum Herrn und Messias" gemacht hat.*

ERSTE LESUNG   Apg 3, 1–10

Was ich habe, das gebe ich dir: Im Namen Jesu, geh umher!

**Lesung
aus der Apostelgeschichte.**

1 In jenen Tagen
gingen Petrus und Johannes
um die neunte Stunde zum Gebet in den Tempel hinauf.
2 Da wurde ein Mann herbeigetragen,
der von Geburt an gelähmt war.
Man setzte ihn täglich an das Tor des Tempels,
das man die Schöne Pforte nennt;
dort sollte er bei denen, die in den Tempel gingen,
um Almosen betteln.
3 Als er nun Petrus und Johannes in den Tempel gehen sah,
bat er sie um ein Almosen.
4 Petrus und Johannes blickten ihn an,
und Petrus sagte: Sieh uns an!
5 Da wandte er sich ihnen zu
und erwartete, etwas von ihnen zu bekommen.
6 Petrus aber sagte: Silber und Gold besitze ich nicht.
Doch was ich habe, das gebe ich dir:
Im Namen Jesu Christi, des Nazoräers, geh umher!
7 Und er faßte ihn an der rechten Hand
und richtete ihn auf.
Sogleich kam Kraft in seine Füße und Gelenke;
8 er sprang auf,
konnte stehen und ging umher.

29. Juni. Hl. Petrus und hl. Paulus

Dann ging er mit ihnen in den Tempel,
lief und sprang umher und lobte Gott.
Alle Leute sahen ihn umhergehen und Gott loben.
Sie erkannten ihn als den,
> der gewöhnlich an der Schönen Pforte des Tempels saß
> und bettelte.
Und sie waren voll Verwunderung und Staunen
> über das, was mit ihm geschehen war.

ANTWORTPSALM Ps 19 (18), 2–3.4–5b (R: 5a)

R Ihre Botschaft geht hinaus in die ganze Welt. − R (GL 529, 6)

Die Himmel rühmen die Herrlichkeit Gottes, * II. Ton
vom Werk seiner Hände kündet das Firmament.

Ein Tag sagt es dem andern, *
eine Nacht tut es der andern kund. − (R)

Ohne Worte und ohne Reden, *
unhörbar bleibt ihre Stimme.

Doch ihre Botschaft geht in die ganze Welt hinaus, *
ihre Kunde bis zu den Enden der Erde. − R

ZUR 2. LESUNG *Wiederholt mußte Paulus seine apostolische Sendung und Autorität verteidigen; er gehörte ja nicht zum Kreis der Zwölf. Er ist aber überzeugt, daß seine Sendung und Lehre ihren Ursprung in Jesus Christus hat, letzten Endes in der ewigen Absicht Gottes. Er weist auf seine Vergangenheit hin: Er war ein fanatischer Verfechter der jüdischen Religion und ein Verfolger der Christen gewesen. Ihn konnte nur Gott selbst bekehren, der ihn von Ewigkeit her zum Apostel der Heiden bestimmt hatte.*

ZWEITE LESUNG Gal 1, 11–20
Gott hat mich schon im Mutterleib auserwählt und durch seine Gnade berufen

Lesung
> aus dem Brief des Apostels Paulus an die Gálater.

Ich erkläre euch, Brüder:
Das Evangelium, das ich verkündigt habe,
> stammt nicht von Menschen;

¹² ich habe es ja nicht von einem Menschen übernommen
oder gelernt,
sondern durch die Offenbarung Jesu Christi empfangen.
¹³ Ihr habt doch gehört,
wie ich früher als gesetzestreuer Jude gelebt habe,
und wißt, wie maßlos ich die Kirche Gottes verfolgte
und zu vernichten suchte.
¹⁴ In der Treue zum jüdischen Gesetz
übertraf ich die meisten Altersgenossen in meinem Volk,
und mit dem größten Eifer
setzte ich mich für die Überlieferungen meiner Väter ein.
¹⁵ Als aber Gott, der mich schon im Mutterleib auserwählt
und durch seine Gnade berufen hat,
¹⁶ mir in seiner Güte seinen Sohn offenbarte,
damit ich ihn unter den Heiden verkündige,
da zog ich keinen Menschen zu Rate.
¹⁷ Ich ging auch nicht sogleich nach Jerusalem hinauf
zu denen, die vor mir Apostel waren,
sondern zog nach Arabien
und kehrte dann wieder nach Damaskus zurück.
¹⁸ Drei Jahre später ging ich nach Jerusalem hinauf,
um Kephas kennenzulernen,
und blieb fünfzehn Tage bei ihm.
¹⁹ Von den anderen Aposteln habe ich keinen gesehen,
nur Jakobus, den Bruder des Herrn.
²⁰ Was ich euch hier schreibe –
Gott weiß, daß ich nicht lüge.

RUF VOR DEM EVANGELIUM   Vers: Joh 21, 17

Halleluja. Halleluja.

Herr, du weißt alles;
du weißt, daß ich dich liebe.

Halleluja.

ZUM EVANGELIUM   *Die dritte Erscheinung des Auferstandenen vor den Jüngern gilt vor allem dem Petrus, der als Führer der Jüngergruppe auftritt. Jesus bestätigt ihn in seiner Vorrangstellung, weist ihn aber auf die Grundvoraussetzungen hin, die der Träger des Hirtenamtes erfüllen muß: unbedingte Treue, Liebe.*

29. Juni. Hl. Petrus und hl. Paulus

EVANGELIUM Joh 21, 1.15–19

Weide meine Lämmer! Weide meine Schafe!

✢ Aus dem heiligen Evangelium nach Johannes.

In jener Zeit
  offenbarte sich Jesus den Jüngern noch einmal.
Es war am See von Tibérias,
und er offenbarte sich in folgender Weise.

Als sie gegessen hatten, sagte Jesus zu Simon Petrus:
  Simon, Sohn des Johannes, liebst du mich mehr als diese?
Er antwortete ihm: Ja, Herr, du weißt, daß ich dich liebe.
Jesus sagte zu ihm:
  Weide meine Lämmer!

Zum zweitenmal fragte er ihn:
  Simon, Sohn des Johannes, liebst du mich?
Er antwortete ihm: Ja, Herr, du weißt, daß ich dich liebe.
Jesus sagte zu ihm:
  Weide meine Schafe!

Zum drittenmal fragte er ihn:
  Simon, Sohn des Johannes, liebst du mich?
Da wurde Petrus traurig,
weil Jesus ihn zum drittenmal gefragt hatte: Hast du mich lieb?
Er gab ihm zur Antwort: Herr, du weißt alles;
du weißt, daß ich dich liebhabe.
Jesus sagte zu ihm:
  Weide meine Schafe!

Amen, amen, das sage ich dir:
Als du noch jung warst, hast du dich selbst gegürtet
und konntest gehen, wohin du wolltest.
Wenn du aber alt geworden bist,
  wirst du deine Hände ausstrecken,
  und ein anderer wird dich gürten
und dich führen, wohin du nicht willst.

Das sagte Jesus,
  um anzudeuten,
  durch welchen Tod er Gott verherrlichen würde.
Nach diesen Worten sagte er zu ihm:
  Folge mir nach!

Glaubensbekenntnis, S. 348 ff.

ZUR EUCHARISTIEFEIER *Wen Jesus in seine Nähe ruft, der weiß sich beschenkt, geehrt, angenommen. Die eigene Unwürdigkeit wird ihm bewußt, und er kann nur noch eines tun: aus seinem Leben eine große Danksagung machen.*

GABENGEBET
Allmächtiger Gott,
das Martyrium der Apostel Petrus und Paulus
ist der Ruhm deiner Kirche.
An diesem festlichen Tag
bringen wir unsere Gaben zu deinem Altar.
Wenn wir auf unsere eigene Leistung schauen
und den Mut verlieren,
dann laß uns auf dein Erbarmen hoffen,
das sich an den Aposteln machtvoll erwiesen hat.
Darum bitten wir durch Christus, unseren Herrn.

Präfation, S. 426.

KOMMUNIONVERS   Joh 21, 15.17
Simon, Sohn des Johannes, liebst du mich mehr, als diese mich lieben?
Herr, du weißt alles: du weißt, daß ich dich liebe.

SCHLUSSGEBET
Allmächtiger Gott,
stärke uns durch die heiligen Geheimnisse
und erleuchte deine Kirche allezeit
durch das Wort der Apostel.
Darum bitten wir durch Christus, unseren Herrn.

Am Tag

ERÖFFNUNGSVERS
Die Apostel Petrus und Paulus haben die Kirche begründet;
sie haben den Kelch des Herrn getrunken,
nun sind sie Gottes Freunde.

Ehre sei Gott, S. 344 ff.

29. Juni. Hl. Petrus und hl. Paulus

TAGESGEBET

Herr, unser Gott,
am Hochfest der Apostel Petrus und Paulus
haben wir uns in Freude versammelt.
Hilf deiner Kirche,
in allem der Weisung deiner Boten zu folgen,
durch die sie den Glauben
und das Leben in Christus empfangen hat,
der in der Einheit des Heiligen Geistes
mit dir lebt und herrscht in alle Ewigkeit.

ZUR 1. LESUNG *Herodes Agrippa war von 41 bis 44 n. Chr. König von Judäa und Samarien. Um bei den führenden Juden sein Ansehen aufzubessern, verfolgte er die Jünger Jesu. Die Apostelgeschichte berichtet nur kurz über die Hinrichtung des Jakobus und erzählt dann ausführlich die Gefangennahme und Befreiung des Petrus. Dieser wurde in der Osterwoche verhaftet und sollte nach dem Fest abgeurteilt werden. In der äußersten Not hat die Gemeinde keine andere Waffe als das Gebet. Die Befreiung des Petrus ist allein Gottes Werk; sie wird in die Reihe der großen Rettungstaten Gottes im Alten Bund gestellt.*

ERSTE LESUNG Apg 12, 1–11

Nun weiß ich, daß der Herr mich der Hand des Herodes entrissen hat

**Lesung
  aus der Apostelgeschichte.**

In jenen Tagen
  ließ der König Herodes
    einige aus der Gemeinde verhaften und mißhandeln.
Jakobus, den Bruder des Johannes,
  ließ er mit dem Schwert hinrichten.
Als er sah, daß es den Juden gefiel,
  ließ er auch Petrus festnehmen.
Das geschah in den Tagen der Ungesäuerten Brote.
Er nahm ihn also fest
  und warf ihn ins Gefängnis.

Die Bewachung übertrug er vier Abteilungen von je vier Soldaten.
Er beabsichtigte,
    ihn nach dem Paschafest* dem Volk vorführen zu lassen.
5 Petrus wurde also im Gefängnis bewacht.
Die Gemeinde aber betete inständig für ihn zu Gott.

6 In der Nacht, ehe Herodes ihn vorführen lassen wollte,
    schlief Petrus, mit zwei Ketten gefesselt,
    zwischen zwei Soldaten;
vor der Tür aber bewachten Posten den Kerker.

7 Plötzlich trat ein Engel des Herrn ein,
    und ein helles Licht strahlte in den Raum.
Er stieß Petrus in die Seite,
weckte ihn
und sagte: Schnell, steh auf!
Da fielen die Ketten von seinen Händen.

8 Der Engel aber sagte zu ihm:
    Gürte dich, und zieh deine Sandalen an!
Er tat es.
Und der Engel sagte zu ihm:
    Wirf deinen Mantel um, und folge mir!

9 Dann ging er hinaus,
und Petrus folgte ihm,
    ohne zu wissen, daß es Wirklichkeit war,
    was durch den Engel geschah;
es kam ihm vor,
    als habe er eine Vision.

10 Sie gingen an der ersten und an der zweiten Wache vorbei
    und kamen an das eiserne Tor, das in die Stadt führt;
es öffnete sich ihnen von selbst.
Sie traten hinaus
    und gingen eine Gasse weit;
und auf einmal verließ ihn der Engel.

11 Da kam Petrus zu sich
und sagte: Nun weiß ich wahrhaftig,
    daß der Herr seinen Engel gesandt
    und mich der Hand des Herodes entrissen hat
    und all dem, was das Volk der Juden erhofft hat.

---

* Sprich: Pas-chafest.

29. Juni. Hl. Petrus und hl. Paulus

ANTWORTPSALM Ps 34 (33), 2–3.4–5.6–7.8–9 (R: 5b)

R All meinen Ängsten hat mich der Herr entrissen. – **R** (GL 148, 2)

Ich will den Herrn allezeit preisen; * IV. Ton
immer sei sein Lob in meinem Mund.

Meine Seele rühme sich des Herrn; *
die Armen sollen es hören und sich freuen. – (R)

Verherrlicht mit mir den Herrn, *
laßt uns gemeinsam seinen Namen rühmen.

Ich suchte den Herrn, und er hat mich erhört, *
er hat mich all meinen Ängsten entrissen. – (R)

Blickt auf zu ihm, so wird euer Gesicht leuchten, *
und ihr braucht nicht zu erröten.

Da ist ein Armer; er rief, und der Herr erhörte ihn. *
Er half ihm aus all seinen Nöten. – (R)

Der Engel des Herrn umschirmt alle, die ihn fürchten und ehren, *
und er befreit sie.

Kostet und seht, wie gütig der Herr ist; *
wohl dem, der zu ihm sich flüchtet! – R

ZUR 2. LESUNG   siehe Einführung, S. 613 f.

ZWEITE LESUNG 2 Tim 4,6–8.17–18

Schon jetzt liegt für mich der Kranz der Gerechtigkeit bereit

Lesung
   aus dem zweiten Brief des Apostels Paulus an Timótheus.

Mein Sohn!
Ich werde nunmehr geopfert,
und die Zeit meines Aufbruchs ist nahe.
Ich habe den guten Kampf gekämpft,
den Lauf vollendet,
die Treue gehalten.
Schon jetzt liegt für mich der Kranz der Gerechtigkeit bereit,
   den mir der Herr, der gerechte Richter,
   an jenem Tag geben wird,

aber nicht nur mir,
 sondern allen, die sehnsüchtig auf sein Erscheinen warten.
17 Der Herr stand mir zur Seite und gab mir Kraft,
 damit durch mich die Verkündigung vollendet wird
 und alle Heiden sie hören;
 und so wurde ich dem Rachen des Löwen entrissen.
18 Der Herr wird mich allem Bösen entreißen,
 er wird mich retten
 und in sein himmlisches Reich führen.
 Ihm sei die Ehre in alle Ewigkeit.
 Amen.

RUF VOR DEM EVANGELIUM Vers: Mt 16,18

Halleluja. Halleluja.
(So spricht der Herr:)
Du bist Petrus – der Fels –,
und auf diesen Felsen werde ich meine Kirche bauen,
und die Mächte der Unterwelt werden sie nicht überwältigen.
Halleluja.

ZUM EVANGELIUM *Für wen halten die Leute den Menschensohn? Das ist die Frage, an der sich alles entscheidet. Im Markusevangelium lautet die Antwort des Petrus: „Du bist der Messias" (Mk 8,29); nach Matthäus fügt er hinzu: „der Sohn des lebendigen Gottes". Schon in Mt 14,33 hatten die Jünger in einer plötzlichen Helligkeit gesagt: „Wahrhaftig, du bist Gottes Sohn." Auf Petrus und seinen Glauben baut Jesus seine Kirche. Es wird keine triumphierende Kirche sein. Petrus wird lernen müssen, nicht das im Sinn zu haben, was die Menschen wollen, sondern das, was Gott will (16,23).*

EVANGELIUM Mt 16,13–19

Du bist Petrus, ich werde dir die Schlüssel des Himmelreichs geben

✛ Aus dem heiligen Evangelium nach Matthäus.

In jener Zeit,
13 als Jesus in das Gebiet von Cäsaréa Philíppi kam,
 fragte er seine Jünger:
 Für wen halten die Leute den Menschensohn?

29. Juni. Hl. Petrus und hl. Paulus

Sie sagten: Die einen für Johannes den Täufer,
andere für Elíja,
wieder andere für Jeremía oder sonst einen Propheten.

Da sagte er zu ihnen: Ihr aber,
für wen haltet ihr mich?

Simon Petrus antwortete:
Du bist der Messías,
der Sohn des lebendigen Gottes!

Jesus sagte zu ihm:
Selig bist du, Simon Barjóna;
denn nicht Fleisch und Blut haben dir das offenbart,
sondern mein Vater im Himmel.

Ich aber sage dir:
Du bist Petrus – der Fels –,
und auf diesen Felsen werde ich meine Kirche bauen,
und die Mächte der Unterwelt werden sie nicht überwältigen.

Ich werde dir die Schlüssel des Himmelreichs geben;
was du auf Erden binden wirst,
das wird auch im Himmel gebunden sein,
und was du auf Erden lösen wirst,
das wird auch im Himmel gelöst sein.

Glaubensbekenntnis, S. 348 ff.

ZUR EUCHARISTIEFEIER *Der Fels, auf den Christus seine Kirche gestellt hat, ist Petrus. Das Herz der Gemeinde aber ist die Liebe des Guten Hirten, der sein Leben hingibt, und die Liebe, mit der die Gemeinde ihm antwortet.*

GABENGEBET

Herr und Gott,
in Gemeinschaft mit den Aposteln
Petrus und Paulus bitten wir dich:
Heilige unsere Gaben
und laß uns mit Bereitschaft und Hingabe
das Opfer deines Sohnes feiern,
der mit dir lebt und herrscht in alle Ewigkeit.

Präfation, S. 426.

KOMMUNIONVERS Mt 16, 16.18
Petrus sagte zu Jesus:
Du bist der Messias, der Sohn des lebendigen Gottes.
Jesus erwiderte ihm:
Du bist Petrus, und auf diesen Felsen werde ich meine Kirche bauen.

SCHLUSSGEBET

Herr, unser Gott,
du hast uns durch das heilige Sakrament gestärkt.
Gib, daß wir im Brotbrechen
und in der Lehre der Apostel verharren
und in deiner Liebe ein Herz und eine Seele werden.
Darum bitten wir durch Christus, unseren Herrn.

6. August
VERKLÄRUNG DES HERRN
Fest

Die Verklärung Christi wird von Matthäus, Markus und Lukas berichtet und im 2. Petrusbrief erwähnt. Ein Fest der Verklärung wird in der Ostkirche sicher seit dem 6. Jahrhundert gefeiert. In der abendländischen Kirche wurde es 1457 von Papst Kallistus III. allgemein vorgeschrieben, zum Dank für den Sieg über die Türken bei Belgrad.

ERÖFFNUNGSVERS Vgl. Mt 17, 5
Aus einer leuchtenden Wolke kam die Stimme des Vaters:
Dies ist mein geliebter Sohn, an dem ich Gefallen gefunden habe:
Auf ihn sollt ihr hören.

Ehre sei Gott, S. 344 ff.

TAGESGEBET

Allmächtiger Gott,
bei der Verklärung deines eingeborenen Sohnes
hast du durch das Zeugnis der Väter
die Geheimnisse unseres Glaubens bekräftigt.

6. August. Verklärung des Herrn 689

Du hast uns gezeigt, was wir erhoffen dürfen,
wenn unsere Annahme an Kindes Statt
sich einmal vollendet.
Hilf uns, auf das Wort deines Sohnes zu hören,
damit wir Anteil erhalten an seiner Herrlichkeit.
Darum bitten wir durch Jesus Christus.

ZUR 1. LESUNG   *Die Weltgeschichte von ihren Anfängen bis zum Ende wird im Buch Daniel als die Geschichte von vier aufeinanderfolgenden Reichen geschildert. Der Prophet stellt die Weltgeschichte dem Reich Gottes gegenüber und schaut sie als eine in Wirklichkeit schon vergangene, überwundene Geschichte. Die Herrschaft wird den Machthabern dieser Welt genommen und dem „Menschensohn" gegeben, der mit den Wolken des Himmels kommt (Dan 7, 13–14). Wer ist dieser Menschensohn? Daniel selbst hat ihn wohl kollektiv verstanden und irgendwie mit den „Heiligen des Höchsten" gleichgesetzt. Jesus hat sich mit Vorliebe den Titel „Menschensohn" beigelegt, der zugleich menschliche Niedrigkeit und göttliche Hoheit aussagt.*

ERSTE LESUNG   Dan 7, 9–10. 13–14

Sein Gewand war weiß wie Schnee

Lesung
   aus dem Buch Daniel.

Ich, Daniel, sah in einer nächtlichen Vision:
Throne wurden aufgestellt,
und ein Hochbetagter nahm Platz.
Sein Gewand war weiß wie Schnee,
   sein Haar wie reine Wolle.
Feuerflammen waren sein Thron,
   und dessen Räder waren loderndes Feuer.
Ein Strom von Feuer ging von ihm aus.
Tausendmal Tausende dienten ihm,
zehntausendmal Zehntausende standen vor ihm.
Das Gericht nahm Platz,
   und es wurden Bücher aufgeschlagen.
Immer noch hatte ich die nächtlichen Visionen:

Da kam mit den Wolken des Himmels
   einer wie ein Menschensohn.
Er gelangte bis zu dem Hochbetagten
   und wurde vor ihn geführt.
14 Ihm wurden Herrschaft, Würde und Königtum gegeben.
Alle Völker, Nationen und Sprachen müssen ihm dienen.
Seine Herrschaft ist eine ewige, unvergängliche Herrschaft.
Sein Reich geht niemals unter.

ANTWORTPSALM   Ps 97 (96), 1–2.5–6.8–9 (R: 1a u. 9a)

R Der Herr ist König,   (GL 149, 3)
er ist der Höchste über der ganzen Erde. – R

1 Der Herr ist König. Die Erde frohlocke. *   V. Ton
Freuen sollen sich die vielen Inseln.

2 Rings um ihn her sind Wolken und Dunkel, *
Gerechtigkeit und Recht sind die Stützen seines Throns. – (R)

5 Berge schmelzen wie Wachs vor dem Herrn, *
vor dem Antlitz des Herrschers aller Welt.

6 Seine Gerechtigkeit verkünden die Himmel, *
seine Herrlichkeit schauen alle Völker. – (R)

8 Zion hört es und freut sich, *
Judas Töchter jubeln, Herr, über deine Gerichte.

9 Denn du, Herr, bist der Höchste über der ganzen Erde, *
hoch erhaben über alle Götter. – R

ZUR 2. LESUNG   *Der Verfasser des 2. Petrusbriefs versteht die Verklärung Jesu auf dem heiligen Berg als ein erstes Aufleuchten des Tages, an dem sich Christus in seiner Herrlichkeit offenbaren wird. Bis dahin ist uns das Heil, die Gemeinschaft mit Gott als kostbares Gut des Glaubens gegeben, nicht aber als offenbare und vollendete Wirklichkeit. Für den Glaubenden ist die Verheißung Gottes („das Wort der Propheten") ein Licht auf dem Weg, bis der Tag anbricht.*

6. August. Verklärung des Herrn

ZWEITE LESUNG   2 Petr 1, 16–19

Die Stimme, die vom Himmel kam, haben wir gehört, als wir mit ihm auf dem heiligen Berg waren

Lesung
   aus dem zweiten Brief des Apostels Petrus.

Brüder!
Wir sind nicht
   irgendwelchen klug ausgedachten Geschichten gefolgt,
   als wir euch die machtvolle Ankunft
   Jesu Christi, unseres Herrn, verkündeten,
   sondern wir waren Augenzeugen seiner Macht und Größe.

Er hat von Gott, dem Vater, Ehre und Herrlichkeit empfangen;
denn er hörte die Stimme der erhabenen Herrlichkeit,
   die zu ihm sprach:
   Das ist mein geliebter Sohn,
   an dem ich Gefallen gefunden habe.
Diese Stimme, die vom Himmel kam, haben wir gehört,
   als wir mit ihm auf dem heiligen Berg waren.

Dadurch ist das Wort der Propheten
   für uns noch sicherer geworden,
und ihr tut gut daran, es zu beachten;
denn es ist ein Licht,
   das an einem finsteren Ort scheint,
bis der Tag anbricht
   und der Morgenstern aufgeht in eurem Herzen.

RUF VOR DEM EVANGELIUM

Halleluja. Halleluja.

Aus der leuchtenden Wolke rief die Stimme des Vaters:
Das ist mein geliebter Sohn; auf ihn sollt ihr hören.

Halleluja.

ZUM EVANGELIUM *Jesus, der Menschensohn, wird leiden und sterben und aus dem Tod auferstehen. Er ist der Herr, der mit der Herrlichkeit Gottes kommen wird. Über seine Herrlichkeit, das heißt seine göttliche Macht und Würde, belehrt Jesus seine Jünger nicht durch Worte, die ja doch unverständlich bleiben müßten, sondern durch eine Erscheinung, eine Offenbarung. Der Lichtglanz, in dem Jesus gesehen wird, ist in der Heiligen Schrift Hinweis auf die Anwesenheit Gottes, sichtbar und zugleich verhüllt durch die leuchtende Wolke. Mose und Elija sind die Vertreter des Alten Bundes; sie bezeugen Jesus als den, in dem sich das Gesetz und die Propheten erfüllen. Von nun an ist Jesus allein der, auf den die Jünger hören sollen.*

EVANGELIUM
Lk 9, 28b–36

Während er betete, veränderte sich das Aussehen seines Gesichtes

☩ Aus dem heiligen Evangelium nach Lukas.

In jener Zeit
^{28b} nahm Jesus Petrus, Johannes und Jakobus beiseite
und stieg mit ihnen auf einen Berg, um zu beten.
²⁹ Und während er betete,
veränderte sich das Aussehen seines Gesichtes,
und sein Gewand wurde leuchtend weiß.
³⁰ Und plötzlich redeten zwei Männer mit ihm.
Es waren Mose und Elíja;
³¹ sie erschienen in strahlendem Licht
und sprachen von seinem Ende,
das sich in Jerusalem erfüllen sollte.
³² Petrus und seine Begleiter aber waren eingeschlafen,
wurden jedoch wach
und sahen Jesus in strahlendem Licht
und die zwei Männer, die bei ihm standen.
³³ Als die beiden sich von ihm trennen wollten,
sagte Petrus zu Jesus: Meister, es ist gut, daß wir hier sind.
Wir wollen drei Hütten bauen,
eine für dich, eine für Mose und eine für Elíja.
Er wußte aber nicht, was er sagte.
³⁴ Während er noch redete,
kam eine Wolke und warf ihren Schatten auf sie.
Sie gerieten in die Wolke hinein
und bekamen Angst.
³⁵ Da rief eine Stimme aus der Wolke:

6. August. Verklärung des Herrn

Das ist mein auserwählter Sohn,
auf ihn sollt ihr hören.
Als aber die Stimme erklang,
war Jesus wieder allein.
Die Jünger schwiegen jedoch über das, was sie gesehen hatten,
und erzählten in jenen Tagen niemand davon.

ZUR EUCHARISTIEFEIER *Jesus ist gekommen, damit wir das Leben haben, die Fülle des Lebens. Er selbst ist das Leben, er ist die Fülle, aus der wir alle alles empfangen haben. Er schenkt uns Gnade und Herrlichkeit.*

GABENGEBET

Gott, unser Vater,
sende über uns und diese Gaben
das Licht deiner Herrlichkeit,
das in deinem Sohn aufgestrahlt ist.
Es vertreibe das Dunkel der Sünde
und mache uns zu Kindern des Lichtes.
Darum bitten wir durch Christus, unseren Herrn.

Präfation, S. 426.

KOMMUNIONVERS 1 Joh 3, 2

Wenn der Herr offenbar wird, werden wir ihm ähnlich sein,
denn wir werden ihn sehen, wie er ist.

SCHLUSSGEBET

Herr, unser Gott,
in der Verklärung deines Sohnes
wurde der Glanz seiner Gottheit offenbar.
Laß uns durch den Empfang der himmlischen Speise
seinem verherrlichten Leib gleichgestaltet werden.
Darum bitten wir durch ihn, Christus, unseren Herrn.

15. August
MARIÄ AUFNAHME IN DEN HIMMEL
Hochfest

Am 1. November 1950 hat Pius XII. die Lehre, daß Maria mit Leib und Seele in die himmlische Herrlichkeit aufgenommen wurde, als Glaubenssatz verkündet und damit die seit alters vorhandene christliche Glaubensüberzeugung endgültig bestätigt. Das Fest „Mariä Himmelfahrt", richtiger das Fest der Aufnahme Mariens in den Himmel, ist in der Ostkirche bald nach dem Konzil von Ephesus (431) aufgekommen. Von Kaiser Mauritius (582–602) wurde der 15. August als staatlicher Feiertag anerkannt. In der römischen Kirche wird das Fest seit dem 7. Jahrhundert gefeiert.

Das Dogma   *„Wir verkünden, erklären und definieren es als ein von Gott geoffenbartes Dogma, daß die unbefleckte, allzeit jungfräuliche Gottesmutter Maria nach Ablauf ihres irdischen Lebens mit Leib und Seele in die himmlische Herrlichkeit aufgenommen wurde."*

(Pius XII.)

Am Vorabend

Aus pastoralen Gründen ist es erlaubt, die Texte der Messe „Am Tag", S. 699 ff., zu nehmen.

ERÖFFNUNGSVERS

Großes wird von dir gesagt, Maria:
Der Herr hat dich erhoben
über die Chöre der Engel in seine Herrlichkeit.

Ehre sei Gott, S. 344 ff.

TAGESGEBET

Allmächtiger Gott,
du hast die Jungfrau Maria
zur Mutter deines ewigen Sohnes erwählt.
Du hast auf deine niedrige Magd geschaut
und sie mit Herrlichkeit gekrönt.

Höre auf ihre Fürsprache
und nimm auch uns in deine Herrlichkeit auf,
da du uns erlöst hast
durch den Tod und die Auferstehung
deines Sohnes, unseres Herrn Jesus Christus,
der in der Einheit des Heiligen Geistes
mit dir lebt und herrscht in alle Ewigkeit.

ZUR 1. LESUNG   *Die Bundeslade war ein Schrein aus Akazienholz; sie war mit Gold überzogen und enthielt die beiden Gesetzestafeln (Ex 25; Dtn 10, 1–5). König David ließ sie nach Jerusalem bringen; Salomo stellte sie im heiligsten Raum des Tempels auf. Sie war Symbol der Gegenwart Gottes bei seinem Volk und zugleich Mahnung, nach dem Wort und Willen Gottes zu leben. Bei der Zerstörung des Tempels (587 v. Chr.) ging die Bundeslade verloren. Die Verehrung, die man ihr entgegengebracht hatte, ging später auf den Tempel und die Stadt Jerusalem über; hier war der Thron Gottes, der Schemel seiner Füße. Im Neuen Bund ist auf besondere Weise Maria die Verkörperung Israels und Zions als Ort der göttlichen Gegenwart.*

ERSTE LESUNG   1 Chr 15, 3–4.15–16; 16, 1–2

Man trug die Lade Gottes in das Zelt, das David für sie aufgestellt hatte, und setzte sie an ihren Platz in der Mitte des Zeltes

Lesung
   aus dem ersten Buch der Chronik.

In jenen Tagen
   berief David ganz Israel nach Jerusalem,
   um die Lade des Herrn an den Ort zu bringen,
   den er für sie hergerichtet hatte.
Er ließ die Nachkommen Aarons und die Leviten kommen.

Die Leviten hoben die Lade Gottes
   mit den Tragstangen auf ihre Schultern,
   wie es Mose auf Befehl des Herrn angeordnet hatte.

Den Vorstehern der Leviten befahl David,
   sie sollten ihre Stammesbrüder, die Sänger,
   mit ihren Instrumenten,
   mit Harfen, Zithern und Zimbeln, aufstellen,
   damit sie zum Freudenjubel laut ihr Spiel ertönen ließen.

1 Man trug die Lade Gottes in das Zelt,
    das David für sie aufgestellt hatte,
  setzte sie an ihren Platz in der Mitte des Zeltes
    und brachte Brand- und Heilsopfer vor Gott dar.
2 Als David mit dem Darbringen der Brand- und Heilsopfer fertig war,
    segnete er das Volk im Namen des Herrn.

ANTWORTPSALM   Ps 132 (131),6–7.9–10.13–14 (R: 8a).

R Erheb dich, Herr, (GL 753, 1)
komm an den Ort deiner Ruhe! – R

6 Wir hörten von der Lade des Herrn in Éfrata, *   II. Ton
fanden sie im Gefilde von Jáar.

7 Laßt uns hingehen zu seiner Wohnung *
und niederfallen vor dem Schemel seiner Füße! – (R)

9 Deine Priester sollen sich bekleiden mit Gerechtigkeit, *
und deine Frommen sollen jubeln.

10 Weil David dein Knecht ist, *
weise deinen Gesalbten nicht ab! – (R)

13 Denn der Herr hat den Zion erwählt, *
ihn zu seinem Wohnsitz erkoren:

14 „Das ist für immer der Ort meiner Ruhe; *
hier will ich wohnen, ich hab' ihn erkoren." – R

ZUR 2. LESUNG *Die Auferstehung der Toten ist ein „Geheimnis" (1 Kor 15,41): ein unbegreifliches, nur als Tat Gottes mögliches Geschehen. Der Anfang ist schon gemacht: Der Stachel des Todes, die Sünde, ist überwunden durch den Tod und die Auferstehung Jesu. Wer in Christus ist, hat den Schritt vom Tod zum Leben bereits getan, allen voran die Mutter Jesu, die mit der Person und dem Werk ihres Sohnes über den Tod hinaus aufs engste verbunden bleibt.*

15. August. Mariä Aufnahme in den Himmel

ZWEITE LESUNG 1 Kor 15, 54–57

Gott hat uns den Sieg geschenkt durch Jesus Christus

Lesung
aus dem ersten Brief des Apostels Paulus an die Korínther.

Brüder!
Wenn sich dieses Vergängliche mit Unvergänglichkeit bekleidet
   und dieses Sterbliche mit Unsterblichkeit,
   dann erfüllt sich das Wort der Schrift:

Verschlungen ist der Tod vom Sieg.
Tod, wo ist dein Sieg?
Tod, wo ist dein Stachel?

Der Stachel des Todes aber ist die Sünde,
   die Kraft der Sünde ist das Gesetz.
Gott aber sei Dank,
   der uns den Sieg geschenkt hat
   durch Jesus Christus, unseren Herrn.

RUF VOR DEM EVANGELIUM Vers: vgl. Lk 11, 28

Halleluja. Halleluja.
Selig, die das Wort Gottes hören
und es befolgen.
Halleluja.

ZUM EVANGELIUM *Wer das Wort Jesu hört und seine Nähe spürt, weiß sich angesprochen und angenommen, und es drängt ihn zur Antwort. Die Frau, die in der Volksmenge stand, konnte nicht mehr schweigen; sie mußte jene andere Frau nennen und rühmen, die mit Jesus aufs engste verbunden war: seine Mutter. Die Erwiderung Jesu ist keine Zurückweisung, wohl aber eine Klarstellung nach zwei Richtungen: 1. Maria ist nicht schon deshalb seligzupreisen, weil sie die leibliche Mutter Jesu ist, sondern weil sie außerdem zu jenen gehört, die das Wort Gottes hören und es befolgen; 2. Maria ist nicht die einzige, die das Wort Gottes hört; alle, die es hören und befolgen, haben Gemeinschaft mit Jesus, sie sind seine wahre Verwandtschaft.*

EVANGELIUM
Lk 11,27–28

Selig der Leib, der dich getragen hat

✢ Aus dem heiligen Evangelium nach Lukas.

In jener Zeit,
27 als Jesus zum Volk redete,
rief eine Frau aus der Menge ihm zu:
Selig die Frau, deren Leib dich getragen
und deren Brust dich genährt hat.

28 Er aber erwiderte:
Selig sind vielmehr die,
die das Wort Gottes hören
und es befolgen.

Glaubensbekenntnis, S. 348 ff.

ZUR EUCHARISTIEFEIER *Viele Menschen hören das Wort und hören es doch nicht. Nur mit dem Herzen hört man gut. Das hörende und liebende Herz, das arme Herz, ist fähig, die Gabe Gottes zu empfangen.*

GABENGEBET

Herr und Gott,
am Fest der Aufnahme Marias in den Himmel
bringen wir das Opfer des Lobes
und der Versöhnung dar.
Es erwirke uns die Vergebung der Sünden
und die Gnade, dir immer zu danken.
Darum bitten wir durch Christus, unseren Herrn.

Präfation, S. 427.

KOMMUNIONVERS
Selig der Leib der Jungfrau Maria;
denn er hat den Sohn des ewigen Gottes getragen.

SCHLUSSGEBET

Herr, unser Gott,
am Fest der Aufnahme Marias in den Himmel
hast du uns an deinem Tisch versammelt.

15. August. Mariä Aufnahme in den Himmel

Erhöre unser Gebet
und laß auch uns nach aller Mühsal dieser Zeit
zu dir in die ewige Heimat gelangen.
Darum bitten wir durch Christus, unseren Herrn.

Am Tag

ERÖFFNUNGSVERS Offb 12, 1
Ein großes Zeichen erschien am Himmel:
Eine Frau, umgeben von der Sonne, den Mond unter ihren Füßen,
und einen Kranz von zwölf Sternen auf ihrem Haupt.

Oder:

Freut euch alle im Herrn
am Fest der Aufnahme der seligsten Jungfrau Maria in den Himmel.
Mit uns freuen sich die Engel und loben Gottes Sohn.

Ehre sei Gott, S. 344 ff.

TAGESGEBET

Allmächtiger, ewiger Gott,
du hast die selige Jungfrau Maria,
die uns Christus geboren hat,
vor aller Sünde bewahrt
und sie mit Leib und Seele
zur Herrlichkeit des Himmels erhoben.
Gib, daß wir auf dieses Zeichen
der Hoffnung und des Trostes schauen
und auf dem Weg bleiben,
der hinführt zu deiner Herrlichkeit.
Darum bitten wir durch Jesus Christus.

ZUR 1. LESUNG *In wenigen Sätzen umreißt die Lesung aus Offb 12 ein gewaltiges Geschehen. Die Frau, die am Himmel als das große Zeichen erscheint, ist die Mutter des Messiaskindes. Sie ist die Verkörperung des Gottesvolkes; die zwölf Sterne über ihrem Haupt erinnern an die zwölf Stämme Israels. Die Geburtswehen sind weniger von der leiblichen Geburt des Messiaskindes zu verstehen als von den Leiden des Gottesvolkes im Verlauf seiner Geschichte, vor allem in der Zeit, die dem Ende vorausgeht.*

ERSTE LESUNG

Offb 11,19a; 12,1–6a.10ab

Ein großes Zeichen erschien am Himmel: eine Frau, mit der Sonne bekleidet, der Mond unter ihren Füßen

Lesung
aus der Offenbarung des Johannes.

¹⁹ᵃ Der Tempel Gottes im Himmel wurde geöffnet,
und in seinem Tempel wurde die Lade seines Bundes sichtbar.
¹ Dann erschien ein großes Zeichen am Himmel:
eine Frau, mit der Sonne bekleidet;
der Mond war unter ihren Füßen
und ein Kranz von zwölf Sternen auf ihrem Haupt.
² Sie war schwanger
und schrie vor Schmerz in ihren Geburtswehen.
³ Ein anderes Zeichen erschien am Himmel:
ein Drache, groß und feuerrot,
mit sieben Köpfen und zehn Hörnern
und mit sieben Diademen auf seinen Köpfen.
⁴ Sein Schwanz fegte ein Drittel der Sterne vom Himmel
und warf sie auf die Erde herab.

Der Drache stand vor der Frau, die gebären sollte;
er wollte ihr Kind verschlingen,
sobald es geboren war.
⁵ Und sie gebar ein Kind,
einen Sohn,
der über alle Völker mit eisernem Zepter herrschen wird.
Und ihr Kind wurde zu Gott und zu seinem Thron entrückt.
⁶ᵃ Die Frau aber floh in die Wüste,
wo Gott ihr einen Zufluchtsort geschaffen hatte.
¹⁰ᵃᵇ Da hörte ich eine laute Stimme im Himmel rufen:

Jetzt ist er da, der rettende Sieg,
die Macht und die Herrschaft unseres Gottes
und die Vollmacht seines Gesalbten.

ANTWORTPSALM

Ps 45 (44),11–12.16 u.18

(GL 600, 1)

R Selig bist du, Jungfrau Maria,
du thronst zur Rechten des Herrn. – R

15. August. Mariä Aufnahme in den Himmel

Höre, Tochter, sieh her und neige dein Ohr, *   IV. Ton
vergiß dein Volk und dein Vaterhaus!

Der König verlangt nach deiner Schönheit; *
er ist ja dein Herr, verneig dich vor ihm! − (R)

Man geleitet sie mit Freude und Jubel, *
sie ziehen ein in den Palast des Königs.

Ich will deinen Namen rühmen von Geschlecht zu Geschlecht; *
darum werden die Völker dich preisen immer und ewig. − R

ZUR 2. LESUNG   *Gott hat seinen Sohn von den Toten auferweckt, damit hat die Auferstehung der Toten begonnen. An Christus (und dann auch an Maria) ist sichtbar geworden, zu welchem Ziel die Menschheit unterwegs ist. Aber erst wenn der „letzte Feind" überwunden ist, wenn es keine Sünde und keinen Tod mehr gibt, wird die Erlösung vollendet sein und die Macht Gottes offenbar werden.*

ZWEITE LESUNG   1 Kor 15,20−27a

In Christus werden alle lebendig gemacht werden: Erster ist Christus; dann folgen alle, die zu ihm gehören

Lesung
   aus dem ersten Brief des Apostels Paulus an die Korínther.

Brüder!
Christus ist von den Toten auferweckt worden
   als der Erste der Entschlafenen.
Da nämlich durch einen Menschen der Tod gekommen ist,
   kommt durch einen Menschen
   auch die Auferstehung der Toten.
Denn wie in Adam alle sterben,
   so werden in Christus alle lebendig gemacht werden.

Es gibt aber eine bestimmte Reihenfolge:
Erster ist Christus;
dann folgen, wenn Christus kommt,
   alle, die zu ihm gehören.
Danach kommt das Ende,
   wenn er jede Macht, Gewalt und Kraft vernichtet hat
   und seine Herrschaft Gott, dem Vater, übergibt.
Denn er muß herrschen,
   bis Gott ihm alle Feinde unter die Füße gelegt hat.

26 Der letzte Feind, der entmachtet wird,
   ist der Tod.
27a Sonst hätte er ihm nicht alles zu Füßen gelegt.

RUF VOR DEM EVANGELIUM

Halleluja. Halleluja.

Aufgenommen in den Himmel ist die Jungfrau Maria.
Die Engel freuen sich und preisen den Herrn.

Halleluja.

ZUM EVANGELIUM *Nachdem Maria ihr großes Ja gesprochen hat, eilt sie zu ihrer Verwandten Elisabet. Beide Frauen sind auf besondere Weise in die Heilsordnung Gottes einbezogen. Der Lobgesang Marias, das Magnifikat, ist ihre Antwort auf das, was ihr von Gott her geschehen ist. Das Lied feiert die Größe Gottes, seine Macht, seine Barmherzigkeit und seine ewige Treue. Der Lobgesang aller Glaubenden der alten Zeit und der kommenden Generationen fügt sich in dieses Danklied ein.*

EVANGELIUM   Lk 1, 39–56

Der Mächtige hat Großes an mir getan: er erhöht die Niedrigen

✢ Aus dem heiligen Evangelium nach Lukas.

39 In jenen Tagen machte sich Maria auf den Weg
   und eilte in eine Stadt im Bergland von Judäa.
40 Sie ging in das Haus des Zacharías
   und begrüßte Elisabet.
41 Als Elisabet den Gruß Marias hörte,
   hüpfte das Kind in ihrem Leib.

   Da wurde Elisabet vom Heiligen Geist erfüllt
42 und rief mit lauter Stimme:
      Gesegnet bist du mehr als alle anderen Frauen,
   und gesegnet ist die Frucht deines Leibes.
43 Wer bin ich, daß die Mutter meines Herrn zu mir kommt?
44 In dem Augenblick, als ich deinen Gruß hörte,
   hüpfte das Kind vor Freude in meinem Leib.

15. August. Mariä Aufnahme in den Himmel

Selig ist die,
   die geglaubt hat, daß sich erfüllt, was der Herr ihr sagen ließ."
Da sagte Maria:
Meine Seele preist die Größe des Herrn,
   und mein Geist jubelt über Gott, meinen Retter.
Denn auf die Niedrigkeit seiner Magd hat er geschaut.
Siehe, von nun an preisen mich selig alle Geschlechter.
Denn der Mächtige hat Großes an mir getan,
und sein Name ist heilig.
Er erbarmt sich von Geschlecht zu Geschlecht
   über alle, die ihn fürchten.
Er vollbringt mit seinem Arm machtvolle Taten:
Er zerstreut, die im Herzen voll Hochmut sind;
er stürzt die Mächtigen vom Thron
   und erhöht die Niedrigen.
Die Hungernden beschenkt er mit seinen Gaben
   und läßt die Reichen leer ausgehen.
Er nimmt sich seines Knechtes Israel an
und denkt an sein Erbarmen,
   das er unsern Vätern verheißen hat,
     Abraham und seinen Nachkommen auf ewig.
Und Maria blieb etwa drei Monate bei ihr;
dann kehrte sie nach Hause zurück.

Glaubensbekenntnis, S. 348 ff.

ZUR EUCHARISTIEFEIER *Die Heiligkeit ist nicht eine Tugend, die man lernt, sondern ein Geschenk, das man empfängt. Was wir in der Eucharistie darbringen, sind Gottes eigene Gaben: Brot und Wein, Zeit und Leben. So hat Maria ihren Weg verstanden: ein immer tieferes Hineingehen und Aufgenommenwerden in Gottes heilige Ewigkeit.*

GABENGEBET

Allmächtiger Gott,
unser Gebet und unser Opfer steige zu dir empor.
Höre auf die selige Jungfrau Maria,
die du in den Himmel aufgenommen hast,
und entzünde in unseren Herzen das Feuer der Liebe,
damit wir dich allezeit suchen.
Darum bitten wir durch Christus, unseren Herrn.

Präfation, S. 427.

KOMMUNIONVERS Lk 1,48–49
Von nun an preisen mich selig alle Geschlechter.
Denn der Mächtige hat Großes an mir getan.

SCHLUSSGEBET

Barmherziger Gott,
wir haben das heilbringende Sakrament empfangen.
Laß uns auf die Fürsprache der seligen Jungfrau Maria,
die du in den Himmel aufgenommen hast,
zur Herrlichkeit der Auferstehung gelangen.
Darum bitten wir durch Christus, unseren Herrn.

14. September
KREUZERHÖHUNG
Fest

Das Kreuzfest im September hat seinen Ursprung in Jerusalem; dort wurde am 13. September 335 die Konstantinische Basilika über dem Heiligen Grab feierlich eingeweiht. Der 13. September war auch der Jahrestag der Auffindung des Kreuzes gewesen. Am 14. September, dem Tag nach der Kirchweihe, wurde in der neuen Kirche dem Volk zum erstenmal das Kreuzesholz gezeigt („erhöht") und zur Verehrung dargereicht. Später verband man mit diesem Fest auch die Erinnerung an die Wiedergewinnung des heiligen Kreuzes durch Kaiser Heraklius im Jahr 628; in einem unglücklichen Krieg war das Kreuz an die Perser verlorengegangen, Heraklius brachte es feierlich an seinen Platz in Jerusalem zurück.

ERÖFFNUNGSVERS Vgl. Gal 6,14
Wir rühmen uns des Kreuzes unseres Herrn Jesus Christus.
In ihm ist uns Heil geworden und Auferstehung und Leben.
Durch ihn sind wir erlöst und befreit.

Ehre sei Gott, S. 344 ff.

14. September. Kreuzerhöhung

TAGESGEBET

Allmächtiger Gott,
deinem Willen gehorsam,
hat dein geliebter Sohn
den Tod am Kreuz auf sich genommen,
um alle Menschen zu erlösen.
Gib, daß wir in der Torheit des Kreuzes
deine Macht und Weisheit erkennen
und in Ewigkeit teilhaben
an der Frucht der Erlösung.
Darum bitten wir durch Jesus Christus.

ZUR 1. LESUNG *Die Erzählung von der kupfernen Schlange hatte ihren Ursprung in der Erinnerung an eine Schlangenplage während des Wüstenzugs. Die Hilfe kam nicht durch irgendwelchen Zauber, sondern durch den Glauben derer, die zur Schlange hinaufschauten. – Nach Joh 3, 14 hat Jesus in jener Schlange, die am oberen Ende einer Stange befestigt war, eine Vorausdarstellung seines Todes am Kreuz gesehen. Erst der am Kreuz erhöhte Menschensohn ist das wirkliche Zeichen der Rettung.*

ERSTE LESUNG Num 21, 4–9

Wenn jemand von einer Schlange gebissen wurde und zu der Kupferschlange aufblickte, blieb er am Leben

Lesung
   aus dem Buch Númeri.

In jenen Tagen
   brachen die Israeliten vom Berg Hor auf
   und schlugen die Richtung zum Schilfmeer ein,
   um Edom zu umgehen.
Unterwegs aber verlor das Volk den Mut,
es lehnte sich gegen Gott und gegen Mose auf
und sagte: Warum habt ihr uns aus Ägypten heraufgeführt?
Etwa damit wir in der Wüste sterben?
Es gibt weder Brot noch Wasser.
Dieser elenden Nahrung sind wir überdrüssig.

⁶ Da schickte der Herr Giftschlangen unter das Volk.
Sie bissen die Menschen,
   und viele Israeliten starben.
⁷ Die Leute kamen zu Mose
   und sagten: Wir haben gesündigt,
denn wir haben uns gegen den Herrn und gegen dich aufgelehnt.
Bete zum Herrn, daß er uns von den Schlangen befreit.
Da betete Mose für das Volk.
⁸ Der Herr antwortete Mose:
   Mach dir eine Schlange,
   und häng sie an einer Fahnenstange auf!
Jeder, der gebissen wird,
   wird am Leben bleiben, wenn er sie ansieht.
⁹ Mose machte also eine Schlange aus Kupfer
   und hängte sie an einer Fahnenstange auf.
Wenn nun jemand von einer Schlange gebissen wurde
   und zu der Kupferschlange aufblickte,
   blieb er am Leben.

ANTWORTPSALM Ps 78 (77), 1–2.34–35.36–37.38ab u.39 (R: vgl. 7b)

R Vergeßt die Taten Gottes nicht! – R   (GL 205, 1)

¹ Mein Volk, vernimm meine Weisung! *   IV. Ton
Wendet euer Ohr zu den Worten meines Mundes!

² Ich öffne meinen Mund zu einem Spruch; *
ich will die Geheimnisse der Vorzeit verkünden. – (R)

³⁴ Wenn Gott dreinschlug, fragten sie nach ihm, *
kehrten um und suchten ihn.

³⁵ Sie dachten daran, daß Gott ihr Fels ist, *
Gott, der Höchste, ihr Erlöser. – (R)

³⁶ Doch sie täuschten ihn mit falschen Worten, *
und ihre Zunge belog ihn.

³⁷ Ihr Herz hielt nicht fest zu ihm, *
sie hielten seinem Bund nicht die Treue. – (R)

³⁸ᵃᵇ Er aber vergab ihnen voll Erbarmen die Schuld *
und tilgte sein Volk nicht aus.

³⁹ Denn er dachte daran, daß sie nichts sind als Fleisch, '
nur ein Hauch, der vergeht und nicht wiederkehrt. – R

14. September. Kreuzerhöhung

ZUR 2. LESUNG *Ganze, ungeteilte Hinwendung zum Vater ist in der Ewigkeit Gottes das Wesen und Leben des Sohnes. Das ist in dieser unserer Welt sichtbar geworden durch die Opferhingabe des Sohnes am Kreuz. Was den Menschen als äußerste Erniedrigung erscheinen mußte, war für Jesus Erhöhung, Hinübergang in die Herrlichkeit des Vaters. Der Gekreuzigte ist der Kyrios geworden, der Herr und Retter.*

ZWEITE LESUNG Phil 2, 6–11

Christus Jesus erniedrigte sich: darum hat ihn Gott über alle erhöht

Lesung
   aus dem Brief des Apostels Paulus an die Philipper.

Christus Jesus war Gott gleich,
hielt aber nicht daran fest, wie Gott zu sein,
   sondern er entäußerte sich
   und wurde wie ein Sklave
   und den Menschen gleich.
Sein Leben war das eines Menschen;
er erniedrigte sich
   und war gehorsam bis zum Tod,
bis zum Tod am Kreuz.

Darum hat ihn Gott über alle erhöht
und ihm den Namen verliehen,
   der größer ist als alle Namen,
damit alle im Himmel, auf der Erde und unter der Erde
   ihre Knie beugen vor dem Namen Jesu
und jeder Mund bekennt:
   „Jesus Christus ist der Herr" –
   zur Ehre Gottes, des Vaters.

RUF VOR DEM EVANGELIUM

Halleluja. Halleluja.

Wir beten dich an, Herr Jesus Christus, und preisen dich;
denn durch dein heiliges Kreuz hast du die Welt erlöst.

Halleluja.

ZUM EVANGELIUM *Die Offenbarungsrede in Joh 3, 13–21 ist weniger an die Person des Nikodemus gerichtet als an die Leser des Evangeliums, an uns. Am Bild der kupfernen Schlange wird dem „Lehrer in Israel" und uns erklärt, wieviel Gott daran gelegen ist, die Menschen zu retten. Er sendet seinen Sohn in die Welt und gibt ihn in den Tod, damit alle Menschen durch ihn das Leben haben. Gott liebt die Welt, das ist die große Offenbarung.*

EVANGELIUM   Joh 3, 13–17

Der Menschensohn muß erhöht werden

✛ Aus dem heiligen Evangelium nach Johannes.

In jener Zeit sprach Jesus zu Nikodémus:
13 Niemand ist in den Himmel hinaufgestiegen
    außer dem, der vom Himmel herabgestiegen ist:
der Menschensohn.
14 Und wie Mose die Schlange in der Wüste erhöht hat,
    so muß der Menschensohn erhöht werden,
15 damit jeder, der an ihn glaubt,
    in ihm das ewige Leben hat.
16 Denn Gott hat die Welt so sehr geliebt,
    daß er seinen einzigen Sohn hingab,
damit jeder, der an ihn glaubt, nicht zugrunde geht,
    sondern das ewige Leben hat.
17 Denn Gott hat seinen Sohn nicht in die Welt gesandt,
    damit er die Welt richtet,
sondern damit die Welt durch ihn gerettet wird.

ZUR EUCHARISTIEFEIER *Unmenschlich wäre das Kreuz, wäre es nicht das Kreuz des Gottmenschen. So aber ist es die Wende der Zeit, der Altar der Welt. Gottes Heiligkeit und seine unfaßbare Freiheit leuchten im Kreuz. Im Kreuz Jesu und im Kreuz, das dem Jünger zu tragen gegeben wird.*

GABENGEBET

Herr, unser Gott,
dieses heilige Opfer hat auf dem Altar des Kreuzes
die Sünde der ganzen Welt hinweggenommen.
Es mache auch uns rein von aller Schuld.
Darum bitten wir durch Christus, unseren Herrn.

Präfation, S. 427,
oder Präfation vom Leiden Christi I, S. 409.

KOMMUNIONVERS
Joh 12, 32

So spricht der Herr:
Wenn ich von der Erde erhöht bin, werde ich alle an mich ziehen.

SCHLUSSGEBET

Herr Jesus Christus,
du hast am Holz des Kreuzes
der Welt das ewige Leben erworben.
Führe uns durch diese Feier,
in der wir deinen geopferten Leib
empfangen haben,
zur Herrlichkeit der Auferstehung.
Der du lebst und herrschest in alle Ewigkeit.

1. November

ALLERHEILIGEN

Hochfest

Die Anfänge des Allerheiligenfestes gehen bis ins 4. Jahrhundert zurück. Ephräm der Syrer und Johannes Chrysostomus kennen ein Fest aller heiligen Märtyrer am 13. Mai bzw. am 1. Sonntag nach Pfingsten, der im griechischen Kalender heute noch der Sonntag der Heiligen heißt. Im Abendland gab es ein Fest aller heiligen Märtyrer am 13. Mai seit dem 7. Jahrhundert (Einweihung des römischen Pantheons zu Ehren der seligen Jungfrau Maria und aller heiligen Märtyrer am 13. Mai 609).

Allerheiligen *ist wie ein großes Erntefest; eine „Epiphanie von Pfingsten"* hat man es auch genannt. Die Frucht, die aus dem Sterben des Weizenkorns wächst und reift, sehen wir, bewundern wir, sind wir. Noch ist die Ernte nicht beendet; Allerheiligen richtet unsern Blick auf die Vollendung, auf das Endziel, für das Gott uns geschaffen und bestimmt hat. Noch seufzen wir unter der Last der Vergänglichkeit, aber uns trägt die Gemeinschaft der durch Gottes Erwählung Berufenen und Geheiligten; uns treibt die Hoffnung, daß auch wir zur Freiheit und Herrlichkeit der Kinder Gottes gelangen werden. Und schon besitzen wir als Anfangsgabe den Heiligen Geist.

ERÖFFNUNGSVERS
Freut euch alle im Herrn am Fest aller Heiligen;
mit uns freuen sich die Engel und loben Gottes Sohn.

Ehre sei Gott, S. 344 ff.

TAGESGEBET
Allmächtiger, ewiger Gott,
du schenkst uns die Freude,
am heutigen Fest
die Verdienste aller deiner Heiligen zu feiern.
Erfülle auf die Bitten so vieler Fürsprecher
unsere Hoffnung
und schenke uns dein Erbarmen.
Darum bitten wir durch Jesus Christus.

ZUR 1. LESUNG *Zwischen einer Reihe von Visionen über die Katastrophen der Weltgeschichte, die Gerichte Gottes, steht in der Offenbarung des Johannes die Vision von der glanzvollen Versammlung der Geretteten vor dem Thron Gottes. Die Welt ist also nicht so finster, wie es manchmal scheinen möchte. „Die Rettung kommt von unserem Gott, der auf dem Thron sitzt, und von dem Lamm"* (7, 10).

1. November. Allerheiligen

ERSTE LESUNG Offb 7, 2–4.9–14

Ich sah eine große Schar aus allen Nationen und Sprachen; niemand konnte sie zählen

Lesung
   aus der Offenbarung des Johannes.

Ich, Johannes,
   sah vom Osten her einen anderen Engel emporsteigen;
er hatte das Siegel des lebendigen Gottes
und rief den vier Engeln,
   denen die Macht gegeben war,
   dem Land und dem Meer Schaden zuzufügen,
   mit lauter Stimme zu:
Fügt dem Land, dem Meer und den Bäumen keinen Schaden zu,
   bis wir den Knechten unseres Gottes
   das Siegel auf die Stirn gedrückt haben.

Und ich erfuhr die Zahl derer,
   die mit dem Siegel gekennzeichnet waren.
Es waren hundertvierundvierzigtausend
   aus allen Stämmen der Söhne Israels, die das Siegel trugen.

Danach sah ich: eine große Schar
   aus allen Nationen und Stämmen, Völkern und Sprachen;
niemand konnte sie zählen.
Sie standen in weißen Gewändern
   vor dem Thron und vor dem Lamm
   und trugen Palmzweige in den Händen.
Sie riefen mit lauter Stimme:
Die Rettung kommt von unserem Gott, der auf dem Thron sitzt,
   und von dem Lamm.

Und alle Engel standen rings um den Thron,
   um die Ältesten und die vier Lebewesen.
Sie warfen sich vor dem Thron nieder,
beteten Gott an
   und sprachen:
Amen, Lob und Herrlichkeit,
Weisheit und Dank,
Ehre und Macht und Stärke
   unserem Gott in alle Ewigkeit. Amen.

Da fragte mich einer der Ältesten:

> Wer sind diese, die weiße Gewänder tragen,
> und woher sind sie gekommen?
> 14 Ich erwiderte ihm: Mein Herr, das mußt du wissen.
> Und er sagte zu mir:
> Es sind die, die aus der großen Bedrängnis kommen;
> sie haben ihre Gewänder gewaschen
> und im Blut des Lammes weiß gemacht.

ANTWORTPSALM Ps 24 (23), 1–2.3–4.5–6 (R: vgl. 6)

R Aus allen Völkern hast du sie erwählt, (GL 119, 1)
die dein Antlitz suchen, o Herr. – R

1 Dem Herrn gehört die Erde und was sie erfüllt, * IV. Ton
der Erdkreis und seine Bewohner.

2 Denn er hat ihn auf Meere gegründet, *
ihn über Strömen befestigt. – (R)

3 Wer darf hinaufziehn zum Berg des Herrn, *
wer darf stehn an seiner heiligen Stätte?

4 Der reine Hände hat und ein lauteres Herz, *
der nicht betrügt und keinen Meineid schwört. – (R)

5 Er wird Segen empfangen vom Herrn *
und Heil von Gott, seinem Helfer.

6 Das sind die Menschen, die nach ihm fragen, *
die dein Antlitz suchen, Gott Jakobs. – R

ZUR 2. LESUNG *Kind Gottes sein heißt: von Gott geliebt und angenommen sein. Es heißt auch: in seiner Nähe leben, von seiner Liebe geprägt sein. „Die Welt erkennt uns nicht"; aber auch wir selbst begreifen die Wahrheit dessen, was wir glauben, erst allmählich: in dem Maß, als wir das leben, was wir sind. Dann werden wir fähig, auch in anderen Menschen das Leuchten der Gegenwart Gottes zu sehen.*

ZWEITE LESUNG   1 Joh 3, 1–3

Wir werden Gott sehen, wie er ist

**Lesung
aus dem ersten Johannesbrief.**

Brüder!
Seht, wie groß die Liebe ist, die der Vater uns geschenkt hat:
Wir heißen Kinder Gottes,
    und wir sind es.
Die Welt erkennt uns nicht,
    weil sie ihn nicht erkannt hat.

Liebe Brüder, jetzt sind wir Kinder Gottes.
Aber was wir sein werden,
    ist noch nicht offenbar geworden.
Wir wissen,
    daß wir ihm ähnlich sein werden, wenn er offenbar wird;
denn wir werden ihn sehen, wie er ist.

Jeder, der dies von ihm erhofft,
    heiligt sich,
    so wie Er heilig ist.

RUF VOR DEM EVANGELIUM   Vers: Mt 11, 28

Halleluja. Halleluja.
(So spricht der Herr:)
Kommt alle zu mir,
die ihr euch plagt und schwere Lasten zu tragen habt.
Ich werde euch Ruhe verschaffen.
Halleluja.

ZUM EVANGELIUM

Die Seligpreisungen der Bergpredigt sind der Form nach Glückwünsche, der Sache nach nennen sie die Bedingungen für den Einlaß in das Reich Gottes. In der erweiterten Fassung bei Matthäus liegen bereits Deutungen der Jesusworte vor (vgl. Lk 6, 20–23). Nicht weil er arm ist, wird der Arme seliggepriesen, und der Verfolgte nicht, weil er verfolgt wird. Glücklich ist, wer zu Armut und Verfolgung ja sagen und darüber sich sogar freuen kann, weil er so Christus ähnlicher wird und in der eigenen Schwachheit die Kraft Gottes erfährt.

EVANGELIUM Mt 5, 1–12a

Freut euch und jubelt: Euer Lohn im Himmel wird groß sein

☩ Aus dem heiligen Evangelium nach Matthäus.

In jener Zeit,
1 als Jesus die vielen Menschen sah, die ihm folgten,
stieg er auf einen Berg.
Er setzte sich,
und seine Jünger traten zu ihm.
2 Dann begann er zu reden
und lehrte sie.
3 Er sagte:

Selig, die arm sind vor Gott;
denn ihnen gehört das Himmelreich.
4 Selig die Trauernden;
denn sie werden getröstet werden.
5 Selig, die keine Gewalt anwenden;
denn sie werden das Land erben.
6 Selig, die hungern und dürsten nach der Gerechtigkeit;
denn sie werden satt werden.
7 Selig die Barmherzigen;
denn sie werden Erbarmen finden.
8 Selig, die ein reines Herz haben;
denn sie werden Gott schauen.
9 Selig, die Frieden stiften;
denn sie werden Söhne Gottes genannt werden.
10 Selig, die um der Gerechtigkeit willen verfolgt werden;
denn ihnen gehört das Himmelreich.
11 Selig seid ihr, wenn ihr um meinetwillen beschimpft und verfolgt
und auf alle mögliche Weise verleumdet werdet.
12a Freut euch und jubelt:
Euer Lohn im Himmel wird groß sein.

Glaubensbekenntnis, S. 348 ff.

ZUR EUCHARISTIEFEIER *Heilige und Sünder versammeln sich um den Altar. Hoffnung auf Heil und Herrlichkeit haben wir alle nur deshalb, weil Gott uns retten will. „denn seine Huld währt ewig". Am Tag der Ernte wird es ein großes Staunen geben.*

1. November. Allerheiligen

GABENGEBET

Herr, unser Gott,
nimm die Gaben entgegen,
die wir am heutigen Fest darbringen.
Wir glauben, daß deine Heiligen bei dir leben
und daß Leid und Tod sie nicht mehr berühren.
Erhöre ihr Gebet
und laß uns erfahren, daß sie uns nahe bleiben
und für uns eintreten.
Darum bitten wir durch Christus, unseren Herrn.

Präfation, S. 428.

KOMMUNIONVERS Mt 5, 8–10

Selig, die ein reines Herz haben;
denn sie werden Gott sehen.
Selig, die Frieden stiften;
denn sie werden Söhne Gottes genannt werden.
Selig, die um der Gerechtigkeit willen verfolgt werden;
denn ihnen gehört das Himmelreich.

SCHLUSSGEBET

Gott, du allein bist heilig,
dich ehren wir, wenn wir der Heiligen gedenken.
Stärke durch dein Sakrament
in uns das Leben der Gnade
und führe uns auf dem Weg der Pilgerschaft
zum ewigen Gastmahl,
wo du selbst die Vollendung der Heiligen bist.
Darum bitten wir durch Christus, unseren Herrn.

2. November

ALLERSEELEN

Der Allerseelentag am 2. November geht auf den heiligen Abt Odilo von Cluny zurück; er hat diesen Gedenktag in allen von Cluny abhängigen Klöstern eingeführt. Das Dekret Odilos vom Jahr 998 ist noch erhalten. Bald wurde der Allerseelentag auch außerhalb der Klöster gefeiert. Für Rom ist er seit Anfang des 14. Jahrhunderts bezeugt.

Wenn der 2. November auf einen Sonntag fällt, wird das Gedächtnis Allerseelen an diesem Tag begangen.

Statt der Schriftlesungen, die hier für die drei Meßformulare angegeben sind, können auch andere gewählt werden.

I

ERÖFFNUNGSVERS 1 Thess 4,14; 1 Kor 15,22
Wie Jesus gestorben und auferstanden ist,
so wird Gott auch die in Jesus Entschlafenen mit ihm vereinen.
Denn wie in Adam alle sterben,
so werden in Christus einst alle lebendig gemacht.

TAGESGEBET

Allmächtiger Gott,
wir glauben und bekennen,
daß du deinen Sohn
als Ersten von den Toten auferweckt hast.
Stärke unsere Hoffnung,
daß du auch unsere Brüder und Schwestern
auferwecken wirst zum ewigen Leben.
Darum bitten wir durch ihn, Jesus Christus.

ZUR 1. LESUNG *Im 2. Makkabäerbuch, nicht lange vor dem Jahr 100 v. Chr. geschrieben, wird mehrfach der Glaube an die leibliche Auferstehung ausgesprochen. Nicht alle Juden haben diesen Glauben geteilt; zur Zeit Jesu wurde er von den Sadduzäern bestritten. An-*

nehmbar ist ein solcher Glaube nur für den, der an die Macht des lebendigen Gottes glaubt. Die Stelle 2 Makk 12,45 ist im Alten Testament der einzige Text, der ausdrücklich von einem Läuterungszustand nach dem Tod und von der Fürbitte für die Verstorbenen spricht.

ERSTE LESUNG 2 Makk 12,43–45

Er handelte schön und edel; denn er dachte an die Auferstehung

Lesung
  aus dem zweiten Buch der Makkabäer.

In jenen Tagen
veranstaltete Judas, der Makkabäer, eine Sammlung,
  an der sich alle beteiligten,
und schickte etwa zweitausend Silberdrachmen nach Jerusalem,
  damit man dort ein Sündopfer darbringe.
Damit handelte er sehr schön und edel;
denn er dachte an die Auferstehung.

Hätte er nicht erwartet, daß die Gefallenen auferstehen werden,
  wäre es nämlich überflüssig und sinnlos gewesen,
  für die Toten zu beten.

Auch hielt er sich den herrlichen Lohn vor Augen,
  der für die hinterlegt ist, die in Frömmigkeit sterben.
Ein heiliger und frommer Gedanke!
Darum ließ er die Toten entsühnen,
  damit sie von der Sünde befreit werden.

ANTWORTPSALM Ps 130 (129), 1–2.3–4.5–6b.6c–8 (R: 1)

R Aus der Tiefe rufe ich, Herr, zu dir. – R (GL 191, 1)

Aus der Tiefe rufe ich, Herr, zu dir: * VII. Ton
Herr, höre meine Stimme!
Wende dein Ohr mir zu, *
achte auf mein lautes Flehen! – (R)

Würdest du, Herr, unsere Sünden beachten, *
Herr, wer könnte bestehen?
Doch bei dir ist Vergebung, *
damit man in Ehrfurcht dir dient. – (R)

5 Ich hoffe auf den Herrn, es hofft meine Seele, *
ich warte voll Vertrauen auf sein Wort.

6ab Meine Seele wartet auf den Herrn *
mehr als die Wächter auf den Morgen. – (R)

6c Mehr als die Wächter auf den Morgen *
7 soll Israel harren auf den Herrn.

Denn beim Herrn ist die Huld, †
bei ihm ist Erlösung in Fülle. *
8 Ja, er wird Israel erlösen von all seinen Sünden.

R Aus der Tiefe rufe ich, Herr, zu dir.

ZUR 2. LESUNG   *Zwischen der Auferstehung Jesu und seiner Wiederkunft läuft die Zeit der Kirche, auch die Zeit unseres eigenen Lebens. An jenem Tag werden alle, die durch ihren Glauben und die Taufe zu Christus gehören, ihm entgegengehen, um für immer bei ihm zu sein. Das ist die Hoffnung, die es den Christen unmöglich macht, traurig zu sein wie die anderen, die keine Hoffnung haben.*

ZWEITE LESUNG   1 Thess 4, 13–18

Wir werden immer beim Herrn sein

**Lesung
aus dem ersten Brief des Apostels Paulus an die Thessalónicher.**

13 Brüder,
wir wollen euch über die Verstorbenen nicht in Unkenntnis lassen,
damit ihr nicht trauert wie die anderen,
die keine Hoffnung haben.

14 Wenn Jesus – und das ist unser Glaube –
gestorben und auferstanden ist,
dann wird Gott durch Jesus auch die Verstorbenen
zusammen mit ihm zur Herrlichkeit führen.

15 Denn dies sagen wir euch nach einem Wort des Herrn:
Wir, die Lebenden,
die noch übrig sind, wenn der Herr kommt,
werden den Verstorbenen nichts voraushaben.

16 Denn der Herr selbst wird vom Himmel herabkommen,
wenn der Befehl ergeht,
der Erzengel ruft und die Posaune Gottes erschallt.

Zuerst werden die in Christus Verstorbenen auferstehen;
dann werden wir, die Lebenden, die noch übrig sind,
   zugleich mit ihnen auf den Wolken in die Luft entrückt,
   dem Herrn entgegen.
Dann werden wir immer beim Herrn sein.

Tröstet also einander mit diesen Worten!

RUF VOR DEM EVANGELIUM   Vers: Joh 11,25a.26b

Christus Sieger, Christus König, Christus Herr in Ewigkeit![1] – R
(So spricht der Herr:)
Ich bin die Auferstehung und das Leben.
Jeder, der an mich glaubt, wird auf ewig nicht sterben.
Christus Sieger, Christus König, Christus Herr in Ewigkeit!

ZUM EVANGELIUM   *„Wer an mich glaubt, wird leben, auch wenn er stirbt", sagt Jesus zu Marta. Er wird das Licht des Lebens haben, er wird gerettet werden. „Glaubst du das?" Die Frage ist an uns gerichtet, an uns Christen des 20. Jahrhunderts. Marta hat mit einem Bekenntnis zu Jesus als dem von Gott gesandten Messias und Retter geantwortet. Er selbst ist unser Leben und unsere Auferstehung.*

EVANGELIUM   Joh 11,17–27

Ich bin die Auferstehung und das Leben

✚ Aus dem heiligen Evangelium nach Johannes.

In jener Zeit,
   als Jesus in Betánien ankam,
      fand er Lazarus schon vier Tage im Grab liegen.
Betánien war nahe bei Jerusalem,
   etwa fünfzehn Stadien entfernt.

Viele Juden waren zu Marta und Maria gekommen,
   um sie wegen ihres Bruders zu trösten.
Als Marta hörte, daß Jesus komme,
   ging sie ihm entgegen,
Maria aber blieb im Haus.

---

[1] Oder einer der auf S. 784 vorgesehenen Rufe oder das Halleluja.

21 Marta sagte zu Jesus:
   Herr, wärst du hier gewesen,
   dann wäre mein Bruder nicht gestorben.
22 Aber auch jetzt weiß ich:
   Alles, worum du Gott bittest,
   wird Gott dir geben.
23 Jesus sagte zu ihr: Dein Bruder wird auferstehen.
24 Marta sagte zu ihm:
   Ich weiß, daß er auferstehen wird
   bei der Auferstehung am Letzten Tag.
25 Jesus erwiderte ihr:
   Ich bin die Auferstehung und das Leben.
   Wer an mich glaubt,
   wird leben, auch wenn er stirbt,
26 und jeder, der lebt und an mich glaubt,
   wird auf ewig nicht sterben.
   Glaubst du das?
27 Marta antwortete ihm:
   Ja, Herr, ich glaube, daß du der Messias bist,
   der Sohn Gottes, der in die Welt kommen soll.

Am Sonntag: Glaubensbekenntnis, S. 348 ff.

GABENGEBET

Herr, unser Gott,
schau gütig auf unsere Gaben.
Nimm deine Diener und Dienerinnen auf
in die Herrlichkeit deines Sohnes,
mit dem auch wir
durch das große Sakrament der Liebe verbunden sind.
Darum bitten wir durch ihn, Christus, unseren Herrn.

Präfation, S. 431 ff.

KOMMUNIONVERS   Joh 11, 25–26

So spricht der Herr:
Ich bin die Auferstehung und das Leben;
   wer an mich glaubt, wird leben, auch wenn er stirbt,
   und jeder, der lebt und an mich glaubt,
   wird in Ewigkeit nicht sterben.

SCHLUSSGEBET

Barmherziger Gott,
wir haben das Gedächtnis
des Todes und der Auferstehung Christi gefeiert
für unsere Brüder und Schwestern.
Führe sie vom Tod zum Leben,
aus dem Dunkel zum Licht,
aus der Bedrängnis in deinen Frieden.
Darum bitten wir durch Christus, unseren Herrn.

II

ERÖFFNUNGSVERS   Vgl. 4 Esr 2, 34—35

Herr, gib ihnen die ewige Ruhe, und das ewige Licht leuchte ihnen.

TAGESGEBET

Herr, unser Gott,
du bist das Licht der Glaubenden
und das Leben der Heiligen.
Du hast uns durch den Tod
und die Auferstehung deines Sohnes erlöst.
Sei deinen Dienern und Dienerinnen gnädig,
die das Geheimnis unserer Auferstehung
gläubig bekannt haben,
und laß sie auf ewig deine Herrlichkeit schauen.
Darum bitten wir durch Jesus Christus.

ZUR 1. LESUNG   *Die Offenbarung der Unsterblichkeit des Menschen und seiner Auferstehung zu einem neuen Leben hat sich im Alten Testament auf vielfache Weise vorbereitet. Der Glaube an die Gerechtigkeit Gottes, auch die Überzeugung, daß die Freundschaft Gottes mit einem Menschen den Tod überdauern müsse, sowie das Wissen um Gottes Macht und Größe: das alles führte zu der Überzeugung, daß der Tod nicht das Ende des Menschenlebens sein könne. Für Ijob, der alles verloren hat und den Tod vor sich sieht, bleibt am Schluß die Gewißheit, daß Gott lebt; er hat jetzt sein Gesicht vor Ijob verborgen, aber er wird sich ihm wieder zuwenden, nicht als Fremder, sondern als Freund. Das wird die Erfüllung seines Lebens sein.*

ERSTE LESUNG

Ijob 19, 1.23–27 (19, 1.23–27a)

Ich weiß: mein Erlöser lebt

**Lesung
aus dem Buch Íjob.**

1 Íjob nahm das Wort
23 und sprach: Daß doch meine Worte geschrieben würden,
in einer Inschrift eingegraben
24 mit eisernem Griffel und mit Blei,
für immer gehauen in den Fels.
25 Doch ich, ich weiß:
mein Erlöser lebt,
als letzter erhebt er sich über dem Staub.
26 Ohne meine Haut, die so zerfetzte,
und ohne mein Fleisch werde ich Gott schauen.
27 Ihn selber werde ich dann für mich schauen;
meine Augen werden ihn sehen, nicht mehr fremd.
Danach sehnt sich mein Herz in meiner Brust.

ANTWORTPSALM

Ps 42 (41), 2–3a.3b u. 5; Ps 43 (42), 3–4 (R: 42 [41], 3a)

R Meine Seele dürstet nach Gott, (GL 209, 3)
nach dem lebendigen Gott. – R

2 Wie der Hirsch lechzt nach frischem Wasser, * VII. Ton
so lechzt meine Seele, Gott, nach dir.

3a Meine Seele dürstet nach Gott, *
nach dem lebendigen Gott. – (R)

3b Wann darf ich kommen *
und Gottes Antlitz schauen?

5 Das Herz geht mir über, wenn ich daran denke: †
wie ich zum Haus Gottes zog in festlicher Schar, *
mit Jubel und Dank in feiernder Menge. – (R)

3 Sende dein Licht und deine Wahrheit, damit sie mich leiten; *
sie sollen mich führen zu deinem heiligen Berg und zu deiner Wohnung.

4 So will ich zum Altar Gottes treten, zum Gott meiner Freude. *
Jauchzend will ich dich auf der Harfe loben, Gott, mein Gott. – R

2. November. Allerseelen

ZUR 2. LESUNG *Jesus hat Gott seinen Vater genannt. Anders als alle Geschöpfe ist er Gottes Sohn. Der Geist, der vom Vater ausgeht, erfüllt und führt ihn und verherrlicht ihn. Denselben Geist empfängt in der Taufe der Glaubende, er wird in den Lebensstrom zwischen Vater und Sohn einbezogen, er wird im Sohn ebenfalls zum Sohn. Als Söhne sind wir auch „Erben Gottes". Dem Menschen ist Gottes Schöpfung anvertraut; durch den Menschen soll die ganze Schöpfung am ewigen Leben Gottes teilhaben: durch die „Erlösung unseres Leibes" zur „Freiheit und Herrlichkeit der Kinder Gottes". Das gemeinsame Leiden des Menschen und der Kreatur sind die Geburtswehen der neuen Schöpfung.*

ZWEITE LESUNG   Röm 8, 14–23

Wir warten auf die Erlösung unseres Leibes

Lesung
 aus dem Brief des Apostels Paulus an die Römer.

Brüder!
Alle, die sich vom Geist Gottes leiten lassen,
 sind Söhne Gottes.
Denn ihr habt nicht einen Geist empfangen,
 der euch zu Sklaven macht,
 so daß ihr euch immer noch fürchten müßtet,
sondern ihr habt den Geist empfangen,
 der euch zu Söhnen macht,
den Geist, in dem wir rufen: Abba, Vater!
So bezeugt der Geist selber unserem Geist,
 daß wir Kinder Gottes sind.

Sind wir aber Kinder, dann auch Erben;
wir sind Erben Gottes
 und sind Miterben Christi,
 wenn wir mit ihm leiden,
 um mit ihm auch verherrlicht zu werden.
Ich bin überzeugt,
 daß die Leiden der gegenwärtigen Zeit nichts bedeuten
 im Vergleich zu der Herrlichkeit, die an uns offenbar werden soll.
Denn die ganze Schöpfung
 wartet sehnsüchtig auf das Offenbarwerden der Söhne Gottes.

²⁰ Die Schöpfung ist der Vergänglichkeit unterworfen,
nicht aus eigenem Willen,
    sondern durch den, der sie unterworfen hat;
aber zugleich gab er ihr Hoffnung:
²¹ Auch die Schöpfung
    soll von der Sklaverei und Verlorenheit befreit werden
    zur Freiheit und Herrlichkeit der Kinder Gottes.
²² Denn wir wissen,
    daß die gesamte Schöpfung
    bis zum heutigen Tag seufzt und in Geburtswehen liegt.
²³ Aber auch wir,
    obwohl wir als Erstlingsgabe den Geist haben,
    seufzen in unserem Herzen
und warten darauf,
    daß wir mit der Erlösung unseres Leibes
    als Söhne offenbar werden.

RUF VOR DEM EVANGELIUM   Vers: vgl. Joh 14,2a u. 3b

Lob sei dir, Herr, König der ewigen Herrlichkeit! – R
(So spricht der Herr:)
Im Hause meines Vaters sind viele Wohnungen.
Ich werde wiederkommen und euch zu mir holen,
damit auch ihr dort seid, wo ich bin.

Lob sei dir, Herr, König der ewigen Herrlichkeit!

ZUM EVANGELIUM

Die Jünger haben Mühe, zu verstehen, was Jesus mit seinem Weggehen meint. In der Frage „Wohin gehst du?" ist die größere Frage verborgen: Wer bist du? Und die andere Frage: Wohin gehen wir? Was sind wir, was werden wir endgültig sein? Jesus antwortet mit seinem göttlichen „Ich bin". Auf diesem „Ich" liegt das ganze Gewicht der Aussage: „Ich bin der Weg und die Wahrheit und das Leben." Der Weg ist nicht vom Ziel getrennt; wer auf diesem Weg die Wahrheit sucht, der hat sie schon gefunden, und er hat, weil er Jesus hat, auch das Leben gefunden, jetzt schon.

2. November. Allerseelen

EVANGELIUM   Joh 14, 1–6

Im Haus meines Vaters gibt es viele Wohnungen

✢ Aus dem heiligen Evangelium nach Johannes.

In jener Zeit sprach Jesus zu seinen Jüngern:
Euer Herz lasse sich nicht verwirren.
Glaubt an Gott,
    und glaubt an mich!
Im Haus meines Vaters gibt es viele Wohnungen.
Wenn es nicht so wäre,
    hätte ich euch dann gesagt:
    Ich gehe, um einen Platz für euch vorzubereiten?

Wenn ich gegangen bin
    und einen Platz für euch vorbereitet habe,
    komme ich wieder
und werde euch zu mir holen,
    damit auch ihr dort seid, wo ich bin.
Und wohin ich gehe –
    den Weg dorthin kennt ihr.

Thomas sagte zu ihm:
    Herr, wir wissen nicht, wohin du gehst.
Wie sollen wir dann den Weg kennen?

Jesus sagte zu ihm:
    Ich bin der Weg und die Wahrheit und das Leben;
niemand kommt zum Vater
    außer durch mich.

Am Sonntag: Glaubensbekenntnis, S. 348 ff.

GABENGEBET

Allmächtiger und barmherziger Gott,
du hast deine Diener und Dienerinnen
durch das Wasser der Taufe geheiligt.
Reinige sie im Blute Christi von ihren Sünden
und führe sie voll Erbarmen zur letzten Vollendung.
Darum bitten wir durch Christus, unseren Herrn.

Präfation, S. 431 ff.

KOMMUNIONVERS Vgl. 4 Esr 2, 35.34
Das ewige Licht leuchte ihnen, o Herr,
bei deinen Heiligen in Ewigkeit; denn du bist unser Vater.
Herr, gib ihnen die ewige Ruhe,
und das ewige Licht leuchte ihnen; denn du bist unser Vater.

SCHLUSSGEBET

Herr, unser Gott,
wir haben das Mahl deines Sohnes gefeiert,
der sich für uns geopfert hat
und in Herrlichkeit auferstanden ist.
Erhöre unser Gebet
für deine Diener und Dienerinnen.
Läutere sie durch das österliche Geheimnis Christi
und laß sie auferstehen zur ewigen Freude.
Darum bitten wir durch Christus, unseren Herrn.

III

ERÖFFNUNGSVERS Vgl. Röm 8, 11
Gott, der Jesus von den Toten auferweckt hat,
wird auch unseren sterblichen Leib lebendig machen
durch seinen Geist, der in uns wohnt.

TAGESGEBET

Allmächtiger Gott,
du hast deinen Sohn
als Sieger über den Tod zu deiner Rechten erhöht.
Gib deinen verstorbenen Dienern und Dienerinnen
Anteil an seinem Sieg über die Vergänglichkeit,
damit sie dich, ihren Schöpfer und Erlöser,
schauen von Angesicht zu Angesicht.
Darum bitten wir durch Jesus Christus.

ZUR 1. LESUNG   *Die Kapitel 24–27 des Jesajabuches werden zu den sogenannten apokalyptischen Texten gerechnet, d. h. zu den Schriften, deren Hauptthema die Verwirklichung der Gottesherrschaft in der Endzeit ist. Von einer Auferweckung der Toten ist zwar im Je-*

saja-Text noch nicht die Rede. Wenn aber gesagt wird, daß Gott alle Völker zu einem Festmahl versammelt, daß es keinen Tod und keine Trauer mehr geben wird, dann darf auch jeder einzelne auf Rettung hoffen: auf die Rettung, die von Gott kommt und die in der bleibenden Gemeinschaft mit Gott besteht.

ERSTE LESUNG Jes 25,6a.7–9

Gott, der Herr, beseitigt den Tod für immer

**Lesung
aus dem Buch Jesája.**

An jenem Tag
 wird der Herr der Heere
 auf diesem Berg – dem Zion –
 für alle Völker ein Festmahl geben.

Er zerreißt auf diesem Berg
 die Hülle, die alle Nationen verhüllt,
 und die Decke, die alle Völker bedeckt.

Er beseitigt den Tod für immer.
Gott, der Herr, wischt die Tränen ab von jedem Gesicht.
Auf der ganzen Erde
 nimmt er von seinem Volk die Schande hinweg.
Ja, der Herr hat gesprochen.

An jenem Tag wird man sagen:
 Seht, das ist unser Gott,
auf ihn haben wir unsere Hoffnung gesetzt,
er wird uns retten.
Das ist der Herr,
 auf ihn setzen wir unsere Hoffnung.
Wir wollen jubeln
 und uns freuen über seine rettende Tat.

ANTWORTPSALM Ps 23 (22), 1–3.4.5.6 (R: 1)

R Der Herr ist mein Hirte, (GL 535, 6)
nichts wird mir fehlen. – R

Der Herr ist mein Hirte, nichts wird mir fehlen. † VI. Ton
Er läßt mich lagern auf grünen Auen *
und führt mich zum Ruheplatz am Wasser.

Er stillt mein Verlangen; *
er leitet mich auf rechten Pfaden, treu seinem Namen. – (R)

4 Muß ich auch wandern in finsterer Schlucht, *
ich fürchte kein Unheil;

denn du bist bei mir, *
dein Stock und dein Stab geben mir Zuversicht. – (R)

5 Du deckst mir den Tisch *
vor den Augen meiner Feinde.

Du salbst mein Haupt mit Öl, *
du füllst mir reichlich den Becher. – (R)

6 Lauter Güte und Huld *
werden mir folgen mein Leben lang,

und im Haus des Herrn *
darf ich wohnen für lange Zeit.

R Der Herr ist mein Hirte,
nichts wird mir fehlen.

ZUR 2. LESUNG   *In der Gemeinde von Philippi gab es Leute, die den Leib mißachteten, andere, die ihn überschätzten. Es ist ein armseliger Leib, sagt Paulus; aber Christus, der Auferstandene, hat die Macht, diesen Leib in seine eigene Herrlichkeit aufzunehmen, ihm den Glanz seiner Gottheit mitzuteilen. Bei ihm, „im Himmel", ist jetzt schon unsere Heimat. Er ist unsere Zukunft. Er stellt unser gegenwärtiges Leben und seine Werte in Frage; er zeigt uns das Bleibende.*

ZWEITE LESUNG

Phil 3, 20–21

Christus wird uns verwandeln in die Gestalt seines verherrlichten Leibes

**Lesung
    aus dem Brief des Apostels Paulus an die Philipper.**

Brüder!
20 Unsere Heimat ist im Himmel.
Von dorther erwarten wir auch Jesus Christus, den Herrn,
als Retter,
21 der unseren armseligen Leib verwandeln wird
    in die Gestalt seines verherrlichten Leibes,
in der Kraft, mit der er sich alles unterwerfen kann.

2. November. Allerseelen

RUF VOR DEM EVANGELIUM   Vers: Mt 25, 34
Lob dir, Christus, König und Erlöser! – R
(So spricht der Herr:)
Kommt her, die ihr von meinem Vater gesegnet seid,
nehmt das Reich in Besitz,
das seit Erschaffung der Welt für euch bestimmt ist.
Lob dir, Christus, König und Erlöser!

ZUM EVANGELIUM   *Der junge Mann aus Nain war das einzige Kind seiner Mutter. Jesus hat ihn auferweckt, um die Mutter zu trösten, aber auch, um die Macht der Liebe Gottes zu offenbaren, um zu sagen: Die Zeit ist gekommen, die Verheißungen gehen in Erfüllung, Tote stehen auf, den Armen wird das Evangelium verkündet.*

EVANGELIUM   Lk 7, 11–17
Ich befehle dir, junger Mann: Steh auf!

✢ Aus dem heiligen Evangelium nach Lukas.

In jener Zeit
   ging Jesus in eine Stadt namens Naïn;
seine Jünger und eine große Menschenmenge folgten ihm.

Als er in die Nähe des Stadttors kam,
   trug man gerade einen Toten heraus.
Es war der einzige Sohn seiner Mutter, einer Witwe.
Und viele Leute aus der Stadt begleiteten sie.

Als der Herr die Frau sah,
   hatte er Mitleid mit ihr
und sagte zu ihr: Weine nicht!
Dann ging er zu der Bahre hin und faßte sie an.
Die Träger blieben stehen,
und er sagte: Ich befehle dir, junger Mann: Steh auf!
Da richtete sich der Tote auf
   und begann zu sprechen,
und Jesus gab ihn seiner Mutter zurück.

¹⁶ Alle wurden von Furcht ergriffen;
sie priesen Gott
und sagten: Ein großer Prophet ist unter uns aufgetreten:
Gott hat sich seines Volkes angenommen.
¹⁷ Und die Kunde davon
verbreitete sich überall in Judäa und im ganzen Gebiet ringsum.

Am Sonntag: Glaubensbekenntnis, S. 348 ff.

GABENGEBET

Herr, unser Gott,
nimm die Gabe an, die wir darbringen
für deine Diener und Dienerinnen
und für alle, die in Christus entschlafen sind.
Befreie durch dieses einzigartige Opfer
unsere Verstorbenen aus den Fesseln des Todes
und schenke ihnen das unvergängliche Leben.
Darum bitten wir durch Christus, unseren Herrn.

Präfation, S. 431 ff.

KOMMUNIONVERS Phil 3, 20–21

Wir erwarten den Retter, den Herrn Jesus Christus,
der unseren armseligen Leib verwandeln wird
in die Gestalt seines verherrlichten Leibes.

SCHLUSSGEBET

Barmherziger Gott,
wir haben das Opfer dargebracht,
das du in Gnaden annimmst.
Erbarme dich unserer Verstorbenen.
Du hast sie in der Taufe als deine Kinder angenommen;
schenke ihnen in der Freude des Himmels
das verheißene Erbe.
Darum bitten wir durch Christus, unseren Herrn.

9. November
WEIHETAG DER LATERANBASILIKA
Fest

Die dem allerheiligsten Erlöser und seit dem 12. Jahrhundert auch dem hl. Johannes dem Täufer geweihte Lateranbasilika ist die älteste Papstkirche und führt den Titel „Mutter und Haupt aller Kirchen des Erdkreises". Im anliegenden Lateranpalast residierten die Päpste vom 4. bis zum 14. Jahrhundert. Die Kirche wurde von Kaiser Konstantin errichtet und im Jahr 324 von Papst Silvester I. eingeweiht. Die durch Brand, Erdbeben und Plünderungen heimgesuchte Kirche wurde im Lauf der Jahrhunderte wiederholt restauriert. Papst Benedikt XIII. hat sie am 28. April 1726 nach größeren Restaurationsarbeiten neu eingeweiht und den 9. November als Kirchweihtag der Basilika bestätigt.

Commune-Texte für Kirchweihe, S. 762 f.; außer:

ERSTE LESUNG   Ez 47, 1–2.8–9.12

Ich sah, wie vom Tempel Wasser hervorströmte. Und alle, zu denen das Wasser kam, wurden gerettet (vgl. Meßbuch: Antiphon zum sonntäglichen Taufgedächtnis)

Lesung
    aus dem Buch Ezéchiel.

Der Mann, der mich begleitete,
    führte mich zum Eingang des Tempels,
und ich sah,
    wie unter der Tempelschwelle Wasser hervorströmte
    und nach Osten floß;
denn die vordere Seite des Tempels schaute nach Osten.
Das Wasser floß unterhalb der rechten Seite des Tempels herab,
    südlich vom Altar.
Dann führte er mich durch das Nordtor hinaus
    und ließ mich außen herum zum äußeren Osttor gehen.
Und ich sah das Wasser an der Südseite hervorrieseln.

⁸ Er sagte zu mir:
    Dieses Wasser fließt in den östlichen Bezirk,
  es strömt in die Araba hinab und läuft in das Meer,
  in das Meer mit dem salzigen Wasser.
  So wird das salzige Wasser gesund.
⁹ Wohin der Fluß gelangt,
    da werden alle Lebewesen,
    alles, was sich regt, leben können,
  und sehr viele Fische wird es geben.
  Weil dieses Wasser dort hinkommt,
    werden die Fluten gesund;
  wohin der Fluß kommt,
    dort bleibt alles am Leben.
¹² An beiden Ufern des Flusses wachsen alle Arten von Obstbäumen.
  Ihr Laub wird nicht welken,
  und sie werden nie ohne Frucht sein.
  Jeden Monat tragen sie frische Früchte;
  denn das Wasser des Flusses kommt aus dem Heiligtum.
  Die Früchte werden als Speise
    und die Blätter als Heilmittel dienen.

ANTWORTPSALM Ps 46 (45), 2–3.5–6.8–9 (R: vgl. 5)
(GL 526, 6)

R Des Stromes Wasser erquicken die Gottesstadt,
  des Höchsten heilige Wohnung. – R

² Gott ist uns Zuflucht und Stärke, *   VII. Ton
  ein bewährter Helfer in allen Nöten.

³ Darum fürchten wir uns nicht, wenn die Erde auch wankt, *
  wenn Berge stürzen in die Tiefe des Meeres. – (R)

⁵ Die Wasser eines Stromes erquicken die Gottesstadt, *
  des Höchsten heilige Wohnung.

⁶ Gott ist in ihrer Mitte, darum wird sie niemals wanken; *
  Gott hilft ihr, wenn der Morgen anbricht. – (R)

⁸ Der Herr der Heerscharen ist mit uns, *
  der Gott Jakobs ist unsre Burg.

⁹ Kommt und schaut die Taten des Herrn, *
  der Furchtbares vollbringt auf der Erde. – R

9. November. Weihetag der Lateranbasilika 733

ZWEITE LESUNG 1 Kor 3,9c–11.16–17

Ihr seid Gottes Tempel: der Geist Gottes wohnt in euch

Lesung
  aus dem ersten Brief des Apostels Paulus an die Korinther.

Brüder!
Ihr seid Gottes Bau.
Der Gnade Gottes entsprechend, die mir geschenkt wurde,
  habe ich wie ein guter Baumeister den Grund gelegt;
ein anderer baut darauf weiter.
Aber jeder soll darauf achten, wie er weiterbaut.
Denn einen anderen Grund kann niemand legen
  als den, der gelegt ist:
Jesus Christus.
Wißt ihr nicht, daß ihr Gottes Tempel seid
  und der Geist Gottes in euch wohnt?
Wer den Tempel Gottes verdirbt,
  den wird Gott verderben.
Denn Gottes Tempel ist heilig,
und der seid ihr.

RUF VOR DEM EVANGELIUM Vers: vgl. 2 Chr 7,16

Halleluja. Halleluja.
(So spricht Gott, der Herr:)
Ich habe dieses Haus erwählt und geheiligt,
damit mein Name hier sei auf ewig.
Halleluja.

EVANGELIUM Joh 2,13–22

Reißt diesen Tempel nieder, in drei Tagen werde ich ihn wieder auferbauen. Er meinte den Tempel seines Leibes

☩ Aus dem heiligen Evangelium nach Johannes.

Das Paschafest* der Juden war nahe,
und Jesus zog nach Jerusalem hinauf.
Im Tempel fand er die Verkäufer von Rindern, Schafen und Tauben
und die Geldwechsler, die dort saßen.

---
* Sprich: Pas-chafest.

15 Er machte eine Geißel aus Stricken
   und trieb sie alle aus dem Tempel hinaus,
 dazu die Schafe und Rinder;
 das Geld der Wechsler schüttete er aus,
 und ihre Tische stieß er um.
16 Zu den Taubenhändlern sagte er:
   Schafft das hier weg,
 macht das Haus meines Vaters nicht zu einer Markthalle!
17 Seine Jünger erinnerten sich an das Wort der Schrift:
   Der Eifer für dein Haus verzehrt mich.
18 Da stellten ihn die Juden zur Rede:
   Welches Zeichen läßt du uns sehen
   als Beweis, daß du dies tun darfst?
19 Jesus antwortete ihnen: Reißt diesen Tempel nieder,
 in drei Tagen werde ich ihn wieder aufrichten.
20 Da sagten die Juden:
   Sechsundvierzig Jahre wurde an diesem Tempel gebaut,
   und du willst ihn in drei Tagen wieder aufrichten?
21 Er aber meinte den Tempel seines Leibes.
22 Als er von den Toten auferstanden war,
   erinnerten sich seine Jünger, daß er dies gesagt hatte,
 und sie glaubten der Schrift
 und dem Wort, das Jesus gesprochen hatte.

8. Dezember

HOCHFEST DER OHNE ERBSÜNDE EMPFANGENEN JUNGFRAU UND GOTTESMUTTER MARIA

Die Glaubenslehre, daß Maria vom ersten Augenblick ihres Lebens an von aller Erbschuld frei war, wird ausdrücklich in der Heiligen Schrift nicht ausgesprochen, doch wurden einige Aussagen der Schrift schon früh in dem Sinn verstanden, daß Maria das reinste, in einmaliger Weise von Gott bevorzugte Geschöpf war, die neue Eva, die ohne Sünde blieb und so zur „Mutter aller Lebenden" werden konnte. Dabei bleibt klar,

8. Dezember. Hochfest der Jungfrau und Gottesmutter Maria

1. daß Maria auf natürliche Weise als Kind ihrer Eltern geboren wurde und 2. daß auch sie alle Gnade durch Jesus Christus, durch seinen Kreuzestod, empfangen hat.

Das Dogma *„Zu Ehren der Heiligen und Ungeteilten Dreifaltigkeit, zu Schmuck und Zierde der jungfräulichen Gottesmutter, zur Erhöhung des katholischen Glaubens und zur Mehrung der christlichen Religion, in der Autorität unseres Herrn Jesus Christus, der seligen Apostel Petrus und Paulus und der Unseren erklären, verkünden und definieren Wir: Die Lehre, daß die seligste Jungfrau Maria im ersten Augenblick ihrer Empfängnis durch ein einzigartiges Gnadenprivileg des allmächtigen Gottes, im Hinblick auf die Verdienste Jesu Christi, des Erretters des Menschengeschlechtes, von jedem Schaden der Erbsünde unversehrt bewahrt wurde, ist von Gott geoffenbart und darum von allen Gläubigen fest und beständig zu glauben."* (Pius IX., Apostolisches Schreiben „Ineffabilis Deus", verkündet am 8. Dezember 1854)

ERÖFFNUNGSVERS   Jes 61, 10

Von Herzen will ich mich freuen über den Herrn.
Meine Seele soll jubeln über meinen Gott.
Denn er kleidet mich in Gewänder des Heils,
er hüllt mich in den Mantel der Rettung
und schmückt mich köstlich wie eine Braut.

Ehre sei Gott, S. 344 ff.

TAGESGEBET

Großer und heiliger Gott,
im Hinblick auf den Erlösertod Christi
hast du die selige Jungfrau Maria
schon im ersten Augenblick ihres Daseins
vor jeder Sünde bewahrt,
um deinem Sohn eine würdige Wohnung zu bereiten.
Höre auf ihre Fürsprache:
Mache uns frei von Sünden
und erhalte uns in deiner Gnade,
damit wir mit reinem Herzen zu dir gelangen.
Darum bitten wir durch Jesus Christus.

ZUR 1. LESUNG *Die Geschichte vom verlorenen Paradies ist wahr. Gott will dem Menschen seine Nähe und Freundschaft schenken, das ist der Sinn des „Gartens". Aber Gott kann nur dem etwas schenken, der bereit ist, es sich schenken zu lassen. Der Mensch mit der gierig raffenden Hand muß schließlich sehen, daß er arm und nackt ist. Aber Gott kümmert sich auch weiterhin um den Menschen. Die Rückkehr zu Gott, zum Leben, zum Glück ist dem Menschen verheißen und aufgetragen. Einer wird kommen, der dem tödlichen Unsinn ein Ende macht und den Menschen eine neue Zukunft gibt.*

ERSTE LESUNG Gen 3,9–15.20

Feindschaft setze ich zwischen dich und die Frau, zwischen deinen Nachwuchs und den Nachwuchs der Frau

Lesung aus dem Buch Génesis.

Nachdem Adam vom Baum gegessen hatte,
9 rief Gott, der Herr, ihm zu
und sprach: Wo bist du?
10 Er antwortete: Ich habe dich im Garten kommen hören;
da geriet ich in Furcht, weil ich nackt bin,
und versteckte mich.
11 Darauf fragte er: Wer hat dir gesagt, daß du nackt bist?
Hast du von dem Baum gegessen,
von dem zu essen ich dir verboten habe?
12 Adam antwortete:
Die Frau, die du mir beigesellt hast,
sie hat mir von dem Baum gegeben,
und so habe ich gegessen.
13 Gott, der Herr, sprach zu der Frau:
Was hast du da getan?
Die Frau antwortete:
Die Schlange hat mich verführt,
und so habe ich gegessen.
14 Da sprach Gott, der Herr, zur Schlange:
Weil du das getan hast, bist du verflucht
unter allem Vieh und allen Tieren des Feldes.
Auf dem Bauch sollst du kriechen
und Staub fressen alle Tage deines Lebens.

Feindschaft setze ich zwischen dich und die Frau,
zwischen deinen Nachwuchs und ihren Nachwuchs.
Er trifft dich am Kopf,
    und du triffst ihn an der Ferse.

Adam nannte seine Frau Eva – Leben –,
denn sie wurde die Mutter aller Lebendigen.

ANTWORTPSALM Ps 98 (97), 1.2–3b.3c–4 (R: 1)

R Singet dem Herrn ein neues Lied; (GL 231)
denn er hat wunderbare Taten vollbracht. – R

Singet dem Herrn ein neues Lied; *   VI. Ton
denn er hat wunderbare Taten vollbracht.

Er hat mit seiner Rechten geholfen *
und mit seinem heiligen Arm. – (R)

Der Herr hat sein Heil bekannt gemacht *
und sein gerechtes Wirken enthüllt vor den Augen der Völker.

Er dachte an seine Huld *
und an seine Treue zum Hause Israel. – (R)

Alle Enden der Erde *
sahen das Heil unsres Gottes.

Jauchzt vor dem Herrn, alle Länder der Erde, *
freut euch, jubelt und singt! – R

ZUR 2. LESUNG
Am Anfang des Epheserbriefs steht ein hymnischer Lobpreis, der alles Handeln Gottes in dem Wort „Segen" zusammenfaßt. Der Inbegriff alles Segens ist die Gabe des Heiligen Geistes und die Gemeinschaft mit Christus. Von Sünde ist in diesem Abschnitt nur indirekt die Rede: durch das Blut Christi haben wir die Erlösung, die Vergebung der Sünden (1, 7).

ZWEITE LESUNG Eph 1, 3–6.11–12
In Christus hat Gott uns erwählt vor der Erschaffung der Welt, zum Lob seiner herrlichen Gnade

Lesung
    aus dem Brief des Apostels Paulus an die Epheser.

Gepriesen sei Gott,
der Gott und Vater unseres Herrn Jesus Christus.

Er hat uns mit allem Segen seines Geistes gesegnet
  durch unsere Gemeinschaft mit Christus im Himmel.
4 Denn in ihm hat er uns erwählt vor der Erschaffung der Welt,
  damit wir heilig und untadelig leben vor Gott;
5 er hat uns aus Liebe im voraus dazu bestimmt,
  seine Söhne zu werden durch Jesus Christus
  und zu ihm zu gelangen nach seinem gnädigen Willen,
6 zum Lob seiner herrlichen Gnade.
  Er hat sie uns geschenkt in seinem geliebten Sohn.
11 Durch ihn sind wir auch als Erben vorherbestimmt und eingesetzt
  nach dem Plan dessen, der alles so verwirklicht,
  wie er es in seinem Willen beschließt,
12 wir sind zum Lob seiner Herrlichkeit bestimmt,
  die wir schon früher auf Christus gehofft haben.

RUF VOR DEM EVANGELIUM   Vers: vgl. Lk 1,28

Halleluja. Halleluja.

Gegrüßet seist du, Maria, voll der Gnade,
der Herr ist mit dir,
du bist gebenedeit unter den Frauen.

Halleluja.

ZUM EVANGELIUM   *Maria wird vom Engel als die Frau begrüßt, die mehr als alle anderen begnadet ist. Sie steht in der Reihe der großen Erwählten (Abraham, David) und überragt sie alle. Sie ist der neue Zion, das wahre Jerusalem, Gegenstand der besonderen Liebe Gottes und Ort seiner heiligen Gegenwart.*

EVANGELIUM   Lk 1,26–38

Sei gegrüßt, du Begnadete, der Herr ist mit dir

✢ Aus dem heiligen Evangelium nach Lukas.

26 In jener Zeit wurde der Engel Gábriel
   von Gott in eine Stadt in Galiläa namens Nazaret
27   zu einer Jungfrau gesandt.
   Sie war mit einem Mann namens Josef verlobt,
     der aus dem Haus David stammte.
   Der Name der Jungfrau war Maria.

Der Engel trat bei ihr ein
und sagte: Sei gegrüßt, du Begnadete,
 der Herr ist mit dir.
Sie erschrak über die Anrede
und überlegte, was dieser Gruß zu bedeuten habe.
Da sagte der Engel zu ihr: Fürchte dich nicht, Maria;
denn du hast bei Gott Gnade gefunden.
Du wirst ein Kind empfangen,
einen Sohn wirst du gebären:
 dem sollst du den Namen Jesus geben.
Er wird groß sein
und Sohn des Höchsten genannt werden.
Gott, der Herr, wird ihm den Thron seines Vaters David geben.
Er wird über das Haus Jakob in Ewigkeit herrschen,
 und seine Herrschaft wird kein Ende haben.

Maria sagte zu dem Engel:
 Wie soll das geschehen, da ich keinen Mann erkenne?
Der Engel antwortete ihr:
 Der Heilige Geist wird über dich kommen,
 und die Kraft des Höchsten wird dich überschatten.
Deshalb wird auch das Kind heilig
 und Sohn Gottes genannt werden.
Auch Elisabet, deine Verwandte,
 hat noch in ihrem Alter einen Sohn empfangen;
obwohl sie als unfruchtbar galt,
 ist sie jetzt schon im sechsten Monat.
Denn für Gott ist nichts unmöglich.

Da sagte Maria:
 Ich bin die Magd des Herrn;
mir geschehe, wie du es gesagt hast.
Danach verließ sie der Engel.

Glaubensbekenntnis, S. 348 ff.

ZUR EUCHARISTIEFEIER *Segen, Gemeinschaft, Liebe: alles will Gott uns geben durch Jesus Christus. Und alles ist Gnade, das heißt Geschenk. Die Antwort hat uns Maria gelehrt: Danksagung, Lobpreis, Anbetung.*

GABENGEBET

Herr, unser Gott,
in deiner Gnade
hast du die selige Jungfrau Maria auserwählt
und vor jeder Sünde bewahrt.
An ihrem Fest feiern wir das Opfer,
das alle Schuld der Menschen tilgt.
Befreie uns auf ihre Fürsprache
aus der Verstrickung in das Böse,
damit auch wir heilig und makellos vor dir stehen.
Darum bitten wir durch Christus, unseren Herrn.

Präfation, S. 428.

KOMMUNIONVERS

Großes hat man von dir gesagt, Maria,
denn aus dir ging hervor die Sonne der Gerechtigkeit,
Christus, unser Gott.

SCHLUSSGEBET

Herr und Gott,
das Sakrament, das wir empfangen haben,
heile in uns die Wunden jener Schuld,
vor der du die allerseligste Jungfrau Maria
vom ersten Augenblick ihres Daseins an
auf einzigartige Weise bewahrt hast.
Darum bitten wir durch Christus, unseren Herrn.

26. Dezember

HL. STEPHANUS, ERSTER MÄRTYRER

Fest

Unter den sieben Diakonen der Gemeinde von Jerusalem (Apg 6,5) ragte Stephanus heraus als ein Mann voll Heiligen Geistes. Seine Auseinandersetzung mit den Führern des hellenistischen Judentums endete damit, daß Stephanus vor den Hohen Rat geschleppt und zum Tod verurteilt wurde. Stephanus ist

26. Dezember. Hl. Stephanus

das Urbild des christlichen Märtyrers; er hat Jesus als den gekreuzigten und in die Herrlichkeit Gottes erhobenen Messias verkündet; er hat „den Menschensohn zur Rechten Gottes stehend" geschaut und für ihn Zeugnis abgelegt durch sein Wort und mit seinem Blut.

ERÖFFNUNGSVERS

Das Tor des Himmels öffnete sich für Stephanus.
Er zog als erster der Blutzeugen ein
und empfing die Krone der Herrlichkeit.

Ehre sei Gott, S. 344 ff.

TAGESGEBET

Allmächtiger Gott,
wir ehren am heutigen Fest
den ersten Märtyrer deiner Kirche.
Gib, daß auch wir unsere Feinde lieben
und so das Beispiel
des heiligen Stephanus nachahmen,
der sterbend für seine Verfolger gebetet hat.
Darum bitten wir durch Jesus Christus.

ZUR 1. LESUNG *Die zum Dienst an den Tischen der Armen eingesetzten Diakone in Jerusalem warben durch Wort und Tat für den „Weg", den sie entdeckt hatten, für den Namen, der für sie alle Hoffnung in sich schloß. Stephanus stieß auf den heftigsten Widerstand bei den Leuten seiner Synagoge; das waren „Hellenisten", griechisch sprechende Juden aus der Diaspora. Die Rede des Stephanus vor dem Hohen Rat hat programmatische Bedeutung. Sein Martyrium war das Signal zur ersten größeren Verfolgung; es markiert eine Wende in der Geschichte des jungen Christentums.*

ERSTE LESUNG
Apg 6,8–10; 7,54–60

Ich sehe den Himmel offen

Lesung
aus der Apostelgeschichte.

In jenen Tagen
8 tat Stephanus,
voll Gnade und Kraft,
Wunder und große Zeichen unter dem Volk.
9 Doch einige von der sogenannten Synagoge der Libertiner
und Zyrenäer und Alexandriner
und Leute aus Zilizien und der Provinz Asien
erhoben sich, um mit Stephanus zu streiten;
10 aber sie konnten der Weisheit und dem Geist, mit dem er sprach,
nicht widerstehen.

54 Als sie seine Rede hörten,
waren sie aufs äußerste über ihn empört
und knirschten mit den Zähnen.
55 Er aber, erfüllt vom Heiligen Geist,
blickte zum Himmel empor,
sah die Herrlichkeit Gottes und Jesus zur Rechten Gottes stehen
56 und rief:
Ich sehe den Himmel offen
und den Menschensohn zur Rechten Gottes stehen.
57 Da erhoben sie ein lautes Geschrei,
hielten sich die Ohren zu,
stürmten gemeinsam auf ihn los,
58 trieben ihn zur Stadt hinaus und steinigten ihn.
Die Zeugen legten ihre Kleider
zu Füßen eines jungen Mannes nieder, der Saulus hieß.
59 So steinigten sie Stephanus;
er aber betete
und rief: Herr Jesus, nimm meinen Geist auf!
60 Dann sank er in die Knie
und schrie laut:
Herr, rechne ihnen diese Sünde nicht an!

Nach diesen Worten starb er.

26. Dezember. Hl. Stephanus

ANTWORTPSALM Ps 31 (30), 3b–4.6 u. 8.16–17 (R: vgl. 6a)

R Herr, in deine Hände lege ich meinen Geist. – R (GL 203,1)

Sei mir ein schüt<u>zen</u>der Fels, * IV. Ton
eine feste B<u>urg</u>, die mich rettet.

Denn du bist mein Fels und <u>mei</u>ne Burg; *
um deines Namens willen wirst du mich f<u>üh</u>ren und leiten. – (R)

In deine Hände lege ich voll Vertrauen <u>mei</u>nen Geist; *
du hast mich erl<u>öst</u>, Herr, du tr<u>eu</u>er Gott.

Ich will jubeln und über deine Huld mich freuen; †
denn du hast mein <u>E</u>lend anges<u>ehn</u>, *
du bist <u>mit</u> meiner Not v<u>er</u>traut. – (R)

In deiner Hand liegt <u>mein</u> Geschick; *
entreiß mich der Hand meiner Fein<u>de</u> und Verfolger!

Laß dein Angesicht leuchten über <u>dei</u>nem Knecht, *
hilf mir <u>in</u> deiner Güte! – R

RUF VOR DEM EVANGELIUM Vers: Ps 118 (117), 26a u. 27a

Halleluja. Halleluja.

Gesegnet sei, der kommt im Namen des Herrn.
Gott, der Herr, erleuchte uns.

Halleluja.

ZUM EVANGELIUM *Wiederholt und nachdrücklich hat Jesus seine Jünger darauf hingewiesen, was sie von den „Menschen" zu erwarten haben. „Menschen" werden hier die genannt, die von den Wegen Gottes nichts wissen wollen und es außerdem für nötig halten, diesen ganzen christlichen „Aberglauben" aus der Welt zu schaffen. Dafür setzen sie verschiedene Mittel ein, von der gleichgültigen Duldung bis zur brutalen Verfolgung. Aber die Verfolger sind schlechter daran als die Verfolgten. In der Treue und Liebe schwacher Menschen wird Gottes Kraft offenbar.*

EVANGELIUM

Mt 10, 17–22

Nicht ihr werdet dann reden, sondern der Geist eures Vaters wird durch euch reden

✠ Aus dem heiligen Evangelium nach Matthäus.

In jener Zeit sprach Jesus zu seinen Jüngern:
17 Nehmt euch vor den Menschen in acht!
Denn sie werden euch vor die Gerichte bringen
und in ihren Synagogen auspeitschen.
18 Ihr werdet um meinetwillen vor Statthalter und Könige geführt,
damit ihr vor ihnen und den Heiden Zeugnis ablegt.
19 Wenn man euch vor Gericht stellt,
macht euch keine Sorgen, wie und was ihr reden sollt;
denn es wird euch in jener Stunde eingegeben,
was ihr sagen sollt.
20 Nicht ihr werdet dann reden,
sondern der Geist eures Vaters wird durch euch reden.
21 Brüder werden einander dem Tod ausliefern
und Väter ihre Kinder,
und die Kinder werden sich gegen ihre Eltern auflehnen
und sie in den Tod schicken.
22 Und ihr werdet um meines Namens willen
von allen gehaßt werden;
wer aber bis zum Ende standhaft bleibt,
der wird gerettet.

ZUR EUCHARISTIEFEIER *Opfergaben, die von Menschen dargebracht werden, sind Zeichen und Ersatz. Gemeint ist im Grunde der Gebende selbst, der sich Gott weihen will. Jesus Christus hat sich selbst hingegeben, und die Märtyrer folgen seinem Beispiel.*

GABENGEBET

Herr, unser Gott,
schau gütig auf dein Volk,
das mit Freude und Hingabe
den Festtag des heiligen Stephanus feiert,
und nimm unsere Gaben an.
Darum bitten wir durch Christus, unseren Herrn.

Präfationen von Weihnachten, S. 401 f.

KOMMUNIONVERS

Apg 7, 59

Die Menge steinigte den Stephanus.
Er aber betete und rief: Herr Jesus, nimm meinen Geist auf!

SCHLUSSGEBET

Herr, unser Gott,
wir danken dir
für die Gnade dieser festlichen Tage.
In der Geburt deines Sohnes
schenkst du uns das Heil;
im Sterben des heiligen Stephanus
zeigst du uns das Beispiel
eines unerschrockenen Glaubenszeugen.
Wir bitten dich:
Stärke unsere Bereitschaft,
deinen Sohn, unseren Herrn Jesus Christus,
standhaft zu bekennen,
der mit dir lebt und herrscht in alle Ewigkeit.

27. Dezember

HL. JOHANNES, APOSTEL, EVANGELIST

Fest

Der Apostel Johannes, nach der Überlieferung Verfasser des vierten Evangeliums und dreier Briefe, war ein Bruder Jakobus' des Älteren und stammte aus Betsaida, wo sein Vater Zebedäus die Fischerei betrieb. Johannes war kaum jener sanfte Jüngling, den uns die christliche Kunst gemalt hat; er hatte wie sein Bruder ein heftiges Temperament, Jesus nannte die beiden „Donnersöhne". Johannes war zuerst Jünger des Täufers gewesen, dann folgte er Jesus. Das besondere Vertrauen, das Jesus zu ihm hatte, zeigte sich darin, daß er ihm sterbend seine Mutter anvertraute (Joh 19, 26–27). Über das spätere Schicksal des Johannes ist wenig Sicheres bekannt.

ERÖFFNUNGSVERS

Johannes ruhte beim Abendmahl an der Brust des Herrn.
Ihm wurden die Geheimnisse des Himmels enthüllt.
Die Worte des Lebens hat er dem ganzen Erdkreis verkündet.

Oder: Sir 15, 5

Inmitten der Gemeinde öffnete der Herr ihm den Mund
und erfüllte ihn mit dem Geist der Weisheit und der Einsicht.
Das Kleid der Herrlichkeit zog er ihm an.

Ehre sei Gott, S. 344 ff.

TAGESGEBET

Allmächtiger Gott,
du hast uns durch den Evangelisten Johannes
einen Zugang eröffnet
zum Geheimnis deines ewigen Wortes.
Laß uns mit erleuchtetem Verstand
und liebendem Herzen erfassen,
was er in gewaltiger Sprache verkündet hat.
Darum bitten wir durch Jesus Christus.

ZUR 1. LESUNG *Der erste Johannesbrief richtet sich gegen Irrlehren, die um die Wende vom ersten zum zweiten Jahrhundert die christliche Kirche bedrohten. Ihnen stehen die zwei großen Anliegen dieses Briefs gegenüber: 1. der rechte Glaube an Jesus Christus als Sohn Gottes und wahren Menschen, 2. die Verwirklichung dieses Glaubens in einem Leben, das von der Liebe bestimmt wird. Der Verfasser stellt sich selbst als Zeugen vor, der das, was er verkündet, gesehen und gehört, ja mit seinen eigenen Händen berührt hat: „das ewige Leben, das beim Vater war und uns erschienen ist" in der Person Jesu. Johannes wirbt für die Botschaft von Christus; es drängt ihn, das weiterzugeben, was er selbst empfangen hat: den Glauben, die Freude. Diese Freude ist nicht ein fertiger Zustand; sie ist ebenso wie der Glaube ein immer neues Ereignis, Gabe und Aufgabe zugleich.*

27. Dezember. Hl. Johannes

ERSTE LESUNG 1 Joh 1, 1–4

Was wir gesehen und gehört haben, das verkünden wir auch euch

Lesung
   aus dem ersten Johannesbrief.

Brüder!
Was von Anfang an war,
was wir gehört haben,
was wir mit unseren Augen gesehen,
was wir geschaut und was unsere Hände angefaßt haben,
   das verkünden wir:
das Wort des Lebens.

Denn das Leben wurde offenbart;
wir haben gesehen und bezeugen
   und verkünden euch das ewige Leben,
   das beim Vater war und uns offenbart wurde.
Was wir gesehen und gehört haben,
   das verkünden wir auch euch,
damit auch ihr Gemeinschaft mit uns habt.
Wir aber haben Gemeinschaft mit dem Vater
   und mit seinem Sohn Jesus Christus.
Wir schreiben dies,
   damit unsere Freude vollkommen ist.

ANTWORTPSALM Ps 97 (96), 1–2.5–6.11–12 (R: 12a)

R Ihr Gerechten, freut euch am Herrn! – **R** (GL 149, 3)

Der Herr ist König. Die Erde frohlocke. *   V. Ton
Freuen sollen sich die vielen Inseln.

Rings um ihn her sind Wolken und Dunkel, *
Gerechtigkeit und Recht sind die Stützen seines Throns. – (R)

Berge schmelzen wie Wachs vor dem Herrn, *
vor dem Antlitz des Herrschers aller Welt.

Seine Gerechtigkeit verkünden die Himmel, *
seine Herrlichkeit schauen alle Völker. – (R)

Ein Licht erstrahlt den Gerechten *
und Freude den Menschen mit redlichem Herzen.

Ihr Gerechten, freut euch am Herrn, *
und lobt seinen heiligen Namen! – **R**

RUF VOR DEM EVANGELIUM

Halleluja. Halleluja.

Dich, Gott, loben wir, dich, Herr, preisen wir.
Dich preist der glorreiche Chor der Apostel.
Halleluja.

ZUM EVANGELIUM
Der Jünger, „den Jesus liebte" (Joh 20, 2), ist nach Joh 21, 20 der Jünger, der sich beim Abendmahl an die Brust Jesu gelehnt und gefragt hatte: Herr, wer ist es, der verrät? Er wird im Evangelium nie mit Namen genannt, nicht ausdrücklich mit Johannes, dem Sohn des Zebedäus, gleichgesetzt. Aber diese Gleichsetzung wurde in der christlichen Kirche schon früh vollzogen, und der Wettlauf der beiden Jünger zum Grab Jesu wurde als Wettlauf zwischen Amt und Geist, zwischen Recht und Liebe gedeutet: Petrus als Vertreter der Amtskirche, Johannes, der Lieblingsjünger, als Vertreter der vom Geist getragenen Liebeskirche. Oder auch: Petrus als Vertreter des Judenchristentums, dessen Vorrangstellung anerkannt wird, und Johannes als Vertreter des Heidenchristentums, das eine größere Bereitschaft zum Glauben bewiesen hat. Der Abschnitt Joh 20, 1–8 zeigt aber, daß solche Gegenüberstellungen in Wirklichkeit nicht viel bedeuten. Beide Jünger liefen zum Grab, so schnell sie konnten; beide sahen zunächst nur das leere Grab. Von Johannes wird gesagt: „Er sah und glaubte"; aber er konnte ebenso wie Petrus nur durch göttliche Erleuchtung zum Glauben an die Auferstehung Jesu kommen.

EVANGELIUM Joh 20, 2–8

Auch der andere Jünger, der zuerst an das Grab gekommen war, ging hinein; er sah und glaubte

☩ Aus dem heiligen Evangelium nach Johannes.

2 Am ersten Tag der Woche
    lief Maria von Magdala schnell zu Simon Petrus
    und dem Jünger, den Jesus liebte,
und sagte zu ihnen:

27. Dezember. Hl. Johannes

Man hat den Herrn aus dem Grab weggenommen,
und wir wissen nicht, wohin man ihn gelegt hat.

Da gingen Petrus und der andere Jünger hinaus
und kamen zum Grab;
sie liefen beide zusammen dorthin,
aber weil der andere Jünger schneller war als Petrus,
kam er als erster ans Grab.
Er beugte sich vor
und sah die Leinenbinden liegen,
ging aber nicht hinein.

Da kam auch Simon Petrus, der ihm gefolgt war,
und ging in das Grab hinein.
Er sah die Leinenbinden liegen
und das Schweißtuch, das auf dem Kopf Jesu gelegen hatte;
es lag aber nicht bei den Leinenbinden,
sondern zusammengebunden daneben
an einer besonderen Stelle.

Da ging auch der andere Jünger,
der zuerst an das Grab gekommen war, hinein;
er sah und glaubte.

GABENGEBET

Allmächtiger Gott,
heilige die Gaben, die wir darbringen,
und laß uns im heiligen Mahl
das Geheimnis deines ewigen Wortes erfassen,
das du dem Evangelisten Johannes
in dieser Feier erschlossen hast.
Darum bitten wir durch Christus, unseren Herrn.

Präfation von Weihnachten, S. 401 f.

KOMMUNIONVERS   Joh 1, 14.16

Das Wort ist Fleisch geworden und hat unter uns gewohnt. Aus seiner
Fülle haben wir alle empfangen.

SCHLUSSGEBET

Allmächtiger Gott,
der heilige Apostel Johannes
hat deinen Sohn verkündet
als das Wort, das Fleisch geworden ist.
Gib, daß Christus durch diese Feier
immer unter uns wohne,
damit wir die Fülle deiner Gnade empfangen.
Darum bitten wir durch Christus, unseren Herrn.

28. Dezember
UNSCHULDIGE KINDER
Fest

Die Erzählung vom Kindermord in Betlehem steht bei Mt 2, 16–18; Matthäus sieht in diesem schrecklichen Vorgang das Wort des Propheten Jeremia (31, 15) erfüllt. Einen liturgischen Gedenktag dieser kindlichen „Blutzeugen" im Anschluß an Weihnachten gibt es seit dem 5. Jahrhundert. Cäsarius von Arles, Augustinus und andere Kirchenväter haben die kindlichen Märtyrer gerühmt, denen es vergönnt war, nicht nur als Zeugen für Jesus, sondern stellvertretend für ihn zu sterben.

ERÖFFNUNGSVERS

Die Unschuldigen Kinder erlitten für Christus den Tod.
Nun folgen sie dem Lamm und singen sein Lob.

Ehre sei Gott, S. 344 ff.

TAGESGEBET

Vater im Himmel,
nicht mit Worten
haben die Unschuldigen Kinder dich gepriesen,
sie haben dich verherrlicht durch ihr Sterben.
Gib uns die Gnade,
daß wir in Worten und Taten
unseren Glauben an dich bekennen.
Darum bitten wir durch Jesus Christus.

ZUR 1. LESUNG   *„Gott ist Licht", er ist die Helligkeit, die wir brauchen, um als Menschen und als Christen leben zu können. Das geschaffene Licht ist von ihm ein Gleichnis. Licht und Leben gehören ebenso zusammen wie Finsternis und Tod. Das gilt im physischen Leben und erst recht in der geistigen Wirklichkeit. Seitdem Christus, das wahre Licht, in die Welt gekommen ist, steht der Mensch eindeutiger als bisher vor der Entscheidung; er kann „im Licht leben" (1 Joh 1, 7), d. h. sich nach der offenbar gewordenen Wahrheit Gottes richten, oder er kann in der Finsternis bleiben und aus seinem Leben eine Lüge* *machen. „Im Licht" lebt, wer glaubt und bekennt: „Jesus Christus ist im Fleisch gekommen" (4, 2; vgl. 2, 22), er ist wahrer Mensch geworden; wer den Bruder liebt (2, 9–10); wer weiß und anerkennt, daß er ein Sünder ist (1, 9). Für den, der sich als Sünder bekennt, gibt es Rettung; das Licht ist stärker als die Finsternis.*

ERSTE LESUNG 1 Joh 1, 5 – 2, 2

Das Blut Jesu reinigt uns von aller Sünde

Lesung
   aus dem ersten Johannesbrief.

Brüder!
5 Das ist die Botschaft,
   die wir von Jesus Christus gehört haben und euch verkünden:
Gott ist Licht, und keine Finsternis ist in ihm.
6 Wenn wir sagen, daß wir Gemeinschaft mit ihm haben,
   und doch in der Finsternis leben,
   lügen wir und tun nicht die Wahrheit.
7 Wenn wir aber im Licht leben, wie er im Licht ist,
   haben wir Gemeinschaft miteinander,
und das Blut seines Sohnes Jesus reinigt uns von aller Sünde.
8 Wenn wir sagen, daß wir keine Sünde haben,
   führen wir uns selbst in die Irre,
   und die Wahrheit ist nicht in uns.
9 Wenn wir unsere Sünden bekennen,
   ist er treu und gerecht;
er vergibt uns die Sünden und reinigt uns von allem Unrecht.
10 Wenn wir sagen, daß wir nicht gesündigt haben,
   machen wir ihn zum Lügner,
   und sein Wort ist nicht in uns.
1 Meine Kinder, ich schreibe euch dies, damit ihr nicht sündigt.
Wenn aber einer sündigt,
   haben wir einen Beistand beim Vater:
Jesus Christus, den Gerechten.
2 Er ist die Sühne für unsere Sünden,
aber nicht nur für unsere Sünden,
   sondern auch für die der ganzen Welt.

28. Dezember. Unschuldige Kinder

ANTWORTPSALM Ps 124 (123), 2–3.4–5.7–8 (R: 7a)

R Unsre Seele ist wie ein Vogel dem Netz des Jägers entkommen. – R

(GL 528, 2)

Hätte sich nicht der Herr für uns eingesetzt, *
als sich gegen uns Menschen erhoben,

III. Ton

dann hätten sie uns lebendig verschlungen, *
als gegen uns ihr Zorn entbrannt war. – (R)

Dann hätten die Wasser uns weggespült, *
hätte sich über uns ein Wildbach ergossen.

Dann hätten sich über uns die Wasser ergossen, *
die wilden und wogenden Wasser. – (R)

Unsre Seele ist wie ein Vogel dem Netz des Jägers entkommen; *
das Netz ist zerrissen, und wir sind frei.

Unsre Hilfe steht im Namen des Herrn, *
der Himmel und Erde gemacht hat. – R

RUF VOR DEM EVANGELIUM

Halleluja. Halleluja.
Dich, Gott, loben wir, dich, Herr, preisen wir.
Dich preist der Märtyrer leuchtendes Heer.
Halleluja.

ZUM EVANGELIUM
Neben Verehrung und Anbetung stehen an der Wiege des Messiaskindes Haß und Verfolgung. Der „neugeborene König der Juden" war unerwünscht. Als Herodes von ihm hörte, „erschrak er und ganz Jerusalem mit ihm" (Mt 2, 3). So war nach der jüdischen Legende auch der Pharao erschrocken, als ihm die Geburt des Mose berichtet wurde. Aber hier ist mehr als Mose; hier ist der Befreier, der sein Volk von seinen Sünden erlösen soll (Mt 1, 21). Das Geschick des Kindes läßt bereits die Zukunft ahnen: Jesus wird von seinem Volk verworfen. Die Geschichte von dem grausamen Kindermord kann nicht als unmöglich gelten; sie entspricht dem Charakter des Herodes, wie er uns auch aus anderen Quellen bekannt ist. Es kann aber auch nicht bezweifelt werden, daß dieser Teil der Kindheits-

geschichte Jesu von anderen Überlieferungen beeinflußt ist, vor allem von der Kindheitsgeschichte des Mose. Vom Alten Bund her deutet der Evangelist die Person Jesu, seine Sendung und sein Schicksal.

EVANGELIUM Mt 2, 13–18

Herodes ließ in Betlehem alle Knaben töten

☩ Aus dem heiligen Evangelium nach Matthäus.

13 Als die Sterndeuter wieder gegangen waren,
   erschien dem Josef im Traum ein Engel des Herrn
und sagte: Steh auf,
nimm das Kind und seine Mutter,
   und flieh nach Ägypten;
dort bleibe, bis ich dir etwas anderes auftrage;
denn Herodes wird das Kind suchen,
   um es zu töten.

14 Da stand Josef in der Nacht auf
   und floh mit dem Kind und dessen Mutter nach Ägypten.
15 Dort blieb er bis zum Tod des Herodes.
Denn es sollte sich erfüllen,
   was der Herr durch den Propheten gesagt hat:
Aus Ägypten habe ich meinen Sohn gerufen.

16 Als Herodes merkte, daß ihn die Sterndeuter getäuscht hatten,
   wurde er sehr zornig,
und er ließ in Betlehem und der ganzen Umgebung
   alle Knaben bis zum Alter von zwei Jahren töten,
genau der Zeit entsprechend,
   die er von den Sterndeutern erfahren hatte.

17 Damals erfüllte sich,
   was durch den Propheten Jeremía gesagt worden ist:
18 Ein Geschrei war in Rama zu hören,
lautes Weinen und Klagen:
Rahel weinte um ihre Kinder
und wollte sich nicht trösten lassen,
   denn sie waren dahin.

GABENGEBET

Herr, unser Gott,
nimm diese Gaben an
und heilige uns durch die Erlösungstat deines Sohnes,
der auch die Unschuldigen Kinder gerechtfertigt
und zu seinen Zeugen erwählt hat,
der mit dir lebt und herrscht in alle Ewigkeit.

Präfation von Weihnachten, S. 401 f.

KOMMUNIONVERS Offb 14, 4

Sie sind es, die aus den Menschen losgekauft wurden
als Weihegabe für Gott und das Lamm.
Sie folgen dem Lamm, wohin immer es geht.

SCHLUSSGEBET

Herr, unser Gott,
du hast den Unschuldigen Kindern
die Krone der Märtyrer geschenkt,
obwohl sie noch nicht fähig waren,
deinen Sohn mit dem Munde zu bekennen.
Christus, für den sie gestorben sind,
schenke auch uns im Sakrament die Fülle des Heiles.
Er, der mit dir lebt und herrscht in alle Ewigkeit.

COMMUNE-TEXTE

BEIM JAHRESGEDÄCHTNIS EINER KIRCHWEIHE

1. In der Kirche, deren Weihefest gefeiert wird

ERÖFFNUNGSVERS **Ps 68 (67), 36**
Gott in seinem Heiligtum ist voll Majestät, Israels Gott;
seinem Volk verleiht er Stärke und Kraft.
Gepriesen sei Gott.

Ehre sei Gott, S. 344 ff.

TAGESGEBET

Großer und heiliger Gott,
jedes Jahr
feiern wir den Weihetag dieses heiligen Hauses.
Höre auf die Bitten deines Volkes.
Hilf uns, daß wir an diesem Ort
in rechter Gesinnung den heiligen Dienst vollziehen
und den Reichtum der Erlösungsgnade empfangen.
Darum bitten wir durch Jesus Christus.

ZUR 1. LESUNG *Nach einer kurzen Erklärung für das versammelte Volk (1 Kön 8, 14–21) spricht Salomo das große Tempelweihegebet (8, 22–53). Das eigentliche Weihegebet beginnt bei 8, 27 mit dem ehrfürchtigen Staunen darüber, daß der unfaßbare Gott in einem Haus wohnen soll, das Menschen gebaut haben. Tatsächlich ist der Tempel nicht eigentlich Gottes Wohnung, sondern der Ort, an dem „sein Name wohnt", der Ort, wo man ihn anrufen und ihm begegnen kann. Alle Menschen sollen hier beten können, auch die Fremden, die nicht zum Volk Israel gehören.*

Beim Jahresgedächtnis einer Kirchweihe

ERSTE LESUNG   1 Kön 8, 22–23.27–30

Halte deine Augen offen über diesem Haus bei Nacht und bei Tag

Lesung
    aus dem ersten Buch der Könige.

In jenen Tagen
    trat Sálomo
    in Gegenwart der ganzen Versammlung Israels
    vor den Altar des Herrn,
breitete seine Hände zum Himmel aus
und betete:
    Herr, Gott Israels,
im Himmel oben und auf der Erde unten gibt es keinen Gott,
    der so wie du Bund und Huld seinen Knechten bewahrt,
    die mit ungeteiltem Herzen vor ihm leben.

Wohnt denn Gott wirklich auf der Erde?
Siehe,
    selbst der Himmel
    und die Himmel der Himmel fassen dich nicht,
wieviel weniger dieses Haus, das ich gebaut habe.
Wende dich, Herr, mein Gott,
    dem Beten und Flehen deines Knechtes zu!
Höre auf das Rufen und auf das Gebet,
    das dein Knecht heute vor dir verrichtet.
Halte deine Augen offen über diesem Haus bei Nacht und bei Tag,
über der Stätte, von der du gesagt hast,
    daß dein Name hier wohnen soll.
Höre auf das Gebet, das dein Knecht an dieser Stätte verrichtet.

Achte auf das Flehen deines Knechtes und deines Volkes Israel,
    wenn sie an dieser Stätte beten.
Höre sie im Himmel, dem Ort, wo du wohnst.
Höre sie,
    und verzeih!

ANTWORTPSALM

Ps 84 (83), 2–3.4–5.10–11a (R: vgl. 5)
(GL 649, 1)

R Selig, die in deinem Hause wohnen, Herr,
die dich loben alle Zeit. – R

2 Wie liebenswert ist deine Wohnung, Herr der Heerscharen! † V. Ton
3 Meine Seele verzehrt sich in Sehnsucht *
nach dem Tempel des Herrn.

Mein Herz und mein Leib jauchzen ihm zu, *
ihm, dem lebendigen Gott. – (R)

4 Auch der Sperling findet ein Haus †
und die Schwalbe ein Nest für ihre Jungen – *
deine Altäre, Herr der Heerscharen, mein Gott und mein König.

5 Wohl denen, die wohnen in deinem Haus, *
die dich allezeit loben. – (R)

10 Gott, sieh her auf unsern Schild, *
schau auf das Antlitz deines Gesalbten!

11a Denn ein einziger Tag in den Vorhöfen deines Heiligtums *
ist besser als tausend andere. – R

ZUR 2. LESUNG *Christus der Grundstein, die Kirche der Tempel, die Gläubigen als lebendige Bausteine und zugleich als heiliges Volk und königliche Priesterschaft: Gedanken und Bilder häufen sich und deuten sich gegenseitig. Im Grunde ist ständig von Christus die Rede, dem lebendigen Stein, der weggeworfen wurde; er wurde getötet, aber er lebt. Christus hat sich am Kreuz als lebendiges, wirkliches Opfer dargebracht. Durch ihn können auch wir Gott ein Opfer darbringen, das er annimmt: den Dienst unserer Liebe, unseres Gehorsams; den Lobpreis, die Danksagung.*

ZWEITE LESUNG

1 Petr 2, 4–9

Laßt euch als lebendige Steine zu einem geistigen Haus aufbauen

Lesung
   aus dem ersten Brief des Apostels Petrus.

Brüder!
4 Kommt zum Herrn, dem lebendigen Stein,
der von den Menschen verworfen,
aber von Gott auserwählt und geehrt worden ist.

Beim Jahresgedächtnis einer Kirchweihe

Laßt euch als lebendige Steine zu einem geistigen Haus aufbauen,
zu einer heiligen Priesterschaft,
um durch Jesus Christus geistige Opfer darzubringen,
   die Gott gefallen.
Denn es heißt in der Schrift:

   Seht her, ich lege in Zion einen auserwählten Stein,
einen Eckstein, den ich in Ehren halte;
wer an ihn glaubt, der geht nicht zugrunde.

Euch, die ihr glaubt, gilt diese Ehre.
Für jene aber, die nicht glauben,
   ist dieser Stein, den die Bauleute verworfen haben,
   zum Eckstein geworden,
zum Stein, an den man anstößt,
und zum Felsen, an dem man zu Fall kommt.
Sie stoßen sich an ihm,
   weil sie dem Wort nicht gehorchen;
doch dazu sind sie bestimmt.

Ihr aber seid ein auserwähltes Geschlecht,
eine königliche Priesterschaft,
ein heiliger Stamm,
ein Volk, das sein besonderes Eigentum wurde,
damit ihr die großen Taten dessen verkündet,
   der euch aus der Finsternis
   in sein wunderbares Licht gerufen hat.

RUF VOR DEM EVANGELIUM   Vers: 2 Chr 7, 16

(Halleluja. Halleluja.)

(So spricht Gott, der Herr:)
Ich habe dieses Haus erwählt und geheiligt,
damit mein Name hier sei auf ewig.

(Halleluja.)

ZUM EVANGELIUM   *Der wahre Tempel ist da, wo Gott im Geist und in Wahrheit angebetet wird (Joh 4, 23). Wo das nicht geschieht, bleibt vom Tempel vielleicht noch das Gebäude, aber es ist leer und überflüssig geworden. Der Zorn, der Jesus antreibt, die Verkäufer samt ihrer Ware vom Tempelplatz zu vertreiben, ist Ausdruck seiner leidenschaftlichen Liebe zum Haus seines Vaters. Die Tempelreinigung ist aber auch Anzeichen des nahen Gerichts: Der Tempel wird zerstört werden. Gott will in einem lebendigen Heiligtum wohnen: in Christus, dem menschgewordenen und auferstandenen Herrn, und in der Kirche, d. h. in der Gemeinde derer, die an Christus glauben und mit ihm Gemeinschaft haben.*

EVANGELIUM Joh 2,13–22

Reißt diesen Tempel nieder, in drei Tagen werde ich ihn wieder auferbauen. Er meinte den Tempel seines Leibes

✛ Aus dem heiligen Evangelium nach Johannes.

13 Das Paschafest* der Juden war nahe,
und Jesus zog nach Jerusalem hinauf.
14 Im Tempel fand er die Verkäufer von Rindern, Schafen und Tauben
und die Geldwechsler, die dort saßen.
15 Er machte eine Geißel aus Stricken
und trieb sie alle aus dem Tempel hinaus,
dazu die Schafe und Rinder;
das Geld der Wechsler schüttete er aus,
und ihre Tische stieß er um.
16 Zu den Taubenhändlern sagte er:
Schafft das hier weg,
macht das Haus meines Vaters nicht zu einer Markthalle!
17 Seine Jünger erinnerten sich an das Wort der Schrift:
Der Eifer für dein Haus verzehrt mich.
18 Da stellten ihn die Juden zur Rede:
Welches Zeichen läßt du uns sehen
als Beweis, daß du dies tun darfst?
19 Jesus antwortete ihnen: Reißt diesen Tempel nieder,
in drei Tagen werde ich ihn wieder aufrichten.
20 Da sagten die Juden:
Sechsundvierzig Jahre wurde an diesem Tempel gebaut,
und du willst ihn in drei Tagen wieder aufrichten?

---

* Sprich: Pas-chafest.

Beim Jahresgedächtnis einer Kirchweihe

Er aber meinte den Tempel seines Leibes.

Als er von den Toten auferstanden war,
 erinnerten sich seine Jünger, daß er dies gesagt hatte,
und sie glaubten der Schrift
 und dem Wort, das Jesus gesprochen hatte.

Glaubensbekenntnis, S. 348 ff.

GABENGEBET

Heiliger Gott,
wir gedenken des Tages,
an dem du dieses Haus zu eigen genommen
und mit deiner Gegenwart erfüllt hast.
Nimm die Gaben an,
die wir an dieser Stätte darbringen,
und mache auch uns selbst zu einer Gabe,
die dir wohlgefällt.
Darum bitten wir durch Christus, unseren Herrn.

Präfation, S. 429.

KOMMUNIONVERS 1 Kor 3, 16–17

Ihr seid Gottes Tempel, und der Geist Gottes wohnt in euch.
Der Tempel Gottes ist heilig, und der seid ihr.

SCHLUSSGEBET

Herr, unser Gott,
am Weihetag dieser Kirche
haben wir das Opfer des Lobes dargebracht.
Mache diese Feier
für uns zur Quelle der Gnade und der Freude,
damit deine Gemeinde im Heiligen Geist
zum Tempel deiner Herrlichkeit wird.
Darum bitten wir durch Christus, unseren Herrn.

2. Außerhalb der Kirche, deren Weihefest gefeiert wird

ERÖFFNUNGSVERS
Offb 21, 2
Ich sah die heilige Stadt, das neue Jerusalem,
von Gott her aus dem Himmel herabkommen.
Sie war bereit wie eine Braut,
die sich für ihren Mann geschmückt hat.

Ehre sei Gott, S. 344 ff.

TAGESGEBET
Erhabener Gott,
du erbaust dir aus lebendigen
und erlesenen Steinen ein ewiges Haus.
Mache die Kirche reich an Früchten des Geistes,
den du ihr geschenkt hast,
und laß alle Gläubigen in der Gnade wachsen,
bis das Volk, das dir gehört,
im himmlischen Jerusalem vollendet wird.
Darum bitten wir durch Jesus Christus.

Oder:

Allmächtiger Gott,
du hast gewollt, daß dein Volk Kirche heiße,
denn wir sind das Haus,
in dem deine Herrlichkeit wohnt.
Gib, daß die Gläubigen,
die sich in deinem Namen versammeln,
dich ehren, dich lieben und dir gehorchen,
damit sie unter deiner Führung
das ewige Erbe erlangen.
Darum bitten wir durch Jesus Christus.

Lesungen, S. 757 ff.

GABENGEBET
Herr und Gott,
nimm unsere Gaben an,
schenke uns durch deine Sakramente
Kraft und Zuversicht
und erhöre alle, die an heiliger Stätte zu dir beten.
Darum bitten wir durch Christus, unseren Herrn.

Präfation, S. 429.

KOMMUNIONVERS   1 Petr 2, 5
Laßt euch als lebendige Steine zu einem geistigen Haus aufbauen,
zu einer heiligen Priesterschaft.

SCHLUSSGEBET

Allmächtiger Gott,
du hast uns in der Kirche auf Erden
ein Abbild des himmlischen Jerusalem geschenkt.
Mache uns durch diese heilige Kommunion
zum Tempel deiner Gnade
und laß uns dorthin gelangen,
wo deine Herrlichkeit thront.
Darum bitten wir durch Christus, unseren Herrn.

ANHÄNGE

ANHANG I

COMMUNE-TEXTE

für den Gesang des Antwortpsalmes

In der Regel soll man den angegebenen Psalm nehmen, weil sein Text mit den Lesungen in Zusammenhang steht, denn er ist im Hinblick auf sie ausgewählt.
Damit jedoch die Gemeinde leichter einen Kehrvers zum Psalm singen kann, werden einige Antwortpsalmen für die einzelnen Zeiten des Kirchenjahres angeboten, die man an Stelle des vorgesehenen Psalmes verwenden kann, wenn man den Psalm singen will (Meßbuch, Allgemeine Einführung, Nr. 34).

KEHRVERSE (= R)

Im Advent:	Komm, Herr, uns zu retten!
In der Weihnachtszeit:	Heute haben wir deine Herrlichkeit gesehen, Herr.
In der Fastenzeit:	Gedenke, Herr, deiner Treue und Barmherzigkeit!
In der Osterzeit:	Halleluja (zwei- oder dreimal)
Im Jahreskreis:	
a) Mit einem Lobpsalm:	Danket dem Herrn, denn er ist gütig!
oder:	Wir preisen dich, Herr, denn wunderbar sind deine Werke.
oder:	Singt dem Herrn ein neues Lied!
b) Mit einem Bittpsalm:	Der Herr ist nahe allen, die zu ihm rufen.
oder:	Erhöre uns, Herr, und rette uns!
oder:	Barmherzig und gnädig ist der Herr.

ANTWORTPSALMEN

IM ADVENT

1 Ps 25 (24), 4–5.8–9.10 u. 14 (R: 1)

R Zu dir, o Herr, erhebe ich meine Seele. – R (GL 529,2)

4 Zeige mir, Herr, deine Wege, * I. Ton
lehre mich deine Pfade!

5 Führe mich in deiner Treue und lehre mich; †
denn du bist der Gott meines Heiles. *
Auf dich hoffe ich allezeit. – (R)

8 Gut und gerecht ist der Herr, *
darum weist er die Irrenden auf den rechten Weg.

9 Die Demütigen leitet er nach seinem Recht, *
die Gebeugten lehrt er seinen Weg. – (R)

10 Alle Pfade des Herrn sind Huld und Treue *
denen, die seinen Bund und seine Gebote bewahren.

14 Die sind Vertraute des Herrn, die ihn fürchten; *
er weiht sie ein in seinen Bund. – R

Oder:

2 Ps 85 (84), 9–10.11–12.13–14 (R: 8)

R Erweise uns, Herr, deine Huld, (GL 118,4)
und gewähre uns dein Heil! – R

9 Ich will hören, was Gott redet: † VI. Ton
Frieden verkündet der Herr seinem Volk *
und seinen Frommen, den Menschen mit redlichem Herzen.

10 Sein Heil ist denen nahe, die ihn fürchten. *
Seine Herrlichkeit wohne in unserm Land. – (R)

11 Es begegnen einander Huld und Treue; *
Gerechtigkeit und Friede küssen sich.

12 Treue sprießt aus der Erde hervor; *
Gerechtigkeit blickt vom Himmel hernieder. – (R)

13 Auch spendet der Herr dann Segen, *
und unser Land gibt seinen Ertrag.

Gerechtigkeit geht vor ihm her, *
und Heil folgt der Spur seiner Schritte. – R

IN DER WEIHNACHTSZEIT
Ps 98 (97), 1.2–3b.3c–4.5–6 (R: vgl. 3cd)   3

R Alle Enden der Erde sehen das Heil unsres Gottes. – R   (GL 149,1)

Singet dem Herrn ein neues Lied; *   VIII. Ton
denn er hat wunderbare Taten vollbracht.

Er hat mit seiner Rechten geholfen *
und mit seinem heiligen Arm. – (R)

Der Herr hat sein Heil bekannt gemacht *
und sein gerechtes Wirken enthüllt vor den Augen der Völker.

b Er dachte an seine Huld *
und an seine Treue zum Hause Israel. – (R)

d Alle Enden der Erde *
sahen das Heil unsres Gottes.

Jauchzt vor dem Herrn, alle Länder der Erde, *
freut euch, jubelt und singt! – (R)

Spielt dem Herrn auf der Harfe, *
auf der Harfe zu lautem Gesang!

Zum Schall der Trompeten und Hörner *
jauchzt vor dem Herrn, dem König! – R

AN ERSCHEINUNG DES HERRN
Ps 72 (71), 1–2.7–8.10–11.12–13 (R: 11)   4

R Alle Könige müssen ihm huldigen,   (GL 153,1)
alle Völker ihm dienen. – R

Verleih dein Richteramt, o Gott, dem König, *   VI. Ton
dem Königssohn gib dein gerechtes Walten!

Er regiere dein Volk in Gerechtigkeit *
und deine Armen durch rechtes Urteil. – (R)

7 Die Gerechtigkeit blühe auf in seinen Tagen *
und großer Friede, bis der Mond nicht mehr da ist.

8 Er herrsche von Meer zu Meer, *
vom Strom bis an die Enden der Erde. – (R)

10 Die Könige von Tarschisch und von den Inseln bringen Geschenke, *
die Könige von Saba und Seba kommen mit Gaben.

11 Alle Könige müssen ihm huldigen, *
alle Völker ihm dienen. – (R)

12 Er rettet den Gebeugten, der um Hilfe schreit, *
den Armen und den, der keinen Helfer hat.

13 Er erbarmt sich des Gebeugten und Schwachen, *
er rettet das Leben der Armen.

R Alle Könige müssen ihm huldigen,
alle Völker ihm dienen.

IN DER FASTENZEIT

5 Ps 51 (50), 3–4.5–6b.12–13.14 u. 17 (R: vgl. 3)

R Erbarme dich unser, o Herr, (GL 172, 3)
denn wir haben gesündigt. – R

3 Gott, sei mir gnädig nach deiner Huld, * I. Ton
tilge meine Frevel nach deinem reichen Erbarmen!

4 Wasch meine Schuld von mir ab, *
und mach mich rein von meiner Sünde! – (R)

5 Denn ich erkenne meine bösen Taten, *
meine Sünde steht mir immer vor Augen.

6ab Gegen dich allein habe ich gesündigt, *
ich habe getan, was dir mißfällt. – (R)

12 Erschaffe mir, Gott, ein reines Herz, *
und gib mir einen neuen, beständigen Geist!

13 Verwirf mich nicht von deinem Angesicht, *
und nimm deinen heiligen Geist nicht von mir! – (R)

14 Mach mich wieder froh mit deinem Heil; *
mit einem willigen Geist rüste mich aus!

17 Herr, öffne mir die Lippen, *
und mein Mund wird deinen Ruhm verkünden. – R

Oder:

Ps 91 (90), 1–2.10–11.12–13.14–15 (R: vgl. 15b)   **6**

R Herr, sei bei mir in der Not! – R   (GL 172,4)

Wer im Schutz des Höchsten wohnt *   II. Ton
und ruht im Schatten des Allmächtigen,

der sagt zum Herrn: „Du bist für mich Zuflucht und Burg, *
mein Gott, dem ich vertraue." – (R)

Dir begegnet kein Unheil, *
kein Unglück naht deinem Zelt.

Denn er befiehlt seinen Engeln, *
dich zu behüten auf all deinen Wegen. – (R)

Sie tragen dich auf ihren Händen, *
damit dein Fuß nicht an einen Stein stößt;

du schreitest über Löwen und Nattern, *
trittst auf Löwen und Drachen. – (R)

„Weil er an mir hängt, will ich ihn retten; *
ich will ihn schützen, denn er kennt meinen Namen.

Wenn er mich anruft, dann will ich ihn erhören. †
Ich bin bei ihm in der Not, *
befreie ihn und bringe ihn zu Ehren." – R

Oder:

Ps 130 (129), 1–2.3–4.5–6b.6c u. 7a u. 8 (R: 7bc)   **7**

R Beim Herrn ist die Huld,   (GL 172,5)
bei ihm ist Erlösung in Fülle. – R

Aus der Tiefe rufe ich, Herr, zu dir: *   IV. Ton
Herr, höre meine Stimme!

Wende dein Ohr mir zu, *
achte auf mein lautes Flehen! – (R)

Würdest du, Herr, unsere Sünden beachten, *
Herr, wer könnte bestehen?

Doch bei dir ist Vergebung, *
damit man in Ehrfurcht dir dient. – (R)

⁵ Ich hoffe auf den Herrn, es hofft meine Seele, *
ich warte voll Vertrauen auf sein Wort.

⁶ᵃᵇ Meine Seele wartet auf den Herrn *
mehr als die Wächter auf den Morgen. – (R)

⁶ᶜ Mehr als die Wächter auf den Morgen *
⁷ᵃ soll Israel harren auf den Herrn.

⁸ Ja, er wird Israel erlösen *
von all seinen Sünden.

R Beim Herrn ist die Huld,
bei ihm ist Erlösung in Fülle.

IN DER KARWOCHE

8 Ps 22 (21), 8–9.17–18.19–20.23–24 (R: 2a)

R Mein Gott, mein Gott, (GL 176,2)
warum hast du mich verlassen? – R

⁸ Alle, die mich sehen, verlachen mich, *   III. Ton
verziehen die Lippen, schütteln den Kopf:

⁹ „Er wälze die Last auf den Herrn, †
der soll ihn befreien! *
Der reiße ihn heraus, wenn er an ihm Gefallen hat." – (R)

¹⁷ Viele Hunde umlagern mich, †
eine Rotte von Bösen umkreist mich. *
Sie durchbohren mir Hände und Füße.

¹⁸ Man kann all meine Knochen zählen; *
sie gaffen und weiden sich an mir. – (R)

¹⁹ Sie verteilen unter sich meine Kleider *
und werfen das Los um mein Gewand.

²⁰ Du aber, Herr, halte dich nicht fern! *
Du, meine Stärke, eil mir zu Hilfe! – (R)

²³ Ich will deinen Namen meinen Brüdern verkünden, *
inmitten der Gemeinde dich preisen.

²⁴ Die ihr den Herrn fürchtet, preist ihn, †
ihr alle vom Stamm Jakobs, rühmt ihn; *
erschauert alle vor ihm, ihr Nachkommen Israels! – R

IN DER OSTERNACHT

Ps 136 (135), 1−3.4−6.7−9.24−26 (R: 1b)   **9**

Danket dem Herrn, denn er ist gütig, *   (GL 284, 2)
R Denn seine Huld währt ewig!   IV. Ton

Danket dem Gott aller Götter, *
R Denn seine Huld währt ewig!

Danket dem Herrn aller Herren, *
R Denn seine Huld währt ewig!

Der allein große Wunder tut. *
R Denn seine Huld währt ewig,

der den Himmel geschaffen hat in Weisheit, *
R Denn seine Huld währt ewig.

der die Erde über den Wassern gegründet hat, *
R Denn seine Huld währt ewig.

Der die großen Leuchten gemacht hat, *
R Denn seine Huld währt ewig.

die Sonne zur Herrschaft über den Tag. *
R Denn seine Huld währt ewig.

Mond und Sterne zur Herrschaft über die Nacht, *
R Denn seine Huld währt ewig.

4 Der uns den Feinden entriß, *
R Denn seine Huld währt ewig,

5 der allen Geschöpfen Nahrung gibt, *
R Denn seine Huld währt ewig.

6 Danket dem Gott des Himmels, *
R Denn seine Huld währt ewig!

Oder:

10 Ps 136 (135), 1 u. 3 u. 16.21–23.24–26 (R: 1b) (GL 284,3)

1 Danket dem Herrn, denn e̱r ist gütig, * III. Ton
R Denn seine Hu̱ld währt ewig!

3 Danket dem He̱rrn a̱ller Herren *
R Denn seine Hu̱ld währt ewig!

16 Der sein Volk durch die Wü̱ste führte, *
R Denn seine Hu̱ld währt ewig.

21 Der ihm ein La̱nd zum Erbe̱ gab, *
R Denn seine Hu̱ld währt ewig,

22 der es I̱srael ga̱b, seinem Knecht, *
R Denn seine Hu̱ld währt ewig.

23 Der an uns dachte in unsre̱r E̱rniedrigu̱ng, *
R Denn seine Hu̱ld währt ewig.

24 Der uns den Fei̱nden entriß, *
R Denn seine Hu̱ld währt ewig,

25 der allen Geschö̱pfen Nahrung gi̱bt, *
R Denn seine Hu̱ld währt ewig.

26 Danket dem Go̱tt des Himmels, *
R Denn seine Hu̱ld währt ewig!

IN DER OSTERZEIT

11 Ps 118 (117), 1–2.16–17.22–23 (R: vgl. 24)

R Das ist der Tag, den der Herr gemacht; (GL 232,4)
laßt uns jubeln und seiner uns freuen. – R

Oder: Halleluja. – R (GL 530,7)

1 Danket dem Herrn, denn er i̱st gütig, * VI. Ton
denn sei̱ne Huld währt ewig!

2 So soll Isra̱el sagen: *
Denn sei̱ne Huld währt ewig. – (R)

16 „Die Rechte des Herrn ist erho̱ben, *
die Rechte de̱s Herrn wirkt mit Macht!"

Antwortpsalmen

7 Ich werde nicht sterben, sondern leben, *
um die Taten des Herrn zu verkünden. − (R)

2 Der Stein, den die Bauleute verwarfen, *
er ist zum Eckstein geworden.

3 Das hat der Herr vollbracht, *
vor unseren Augen geschah dieses Wunder. − R

Oder:

Ps 66 (65), 1−3.4−5.6−7.16 u. 20 (R: 1)

12

R Jauchzt vor Gott, alle Länder der Erde! Halleluja. − R

(GL 233,2
oder 232,6)

Jauchzt vor Gott, alle Länder der Erde! †
Spielt zum Ruhm seines Namens! *
Verherrlicht ihn mit Lobpreis!

VI. Ton

Sagt zu Gott: „Wie ehrfurchtgebietend sind deine Taten; *
vor deiner gewaltigen Macht müssen die Feinde sich beugen." − (R)

Alle Welt bete dich an und singe dein Lob, *
sie lobsinge deinem Namen!

Kommt und seht die Taten Gottes! *
Staunenswert ist sein Tun an den Menschen: − (R)

Er verwandelte das Meer in trockenes Land, †
sie schritten zu Fuß durch den Strom; *
dort waren wir über ihn voll Freude.

In seiner Kraft ist er Herrscher auf ewig; †
seine Augen prüfen die Völker. *
Die Trotzigen können sich gegen ihn nicht erheben. − (R)

5 Ihr alle, die ihr Gott fürchtet, kommt und hört; *
ich will euch erzählen, was er mir Gutes getan hat.

Gepriesen sei Gott; denn er hat mein Gebet nicht verworfen *
und mir seine Huld nicht entzogen. − R

AN CHRISTI HIMMELFAHRT

13 Ps 47 (46), 2–3.6–7.8–9 (R: vgl. 6)

R Gott stieg empor unter Jubel, (GL 232,5)
der Herr beim Schall der Posaunen. – R

2 Ihr Völker alle, klatscht in die Hände; * VI. Ton
jauchzt Gott zu mit lautem Jubel!

3 Denn furchtgebietend ist der Herr, der Höchste, *
ein großer König über die ganze Erde. – (R)

6 Gott stieg empor unter Jubel, *
der Herr beim Schall der Hörner.

7 Singt unserm Gott, ja, singt ihm! *
Spielt unserm König, spielt ihm! – (R)

8 Denn Gott ist König der ganzen Erde. *
Spielt ihm ein Psalmenlied!

9 Gott wurde König über alle Völker, *
Gott sitzt auf seinem heiligen Thron. – R

AN PFINGSTEN

14 Ps 104 (103), 1–2.24–25.27–28.29–30 (R: vgl. 30)

R Sende aus deinen Geist, (GL 253,1)
und das Antlitz der Erde wird neu. – R

1 Lobe den Herrn, meine Seele! † VII. Ton
Herr, mein Gott, wie groß bist du! *
Du bist mit Hoheit und Pracht bekleidet.

2 Du hüllst dich in Licht wie in ein Kleid, *
du spannst den Himmel aus wie ein Zelt. – (R)

24 Herr, wie zahlreich sind deine Werke! †
Mit Weisheit hast du sie alle gemacht, *
die Erde ist voll von deinen Geschöpfen.

25 Da ist das Meer, so groß und weit, *
darin ein Gewimmel ohne Zahl: kleine und große Tiere. – (R)

27 Sie alle warten auf dich, *
daß du ihnen Speise gibst zur rechten Zeit.

Gibst du ihnen, dann <u>sam</u>meln sie ein; *
öffnest du deine Hand, werden sie <u>satt</u> an Gutem. – (R)

Verbirgst du dein Gesicht, sind sie verstört; †
nimmst du ihnen den Atem, so <u>schwin</u>den sie hin *
und kehren zurück zum <u>Staub</u> der Erde.

Sendest du deinen Geist aus, so werden sie <u>alle</u> erschaffen, *
und du erneuerst das <u>Antlitz</u> der Erde. – R

IM JAHRESKREIS

Ps 19 (18), 8.9.10.11–12 (R: Joh 6,68c oder vgl. 6,63b) 15

R Herr, du hast Worte des ewigen Lebens. – R (GL 465)

Oder:

R Deine Worte, Herr, sind Geist und Leben. – R (GL 687,1 = V/A)

Die Weisung des Herrn ist <u>voll</u>kommen, * II. oder VI. Ton
sie er<u>quickt</u> den Menschen.

Das Gesetz des Herrn ist ver<u>läß</u>lich, *
den Unwis<u>sen</u>den <u>macht</u> es weise. – (R)

Die Befehle des Herrn sind <u>rich</u>tig, *
sie er<u>freu</u>en das Herz;

das Gebot des Herrn ist <u>lau</u>ter, *
es er<u>leuch</u>tet die Augen. – (R)

Die Furcht des Herrn ist <u>rein</u>, *
sie <u>besteht</u> für immer.

Die Urteile des Herrn sind <u>wahr</u>, *
<u>gerecht</u> <u>sind</u> sie alle. – (R)

Sie sind kostbarer als Gold, als Feingold <u>in</u> <u>Menge</u>. *
Sie sind süßer als Honig, als <u>Honig</u> aus Waben.

Auch dein Knecht läßt sich von ihnen <u>warnen</u>; *
wer sie be<u>ach</u>tet, hat <u>reichen</u> Lohn. – R

Oder:

16 Ps 27 (26), 1.4.13–14 (R: 1a)

   R Der Herr ist mein Licht und mein Heil. – R   (GL 487)

1 Der Herr ist mein Licht und mein Heil: *   IV. Ton
Vor wem sollte ich mich fürchten?
Der Herr ist die Kraft meines Lebens: *
Vor wem sollte mir bangen? – (R)

4 Nur eines erbitte ich vom Herrn, danach verlangt mich: *
Im Haus des Herrn zu wohnen alle Tage meines Lebens,

  die Freundlichkeit des Herrn zu schauen *
und nachzusinnen in seinem Tempel. – (R)

13 Ich bin gewiß, zu schauen *
die Güte des Herrn im Land der Lebenden.

14 Hoffe auf den Herrn, und sei stark! *
Hab festen Mut, und hoffe auf den Herrn! – R

Oder:

17 Ps 34 (33), 2–3.4–5.6–7.8–9 (R: vgl. 2a oder 9a)

   R Den Herrn will ich preisen alle Zeit. – R   (GL 477)

   Oder:

   R Kostet und seht, wie gütig der Herr ist! – R   (GL 471)

2 Ich will den Herrn allezeit preisen; *   VI. Ton
immer sei sein Lob in meinem Mund.

3 Meine Seele rühme sich des Herrn; *
die Armen sollen es hören und sich freuen. – (R)

4 Verherrlicht mit mir den Herrn, *
laßt uns gemeinsam seinen Namen rühmen.

5 Ich suchte den Herrn, und er hat mich erhört, *
er hat mich all meinen Ängsten entrissen. – (R)

6 Blickt auf zu ihm, so wird euer Gesicht leuchten, *
und ihr braucht nicht zu erröten.

7 Da ist ein Armer; er rief, und der Herr erhörte ihn. *
Er half ihm aus all seinen Nöten. – (R)

Der Engel des Herrn umschirmt alle, die ihn fürchten und ehren, *
und er befreit sie.

Kostet und seht, wie gütig der Herr ist; *
wohl dem, der zu ihm sich flüchtet! – R

Oder:

Ps 63 (62), 2.3–4.5–6.8–9 (R: vgl. 2b) **18**

R Meine Seele dürstet nach dir, mein Gott. – R (GL 676,1)

Gott, du mein Gott, dich suche ich, * II. Ton
meine Seele dürstet nach dir.

Nach dir schmachtet mein Leib *
wie dürres, lechzendes Land ohne Wasser. – (R)

Darum halte ich Ausschau nach dir im Heiligtum, *
um deine Macht und Herrlichkeit zu sehen.

Denn deine Huld ist besser als das Leben; *
darum preisen dich meine Lippen. – (R)

Ich will dich rühmen mein Leben lang, *
in deinem Namen die Hände erheben.

Wie an Fett und Mark wird satt meine Seele, *
mit jubelnden Lippen soll mein Mund dich preisen. – (R)

Ja, du wurdest meine Hilfe; *
jubeln kann ich im Schatten deiner Flügel.

Meine Seele hängt an dir, *
deine rechte Hand hält mich fest. – R

Oder:

Ps 95 (94), 1–2.6–7c.7d–9 (R: vgl. 7d.8a) **19**

R Hört auf die Stimme des Herrn; (GL 529,5)
verhärtet nicht euer Herz! – R

Kommt, laßt uns jubeln vor dem Herrn * IV. Ton
und zujauchzen dem Fels unsres Heiles!

Laßt uns mit Lob seinem Angesicht nahen, *
vor ihm jauchzen mit Liedern! – (R)

6 Kommt, laßt uns niederfallen, uns vor ihm verneigen, *
laßt uns niederknien vor dem Herrn, unserm Schöpfer!

7abc Denn er ist unser Gott, †
wir sind das Volk seiner Weide, *
die Herde, von seiner Hand geführt. – (R)

7d Ach, würdet ihr doch heute auf seine Stimme hören! †
8 Verhärtet euer Herz nicht wie in Meríba, *
wie in der Wüste am Tag von Massa!
9 Dort haben eure Väter mich versucht, *
sie haben mich auf die Probe gestellt und hatten doch mein Tun gesehen.

R Hört auf die Stimme des Herrn;
verhärtet nicht euer Herz!

Oder:

20 Ps 100 (99), 1–3.4–5 (R: vgl. 3)

R Wir sind das Volk des Herrn,   (GL 646,1)
die Herde seiner Weide! – R

1 Jauchzt vor dem Herrn, alle Länder der Erde! †   V. Ton
2 Dient dem Herrn mit Freude! *
Kommt vor sein Antlitz mit Jubel!
3 Erkennt: Der Herr allein ist Gott. †
Er hat uns geschaffen, wir sind sein Eigentum, *
sein Volk und die Herde seiner Weide. – (R)
4 Tretet mit Dank durch seine Tore ein! †
Kommt mit Lobgesang in die Vorhöfe seines Tempels! *
Dankt ihm, preist seinen Namen!
5 Denn der Herr ist gütig, †
ewig währt seine Huld, *
von Geschlecht zu Geschlecht seine Treue. – R

Oder:

21 Ps 103 (102), 1–2.3–4.8 u. 10.12–13 (R: vgl. 8)

R Gnädig und barmherzig ist der Herr,   (GL 527,5)
voll Langmut und reich an Güte. – R

1 Lobe den Herrn, meine Seele, *   IV. Ton
und alles in mir seinen heiligen Namen!

Lobe den Herrn, meine Seele, *
und vergiß nicht, was er dir Gutes getan hat: – (R)

der dir all deine Schuld vergibt *
und all deine Gebrechen heilt,

der dein Leben vor dem Untergang rettet *
und dich mit Huld und Erbarmen krönt. – (R)

Der Herr ist barmherzig und gnädig, *
langmütig und reich an Güte.

Er handelt an uns nicht nach unsern Sünden *
und vergilt uns nicht nach unsrer Schuld. – (R)

So weit der Aufgang entfernt ist vom Untergang, *
so weit entfernt er die Schuld von uns.

Wie ein Vater sich seiner Kinder erbarmt, *
so erbarmt sich der Herr über alle, die ihn fürchten. – R

Oder:

Ps 145 (144), 1–2.8–9.10–11.13c–14 (R: 1a) 22

R Ich will dich rühmen, mein Gott und König. – R (GL 529,7)

Ich will dich rühmen, mein Gott und König, * I. Ton
und deinen Namen preisen immer und ewig;

ich will dich preisen Tag für Tag *
und deinen Namen loben immer und ewig. – (R)

Der Herr ist gnädig und barmherzig, *
langmütig und reich an Gnade.

Der Herr ist gütig zu allen, *
sein Erbarmen waltet über all seinen Werken. – (R)

Danken sollen dir, Herr, all deine Werke *
und deine Frommen dich preisen.

Sie sollen von der Herrlichkeit deines Königtums reden, *
sollen sprechen von deiner Macht. – (R)

d Der Herr ist treu in all seinen Worten, *
voll Huld in all seinen Taten.

Der Herr stützt alle, die fallen, *
und richtet alle Gebeugten auf. – R

AN DEN LETZTEN SONNTAGEN IM KIRCHENJAHR

23 Ps 122 (121), 1–3.4–5.6–7.8–9 (R: 1b)

R Zum Haus des Herrn wollen wir pilgern. – R (GL 118,5)

1 Ich freute mich, als man mir sagte: * I. Ton
  „Zum Haus des Herrn wollen wir pilgern."

2 Schon stehen wir in deinen Toren, Jerusalem: †
3 Jerusalem, du starke Stadt, *
  dicht gebaut und fest gefügt. – (R)

4 Dorthin ziehen die Stämme hinauf, die Stämme des Herrn, †
  wie es Israel geboten ist, *
  den Namen des Herrn zu preisen.

5 Denn dort stehen Throne bereit für das Gericht, *
  die Throne des Hauses David. – (R)

6 Erbittet für Jerusalem Frieden! *
  Wer dich liebt, sei in dir geborgen.

7 Friede wohne in deinen Mauern, *
  in deinen Häusern Geborgenheit. – (R)

8 Wegen meiner Brüder und Freunde *
  will ich sagen: In dir sei Friede.

9 Wegen des Hauses des Herrn, unseres Gottes, *
  will ich dir Glück erflehen. – R

ANHANG II
RUFE VOR DEM EVANGELIUM
Für die Sonntage im Jahreskreis

Vers: 1 Sam 3,9; Joh 6,68c **1**
Halleluja. Halleluja.
Rede, Herr, dein Diener hört.
Du hast Worte des ewigen Lebens.
Halleluja.

Vers: vgl. Mt 11,25 **2**
Halleluja. Halleluja.
Sei gepriesen, Vater, Herr des Himmels und der Erde;
du hast die Geheimnisse des Reiches den Unmündigen offenbart.
Halleluja.

Vers: vgl. Lk 19,38 **3**
Halleluja. Halleluja.
Gepriesen sei der König, der kommt im Namen des Herrn.
Im Himmel Friede und Herrlichkeit in der Höhe!
Halleluja.

Vers: vgl. Joh 1,14a.12a **4**
Halleluja. Halleluja.
Das Wort ist Fleisch geworden und hat unter uns gewohnt.
Allen, die ihn aufnahmen,
gab er Macht, Kinder Gottes zu werden.
Halleluja.

Vers: vgl. Joh 6,63b.68c **5**
Halleluja. Halleluja.
Deine Worte, Herr, sind Geist und Leben.
Du hast Worte des ewigen Lebens.
Halleluja.

6
Vers: vgl. Joh 8, 12

Halleluja. Halleluja.

(So spricht der Herr:)
Ich bin das Licht der Welt.
Wer mir nachfolgt, hat das Licht des Lebens.

Halleluja.

7
Vers: Joh 10, 27

Halleluja. Halleluja.

(So spricht der Herr:)
Meine Schafe hören auf meine Stimme;
ich kenne sie, und sie folgen mir.

Halleluja.

8
Vers: Joh 14, 6

Halleluja. Halleluja.

(So spricht der Herr:)
Ich bin der Weg und die Wahrheit und das Leben;
niemand kommt zum Vater, außer durch mich.

Halleluja.

9
Vers: vgl. Joh 14, 23

Halleluja. Halleluja.

(So spricht der Herr:)
Wer mich liebt, hält fest an meinem Wort.
Mein Vater wird ihn lieben, und wir werden bei ihm wohnen.

Halleluja.

10
Vers: Joh 15, 15b

Halleluja. Halleluja.

(So spricht der Herr:)
Ich habe euch Freunde genannt;
denn ich habe euch alles mitgeteilt,
was ich von meinem Vater gehört habe.

Halleluja.

11
Vers: vgl. Joh 17, 17b u. a
Halleluja. Halleluja.
Dein Wort, o Herr, ist Wahrheit;
heilige uns in der Wahrheit!
Halleluja.

12
Vers: vgl. Apg 16, 14b
Halleluja. Halleluja.
Herr, öffne uns das Herz,
daß wir auf die Worte deines Sohnes hören.
Halleluja.

13
Vers: vgl. Eph 1, 17–18
Halleluja. Halleluja.
Der Vater unseres Herrn Jesus Christus
erleuchte die Augen unseres Herzens,
damit wir verstehen, zu welcher Hoffnung wir berufen sind.
Halleluja.

Für die letzten Sonntage im Kirchenjahr

14
Vers: vgl. Mt 24, 42a.44
Halleluja. Halleluja.
Seid wachsam und haltet euch bereit!
Denn der Menschensohn kommt
zu einer Stunde, in der ihr es nicht erwartet.
Halleluja.

15
Vers: vgl. Lk 21, 36
Halleluja. Halleluja.
Wacht und betet allezeit,
damit ihr hintreten könnt vor den Menschensohn.
Halleluja.

16
Vers: Offb 2, 8b.10c
Halleluja. Halleluja.
(So spricht Er, der Erste und der Letzte:)
Sei treu bis in den Tod;
dann werde ich dir den Kranz des Lebens geben.
Halleluja.

RUFE VOR DEM EVANGELIUM
in der Fastenzeit
und in den Messen für Verstorbene

Die Rufe, die das Halleluja ersetzen können, sind hier zusammengestellt. An Ort und Stelle ist jeweils ein Beispiel ausgedruckt.

1. Ruhm und Ehre sei dir, Christus!
2. Ehre sei dir, Christus, Sohn des lebendigen Gottes!
3. Wie wunderbar sind deine Werke, Herr!
4. Dein ist die Ehre, dein ist die Macht, Christus, Herr und Erlöser!

5. Herr Jesus, dir sei Ruhm und Ehre!
6. Christus, du Weisheit Gottes des Vaters, Ehre sei dir!
7. Christus, du ewiges Wort des Vaters, Ehre sei dir!
8. Christus, du König der ewigen Herrlichkeit, Ehre sei dir!

9. Lob sei dir, Herr, König der ewigen Herrlichkeit!
10. Lob dir, Christus, König und Erlöser!
11. Christus Sieger, Christus König, Christus Herr in Ewigkeit!

ANHANG III
FÜRBITTEN

ADVENT

I.
Laßt uns beten zu Jesus Christus, dem König des kommenden Gottesreiches!

Herr Jesus Christus, erneuere die Christenheit und bereite sie für den Tag deiner Wiederkunft.

A: Wir bitten dich, erhöre uns.

Erbarme dich der Völker, die von Krieg und Aufruhr heimgesucht sind, und schenke ihnen deinen Frieden.

Gedenke der Kranken und Schwachen und richte sie in deinem Erbarmen auf.

Laß alle, die im Glauben unsicher geworden sind, die Liebe Gottes neu entdecken.

Führe unsere Verstorbenen in das Land des Lichtes und des Friedens.

Denn du wirst kommen und Gottes Frieden auf unsere Erde bringen. Dir sei die Ehre in Ewigkeit. – A: Amen.

Oder:

Allmächtiger, ewiger Gott, wir warten voll Zuversicht, daß Christus sichtbar zu uns kommt und deinen Frieden bringt. Erhöre unser Bitten durch Christus, unseren Herrn. – A: Amen.

II.
In diesen adventlichen Tagen um Christus versammelt, bitten wir ihn voll Zuversicht:

Für das Gottesvolk auf der ganzen Erde – um einen festen Glauben und um wachsende Liebe, damit es dem Herrn auch in unseren Tagen den Weg bereite.
(Stille) V: Christus, höre uns! A: Christus, erhöre uns!

Für die Völker der Erde – um Brüderlichkeit und gegenseitiges Verständnis, damit sie ohne Haß und Verachtung in Frieden miteinander leben.

Für alle, die Not leiden – um die Bereitschaft derer, die helfen können, damit Krankheit und Hunger in der Welt gemindert werden.

Für unsere Gemeinden – um genügend Priester und Diakone, um viele opferbereite Helferinnen und Helfer und um gegenseitigen Zusammenhalt, damit wir Weihnachten im Frieden feiern können.

Allmächtiger Gott, du stehst in Treue zu deinen Verheißungen; so rette die Welt aus aller Verstrickung in das Böse und führe sie zur Freiheit. Darum bitten wir durch Christus, unseren Herrn. – A: Amen.

Oder:

Denn wo du bist, ist Heil und Rettung. Dir sei die Ehre in Ewigkeit. A: Amen.

III.
Wir rufen zu Christus, der in die Welt gekommen ist, um sie aus Haß und Tod zu retten:

Daß er seine Kirche aus Spaltung und Trennung zur Einheit führe und die ganze Welt für sein Kommen rüste,
lasset zum Herrn uns beten: Herr, erbarme dich ...

Um ein Weihnachten in Freiheit und Frieden für alle unterdrückten und geknechteten Menschen,
lasset zum Herrn uns beten: Herr, erbarme dich ...

Für die Alten und Kranken und für alle, die unter unserer Ungeduld und unseren Lieblosigkeiten leiden müssen,
lasset zum Herrn uns beten: Herr, erbarme dich ...

Für die Jugend, die ungeduldig auf eine Welt der Gerechtigkeit und des Friedens wartet,
lasset zum Herrn uns beten: Herr, erbarme dich ...

Um die Kraft, daß wir uns gegenseitig vergeben, und um den Mut, mit ihm täglich das Kreuz zu tragen,
lasset zum Herrn uns beten: Herr, erbarme dich ...

Denn alle, die auf dich vertrauen, schöpfen neue Kraft. Sie danken dir in Ewigkeit. − A: Amen.

Oder:

Allmächtiger Gott, lenke den Lauf der Welt nach deinem Plan im Frieden und laß uns in Zuversicht das Kommen deines Sohnes erwarten, der mit dir lebt und herrscht in Ewigkeit. − A: Amen.

IV. (mit Kindern)
In den Tagen vor Weihnachten bitten wir Jesus:

Komm zu allen Menschen und mache ihre Herzen licht und hell!

A: Wir bitten dich, erhöre uns.

Mach, daß keiner Angst hat und alle gerecht behandelt werden!

Schenke den Kranken Gesundheit und den Heimatlosen eine Unterkunft!

Hilf, daß wir zu Hause gut zueinander sind und den Streit vermeiden!

Gib, daß alle Kinder der Erde sich an Weihnachten über dein Kommen freuen können!

Führe die Verstorbenen in dein Licht und dein Reich!

Denn du versammelst alle um deinen Tisch, damit wir in Freude und ohne Angst deine Feste feiern. Dich preisen wir mit dem Vater und dem Heiligen Geist jetzt und in Ewigkeit. − A: Amen.

WEIHNACHTEN

I.
Wir danken Christus, dem Herrn, der (in dieser Nacht) den Frieden Gottes zu uns Menschen gebracht hat, und bitten ihn aus ganzem Herzen:

Um den äußeren und inneren Frieden für unser Vaterland und für alle Völker auf der weiten Erde,
lasset zum Herrn uns beten: Herr, erbarme dich ...

Für die Kirche in Südamerika,
daß sie durch unser Gebet und unser Weihnachtsopfer im Glauben und
in der Zuversicht wächst,
lasset zum Herrn uns beten: Herr, erbarme dich ...

Für die Glaubensbrüder in den atheistischen Staaten, die um Christi willen benachteiligt und verfolgt werden,
lasset zum Herrn uns beten: Herr, erbarme dich ...

Für alle, die nicht zum Gottesdienst kommen können und mit dem Herzen bei uns sind:
die Alten und die Kranken, die Behinderten, die Gefangenen, die Freunde, die unterwegs sind, für alle, die in dieser Stunde Dienst tun,
lasset zum Herrn uns beten: Herr, erbarme dich ...

Für unsere Verstorbenen, die uns glaubend und hoffend vorausgegangen sind,
lasset zum Herrn uns beten: Herr, erbarme dich ...

Denn in dir, Herr Jesus Christus, ist Gottes Liebe sichtbar unter uns erschienen. Durch dich preisen wir den Vater in der Einheit des Heiligen Geistes in alle Ewigkeit. – A: Amen.

Oder:

Allmächtiger, ewiger Gott, du hältst die Welt auch heute in deinen gütigen Händen. So erhöre unser Bitten und führe sie zum Frieden, durch Christus, unseren Herrn. – A: Amen.

II.
In (dieser hochheiligen Nacht) diesen heiligen Tagen bitten wir Christus, unseren Erlöser, um sein Erbarmen.

Daß die Kirche, von seiner Liebe geführt, in den Entwicklungsländern zum Glück und Wohlergehen der Armen beiträgt.
V: Christus, höre uns! A: Christus, erhöre uns!

Daß die Menschen frei werden von Haß und Terror und im Frieden miteinander leben.

Daß Geiseln und Entführte freigelassen und die Kranken wieder gesund werden.

Fürbitten

Daß Eltern und Kinder, Jung und Alt in den Familien sich verstehen und die Festtage in Eintracht miteinander feiern.

Daß die Alten, die Vereinsamten und Vergessenen durch gute Menschen weihnachtliche Freude erfahren.

Daß unsere Verstorbenen zu ewigem Glück und Frieden gelangen.

Denn du bist arm und klein geworden, damit wir reich und glücklich werden. Dich preisen wir mit dem Vater und dem Heiligen Geist in Ewigkeit. – **A:** Amen.

Oder:

Allmächtiger Gott, die Menschwerdung deines Sohnes zeigt uns deine grenzenlose Liebe. Erhöre unser Beten durch Christus, unseren Herrn. **A:** Amen.

III. (mit Kindern)
In unserer Mitte ist Jesus. Zu ihm bringen wir unsere Bitten:

Jesus, Sohn Gottes, schenke uns die Kraft, immer frohe und offene Gotteskinder zu sein!

A: Wir bitten dich, erhöre uns.

Jesus, Sohn Gottes, bringe den kranken, hilflosen und behinderten Menschen das Licht deines Trostes!

Jesus, Sohn Gottes, wir denken an die Verletzten und Obdachlosen; laß ihnen das Licht der Nächstenliebe aufleuchten!

Jesus, Sohn Gottes, hilf jenen, die im Dunkeln leben müssen: Blinden, Flüchtlingen, Verzweifelten und Arbeitslosen!

Jesus, Sohn Gottes, alle Kinder freuen sich an Weihnachten; laß auch jene Kinder froh werden, die in Armut und Not leben!

Vater im Himmel, schau gütig auf deine Kinder, die sich in weihnachtlicher Freude hier versammelt haben, und erhöre unsere Bitten, durch Christus, unseren Herrn. – **A:** Amen.

ERSCHEINUNG DES HERRN

I.
Zu Christus, dem Sieger und König, den die Weisen als Gottes Sohn bekennen, laßt uns mit Zuversicht beten!

Für die Kirche in den Missionsländern:
Daß das Wort Gottes allen Völkern verkündet wird und reiche Frucht bringe,
lasset zum Herrn uns beten: Herr, erbarme dich ...

Für die Lenker der Staaten:
Daß sie, frei von Neid und Zwietracht, den Frieden suchen,
lasset zum Herrn uns beten: Herr, erbarme dich ...

Für unsere Häuser und Wohnungen (die wir mit seinem Kreuz bezeichnen):
Daß er uns vor Unglück und Schaden bewahre und unseren Familien Zusammenhalt und Frieden schenke,
lasset zum Herrn uns beten: Herr, erbarme dich ...

Für die tägliche Not der Menschen:
Daß er alle vor der Kälte und den Härten des Winters bewahre, den Reisenden eine glückliche Heimkehr und den Kranken Gesundung schenke,
lasset zum Herrn uns beten: Herr, erbarme dich ...

Denn du bist der Herr und das Licht der Welt. Du wirst kommen und den Frieden bringen. Dich preisen wir mit dem Vater und dem Heiligen Geist in Ewigkeit. – A: Amen.

Oder:

Wir danken dir, himmlischer Vater, daß du in Christus Licht und Wärme in unsere Welt kommen läßt. Höre unsere Bitten und gib der Welt eine gute Zukunft. Durch Christus, unseren Herrn. – A: Amen.

II.
Wir beten zu Christus, dem Erlöser der Welt:

Reinige deine Kirche von aller Sünde und bereite sie für das Kommen des ewigen Gottesreiches!

A: Wir bitten dich, erhöre uns.

Vertreibe in deinem unbestechlichen Gericht allen Krieg und Streit, alle Lüge und Gewalt und jegliches Unrecht von der Erde!

Segne das Wirken der Priester, der Brüder und Schwestern in der Missionsarbeit und gib ihnen Ausdauer in ihrem Dienst!

Rufe auch in unseren Gemeinden junge Menschen in deinen Dienst, die bereit sind zu selbstlosem Einsatz und treuer Hingabe!

Gewähre allen Menschen das tägliche Brot und ein schützendes Dach!

Laß unsere Verstorbenen Gottes strahlende Herrlichkeit schauen!

Denn du führst uns aus dem Dunkel in Gottes Licht. Durch dich preisen wir den Vater in der Einheit des Heiligen Geistes in alle Ewigkeit.
A: Amen.

Oder:

Allmächtiger Gott, du führst die Welt in dein Licht und deine Seligkeit. Erhöre unsere Bitten durch Christus, unseren Herrn. – A: Amen.

FASTENZEIT

I.
Zum Herrn Jesus Christus, dem Erlöser der Welt und dem Sühnopfer für unsere Sünden, beten wir voll Vertrauen:

Erneuere deine Kirche in diesen Tagen der Buße und bereite sie für eine würdige Feier des Osterfestes!

A: Wir bitten dich, erhöre uns.

Gib unserer Gemeinde neuen Eifer im Gebet und beim Einsatz für das Gute!

Bekehre die Völker der Erde von den Wegen des Hasses, des Krieges und der Sünde!

Führe alle Gläubigen (unserer Stadt) zu einem würdigen Empfang der österlichen Sakramente!

Steh den Sterbenden bei in ihrer Angst und stärke sie durch deine heiligen Sakramente!

Vereine unsere Schmerzen und Nöte mit deinem Kreuzesopfer und laß daraus den Frieden wachsen für die ganze Welt!

Himmlischer Vater, blicke gütig auf deine Familie, für die Christus sich am Kreuz geopfert hat: Der mit dir lebt und herrscht in Ewigkeit.
A: Amen.

Oder:

Denn du bist der gute Hirte, der sich der Verlorenen erbarmt. Dir sei die Ehre in Ewigkeit. − A: Amen.

II.
Laßt uns beten!

Herr Jesus Christus, du bist nicht gekommen, dich bedienen zu lassen, sondern zu dienen; gib, daß in der Gemeinschaft der Kirche einer dem anderen dient und die Liebe uns eint und uns gegen das Böse stark macht.

(Stille) V: Christus, höre uns!　A: Christus, erhöre uns!

Du gibst den Bischöfen und ihren Helfern Anteil an deiner Hirtensorge für die Menschen:
Steh ihnen bei in ihrem verantwortungsvollen Dienst und gib unseren Gemeinden genügend Priester.

In diesen Tagen bereiten sich viele auf die Firmung, die erste heilige Kommunion, einen würdigen Empfang des österlichen Bußsakramentes vor:
Zeige ihnen allen den rechten Weg des Lebens und bewahre deine Barmherzigkeit auch denen, die kein Interesse an der Kirche und deinen Sakramenten haben.

Du kennst die täglichen Nöte und Sorgen des menschlichen Lebens:
Bewahre uns vor Mißernten und Katastrophen und gib uns Mut, den Notleidenden und Hungernden zu helfen.

Sei unseren Verstorbenen ein gnädiger Richter und laß sie auf ewig dein Antlitz schauen.

Denn du bist ein Freund der Menschen. Dir gebührt Ehre und Lobpreis in Ewigkeit. − A: Amen.

Oder:

Gott, von dir kommt alles Gute. So schenke der Erde Frieden und Heil. Darum bitten wir durch Christus, unseren Herrn. − A: Amen.

III.

Zu Christus, der uns als sein heiliges Volk hier versammelt hat, rufen wir voll Vertrauen:

Für alle, die in unseren Gemeinden Dienst tun:
Daß sie Gott und den Menschen aus ganzem Herzen dienen und so das Reich der Liebe und des Friedens wächst,
lasset zum Herrn uns beten: Herr, erbarme dich ...

Für die Männer und Frauen, die politische Verantwortung tragen:
Daß sie nach Gottes Gesetz, nach Recht und Gerechtigkeit urteilen und handeln,
lasset zum Herrn uns beten: Herr, erbarme dich ...

Für alle, die schwer an ihrem Kreuz zu tragen haben:
Daß sie ihren Weg mit gläubigem Vertrauen gehen und aus ihrem Leid Segen erwächst,
lasset zum Herrn uns beten: Herr, erbarme dich ...

Für uns selber mit unseren Fragen und Problemen:
Daß er uns dem Dunkel des Zweifelns entreiße und froh und zuversichtlich mache in der Kraft des Glaubens,
lasset zum Herrn uns beten: Herr, erbarme dich ...

Allmächtiger Gott, heilige das Volk, das du berufen hast. Hilf, daß es dir würdig dient und die ganze Welt das österliche Heil erlangt. Darum bitten wir durch Christus, unseren Herrn. – A: Amen.

Oder:

Denn du hast Kreuz und Leid für uns getragen. Du schenkst uns Hoffnung und Zuversicht. Dir sei Ehre in Ewigkeit. – A: Amen.

IV. (mit Kindern)
Gott liebt die Menschen. Zu ihm beten wir:

Lieber Gott, wir freuen uns, daß wir Priester und Helfer haben, die uns dein Wort verkünden. Schenke uns immer gute Priester!

A: Wir bitten dich, erhöre uns.

Wir danken dir für unsere Eltern. Laß sie viel Freude mit uns erleben!

Wir denken an die vielen Kinder, die nichts von dir erfahren, bei denen
der Religionsunterricht verboten ist. Laß auch sie die gute Botschaft
von deiner Liebe hören!

Wir freuen uns alle auf Ostern. Hilf uns, daß wir uns recht darauf vorbereiten!

Oft verstehen wir uns nicht und streiten. Gib uns Kraft zum Verzeihen
und zum Frieden!

Allmächtiger, ewiger Gott, blicke gütig auf deine Gemeinde, auf Junge
und Alte, die sich um deinen Altar versammelt haben. Laß aus dem Opfer Christi den Geist des Vergebens, der Geduld und des Helfens in die
Welt strömen und schenke ihr deinen Frieden. Darum bitten wir durch
Christus, unseren Herrn. – A: Amen.

OSTERZEIT

I.
Der Herr Jesus Christus hat uns aus dem Leid zur Freude geführt, aus
der Bedrückung in die Freiheit, aus dem Tod zum Leben. Ihn bitten wir
für die ganze Welt:

Für die Kirche, die Gemeinschaft der Glaubenden, die in ihrem Leben
Zeugnis geben von der österlichen Freude und Erlösung,
zum Herrn laßt uns rufen: Herr, erbarme dich ...

Für die vielen, die durch das Leid in der Welt, durch Ungerechtigkeit,
Krieg und Tod in ihrem Glauben an Gott irre werden,
zum Herrn laßt uns rufen: Herr, erbarme dich ...

Für die Christen, die um des Glaubens willen verfolgt sind, für die Völker, die nicht in Freiheit über sich entscheiden können,
zum Herrn laßt uns beten: Herr, erbarme dich ...

Für unsere Welt, die in Wissenschaft und Technik große Fortschritte er-
zielt und trotzdem in Haß und Tod zu versinken droht,
zum Herrn laßt uns beten: Herr, erbarme dich ...

Für unsere Verstorbenen, die auf die Auferstehung warten,
lasset zum Herrn uns rufen: Herr, erbarme dich ...

Denn du hast den Tod besiegt und uns das Leben gebracht. Dir sei die Ehre in Ewigkeit. − A: Amen.

Oder:

Gütiger Vater, lebendiger Gott, schau in Güte auf deine Gemeinde, die erlöst ist durch den Tod und die Auferstehung deines Sohnes, und schenke ihr Anteil an seinem österlichen Sieg. So bitten wir durch Christus, unseren Herrn. − A: Amen.

II.
In der österlichen Freude dieser Tage lade ich euch ein, Christus, den Auferstandenen, zu bitten:

Daß die Kirche, um den österlichen Tisch versammelt, in Einigkeit und Frieden leben darf.
V: Christus, höre uns! A: Christus, erhöre uns!

Daß unsere verfolgten Glaubensbrüder aus der Osterfeier Kraft und neuen Mut schöpfen.

Daß der Haß zwischen den Völkern ein Ende nimmt und die Welt zum Frieden findet.

Für alle, die in diesen Tagen unterwegs sind, und für alle, die auf der Suche sind nach dem Ziel ihres Lebensweges.

Für unsere Verstorbenen, die uns auf unseren Wegen begleitet haben und in die Ewigkeit vorausgegangen sind.

Denn du bist der Weg und die Wahrheit und das Leben. Durch dich preisen wir den Vater in der Einheit des Heiligen Geistes in alle Ewigkeit. − A: Amen.

Oder:

Gott, unser Vater, von dir kommt alles Gute. Wir danken dir für alles, was deine Liebe uns geschenkt hat, und bitten dich: Schenke der ganzen Welt deinen Frieden. Durch Christus, unseren Herrn. − A: Amen.

III.

Lasset uns zu Christus beten, dem Auferstandenen, der Sünde und Tod für uns bezwungen hat!

Herr Jesus Christus, heile die Christenheit von allen Wunden der Spaltung, des gegenseitigen Hasses und Mißverständnisses!

A: Wir bitten dich, erhöre uns.

Überwinde die Macht des Bösen in unserer Welt durch deine Gerechtigkeit und Liebe!

Bewahre die Mächtigen in Politik und Wirtschaft vor allem Mißbrauch ihrer Macht!

Gib den jungen Leuten, die sich auf die Firmung vorbereiten, Mut und Kraft zu einem christlichen Leben!

Befreie unsere Verstorbenen aus Schuld und Sünde!

Denn du bist gekommen, daß wir das Leben haben und es in Fülle haben. Dir sei Ehre und Lobpreis in Ewigkeit. – A: Amen.

Oder:

Allmächtiger, ewiger Gott, du hast Christus aus Grab und Tod gerettet. Führe die ganze Welt in dieses neue Leben. Darum bitten wir durch ihn, Christus, unseren Herrn. – A: Amen.

IV. (mit jungen Leuten)

Dies heute ist ein wunderschöner Morgen. Die Sonne scheint, die Vögel singen, und die Leute sind freundlich. Wir wollen beten, daß alle Menschen erkennen, wie sehr uns Christus liebt!

Die Jünger, die nach Emmaus gingen, haben dich erkannt, als du das Brot mit ihnen geteilt hast. Du teilst dieses Brot auch mit uns. Laß dies alle erfahren!

A: Wir bitten dich, erhöre uns.

Manche konnten an diesem Osterfest ihr Krankenbett nicht verlassen. Sende auch ihnen und allen alten und geplagten Menschen die Erkenntnis deiner Nähe, damit sie wieder Mut und Zuversicht durch dich erlangen!

Wir alle hier können glücklich sein; wir sind weder blind noch behindert, noch sind wir ernsthaft krank oder am Hungern. Herr, laß uns in unserem Wohlstand und in unserer Gesundheit niemals die Menschen vergessen, welche diese Gaben nicht besitzen!

Viele Menschen sind gerade jetzt wieder durch Erdbeben und Kriegsgeschehen in großes unverschuldetes Leid gestürzt. Gib ihnen Kraft, Zuversicht und unsere Unterstützung!

Du hast für uns den Tod erlitten und bist am dritten Tage auferstanden. Wir wissen, daß wir unser Handeln danach einrichten sollen; dennoch handeln wir oft nicht danach. Herr, verzeihe uns!

Ostern geht zu Ende. Dein Leiden und deine Auferstehung haben uns aber gezeigt, welches Ziel auf uns wartet. Laß uns beginnen, dein Leiden und deine Auferstehung zu leben!

Gott des Lebens, seit Ostern wissen wir, daß du den Frieden und das Leben für alle willst. Laß diese Zuversicht die ganze Welt durchdringen, damit alle dir danken durch Christus, unseren Herrn. – A: Amen.

PFINGSTEN

Christus hat uns im Heiligen Geist hier versammelt, daß wir in Freude und Dankbarkeit das Pfingstfest feiern. Ihn bitten wir aus ganzem Herzen:

Durch dich sind Himmel und Erde erschaffen;
sende wiederum den Geist aus und erneuere die Erde!

A: Wir bitten dich, erhöre uns.

Du hast dem ersten Menschen den Atem des Lebens eingehaucht;
schenke deiner Kirche neue Jugend und belebe durch sie die ganze Welt!

Durch die Kraft des Heiligen Geistes hast du dein Kreuz getragen und die Welt erlöst;
verwandle durch deinen Geist allen Haß in Liebe, alles Leid in Freude und jeden Krieg in Frieden!

Du hast Feuer auf die Erde gesandt und willst, daß es mächtig brenne;
entzünde unsere Herzen mit der Kraft des Glaubens, der Hoffnung und der Liebe!

In der Kraft des Gottesgeistes bist du aus dem Tod ins Leben gegangen;
erwecke unsere Verstorbenen und führe sie in die Seligkeit Gottes!

Vater im Himmel, höre auf das Gebet deines Volkes. Es ist dein Geist, der in uns ruft und betet. Schenke darum der Welt Verzeihung und Frieden durch Christus, unseren Herrn. – A: Amen.

Oder:

Denn du hast der Welt den Geist gebracht, der den Tod überwindet und das Leben spendet. Durch dich preisen wir den Vater in der Einheit des Heiligen Geistes in alle Ewigkeit. – A: Amen.

KIRCHWEIHE – PATROZINIUM

I.
Um Christus, das Haupt seiner Kirche, versammelt, beten wir voll Vertrauen:

Für alle Glieder unserer Pfarrgemeinde, die jungen und die alten, die gesunden und die kranken, die trauernden und die fröhlichen,
lasset zum Herrn uns beten: Herr, erbarme dich ...

Um Priester und Diakone, um Nachwuchs für unsere Ordensgemeinschaften, um einsatzbereite und tatkräftige Helferinnen und Helfer
lasset zum Herrn uns beten: Herr, erbarme dich ...

Für alle, die in dieses Gotteshaus kommen, um in ihren Sorgen und Kümmernissen zu beten,
lasset zum Herrn uns rufen: Herr, erbarme dich ...

Um einen Arbeitsplatz und das tägliche Brot für alle, um rechtes Wetter und das Gedeihen der Feldfrüchte
lasset zum Herrn uns beten: Herr, erbarme dich ...

Daß er die Welt vor Krieg und Terror und allen Katastrophen bewahre, daß er den Frieden schaffe und die Erlösung vollende,
lasset zum Herrn uns beten: Herr, erbarme dich ...

Daß er die Verstorbenen unserer Gemeinde und alle unsere Toten in die ewige Ruhe geleite,
lasset zum Herrn uns beten: Herr, erbarme dich ...

Allmächtiger Gott, wache in Liebe über unserer Gemeinde, bewahre uns vor jedem Unheil und gib uns Mut zu helfender Tat. Darum bitten wir durch Christus, unseren Herrn. – A: Amen.

Oder:

Denn du hast uns gerufen, daß wir in Freude und Zuversicht als Gottes Volk hier leben. Durch dich preisen wir den Vater in der Einheit des Heiligen Geistes in alle Ewigkeit. – A: Amen.

II.
Zum Patrozinium (zur Kirchweih) in festlicher Freude versammelt, bringen wir unsere Sorgen und Anliegen im Gebet vor Gott, den Herrn!

Für unser Bistum und unsere Pfarrgemeinde: (Stille)
Mache junge Menschen wieder bereit für die Arbeit in deinem Weinberg, daß sie sich für dich und die Mitmenschen einsetzen und Verantwortung übernehmen!

A: Wir bitten dich, erhöre uns.

Für alle, die in diesem Gotteshaus getauft wurden und die heiligen Sakramente hier empfangen: (Stille)
Daß sie im Glauben treu bleiben und Frucht bringen in einem christlichen Leben.

Für die Wohltäter dieses Gotteshauses: (Stille)
Laß sie beim Festmahl des ewigen Lebens den Lohn für ihre Liebe empfangen!

Für die Völker der Erde: (Stille)
Daß sie deine Gaben redlich teilen und so im Frieden miteinander leben!

Für alle, die sich zu diesem Festgottesdienst versammelt haben: (Stille)
Nimm unser Lob und unseren Dank entgegen und schenke uns Einigkeit und Frieden!

Herr, gedenke deiner Kirche, bewahre sie vor dem Bösen und vollende sie in deiner Liebe. Darum bitten wir durch Christus, unseren Herrn.
A: Amen.

Oder:

Denn in deinen guten Händen sind wir geborgen. Dir danken wir, jetzt und in Ewigkeit. – A: Amen.

IM JAHRESKREIS

I.
Laßt uns beten zu Christus, dem Herrn der Kirche, dem Haupt seines Leibes!

Für die Hirten der Kirche: (stilles Gebet)
Ermutige unseren Papst N. und alle Bischöfe zur rechten Ausübung ihres Dienstes!

A: Wir bitten dich, erhöre uns.

Um die Einheit der Kirche: (stilles Gebet)
Versammle alle, die an dich glauben, in brüderlicher Liebe um deinen Tisch!

Um eine rechte soziale Ordnung in der Welt: (stilles Gebet)
Laß jeden seine Verantwortung immer deutlicher erkennen und gib den Mächtigen der Erde Mut für Gerechtigkeit und Frieden!

Für unsere Pfarrgemeinde: (stilles Gebet)
Mehre in unseren Familien den Geist der Liebe und des Helfens und nimm dich der Anliegen der hier Versammelten an!

Für unsere Verstorbenen: (stilles Gebet)
Vereine alle, die uns nahestanden, um deinen Tisch im Reiche Gottes!

Denn du hast uns hier versammelt, daß wir mit dir dem Vater danken. Ihm sei die Ehre in Ewigkeit. − A: Amen.

Oder:

Allmächtiger Gott, du Zuflucht deines Volkes, schenke uns in deiner Güte, was wir gläubig von dir erwarten. So bitten wir durch Christus, unseren Herrn. − A: Amen.

II.
Treu dem Brauch der Väter zur sonntäglichen Feier um Christus versammelt, beten wir zu ihm, unserem gekreuzigten und auferstandenen Herrn:

Erhalte in unserer Heimat die Kraft des Glaubens und die Treue zur Kirche lebendig!

A: Wir bitten dich, erhöre uns.

Fürbitten

801

Schenke den Bürgern unseres Landes Zusammenhalt und inneren Frieden!

Mache den Sonntag für unsere Gemeinden und unsere Familien zu einem Tag des Aufatmens und des Friedens!

Bewahre die ganze Welt vor Haß und Ungerechtigkeit und stärke den Frieden zwischen den Völkern!

Verschone uns vor Not und Katastrophen, laß die Früchte des Landes gedeihen und segne unsere tägliche Arbeit!

Erbarme dich unserer verstorbenen Angehörigen und schenke ihnen die ewige Heimat!

Allmächtiger, ewiger Gott, blicke gütig auf diese Gemeinde, die sich um den Herrn Jesus Christus versammelt hat, das Opfer des Lobes und der Versöhnung zu feiern. Erhöre unsere Bitten durch Christus, unseren Herrn. – A: Amen.

III.

Zu Gott, dem allmächtigen Vater, der unsere Erde erschaffen hat und sie in liebender Sorge erhält, beten wir voll Vertrauen:

Führe alle, die an dich als ihren Vater glauben, zu Einigkeit und Frieden!

A: Wir bitten dich, erhöre uns.

Halte die Mächtigen der Erde zurück vor dem Mißbrauch der Macht und vor jedem Unrecht!

Bewahre uns vor der Vergiftung unserer Erde, vor Unwetter und Katastrophen!

Mache die Menschen froh in der Erwartung deines Reiches!

Stärke alle, die leiden und oft über ihre Kraft versucht und geprüft werden, in der Hoffnung und Zuversicht!

Erbarme dich unserer Verstorbenen und gewähre ihnen den ewigen Frieden!

Allmächtiger Gott, schenke uns eine rechte Ordnung der Welt, daß wir dir in Freiheit und Frieden dienen. Darum bitten wir durch Christus, unseren Herrn. – A: Amen.

IV.
Zu Christus, dem Herrn, der uns in der Eucharistie das Sakrament der Einheit und Liebe hinterlassen hat, beten wir für unsere Gemeinde und für die ganze Welt:

Um Einheit und Frieden für die Kirche ohne jede Spaltung und Trennung.

V: Christus, höre uns! A: Christus, erhöre uns!

Für alle, die Verantwortung tragen für das Wohlergehen unserer Gemeinde (Stadt), für den Frieden unter den Völkern und die Wohlfahrt der ganzen Menschheit.

Für die Einsamen und Hilflosen, die unsere Hilfsbereitschaft brauchen, um Gottes Segen für die Früchte auf den Feldern, um einen Arbeitsplatz und das tägliche Brot für alle.

Für die Sterbenden, denen die heilige Eucharistie Wegzehrung ist in ihrer letzten Stunde.

Für unsere Verstorbenen, daß sie teilhaben am Hochzeitsmahl im ewigen Leben.

Allmächtiger, ewiger Gott, wir danken dir, daß du uns immer wieder stärkst mit dem Brot vom Himmel. Gib, daß wir immer mehr eins werden in Christus und Diener der Freude für die ganze Welt. Darum bitten wir durch ihn, Christus, unseren Herrn. – A: Amen.

V.
Christus hat uns in der Taufe zum Priesterdienst berufen für das Heil der Welt. In der Kraft dieses Auftrages rufen wir zu ihm:

Für die Kirche: (Stille)
Daß er alle Getauften zur Zusammenarbeit und zur Einheit führe und die Kirche zu einem Werkzeug seines Friedens mache für die ganze Welt,
lasset zum Herrn uns beten: Herr, erbarme dich ...

Für die Machthaber in der Welt: (Stille)
Daß er ihr Herz und ihr Denken zum Frieden lenke, daß sie Gerechtigkeit suchen für alle und Freiheit für die Völker,
lasset zum Herrn uns beten: Herr, erbarme dich ...

Fürbitten

Für die Kleinen und Schwachen in der Welt: (Stille)
Daß alle Arbeitslosen bald einen neuen Arbeitsplatz finden, daß alle genügend Nahrung haben, Wohnung und Kleidung, daß ungerechte Fesseln gelöst werden und die Welt vor Katastrophen bewahrt wird,
lasset zum Herrn uns beten: Herr, erbarme dich ...

Daß er die Trauernden tröste, die Kranken aufrichte, denen, die unterwegs sind, eine glückliche Heimkehr und uns allen Kraft zum Helfen schenke,
lasset zum Herrn uns beten: Herr, erbarme dich ...

Für unsere Verstorbenen: (Stille)
Daß Gott sich ihrer erbarme und sie mit uns gemeinsam zum Festmahl des ewigen Lebens führe,
lasset zum Herrn uns beten: Herr, erbarme dich ...

Allmächtiger, ewiger Gott, du willst eine Welt, in der die Menschen nach dem Vorbild und in der Kraft deines Sohnes einander helfen und sich den Frieden schenken. Wir danken dir für diese väterliche Güte und bitten dich: Führe die Welt zum Guten! Durch Christus, unseren Herrn. – A: Amen.

VI.
Wir danken Gott für seine Kirche und unsere Gemeinde, die Glauben und Halt gibt in den Fragen des Lebens, und bitten ihn:

Daß dein Wort überall kraftvoll verkündet wird, daß die Menschen es dankbar annehmen und Halt und Zuversicht daran finden.

A: Wir bitten dich, erhöre uns.

Daß die Konfessionen die Spaltung überwinden und zur Einheit in Christus finden.

Daß alle Gläubigen durch ihr Leben die Herrschaft Gottes sichtbar machen.

Wir danken Gott für die Menschen, mit denen er uns in der Familie und im Beruf zusammenführt, und bitten ihn:
Daß unsere Familien in Liebe und Treue zusammenhalten.

Daß die Arbeitslosen wieder eine Stelle finden und alle die Kraft haben für die tägliche Arbeit.

Daß die Eltern der Jugend einen frohen und kraftvollen Glauben vorleben.

Wir danken Gott für die Gewißheit, daß uns nichts aus seiner Hand reißen kann, und bitten ihn für alle, die in Not und Sorge sind:

Daß alle Verzweifelten sich von Christus gehalten wissen, der die Angst der Welt überwunden hat.

Daß die Kranken Christi Nähe erfahren, der unsere Krankheiten getragen hat.

Daß wir in diesen Zeiten des Umbruchs auch die neuen Wege in unerschütterlichem Glauben gehen.

Herr und Gott, du hast dein Volk berufen, der Welt deine Macht und deine Güte zu bezeugen. Gib uns Mut und Kraft, deinen Auftrag zu erfüllen. So bitten wir durch Christus, unseren Herrn. – A: Amen.

VII.
Als Gottes heiliges Volk um Christus versammelt, laßt uns aus ganzem Herzen beten!

Für die Kirche auf dem weiten Erdenrund:
Daß sie allen Menschen die frohe Botschaft künde,
zu Christus, dem Boten der Wahrheit, laßt uns rufen: Herr, erbarme dich ...

Für den Bischof von Rom, unseren Papst N.,
für unseren Bischof N. und die Gemeinschaft der Bischöfe:
Daß sie ohne Furcht vor Menschen Gottes Wahrheit bezeugen,
zu Christus, dem Spender des Geistes, laßt uns rufen: Herr, erbarme dich ...

Für unser Volk und Vaterland:
Daß wir miteinander in Eintracht leben und mit allen Völkern im Frieden,
zum Lenker der Welt laßt uns rufen: Herr, erbarme dich ...

Für die Alten und Kranken, die Einsamen und Verlassenen:
Daß sie neue Hoffnung schöpfen und Hilfe erfahren,
zum Erlöser der Menschen laßt uns rufen: Herr, erbarme dich ...

Fürbitten

Um günstiges Wetter und ausreichenden Regen, um das Gedeihen der Früchte und das tägliche Brot für alle Menschen,
zum Herrn des Erbarmens laßt uns rufen: Herr, erbarme dich ...

Vater im Himmel, höre unser Gebet für die Not der Welt, für die Hungernden, die Einsamen und die Kranken. Laß alle deine Hilfe erfahren. Darum bitten wir durch Christus, unseren Herrn. – A: Amen.

VIII.
Laßt uns Christus um sein Erbarmen bitten für uns und alle Menschen!

Für unsere Gemeinde, um ein Leben in Freiheit und Frieden.

V: Christus, höre uns!   A: Christus, erhöre uns!

Daß die Eltern ihren Kindern Gottvertrauen und Glaubenstreue vorleben.

Daß die Menschen in ihrer Verschiedenheit einander achten und verstehen und die Völker im Frieden miteinander leben.

Daß junge Leute wieder den Mut bekommen, ihr Leben im Gehorsam gegen Gottes Ruf voll und ganz in den Dienst an die anderen zu stellen.

Für die Behinderten und für alle, die mit dem Leben nicht zurechtkommen, die Verfolgten und Unterdrückten und für alle, die keine Heimat haben.

Daß keine Macht und kein Elend dieser Welt uns von deiner Liebe trennt.

Allmächtiger Gott, nimm die Welt unter deinen mächtigen Schutz und erbarme dich aller Nöte. Darum bitten wir durch Christus, unseren Herrn. – A: Amen.

IX.
Laßt uns zu Christus beten, der uns von allen Orten zusammengeführt hat zu seinem Volk!

Hilf deiner Kirche, daß sie in Treue Gottes große Taten verkündet!

A: Wir bitten dich, erhöre uns.

Stärke und ermutige die Gläubigen, die einsam und isoliert in der Zerstreuung leben!

Beschütze Volk und Vaterland, gib den Männern und Frauen, die uns regieren, Weisheit und Einsicht!

Bewahre die Menschen vor den Schrecken eines Krieges und gib der Welt deinen Frieden!

Schenke uns günstige Witterung und laß die Erde reichen Ertrag bringen!

Führe unsere Verstorbenen in das Land der Seligkeit, des Lichtes und des Friedens!

Denn du bist der Heiland der Menschen. Durch dich preisen wir den Vater in der Einheit des Heiligen Geistes jetzt und in Ewigkeit.
A: Amen.

X.
Laßt uns voll Vertrauen zu Christus rufen, dem Sohn des lebendigen Gottes, unserem Mittler und Fürsprecher beim Vater!

Daß er die Kirche auf der ganzen Erde mit seinen Gaben beschenke, zum Herrn laßt uns beten: Herr, erbarme dich ...

Daß in unserem Vaterland eine rechte innere Ordnung herrsche und gegenseitiges menschliches Vertrauen,
zum Herrn laßt uns beten: Herr, erbarme dich ...

Für die Menschen in der Dritten Welt, für alle, die nicht teilhaben an den Reichtümern der Erde, die unter Not und Hunger leiden,
zum Herrn laßt uns beten: Herr, erbarme dich ...

Um den Zusammenhalt unter den Menschen, um tätigen Einsatz für den Frieden, um Mut zur Treue,
zum Herrn laßt uns beten: Herr, erbarme dich ...

In den persönlichen Problemen und Sorgen, die die Teilnehmer dieses Gottesdienstes mitgebracht haben,
zum Herrn laßt uns beten: Herr, erbarme dich ...

Herr, himmlischer Vater, du läßt uns schon in diesem Leben deine Liebe spüren. Erhöre unsere Bitten, die wir in den Sorgen unserer Ge-

Fürbitten

meinde und deiner ganzen Kirche vor dich bringen. Durch Christus, unseren Herrn. – A: Amen.

XI.
Laßt uns zu Jesus rufen, der uns nicht verläßt, sondern bis zur Vollendung der Welt bei uns bleibt!

Nimm unsere Heimat in deinen Schutz, bewahre sie vor Elend und Krieg und gewähre ihr den Frieden!

A: Wir bitten dich, erhöre uns.

Schenke unseren Pfarreien wieder genügend Priester, die uns das Wort des Lebens mit Zuversicht künden und die heiligen Sakramente spenden!

Befreie alle Menschen von Haß und Neid und mache sie glücklich!

Setze dem Wettrüsten ein Ende, laß die Völker zueinander finden und die Abneigung gegen Fremde (Gastarbeiter) schwinden!

Lindere die Schmerzen der Kranken und gib ihnen Hoffnung in ihrem Leid!

Laß die Urlauber gesund und erholt nach Hause kommen und schenk auch denen, die sich keinen Urlaub leisten können, Erholung und Freude!

Mehre in uns allen den Geist der Liebe und den Mut zum Helfen!

Herr, unser Gott, wache über deiner Gemeinde! Bewahre sie vor allem Unheil, und hilf, daß wir uns in einem christlichen Leben bewähren. Darum bitten wir durch Christus, unseren Herrn. – A: Amen.

XII.
Versammelt um Christus, den Auferstandenen, der sein Volk auf den Weg des Lebens führt, beten wir voll Vertrauen:

Wir bitten für unseren Heiligen Vater, Papst N.: (Stille)
Herr, gib der Kirche durch seinen Dienst Einigkeit und Frieden!

A: Wir bitten dich, erhöre uns.

Wir beten für unsere Pfarrgemeinde: (Stille)
Herr, gib uns allen den Mut, daß wir mit dir den Weg des Opferns und
Füreinanderdaseins gehen!

Wir denken an unsere Familien: (Stille)
Herr, mache unsere Häuser wieder zu Stätten gemeinsamen Betens, gegenseitigen Helfens und Verstehens!

Wir beten für die Alleinstehenden, die Alten und die Kranken: (Stille)
Herr, gib jedem die Kraft, sein tägliches Kreuz in Geduld zu tragen!

Wir denken an die jungen Menschen, die den rechten Weg für ihr Leben suchen: (Stille)
Herr, zeige ihnen das wahre Ziel unseres gemeinsamen Weges und verbinde sie als lebendige Glieder mit unserer Gemeinde!

Wir beten um das tägliche Brot und den Frieden für alle Menschen: (Stille)
Herr, bewahre die Welt vor Krieg und Katastrophen und segne unsere tägliche Arbeit!

Allmächtiger Gott, in deiner Güte schenkst du uns Menschen mehr, als wir verdienen, mehr, als wir erbitten. Zeige uns dein Erbarmen, und was wir nicht zu erbitten wagen, das gewähre uns durch Christus, unseren Herrn. – A: Amen.

VERZEICHNIS DER SCHRIFTLESUNGEN

Altes Testament

Genesis
- 1,1.26–31a 199
- 1,1–2,2 196
- 3,9–15.20 736
- 11,1–9 293
- 14,18–20 323
- 15,5–12.17–18 99
- 18,1–10a 525
- 18,20–32 531
- 22,1–2.9a.10–13.15–18 204
- 22,1–18 202

Exodus
- 3,1–8a.10.13–15 106
- 12,1–8.11–14 156
- 14,15–15,1 206
- 17,8–13 607
- 19,3–8a.16–20b 294
- 32,7–11.13–14 574

Numeri
- 6,22–27 59
- 21,4–9 705

Deuteronomium
- 26,4–10 92
- 30,10–14 518

Josua
- 5,9a.10–12 113

1 Samuel
- 1,20–22.24–28 51
- 26,2.7–9.12–13.22–23 470

2 Samuel
- 5,1–3 637
- 7,4–5a.12–14a.16 654
- 12,7–10.13 492

1 Könige
- 8,22–23.27–30 757
- 8,41–43 481
- 17,17–24 486
- 19,16b.19–21 506

2 Könige
- 5,14–17 601

1 Chronik
- 15,3–4.15–16; 16,1–2 695

Nehemia
- 8,2–4a.5–6.8–10 442

2 Makkabäer
- 7,1–2.7a.9–14 624
- 12,43–45 717

Ijob
- 19,1.23–27 (1.23–27a) 722

Sprichwörter
- 8,22–31 318

Kohelet
- 1,2; 2,21–23 538

Weisheit
- 9,13–19 568
- 11,22–12,2 618
- 18,6–9 543

Jesus Sirach
- 3,2–6.12–14 (3–7.14–17a) .. 49
- 3,17–18.20.28–29 (19–21.30–31) ... 563
- 24,1–2.8–12 (1–4.12–16) ... 64
- 27,4–7 (5–8) 476
- 35,15b–17.20–22a 613

Verzeichnis der Schriftlesungen

Jesaja
6,1–2a.3–8	458
7,10–14	661
9,1–6	32
25,6a.7–9	727
40,1–5.9–11	77
42,5a.1–4.6–7	75
43,16–21	120
49,1–6	672
50,4–7	130
52,7–10	42
52,13–53,12	168
54,5–14	210
55,1–11	212
60,1–6	69
61,1–3a.6a.8b–9	151
62,1–5	25 436
62,11–12	38
66,10–14c	512
66,18–21	557

Jeremia
1,4–10	667
1,4–5.17–19	450
17,5–8	465
33,14–16	4
38,4–6.8–10	552

Baruch
3,9–15.32 – 4,4	215
5,1–9	9

Ezechiel
34,11–16	331
36,16–17a.18–28	217
37,1–14	295
47,1–2.8–9.12	731

Daniel
7,9–10.13–14	689

Joël
2,12–18	84
3,1–5	297

Amos
6,1a.4–7	589
8,4–7	583

Micha
5,1–4a	19

Habakuk
1,2–3; 2,2–4	595

Zefanja
3,14–17 (14–18a)	14

Sacharja
12,10–11; 13,1	501

Maleachi
3,1–4	647
3,19–20b	631

Neues Testament

Matthäus
1,1–25	27
1,16.18–21.24a	657
1,18–25	29
2,1–12	72
2,13–18	754
5,1–12a	714
6,1–6.16–18	87
10,17–22	744
16,13–19	686
28,8–15	244

Lukas
1,1–4; 4,14–21	447
1,5–17	670
1,26–38	663 738
1,39–45	22
1,39–56	702
1,57–66.80	675
2,1–14	35
2,15–20	39
2,16–21	61
2,22–32	651

Verzeichnis der Schriftlesungen

2,22–40	650
2,41–51a	658
2,41–52	55
3,1–6	11
3,10–18	16
3,15–16.21–22	81
4,1–13	95
4,16–21	153
4,21–30	454
5,1–11	461
6,17.20–26	467
6,27–38	473
6,39–45	478
7,1–10	483
7,11–17	489 729
7,36–50	497
7,36 – 8,3	495
9,11b–17	328
9,18–24	503
9,28b–36	102 692
9,51–62	508
10,1–9	515
10,1–12.17–20	514
10,25–37	521
10,38–42	527
11,1–13	534
11,27–28	698
12,13–21	540
12,32–48	547
12,35–40	549
12,49–53	555
13,1–9	109
13,22–30	560
14,1.7–14	565
14,25–33	571
15,1–10	580
15,1–3.11–32	115
15,1–32	577
15,3–7	334
16,1–13	585
16,10–13	587
16,19–31	592
17,5–10	598
17,11–19	603
18,1–8	609
18,9–14	615
19,1–10	621
19,28–40	127
20,27.34–38	628
20,27–38	627
21,5–19	633
21,25–28.34–36	6
22,14–23,56	133
23,1–49	145
23,35–43	639
24,1–12	222
24,13–35	241
24,46–53	284

Johannes

1,1–5.9–14	46
1,1–18	45
2,1–11	439
2,13–22	733 760
3,13–17	708
3,16–21	314
7,37–39	300
8,1–11	122
10,27–30	265
11,17–27	719
13,1–15	160
13,31–33a.34–35	270
14,1–6	725
14,15–16.23b–26	308
14,23–29	276
16,12–15	320
17,20–26	289
18,1 – 19,42	172
20,1–9	234
20,2–8	748
20,19–23	309
20,19–31	250
21,1–14	258
21,1.15–19	681
21,1–19	256

Apostelgeschichte

1,1–11	279
2,1–11	302
2,14.22–33	238
3,1–10	678
5,12–16	244
5,27b–32.40b–41	253
6,8–10;7,54–60	742
7,55–60	287
10,34–38	79

10,34a.37–43	231
12,1–11	683
13,14.43b–52	262
13,16–17.22–25	26
13,16.22–26	674
14,21b–27	267
15,1–2.22–29	273
19,1b–6a	311

Römer

4,13.16–18.22	656
5,1–5	319
5,5b–11	332
6,3–11	221
8,8–17	305
8,14–17	313
8,14–23	723
8,22–27	299
10,8–13	94

1 Korinther

3,9c–11.16–17	733
5,6b–8	233
10,1–6.10–12	108
11,23–26	158 324
12,3b–7.12–13	304
12,4–11	437
12,12–14.27	446
12,12–31a	444
12,31 – 13,13	451
13,4–13	453
15,1–8.11	240
15,1–11	459
15,3–8.11	460
15,12.16–20	466
15,20–27	701
15,45–49	472
15,54–57	697
15,54–58	477

2 Korinther

5,17–21	114
5,20 – 6,2	86

Galater

1,1–2.6–10	482
1,11–19	488
1,11–20	679

2,16.19–21	494
3,26–29	502
4,4–7	60
5,1.13–18	507
6,14–18	513

Epheser

1,3–6.11–12	737
1,3–6.15–18	65
1,17–23	281
3,2–3a.5–6	71

Philipper

1,4–6.8–11	10
2,6–11	132 707
3,8–14	121
3,17–4,1	101
3,20–21	728
3,20–4,1	101
4,4–7	15

Kolosser

1,12–20	638
1,15–20	520
1,24–28	526
2,12–14	533
3,1–4	232
3,1–5.9–11	539
3,12–21	52

1 Thessalonicher

3,12 – 4,2	5
4,13–18	718

2 Thessalonicher

1,11 – 2,2	620
2,16 – 3,5	626
3,7–12	632

1 Timotheus

1,12–17	576
2,1–8	584
6,11–16	591

2 Timotheus

1,6–8.13–14	597
2,8–13	602
3,14 – 4,2	608

4,6–8.16–18 614
4,6–8.17–18 685

Titus
2,11–14 34
2,11–14; 3,4–7 80
3,4–7 39

Philemon
9b–10.12–17 570

Hebräer
1,1–6 43
2,11–12.13c–18 648
4,14–16; 5,7–9 171
9,24–28; 10,19–23 282
10,4–10 662
10,5–10 20
11,1–2.8–12 546
11,1–2.8–19 544
12,1–4 554
12,5–7.11–13 558
12,18–19.22–24 564

1 Petrus
1,8–12 668
2,4–9 758

2 Petrus
1,16–19 691

1 Johannes
1,1–4 747
1,5–2,2 752
3,1–3 713
3,1–2.21–24 54

Offenbarung
1,5–8 152
1,9–11a.12–13.17–19 248
5,11–14 255
7,2–4.9–14 711
7,9.14b–17 264
11,19a; 12,1–6a.10ab 700
21,1–5a 269
21,10–14.22–23 275
22,12–14.16–17.20 288

VERZEICHNIS DER ANTWORTPSALMEN

1, 1–2.3.4 u. 6	465
8, 4–5.6–7.8–9	319
15 (14), 2–3.4.5	526
16 (15), 1–2 u. 5.7–8.9 u. 11	507
16 (15), 5 u. 8.9–10.2 u. 11	205
17 (16), 1 u. 3.5–6.8 u. 15	625
19 (18), 2–3.4–5b	679
19 (18), 8.9.10.11–12	216 519 775
19 (18), 8.9.10.12 u. 15	443
22 (21), 8–9.17–18.19–20.	
23–24	131 770
23 (22), 1–3.4.5.6	331 727
24 (23), 1–2.3–4.5–6	712
24 (23), 7–8.9–10	648
25 (24), 4–5.8–9.10 u. 14	4 766
27 (26), 1.4.13–14	776
27 (26), 1.7–8.9.13–14	100
29 (28), 1–2.3ac–4.3b u. 9b–10	76
30 (29), 2 u. 4.5–6b.6cd u.	
12a u. 13b	211 254
30 (29), 2 u. 4.5–6b.9 u.	
11.12–13	487
31 (30), 2 u. 6.12–13.15–16.17	
u. 25	170
31 (30), 3b–4.6 u. 8.16–17	743
32 (31), 1–2.5.7 u. 11	493
33 (32), 1 u. 12.18–19.20 u. 22	544
33 (32), 4–5.6–7.12–13.20 u. 22	201
34 (33), 2–3.4–5.6–7	113
34 (33), 2–3.4–5.6–7.8–9	685 776
34 (33), 2–3.17–18.19 u. 23	613
40 (39), 2–3b.3c–4b.18	553
40 (39), 7–8.9–10.11	661
42 (41), 2–3a.3b u. 5;	
43 (42), 3–4	722
42 (41), 3.5 u. 10a; 43 (42), 3–4	218
45 (44), 11–12.16 u. 18	700
46 (45), 2–3.5–6.8–9	732
47 (46), 2–3.6–7.8–9	281 774
51 (50), 3–4.5–6b.12–13.	
14 u. 17	85 768
51 (50), 3–4.12–13.17 u. 19	575
51 (50), 12–13.14–15.18–19	219
63 (62), 2.3–4.5–6.8–9	501 777
66 (65), 1–3.4–5.6–7.	
16 u. 20	512 773
67 (66), 2–3.5.6 u. 8	59
68 (67), 4–5b.6–7.10–11	563
69 (68), 14 u. 17.30–31.	
33–34.36–37	519
71 (70), 1–2.3.5–6.15 u. 17	450
71 (70), 5–6.7–8.15 u. 17	668
72 (71), 1–2.7–8.10–11.	
12–13	70 767
78 (77), 1–2.34–35.36–37.	
38–39	706
80 (79), 2ac u. 3bc.15–16.18–19	20
84 (83), 2–3.4–5.10–11a	758
84 (83), 2–3.5–6.9–10	52
85 (84), 9–10.11–12.13–14	766
89 (88), 2–3.4–5	239
89 (88), 2–3.4–5.27 u. 29	655
89 (88), 20a u. 4–5.16–17.27	
u. 29	25
89 (88), 20a u. 21–22.25 u. 27	152
90 (89), 3–4.5–6.12–13.	
14 u. 17	538 569
91 (90), 1–2.10–11.12–13.	
14–15	93 769
92 (91), 2–3.13–14.15–16	477
95 (94), 1–2.6–7c.7d–9	596 777
96 (95), 1–2.3–4.6–7.10	436
96 (95), 1–2.3 u. 11.12–13a	33
97 (96), 1–2.5–6.8–9	690
97 (96), 1–2.5–6.11–12	747
97 (96), 1–2.6–7.9 u. 12	287
97 (96), 1 u. 6.11–12	38
98 (97), 1.2–3b.3c–4	602 737
98 (97), 1.2–3b.3c–4.5–6	43 767
98 (97), 5–6.7–8.9	631
100 (99), 1–3.4.5	263
100 (99), 1–3.4–5	778

Verzeichnis der Antwortpsalmen

103 (102), 1–2.3–4.6–7.8 u. 11 . 107
103 (102), 1–2.3–4.8 u.
   10.12–13 . . . . 471 778
104 (103), 1–2.3–4.24–25.
   27–28.29–30 78
104 (103), 1–2.5–6.10 u.
   12.13–14b.24 u. 1ab 200
104 (103), 1–2.24–25.27–28.
   29–30 . . . . 298 774
104 (103), 1–2.24–25.29–30.31
   u. 34 303
110 (109), 1–2.3–4–5 324
113 (112), 1–2.4–5.6–7.8–9 . . 583
116 (115), 12–13.15–16.17–18 . 157
117 (116), 1.2 . . . . 481 558
118 (117), 1–2.16–17.
   22–23 . . . . 222 232 772
118 (117), 2 u. 4.22–23.24 u.
   26–27a 247
121 (120), 1–2.3–4.5–6.7–8 . . 607
122 (121), 1–3.4–5 637
122 (121), 1–3.4–5.6–7.8–9 . . 780
124 (123), 2–3.4–5.7–8 753
126 (125), 1–2b.2c–3.4–5.6 . . 9 120

128 (127), 1–2.3.4–5 50
130 (129), 1–2.3–4.5–6b.6c u.
   7a u. 8 769
130 (129), 1–2.3–4.5–6b.6c–8 . 717
132 (131), 6–7.9–10.13–14 . . . 696
136 (135), 1–3.4–6.7–9.24–26 . . 771
136 (135), 1 u. 3 u. 16.
   21–23.24–26 772
138 (137), 1–2b.2c–3.4–5.7c–8 . 458
138 (137), 1–2b.2c–3.6–7b.7c–8 532
139 (138), 1–3.13–14.15–16 . . 673
145 (144), 1–2.8–9.10–11.
   13c–14 . . . . . . 268 619 779
145 (144), 2–3.4–5.8–9.10–11.
   15–16 312
146 (145), 6–7.8–9b.9c–10 . . . 590
147, 12–13.14–15.19–20 64

Cantica

Ex 15, 1b–2b.2c–3.4–5.6 u. 13.
   17–18 208
Jes 12, 2.3 u. 4bcd.5–6 . . . 15 214

ALPHABETISCHES VERZEICHNIS
DER FESTE UND HEILIGENGEDENKTAGE
IM LITURGISCHEN KALENDARIUM

H = Hochfest
F = Fest   G = Gebotener Gedenktag   g = nichtgebotener Gedenktag

Achilleus, Märtyrer († um 304); g: 12. 5.
Adalbert, Bischof, Glaubensbote, Märtyrer († 997); g: 23. 4.
Agatha, Jungfrau, Märtyrin (3. Jh.); G: 5. 2.
Agnes, Jungfrau, Märtyrin († 304); g: 21. 1.
Albert d. Gr., Bischof, Kirchenlehrer († 1280); g: 15. 11.
Alfons Maria von Liguori, Ordensgründer, Bischof, Kirchenlehrer († 1787);
Allerheiligen; H: 1. 11.   [G: 1. 8.
Allerseelen; 2. 11.
Aloysius Gonzaga, Ordensmann († 1591); G: 21. 6.
Ambrosius, Bischof, Kirchenlehrer († 387); G: 7. 12.
Andreas, Apostel; F: 30. 11.
Angela Merici, Ordensgründerin († 1540); g: 27. 1.
Anna, Mutter der sel. Jungfrau Maria; G: 26. 7.
Anno, Bischof († 1075); g: 5. 12.
Anselm, Bischof, Kirchenlehrer († 1109); g: 21. 4.
Ansgar, Bischof, Glaubensbote († 865); g: 3. 2.
Antonius, Mönchsvater († 356); G: 17. 1.
Antonius Maria Claret, Bischof, Ordensgründer († 1870); g: 24. 10.
Antonius Maria Zaccaria, Priester, Ordensgründer († 1539); g: 5. 7.
Antonius von Padua, Ordenspriester, Kirchenlehrer († 1231); G: 13. 6.
Athanasius, Bischof, Kirchenlehrer († 373); G: 2. 5.
Augustinus, Bischof, Kirchenlehrer († 430); G: 28. 8.
Augustinus von Canterbury, Bischof, Glaubensbote († 605); g: 27. 5.

Barbara, Märtyrin; g: 4. 12.
Barnabas, Apostel; G: 11. 6.
Bartolomäus, Apostel; F: 24. 8.
Basilius d. Gr., Bischof, Kirchenlehrer († 379); G: 2. 1.
Beda d. Ehrwürdige, Ordenspriester, Kirchenlehrer († 735); g: 25. 5.
Benedikt von Nursia, Mönchsvater († um 547); F: 11. 7.
Benno, Bischof († 1106); g: 16. 6.
Bernhard von Clairvaux, Abt, Kirchenlehrer († 1153); G: 20. 8.
Bernhardin von Siena, Ordenspriester († 1444); g: 20. 5.
Birgitta von Schweden, Ordensgründerin († 1373); g: 23. 7.
Blasius, Bischof, Märtyrer († um 316); g: 3. 2.
Bonaventura, Bischof, Kirchenlehrer († 1274); G: 15. 7.
Bonifatius, Bischof, Glaubensbote, Märtyrer († 754); G: 5. 6.
Bruno, Mönch, Einsiedler, Ordensgründer († 1101); g: 6. 10.
Bruno von Querfurt, Bischof, Glaubensbote, Märtyrer († 1009); g: 9. 3.

Alphabetisches Heiligenverzeichnis 817

Cäcilia, Jungfrau, Märtyrin; G: 22. 11.
Christophorus, Märtyrer; g: 24. 7.
Cyprian, Bischof, Märtyrer († 258); G: 16. 9.
Cyrill, Mönch († 869); F: 14. 2.
Cyrill von Alexandrien, Bischof, Kirchenlehrer († 444); g: 27. 6.
Cyrill von Jerusalem, Bischof, Kirchenlehrer († 386); g: 18. 3.

Damasus I., Papst († 384); g: 11. 12.
Damian, Märtyrer († 303); g: 26. 9.
Darstellung des Herrn; F: 2. 2.
Dionysius, Bischof, Märtyrer; g: 9. 10.
Dominikus, Priester, Ordensgründer († 1221); G: 8. 8.

Elisabeth von Portugal († 1336); g: 4. 7.
Elisabeth von Thüringen († 1231); G: 19. 11.
Ephräm der Syrer, Diakon, Kirchenlehrer († 373); g: 9. 6.
Erich von Schweden, Märtyrer († 1160); g: 10. 7.
Eusebius, Bischof († 371); g: 2. 8.

Fabian, Papst, Märtyrer († 250); g: 20. 1.
Felizitas, Märtyrin († 203); G: 7. 3.
Fidelis von Sigmaringen, Ordenspriester, Märtyrer († 1622); g: 24. 4.
Florian, Märtyrer († 304); g: 4. 5.
Franz von Assisi, Ordensgründer († 1226); G: 4. 10.
Franz von Paola, Einsiedler, Ordensgründer († 1507); g: 2. 4.
Franz von Sales, Bischof, Ordensgründer, Kirchenlehrer († 1622); G: 24. 1.
Franziska von Rom, Witwe, Ordensgründerin († 1440); g: 9. 3.
Franz Xaver, Ordenspriester, Glaubensbote († 1552); G: 3. 12.
Fridolin von Säckingen, Mönch, Glaubensbote († um 540); g: 6. 3.

Gabriel, Erzengel; F: 29. 9.
Gallus, Mönch, Einsiedler, Glaubensbote († 640); g: 16. 10.
Gebhard, Bischof († 995); g: 26. 11.
Georg, Märtyrer († 4. Jh.); g: 23. 4.
Gertrud von Helfta, Ordensfrau, Mystikerin († 1302); g: 17. 11.
Gertrud von Nivelles, Äbtissin († 653 od. 659); g: 17. 3.
Godehard, Bischof († 1038); g: 5. 5.
Gregor der Große, Papst, Kirchenlehrer († 604); G: 3. 9.
Gregor VII., Papst († 1085); g: 25. 5.
Gregor von Nazianz, Bischof, Kirchenlehrer († 389 od. 390); G: 2. 1.
Gründer des Servitenordens († 14. Jh.); g: 17. 2.

Hedwig († 1243); g: 16. 10.
Heinrich II., Kaiser († 1024); g: 13. 7.
Heinrich Seuse, Ordenspriester, Mystiker († 1366); g: 23. 1.
Hemma von Gurk († 1045); g: 27. 6.
Hermann Josef, Ordenspriester, Mystiker († 1241); g: 21. 5.

Hieronymus, Priester, Kirchenlehrer († 420); G: 30. 9.
Hieronymus Ämiliani, Priester, Ordensgründer († 1537); g: 8. 2.
Hilarius, Bischof, Kirchenlehrer († um 367); g: 13. 1.
Hildegard von Bingen, Äbtissin, Mystikerin († 1179); g: 17. 9.
Hippolyt, Priester, Märtyrer († 235); g: 13. 8.
Hubert, Bischof († 727); g: 3. 11.

Ignatius von Antiochien, Bischof, Märtyrer († um 117); G: 17. 10.
Ignatius von Loyola, Priester, Ordensgründer († 1556); G: 31. 7.
Irenäus, Bischof, Märtyrer († um 202); G: 28. 6.
Isaak Jogues, Märtyrer († 1647); g: 19. 10.
Isidor, Bischof, Kirchenlehrer († 636); g: 4. 4.

Jakobus d. Ä., Apostel († um 42); F: 25. 7.
Jakobus d. J., Apostel († 62 ?); F: 3. 5.
Januarius, Bischof, Märtyrer († 305); g: 19. 9.
Joachim, Vater der sel. Jungfrau Maria; G: 26. 7.
Johanna Franziska von Chantal, Ordensgründerin († 1641); g: 12. 12.
Johannes, Apostel, Evangelist; F: 27. 12.
Johannes I., Papst, Märtyrer († 526); g: 18. 5.
Johannes Baptist de la Salle, Priester, Ordensgründer († 1719); G: 7. 4.
Johannes Bosco, Priester, Ordensgründer († 1888); G: 31. 1.
Johannes de Brébeuf, Märtyrer († 1647); g: 19. 10.
Johannes von Capestrano, Ordenspriester († 1456); g: 23. 10.
Johannes Chrysostomus, Bischof, Kirchenlehrer († 407); G: 13. 9.
Johannes von Damaskus, Priester, Kirchenlehrer († um 749); g: 4. 12.
Johannes Eudes, Priester, Ordensgründer († 1680); g: 19. 8.
Johannes von Gott, Ordensgründer († 1550); g: 8. 3.
Johannes von Krakau, Priester († 1473); g: 23. 12.
Johannes vom Kreuz, Ordenspriester, Kirchenlehrer († 1591); G: 14. 12.
Johannes Leonardi, Priester, Ordensgründer († 1609); g: 9. 10.
Johannes Maria Vianney, Priester († 1859); G: 4. 8.
Johannes von Nepomuk, Priester, Märtyrer († 1393); g: 16. 5.
Johannes der Täufer, Geburtsfest; H: 24. 6.
  Enthauptung; G: 29. 8.
John Fisher, Bischof, Märtyrer († 1535); g: 22. 6.
Josaphat, Bischof, Märtyrer († 1623); G: 12. 11.
Josef, Bräutigam; H: 19. 3.
  der Arbeiter; g: 1. 5.
Josef von Calasanza, Priester, Ordensgründer († 1648); g: 25. 8.
Judas, Apostel; F: 28. 10.
Justin, Märtyrer († um 165); G: 1. 6.

Kajetan, Priester, Ordensgründer († 1547); g: 7. 8.
Kallistus I., Papst, Märtyrer († 222); g: 14. 10.
Kamillus von Lellis, Priester, Ordensgründer († 1614); g: 14. 7.
Karl Borromäus, Bischof († 1584); G: 4. 11.
Karl Lwanga, Märtyrer († 1886); G: 3. 6.

Alphabetisches Heiligenverzeichnis 819

Kasimir, Königssohn († 1484); g: 4. 3.
Katharina von Alexandrien, Jungfrau, Märtyrin († 4. Jh.); g: 25. 11.
Katharina von Siena, Ordensfrau, Kirchenlehrerin († 1380); G: 29. 4.
Kilian, Bischof, Glaubensbote, Märtyrer († 689); g: 8. 7.
Klara, Jungfrau († 1253); G: 11. 8.
Klemens, Papst, Märtyrer († 101); g: 23. 11.
Klemens Maria Hofbauer, Ordenspriester († 1820); g: 15. 3.
Knud von Dänemark, Märtyrer († 1086); g: 10. 7.
Kolumban, Abt, Glaubensbote († 615); g: 23. 11.
Konrad, Bischof († 975); g: 26. 11.
Konrad von Parzham, Ordensbruder († 1894); g: 21. 4.
Kornelius, Papst, Märtyrer († 253); G: 16. 9.
Kosmas, Märtyrer († 303); g: 26. 9.
Kreuzerhöhung; F: 14. 9.
Kunigunde, Kaiserin († 1033); g: 13. 7.

Lambert, Bischof, Glaubensbote, Märtyrer († 705/06); g: 18. 9.
Laurentius, Diakon, Märtyrer († 258 ?); F: 10. 8.
Laurentius von Brindisi, Ordenspriester, Kirchenlehrer († 1619); g: 21. 7.
Leo d. Gr., Papst, Kirchenlehrer († 461); G: 10. 11.
Leo IX., Papst († 1054); g: 19. 4.
Leonhard, Einsiedler († 6. Jh.); g: 6. 11.
Leopold († 1136); g: 15. 11.
Lioba, Äbtissin († um 782); g: 28. 9.
Liudger, Bischof († 809); g: 26. 3.
Ludwig († 1270); g: 25. 8.
Lukas, Evangelist; F: 18. 10.
Luzia, Jungfrau, Märtyrin; g: 13. 12.
Luzius, Bischof, Märtyrer; g: 2. 12.

Marcellinus, Märtyrer († um 304); g: 2. 6.
Margareta, Jungfrau, Märtyrin; g: 20. 7.
Margareta Maria Alacoque, Ordensfrau († 1690); g: 16. 10.
Margareta von Schottland († 1093); g: 16. 11.
Maria, Aufnahme in den Himmel; H: 15. 8.
 Geburt; F: 8. 9.
 Gottesmutter; H: 1. 1.
 Heimsuchung; F: 2. 7.
 Königin; G: 22. 8.
 Namen; g: 12. 9.
 Ohne Erbsünde empfangen; H: 8. 12.
 U. L. F. in Jerusalem; G: 21. 11.
 U. L. F. auf dem Berge Karmel; g: 16. 7.
 U. L. F. in Lourdes; g: 11. 2.
 U. L. F. vom Rosenkranz; G: 7. 10.
 Unbeflecktes Herz; g: Sa. nach Herz-Jesu-Fest
 Schmerzen; G: 15. 9.
Maria Goretti, Jungfrau, Märtyrin († 1902); g: 6. 7.
Maria Magdalena; G: 22. 7.

Maria Magdalena von Pazzi, Ordensfrau († 1607); g: 25. 5.
Markus, Evangelist; F: 25. 4.
Marta; G: 29. 7.
Martin, Bischof († 397); G: 11. 11.
Martin I., Papst, Märtyrer († 656); g: 13. 4.
Martin von Porres, Ordensbruder († 1639); g: 3. 11.
Märtyrer von Lorch († 304); g: 4. 5.
Märtyrer der Stadt Rom; g: 30. 6.
Mathilde († 968); g: 14. 3.
Mattäus, Apostel, Evangelist; F: 21. 9.
Mattias, Apostel; F: 24. 2.
Mauritius, Märtyrer († um 290); g: 22. 9.
Maximilian Kolbe, Märtyrer, Ordensmann, († 1941); G: 14. 8.
Meinrad, Mönch, Einsiedler, Märtyrer († 861); g: 21. 1.
Methodius, Bischof, Glaubensbote († 885); F: 14. 2.
Michael, Erzengel; F: 29. 9.
Monika († 387); G: 27. 8.

Nereus, Märtyrer († um 304); g: 12. 6.
Niklaus von Flüe, Einsiedler († 1487); g: 25. 9.
Nikolaus, Bischof († 4. Jh.); g: 6. 12.
Norbert von Xanten, Bischof, Ordensgründer († 1134); g: 6. 6.

Odilia, Äbtissin († 720); g: 13. 12.
Olaf von Norwegen († 1030); g: 10. 7.
Otto, Bischof, Glaubensbote († 1139); g: 30. 6.

Pankratius, Märtyrer († 304); g: 12. 5.
Patrick, Bischof, Glaubensbote († 461); g: 17. 3.
Paul vom Kreuz, Priester, Ordensgründer († 1775); g: 19. 10.
Paul Miki, Märtyrer († 1597); G: 6. 2.
Paulinus von Nola, Bischof († 431); g: 22. 6.
Paulinus von Trier, Bischof, Märtyrer († 358); g: 31. 8.
Paulus, Apostel; H: 29. 6.
 Bekehrung; F: 25. 1.
Perpetua, Märtyrin († 203); G: 7. 3.
Peter Chanel, Priester, Märtyrer († 1841); g: 28. 4.
Petrus, Apostel; H: 29. 6.
 Kathedra; F: 22. 2.
Petrus, Märtyrer († um 304); g: 2. 6.
Petrus Chrysologus, Bischof, Kirchenlehrer († 450); g: 30. 7.
Petrus Damiani, Bischof, Kirchenlehrer († 1072); g: 21. 2.
Petrus Kanisius, Ordenspriester, Kirchenlehrer († 1597); g: 27. 4.
Philipp Neri, Priester († 1595); G: 26. 5.
Philippus, Apostel; F: 3. 5.
Pirmin, Abtbischof, Glaubensbote († 753); g: 3. 11.
Pius V., Papst († 1572); g: 30. 4.
Pius X., Papst († 1914); G: 21. 8.
Polykarp, Bischof, Märtyrer († 155); G: 23. 2.
Pontianus, Papst († 235); g: 13. 8.

Alphabetisches Heiligenverzeichnis

Rabanus Maurus, Bischof († 856); g: 4. 2.
Rafael, Erzengel; F: 29. 9.
Raimund von Peñafort, Ordensgründer († 1275); g: 7. 1.
Robert Bellarmin, Bischof, Kirchenlehrer († 1621); g: 17. 9.
Romuald, Abt, Ordensgründer († 1027); g: 19. 6.
Rosa von Lima, Jungfrau († 1617); g: 23. 8.
Rupert, Bischof, Glaubensbote († 718); g: 24. 9.

S cholastika, Jungfrau († um 547); g: 10. 2.
Schutzengel; G: 2. 10.
Sebastian, Märtyrer († 288); g: 20. 1.
Severin, Mönch († 482); g: 8. 1.
Silvester I., Papst († 335); g: 31. 12.
Simon, Apostel; F: 28. 10.
Stanislaus, Bischof, Märtyrer († 1079); G: 11. 4.
Stephan von Ungarn († 1038); g: 16. 8.
Stephanus, erster Märtyrer; F: 26. 12.

Theresia von Ávila, Ordensfrau, Kirchenlehrerin († 1582); G: 15. 10.
Theresia vom Kinde Jesus, Ordensfrau († 1897); G: 1. 10.
Thomas von Aquin, Ordenspriester, Kirchenlehrer († 1274); G: 28. 1.
Thomas Becket, Bischof, Märtyrer († 1170); g: 29. 12.
Thomas Morus, Märtyrer († 1535); g: 22. 6.
Timotheus, Bischof, Apostelschüler; G: 26. 1.
Titus, Bischof, Apostelschüler; G: 26. 1.
Tomas, Apostel; F: 3. 7.
Turibio von Mongrovejo, Bischof († 1606); g: 23. 3.

Ulrich, Bischof († 973); g: 4. 7.
Unschuldige Kinder; F: 28. 12.
Ursula, Märtyrin; g: 21. 10.

Valentin, Bischof († um 475); g: 7. 1.
Verklärung des Herrn; F: 6. 8.
Verkündigung des Herrn; H: 25. 3.
Vinzenz, Diakon, Märtyrer († 304 ?); g: 22. 1.
Vinzenz Ferrer, Ordenspriester († 1419); g: 5. 4.
Vinzenz von Paul, Priester, Ordensgründer († 1660); G: 27. 9.
Virgil, Bischof, Glaubensbote († 784); g: 24. 9.
Vitus, Märtyrer († um 304); g: 15. 6.

Walburga, Äbtissin († 779); g: 25. 2.
Weihetag der Basilika Santa Maria Maggiore in Rom; g: 5. 8.
Weihetag der Basiliken St. Peter und St. Paul in Rom; g: 18. 11.
Weihetag der Basilika am Lateran in Rom; F: 9. 11.
Wendelin, Einsiedler († 6. Jh.); g: 20. 10.
Wenzel, Märtyrer († 929); g: 28. 9.
Willibald, Bischof, Glaubensbote († 787); g: 7. 7.
Willibrord, Bischof, Glaubensbote († 739); g: 7. 11.
Wolfgang, Bischof († 994); g: 31. 10.

Xystus II., Papst, Märtyrer († 258); g: 7. 8.

Quellennachweis

S. 7: M. Maliński in: Christ in der Gegenwart 31 (1979); S. 23: C. M. Martini, Dein Stab hat mich geführt (Verlag Herder, Freiburg ²1982); S. 57: Alfred Delp, Kämpfer – Beter – Zeuge. Letzte Briefe (Morus-Verlag, Berlin ³1978); S. 68: vgl. J. Sudbrack, Meditation des Wortes (Echter-Verlag, Würzburg 1974); S. 74: R. Pesch, Epiphanie im Fleische, in: Am Tisch des Wortes, Heft 7 (Verlag Katholisches Bibelwerk, Stuttgart 1965); S. 82: R. Gutzwiller, Meditationen über Lukas I (Benziger-Verlag, Einsiedeln 1954); S. 91: A. Auer, Die gereinigte Liebe zur Schöpfung, in: Christ in der Gegenwart 9 (1971); S. 97: Theodor Haecker, Die Versuchungen Jesu (Morus-Verlag, Berlin 1964); S. 104: Theo Brüggemann, Worauf es ankommt (Verlag Ernst Kaufmann, Lahr, neu bearbeitete Auflage 1981); S. 111: H. W. Wolff, Gesammelte Studien zum Alten Testament (Chr. Kaiser Verlag, München ²1973); S. 124: Hans Urs von Balthasar, Das Herz der Welt, © 1945 by Peter Schifferli, Verlags AG „Die Arche", Zürich; S. 149: G. Lohfink, Gott ohne Masken (Echter-Verlag, Würzburg 1972); S. 229: Dietrich Bonhoeffer in: Bonhoeffer-Brevier (Chr. Kaiser Verlag, München ³1968); S. 237: J. H. Newman, Worte des Herzens (Verlag Herder, Freiburg 1981); S. 245: J. Zink, Die Mitte der Nacht ist der Anfang des Tages. Bilder und Gedanken zu den Grenzen unseres Lebens (Kreuz Verlag, Stuttgart – Berlin 1968); S. 278: B. Welte, Vom Geist des Christentums (Verlag J. Knecht, Frankfurt a. M. ²1966); S. 285: In: A. Berz, Als Christ in den Tag II (Benziger-Verlag, Einsiedeln 1974); S. 316: Karl Barth, Gebete (Chr. Kaiser Verlag, München ⁵1975); S. 322: A. Grillmeier in: Feiner-Vischer, Neues Glaubensbuch (Verlag Herder, Freiburg ¹⁶1981); S. 336: H. Oosterhuis, Ganz nah ist dein Wort (Verlag Herder, Freiburg ¹¹1979); S. 449: R. Zerfaß in: Kahlefeld-Knoch (Hrsg.), Die Episteln und Evangelien der Sonn- und Festtage, Lesejahr C/5 (Verlag Katholisches Bibelwerk, Stuttgart 1970); S. 456: G. Bernanos, Tagebuch eines Landpfarrers. Roman © 1975 by Peter Schifferli, Verlags AG „Die Arche", Zürich; S. 475: Dag Hammarskjöld, Zeichen am Weg (Droemersche Verlagsanstalt, München – Zürich 1965); S. 504: Yves de Montcheuil, Das Reich Gottes und seine Forderungen (Matthias-Grünewald-Verlag, Mainz 1957); S. 517: Gerhard von Rad, Predigten (Chr. Kaiser Verlag, München ²1978); S. 536: K. Rahner, Von der Not und dem Segen des Gebets. Herder-Bücherei 647 (Verlag Herder, Freiburg ¹⁰1980); S. 542: vgl. E. Fromm, Haben oder Sein (mit freundlicher Genehmigung der Deutschen Verlagsanstalt GmbH, Stuttgart 1978); S. 551: K. B. Ritter in: P.-W. Scheele, Vater, die Stunde ist da. Gebete der Ökumene (Verlag Herder, Freiburg 1962); S. 556: H. U. von Balthasar in: J. Sauer (Hrsg.), Wer ist Jesus Christus (Verlag Herder, Freiburg ²1978); S. 562: P.-W. Scheele, Alles in Christus. Theologische Beiträge I (Verlag Bonifacius-Druckerei, Paderborn 1977); S. 588: H. Spaemann, Lazarus vor der Tür (Johannes Verlag, Einsiedeln 1968); S. 611: F. Moschner, Gebetsführung (Verlag Herder, Freiburg ⁸1982); S. 629: G. Moser, Wie finde ich zum Sinn des Lebens? (Verlag Herder, Freiburg ⁶1981).

Der Name Schott ist geschützt. DP 637431/28

Imprimi potest. – Beuron, den 9. März 1982
† Hieronymus Nitz OSB, Erzabt
Imprimatur. – Freiburg im Breisgau, den 17. März 1982
Der Generalvikar: Dr. Schlund

Für die Texte aus Die Feier der heiligen Messe, Meßbuch und Meßlektionar, authentische Ausgaben für den liturgischen Gebrauch, herausgegeben im Auftrag der Deutschen und der Berliner Bischofskonferenz, der Österreichischen Bischofskonferenz, der Schweizer Bischofskonferenz sowie der Bischöfe von Luxemburg, Bozen-Brixen, Lüttich, Metz und Straßburg, erteilte die zur Wahrnehmung und Verwaltung der Rechte beauftragte „Ständige Kommission für die Herausgabe der gemeinsamen liturgischen Bücher im deutschen Sprachgebiet" die Abdruckerlaubnis. Die aus dem Meßlektionar entnommenen Schriftlesungen sind Teil der von den Bischöfen des deutschen Sprachgebietes approbierten Einheitsübersetzung der Heiligen Schrift.

B

Alle Rechte vorbehalten – Printed in Germany
© Verlag Herder Freiburg im Breisgau 1982
Gesetzt und gedruckt in der von Alfred Riedel
gestalteten Adamas-Antiqua in der Offizin Herder
in Freiburg im Breisgau
1985

ISBN 3-451-19151-2 (Paperback)
ISBN 3-451-19152-0 (Kunstleder)
ISBN 3-451-19153-9 (Leder)

Das aktuelle Meßbuch, das bleibt

SCHOTT-MESSBUCH

für die Sonn- und Festtage des Lesejahres A

Best.-Nr. 19231 (Paperback); Best.-Nr. 19232 (Kunstleder);
Best.-Nr. 19233 (Leder)

SCHOTT-MESSBUCH

für die Sonn- und Festtage des Lesejahres B

Best.-Nr. 19800 (Paperback); Best.-Nr. 19801 (Kunstleder);
Best.-Nr. 19802 (Leder)

SCHOTT-MESSBUCH

für die Wochentage

BAND 1: Advent und Weihnachtszeit, Fasten- und Osterzeit.
1.–13. Woche im Jahreskreis.
Gedenktage der Heiligen vom 30. November bis 8. Juli

Best.-Nr. 20161 (Kunstleder); Best.-Nr. 20171 (Leder)

BAND 2: 14.–34. Woche im Jahreskreis.
Gedenktage der Heiligen vom 3. Juli bis 2. Dezember.
Dazu die Allgemeine Einführung ins Meßbuch (AEM) und die offiziellen
Anleitungen für Kinder- und Gruppenmessen.

Best.-Nr. 20162 (Kunstleder); Best.-Nr. 20172 (Leder)

Verlag Herder
Freiburg · Basel · Wien